M000113377

Jose Ignacio HERNANDEZ G, Sub-Director
jihernandezg@cantv.net

Mary **RAMOS FERNÁNDEZ**, Secretaria de Redacción
Maryra77@gmail.com

Revista de Derecho Público
Fundación de Derecho Público

Torre América, PH, Av. Venezuela, Bello Monte, Caracas 1050, Venezuela
Email: fundaciondederechopublico@gmail.com.

Editada por la **Fundación Editorial Jurídica Venezolana**, Avda. Francisco Solano López, Torre Oasis, P.B., Local 4, Sabana Grande, Caracas, Venezuela. Telf. (58) 212 762-25-53/38-42/ Fax. 763-52-39
Apartado N° 17.598 – Caracas, 1015-A, Venezuela.

Email: fejv@cantv.net
Pág. Web: http://www.editorialjuridicavenezolana.com.ve

© 1980, FUNDACIÓN DE DERECHO PÚBLICO/EDITORIAL JURÍDICA VENEZOLANA

Revista de Derecho Público
N° 1 (Enero/marzo 1980)
Caracas. Venezuela

Publicación Trimestral

Hecho Depósito de Ley
Depósito Legal: pp 198002DF847
ISSN: 1317-2719
1. Derecho público-Publicaciones periódicas

Diagramado y montaje electrónico de artes finales: Mirna Pinto,
en letra Times New Roman 9,5, Interlineado 10,5, Mancha 21x12.5

Portada: Lilly Brewer

Normas para el envío de originales

La Revista de Derecho Público aceptará artículos inéditos en el campo del derecho público. Los artículos deberán dirigirse a la siguiente dirección secretaria@revistadederechopublico.com

Se solicita atender a las normas siguientes:

1. Los trabajos se enviarán escritos a espacio y medio, con una extensión aproximada no mayor de 35 cuartillas tamaño carta.

2. Las citas deberán seguir el siguiente formato: nombre y apellidos del autor o compilador; título de la obra (en letra cursiva); volumen, tomo; editor; lugar y fecha de publicación; número de página citada. Para artículos de revistas u obras colectivas: nombre y apellidos del autor, título del artículo (entre comillas); nombre de la revista u obra colectiva (en letra cursiva); volumen, tomo; editor; lugar y fecha de publicación; número de página citada.

3. En su caso, la bibliografía seguirá las normas citadas y deberá estar ordenada alfabéticamente, según los apellidos de los autores.

4. Todo trabajo sometido deberá ser acompañado de dos resúmenes breves, en español e inglés, de unas 120 palabras cada uno y con unas palabras clave (en los dos idiomas)

5. En una hoja aparte, el autor indicará los datos que permitan su fácil localización (N° fax, teléfono, dirección postal y correo electrónico). Además, incluirá un breve resumen de sus datos académicos y profesionales.

6. Se aceptarán para su consideración y arbitraje todos los textos, pero no habrá compromiso para su devolución ni a mantener correspondencia sobre los mismos.

La adquisición de los ejemplares de la Revista de Derecho Público puede hacerse en la sede antes indicada de la Fundación Editorial Jurídica Venezolana, o a través de la librería virtual en la página web de la Editorial: http://www.editorialjuridicavenezolana.com

La adquisición de los artículos de la Revista en versión digital puede hacerse a través de la página web de la Revista de Derecho Público: http://www.revistadederechopublico.com

Las instituciones académicas interesadas en adquirir la Revista de Derecho Público mediante canje de sus propias publicaciones pueden escribir a canje@revistadederechopublico.com

La Revista de Derecho Público se encuentra indizada en la base de datos CLASE (bibliografía de revistas de ciencias sociales y humanidades), Dirección General de Bibliotecas, Universidad Nacional Autónoma de México, LATINDEX (en catálogo, Folio N° 21041), REVENCYT (Código RVR068) y DIALNET (Universidad de la Rioja, España).

Nº 167 - 168

Junio – Diciembre 2021

Director Fundador: Allan R. Brewer-Carías
Editorial Jurídica Venezolana
Fundación de Derecho Público

SUMARIO

ESTUDIOS

Artículos

· *El principio de protección de la confianza en el Sistema Interamericano de Derechos Humanos*, por Alfredo **PARÉS SALAS**........................ 9

El "Fraude a la Constitución". Ensayo de un análisis jurídico de las recientes revoluciones políticas: Italia, Alemania, Francia (1942), Georges **LIET-VEAUX** (Traducción de Sergio **DÍAZ RICCI**)......... 29

El Estado Regulador, por Héctor **TURUHPIAL** 51

¿Qué te ha pasado Venezuela?, por Rafael Tomás **CALDERA** 89

La recuperación del Esequibo. Anotaciones desde la estrategia procesal, por Juan Carlos **SAINZ BORGO** 97

El debilitamiento de la democracia en Venezuela: el caso Afiuni, por Alexandra **ÁLVAREZ MURO** 117

Comentarios Monográficos

Comentarios sobre el Informe de la situación de los derechos humanos y la asistencia técnica en la República Bolivariana de Venezuela de la Alta Comisionada de las Naciones Unidas para los derechos humanos (a/hrc/48/19 DE 13 SEPTIEMBRE 2021), por Román J. **DUQUE CORREDOR** 147

Algunas lecciones derivadas del proceso constituyente o populismo constitucional desarrollado en Venezuela en 1999, que podrían ser útiles para el proceso constituyente chileno de 2021, por Allan R. **BREWER-CARÍAS** 161

El sistema de gobierno: Reflexiones sobre el proceso constituyente chileno de 2021, por Mayerlin **MATHEUS HIDALGO** 172

La eficacia de las Constituciones en la historia venezolana, por Román J. **DUQUE CORREDOR** 192

El estatuto migratorio andino y las nuevas tendencias del derecho migratorio, por José Ignacio **HERNÁNDEZ G.** 202

Venezuela: Una política exterior de conflictos, impases y confrontaciones. Resumen global 2021, por J. Gerson **REVANALES M.** 207

LEGISLACIÓN

Información Legislativa

Leyes, Decretos Normativos, Reglamentos y Resoluciones de efectos generales dictados durante el Segundo Semestre de 2021, por Gabriel **SIRA SANTANA** 227

Comentarios Legislativos

Algunas reflexiones sobre la justicia constitucional, por Gabriel **SIRA SANTANA** 243

Comentarios al proyecto de Ley de Condominios y Asociaciones de Vecinos, por Irma **LOVERA DE SOLA** y Teresa **BORGES GARCÍA** 249

JURISPRUDENCIA

Información Jurisprudencial

Jurisprudencia Administrativa y Constitucional (Tribunal Supremo de Justicia y Cortes de lo Contencioso Administrativo): Segundo Semestre de 2021, por Mary **RAMOS FERNÁNDEZ** 269

Comentarios Jurisprudenciales

El problema de la jurisprudencia como fuente de derecho y el precedente judicial en un Estado democrático de derecho, por Román J. **DUQUE CORREDOR** 305

Vandalismo constitucional, fraude electoral y disparate judicial: El caso de la elección de Gobernador en el Estado Barinas el 29 de noviembre de 2021, por Allan R. **BREWER-CARÍAS** 311

El fraude del Consejo Nacional Electoral y la Sala Electoral en la elección del Gobernador de Barinas, por José Ignacio **HERNÁNDEZ G.** 323

Cinco casos que muestran que en Venezuela "Sentencia mata voto", por Laura **LOUZA** 334

El Juez Constitucional en El Salvador y la ilegitima mutación de la Constitución. De como la Sala Constitucional de la Corte Suprema de El Salvador convirtió la "prohibición" constitucional de reelección inmediata del Presidente de la Republica en un "derecho" a ser reelecto inmediatamente, por Allan R. **BREWER-CARÍAS** 339

El control difuso constitucional: iniciativa para la creación de normas en el Estado fallido, por Amado José **CARRILLO GÓMEZ** 343

JURISPRUDENCIA INTERNACIONAL

Un alarmante cambio en la doctrina de la Corte Interamericana de Derechos Humanos: El caso Brewer-Carías vs. Venezuela (2014), por Antonio-Filiu **FRANCO** 363

Allan R. Brewer-Carías y el autoritarismo judicial en Venezela. Breves notas sobre la decisión del Comité de Derechos Humanos, por Jose Ignacio **HERNANDEZ G.** 370

Comentarios a la decisión del Comité de Derechos Humanos de la ONU DE condena al Estado venezolano el caso Allan R. Brewer-Carías vs. Venezuela de 14 de octubre de 2021, por la masiva violación de sus derechos y garantías judiciales. Es la Justicia que buscó infructuosamente desde 2005 ante los tribunales naciones y ante la Corte Interamericana de Derechos Humanos, los cuales se negaron a impartirla por la presión política ejercida por el régimen autoritario, por Allan R. **BREWER-CARÍAS** 377

RESEÑAS BIBLIOGRÁFICAS

Reseña del libro: "La concesión y el procedimiento administrativo: instituciones administrativas en simbiosis", por Jessica **VIVAS ROSO** 415

INFORMACIÓN

La inauguración de la biblioteca Allan R. Brewer-Carías, en la Universidad Católica Andrés Bello, por Víctor Rafael **HERNÁNDEZ MENDIBLE** 419

ESTUDIOS

Artículos

El principio de protección de la confianza en el Sistema Interamericano de Derechos Humanos

Alfredo Parés Salas[*]
Profesor de la Universidad Católica Andrés Bello

Resumen: *La protección de la confianza constituye uno de los principios fundamentales que disciplinan las relaciones jurídicas entre los particulares y el poder público en el Derecho Administrativo actual. Mediante este principio se protegen las situaciones jurídico-subjetivas creadas por la confianza que el particular ha puesto en una determinada actuación de los órganos estatales. En el presente ensayo se revisa el tratamiento que en el Sistema Interamericano de Protección de los Derechos Humanos se le ha dado al principio en cuestión. Para ello se han analizado las escasas decisiones que, aunque si bien de manera tangencial, abordan el principio de protección de la confianza. Como un complemento al alcance de este estudio, pues no forma parte del sistema de protección interamericano, se ha decidido incluir una puntual revisión a algunas disposiciones contenidas en la Carta Iberoamericana de los Derechos y Deberes del Ciudadano en relación con la Administración Pública y que resultan de interés a los efectos del desarrollo del principio bajo estudio.*

Palabras Clave: *Derecho Administrativo, Sistema Interamericano, Derechos Humanos, Protección de la Confianza, Confianza Legítima, Expectativas Legítimas, Carta Iberoamericana.*

Abstract: *The principle of legitimate expectations constitutes one of the fundamental principles that govern the relations between individuals and authorities in current Administrative Law. This principle protects the trust that an individual has placed in a certain action of the public authorities. This essay reviews the development of said principle by the Inter-American Human Rights System. To this end we have analyzed the few decisions that, although tangentially, address the principle of legitimate expectations. As a complement to the scope of this study, since it is not part of the Inter-American Human Rights System, we have included a review of some provisions contained in the Ibero-American Charter of the Rights and Duties of the Citizen in relation to Public Administration that result of interest for the purposes of the mentioned principle.*

Key words: *Administrative Law, Inter-American System, Human Rights, Trust, Legitimate Expectations.*

[*] Abogado, *summa cum laude*, por la Universidad Católica Andrés Bello (2001); Especialista en Derecho Administrativo, mención honorífica, por la Universidad Central de Venezuela (2005); *Magister Legum* (LLM) por la Ruprecht-Karls-Universität Heidelberg (2007); Doctorando del Doctorado en Derecho de la Universidad Católica Andrés Bello (en curso). Profesor Agregado de la cátedra de Derecho Administrativo de la Universidad Católica Andrés Bello

SUMARIO

INTRODUCCIÓN

I.   LA PROTECCIÓN DE LA CONFIANZA EN LA CORTE INTERAMERICANA DE DERE-
        CHOS HUMANOS Y ALGUNAS REFERENCIAS A OTRAS JURISDICCIONES
        1. *Boyce v. Barbados, la confianza en la suspensión de la ejecución de la pena capital mientras se
        agotan los recursos internos e internacionales, y ciertas remisiones de interés a otras jurisdiccio-
        nes.* 2. *Gelman v. Uruguay y la revocatoria por razones de ilegitimidad de los actos administrati-
        vos dictados en ejecución de la Ley de Amnistía objeto de denominado control de convencionali-
        dad.* 3. *Chocrón Chocrón v. Venezuela y la confianza en la continuidad en el desempeño de un
        cargo público para el que se fue debidamente designado.* 4. *Quintana Coello v. Ecuador y la con-
        fianza en la continuidad en el desempeño de un cargo de Magistrado para el que se fue debida-
        mente designado.* 5. *Granier v. Venezuela y la renovación de concesiones del espectro radioeléc-
        trico.* 6. *Herzog v. Brasil y la ausencia de confianza en la situación generada a partir de una Ley
        de Amnistía que perdonó delitos castigados por el Derecho Internacional.*

II.   LA CARTA IBEROAMERICANA DE LOS DERECHOS Y DEBERES DEL CIUDADANO EN
        RELACIÓN CON LA ADMINISTRACIÓN PÚBLICA
        1. *El principio de eficacia y las expectativas legitimas.* 2. *El principio de ética y la confianza.* 3.
        El principio de seguridad jurídica, previsibilidad y la interdicción de la variación arbitraria. 4. *El
        principio de la buena fe.*

INTRODUCCIÓN

En el marco del Sistema Interamericano de Protección de los Derechos Humanos es poco, muy poco, lo que se ha escrito sobre el principio de protección de la confianza. Tan poco
que podríamos incluso pensar, no valdría la pena dedicarle mayor tiempo a este asunto.

Por lo que a la Corte Interamericana de Derechos Humanos respecta, tan solo un dimi-
nuto puñado de fallos hacen alusión -y la mayoría de las veces de manera muy tangencial- al
referido principio.

La situación en la doctrina tampoco nos resulta muy diferente.

Si, no obstante, nos detenemos a reflexionar un poco sobre ello, notaremos que esta situación no nos resultará del todo sorpresiva habida consideración que el nacimiento del principio de protección de la confianza es de relativamente reciente data, en comparación con
muchas otras instituciones del Derecho Público, así como el hecho que dicho principio no ha
sido mayormente desarrollado por los tribunales internacionales de protección de los derechos humanos.

En efecto, la doctrina suele reconocer que este principio se originó en la Alemania de
posguerra, con la famosa decisión recaída en el caso de la pensión de viudez, o también llamado la viuda de Berlín. Esa decisión del Tribunal Superior Administrativo de Berlín (*Ober-
verwaltungsgericht Berlin*), del 14 de noviembre de 1956, vendría a ser cristalización de las
ideas o conceptos que, en torno a la seguridad jurídica como elemento esencial del Estado de
Derecho, ya venían fraguándose paulatinamente en el pensamiento jurídico teutón durante los
dos siglos previos. En ella se invocó de manera expresa por vez primera el principio para

censurar una actuación administrativa,[1] marcando así un hito y el inicio de una definida línea jurisprudencial.[2]

Con la aludida decisión, el Tribunal Superior Administrativo de Berlín introdujo un severo matiz -en términos, por demás, muy tajantes y claros- al principio de legalidad objetivamente considerado, al reconocer que, bajo determinadas circunstancias, ha de mantenerse la vigencia de un acto administrativo favorable pero contrario a Derecho -incluso desatendiendo lo que el principio de legalidad dictaminaría- para lograr con ello la protección de una situación jurídico-subjetiva que la confianza en dicho acto había generado en su beneficiario.

Dicho en otras palabras, el conflicto entre la salvaguarda *objetiva* del ordenamiento jurídico y la consecuente necesidad de sanearlo mediante la demolición, sin mayores miramientos, de un acto administrativo que lo contravenga, por un lado, y, la protección de una situación jurídico-*subjetiva* de un individuo generada precisamente por dicho acto favorable pero ilegal, por el otro, en principio, debía resolverse a favor de la salvaguarda de esta última. No en balde, la doctrina alemana bautizó la línea jurisprudencial originada con dicho fallo como la "marcha triunfal" de la protección de la confianza (*Siegeszug des Vertrauensschutzes*).[3]

A la jurisprudencia administrativa alemana pronto vendría a sumarse la comunitaria: el principio de protección de la confianza fue reconocido expresamente en las decisiones del 12 de julio de 1957 y del 13 de julio de 1963, del otrora Tribunal de Justicia de las Comunidades Europeas. En la primera de esas decisiones, *Comptoir National Technique Agricole (CNTA) SA (París)*, el Tribunal de Justicia consideró que la Comisión Europea había vulnerado una norma jurídica superior al no haber tomado medidas «...destinadas a proteger la confianza que el operador podía legítimamente tener en la normativa comunitaria...» y, en consecuencia, ordenó la indemnización al demandante por las pérdidas experimentadas.[4]

Aun cuando somos conscientes que una comparación más justa, en razón de sus competencias sobre protección de los derechos humanos, lo sería respecto del Tribunal Europeo de Derechos Humanos, lo cierto es que ya en el año 1991 este se pronunciaría por vez primera sobre la noción de las expectativas legítimas, en el marco del artículo 1° del Protocolo adicional al Convenio para la Protección de los Derechos Humanos y de las Libertades Fundamentales, en relación con la protección del derecho de propiedad. La decisión *Pine Valley Developments Ltd and Others v. Ireland,* del 29 de noviembre 1991 fue la primera de una serie de decisiones que desde entonces han ido desarrollando una visión bastante particular

---

[1]   Mediante esa decisión se censuró la revocatoria *ex officio,* por contrariedad a derecho, de un acto administrativo a través del cual se le había concedido una pensión por viudez a una ciudadana alemana y que, años después de su emisión, había sido considerado ilegal y, en consecuencia, revocado, por la propia Administración autora de aquel, desconociendo así la situación jurídica de la destinataria.

[2]   *Vid.* Alfredo Parés Salas, *El nacimiento del principio de protección de la confianza en la jurisprudencia alemana,* en Libro Homenaje a Cecilia Sosa Gómez, Tomo II, Academia de Ciencias Políticas y Sociales, Caracas, 2021, pp. 1145-1167.

[3]   Achim Fuhrmanns, Vertrauensschutz im deutschen und österreichischen öffentlichen Recht, Inaugural-Dissertation zur Erlagungder Doktorwürde, Gießen, 2004, p. 6.

[4]   Decisión del Tribunal de Justicia de las Comunidades Europeas, del 14 de mayo de 1975 (Comptoir National Technique Agricole (CNTA) SA (París) v. Comisión de las Comunidades Europeas).

sobre el tema, vinculada a la protección del derecho de propiedad[5] y que, dicho sea de paso, bien podría servir de orientación a la jurisprudencia interamericana.

Así las cosas, mientras que a finales de la década de los cincuenta e inicios de los sesenta el otrora Tribunal de Justicia de las Comunidades Europeas -que operaba en el marco de una comunidad de países democráticos- ya había empezado a invocar en sus decisiones el principio de protección de la confianza, la Corte Interamericana se enfrentaba con una realidad muy distinta. En efecto, mientras que en Europa se elaboraba la protección de la confianza, *exempli gratia*, en el marco de las limitaciones al derecho de propiedad en complejos casos de subvenciones a productores agrícolas (montantes compensatorios),[6] a los órganos interamericanos les correspondía lidiar con casos de ejecuciones extrajudiciales, torturas, privaciones arbitrarias de la libertad personal o restricciones de la libertad de expresión.[7] Y es que, tal y como lo enseña Faúndez, desde su nacimiento en 1959 hasta los años ochenta,

> «...la Convención Americana sobre Derechos Humanos no existía o no había entrado en vigor, y había muchos regímenes dictatoriales en la región; era un momento muy difícil en el continente y sólo se contaba con herramientas políticas, que la Comisión supo utilizar, buscando soluciones igualmente políticas y diplomáticas a las graves violaciones de derechos humanos en la región».[8]

La situación descrita da quizá luces sobre lo que en nuestro criterio podrían ser consideradas como algunas de las causas por las que la jurisprudencia de la Corte Interamericana no ha tenido mayor ocasión de lidiar con el principio de protección de la confianza.

Pese a este panorama, lo cierto es que, desde la primera década del siglo XXI, la Corte ha empezado a hacer mención, si bien de manera muy incipiente, del principio de protección de la confianza. El hecho que en algunos de los casos de violación de los derechos humanos que hoy por hoy le ocupan, la Corte haya empezado a introducir un concepto tan sutil como el estudiado, no puede más que servir como indicador de una evolución en el pensamiento jurídico y en algunos de los problemas que aquejan al continente.

Es en el marco de las precedentes consideraciones introductorias que nos proponemos pasar breve revista a las primeras decisiones Corte Interamericana de Derechos Humanos que han invocado el principio de protección de la confianza.[9]

---

[5]   Decisión del Tribunal Europeo de Derechos Humanos, del 29 de noviembre de 1991 (*Pine Valley Developments Ltd. And Others v. Ireland*), § 45.

[6]   Comptoir National Technique Agricole (CNTA) SA (París) v. Comisión de las Comunidades Europeas.

[7]   Héctor Faúndez Ledesma, *El Sistema Interamericano de Protección de los Derechos Humanos, Aspectos institucionales y procesales*, 3era Edición, Instituto Interamericano de Derechos Humanos, 2004, p. 1008, recuperado el 24/04/21 en: https://www.iidh.ed.cr/IIDH/media/ 1575/si_ proteccion_ddhh_3e.pdf.

[8]   Héctor Faúndez Ledesma, *Op. Cit.*, p. 1007.

[9]   En sus sentencias la Corte Interamericana ha empleado la expresión "expectativas legítimas", que es otra de las denominaciones con las que se le conoce al principio de protección de la confianza.

I. LA PROTECCIÓN DE LA CONFIANZA EN LA CORTE INTERAMERICANA DE DERECHOS HUMANOS Y ALGUNAS REFERENCIAS A OTRAS JURISDICCIONES

1. *Boyce v. Barbados, la confianza en la suspensión de la ejecución de la pena capital mientras se agotan los recursos internos e internacionales, y ciertas remisiones de interés a otras jurisdicciones*[10]

Boyce v. Barbados se confronta con la posibilidad de que, en un Estado adscrito al sistema dualista del Derecho Internacional, la mera ratificación de un tratado o convenio internacional por parte del Ejecutivo pueda generar expectativas legítimas de que aquel ajustará su actuación a los principios y disposiciones de dicho instrumento, aun antes de que el Parlamento dicte la correspondiente ley de incorporación al Derecho interno.

El caso en concreto versaba sobre las eventuales expectativas legítimas que podría tener un condenado a la pena capital de que esta no fuera ejecutada hasta obtener una respuesta a las peticiones formuladas ante los órganos interamericanos de protección de los derechos humanos.

En *Boyce v. Barbados* la Corte Interamericana de Derechos Humanos hace suyas las conclusiones a las que la Corte de Justicia del Caribe[11] había arribado previamente en *The Attorney General et al. v. Joseph y Boyce*. En este último asunto, la Corte de Justicia del Caribe, además, había hecho un interesante recuento jurisprudencial sobre la evolución de la institución de las expectativas legítimas en las diversas jurisdicciones pertenecientes al Commonwealth, del cual revisaremos un par de fallos.

Para una comprensión más sencilla del asunto, comenzaremos por analizar primero la decisión *The Attorney General et al. v. Joseph y Boyce* de la Corte de Justicia del Caribe de 2006, junto a los precedentes relevantes en ella invocados, para luego pasar a revisar la sentencia *Boyce v. Barbados* de la Corte Interamericana de Derechos Humanos de 2007.

A. *Decisión de la Corte de Justicia del Caribe del 8 de noviembre de 2006 (The Attorney General et al. v. Joseph y Boyce)*

El artículo 2 de la Ley de Delitos contra las Personas de Barbados del año 1994 sancionaba a las personas condenadas por el delito de homicidio con la imposición obligatoria, esto es, "automática", de la pena de muerte.

En el caso que dio lugar a la decisión *in commento*, el Estado de Barbados había condenado a cuatro individuos a la pena de muerte mediante la horca. En contra de las respectivas decisiones, los condenados habían ejercido recursos judiciales internos y, además, habían acudido ante el sistema interamericano de protección de los derechos humanos.

Luego de sendas apelaciones ante el *High Court* y el *Court of Appeal* de Barbados, el conocimiento del asunto llegó finalmente a manos de la Corte de Justicia del Caribe, la cual planteó la controversia en los términos siguientes:

---

[10] Decisión de la Corte Interamericana de Derechos Humanos del 20 de noviembre de 2007 (*Boyce v. Barbados*).

[11] La Corte de Justicia del Caribe es un tribunal que, inter alia, conoce en última instancia de las apelaciones formuladas en los procesos judiciales seguidos en los países del CARICOM, de los cuales Barbados forma parte. Acuerdo para el Establecimiento de la Corte de Justica del Caribe, artículos III.1.a, III.2 y XXV, recuperado el 20/04/21 en: https://ccj.org/wp-content/uploads/2021/02/ccj_agreement.pdf.

Esencialmente, el tribunal debe determinar... si el Estado tiene la obligación de diferir la ejecución de un condenado hasta que se resuelva sobre cualquier petición presentada por aquel ante un organismo internacional, de conformidad con las disposiciones de un tratado de derechos humanos celebrado y ratificado por el Estado, pero no incorporado en la legislación nacional por la legislatura.[12]

Barbados -país de arraigada tradición dualista del Derecho Internacional- había ratificado la Convención Americana en el año 1981.

Sin embargo, a la fecha de la controversia no se había dictado la correspondiente ley de incorporación de la Convención,[13] por lo que las garantías adjetivas y sustantivas en ellas contenidas no tenían vigencia en el ordenamiento interno.

Surgía entonces la interrogante sobre si los procedimientos seguidos ante la Comisión o la Corte Interamericana de Derechos Humanos se encontraban o no comprendidos dentro de la garantía del debido proceso (*"protection of the law"* o *"due process of law"*)[14] del Derecho Constitucional barbadense.

Sin embargo, admitir que la sola ratificación de la Convención por parte del Ejecutivo, sin el concurso del Parlamento mediante expedición de la ley de incorporación, podía servir para ampliar el concepto constitucional de la *"protection of the law"*, de modo tal de incluir los procesos seguidos ante instancias internacionales, suponía un problema de la posible usurpación de funciones del Ejecutivo, quien, de admitirse tal tesis, podría considerarse invadiendo competencias normativas, que, por mandato del principio de legalidad, estaban atribuidas de manera exclusiva al Parlamento.[15]

No obstante, lo anterior, lo cierto es que ya el Comité Judicial del Consejo Privado (*Judicial Committee of the Privy Council,*[16] había conocido el tema y se había pronunciado me-

---

[12]   Decisión de la Corte de Justicia del Caribe del 8 de noviembre de 2006 (*The Attorney General et al. v. Joseph y Boyce*), § 12, traducción nuestra.

[13]   Para la correcta comprensión del asunto resulta importante destacar que el Reino Unido y los países del Commonwealth acogen el sistema dualista, que, en materia de tratados internacionales – en este caso, sobre derechos humanos – hacen uso del mecanismo de la incorporación legislativa, de acuerdo con el cual resulta necesario que, «...además de la ratificación, exista otro acto legislativo que "cree" la norma en el orden nacional nuevamente... [distinguiendo así] dicho acto legislativo con el de la ratificación...» (Humberto Henderson, *Los tratados internacionales de derechos humanos en el orden interno: la importancia del principio pro homine*, en: *Revista IIDH*, Instituto Interamericano de Derechos Humanos, Vol. 39, pp. 73-74, recuperado el 17/04/2021 de https://www.corteidh.or.cr/tablas/R06729-3.pdf).

[14]   *The Attorney General* et al. v. Joseph y Boyce, § 64.

[15]   De acuerdo con la decisión, «en los estados a los que los abogados internacionales se refieren como 'dualistas', y estos incluyen el Reino Unido, Barbados y otros estados del Commonwealth del Caribe, el derecho consuetudinario ha desarrollado a lo largo de los siglos reglas sobre la relación entre el derecho nacional e internacional. La opinión clásica es que, incluso si son ratificados por el Ejecutivo, los tratados internacionales no forman parte del derecho interno a menos que hayan sido incorporados específicamente por el poder legislativo. Para que sea vinculante en la ley interna, los términos de un tratado deben ser promulgados por el Parlamento local. La ratificación de un tratado no puede, *ipso facto*, agregar o modificar la Constitución y las leyes de un Estado porque esa es una función reservada estrictamente al Parlamento nacional» (*The Attorney General et al. v. Joseph y Boyce*, § 55, traducción nuestra).

[16]   El Comité Judicial del Consejo Privado (*Judicial Committee of the Privy Council*), «...is the highest court of appeal for many Commonwealth countries, as well as the United Kingdom's overseas territories, crown dependencies, and military sovereign base areas...» (https://www.jcpc.uk/about/role-of-the-jcpc.html).

diante dos decisiones de principios en el Derecho jamaiquino, a saber: (i) *Pratt v The Attorney General of Jamaica* de 1993[17] y (ii) *Lewis v. The Attorney General* de Jamaica, de 2000.[18]

Ambas decisiones habían resuelto casos similares, aunque obviando un análisis pormenorizado sobre el punto controvertido.[19] En ambos fallos se había concluido que resultaba inconstitucional (i) mantener indefinidamente a un condenado a muerte en estado de espera de su ejecución, así como (ii) ejecutar al condenado antes de la resolución de los recursos ejercidos ante los órganos interamericanos de protección de derechos humanos.

Aun cuando la Corte de Justicia del Caribe compartió las conclusiones a las que ambos fallos arribaron, no compartió sus fundamentos, que consideró contradictorios. Para la Corte de Justicia resultaba una contradicción admitir la vigencia del principio dualista y, al mismo tiempo, aceptar que la mera ratificación por parte del Ejecutivo de la Convención podría ampliar, sin el concurso del Legislador mediante la ley de incorporación, la cláusula de debido proceso para incorporar dentro de su ámbito interno de protección judicial a los procesos seguidos por ante la Comisión y Corte Interamericana.[20]

Para resolver el grave problema de la fundamentación jurídica del que adolecían ambas decisiones, la Corte de Justicia del Caribe, procede *ex officio* a hacer una extensa indagación

---

[17]   En el caso *Pratt v The Attorney General of Jamaica* de 1993, el Comité Judicial del Consejo Privado sostuvo que dilatar la ejecución de la pena de muerte indefinidamente podría constituir una presunción de violación de la prohibición constitucional de imponer penas inhumanas o degradantes, esto es, que mantener indefinidamente a una persona en el corredor de la muerte ("*death row*"), sin que esta sepa cuál será su suerte o destino final, resulta inconstitucional. Afirmó, además, que las autoridades tienen el deber de ejecutar la pena en un plazo razonable dentro del cual los condenados tengan la posibilidad de agotar los recursos internos y del derecho internacional de los derechos humanos, plazo que fijó en un estimado de un aproximado de unos cinco años. Si el condenado, concluyó el Consejo, no fue ejecutado dentro de ese plazo aproximado, habrá una alta posibilidad de que dicho Consejo considere que se ha tratado de una pena inhumana y proceda a conmutar la pena capital por cadena perpetua (*The Attorney General et al. v. Joseph y Boyce*, § 45).

[18]   En el asunto *Lewis v. The Attorney General* de Jamaica, el Comité Judicial del Consejo Privado «...decidió, entre otras cosas, que, cuando un Estado ha ratificado un tratado que confiere a las personas el derecho a presentar una petición ante un órgano internacional de derechos humanos, una persona condenada a muerte por un tribunal de ese Estado tiene derecho, en virtud de su derecho constitucional a la protección de la ley, a exigir que la sentencia de muerte dictada en su contra no se ejecute hasta que su petición al órgano de derechos humanos haya sido resuelta definitivamente y el informe de dicho órgano esté disponible para la consideración de la autoridad estatal encargada del ejercicio de la prerrogativa de clemencia» (Decisión de la Corte de Justicia del Caribe del 8 de noviembre de 2006 (*The Attorney General et al. v. Joseph y Boyce*), § 48, traducción nuestra).

[19]   Por exceder el ámbito de nuestros comentarios, no abordaremos el grave dilema que los aludidos precedentes judiciales crearon y que la Corte de Justicia resume de la siguiente manera: «Es suficiente afirmar aquí que *Pratt y Lewis* tienen el efecto combinado de crear un dilema, ya que un Estado parte de un tratado de derechos humanos como la CADH no tiene control sobre el ritmo de los procedimientos ante el organismo internacional de derechos humanos pertinente y el estándar prescrito en *Pratt*... Un Estado, por ejemplo, deseoso de cumplir con su promesa bajo el artículo 4 (6) de la CADH de no ejecutar a un preso mientras su petición esté pendiente, puede encontrar que cuando transcurra el período de cinco años después de la condena, el proceso internacional ante la Comisión o la Corte Interamericana aún no se han completado. El resultado es que el Estado puede, en última instancia, sin culpa propia, no poder ejecutar la pena de muerte sancionada constitucionalmente debido al efecto conjunto de las decisiones en *Pratt & Morgan* y *Lewis*...» (*The Attorney General et al. v. Joseph y Boyce*, § 49, traducción nuestra).

[20]   *The Attorney General et al. v. Joseph y Boyce*, § 76.

en la jurisprudencia de los diversos tribunales pertenecientes al Commonwealth, buscando una fundamentación diferente en el principio de protección de la confianza o expectativas legítimas.[21]

La Corte de Justicia encuentra respuesta al problema en el precedente establecido por la *High Court* de Australia en el caso *Minister of State for Immigration and Ethnic Affairs v. Ah Hin Teoh*,[22] sobre el que reconoce que «…parece haber sido recibido y aprobado por el mundo del *common law* como la solución apropiada para la cuestión discutida».[23] En efecto, la Corte de Justicia del Caribe reconoció que:

> Parece haber surgido la opinión de que, a menos que el derecho interno lo excluya, un tratado ratificado, pero no incorporado, puede dar lugar a una expectativa legítima de un beneficio procesal. Cuando un tratado contiene estándares internacionalmente aceptados en materia de derechos humanos básicos que deben ser aplicados por las autoridades administrativas, los tribunales no considerarán los términos del tratado como una mera "vitrina" que pueda simplemente ser ignorada por completo en el plano nacional.[24]

Al aplicar la doctrina de las expectativas legítimas al caso en concreto, la Corte de Justicia analiza las circunstancias que, a su entender, podrían haber dado nacimiento a una expectativa legítima. En efecto, sostiene que, en adición a la ratificación por parte de Barbados de la Convención Americana, el Ejecutivo barbadense había realizado diversas declaraciones públicas en el sentido de su deseo e intención de regirse por las disposiciones de dicha Convención. Sostuvo la decisión que:

> Tales declaraciones se hicieron, por ejemplo, en el Parlamento durante el debate sobre la Ley de enmienda de la Constitución. Además, parece que era práctica del Gobierno de Barbados dar la oportunidad a las personas condenadas de que sus peticiones al organismo internacional de derechos humanos fueran procesadas antes de proceder a la ejecución. En todas estas circunstancias sostendríamos que los demandados tenían una expectativa legítima de que el Estado no los ejecutaría sin antes darles un plazo razonable para completar el proceso que habían iniciado bajo la CADH mediante petición a la Comisión.[25]

---

[21] *The Attorney General et al. v. Joseph y Boyce*, § 77.

[22] Decisión de la *High Court of Australia*, del 7 de abril de 1995 (*Minister of State for Immigration and Ethnic Affairs v. Teoh*).

[23] *The Attorney General et al. v. Joseph y Boyce*, § 107, traducción nuestra. De acuerdo con Roberts, «…the… High Court decision of Minister of State for Immigration and Ethnic Affairs v. Ah Hin Teoh… is notable for two principal reasons. First, it gives unprecedented significance to the ratification of international instruments by the Executive… by the majority stating that the ratification of such instruments creates the basis for a legitimate expectation» (Susan Roberts, Minister of State for Immigration and Ethnic Affairs v Ah Hin Teoh: The High Court decision and the Government's reaction to it, en: *Australian Journal of Human Rights*, Vol. 2(1), 1995, p. 135, recuperado el 17/04/2021 en http://www8.austlii.edu.au/cgi-bin/download.cgi/cgi-bin/download.cgi/download/au/journals/AJHR/1995/10.pdf)

[24] *The Attorney General et al. v. Joseph y Boyce*, § 107, traducción nuestra. La Corte, en términos casi poéticos, afirma, en § 110, cuanto sigue: «Dicho en términos duros, al ratificar el tratado, el Ejecutivo le ha arrojado al condenado, que lucha por salvar su vida, un salvavidas, aunque quizás ofrezca sólo una mínima posibilidad de rescate. El verdadero problema al que se enfrentan los jueces es este: Ahora que el hombre está a punto de agarrar este salvavidas, ¿es justo que el Ejecutivo, que lo colocó allí en primer lugar, se lo quite de un tirón?».

[25] *The Attorney General et al. v. Joseph y Boyce*, § 118, traducción nuestra. Más adelante, en § 124, la Corte de Justicia añade que se trata de un ejercicio de balance entre los intereses particulares de los individuos y el interés general del Estado en la ejecución de una medida.

Concluye la Corte de Justicia del Caribe que los condenados tenían una expectativa legítima de que no se ejecutara la condena hasta tanto sus recursos no fueren resueltos dentro de un plazo razonable por los órganos interamericanos de protección de los derechos humanos.

Por su particular relevancia a los efectos de nuestro estudio, emplearemos el siguiente *excursus* para dar una breve revisión a la decisión de la *High Court of Australia*, del 7 de abril de 1995 (*Minister of State for Immigration and Ethnic Affairs v. Teoh*).

Breve excursus: Minister of State for Immigration and Ethnic Affairs v. Teoh[26]

Ah Hin Teoh era un ciudadano malasio que había ingresado de manera legal a territorio australiano en mayo de 1988 bajo un permiso temporal de entrada. *Teoh* contrajo matrimonio con una ciudadana australiana y con ella tuvo tres hijos. Poco antes del vencimiento de su permiso temporal, *Teoh* solicitó se le concediera el estatus de residente. Sin embargo, mientras esperaba respuesta a su solicitud, fue acusado y encontrado culpable de nueve cargos relacionados con tráfico e importación de heroína.[27] De acuerdo con la legislación en vigor, la solicitud de *Teoh* debía ser negada y procederse a su deportación. Durante el litigio *Teoh* invocó la Convención sobre los Derechos del Niño, ratificada por Australia en diciembre de 1990, pero aún no incorporada al Derecho interno, la cual enfatizaba la necesidad de prestar especial atención a sus disposiciones al momento de tomar decisiones que separen a los hijos de sus padres.[28]

La decisión de instancia afirmó que la ratificación de la Convención había creado una expectativa legítima en los padres e hijos cuyos intereses podrían verse afectados por las acciones del Commonwealth, de que tales acciones debían ser acordes con los principios de la Convención. La *High Court* de Australia ratificó el fallo y sostuvo que

la ratificación por Australia de una convención internacional no debe descartarse como un acto meramente trivial o ineficaz, en particular cuando el instrumento contiene normas internacionalmente aceptadas que deben aplicar los tribunales y las autoridades administrativas al lidiar con derechos humanos básicos que afectan a la familia y los niños. Más bien, la ratificación de una convención es una declaración positiva del Gobierno Ejecutivo de este país al mundo y al pueblo australiano de que el Gobierno Ejecutivo y sus agencias actuarán de acuerdo con la Convención. Esa declaración positiva es una base adecuada para una expectativa legítima, a falta de indicaciones legales o administrativas en sentido contrario, de que los encargados de la adopción de decisiones administrativas actuarán de conformidad con la Convención y tratarán el interés superior de los niños como "una consideración primordial". No es necesario que una persona que pretenda establecer una expectativa legítima de este tipo conozca la Convención o albergue personalmente la expectativa; basta con que la expectativa sea razonable en el sentido de que existan materiales adecuados para sustentarla.[29]

---

[26] Decisión de la *High Court of Australia* del 7 de abril de 1995 (*Minister of State for Immigration and Ethnic Affairs v. Teoh*).

[27] Susan Roberts, *Op. Cit.*, p. 136.

[28] Susan Roberts, *Op. Cit.*, p. 137.

[29] *Minister of State for Immigration & Ethnic Affairs v Ah Hin Teoh*, § 34, traducción nuestra. Más aún, en § 22, la decisión afirma que «durante años, los tribunales han sostenido que las reglas de la justicia natural protegen las expectativas legítimas, así como los derechos de las personas afectadas por el ejercicio del poder conferido a un funcionario público. La doctrina de las expectativas legítimas fue inventada por Lord Denning M.R. en Schmidt v. Secretary of State for Home Affairs. En su forma original, era un dispositivo que permitía a los tribunales invalidar decisiones tomadas sin escuchar a una persona que tenía una expectativa razonable, pero no tenía ningún derecho legal, a la continuación de un beneficio, privilegio o estado de cosas. Dicho dispositivo, por tanto, ayudaba a proteger a una persona de la decepción y reveló la injusticia que surge de la ter-

B. *Decisión de la Corte Interamericana de Derechos Humanos del 20 de no-
    viembre de 2007 (Boyce v. Barbados)*

Sentados como han sido los precedentes de asunto debatido, resta tan solo por compartir
con el lector un par de extractos de interés de la decisión de la Corte Interamericana, así
como la conclusión a la que, respecto de nuestro objeto de estudio, aquella arribó.

A los efectos de su análisis sobre la presunta violación de los derechos humanos de las
víctimas, la Corte centró su atención en el hecho que el Estado, a sabiendas de la pendencia
de los recursos internos y ante la Corte Interamericana, había dado lectura en dos ocasiones a
las órdenes de ejecución a aquellos. Así, la sentencia afirma que,

> «El Estado leyó órdenes de ejecución a las cuatro presuntas víctimas en dos ocasiones distin-
> tas notificándoles de este modo que serían ejecutadas por medio de la horca en un plazo de
> siete días, contado a partir de tales notificaciones. La primera notificación de órdenes de eje-
> cución supuestamente ocurrió cuando sus apelaciones a nivel interno aún se encontraban
> pendiente de resolución. La segunda notificación supuestamente ocurrió cuando sus peticio-
> nes ante la Comisión Interamericana se encontraban pendientes de resolución. Aun cuando
> ninguna de las presuntas víctimas fue ejecutada, la Comisión sostuvo que la presunta notifi-
> cación de las órdenes de ejecución a cada una de las víctimas en estas dos ocasiones, mien-
> tras se encontraban pendientes la resolución de las apelaciones internas, así como la petición
> ante la Comisión, constituye una violación de sus derechos humanos».[30]

Durante el procedimiento ante la Corte, el Estado de Barbados «…observó que la legislación interna existente al momento de la notificación de dichas órdenes de ejecución no le
reconocía a las presuntas víctimas el derecho a presentar una petición ante la Comisión Interamericana ni a tener "una expectativa legítima" a no ser ejecutado hasta tanto se resolvieran
dichos procedimientos. Sin embargo, el Estado reconoció que dicha "expectativa legítima"
ahora existe en Barbados conforme a la reciente decisión de la Corte de Justicia del Caribe
en…»[31] *The Attorney General et al. v. Joseph y Boyce.*

Finalmente, la Corte Interamericana hizo suyos los argumentos de la Corte de Justicia
del Caribe, concluyendo «…que los señores Boyce y Joseph tenían una "expectativa legítima" de no ser ejecutados -y por ello, de no tener que ser notificados de las órdenes de ejecu-
ción- hasta tanto se resolvieran, dentro de un "plazo razonable", las peticiones interpuestas
ante organismos internacionales de derechos humanos».[32]

2. *Gelman v. Uruguay y la revocatoria por razones de ilegitimidad de los actos ad-
    ministrativos dictados en ejecución de la Ley de Amnistía objeto de denominado
    control de convencionalidad*[33]

Gelman v. Uruguay es conocida por ser una de las primeras decisiones en las que la
Corte Interamericana sentó las bases del denominado control de convencionalidad. En el
aludido asunto la Corte conoció las denuncias de violación de derechos humanos con ocasión de la desaparición forzada de María Claudia García de Gelman, de la supresión y

---

minación inesperada por parte de un funcionario del gobierno de una situación que, de otra manera, parecía probable que continuaría».

[30] *Boyce v. Barbados*, § 103.

[31] *Boyce v. Barbados*, § 105.

[32] *Boyce v. Barbados*, § 110.

[33] Decisión de la Corte Interamericana de Derechos Humanos del 24 de febrero de 2011 (*Gelman v.
      Uruguay*).

sustitución de identidad de María Macarena Gelman García, por parte del Estado de Uruguay, y, particularmente, la violación por parte del Estado del deber de investigar y sancionar tales violaciones.

Uno de los puntos debatidos en el asunto -y que resultan de interés a los efectos de nuestro estudio- guarda relación con la expedición de la Ley 15.848 de Caducidad de la Pretensión Punitiva del Estado, del 22 de diciembre de 1986. La aludida ley constituyó una amnistía para muchos de los funcionarios públicos que habían participado en graves violaciones de derechos humanos. De acuerdo con dicha ley, correspondía al Ejecutivo la determinación de las personas amparadas por el perdón. De la ley, son dos las normas que por ahora nos interesan.

El artículo 1°, que dispuso lo siguiente:

«Reconócese que, como consecuencia de la lógica de los hechos originados por el acuerdo celebrado entre partidos políticos y las Fuerzas Armadas en agosto de 1984 y a efecto de concluir la transición hacia la plena vigencia del orden constitucional, ha caducado el ejercicio de la pretensión punitiva del Estado respecto de los delitos cometidos hasta el 1° de marzo de 1985 por funcionarios militares y policiales, equiparados y asimilados por móviles políticos o en ocasión del cumplimiento de sus funciones y en ocasión de acciones ordenadas por los mandos que actuaron durante el período de facto».

Y el artículo 2, que atribuyó facultades al Poder Ejecutivo para determinar, mediante acto administrativo, si un sujeto se encontraba dentro del ámbito de aplicación del artículo 1°, lo cual fue establecido en los términos siguientes:

«A los efectos previstos en los artículos anteriores, el Juez interviniente en las denuncias correspondientes, requerirá al Poder Ejecutivo que informe, dentro del plazo perentorio de treinta días de recibida la comunicación, si el hecho investigado lo considera comprendido o no en el artículo 1° de la presente ley».

La Corte Interamericana arribó a la conclusión que la aludida ley podía impedir u obstaculizar la investigación y sanción de los responsables de las violaciones denunciadas, declarando que la misma, por resultar incompatible con la Convención Americana sobre Derechos Humanos, carecía de efectos.[34]

Más aún, la sentencia ordenó expresamente que el Estado debía «...disponer que ninguna otra norma análoga, como prescripción, irretroactividad de la ley penal, cosa juzgada, *non bis in idem* o cualquier excluyente similar de responsabilidad, sea aplicada y que las autoridades se abstengan de realizar actos que impliquen la obstrucción del proceso investigativo...».[35]

En ejecución del mandato contenido en esta última orden, el Estado dictó la Resolución N° 322/011 del 20 de junio de 2011. Esa Resolución reviste particular interés, pues en su literal 1° dispuso textualmente cuanto sigue:

«Revócanse por razones de legitimidad todos los actos administrativos y Mensajes emanados del Poder Ejecutivo, en aplicación del artículo 3° de la Ley N° 15.848 de 22 de diciembre de 1986, que consideraron que los hechos denunciados estaban comprendidos en las disposiciones del artículo 1° de la referida Ley y en su lugar declárase que dichos hechos no estaban comprendidos en la citada norma legal».

---

[34]   *Gelman v. Uruguay*, §§ 253-254 y p. 85.

[35]   *Gelman v. Uruguay*, § 254.

De igual manera resultan de interés los considerandos XVIII y IX que preceden la recién citada disposición. En efecto, tales considerandos rezan así:

VIII) que por otra parte la Administración está obligada a revocar aquellos actos administrativos contrarios a Derecho, de oficio o a petición de parte, lo que constituye jurisprudencia constante del Tribunal de lo Contencioso Administrativo siguiendo a Sayagués Laso;

IX) que asimismo el Tribunal sostiene que los actos que adolecen de ilegalidad no pueden generar derechos subjetivos, ni intereses legítimos protegidos por el Derecho y cuando la revocación es por razones de legitimidad los efectos de ésta se proyectan hacia el pasado;

Como puede apreciarse, aun cuando la Corte Interamericana no aborda el tema de la protección de la confianza, la ejecución de una de las órdenes impuestas por la decisión pareciera haber implicado una paradójica situación en el ordenamiento interno del Uruguay, en relación con lo que podría lucir a primera vista como un aparente desconocimiento del principio de protección de la confianza.

En efecto, como producto del control de convencionalidad aplicado por la decisión, la Corte estimó que la Ley de Amnistía carecía de efectos, por constituir un obstáculo para la investigación y sanción de las graves violaciones de derechos humanos cometidas. En consecuencia, ordenó al Estado remover tales obstáculos.

Ahora bien, como quiera que la aplicación de Ley de Amnistía precisaba de la expedición por parte el Ejecutivo de actos administrativos destinados a identificar los sujetos que serían objeto de tal amnistía, es decir, los sujetos a quienes el artículo 1° de la ley se le aplicaría, la consecuencia necesaria de la ejecución de la decisión de la Corte Interamericana resultó en la revocatoria de tales actos, por razones sobrevenidas de contrariedad a Derecho.

Los considerandos invocados por la resolución que revoca los actos, así como la decisión en sí misma, son atacados por Durán Martínez, quien invoca el principio de protección de la confianza, para sostener que tales actos administrativos favorables no podían ser revocados.[36] Sostiene el autor:

«Desde hace veinticinco años he sostenido lo contrario: la Administración no puede revocar actos administrativos firmes, es decir, inimpugnables, creadores de derechos o, en términos más generales, creadores de una situación favorable, ni siquiera por razones de legitimidad».[37]

Es cierto que ante el conflicto entre una situación jurídico-subjetiva nacida al amparo de la confianza generada en el beneficiario de acto que da pie tal situación y la revocatoria de aquel por razones de ilegalidad, en este caso, sobrevenidas -léase, por virtud de la sentencia de la Corte Interamericana- el principio objeto de estudio empuja al operador a proteger la situación jurídico-subjetiva, bien mediante su restablecimiento o bien mediante la correspondiente indemnización, por sacrificio particular, cuando un interés público ineludible y concretizado se impone.

No obstante, ello, no es menos cierto que antes de saltar directamente al análisis de las consecuencias de la aplicación del principio de protección a la confianza, resulta imprescin-

---

[36] Augusto Durán Martínez, La jurisprudencia de la corte interamericana de derechos humanos en la perspectiva del derecho administrativo: especial referencia al caso Gelman vs. Uruguay, en: *Revista de Investigações Constitucionais*, Curitiba, Vol. 1, N° 2, 2014, pp. 112-113, recuperado el 23/04/2021 en: https://www.redalyc.org/articulo.oa?id=534056248006.

[37] Augusto Durán Martínez, *Op. Cit.*, p. 112.

dible revisar, en primer término, si realmente nos encontramos en presencia de una situación digna de protección o, dicho de otro modo, si realmente existe en el caso dado una situación de "confianza".[38]

Para determinar si realmente el destinatario del acto podría invocar una situación de confianza o expectativa legítima alguna, el operador jurídico debe, entre otras cosas, analizar si aquel obró de buena fe o con la debida diligencia impuesta por las circunstancias particulares del caso. Dicho sea de paso, las causales o circunstancias de exclusión de la existencia de la confianza pueden ser catalogadas bajo dos grandes géneros o grupos, producto del dolo (circunstancias conocidas) y las producto de la culpa (circunstancias desconocidas pero que, dadas las circunstancias, debían haber sido conocidas).

Bajo el primer renglón podemos encuadrar todas aquellas que destruyen la buena fe, tales como, el fraude o el cohecho, el conocimiento, la participación o el fomento de la ilegalidad, entre otras. No podríamos hablar de confianza si, *gratia argüendi*, el particular suministró deliberadamente a la Administración información falsa, con base en la cual es llevada a cabo la actuación que se invoca luego como generadora de la confianza. Bajo el segundo renglón se encuentran comprendidas las circunstancias producto de la culpa de quien invoca la situación de supuesta confianza. Por supuesto, no cualquier culpa podría excluir el nacimiento de la confianza, sino tan solo una culpa grave, producto de una severa negligencia, impericia o imprudencia.

En todo caso, cualquier análisis sobre la existencia o no de la confianza, debe pasar por revisar si quienes la invocan tenían conocimiento, o debían haberlo tenido, sobre si su actuación se ajustaba o no a Derecho o si al menos había sido una actuación de buena fe o de un error excusable. Sin entrar de lleno en las complejidades relacionadas con este tema por de pronto, lo que aquí corresponde preguntarse, es si puede nacer confianza en un contexto en el que quien de ella se quiere servir, tenía conocimiento de que se encontraba en una situación de ilegalidad.

Más aún, cabría preguntarse si, como en el caso de la especie, un funcionario público que sabía o debía haber sabido que su actuación podía constituir una violación de derechos humanos, puede ampararse bajo la protección de este principio. La respuesta parece resultar una obviedad.

Aunque cada caso en particular debe ser analizado a la luz de las circunstancias de modo, tiempo y lugar específicas, lo que sí queda claro es que, si se pretende invocar de manera genérica el principio bajo estudio, siempre ha de hacerse un análisis completo. No resulta

---

[38] En nuestro criterio, la expresión "confianza", en sí misma, siempre lleva implícita la nota de la llamada "legitimidad". No concebimos la existencia de una confianza ilegítima, pues la "ilegitimidad" destruye en el propio concepto o noción de la confianza. La adjetivación del sustantivo confianza nos luce, por tanto, innecesaria y contradictoria. En Alemania, país en el que nace el concepto, se le conoce simplemente como protección de la confianza ("*Vertrauensschutz*"). En países de habla inglesa, como expectativas legítimas ("*legitimate expectations*"). La traducción al castellano ha hecho una mixtura, en mi criterio, ilógica, de ambas concepciones. Ergo, la pregunta correcta a formularse es si existe o no existe confianza, no si se trata de una confianza legítima o no. El resultado es exactamente el mismo, pues las circunstancias que excluirían la existencia de una "confianza legítima" en la expresión clásica -a saber, dolo, cohecho, fraude, la participación en la ilegalidad, el conocimiento de aquella o la grave negligencia, entre otras- también excluirían o impedirían la existencia de la "confianza", como concepto. No puede nacer confianza cuando se ha obrado de mala fe o cuando se ha obrado con una ligereza tal que pueda ser considerada como negligencia grave.

sostenible en Derecho una conclusión que omite la primera parte del ejercicio teórico, a saber, si nació o no la "confianza" en el caso de la especie, para saltar directamente a la conclusión sobre la irrevocabilidad del acto administrativo contrario a Derecho con base en el principio de protección de la confianza.

3. *Chocrón Chocrón v. Venezuela y la confianza en la continuidad en el desempeño de un cargo público para el que se fue debidamente designado*[39]

Chocrón Chocrón v. Venezuela se ocupa del caso de una destitución arbitraria de una juez venezolana por parte de la Comisión Judicial del Tribunal Supremo de Justicia.

En octubre de 2002 Chocrón Chocrón fue «...designada "con carácter temporal" por la Comisión Judicial como Jueza del Juzgado de Primera Instancia del Circuito Judicial Penal de la Circunscripción Judicial del Área Metropolitana de Caracas».[40] Tan solo tres meses después, sería destituida mediante nuevo acto administrativo emanado de la Comisión Judicial del Tribunal Supremo de Justicia.

De relevancia resultan las motivaciones de ambos actos, pues la Comisión Judicial habría invocado como fundamento del aludido nombramiento temporal «...la urgencia de proveer las vacantes ocurridas en los distintos Tribunales de la [n]ación, a fin de evitar la paralización de los procesos judiciales y previo el examen de las credenciales correspondientes a los aspirantes...».[41] En su segundo acto, expedido tres meses más tarde, la Comisión informaría a Chocrón Chocrón que, luego de considerar ciertas objeciones hechas por algunos Magistrados del Tribunal Supremo de Justicia -las cuales, por cierto, se acreditó que nunca le fueron precisadas o comunicadas en modo alguno- había decidido dejar sin efecto su nombramiento.[42]

Luego del correspondiente análisis, la Corte Interamericana concluyó que:

«...que el nombramiento temporal de la señora Chocrón Chocrón no estaba limitado por un plazo o una condición resolutoria específica... Por ello, teniendo en cuenta que el Tribunal ha reiterado que los jueces provisorios y temporales deben contar con cierto tipo de estabilidad en el cargo, puesto que la provisionalidad no equivale a libre remoción... la presunta víctima podía contar con la expectativa legítima de permanecer en su cargo hasta la realización de los concursos públicos de oposición establecidos en la Constitución. Esto implica que la remoción de la señora Chocrón Chocrón sólo podía proceder en el marco de un proceso disciplinario o a través de un acto administrativo debidamente motivado. En consecuencia, el acto que dejó sin efecto el nombramiento de la señora Chocrón Chocrón tenía que estar motivado...».[43]

Además de haber condenado al Estado por la violación del derecho al debido proceso reconocido y protegido por la Convención Americana, en su artículo 8.1, así como por la violación de la garantía de protección judicial del artículo 25.1, la Corte admitió que tales violaciones que habrían frustrado las expectativas legítimas de Chocrón Chocrón a una estabilidad en su destino público.

---

[39] Decisión de la Corte Interamericana de Derechos Humanos del 1° de julio de 2011 (*Chocrón Chocrón v. Venezuela*).

[40] *Chocrón Chocrón v. Venezuela*, § 78.

[41] *Chocrón Chocrón v. Venezuela*, § 78.

[42] *Chocrón Chocrón v. Venezuela*, §§ 81 y 116.

[43] *Chocrón Chocrón v. Venezuela*, § 117. Afirmó la Corte, además, que la destitución de Chocrón Chocrón había alterado sus expectativas de desarrollo profesional (§ 149).

Finalmente, para restablecer la situación jurídica infringida, la Corte ordenó al Estado restituir a Chocrón Chocrón «...a un cargo similar al que desempeñaba, con la remuneración, beneficios sociales y rango equiparable a los que le correspondían al momento de la decisión...».[44] Dispuso, además, que, de no proceder a su reincorporación, el Estado debía indemnizarle en los términos expuestos en la decisión.[45]

4. *Quintana Coello v. Ecuador y la confianza en la continuidad en el desempeño de un cargo de Magistrado para el que se fue debidamente designado*[46]

En *Quintana Coello v. Ecuador* la Corte resolvió la denuncia de violación de derechos humanos producida por la remoción arbitraria de 27 magistrados de la Corte Suprema de Ecuador por parte del Parlamento de dicho país. La Corte estimó que la destitución de los magistrados «...fue el resultado de una decisión que atentó contra las garantías judiciales, la independencia judicial, la permanencia en el cargo y la protección judicial...».[47]

Aun cuando la decisión, tal y como sucedió en *Chocrón Chocrón v. Venezuela*, no consideró directamente la violación del principio de protección de la confianza, máxime cuando en el presente caso se trataba de cargos públicos vitalicios, sí admitió que tales vulneraciones:

«...se hallan relacionadas con el principio de independencia judicial y sus implicaciones al debido proceso en donde fruto del cese arbitrario hubo un detrimento patrimonial de los magistrados, ya que estos no volvieron a percibir ingresos producto de su trabajo como integrantes del poder judicial. Ingresos que tenían derecho a percibir debido a que ninguno de ellos había incurrido en causal de destitución, lo que los hacía tener la expectativa legítima de seguir percibiendo un sueldo en razón del cargo que estaban ocupando, llevándolos de esta forma a adquirir compromisos económicos que tenían la expectativa legítima de cumplir si no eran destituidos por motivos imputables a ellos mismos...».[48]

La Corte reconoció que en «...el presente caso los ex magistrados tenían la expectativa legítima de recibir salarios de forma vitalicia siempre y cuando no incurrieran en causales de destitución, lo que los pudo hacer adquirir compromisos económicos y expectativas de vida superiores a las que hubieran tenido...».[49]

5. *Granier v. Venezuela y la renovación de concesiones del espectro radioeléctrico*[50]

De acuerdo con *Granier v. Venezuela*, la controversia planteada versaba sobre la alegada violación de la libertad de expresión de los accionistas, directivos y periodistas de Radio Caracas Televisión, con ocasión de la decisión del Estado de no renovar la concesión de la televisora.[51]

---

[44]   *Chocrón Chocrón v. Venezuela*, § 59.

[45]   *Chocrón Chocrón v. Venezuela*, § 59.

[46]   Decisión de la Corte Interamericana de Derechos Humanos del 23 de agosto de 2013 (*Quintana Coello v. Ecuador*). La decisión fue objeto de posterior aclaratoria, el 21 de agosto de 2014.

[47]   *Quintana Coello v. Ecuador*, § 213.

[48]   *Quintana Coello v. Ecuador*, § 232.

[49]   *Quintana Coello v. Ecuador*, § 240.

[50]   Decisión de la Corte Interamericana de Derechos Humanos del 25 de junio de 2015 (*Granier v. Venezuela*).

[51]   *Granier v. Venezuela*, § 1.

Sostuvo la Comisión que el Estado había incumplido con las obligaciones que tenía en materia de asignación y renovación de las concesiones, y que todo ello habría ocurrido en un contexto de inseguridad jurídica.[52]

Para establecer si la decisión de no renovación constituía una restricción al derecho a la libertad de expresión, la Corte analizó, *inter alia*, si, de acuerdo con la normativa interna en vigor, existía un derecho a la renovación de la concesión o un derecho de preferencia a favor de Radio Caracas Televisión, así como si en el derecho comparado o de acuerdo con el derecho internacional, los Estados tiene la obligación de renovar las concesiones de radiodifusión.[53]

Luego de la revisión mencionada, la Corte arribó a la conclusión de la inexistencia de un derecho a la renovación de la concesión en cuestión, empero, reconoció marginalmente la existencia de una expectativa de renovación.[54] En este sentido, la Corte afirmó que

«…no existía un derecho a la renovación o a una prórroga automática de la concesión… por lo que no hay argumentación o regulación que permita interpretar, para el presente caso, que se generó un derecho a la extensión de concesiones en la normativa venezolana a favor de la empresa. Por tanto, la posibilidad de que el Estado renovara la concesión… para el uso del espectro radioeléctrico… no puede ser considerada como un bien o derecho adquirido ya incorporado en el patrimonio de la empresa. Dicha posibilidad era una mera expectativa de renovación que estaba condicionada por la facultad del Estado para establecer controles sobre un recurso de su propiedad…».[55]

No obstante haber reconocido la eventual existencia de una expectativa a la renovación de la concesión, lamentablemente en la decisión no se analizó si tal confianza era digna de protección jurídica o si la misma había sido frustrada o no.

6. *Herzog v. Brasil y la ausencia de confianza en la situación generada a partir de una Ley de Amnistía que perdonó delitos castigados por el Derecho Internacional*[56]

En octubre de 1975 el periodista Vladimir Herzog fue detenido arbitrariamente, torturado y, finalmente, asesinado por la dictadura militar del Brasil.

Se trató de un caso notorio que estremeció a la opinión pública, pues el señor Herzog, reconocido periodista, quien además era miembro del Partido Comunista del Brasil, había sido citado a comparecer ante el DOI/CODI del II Ejército. Herzog se presentaría ante la sede de dicha unidad del ejército en la mañana del 25 de octubre de 1975 y allí fue retenido, torturado y muerto el mismo día.

En el marco de una acción declarativa de responsabilidad seguida por los causahabientes del señor Herzog contra la Unión o gobierno federal, la justicia federal concluyó que aquel había muerto de causas no naturales y que había sido comprobada la comisión de varios delitos, entre ellos, el de abuso de autoridad y el de tortura. Luego de la interposición de una serie de recursos, el Tribunal Federal de Recursos finalmente «…declaró la existencia de

---

[52] *Granier v. Venezuela*, § 1.
[53] *Granier v. Venezuela*, § 172.
[54] *Granier v. Venezuela*, § 180.
[55] *Granier v. Venezuela*, § 343.
[56] Decisión de la Corte Interamericana de Derechos Humanos del 15 de marzo de 2018 (*Herzog v. Brasil*).

una relación jurídica entre los actores de la acción declaratoria y la Unión, consistente en la obligación de esta última de indemnizar los daños derivados de la muerte de Herzog y señaló que tales daños deberían ser reclamados por medio de una acción de indemnización».[57]

No obstante ello, en el año 1979 fue sancionada la Ley de Amnistía N° 6683/79, mediante la cual se concedió

> «…amnistía a quienes… cometieron crímenes políticos o conexos con éstos, crímenes electorales, a quienes tuvieron sus derechos políticos suspendidos y a los servidores de la administración directa e indirecta, de fundaciones vinculadas al poder público, a los servidores de los poderes legislativo y judicial, a los militares y a los dirigentes y representantes sindicales, sancionados con fundamento en actos institucionales y complementarios».[58]

Dicha ley había sido declarada compatible con la Constitución brasilera por el Tribunal Supremo Federal en el 2010, confirmando así su «…eficacia *erga omnes* y [su] efecto vinculante respecto de todos los órganos del poder público…».[59]

La Corte Interamericana, sin embargo, ya había tenido oportunidad de pronunciarse en *Gomes Lund v. Brasil* respecto de la Ley de Amnistía y sobre la falta de aplicación del control de convencionalidad por parte del Tribunal Supremo Federal, manteniendo el criterio conforme al cual una ley que impide la investigación y sanción de eventuales violaciones de derechos humanos resulta incompatible con la Convención y, por tanto, carente de efectos jurídicos.[60]

En el caso en concreto, la Corte analizó, entre otros, la responsabilidad internacional del Estado respecto de la falta de investigación, juzgamiento y sanción de los responsables por la tortura y asesinato del señor Herzog. Uno de los asuntos debatidos -muy similar al asunto en *Gelman v. Uruguay*- guardaba relación con la alegada expectativa legítima de los funcionarios que se habían visto beneficiados por la Ley de Amnistía.

Por su trascendencia nos permitimos incorporar al correspondiente párrafo de la decisión:

> «…En atención a la prohibición absoluta de los crímenes de derecho internacional y de lesa humanidad en el derecho internacional, la Corte coincide con los peritos… en el sentido de que para los perpetradores de dichas conductas nunca se crearon expectativas válidas de seguridad jurídica puesto que los crímenes ya eran prohibidos en el derecho nacional e internacional en el momento de cometerse. Además, no hay aplicación ni vulneración del principio pro reo ya que nunca hubo una expectativa legítima de amnistía ni prescripción que diera lugar a una expectativa legítima de finalidad. La única expectativa efectivamente existente era el funcionamiento del sistema de encubrimiento y protección de los verdugos de las fuerzas de seguridad. Dicha expectativa no puede ser considerada legítima por esa Corte y suficiente para ignorar una norma perentoria de derecho internacional».[61]

---

57 *Herzog v. Brasil*, § 135.

58 Artículo 1° de la Ley de Amnistía N° 6683/79.

59 *Herzog v. Brasil,* § 137.

60 *Herzog v. Brasil,* § 138. En efecto, la Corte había ya afirmado cuanto sigue: «…dada su manifiesta incompatibilidad con la Convención Americana, las disposiciones de la Ley de Amnistía brasileña que impiden la investigación y sanción de graves violaciones de derechos humanos carecen de efectos jurídicos».

61 *Herzog v. Brasil,* § 307.

La decisión de la Corte ratifica las ideas previamente expuestas al revisar *Gelman v. Uruguay*. No puede invocar confianza quien obró con conocimiento de que su actuación era contraria a la buena fe o al ordenamiento jurídico, máxime si sabía o debía haber sabido que su conducta constituía una violación de derechos humanos, pues en una situación tal nunca pudo haber nacido confianza alguna.

II. LA CARTA IBEROAMERICANA DE LOS DERECHOS Y DEBERES DEL CIUDADANO EN RELACIÓN CON LA ADMINISTRACIÓN PÚBLICA

Aun cuando la Carta Iberoamericana de los Derechos y Deberes del Ciudadano en relación con la Administración Pública, adoptada por la XXIII Cumbre Iberoamericana de Jefes de Estado y de Gobierno en Panamá en el año 2013 no contiene normas directamente aplicables en los ordenamientos de los Estados que la han suscrito, sino, como ella misma lo afirma, es un marco de referencia para estos, luego de la sumaria revisión dada a las decisiones de la Corte Interamericana, consideramos pertinente incluir en nuestras líneas una puntual referencia a dicho instrumento.

Esta mención cobra importancia habida consideración de la finalidad de dicho instrumento, cual es, según su propio texto, «...el reconocimiento del derecho fundamental de la persona a la buena Administración Pública y de sus derechos y deberes componentes...».[62]

Así, a tenor de lo previsto por la Carta, la buena Administración Pública tiene una triple naturaleza: (i) es un principio general de la Administración Pública y del Derecho Administrativo, (ii) es una "obligación" de los Estados, y, lo que es aún más importante, (iii) es, parafraseando a la Carta, «un auténtico y genuino derecho fundamental».

A los efectos de nuestro estudio, son cuatro los subprincipios relevantes, que forman parte del derecho fundamental a la buena Administración Pública, y que guardan íntima relación con el principio de protección de la confianza.

1. *El principio de eficacia y las expectativas legítimas*

Reconocido en el numeral 6 del Capítulo Segundo de la Carta se encuentra el principio de eficacia. De acuerdo con el mencionado principio, las actuaciones administrativas estarán siempre ordenadas a la mayor y mejor satisfacción de las legítimas expectativas del ciudadano. La letra del numeral 6 reza de la siguiente manera:

«6. Principio de eficacia, en cuya virtud las actuaciones administrativas deberán realizarse, de acuerdo con el personal asignado, en el marco de los objetivos establecidos para cada ente público, que siempre estarán ordenadas a la mayor y mejor satisfacción de las necesidades y legítimas expectativas del ciudadano».

Aun cuando la norma alude expresamente a las expectativas legítimas, no resulta del todo claro la razón de que su reconocimiento se haya incluido en el contexto del principio de eficacia. En todo caso, cabe descartar que la norma impone la exigencia de que toda actividad administrativa esté orientada, no a cualquier satisfacción de las expectativas legítimas, sino a su mayor y mejor satisfacción, esto es, una satisfacción reforzada o calificada.

Se desprende de lo anterior que para que una decisión sea eficaz, la Administración debe considerar, ponderar y respetar, de la mejor manera y en la mayor medida, las eventuales expectativas del ciudadano al momento de la toma de sus decisiones. Se nos presenta así el

---

[62]   Carta Iberoamericana de los Derechos y Deberes del Ciudadano en relación con la Administración Pública, Preámbulo.

principio de la protección de la confianza en su faceta de mandato, es decir, como un elemento imperativo que debe formar parte del proceso deliberativo de formación de voluntad de la Administración.

2. El principio de ética y la confianza

Dentro del contenido del principio de ética se halla una extensa enumeración de virtudes que deben encontrarse en cada actuación administrativa. Revisemos el listado, advirtiendo que nos interesan particularmente dos de tales virtudes, a saber: la buena fe y la confianza mutua.

Reza el numeral 12 de la siguiente forma:

«12. Principio de ética, en cuya virtud todas las personas al servicio de la Administración pública deberán actuar con rectitud, lealtad y honestidad, promoviéndose la misión de servicio, la probidad, la honradez, la integridad, la imparcialidad, la buena fe, la confianza mutua, la solidaridad, la transparencia, la dedicación al trabajo en el marco de los más altos estándares profesionales, el respeto a los ciudadanos, la diligencia, la austeridad en el manejo de los fondos y recursos públicos así como la primacía del interés general sobre el particular».

No corresponde aquí ahondar en las relaciones entre el principio de buena fe y el de confianza legítima, pero al menos podemos afirmar que, entre las múltiples relaciones existentes entre ambos conceptos, la buena fe puede ser empleada como uno de los estándares al analizar la actuación del sujeto que invoca para sí la protección de la confianza. No en balde, tanto en la jurisprudencia comparada como en la nacional, existe una línea que busca la fundamentación jurídica del principio de protección de la confianza en el principio de la buena fe.

El principio de buena fe se impone como un mandato a la actuación de todos los actores, ciudadanos y Administración, pero también tiene una función específica de protección de la actuación del ciudadano, mediante la presunción de buena fe, que, como una suerte de manto protector, ampara las declaraciones y acciones del particular, colocando, por tanto, en cabeza de la Administración la carga de la prueba, en caso de que considere necesario desvirtuar tal presunción.

3. El principio de seguridad jurídica, previsibilidad y la interdicción de la variación arbitraria

Resulta un tanto curioso que el principio de protección de la confianza o de expectativas legítimas no se haya incorporado precisamente en el numeral 15. Consideramos que hubiese tenido más sentido incluir dicho principio en el contexto de la seguridad jurídica y la previsibilidad. Dispone el aludido numeral cuanto sigue:

«15. Principio de seguridad jurídica, de previsibilidad, claridad y certeza normativa, en cuya virtud la Administración Pública se somete al Derecho vigente en cada momento, sin que pueda variar arbitrariamente las normas jurídicas».

En efecto, el principio de protección de la confianza está íntimamente relacionado con el principio de seguridad jurídica, particularmente en su faceta de previsibilidad, todos ellos como integrantes del principio de Estado de Derecho.

En nuestro criterio, la expresa veda a la Administración Pública de variar arbitrariamente las "normas jurídicas" -que en nuestro país fue establecida desde temprano con rango de ley en el artículo 11 de la Ley Orgánica de Procedimientos Administrativos- debe ser entendida en un sentido amplio, de modo de incluir no solo la función normativa de la Administración, sino particularmente la función administrativa o de aplicación. En este sentido, la Administración Pública debe hallarse impedida no solo de modificar arbitrariamente las normas reglamentarias (función normativa o *Rechtsetzung*), sino también de modificar de forma arbitraria los criterios e interpretaciones al momento de la aplicación de la norma (función administrativa o jurisdiccional, comprendidas dentro de la *Rechtsanwendung*).

En todo caso, tanto la veda como los principios enumerados se hallan en íntima relación con el principio de protección de la confianza, que, como es bien sabido, protege a los particulares, *inter alia*, de situaciones en las que la variación arbitraria de un criterio o de una forma de actuar, puede frustrar sus expectativas.

4.   *El principio de la buena fe*

La Carta incorpora como contenido del derecho a la buena Administración, el principio de la buena fe, «...en cuya virtud las autoridades y los ciudadanos presumirán el comportamiento legal y adecuado de unos y otros en el ejercicio de sus competencias, derechos y deberes» y sobre el cual ya adelantamos algunas ideas preliminares bajo el punto 2.

Finalmente, aun cuando las disposiciones de la Carta no constituyen normas directamente aplicables en los ordenamientos de los Estados que la han suscrito, sino un marco de referencia, consideramos que el derecho fundamental a la buena Administración -junto, claro está, a sus contenidos concretos- podría reputarse como parte integrante del *corpus iuris* interamericano, en el sentido expuesto en la OC-16/99,[63] de modo de permitir su incorporación a los razonamientos jurídicos y argumentación, en el marco del sistema interamericano de protección de los derechos humanos.

Esa idea se encuentra además apuntalada por la declaración del numeral 5, del Capítulo Quinto de la Carta, a tenor del cual, «el derecho fundamental de la persona a la buena administración pública y sus derechos componentes tendrán la protección administrativa y jurisdiccional de los derechos humanos previstos en los diferentes ordenamientos jurídicos».

---

[63]   De acuerdo con dicha opinión, «el *corpus juris* del Derecho Internacional de los Derechos Humanos está formado por un conjunto de instrumentos internacionales de contenido y efectos jurídicos variados (tratados, convenios, resoluciones y declaraciones). Su evolución dinámica ha ejercido un impacto positivo en el Derecho Internacional, en el sentido de afirmar y desarrollar la aptitud de este último para regular las relaciones entre los Estados y los seres humanos bajo sus respectivas jurisdicciones. Por lo tanto, esta Corte debe adoptar un criterio adecuado para considerar la cuestión sujeta a examen en el marco de la evolución de los derechos fundamentales de la persona humana en el derecho internacional contemporáneo» (Opinión Consultiva de la Corte Interamericana de Derechos Humanos OC-16/99 del 1° de octubre de 1999, § 115).

El "Fraude a la Constitución"
Ensayo de un análisis jurídico de las recientes revoluciones políticas: Italia, Alemania, Francia (1942)*

Georges Liet-Veaux
Profesor de la Universidad de París

Traducción del original en francés por el Dr. Sergio Díaz Ricci,
*Profesor de Derecho Constitucional de la Universidad Nacional de Tucumán, Argentina***

Resumen: *Este estudio cásico del profesor Liet-Veaux define el concepto fraude a la Constitución partiendo del análisis de las experiencias constitucionales ocurridas en Europa en los años anteriores a la II Guerra Mundial, que condujeron al ascenso al poder de regímenes fascistas en Italia, Alemania y Francia, precisamente por la manipulación y fraude a las Constituciones entonces vigentes.*

Palabras Clave: *Constitución; Fraude a la Constitución; Fascismo.*

Abstract: *This classic study by Professor Liet-Veaux defines the concept of fraud to the Constitution based on the analysis of the constitutional experiences that occurred in Europe in the years before the Second World War, which led to the rise to power of fascist regimes in Italy, Germany and France, precisely because of the manipulation and fraud of the Constitutions then in force.*

Key words: *Constitution; Frauded to the Constitution; Fascism.*

PRIMERA PARTE - Estudio de los métodos políticos utilizados por las tres grandes revoluciones políticas recientes:

1. La instalación del régimen fascista en Italia: a) Parece haber respetado la letra del Estatuto de 1848. b) Ha rechazado las concepciones fundamentales de éste.

2. El avenimiento del régimen nacionalsocialista en Alemania: a) Parece haber respetado la Constitución. b) Ha rechazado los principios fundamentales del derecho público alemán.

---

* El título original en francés de este artículo del profesor G. Liet-Veaux es : « La fraude a la Constitution. Essai d'une analyse juridique des revolutions communautaires récentes : Italie, Allemagne, France, » publicado en la *Revue de Droit Public et de la Science Politique en France et a l'Etranger*, Tomo 58°, Año XLVIII, Paris, Librairie Générale de Droit et de Jurisprudente, 1942 pp. 116-150.

** La traducción ha mantenido la estructura del trabajo y su puntuación. Las notas son la trascripción textual de las citas del autor. La traducción fue publicada en la *Revista Peruana de Derecho Público*, N°10, Año 10, Enero -Junio 2005, pp. 11-41.

3. La revisión constitucional francesa de julio de 1940: a) Parece haber respetado la letra del artículo 8 de la ley de 25 de febrero 1875. b) Ha rechazado las concepciones fundamentales de la Tercera República.

Sin embargo, la clave de esta revolución no se encuentra en la violación del artículo 8, apartado 4° ni en la vulneración de la regla de nuestro derecho público que prohíbe las delegaciones de competencias.

SEGUNDA PARTE. Ensayo de una teoría del fraude a la constitución.

1. Estudio teórico: la noción de fraude a la constitución: a) El fraude a la ley, los abusos de competencias. b) Las revoluciones por fraude a la constitución: el órgano constituyente no puede sin contradicción instaurar nuevas reglas de revisión constitucional mientras rechaza los principios de su propio poder.

2. La noción de fraude a la constitución y las tres grandes revoluciones políticas recientes: Consecuencias: los límites que la Asamblea Nacional ha impuesto al ejercicio de la competencia constituyente del Mariscal Pétain son nulos, en particular el otorgamiento a título personal de esta competencia.

Las recientes revoluciones políticas de Italia, Alemania y, en particular, Francia han transtocado el sistema constitucional de Europa. Ellas se desarrollaron según procedimientos cuyo análisis jurídico no ha sido todavía abordado. Parece haber una laguna tanto en el estudio de la continuidad del todo el derecho, como en la apreciación de los poderes y de las responsabilidades que corresponden a sus artífices.

¿Más se dirá, cómo estos actos de fuerza, estos puros hechos, pueden ser objeto de un estudio *jurídico*? A esta objeción liminar, conviene responder que, contrariamente a lo que a veces supone el sentido común, aquéllos no son los actos de violencia característicos de las revoluciones, sino más bien la violación de disposiciones relativas la revisión de la constitución en vigor[1]. La intervención de la fuerza no es siempre una consecuencia necesaria de la violación de esas disposiciones. Toda acción revolucionaria tiende, en efecto, a derribar a los titulares del poder político despreciando el orden jurídico que funda el poder de aquéllos. Si este orden jurídico se derrumba por sí mismo, no deberá ser ejercerse ninguna violencia: así ocurrió en 1870 luego de la caída de Sedan. Además, únicamente esta violación del orden constitucional es la que permite contraponer una revolución con aquellos problemas "menores" denominados insurrecciones, revueltas, rebeliones, etc. Por lo tanto, tal criterio es, por naturaleza, *jurídico*[2].

No provoca ninguna dificultad su aplicación a los tradicionales golpes de Estado, pronunciamientos, *putschs*, restauraciones y revoluciones al modo liberal que han agitado la Europa en el siglo XIX. Por el contrario, la dificultad surge en las recientes revoluciones políticas. Su desarrollo saca a la luz esta paradoja: el respeto aparente de las formas constitucionales vigentes, seguido de un cambio radical del espíritu de las instituciones. El fenómeno es original, se lo puede individualizar aunque aún resta darle un nombre. Es un concepto del cual, eventualmente, pueden extraerse consecuencias para la ciencia política.

---

[1] *Vid.* G. Liet-Veaux, *La continuité du droit interne; essai d'une théorie juridique des révolutions*, 1943, p. 70 a 73.

[2] Sin embargo, el decano Bonnard, estudiando *Las Actas Constitucionales de 1940*, sostuvo en su Revista (1942, p. 52, nota 2) que las revoluciones pueden, en ciertos casos, ser *legales*. Al parecer, partía desde el punto de vista de la letra de las disposiciones analizadas.

Una primera parte, empleando un análisis histórico jurídico, tendrá por fin describir los métodos políticos utilizados por las revoluciones políticas recientes. Una segunda parte, procediendo deductivamente, tendrá por fin incorporar el proceso descrito en una categoría jurídica cercana al fraude a la ley, a la cual nosotros proponemos darle el nombre de "fraude a la constitución".

PRIMERA PARTE

Estudio de los métodos políticos utilizados durante las tres grandes revoluciones políticas recientes

Principio del formulario

Es la revolución fascista italiana -por el momento se supondrá que hubo una *revolución* fascista, una *revolución* nacional-socialista y una *revolución* francesa en 1940- la primera que revela esta contradicción fundamental. Este inicio, este proceder y eso, a veces, no lo fue sin esfuerzos, sin incoherencias.

La revolución nacional-socialista alemana lo adoptó algunos meses después y Asamblea Nacional francesa lo hizo durante una sesión parlamentaria.

1.   *La instalación del régimen fascista en Italia*

La instalación del régimen fascista en Italia, a los ojos de un positivista, estuvo bien realizada respetando las formas constitucionales en vigor[3].

Si nos situamos en las postrimerías de la guerra de 1914-1918, la Carta acordada en 1848 por el rey de Cerdeña a sus súbditos, conforma la Constitución del Estado. Por estar asociada a la historia del *Risorgimento*, ésta era muy célebre. Sin contener ninguna disposición relativa a su revisión, ella era modificada por obra del órgano legislativo. Tal era la costumbre constitucional de este pequeño reino que se convirtió en un gran Estado.

Empero, reinaba el desorden y la anarquía. Los pillajes y las huelgas se generalizan; deliberadamente se habla de "guerra civil"; llamadas *"jacquerie"* (revueltas populares). El Gobierno deja actuar a los pequeños agitadores pues prefiere acordar con los más fuertes. Es en este desorden y a causa de él, que va a crecer el partido fascista.

Tres fases pueden ser distinguidas en el cambio de régimen: la génesis del partido (1919-1920), la fase del *"escuadrism"* (de 1920 hasta la Marcha sobre Roma); y la instalación del régimen (1922-1928).

Si se exceptúan los "grupos de acción revolucionaria" de 1915, la génesis del partido tuvo por marco a Milán, donde el 23 de marzo de 1919 nace el primer grupo fascista en el ámbito de un "círculo industrial y comercial". Tuvo poco éxito: en noviembre de 1919, recogió en Milán mismo, 4.700 votos sobre 200.000 votantes. Sin embargo, el desorden aumentaba en el Estado y la falta de gobernabilidad era escandalosa. Motines sangrientos tuvieron lugar a lo largo del año 1920. Fue entonces que "las camisas negras" se encargaron por sí mismas de hacer de policía. La línea de conducta del partido se manifestó de este modo: actuar en el país, generalmente por la fuerza, en lugar de ganar votos.

---

[3]   *Vid.* Prélot, *L'empire fasciste*, 1936; Joseph Barthélémy, *La crise de la démocratie contemporaine*, 1931; P. Marion, *Leur combat : Lénine, Mussolini, Hitler, Franco*, 1939.

Esta primera fase en la historia del partido no comporta ninguna violación de las reglas constitucionales en vigor. La monarquía parlamentaria se limitaba a dejar hacer: esto no iba contra el *Statuto*.

El *"squadrisme"* marca la segunda fase del advenimiento del fascismo: es el período de los pelotones de asalto y de las "expediciones punitivas" contra las "ligas rojas". Una policía privada, improvisada, que bajando en motocicletas o en automóviles en un pueblo, castiga a los adversarios políticos, cambia a las autoridades municipales, toma a veces rehenes y después desaparece. Por el temor a los socialistas, el gobierno por lo general no interviene. La postura de Giolitti debe ser vista de otra manera; en todo caso, el 15 de mayo de 1921, el partido fascista obtuvo la elección de 35 representantes, de los cuales 34 figuraban en las listas gubernamentales.

Este acceso a la dirección de la vida pública llevó a sus jefes a precisar su doctrina. Mussolini la declara republicana, lo que no fue sin alguna oposición, en particular en el Piamonte. Al mismo tiempo, en Roma, Bonomi es nombrado jefe del Gobierno. Los poderes públicos parecen en fin reaccionar y ordenan la disolución de los cuerpos civiles armados. Pero en el inicio de 1922, una crisis parlamentaria insignificante, conduce a Facta al poder. Se dijo que en esto tuvieron que ver Giolitti y el mismo Mussolini. Lo cierto es que las expediciones punitivas se multiplicaron. Los fascistas organizaron los servicios públicos. Ocuparon Bolonia el 1 de junio, tomaron la alcaldía de Milán en agosto. Sustituyeron las autoridades municipales en Génova. Finalmente, el Congreso de Nápoles le permitió al partido apoderarse del sur de la península: Roma se encontraba rodeada por las fuerzas fascistas. El 20 de septiembre, en un discurso en Udine, Mussolini anuncia que colaborará con el Rey, y que si no "él no lo salvará". Los fascistas de combate se concentraron alrededor de la capital. Se estableció un gabinete de transición presidido por Salandra. Sin embargo, el número de milicianos creció rápidamente; incluso el ejército deja de rehusar su cooperación, a condición de que sea respetada la Corona. Se aventuran hasta los límites mismos de Roma.

Frente a esta situación, el Gobierno permanece impotente: tampoco declara el estado de sitio. ¿Facta estuvo poco decidido o el Rey lo rechazó?

Mussolini llega de Milán, y cuatro generales fascistas marchan sobre Roma el 28 de octubre. El Rey cede y Facta es removido. Salandra es convocado por el Rey para formar el nuevo gobierno, pero fracasa. Mussolini es entonces convocado a formar gobierno: había triunfado. Presta juramento a la Constitución y a las leyes, y recibe de Facta la dirección de la administración. El nuevo jefe del Gobierno reúne los asuntos interiores y exteriores. Por lo demás, tres fascistas solamente entran en la integración de los ministerios. El 16 y 17 de noviembre, Mussolini se presenta ante la Asamblea y las deliberaciones finalizan con un voto de confianza.

Así termina la segunda fase, aquélla de la de la acción y de la fuerza. La Marcha sobre Roma no entra en la categoría de los golpes de Estado ni de los pronunciamientos pues, en último análisis, ninguna irregularidad aparece aún en este cambio de régimen. Entonces, técnicamente, es cometer un abuso de lenguaje hablar, en sentido formal, de la "revolución de octubre", como lo hizo el legislador creando la Comisión de los Quince en septiembre de 1924, o modificando la Constitución el 9 de diciembre de 1928. Esta pretendida revolución no fue más que una especie de manifiesto frente al cual el Gobierno en el poder creyó necesario dimitir. Hasta allí la crisis había sido bien resuelta dentro de la ortodoxia constitucional, como lo escribió el *Popolo d'Italia* del 29 de octubre.

Esto es lo que justamente destacaba el profesor Gemma en 1924, remarcando que: "En Italia, se ha llegado hasta pronunciar la palabra de *revolución* y, en cierto sentido, con razón. Pero, puesto que todo esto se cumplió sin tocar los fundamentos de la Constitución..., no puede haber una interrupción de la continuidad de la vida gubernamental en Italia"[4].

Y esta continuidad formal se mantuvo a lo largo de la tercera fase, durante el período de la instalación del régimen. El gobierno restaura la noción de autoridad. La reforma escolar es la obra de Gentile; Oviglio reorganiza la justicia y Stefani equilibra el presupuesto, cada uno actúa dentro del marco de sus respectivas atribuciones constitucionales.

Más debido a las dificultades sobrevinientes en la dirección del partido, ante de los problemas suscitados por la elección (el partido acusa 18 muertos y 147 heridos de una sola vez), y después de la desaparición de Mateotti, el jefe del Gobierno decide cambiar de método y suprime entonces la libertad de prensa. Su importante discurso del 3 de enero de 1925 es verdaderamente revolucionario: el régimen ha elegido su camino y evoluciona rápidamente hacia el Gobierno unipersonal. Las etapas son conocidas: la ley del 24 de diciembre de 1925 relativa a las atribuciones del jefe del Gobierno; la ley de 31 de enero de 1926 acerca de la facultad del poder ejecutivo para dictar decretos legislativos; la ley de 3 de abril de 1926 de sindicatos; la ley del 21 de abril de 1927 sobre la organización del Estado corporativo; del 17 de mayo y 2 de diciembre de 1928 de reorganización del Parlamento; del 9 de diciembre de 1928 y 14 de diciembre de 1929 sobre la Constitución y las atribuciones del Gran Consejo fascista; del 20 de marzo de 1930 del Consejo nacional de las corporaciones, etc.

Desde el punto de vista formal, esta tercera fase, al igual que las dos primeras, tampoco es una revolución. Puesto que la Constitución no contiene ninguna disposición relativa a su modo de revisión, el órgano legislativo no está ligado por nada en el ejercicio de su competencia constituyente, a menos hasta la ley de 9 de diciembre de 1928.

Más desde el punto de vista material, el nuevo Gobierno ha trastornado, por sus métodos, la vida constitucional de Italia: es allí donde se halla a la revolución. Será suficiente para recordar, para convencerse, los axiomas fundamentales de la doctrina fascista, tal como ella ha sido aplicada a partir de 1922, dentro del marco de un régimen hasta entonces *parlamentario, liberal,* inspirándose desde la formación de la unidad italiana en los principios *individualistas* de la *soberanía nacional.*

El fascismo es, en primer término, *antiparlamentario*[5]. La oposición fue suprimida en la Cámara de Diputados. El Senado, cuyos miembros terminaron por ser designados por el Gobierno, dejó de formular críticas. Las Asambleas perdieron su derecho de control sobre la política de la administración. Algunos han visto en esta evolución un retorno a la verdadera doctrina del *Statuto,* de esencia monárquica. La introducción de la colaboración entre poderes, del parlamentarismo, había trasformado el espíritu autoritario en el cual el Estatuto había sido primitivamente concebido. Realzando el prestigio del órgano ejecutivo y restaurando sus poderes, Mussolini hacía una mejor aplicación de la Constitución. Para A. Rocco, por ejemplo, la ley de 24 de diciembre de 1925 sobre los poderes y las prerrogativas del jefe del Gobierno entraba "dentro del marco del Estatuto fundamental del reino; las reglas de este Estatuto no son de ninguna manera modificadas: al contrario son reforzadas"[6].

---

4   S. Gemma, «Les gouvernements de fait», *Recueil des cours de l'Académie de droit international de La Haye*, 1924, III, t. IV, p. 307.

5   En este sentido: A. Rocco, en la *Revista Política*, febrero 1927.

6   A. Rocco, «La réforme constitutionnelle en Italie», *Revue politique el parlementaire*, marzo 1926, p. 329 a 345. En este sentido: Arrigo SOLMI, *La riforma costituzionale*, Milan, 1924.

Esta opinión no podrá ser compartida. El régimen unipersonal, tal como lo concebían los autores del Estatuto de 1848, debía entenderse referido a la Corona. Restaurar el Estatuto habría significado restaurar a Víctor Manuel III. Desde el punto de vista material, el régimen fascista rompe rotundamente con el espíritu de las primeras instituciones italianas. Además, en 1922, el régimen había quebrado indiscutiblemente la forma parlamentaria: el rechazo al principio parlamentario fue por si sólo una revolución.

Más el fascismo fue más lejos y se hizo *antiliberal*. Las libertades de reunión y de asociación desaparecieron. La opinión pública dejó de ser representada por esos partidos inestables que habían arruinado la fuerza de los Gobiernos de Giolitti, Bonomi y Facta. Pasa a ser dirigida por un partido único, integrado dentro del Estado, cuyo órgano supremo, el Gran Consejo fascista, ha ocupado la primera posición en la evolución de la política constitucional italiana. El régimen es autoritario, ya no es más liberal.

En tercer lugar, el fascismo se declara *anti-individualista*, en beneficio de un sindicalismo que fue comparado con el soviético. En este campo, la doctrina es absoluta: "Todo para el Estado, nada fuera del Estado, nada contra el Estado" (A. Rocco).

Finalmente, el fascismo ha renegado del principio de la *soberanía nacional*. Mussolini ha gobernado siete años sin consultar al pueblo. Las elecciones de carácter plebiscitario de marzo de 1929, por otra parte, tuvieron lugar con un espíritu nuevo: de una fuente del poder se convierte en un simple medio de prueba, una verificación de la conformidad entre el Gobierno y el país.

Así, ya no subsiste casi nada del espíritu y tampoco las instituciones del viejo *Statuto*. Si, desde el punto de vista formal, parece precipitado situarla el 28 de octubre de 1922, de todos modos ha habido allí, en el fondo, una revolución que finalmente ha llegado hasta "los fundamentos de la constitución", para emplear los términos del profesor Gemma.

La práctica gubernamental y la jurisprudencia italiana están en lo demás de acuerdo. Desde ya el programa del partido, redactado en agosto de 1919, conducía a la abolición del Senado y la convocatoria de una Asamblea Constituyente, "Constituyente nacional, sección italiana de la Constituyente internacional de los pueblos". Más tarde, la ley de 9 de diciembre de 1928 sobre la Constitución y las atribuciones del Gran Consejo fascista, otorgó, en su artículo 4, los honores particulares a aquéllos "que tuvieren grandes méritos con la *revolución* fascista". La ley de 14 de diciembre de 1929, teniendo el mismo objeto, habló varias veces de "la causa de la *revolución* fascista" (artículos 4, 6, etc.). El artículo 14 de esa misma ley, y el decreto del 17 de noviembre de 1932, obligaron a los jóvenes fascistas a prestar juramento "a la causa de la *revolución* fascista". El Jefe habla habitualmente de *su revolución*. También los juristas analizan la *revolución* fascista, en particular Joseph Barthélemy[7].

Pero, si ha habido una revolución desde el punto de vista material, no ha habido revolución desde el punto de vista formal. De allí proviene una cierta confusión en la doctrina. Un especialista, Prélot, no supo qué partido tomar sobre esto que denomina: "la transformación constitucional".

---

[7]   En este sentido: Pietro Gorgolini, *La révolution fasciste*, trad. 1924; Mirkine-Guetzevitch, *Les Constitutions de l'Europe nouvelle*, 1938, t. II, p. 371; P. MARION, *Leur combat*, 1939, p. 63 y ss.; etc.

En Italia, Sergio Panunzio, aludiendo a una idea mucho más próxima a los hechos, desarrolla una cierta concepción de revolución permanente[8]. ¿Pero estos dos términos no se contraponen como para poder ser unidos?

2. *El advenimiento del régimen nacional-socialista en Alemania*

Aunque procede de un origen diferente a aquél del partido fascista, el partido nacional-socialista alemán ha llevado a cabo una revolución cuya técnica se acerca a aquélla que fue empleada en Italia.

Desde el punto de vista de las formas constitucionales, el advenimiento al poder de los dirigentes no fue una revolución. Tres períodos pueden ser distinguidos para esclarecer esta idea: el funcionamiento de la Constitución de Weimar de 1930 a 1933, la llegada al poder de Hitler y las primeras medidas tomadas por el nuevo gobierno.

Si se remonta a 1930, se encuentra una Alemania regida por un texto constitucional muy mal aplicado. Es un régimen parlamentario en el cual las Asambleas no son capaces de presentar una mayoría estable. En el Reichstag, los partidos son muy numerosos (21 en las elecciones del 6 de noviembre de 1932). Las coaliciones artificiales no lograron sostener a gobiernos efímeros. Ahora bien, el Estado, preso de una grave crisis económica y social, necesitaba una cierta continuidad en la acción gubernamental. En esas condiciones, el 17 de julio de 1930 el Presidente del Reich dio su apoyo al canciller Brüning cuando éste se encontraba en minoría en el Reich: el Gobierno es autorizado a valerse del artículo 48 de la Constitución, permitiendo la legislación por decretos de necesidad y la suspensión de ciertas garantías constitucionales. La práctica subsistió: los sucesores de Brüning no contaron con otro recurso para gobernar. Así se instala una suerte de régimen presidencialista. En 1932, se cuentan 5 leyes votadas por el Parlamento y 59 decretos de necesidad.

¿Esta práctica constituye una revolución? Se debe hablar de utilización abusiva del artículo 48. Mas ¿es que no había necesidad de gobernar? Si ninguna mayoría se forma en el seno del Reichstag, al punto de hacer muy difícil hasta entonces la composición misma de un gobierno, esto es una insurrección que se está gestando. Entonces no era momento de dejar que sigan su curso los problemas que amenazaban a las regiones industriales. De todas maneras, sólo el presidente del Reich tenía la función de apreciar la necesidad contemplada en el artículo 48 de la Constitución: de allí que, en apariencia, éste ha actuado regularmente.

En este marco político, el partido nacional-socialista va a hacer rápida fortuna y a imponer la elección de su jefe a presidente del Reich. Después de haber ensayado en vano el uso de la fuerza, el partido poco a poco se hizo reconocer por las vías constitucionales. En las elecciones de 1928 obtuvo apenas 12 bancas en el Reichstag. El 14 de setiembre de 1930 obtuvo 107. Durante las elecciones a la presidencia de abril de 1932, Hitler recibió 13.420 votos contra 19.366.000 del Mariscal Hindenburg. Tres meses después, el partido nacional-socialista se hallaba representado en el parlamento con 230 bancas. En las Dietas de los Länder, las proporciones fueron las mismas, en general incluso más favorables al nuevo partido. Se comprende, en esas condiciones, que dentro del régimen parlamentario entonces vigente, el jefe de Estado haya apelado al jefe de este partido para formar un nuevo gobierno. Fue así que después de un fracaso, en agosto de 1932, fuera constituido un gabinete nazi, el 20 de enero de 1933.

---

[8]   M. Prélot, *L'empire fasciste*, 1936, p. 52 y ss.; Sergio Panunzio, *Rivoluzione e Costituzione*, Milan, 1933.

Todo en estas operaciones es perfectamente regular. Con justo título el canciller Hitler ha hablado, en su proclamación del 31 de enero de 1933, de su gobierno "constituido legalmente".

En la tercera fase anunciada, la constitucionalidad de las disposiciones que fueron tomadas por el gobierno han sido objeto de más de una crítica. El Reichstag, elegido tres meses después, es disuelto. Podrá haber sido una incorrección política, pero esto no fue dictado menos legalmente. Invocándose el artículo 48, base del régimen constitucional desde 1930, fue que las libertades individuales fueron suspendidas, que rigurosas medidas afectaron al partido comunista, que comisarios del Reich fueron nombrados en los principales Länder: Baviera, Hessen, Bremen, Hamburgo, etc. Después de estas reformas, los nacional-socialistas obtuvieron 288 bancas en las elecciones del 5 de marzo de 1933.

Por la ley del 24 de marzo de 1933, llamada ley de plenos poderes[9], el gobierno fue habilitado parea tomar todas las medidas conducentes a la modificación de las disposiciones constitucionales, salvo aquellas referidas al Reichstag, al Reichsrat y a los poderes del presidente jefe de Estado. Se habla de nuevo de revolución. Más esta delegación de poderes es regular en la forma. La Constitución exigía una mayoría de dos tercios para modificar su texto. Entonces, en el Recihstag, el proyecto del gobierno obtuvo 441 votos contra 94. En el Reichsrat, es adoptado por unanimidad. Después, como lo dejó entender el canciller, el Parlamento fue puesto en vacaciones.

La revolución parece consumarse con la ley del 31 de enero de 1934, que condujo a la supresión de los Länder y otorga todos los poderes constituyentes al gobierno. El artículo 4 es explícito: "El gobierno del Reich puede dictar un derecho constitucional nuevo".

No hay hasta allí ninguna irregularidad formal: la ley es votada por unanimidad en las dos Asambleas. De este modo, en ningún momento, en ninguna de las tres fases que marcan el cambio de régimen, aparece acto alguno contrario a la Constitución.

A pesar de ello, en el funcionamiento mismo de las instituciones, la revolución abarca hasta los primeros principios de la ciencia del derecho público[10]. La Constitución de 1919 estuvo animada por el principio *individualista* de la *soberanía nacional* que introdujo en un *Estado Federal* las reglas de la *democracia parlamentaria*.

Al *individualismo* fundamental que inspiraba la obra del profesor Preuss, que se manifestaba en instituciones tales como el sufragio universal directo y secreto adaptado al principio de la representación proporcional, el nuevo gobierno sustituyó la noción de comunidad (*Gemeinschaft)*: el derecho se define por lo es útil a esa comunidad, y las libertades individuales pasan a un segundo plano. La consecuencia extrema de este totalitarismo comunitario deberá ser la política racista, destinada a conservar la pureza de sangre del pueblo, por la eliminación de los desechos, defectos de la comunidad.

Además de los principios individualistas, la *soberanía nacional* tampoco permaneció. La Constitución de Weimar disponía en su artículo primero: "El poder político emana del pueblo".

---

[9]   Prorrogada hasta el 10 de mayo de 1943 por la ley del 30 de enero de 1939, y prorrogada de nuevo por Decreto del 15 de mayo de 1943, que fue sometido a la aprobación del Reichstag de la Gran Alemania.

[10]   R. Bonnard, *Le droit et l'Etat dans la doctrine nationale-socialiste,* 2ª ed., 1939, especialmente p. 3, *loc.cit.*

La nueva noción de liderazgo (*Führung*) de la comunidad hace surgir un poder personal originario, autónomo, unitario, prácticamente irresponsable, que recoge la *adhesión* de la nación a su labor[11].

Alemania en 1919 estaba a medio de camino entre dos tipos de Estados: en ciertos aspectos permanecía como un *Estado Federal,* pero en otros era ya un Estado unitario. El partido nacional-socialista siempre se concibió a sí mismo como centralizador. Eran ya una gran revolución las dos leyes del 7 de abril de 1933, estableciendo el estado de prevención en los Länder, y, sobre todo, la del 31 de enero de 1934 que, pura y simplemente, suprime a los Länder. El Reichsrat, que no tenía más razón de ser, habrá de ser abolido por la ley del 14 de febrero siguiente.

Finalmente, la Constitución del profesor Preuss debía instalar la *democracia parlamentaria* en Alemania. Había dispuesto con cuidado la separación de poderes y su colaboración. Había previsto contrapoderes para cada autoridad y la manera de resolver todos los conflictos. La noción de *Führung* no se aviene en nada a todo este procedimiento. Los plebiscitos dejan de ser fuente de poder para convertirse en verificaciones de la comunión de pensamiento entre el *Führer* y el pueblo. Las sesiones del Reichstag brinda la ocasión para dar explicaciones al país o para anunciarles una decisión importante: no existe más control de la actividad política del *Führer.*

De este modo son derribados los fundamentos de la Constitución de 1919. El mismo canciller Hitler a veces hablaba de la *Revolución* nacional. La opinión pública reconocía la amplitud de los trastornos ocurridos: el 5 de abril de 1933, la *Kölnishe Zeitung* escribía: "No es necesario intentar detener las grandes *revoluciones*, por el contrario, en necesario tender a cooperar con ellas". Y la cuestión de la revolución aparece incluso en la ley: la ley del 14 de julio de 1933, modificada por la ley del 3 de julio de 1934, dirigida a asegurar la unidad del partido y del Estado, comienza con estas palabras: "Después de la victoria de la *revolución* nacional-socialista...".

3.   *La revisión constitucional francesa de julio de 1940*

Algunos años más tarde, el problema se presentó de la misma manera en Francia. Una revolución tuvo lugar en relación a la letra de las leyes constitucionales en vigencia. Sin embargo, el cambio fue tal que se calificó y se califica en seguida como revolucionario.

El artículo 8 de la ley del 25 de febrero de 1875 estaba concebido así: "Las Cámaras tendrán el derecho, por deliberaciones separadas, tomadas en cada una por mayoría absoluta de votos, sea espontáneamente o sea a requerimiento del Presidente de la República, de declarar que se hace lugar a revisar las leyes constitucionales. Después que cada una de las Cámaras haya tomado esta resolución, se reunirán en Asamblea Nacional para proceder a la revisión. Las deliberaciones dirigidas a la revisión de las leyes constitucionales, en todo o en parte, deben ser tomadas por mayoría absoluta de los miembros que componen la Asamblea Nacional. La forma republicana de gobierno no puede ser objeto de una proposición de revisión. Los miembros de las familias que hayan reinado en Francia no son elegibles para la Presidencia de la República".

El procedimiento seguido en 1940 parece haberse conformado mucho a la letra de este texto[13], durante sus tres fases.

---

[11]   R. Bonnard, *ibid.,* p. 85 a 164.

[13]   *Journal Officiel* del 10 y 11 de julio, Debates Parlamentarios, tener en cuenta *in extenso*.

El 7 de julio, el Parlamento es convocado a sesión extraordinaria. El 8 de julio, un decreto tomado por aplicación el artículo 59 de la ley del 11 de julio de 1938 sobre organización de la nación en tiempo de guerra, transfirió provisoriamente a la ciudad de Vichy la sede de las Cámaras y del gobierno. El 9, se somete a la Cámara de Diputados y al Senado un proyecto de resolución disponiendo que se hace lugar a revisar las leyes constitucionales. En la Cámara de Diputados el proyecto es aprobado, con correcciones, por 393 votos contra 3 (396 votantes sobre 546 miembros de la Cámara); en el Senado el proyecto, con modificaciones, obtiene 225 votos contra 1 (226 votantes sobre 304 miembros legales). Esta fase preparatoria es regular.

La fase principal se desenvuelve al día siguiente. La mañana del 10 de julio estuvo consagrada a las negociaciones políticas durante una sesión plenaria oficiosa que reunió a diputados y senadores. Su instigador, Pierre Laval, allí hizo conocer los términos del proyecto que entendía someter, en nombre del gobierno, a la Asamblea Nacional. Taurines y Dormann anuncian un contra-proyecto, en nombre del grupo de Antiguos Combatientes en el Senado. Laval, apoyándose en la autoridad del Mariscal Petain, obtiene que éste sea retirado, a través de una modificación del texto propuesto por el gobierno: la nueva Constitución no será ratificada "por las Asambleas que ella había creado" sino "por la Nación". De lo que se supo, este es el único incidente notable de esa reunión oficiosa.

En efecto, el público y la prensa no habían sido admitidos. Un registro taquigráfico debió haberse levantado para ser sellado y depositado en los archivos de la Asamblea Nacional. La sesión permanece "al margen de la deliberación oficial", como lo hizo remarcar el presidente Jeanneney. La Constitución del Año III había previsto (artículo 66) este género de sesiones "solamente para discutir y no para deliberar". Ningún texto la prohíbe en 1940: ella queda en el ámbito de las maniobras parlamentarias. Como las votaciones preparatorias, entonces, estas negociaciones políticas han respetado la legalidad.

Durante esa tarde el gobierno sometió a la Asamblea Nacional el único proyecto. El presidente Jenneney comenzó dando lectura a los apartados 1 y 2 de artículo 8 precitado.

Después se produjo un incidente por la lectura de un telegrama fechado en Argelia el 9 de julio a horas 12,30, y suscrito por 20 parlamentarios que se quejaban por haber sido impedidos de llegar a Vichy. Mientras Laval lamentaba el incidente, Herriot tomó la palabra para sostener la regularidad del embarque de los parlamentarios en el *Massilia*; el Presidente lo aprueba. Laval se puso a explicar, entonces, que el Gobierno había empleado todos los medios a su poder para reunir el más alto número posible de diputados y de senadores; pero la Comisión del Armisticio de Wiesbaden no había dado curso a un pedido de medios de transporte. Desde punto de vista parlamentario, explica, la actitud del Gobierno era irreprochable. Por invitación de su Presidente, la Asamblea cierra el incidente, levanta acta del reclamo antes de pasar a tratar el orden del día.

¿Esta actitud era la jurídicamente correcta? La presencia y la intervención de estos veinte parlamentarios, sobre todo teniendo en cuenta su investidura, pudo haber indudablemente haber modificado el sentido de las discusiones. Por lo tanto, la Asamblea ¿no debió levantar la sesión y retomar la discusión del proyecto de revisión luego de la llegada a Vichy de los reclamantes?. Conviene subrayar que, desde el punto de vista estrictamente constitucional, la posición adoptada por la Asamblea nacional fue regular. En efecto, la cuestión debe plantearse, como el mismo Laval nos lo sugiere, sobre el terreno de la responsabilidad gubernamental.

Si el Gobierno no es responsable, por haber hecho todo lo posible para facilitar el viaje de los firmantes, no había motivo para una suspensión en razón de la protesta. Por lo demás, habiéndose alcanzado el *quorum*, ningún texto fue violado, el procedimiento pudo proseguirse regularmente.

En cambio, si el Gobierno es verdaderamente responsable, si el telegrama de Argel estaba en lo cierto, la cuestión es más complicada. Normalmente, corresponde sancionar esa falta del gobierno a través de la responsabilidad política. Pero la Asamblea Nacional no tenía competencia para cuestionar la responsabilidad del Gobierno[14]: la responsabilidad del Gobierno estuvo suspendida por veinticuatro horas. Por el contrario, esa responsabilidad pudo haber sido puesta en juego durante la víspera, ante la Cámara o ante el Senado. Pero el reclamo, redactado el día 9 a horas 12,30, está destinada solamente la Asamblea nacional. Entonces, cualquiera haya sido su comportamiento en este asunto, el Gobierno permanece en una posición jurídicamente correcta. En cuanto a la Asamblea, pudo levantar la sesión hasta el arribo de los reclamantes, pero no estaba *obligada* a hacerlo. La decisión que tomó no vicia pues la continuidad de las deliberaciones.

Después de este incidente, se presentó una cuestión reglamentaria. El Reglamento de la Asamblea Constituyente de 1848, tradicionalmente seguido en Versailles, fue ligeramente modificado. Fernand Bouisson hizo adoptar el artículo 50 bis del Reglamento de la Cámara de Diputados que permite al Gobierno someter un proyecto de su autoría a votación antes de proceder al examen de proyectos en contra y de enmiendas, lo que permite abreviar las deliberaciones.

Se produjo, entonces, una confusa discusión acerca del sentido del artículo 8 y de los términos: "por mayoría absoluta de los miembros que componen la Asamblea nacional". El Presidente Jeanneney sostuvo la interpretación literal que siempre había prevalecido: la mayoría del número *legal* de bancas cuyo total, sin tener en cuenta los cargos desechados, detenidos, ausentes o excusados, era de 932 (618 diputados más 314 senadores), o sea, la mayoría era 467. Emile Mireaux y Laval, haciendo una distinción errónea entre este problema y el del Reglamento, invocan las circunstancias excepcionales, para propiciar una nueva interpretación. Boivin-Champeaux se acotaba la fórmula a: "mayoría absoluta con las votos". La Asamblea adoptó esta modificación del artículo 8, tal como lo había precisado la costumbre constitucional.

En esto no hubo nada de irregular. Ciertos renombrados autores habrían sostenido, antes y después de la revisión de 1940, que la interpretación: "número legal de miembros" no obligaba de ningún modo[15]. Sin embargo, la costumbre constitucional había hecho su tarea, y la interpretación dada en Versailles al artículo 8 se convirtió en el derecho positivo en contra de las mejores interpretaciones exegéticas. En realidad, la Asamblea nacional, que tenía competencia para modificar las leyes constitucionales, también contaba con competencia para derogar implícitamente una costumbre constitucional.

Al final de la sesión sólo surgieron algunos incidentes relativos al Reglamento de la Asamblea.

Después de lectura del informe de Boivin-Champeaux, el proyecto único fue sometido al voto de la Asamblea y adoptado sin más discusión ni argumentación en las votaciones, por 549 votos contra 80 (con 649 votantes). El proyecto fue concebido así: "La Asamblea nacional confiere todos los poderes al gobierno de la República, bajo la autoridad y el refrendo del Mariscal Pétain, a efecto de promulgar por uno o varios actos, una nueva Constitución del Estado francés.

---

[14]   Barthélemy et Duez, *Traité de droit constitutionnel*, 1933, p. 892-893.

[15]   Barthélemy et Duez, *ibid.*, p. 892; J. Laferrière, *Le nouveau gouvernement de la France*, 1942, p. 30 a 33.

Esta Constitución deberá garantizar los derechos del Trabajo, de la Familia y de la Patria. Ella será ratificada por la Nación y aplicada por las Asambleas que ella habrá creado".

Un decreto de 10 de julio dispuso la clausura de la sesión extraordinaria.

Ahora se abre la tercera fase de la revisión constitucional, referida a los primeros actos del jefe del Gobierno, investido del poder constituyente. El Mariscal Pétain interpretó inmediatamente acumular esas funciones con las de jefe del Estado. A partir de entonces, era necesario sacar de la escena política al Presidente, Albert Lebrun, así, pues por Acta Constitucional N° 1 se procede a una verdadera des-investidura por supresión del cargo, como lo ha destacado G. Burdeau. Aunque ha sido objeto de críticas, esto ha permanecido dentro de la legalidad, porque el jefe de Gobierno investido de poder constituyente puede hacer caducar, por una disposición con su firma, la enumeración limitativa de casos de cese del poder del Jefe del Estado, contenida en las leyes de 1875.

Seguidamente el Mariscal Pétain hará uso de su competencia constituyente sin jamás transgredir las rudimentarias condiciones impuestas por la ley de 10 de julio de 1940 a su ejercicio, dejamos pendiente para más adelante discusión que va a hacerse *infra*, respecto del Acta Constitucional N° 4 *quinquies*. Ciñéndose a lo literal, la revolución en ningún momento aparece.

Así como el profesor Laferrière analizó la *revisión* de las leyes constitucionales, también el profesor Burdeau menciona "el fin *legal* de un régimen"[16].

Sin embargo, el espíritu de nuestras instituciones y la estructura misma del Estado han sido trastocadas. Desde el punto de vista material, claramente ha habido una revolución.

Los principios fundamentales de la Tercera República y de nuestro derecho público tradicional han sido arrollados: *la igualdad de los ciudadanos, la separación de poderes, el liberalismo económico, el régimen parlamentario* como conjunto.

La *igualdad de ciudadanos delante de la ley* ha dado lugar a la distinción entre los judíos y los no judíos.

La *separación de poderes* y su colaboración según el modo parlamentario no existen más. El jefe del Estado ejerce la competencia legislativa, la competencia constituyente, la competencia administrativa y, asimismo, en cierta medida, la competencia jurisdiccional (Acta Constitucional N° 7). La responsabilidad de jefe del Gobierno ante el jefe de Estado, tal como fue establecida por las Actas Constitucionales del 18 de abril, 19 y 26 de noviembre de 1942, no denota ninguna colaboración entre las autoridades: ella es más bien una aplicación del principio jerárquico, del principio del "jefe en consejo" que expuso el decano Bonnard en aquella revista.

El *liberalismo económico*, instaurado con estrépito por la Revolución de 1789, ha dado lugar a una economía dirigida, con las leyes fundamentales del 16 de agosto de 1940, a través de los comités provisorios de organización, y del 4 de octubre de 1941, llamada la Carta del Trabajo.

---

16   J. Laferrière, *op. cit.*, p. 23 a 43 ; G. BURDEAU, *Cours de droit constitutionnel*, 1942, p. 157 a 163.

Y también hay que mencionar de la suspensión de las libertades públicas fundamentales (ley de 4 de septiembre de 1942, relativa a la utilización de mano de obra, etc.); pero en este campo más que en todos los demás, es difícil distinguir la parte que le corresponde a la Revolución nacional con aquélla que es necesaria durante un estado de guerra.

La responsabilidad política de Ministros ante la nación por medio del voto de confianza en las Asambleas recién elegidas constituye el fundamento de nuestro *régimen parlamentario*. Ahora bien, no existe ningún otro medio de control relativo a las Cámaras, pues sólo el Gobierno tiene la iniciativa de convocarlas después de su disolución.

Por otra parte, esta revolución, en sentido material, ha sido provocada por la práctica gubernamental. En su informe del 10 de julio de 1940, Boivin-Champeaux hablaba de "refundación total de nuestras instituciones". El jefe de Estado no ha ocultado la amplitud de la ruptura: "La revolución desde arriba, como se la ha llamado, descenderá poco a poco hasta los cimientos mismos del Estado y de la nación" (Mensaje 13 de agosto de 1940). La idea de Revolución nacional ha pasado al derecho positivo francés. La ley del 11 de agosto de 1941, creando los Comisarios del poder, dispuso en su último apartado: "Los Comisarios del poder vigilan la aplicación las leyes, decretos, decisiones e instrucciones del poder central *según el espíritu de la Revolución Nacional*". Los estatutos de *la Francisque*, aprobados por el decreto del 31 de julio de 1942, exigen para todo candidato incuestionables garantías morales: debe reunir "dos de las condiciones siguientes: a) Antes de la guerra, haber ejecutado una acción... conforme a los principios de la *Revolución Nacional*";...

Los propios juristas han hablado de una verdadera revolución[17]. Más, ellos han tropezado con grandes dificultades para develarla. Si no han cuestionado seriamente la competencia de la Asamblea nacional para proceder a una revisión total de la Constitución, han llegado a adelantar que ha sido desconocida la disposición del artículo 8, apartado 4°, que dispone que "la forma republicana del Gobierno no puede ser objeto de una proposición de revisión"; han llegado a sostener, en segundo lugar, que la Asamblea no había podido delegar válidamente su competencia constituyente. ¿De qué valen estas dos consideraciones para el análisis de la revolución de julio de 1940?

Para saber si la Asamblea nacional ha violado o no el artículo 8, apartado 4°, en cuanto que "la forma republicana de Gobierno no puede ser objeto de una proposición de revisión", es necesario resolver previamente la cuestión de saber si se aún se estaba en una República. Pueden adelantarse los argumentos de forma y los argumentos de fondo.

En la letra de los nuevos textos, el término República ha cedido su lugar al de Estado. El 10 de julio, el Mariscal Pétain recibe la misión de dar una nueva constitución al *Estado*, no ya a la *República* francesa. Éste recibe el único título de *Jefe de Estado* (Acta Constitucional N° 1 del 10 de julio de 1940). Por consiguiente, los otros títulos han sido modificados: fue así que el *Boletín Oficial*, a partir del 4 de enero de 1941, es del "*Estado Francés*"; los membretes de los papeles oficiales de la administración llevan la fórmula "*Estado francés*", así como las monedas; las estampillas no llevan más la mención "*Postes Françaises*". La opinión pública parece muy interesada por estos cambios: habla, a toda hora, de los "procuradores del *Estado francés*".

---

17   R. Bonnard, «Les Actes constitutionnels de 1940», *Rev. du droit public*, 1942, p. 67 y ss.; G. BURDEAU, *op. cit.*, p. 165 a 169. *Vid* la opinión del profesor alemán R. Hohn: *Frankreichs Demokratie und ihr geistiger Zusammenbruch* (La democracia en Francia y derrumbe moral), Darmstadt, 1940.

Sin embargo, los argumentos de forma no son decisivos porque los hay en ambos sentidos. Así el profesor Laferrière ha remarcado que la ley del 10 de julio de 1940 dio competencia constituyente solamente al Gobierno de la *República*, con exclusión –agrega-- cualquier otra forma de gobierno. Incluso, la ley de 17 de julio de 1940, dirigida a modificar la fórmula de promulgación dispone que las expediciones de resoluciones y de testimonios serán intituladas *"República* francesa, en nombre del pueblo francés". En su mensaje radial del 22 de junio de 1942 (llamando al "levantamiento"), el jefe del Gobierno, Laval, ha invocado que: "Una *República* más joven, más humana, más fuerte debe nacer". Es necesario deducir de ello que las consideraciones sobre las formas son insuficientes, por sí solas, para establecer si el Estado francés permanece siendo o no una República.

Es en el funcionamiento mismo de las instituciones que la forma republicana de Gobierno es abandonada de una manera más clara (ver *supra*). Ya no es más un asunto de la forma republicana en el sentido como lo entendieron los hombres de 1884. No es sino la República con una "r" minúscula, como finalmente lo ha resaltado Mestre, *res publica*, Estado. Por lo demás, los más renombrados autores son concordantes en este sentido. Hablando del Mariscal Pétain el 25 de junio de 1940, el decano Bonnard escribía muy acertadamente: "es un jefe que se afirma en una autoridad propia y personal: esto es la negación total de la democracia parlamentaria y la afirmación de un régimen autoritario"[19].

Habiéndose zanjado la cuestión previa, resta examinar cuáles eran los poderes de la Asamblea nacional. ¿Podía ella consentir regularmente este abandono de la forma republicana del Gobierno?

No, para ciertos autores, entre los cuales Barthélemy y Duez han resumido perfectamente este pensamiento: "Si las Cámaras emitieron la votación general que 'hay lugar para revisar las leyes constitucionales', la forma republicana de gobierno estaría tácitamente excluida... en razón de la *intangibilidad absoluta, la inmutabilidad de la República*" (en itálica por los autores)[20]. Para esta concepción, el voto del 10 de julio había violado una condición de fondo de la revisión constitucional: la Asamblea nacional había consagrado una revolución de nivel máximo.

Pero, esta primera opinión no fue compartida por toda la doctrina. El decano Duguit sostenía que la disposición insertada en 1884 prohibía solamente esto: "que se pueda iniciar *por las Cámaras* (itálicas por este autor) las deliberaciones sobre forma misma del Gobierno"[21]. En esta segunda visión, la Asamblea nacional, habría podido desconocer esta disposición que era obra suya: de allí, que ésta no la había incurrido en violación alguna el 10 de julio de 1940.

Puesto que no hay más remedio que ir al fondo del debate; sólo debe ser examinado el procedimiento seguido en julio.

Conviene remarcar ante todo que Boivin-Champeaux en el Senado y el Presidente Jeanneney en la Asamblea nacional, al dar lectura del artículo 8, han tenido el cuidado de omitir las restricciones agregadas en 1884. ¿No hubo allí un gesto de pudor, especie de discreción frente a un texto que se temía violar luego?

---

[19]   R. Bonnard, «Les Actes constitutionnels de 1940», *Rev. du droit public*, 1942, p. 69

[20]   Barthélemy et Duez, *Traité*, 1933, p. 896; en este sentido : Carré De Malberg, *Théorie générale de l'Etat*, t. II, 1922, p. 592; Esmein, *Éléments*, t. I 1928, p. 553 y 544-545.

[21]   Barthélemy et Duez, *Traité*, 1933, p. 896; en ce sens : Carré De Malberg, *Théorie générale de l'Etat*, t. II, 1922, p. 592; Esmein, *Éléments*, t. II, 1928, p. 553 y 544-545

La precaución sería superflua si se sujeta a la *letra* del artículo 8, apartado 4°. En efecto, el texto de la Resolución votada el 9 de julio por cada Cámara disponía: "que hay lugar para revisar las leyes constitucionales". La forma del Gobierno no estaba en juego. Ciertamente, la exposición de motivos no dejan de dudar sobre el alcance de la revisión, aunque el artículo 8, apartado 4°, no se refiere a la exposición de motivos.

En la segunda fase estadio del procedimiento de revisión, la Asamblea tenía pues todo el poder para desconocer y abrogar tácitamente el artículo 8, apartado 4°, porque la resolución no limitaba la extensión de la revisión.

A la luz de estos datos, el desconocimiento del apartado 4°, en el sentido que la forma republicana de Gobierno no podía ser objeto de una proposición de revisión, aparece como un criterio incierto para caracterizar la revolución de 1940. Así la mayoría de los autores admiten la revolución en la delegación de poderes constituyentes hecha por la Asamblea el 10 de julio.

El mecanismo interno de revisión parece poder analizarse como una delegación de competencias: "La Asamblea nacional da todos los poderes al Gobierno de la República..., al efecto de promulgar... una nueva constitución...". En su informe a la Asamblea, Boivin-Champeaux hablaba explícitamente de "delegación de poderes". De Monzie ha mencionado "delegación constitucional", y el decano Bonnard "ley de plenos poderes constitucionales". Laferrière escribe en itálica: *"La Asamblea Nacional no ha ejercitado por sí misma el poder constituyente; ella lo ha delegado al Gobierno"*[22].

La hipótesis extraordinaria de esa delegación por parte de un órgano constituyente no parece haber sido directamente tenida en cuenta antes de 1940. Fue necesario pues recurrir a las reglas de derecho común sobre la delegación de competencias en el derecho público francés.

La práctica gubernamental, la jurisprudencia y la doctrina no estaban de acuerdo sobre este punto.

La práctica gubernamental había introducido en nuestro derecho político la idea de delegación de la competencia legislativa al órgano ejecutivo a través de la práctica crónica de los "decretos leyes". La misma jurisprudencia se mofaba de dicha noción. Una sentencia de la corte de casación del 11 de marzo de 1941 ha juzgado que un decreto disponiendo medidas represivas, tomado por el Gobierno de la Tercera República en ejecución de una "ley de plenos poderes", era obligatorio desde su promulgación y hasta su abrogación, aun cuando este decreto no había respetado la condición impuesta por la "ley de los plenos poderes" según la cual una ratificación debía darse en el plazo de un mes o, a falta de Cámaras, después de su primera reunión[23].

La doctrina tiene una opinión completamente distinta. Estimando que cada órgano constituido no ha recibido en propiedad más que una cierta competencia y solamente el ejercicio legal de esta competencia, concluye que su titular no puede disponer válidamente de aquélla por su sola autoridad. Los más grandes autores se encuentran detrás esta opinión[24]. Es curiosa

---

[22]   A De Monzie, *Ci-devant,* 1941, p. 259; Duguit, Monnier y Bonnard, *Les Constitutions de la France, addendum,* 1942, p. 4; J. Laferrière, *Le nouveau gouvernement de la France,* 1942, p. 34.

[23]   *Cass crim.,* 11 de marzo 1941 (D. A. 1941, J. 246).

[24]   Esmein, *Eléments,* t. II, 1928, p. 81 a 83; Hauriou, *Précis de droit constitutionnel,* 1929, p. 261 y ss.; y en *Principes,* 1916, p. 637 y ss.; del mismo: nota sobre C. d'Et., 22 de junio de 1928, *Epoux de Sigalas* (S. 1928.3.113), teoría de la delegación de materias; Barthélemy et Duez, *Traité,* 1933,

la opinión de Esmein sosteniendo que la Asamblea nacional habría podido válidamente convocar a los electores para elegir una nueva Constituyente[25]. Esto no sería una negación de la condena pronunciada por la doctrina y por el mismo Esmein contra la noción de delegación de competencia. En efecto, no habría tenido lugar en esta hipótesis, una verdadera delegación: la Constituyente que hubiera reunido habría recibido poderes, no de la Asamblea nacional, sino de la nación misma. Esto no habría sido una delegación de competencias, sino solamente la Asamblea habría procedido a una abdicación de competencia, o sea una suerte de autodisolución.

El 10 de julio de 1940. la Asamblea nacional habiendo hecho una delegación de poder condenada por el derecho público francés, había incurrido en una revolución de máximo grado. El profesor Laferrière lo resume así: "Encargada y sólo encargada por la Constitución para ejercer el poder constituyente, la Asamblea Nacional no podía delegarla ni transferirla a otros"[26].

Es, pues, a partir de la violación de esta regla tradicional del derecho publico francés según la cual un órgano constituido no puede delegar válidamente el ejercicio de la competencia que ha sido legalmente investido, que hay para ver una revolución.

Más este criterio se aplica equivocadamente a la revisión de julio de 1940. Esto supone, en efecto, aceptar que el método seguido por la Asamblea nacional se analice como una delegación de competencias. Lo cual es dudoso[27]. Delegar una competencia, consiste en transferir momentáneamente su ejercicio y en conservar su titularidad. Si el ejercicio se encuentra transferido con una duración ilimitada, la titularidad no es más que un atributo ilusorio. Si el órgano "delegante" no puede nunca más ejercer de nuevo la competencia "delegada", es que ha transferido también la titularidad. Esta parece haber sido la actitud de nuestros últimos constituyentes que han dado al Mariscal Pétain el encargo de dar a Francia "una nueva constitución". No hubo aquí ninguna delegación semejante a aquélla que contenían nuestras leyes "de plenos poderes" que jamás han encargado al Gobierno dar al Estado una nueva legislación, dentro de un plazo, con una duración y en materias indeterminadas. En julio de 1940, la noción de delegación es incorrecta: allí hay transferencia de poder, *sucesión*. Incurre en un error parte de la doctrina, la práctica gubernamental y la opinión pública, cuando asimilan las nociones de delegación y de transferencia total y definitiva de competencias.

p. 196; G. JÈZE, *Principes généraux*, t. II, 1930, p. 373 y nota 2; E. Pujol, *Essai critique sur l'idée de la délégation de la souveraineté*, tesis, Toulouse, 1911; J. Delvolvé, *Les délégations de matières en droit public*, tesis, Toulouse, 1930; nota Rolland, sobre *C. d'Et.*, 27 de diciembre de 1938, *Association amicale des Anciens Combattants dés chemins de fer* (D. P. 1939.3.57); nota de A. Mestre, sobre Casa. Crim., 22 de febrero de 1939 (S. 1940.1.1), teoría de la «de-legalización»; J. Dabin, *Doctrine générale de l'Etat*, 1939, n° 136; G. Burdeau, *Essai d'une théorie de la révision des lois constitutionnelles en droit positif français*, tesis, Paris, 1930, p. 41 a 43; Carré De Malberg estimaba que la competencia legislativa no podía ser delegada sino a través del consentimiento de la nación (*Théorie générale de l'Etat*, t. 1, 1920, p. 592 y t. II, 1922, p. 309); Duguit, oponiendo competencia con derecho subjetivo, afirma que « la idea de delegación deber ser absolutamente descartada del derecho público y la expresión debe ser desterrada » (*Traité*, t. IV, 1924, p. 705 y ss.).

[25]   Esmein, *Eléments*, t. II, 1928, p. 554.

[26]   Laferrière, *Le nouveau gouvernement de la France*, 1942, p. 3 y 33 a 37.

[27]   En este sentido: R. Bonnard, «Les Actes constitutionnels de 1940», Rev. du droit public, 1942, p. 83; cf. *ibid.*, p. 359.

Cualquier consideración que se intente en el estado actual de nuestro derecho público, tiene que reconocer que no hay elementos por los cuales pueda ser reconocida técnicamente una revolución en julio de 1940. Sin embargo, como en la Italia de 1922 a 1928 y como en la Alemania de 1933, se produjo dentro de la evolución constitucional francesa una ruptura neta a la cual conviene de darle un nombre.

SEGUNDA PARTE

Ensayo de una teoría del fraude a la constitución

Con un estudio teórico vamos a aclarar el concepto de fraude a la constitución; luego una visión de la historia política permitirá verificar cómo este concepto nos muestra la evolución constitucional que está destinado a definir, y las consecuencias que deben ser deducidas de éste.

1. *Estudio teórico: la noción de fraude a la Constitución.*

El derecho privado conoce el fraude a la ley, según el cual una persona "tuerce" a la ley, es decir, va en contra del fin de la ley, violando el espíritu, en tanto que se respeta la letra. La mejor definición nos viene del jurisconsulto romano Paulo: actúa en fraude a la ley aquel que *salvis verbis legis, sententiam eius circumvenit*[28]. La expresión no debe suscitar ningún dejo peyorativo, a pesar del empleo de la palabra fraude, pues sólo la ley es defraudada; las partes pueden haber actuado con un fin loable. Así, en materia de testamento, la jurisprudencia civil francesa tiende a presumir nulo, como dirigidos a una persona incapaz de recibir, como hechos en fraude a la ley, los cargos secretos que pudieron haber sido inspirados por una profunda gratitud cubierta de una cierta delicadeza de espíritu.

¿El derecho público no conoce un fraude a la ley constitucional? Siguiendo las huellas de Enrique IV, Luis Felipe se esforzó, desde su llegada al trono, de sustraer algunos de sus bienes personales a la regla fundamental de nuestro Antiguo Régimen, según la cual los bienes del príncipe eran reunidos en la Corona desde el momento en que era llamado a reinar. Luis Felipe creyó lograr esos fines haciendo ciertas donaciones a sus hijos. El decreto del 22-27 de enero de 1852 vino a desbaratar este cálculo pronunciando la nulidad de esas donaciones, en razón de los motivos que éstas tenían en vista en beneficio del príncipe constitucional mencionado más arriba. Es un caso de fraude a la ley constitucional, que interesa tanto al derecho privado como al derecho público.

Ciertas situaciones de puro derecho público se analizan como un fraude a la constitución, aunque no hayan recibido ese nombre. El desvío de poder no es sino un caso de fraude a la ley, a veces de fraude a la constitución. Cuando una autoridad administrativa recibe ciertos poderes en vista a realizar ciertos fines de interés general, ella comete una irregularidad si usa de esos poderes para satisfacer otros intereses. Poco importa que la letra de las disposiciones que la invisten de esos poderes haya sido respetada: se dice que su espíritu ha sido trastocado. La decisión así tomada podrá ser anulada por el Consejo de Estado, por vía del recurso por exceso de poder. Si la disposición legal que determina los poderes de la autoridad administrativa cuya decisión es atacada es de naturaleza constitucional, es la misma constitución que habrá sido sorteada: allí habrá habido fraude a la constitución. Mas esta hipótesis supone que el Consejo de Estado controlar el funcionamiento de la constitución.

---

[28]   PAULO, *Digesto*, 1, 3, 29.

Es en Estados Unidos que el control jurisdiccional de constitucionalidad de las leyes ha condenado una cierta política que tendía, según los jueces, a torcer el espíritu de la Constitución. Por la sentencia *Schechter*, dictada en 1935, la Corte Suprema estimó que el plan de reformas del presidente Roosevelt (el *New Deal)* colisionaba con dos principios constitucionales generales: por una parte, la separación de poderes y, por otra parte, la estructura federal de la Unión. ¿Esta argumentación no nos evoca por sí misma a las revoluciones políticas que analizamos?

Tratándose de revoluciones, la dificultad proviene de la pretendida soberanía del órgano constituyente. La hipótesis debe ser claramente establecida.

Una constitución escrita o consuetudinaria comporta ciertas reglas relativas a su revisión. El órgano constituyente, actuando según el procedimiento previsto, adopta una disposición acerca del modo de revisión en que constitución vigente será modificada hacia el futuro: las revisiones ulteriores seguirán un nuevo procedimiento en el cual el órgano constituyente se revestirá de una nueva forma. ¿Hubo en esto una revolución?

Una de dos. O las reglas de revisión no son superiores al órgano constituyente en el sentido que éste puede, por una decisión que se conforme a aquéllas, modificarlas para ulteriores revisiones. En ese caso, la hipótesis planteada no es la de una revolución pues en ningún momento aparece ni aparecerá una violación de las formas de revisión. O bien las reglas de revisión se imponen al órgano constituyente con una rigidez tal que éste no puede modificarlas y, por tanto, todas las revisiones deben someterse al procedimiento primitivamente previsto por la constitución. En este caso, la hipótesis presentada es una revolución porque la violación de las formas de revisión aparecerá durante la próxima reforma constitucional efectuada según las nuevas reglas diferentes a aquéllas impuestas por la constitución primitiva, entonces nada se podrá modificar válidamente. En este segundo caso habrá, a la vez, conformidad a la letra de la constitución y revolución.

La cuestión es pues saber si las formas de revisión que prevé una constitución se impone a perpetuidad al órgano constituyente o si, por el contrario, aquéllas pueden ser modificadas por este órgano a través de una revisión conforme al procedimiento previsto. Es el *summum* de la dificultad porque la respuesta no está claramente zanjada ni en un sentido ni en otro.

Es necesario partir de una constatación: las formas de revisión de las constituciones están íntimamente ligadas a los caracteres de los regímenes políticos. En una monarquía de derecho divino, el monarca es el principal agente de revisión; en un régimen de soberanía nacional es el pueblo, sea por intermedio de una Asamblea constituyente dentro de un régimen democrático y parlamentario; sea por vía de un plebiscito en régimen autoritario[29].

Habiendo admitido este punto de partida ¿cuáles son los exactos poderes del órgano constituyente sesionando regularmente y deseoso de proceder a un cambio en la forma de modificar en adelante la constitución entonces vigente?

Éste tiene competencia para proceder a ciertos retoques en las condiciones de las formas de revisión, cambiar el lugar de reunión de la Asamblea constituyente, exigir un quorum más elevado, una mayoría menos exigente, etc. Igualmente, éste puede modificar ligeramente las condiciones de fondo, decidir que tal artículo será o no será más revisable, que la forma republicana de gobierno no podrá más ser puesta en cuestión, etc. Aún así seria necesario reservar los casos de abuso.

---

[29]   M. G. Burdeau desarrolla esta idea «de la revisión de la constitución considerada como inseparable de un orden jurídico preestablecido» en *Essai d'une Théorie de la révision des lois constitutionnelles en droit positif français*, tesis, Paris, 1930, p. 1 a 47.

En efecto, el órgano constituyente no puede decidir el *abandono total y definitivo de las reglas de revisión sustituyéndolas por nuevas reglas.* Ello porque se viene de ver que las reglas de revisión de una constitución son la traducción, en textos positivos, del fundamento filosófico del poder. Desde luego, si el órgano constituyente abroga en bloque esas reglas de visión es porque al mismo tiempo repudia el fundamento del poder político hasta entonces admitido, el espíritu de la constitución; repudia el título de su propio poder. Partiendo que no hay más poderes, cuando el órgano constituyente establece la nueva autoridad que dará su constitución al Estado, la contradicción es flagrante. Si el órgano constituyente reconoce que no hay mas poderes, sólo puede hacer una cosa: abdicar.

Las nuevas reglas de revisión que éste imponga quedan entonces sin fundamento, nulas. Las revisiones ulteriores deberían continuar conformándose a las reglas primitivas que no han dejado de ser obligatorias. Si esas reformas no lo hacen y violan las reglas de revisión, hay revolución. Aunque diferida, esta violación es evidente desde el momento que el órgano constituyente, acompañado por la nación y el gobierno, ha instaurado el nuevo procedimiento de revisión. Desde ese instante habrá revolución por violación diferida de las reglas de revisión.

Tan proceder es extraño pues la letra de los textos es respetada mientras que el espíritu de la institución es negado. El respeto de las formas para combatir el fondo es *fraude a la constitución* o, más exactamente, el caso más interesante de fraude a la constitución.

Si se compara la revolución por fraude a la constitución con el fraude a la ley del derecho privado, se convendrá, por lo demás, en destacar que el primero tiende a la *abrogación* de una parte de la constitución, en cambio el segundo sólo tiende a la *violación* de una disposición legislativa.

Gracias a la forma regular que ella reviste, la revolución por fraude a la constitución evita muchos problemas e insurrecciones. Esta ventaja a sido verificada tres veces en Italia, en Alemania y en Francia.

2. *La noción de fraude a la constitución y las tres grandes revoluciones políticas recientes*

La revolución italiana ha procedido con fraude a la constitución, estampada por un acto que marca el fin de su desenvolvimiento: la ley del 9 de diciembre de 1928 relativa a la Constitución y las atribuciones del Gran Consejo fascista. Por lo demás, después de 1925 una serie de leyes llevó al gobierno por este camino.

En diciembre de 1928, las Asambleas italianas son llevadas, a la vez, a renegar del fundamento de su propio poder y a pretender organizar la Constitución futura del Estado. El segundo punto no ofrecía dificultades: La Constitución podía ser modificada sólo después de la venia del Gran Consejo fascista (ley del 9 de diciembre de 1928, art. 12); ya no era más del tipo de constituciones flexibles. El primer punto amerita algunas explicaciones. ¿En qué las Asambleas legislativas ha renegado del fundamento de su poder, abdicado?

Esta actitud aparece en los textos de las disposiciones votadas. Las Asambleas obtienen su competencia constituyente del principio de soberanía nacional, tal como fue introducido durante la formación de la unidad italiana. Como emanación directa del pueblo estas Asambleas no debían estar ligadas en el ejercicio de su competencia suprema por ninguna otra consideración que la preocupación de traducir fielmente el pensamiento del conjunto de la nación.

Al introducir la competencia concurrente del Gran Consejo fascista, cuyos miembros no son el resultado del sufragio popular, las Asambleas han rechazado el principio de soberanía nacional, es decir, el fundamento, la causa final de su competencia constituyente, consagrada por la costumbre.

Esta revolución exige un delicado análisis; sin embargo, debe destacarse que si la violación de una costumbre a veces es difícil de discernir, el fraude a una costumbre lo es mucho más. Tampoco conviene situar con mucho rigor la revolución fascista italiana en la ley del 9 de diciembre de 1928. Esta no es más que un signo técnico que marca más claramente la llegada de la revolución en el fondo mismo de las instituciones.

El concepto de fraude a la constitución es de un abordaje más sencillo en la revolución alemana de 1933: el procedimiento se perfeccionó. Fundándose en el artículo 48 de la Constitución de Weimar, un decreto de necesidad del 28 de febrero de 1933 vino a abrogar los artículos 114, 115, 117, 118, 123 y 153 de esa Constitución relativo a las libertades individuales. Este decreto parece haber gestado el fraude a la constitución y la revolución en el funcionamiento de las instituciones alemanas. Cualquiera haya sido, en efecto, la necesidad de tomar medidas contra los comunistas, este decreto pudo desconocer la Constitución, violarla. La abrogación de la constitución queda fuera la teoría de los decretos de necesidad. Además, el artículo 48 preveía la suspensión de aquellos artículos, pero no su abrogación.

Se objetará que el hecho fue confirmado por el Reichstag reunido el 23 de marzo en Potsdam. Ciertamente, las formas constitucionales fueron respetadas: este Reichstag recientemente elegido asumiendo el papel de constituyente se reunió para reglamentar la competencia constituyente. Pero no podía trastocar los principios de la Constitución sin abdicar inmediatamente, y haciendo esto, él no tenía más la aptitud para designar el órgano llamado a sucederlo ni para darle directivas.

El mismo procedimiento debía haber recorrido nuestra Asamblea nacional en julio de 1940. *Stricto sensu*, ningún vicio de forma ha aparecido. Pero la Asamblea ha consagrado por el texto votado el 10 de julio a la tarde, el abandono total y definitivo del procedimiento previsto por el artículo 8, mientras que ella designaba el órgano que debía sucederla y le trazaba, asimismo, ciertas líneas de comportamiento. En esto hay una contradicción interna, pues en el instante en que la Asamblea repudiaba los principios fundamentales cuyo el artículo 8 era su traducción, ésta se encontraba sin poderes para organizar hacia el futuro el ejercicio de la competencia constituyente.

La doctrina ha criticado el abandono de la forma republicana de Gobierno; y ha denunciado la irregularidad de una pretendida delegación de competencias. Más imbuida de "literalismo", apenas ha cuestionado el poder de la Asamblea Constituyente para rehacer toda la Constitución. Ahora bien, elevándose hasta los principios, hasta el "espíritu" de los textos, parece que es esta soberanía del órgano constituyente la que debe ser puesta en entredicho. Esta es la cuestión decisiva, el punto de partida del proceso revolucionario que ha sido calificado de *fraude a la constitución*.

Todo este análisis no tiene solamente un interés puramente especulativo. Permite deducir del procedimiento utilizado en julio de 1940, consecuencias fecundas para la determinación exacta de los poderes del Mariscal Pétain. Habiendo abdicado sus poderes, la Asamblea nacional no tenía competencia para reglamentar el ejercicio ulterior del poder constituyente. Los límites que ella ha impuesto a los poderes del Mariscal son pues nulos, si se sostiene la idea de fraude a la constitución.

Las directivas: "Trabajo, Familia, Patria" no vinculan al Jefe del Estado sino en en la medida en que éste las acepte.

Bajo el riesgo de contradecir la opinión unánime ¿no podría agregarse que la condición de la ratificación por la nación de nuestra futura constitución es igualmente nula?

La tercera limitación al ejercicio del poder constituyente por el Mariscal Pétain es la más interesante. El texto votado el 10 de julio parece haber remitido la competencia constituyente sólo al Mariscal, *intuitu personae*. "La persona del Mariscal está puesta en consideración nominalmente por la ley de revisión, y su persona ha sido determinante para el voto de la ley"[30]. Apoyada en esta advertencia, la doctrina estima que nada podría remplazar al Mariscal en el ejercicio de esta competencia ni sucederle en esa competencia. El Mariscal no puede tampoco disponer la transmisión de esta competencia que le es personal. Esto parece confirmarlo el Acta Constitucional N° 12 del 17 de noviembre de 1942, cuando dispone: "*Fuera de las leyes constitucionales*, el jefe del gobierno podrá, bajo su sola firma, promulgar las leyes así como los decretos."

La doctrina agrega que si el Mariscal llegaba a no poder ejercer más sus funciones antes de haber publicado la constitución definitiva, "era necesario reunir una nueva Asamblea nacional que, recuperando sus derechos, se convertiría en Asamblea constituyente"[31].

Y esto da lugar a criticar, en primer lugar, la consecuencia que la doctrina ha extraído acerca de la personalización de los poderes constituyentes del Mariscal (eventual convocatoria de las Cámaras). Esto parece políticamente irrealizable. No tiene ningún valor jurídico. Actuando en fraude a la Constitución, la Asamblea nacional no puede imponer válidamente este límite al ejercicio de la competencia constituyente por el órgano que le suceda. El Mariscal Pétain ha confirmado esta última interpretación cuando ha organizado la *transmisión* de esos poderes constituyentes para una cierta hipótesis y para ciertas materias.

El Acta Constitucional N° 4 *quinquies*, del 17 de noviembre de 1942, dispone, en efecto, después de haber designado como sucesor del Mariscal, a Pierre Laval:

"Artículo 1°: En caso de impedimento definitivo, el Consejo de Ministros, dentro del plazo de un mes, designará, por mayoría de votos, al Jefe del Estado. *Definirá y fijará al mismo tiempo los poderes y atribuciones respectivas del Jefe del Estado y del jefe del Gobierno*, cuyas funciones serán distintas."

Esta fijación de los poderes y atribuciones respectivos de jefe de Estado y de jefe de Gobierno emerge, incuestionablemente, de la competencia constituyente. Luego, es el Consejo de Ministros quien se hace cargo de ésta para una hipótesis particular.

La doctrina que estima que la competencia constituyente ha sido otorgada sólo al Mariscal, *intuitu personae*, el 10 de julio de 1940, y que ha negado, en consecuencia, a aquél la facultad de transmitir esos poderes constituyentes, debe concluir que el Acta Constitucional del 17 de noviembre de 1942 ha violado la ley constitucional del 10 de julio. En tanto esta violación ha traicionado al procedimiento de revisión, la doctrina deberá hablar de revolución. ¿Lo hará? En todo caso, los medios gubernamentales no han percibido ninguna irregularidad.

---

[30]   J. Laferrière, *Le noveau gouvernment de la France*, 1942, p. 41.

[31]   A. Leriche, *Les décrets du chef de l'Etat ayant force de lois*, tesis, Paris, 1941, p. 131; J. Laferrière, *op. cit.*, p. 42-43; G. Burdeau, *Cours de droit constitutionnel*, 1942, p. 259 y p. 285-286; R. Bonnard, «Les Actes constitutionnels de 1940», *Rev. du droit public*, 1942, p. 89-90.

Si se analiza la revolución de julio de 1940 como un caso de fraude a la constitución, la situación es clara. El límite impuesto en 1940 por la Asamblea nacional al ejercicio de la competencia constitucional futura es nulo. El gobierno del Mariscal Pétain, teniendo verdaderamente un origen revolucionario y obteniendo su poder de situaciones de hecho, pudo organizarse constitucionalmente a su albedrío. En particular, el Mariscal pudo transferir como lo crea mejor, incluso su competencia suprema. De allí que las disposiciones del Acta Constitucional N° 4 *quinquies*, desde un punto de vista puramente técnico, son perfectamente válidas. Después de la derrota, hubo en Francia una revolución y sólo una: aquélla en la cual la Asamblea nacional el 10 de julio de 1940 ha actuado con fraude a las leyes constitucionales de 1875.

La evolución constitucional reciente parece, entonces, probar el interés que hay, para la ciencia del derecho público, de analizar las revoluciones políticas durante estos veinte años a través de la noción de fraude a la constitución.

Esta noción se relaciona con conceptos mucho más generales, tales como el abuso de derecho, que es, en derecho público, el abuso de competencia, y el desvío de poder. Algún día ésta desembocará en la responsabilidad que señala el derecho internacional cuando formula un cargo a aquellos Estados que se parapetan detrás de la aplicación de sus constituciones para eludir las obligaciones del derecho de gentes. El derecho internacional privado ya conoce una teoría del fraude a la ley. Entre el fraude a la ley internacional y el fraude a la ley ordinaria, el fraude a la constitución parece pues ser un concepto fecundo, cuya aplicación podría introducirse útilmente en diversas ramas del derecho público.

NOTA DEL TRADUCTOR: La noción de "fraude a la Constitución" forma parte del fondo conceptual de la dogmática constitucional. Y todos los autores remiten como fuente el artículo de George LIET-VEAUX, escrito en 1942 para la *Revue de Droit Public et de la Science Politique* (tomo 58, XLVIII année, pp. 116-150) que aquí se traduce.

Aunque es reiteradamente citado por numerosos autores (Pablo LUCAS VERDU, Pedro DE VEGA, etc.) este artículo francés es muy difícil acceso, por ello el interés de esta traducción para hacerlo accesible al lector en español.

Quizás nos proporcione una clave para desenmascarar las falsificaciones en que incurren numerosas concreciones constitucionales de valiosas instituciones previstas por el constituyente latinoamericano. El lamentable panorama de desviaciones que la práctica constitucional nos ofrece pone de manifiesto auténticos "fraude a la constitución". Es decir, sin violar las formalidades externas, se produce una distorsión del sentido institucional. A diferencia del fenómeno de las "mutaciones constitucionales" que no afecta el espíritu de la norma, aquí la letra permanece, pero con un contenido opuesto a su finalidad.

El deber de los constitucionalistas es velar no sólo por el cuidado de las formas constitucionales sino también por el respeto del espíritu que anima cada institución.

Por ello consideramos muy valiosa la traducción de este artículo de Liet-Veaux que, con el telón de fondo de los fascismos en Italia, Alemania y Francia, nos brinda una formidable herramienta conceptual para analizar los casos de desviación del sentido profundo de cada institución hechos en "fraude de la constitución".

El Estado Regulador

Héctor Turuhpial

Profesor de Derecho Administrativo en Pre y postgrado de la UCAB

Resumen: *El Estado de Bienestar entra en crisis en la Europa de los años 70, producto de una estanflación perniciosa que el Keynesianismo no pudo resolver y que le abrió las puertas al monetarismo y al neoliberalismo, que se encumbraron firmemente. Terminaba una etapa absoluta en la evolución del Estado-Nación, para iniciarse, sin que sus actores lo supieran una nueva época a destiempo, contratiempo y con una pérdida real de la variable distancia que comprendía la formula tiempo-espacio. Comenzó entonces la mutación de la formula organizacional, comunicacional y, sobre todo de la transformación de la organización vertical de la relación entre la Administración y los ciudadanos; para convertirse en un proceso de ordenación global, en el cual las voluntades públicas y las voluntades privadas se hibridizan para producir todo el sistema normativo que rige los sectores específicos de actividades que constituyen leitmotiv supraestatal. Nace así un estado de espacios duales, lo virtual y la territorial; sin sociedades policéntricas y, sobretodo, una sociedad que se ha descubierto a sí misma con capacidad ontológica de autorregularse.*

Palabras Clave: *Regulación Estatal, Autorregulación, Derecho Global, Gobernanza Global.*

Abstract: *The Welfare State enters a crisis in Europe in the 1970s, the product of a pernicious stagflation that Keynesianism could not resolve and that opened the doors to monetarism and neoliberalism, which rose firmly. An absolute stage in the evolution of the Nation-State ended, to begin, without its actors knowing it, a new era at the wrong time, mishap and with a real loss of the distance variable that comprised the time-space formula. Then began the mutation of the organizational, communicational formula and, above all, the transformation of the vertical organization of the relationship between the Administration and the citizens; to become a global ordering process, in which public wills and private wills hybridize to produce the entire regulatory system that governs the specific sectors of activities that constitute supra-state leitmotiv. Thus is born a state of dual spaces, the virtual and the territorial; without polycentric societies and, above all, a society that has discovered itself with the ontological capacity of self-regulation.*

Key words: *State Regulation, Self-regulation, Global Law, Global Governance.*

SUMARIO

I. LA CRISIS DEL ESTADO DE BIENESTAR: LA HONROSA RETIRADA DEL KEYNESIANISMO CLÁSICO

    1. *El momento de Hayek: monetarismo y economía de la oferta: La retirada del Estado.*

II. LA NUEVA REGULACIÓN

    1. *Definición y características.* 2. *Los objetivos de la regulación.* 3. *La justificación de la regulación.* 4. *La razonabilidad de la regulación.* 5. *Regulación económica y regulación social.*

III.   LOS ENTES REGULADORES: LA ADMINISTRACIÓN PUBLICA REGULADORA

1. *Las agencias reguladoras independientes del derecho norteamericano.* 2. *Las Administraciones Publicas Independientes en el Ordenamiento Frances.* 3. *Las Administraciones Independientes en España.* 4. *La Administración con autonomía funcional en Venezuela y las Administraciones independientes: La inexistencia de una fórmula categorial única para el ejercicio institucional de la actividad de regulación económica.*

BIBLIOGRAFÍA

I.   LA CRISIS DEL ESTADO DE BIENESTAR: LA HONROSA RETIRADA DEL KEYNESIANISMO CLÁSICO

La regulación como ejercicio instrumental de mecanismos de mercado con finalidad pública tiene un carácter neutral y su aplicación a un determinado sector es decisión del legislador, sea nacional o, cada vez más frecuentemente, comunitario, asevera GARCÍA ÁLVAREZ[1].

En las últimas décadas se constata fácilmente que las políticas públicas estatales han asumido un menú híbrido y heterodoxo que hace unas décadas, con la dialéctica histórica tradicional liberalismo/ intervencionismo, hubiera resultado inconcebible y hasta académica y doctrinariamente escandaloso; pero que en la actualidad admiten la concurrencia de diversas técnicas, asumiendo inclusive la conjunción de estrategias combinadas o no de privatización, liberalización y desregulación, integración de políticas económicas y monetarias, que coincidirían en la finalidad deliberada de reducir el "Estado intervencionista o positivo", junto con la limitación en la capacidad de recaudación y gasto, mientras se incrementan los poderes de regulación, propios del denominado "*Estado regulador*". Se trata de un proceso de profunda transformación del Estado y del Derecho Administrativo y de la relación y concepción de la sociedad civil en su interacción orgánica con el Estado.

Se usa habitualmente el término "regulación" para hacer referencia a la intervención pública normativa en sectores liberalizados y, en un sentido general, para referirse a la intervención pública en la economía. La regulación supone e implica la transformación de la actividad administrativa en los sectores a los cuales se aplica, siendo su impronta en las últimas décadas al menos, la influencia importante del trasplante de instituciones y técnicas propias de la tradición norteamericana.

La actividad administrativa estatal prestacional y directa viene siendo progresivamente sustituida en gran medida por la traslación de la actividad de contenido prestacional a los particulares, acompañada tal traslación de una intervención administrativa que se focaliza en imponer obligaciones jurídicas a los agentes del mercado para que tal prestación conserve el estándar de servicio público o cumpla con la satisfacción del interés general. La imposición de estas obligaciones no se realiza siempre y sólo en el marco de las tradicionales relaciones de sujeción especial -por ejemplo en el ámbito de los contratos concesionales- sino a partir de regímenes normativos estatutarios de fuerte tendencia disciplinante y prudencial, que otorgan a la administración, a menudo en forma de administración independiente, una excepcional discrecionalidad para la imposición del dicho régimen.

---

[1]   García Álvarez, Gerardo. "La Unión Europea como "Estado Regulador" y las administraciones independientes", *RAP*, numero 194, Madrid 2014.

Pero también hay que decir que esta traslación de habilitaciones y actividades prestacionales del Estado hacia la sociedad civil, no solo opera mediante la liberalización de los servicios públicos con el objeto de transformarlos en actividades de interés general fuertemente reglamentadas sino que, de manera más profunda, se trata también del traslado de la propia capacidad de decisión y conformación de la voluntad modeladora de políticas públicas, lo cual implica la apertura de espacios antes ocupados por las administraciones públicas y hoy compartidos por esta y por organismos y corporaciones de base privada, en las que todos conjuntamente cuidan del interés público. Es parte del proceso que ha dado en llamarse "gobernanza" y que surge de la idea de la responsabilidad orgánicamente compartida entre el Estado y la sociedad de tutelar, cuidar y cumplir con la satisfacción del interés público.

Como lo ha precisado con acierto MEILAN GIL, la tutela y satisfacción de los intereses generales, si bien es un condicionamiento servicial ineludible y no relajable por las administraciones públicas, también resulta cierto que este interés general no es monopolio del Estado, sino que su realización integral también corresponde a los particulares y sus organizaciones actuando sinérgicamente con el Estado, y que se traduce en ocasiones en pactos expresos y formales. La Administración Pública pues no tiene el monopolio del interés general, que es también el de los ciudadanos.

La obtención y realización de los fines del interés general se armoniza en una acción mutua Estado-sociedad:

Al servicio de los ciudadanos y de las organizaciones libremente creadas por ellos, la Administración es responsable ante ellos, sometida por tanto a una obligación regular de dar cuentas. Para el cumplimiento de su misión la Administración Pública tiene potestades, pero no privilegios (S.TS. 27 de marzo de 1986).

Aquellas están definidas y limitadas por el fin que las justifica y por tanto, son mensurables en relación con el mismo y controlables judicialmente en su *quantum* y su *modum*. La potestad se encuentra sometida a juicios de proporcionalidad y de racionalidad[2].

La evolución y consolidación de la actividad administrativa de regulación no solo ha generado el interés de la doctrina y su asunción como objeto temático y de investigación y constante reelaboración , sino que ha dado paso a una visión más crítica del nuevo modelo de actividad administrativa y de gestión de la economía por el Estado, y a la identificación de sus puntos débiles, replanteando críticamente la necesidad de una nueva forma de relación Estado-sociedad que llevan inclusive a teorizar sobre el *"Estado post-regulación"*.

En este orden de ideas, el modelo regulatorio en ejercicio creciente desde la década de los años 70, si bien en pleno proceso todavía de promoción y asentamiento, ya permite una mirada retrospectiva, mirada que fácilmente nos deja constatar que este modelo, como todos, conlleva sus riesgos perfectamente visibles, según las conclusiones generadas en estas últimas 4 décadas aproximadamente de surgimiento y evolución en los diversos países, sobre todo en la Unión Europea. Estos riesgos o consecuencia colaterales deducidos y derivados de la experiencia regulatoria de estos años, restringiéndonos a los fundamentales son los siguientes:

---

[2]   Meilan Gil, José Luis. *Administración publica para la democracia*, AFDUDC, 11, Madrid, 2007, p. 501.

-. La deslegalización en la que se funda el modelo, con la consiguiente delegación en autoridades administrativas de un amplio poder discrecional de normación reglamentaria y sublegal.

-. El riesgo para la seguridad jurídica y para derechos y garantías fundamentales, sobre todo de contenido económico, de la extraordinaria discrecionalidad de la que se benefician los reguladores en el ejercicio de la potestad de subnormación;

-. La muchas veces indeterminada extensión y contenido de la potestad cautelar y de saneamiento de que gozan las autoridades administrativas regulatorias sectoriales, muchas veces llegando a dotárseles prácticamente de una *"potestad cautelar y/ o ablatoria en blanco"*.[3]

-. El insuficiente control jurisdiccional de la actividad administrativa de regulación, lo cual implica eventualmente una acrítica aplicación del modelo sin los correspondientes contrapesos y cautelas.

Este nuevo modelo regulatorio surge paulatinamente desde finales de los años setenta como un conjunto de políticas de reforma de las técnicas de bienestar, liberalización económica, *"desregulación"* o simplificación normativa y privatizaciones. Supone un cambio de la estrategia del Estado seguida desde la Segunda Guerra Mundial, debido a factores como una general pérdida de confianza en la eficiencia de la empresa pública o la escasa utilidad del modelo keynesiano.

---

[3]   Como ejemplo de atribución potestativa regulatoria tenemos que la vigente Ley de Instituciones del Sector Bancario declara a la Superintendencia de las Instituciones del Sector Bancario como la máxima autoridad regulatoria, de ordenación, disciplina y dirección del sector. es la máxima autoridad sectorial en el ordenamiento bancario, facultada potestativamente para una real disciplina y dirección del sector, mediante el ejercicio del conjunto de potestades que se detallan en la Ley y se ejercen en el seguimiento continuado, constante, exhaustivo, inquisitivo e imperativo a todos los sujetos naturales y jurídicos sometidos a su ámbito de actuación, como queda claro de lo dispuesto en los artículos 18, 153 y 154 y ,especialmente, del artículo 171, numeral 8, de la LISB, el cual de manera llamativamente excesiva e indeterminada le atribuye a este Ente sectorial el ejercicio del *"…más amplio y absoluto control sobre todas las operaciones, negocios y en general cualquier acto jurídico que las instituciones del sector bancario realicen"* .
   La triada normativa citada deja claro las atribuciones y potestades que ostenta la SUPERINTENDENCIA DE LAS INSTITUCIONES DEL SECTOR BANCARIO para la disciplina, dirección, regulación, control y sanción en el Sector Bancario, dejando en evidencia la norma del artículo 154 la existencia de una relación de sujeción especial de sumisión de los sujetos institucionales de la intermediación, a los cuales la Ley declara como *"sujetos bajo su tutela"*.
   Ahora bien, que implica esta potestad de control realmente? Va mas allá de la supervisión, fiscalización e inspección de las instituciones, para constituirse en un verdadero título de direccionamiento de la actividad de intermediación y del funcionamiento de las instituciones. La SUPERINTENDENCIA esta habilitada para ejercer ese control sobre todas las operaciones, actos o negocios jurídicos que realicen las instituciones, pudiendo ordenar la suspensión de operaciones ilegales, no autorizadas o aquellas que considere que constituyen riesgo para la institución o para el sistema -art. 171.3-; establecer las cláusulas generales que regulen los contratos e instrumentos de intermediación -art.171.13-, dictar las normas prudenciales necesarias para la regulación del ejercicio de las operaciones bancarias y servicios conexos -art.171.14-, y en general la adopción de cualquier medida que juzgue necesaria para corregir las irregularidades o faltas que advierta en las operaciones de las instituciones que conforman el sistema -art.171.22-.
   Observación similar puede hacerse respecto a la potestad cautelar con la que se encuentra dotada la Superintendencia, una potestad cautelar innominada o genérica, que le permite dictar o adoptar *"…Cualquier otra medida de naturaleza similar a las establecidas en los numerales anteriores…"*, de conformidad con lo previsto en el artículo 181, numeral 18.

1. *El momento de HAYEK: monetarismo y economía de la oferta: La retirada del Estado*

En efecto, El panorama de bonanza y confianza en el sistema keynesiano comienza a cambiar radicalmente a partir de los años 70 con la crisis del petróleo, y con las respectivas crisis de financiación. La crisis provocó una sustancial pérdida relativa del poder económico y político por los Estados nacionales, asociada a la crisis del Estado de Bienestar. Los hitos fácticos de esta crisis se pueden rastrear en varios fenómenos de distinta naturaleza. Por un lado, una crisis cultural y social protagonizada por los legatarios de la primera generación de los beneficiados por el Estado de Bienestar, representados en el movimiento estudiantil de Mayo del 68 -Crozier, 1972-, -Bell, 1977-[4]. En segundo término, el progresivo incremento de los precios de las materias primas, que condujo a la crisis energética de 1973. Y en tercer lugar una crisis política. Desde finales de la década de los cincuenta y principios de la década de los sesenta, estaba en gestación una crisis en todos los planos. Los Estados Unidos habían puesto en marcha el Plan Marshall, para ponerle freno a la "expansión comunista" y por otra parte tenían un mercado seguro para un cúmulo extenso de exportaciones, pero una vez fortalecidas las economías europea y japonesa, estas ocuparon el puesto relevante y de eficaz penetración en la economía mundial y empezaron a invadir igualmente el mercado norteamericano.

La estanflación puso en definitiva en entredicho la eficacia del keynesianismo para seguir guiando el crecimiento y le abrió las puertas al monetarismo, y a la economía de la oferta *-supply side economy-*. El Estado intervencionista o Estado Social fue cuestionado severamente, y viene siéndolo, por su incapacidad de materializar el principio de igualdad en la implementación de sus políticas sociales, favoreciendo más bien a sectores específicos, quizás en la búsqueda prioritaria de la universalidad predicada como objetivo del modelo de bienestar acogido. Así, paradójicamente, un Estado y una administración intervencionistas, en su intento de satisfacer la mayor cantidad posible de demandas sociales, produjeron el incremento geométrico de esas demandas, de modo que "a mayor oferta de satisfacción, mayor cantidad de exigencias sociales, imposibles de satisfacer todas ellas, insatisfacción que poco a poco ha ido conduciendo a la "sobrecarga" de los centros de decisiones y a la ingobernabilidad[5] en las denominadas democracias industrializadas.

También son objeto de acendradas críticas la "elefantiasis" de sus Administraciones públicas, en palabras de MAJONE[6], por las desbordadas infraestructuras prestacionales, sobrevenidamente ineficientes y generadoras de gastos públicos difíciles de cubrir si se pretende mantener la accesibilidad a los servicios públicos, todo lo cual ha conducido a crisis fiscales con la consiguiente dificultad para conseguir los recursos de financiamiento de la actividad administrativa. En pocas palabras,

---

[4] Michel Crozier (1972): *La sociedad bloqueada*; Ediciones Amorrortu, Buenos Aires; Daniel Bell, *Las contradicciones culturales del capitalismo* (Madrid: Alianza Editorial, 1982), 36; Gosta Esping-Andersen, "Después de la edad de oro: El futuro del Estado benefactor en el nuevo orden mundial", *Revista Desarrollo Económico* 36, 142 (julio-setiembre, 1996): 523.

[5] Según Habermas, la ingobernabilidad se presenta cuando hay una crisis de gestión administrativa y de apoyo político de los ciudadanos a las autoridades. Es decir, el sistema administrativo no logra hacer compatibles los mecanismos de control que le exige el sistema económico y el sistema legitimatorio no logra mantener el nivel necesario de lealtad de las masas.

[6] Majone, Giandomenico, La Spina, Antonio: *El Estado Regulador*, Repositorio Digital CIDE, Génesis y Políticas Públicas, Volumen II, p. 198.

"...La acción reguladora del Estado no ha estado a la altura de los tiempos. Pareciera que el mercado y su "racionalidad" han sobrepasado los instrumentos clásicos de reacción pública ante los desmanes que estamos conociendo. La propia funcionalidad del Estado está en entredicho cuando la aguda crisis financiera y económica ha hecho añicos las formas tradicionales de proyección de la acción pública..."[7].

De modo que, estas disfunciones consideradas como connaturales a la propuestas política y jurídica de la fórmula del Estado de Bienestar, junto a la convicción en influyentes escuelas económicas de la inviabilidad de este modelo prestacional directo, le han abierto las puertas al monetarismo, por un lado, y a la transformación del rol intervencionista del Estado al rol de regulador. El Estado de Bienestar parece condenado históricamente, por lo menos para los monetaristas, en ser el responsable de la ingobernabilidad de las democracias actuales.

El Estado de Bienestar es el resultado sincrético de diversos factores históricos acumulativos, entre los cuales destacan el reformismo socialdemócrata, surgido como alternativa frente al radicalismo revolucionario violento del marxismo ortodoxo; el socialismo cristiano, y las élites políticas y económicas conservadoras ilustradas. Todas estas fuerzas políticas y sociales, en conjunto con los sindicatos, impulsaron reformas de seguro obligatorio, protección al trabajo, salario mínimo, expansión de los servicios sanitarios y educativos, y alojamientos subvencionados estatalmente.

También es el resultado de la recepción legislativa de específicos derechos sociales asociados al avasallador surgimiento de la democracia de masas con sucesivas ampliaciones del derecho de voto hasta llegar al sufragio universal. La fase de consolidación democrática del Estado de Bienestar se completó después de la Segunda Guerra Mundial, y sus rasgos descriptivos son esquematizados por BOBBIO destacando la aceptación de la existencia del mercado autorregulado y de la mercantilización de la relación salarial, no obstante, la oposición dialéctica de ambos términos, dado que, el primero exige la no intervención del Estado y el segundo, por el contrario, postula que el Estado debe asumir la carga de eliminar todos los obstáculos que objetivamente impiden a los ciudadanos menos pudientes gozar de los derechos políticos y sociales formalmente reconocidos.

Quizás la actuación más significativa masivamente desplegada por el Estado de Bienestar no se reduce a la regulación del mercado, sino que se expresa y se reconoce en el principio de la seguridad social. A través del seguro social el Estado intervino en las relaciones laborales haciéndose cargo de la precarización y la inseguridad que hasta ese momento se expresaron en el fenómeno de la cuestión social[8].

---

[7]   Rodríguez-Arana Muñoz Jaime (2013): "La Crisis del Estado de Bienestar", *Revista Electrónica de Derecho Administrativo Venezolano*, Caracas 2013, p. 96.

[8]   Como lo reseña Rodríguez-Arana Muñoz, Estos sistemas de bienestar social se fueron implantando siguiendo modelos referenciales: - El canciller alemán Otto Von Bismarck refrendó tres leyes sociales respondiendo a las fuertes demandas de los trabajadores, la presión de las iglesias y de grupos políticos de la época. Estas leyes fueron las primeras en su tipo y consistían en un Seguro contra Enfermedad (1883); Seguro contra Accidentes de Trabajo (1884); Seguro contra la Invalidez y la Vejez (1889). Este modelo de Estado del Bienestar se basa en un sistema de seguros sociales de carácter obligatorio que efectúa descuentos y transferencias a la renta del sujeto que está inserto en el mercado de trabajo y así contribuye con su correspondiente cuota (cotización) a su seguro social individual. La aplicación de este modelo rápidamente se extendió a Europa y luego a otras partes del mundo.

Por otro lado, en Inglaterra, el régimen de seguridad social que preconiza Beveridge, en su informe de 1942, propone la puesta en marcha de un sistema universal de seguro social solidario y cohe-

Históricamente el Estado de Bienestar es el materializador de la segunda categoría o generación de derechos, cuyos hitos temporales desde el punto de vista de su asunción institucional y organizativa por el Estado, pueden ubicarse temporalmente así:

1. Derechos civiles y políticos: Agrupan al conjunto de libertades individuales de expresión, de pensamiento, de culto, incluido el derecho de propiedad, de establecer contratos y el acceso a la justicia, sustentados en el iluminismo y en el iusnaturalismo. El siglo XVIII fue el periodo histórico en que emergió el proceso de afirmación de estos derechos. En el caso de los derechos políticos, estos constituyen la extensión al derecho a voto sin limitación de clase (sufragio universal) y la posibilidad ocupar cargos públicos. Se expresan institucionalmente en los parlamentos, los gobiernos estaduales y locales, y los partidos políticos. Fue durante el siglo XIX donde se instauró de manera generalizada la extensión de los derechos políticos.

2. Derechos económicos, sociales y culturales: Este conjunto de derechos incluye desde el derecho a un mínimo de bienestar y seguridad económica, hasta el derecho a compartir plenamente el patrimonio social. Las instituciones más estrechamente vinculadas con este tipo de derechos son el sistema educacional y los servicios sociales. El siglo XX fue el periodo por excelencia de extensión de estos derechos precisamente como bandera y teleología del Estado Social o Estado de Bienestar. Entre estos, Marschall incluye aquellos que tienen los trabajadores para ser protegidos de las enfermedades y accidentes del trabajo, a tener una vivienda y una jubilación, mutualidades de previsión, ayudas a vivienda, y políticas de pleno empleo.

3. Derechos difusos, llamados así porque no está clara su titularidad sino, más bien, su permeabilidad colectiva.

Así, concluida la Segunda Guerra Mundial, el Estado de Bienestar Keynesiano se constituye en la forma característica del Estado en las economías capitalistas industriales[9], y se

---

rente con 4 características principales que se aplican a todos los ciudadanos (Aracil et al, 1998: 183): 1. Un sistema generalizado, que cubra al conjunto de la población independientemente de su estatuto o de su renta. 2. Un sistema unificado y sencillo, con una sola cotización para todos los riesgos y de la misma cuantía para todos. 3. Un sistema uniforme, las prestaciones son uniformes y suficientes cualquiera que sea el nivel de renta de los interesados. 4. Un sistema centralizado, mediante un servicio público único.

[9] Resulta fundamental tener claro que cuando nos referimos al Estado de Bienestar que se consolida concluida la Segunda Guerra Mundial y bajo la directriz ideológica del keynesianismo, no podemos dejar de lado que, ciertamente como lo ha catalogado Esping Andersen, existen tres modelos políticos al menos del Estado de Bienestar, que son producto de las circunstancias políticas y de los pactos sociales y de clase, más que producto de la Revolución Industrial. Esos tres modelos son claramente diferenciables, según los postulados teoréticos desarrollados por Esping-Andersen:

1.- El primer modelo en solución de continuidad del liberalismo, denominado sistema de bienestar liberal-anglosajón, el Estado cubre sólo los riesgos definidos con carácter restrictivo y concedidos tras comprobar los medios de vida e ingresos del beneficiario; acepta la funcionalidad del mecanismo de mercado como proveedor de bienestar. Se prima la protección social privada y la pública ocupa un lugar subsidiario, ocupándose de aquellos que de manera ostensible no pueden hacerlo por sí mismos. La atención del Estado se dirige a los casos marginales, mientras el nicho productivo de la población se tutela con seguros de empresa o privados. Este modo implica un alto grado de estratificación social y de desigualdad. Son los casos de países como Canadá, Australia y EE.UU.

2.- En el segundo modelo, denominado conservador-corporatista, o europeo continental, se parte del principio de subsidiariedad y el Estado sólo interviene cuando fallan las instituciones más próximas al individuo (las «corporaciones» a que pertenece y la familia).

legitima como formulación de un nuevo contrato social, lo que en palabras de BOBBIO supone:

> …La revolución keynesiana, por fin, ha conducido a la liquidación de la política del laissez faire y al nacimiento de una nueva política económica basada esencialmente en la intervención sistemática del Estado, al que se asigna un papel económico central. A él concierne, en efecto, la tarea de ejercer una función directiva sobre la propensión al consumo a través del instrumento fiscal, la socialización de las inversiones y la política del pleno empleo[10]

De esta manera, en palabras de OLMOS y SILVA,

> "…con el papel que asume el Estado para garantizar el pleno empleo evitando las crisis cíclicas del capitalismo y redistribuyendo riqueza, se consigue la ecuación keynesiana: compaginar la justicia social con la acumulación de capital. Donde sea compatible el crecimiento económico, el reparto equitativo de los resultados de ese crecimiento, la acumulación de capital y la legitimación del sistema[11].

Sin embargo, hacia los años setenta, el equilibrio que había logrado el mundo capitalista durante la posguerra entra en la gran crisis de la estanflación, conformada por la concurrencia de dos fenómenos: hiperinflación y bajo crecimiento económico. Estados Unidos, Europa y otros países sufrieron esta crisis sin precedentes que combinaba el bajo crecimiento, la hiperinflación y altas tasas de desempleo.

En el plano internacional el hecho más relevante que llevo a la economía occidental a entrar en un estancamiento prolongado fue la desaceleración del crecimiento de la productividad de Estados Unidos, que había sido durante las últimas décadas el motor principal de la economía global.

El estado interviene en el mercado, pero su característica fundamental es la intervención en la defensa y mantenimiento de la familia como proveedora de bienes y servicios sociales. La familia se convierte en el puntal de las políticas sociales. Su estructura de seguros sociales tiende a fomentar una gran diversidad de sistemas ligados al corporativismo. La intervención del estado es, como en el modelo liberal, subsidiaria. Este es el caso de países como Austria, Francia, Alemania e Italia.

3.- En el tercer modelo, el estado interviene no sólo sobre el mercado, sino sobre la estratificación social. Es el sistema de bienestar socialdemócrata-nórdico. Es el Estado quien cubre todos los riesgos bajo el principio de universalización de las prestaciones, transformando incluso los sistemas de asistencia social tradicionales en derechos erga omnes y adoptando amplios programas de servicios sociales y de sostenimiento de ingresos para las mujeres trabajadoras. Se da así una preeminencia de los servicios nacionales únicos y las prestaciones son universales, es decir, iguales para todos. Este universalismo permite lo que el autor ha denominado la modificación, que supondría el grado en el cual individuos y familias pueden acceder a un nivel de vida aceptable independientemente de su participación en el mercado. Este modelo tiende así a lograr altos niveles de igualdad social. El caso paradigmático es el de los países nórdicos. Véase: Ubasart-Gonzalez, Gemma y Minteguiaga, Analía. *Esping-Andersen en América Latina: El estudio de los regímenes de bienestar*. *Polít. gob* [online]. 2017, vol. 24, n.1 [citado 2021-09-15], pp. 213-236. Disponible en: <http://www.scielo.org.mx/scielo.php?script=sci_ arttext&pid=S1665-20372017000100213&lng=es&nrm=iso>. ISSN 1665-2037; Jorge Uroz Olivares: *La llamada crisis del modelo de estado de bienestar: reestructuración y alternativas*. Universidad Pontificia de Comillas, Madrid.

[10]   Olmos, Claudio y SILVA, Rodrigo, *ob.cit.* véase igualmente: Bobbio, Norberto: *Estado, Gobierno y Sociedad. Por una teoría general de la política*, FCE, México 1992.

[11]   Olmos, Claudio y SILVA, Rodrigo (2011): *El desarrollo del estado de bienestar en los países capitalistas avanzados: Un enfoque socio-histórico. Revista Sociedad y Equidad*, (1). doi:10.5354 /0718-9990.2011.10599 p. 8.

Por lo que respecta al ámbito nacional, la inestabilidad derivada de la crisis de la estanflación y las presiones en el gasto público que imponía el Estado de bienestar fueron determinantes para limitar el crecimiento económico y el control inflacionario.

El keynesianismo no tenía la respuesta ante el inesperado fenómeno de la estanflación, y el Estado de Bienestar entró en crisis ante la multiplicidad de demandas sociales que no podía satisfacer, el desbordamiento del gasto público y el costo mantenimiento de sus estructuras prestacionales.

VEGGELAND expone cuatro aproximaciones que intentan explicar la crisis de la economía keynesiana. La primera de ellas, la que nos interesa, enfatiza el rol que el Estado de bienestar tuvo en su propia debacle, fundamentalmente, porque le quitó flexibilidad al manejo del gasto público dado el amplio consenso político que existía en las sociedades sobre el rol que el Estado debía seguir en el ámbito del bienestar, lo cual encauzaba los recursos del Estado hacia fines sociales que ya superaban el gasto fiscal razonable y posible.[12]

Los planteamientos hechos por HAYEK en 1944 en su obra *"Camino de servidumbre"*[13] cobraron contundente actualidad en medio de esta crisis de los años 70 y una de sus ideas fundamentales quedó probada: la amplia intervención redistributiva del Estado en la economía tiene un efecto distorsionador en los mercados y la consecuencia natural de tal distorsión era la crisis de la estanflación.[14]

Sobre las propuestas ahora en auge de HAYEK y de FRIEDMAN se edificó el programa básico neoliberal que desmontaría parte sustancial de los postulados intervencionistas keynesianos y daría paso al Estado Regulador[15].

Lo explica UNGER:

En su forma universal más abstracta, el neoliberalismo es el programa dirigido a la implementación de la estabilización macroeconómica ortodoxa [monetarismo], especialmente mediante un equilibrio fiscal alcanzado más por la contención del gasto público, que a través del incremento de la recaudación fiscal; a la liberalización en la forma de una mayor integración en el sistema comercial internacional y de la aceptación de sus reglas establecidas; a la privatización, tanto entendida estrictamente como la retracción del gobierno de la producción y de manera mas general a la adopción del derecho de propiedad occidental estandar, y al despliegue de políticas sociales compensatorias ,desde seguridad social o diseñadas para contrarrestar las consecuencias desigualitarias de los otros tableros de la plataforma ortodoxa.

Un momento fundamental de esta transformación ideológica y concepción sobre el rol del Estado se cumple cuando Margaret Thatcher llega al poder en 1979 como Primer Ministro de Gran Bretaña, y Ronald Reagan como Presidente de los Estados Unidos en 1980, convirtiendo estas ideas conservadoras en el nuevo catecismo político-económico.

---

[12]   *Ibidem*, p. 9.

[13]   Paul Hayek (2008): Camino de servidumbre; para todos los países de lengua española: UNIÓN Editorial, S.A. c/ Martín Machío, 15 28002 Madrid Tel.: 913 500 228 Fax: 911 812 212 Correo: info@unioneditorial.net www.unioneditorial.es

[14]   *Idem*, p. 9.

[15]   Suele atribuirse la idea del surgimiento del Estado regulador a Giandomenico MAJONE con su influyente texto *From the Positive to the RegulatoryState: Causes and Consequences of Changes in the Mode of Governance*, pero son SEIDMAN y GILMOUR quienes primero advirtieron este cambio en el contexto estadounidense. Sin embargo, MAJONE fue el primero en haber logrado un análisis sistemático de las consecuencias políticas, legales e institucionales de esta transformación en el régimen de gobierno.

Lo que, en principio, con el monetarismo, parecía una simple receta para controlar la espiral inflacionaria, se convirtió después en un programa político de mayor envergadura que promovió las prescripciones hayekianas de achicamiento del gobierno, privatización y desregulación.

El cambio ideológico es una respuesta al replanteamiento, en un plano general, de la relación Estado-sociedad y a la regeneración de la administración pública, de manera particular, de la interacción de gobiernos y mercados, en el contexto de la crisis y las transformaciones económicas y sociales de la década de los setentas y ochentas, ofreciéndose respuestas por los ideólogos neoliberales, los cuales enfatizaron la importancia de disminuir las funciones económicas del Estado, para dejar mayores espacios de libertad económica a la gestión del mercado.

Este nuevo modelo de Estado que surgió a nivel mundial a finales de los setenta y se asentó en la década de los ochenta se presentó con un arsenal estratégico e instrumental de técnicas y políticas públicas de interrelación con la sociedad, que dieron paso de la intervención disciplinante, a la privatización, liberalización y/o desregulación, recortes fiscales, integración y competencia económica.

Es en la década de los 80, que se encumbra hegemónicamente el neoliberalismo, asumido como la contrapartida dialéctica a las antiguas concepciones keynesianas, o en el caso de América Latina a las posturas desarrollistas. Este modelo económico conjuga diversos elementos, en virtud de los cuales el Estado se reserva un rol de mero coordinador y facilitador entre los agentes económicos y la sociedad, dejando al mercado como el principal agente de producción y distribución de la riqueza, y a los privados el papel de principal proveedor de bienes y dinamización del mercado laboral. De manera que, los modos tradicionales de actuación de la administración, en ejercicio de los poderes legales de mandar e imponerse, han ido mutando progresivamente para buscar el consentimiento y apoyo de los ciudadanos en la conformación de las políticas públicas, en un proceso que tiende cada vez más a la autorregulación, uno de cuyos postulados fundamentales, manifestación evidente de la acumulación de poder de las grandes corporaciones que dominan sectores fundamentales como telecomunicaciones, energía, audiovisual, electricidad, ferrocarriles, etc, es la de la vuelta a la regulación mínima[16].

El triunfo ideológico del liberalismo económico por sobre el pensamiento socialista, significo la concepción del mercado en un mecanismo efectivo de regulación que fomenta una cultura global de consumo y, a la vez, se asienta en la democracia liberal como la única forma de organización política capaz de establecer una relación equilibrada entre las aspiraciones individuales y colectivas de libertad con el poder del Estado.

El término y el modelo de regulación y su expresión encarnada en el Estado regulador, se presentan entonces con un significado diferente al tradicional, referido este a la normativa, al conjunto de disposiciones generales de rango legal y reglamentario que rigen una actividad o, por extensión, al régimen jurídico definido en la misma. La actividad administrativa de regulación no será ya solamente la potestad normativa o reglamentaria de la administración. Por contraposición, en los últimos años se ha popularizado una nueva acepción del término regulación, que se referiría a la intervención pública en mercados liberalizados. La eliminación de técnicas tradicionales -como la gestión directa o la gestión indirecta- mediante concesión, habría dado paso a un conjunto de técnicas, tradicionales unas, novedosas otras, que de forma genérica quedan englobadas en el término regulación.

---

[16]   Muñoz Machado, *Tratado de derecho...*, Tomo I, p. 1254, 1255.

No obstante su heterogeneidad y diversidad, estas nuevas estrategias concurrieron en un presupuesto finalistico común: limitar el rol del Estado positivo o interventor, con lo cual no se desmantela al Estado ni se le confina a ser un convidado de piedra, sino que se redimensiona su rol en la economía mediante un mayor énfasis en mecanismos de control público externo de las actividades privadas de interés general, caracterizaos principalmente por el uso de normas reguladoras y agencias reguladoras, esto es, a través del Estado regulador.

Las primeras medidas que se asociaron a este modelo fueron la desregulación y la privatización, pero no se trataba de una limitación absoluta del rol del Estado en la economía; sino más bien se trata, de reorganizar las funciones de intervención en dos modalidades:

steering: como dirigir o guiar y;

rowing: como proveer o prestar servicios.

II.   LA NUEVA REGULACIÓN

1.   *Definición y características*

Desde una perspectiva económica, el Estado cumple tres funciones:

-.la función distributiva, para la cual se convierte en un operador más en la escena económica mediante la actividad empresarial directa y por intermedio del gasto público;

-.la función redistributiva, en virtud de la cual el Estado disciplina y trata de encauzar la iniciativa económica privada hacia fines específicos de interés social, mediante la política fiscal y la actividad de fomento y más concretamente mediante las subvenciones y;

-.la función reguladora, consistente en las limitaciones que el Estado impone a la actividad económica y a las libertades económicas de manera continuada, tanto mediante la normación, como a través de un arsenal instrumental diverso[17].

EL Estado Regulador es pues, en términos de MAJONE aquel que desempeña fundamentalmente actividades reguladoras: escoge y pondera bienes e intereses para que sean objeto de tutela en la prosecución de resultados específicos en los mercados en los cuales se desarrolla la actividad económica privada de interés general; identifica y previene riesgos, y para cumplir tal fin diseña, adopta y aplica reglas de conducta y sanciones, reglas estas referidas a ámbitos de actividad en las que se establecen condiciones de eficacia y eficiencia. El Estado regulador también se encarga de evaluar la eficacia de sus propias medidas y de prevenir efectos indeseables derivados de la aplicación de dichas medidas sobre otras esferas o sectores sociales.[18]

En consecuencia, el Estado Regulador, desde la perspectiva ya más específica del Derecho Administrativo, se reserva el rol de reglamentador de la actividad económica y social que se despliega en los mercados de bienes y servicios, y esa reglamentación habilita específica y especialmente a Administraciones *Ad hoc* con alto grado de autonomía e independencia para cumplir tal labor de normación.

Esta definición permite diferenciar claramente la noción del nuevo Estado regulador de otras fórmulas de presentación estatal, específicamente del Estado social *"dispensador de bienes"*, del Estado interventor y planificador y del Estado mínimo. Se trata de un Estado que

---

17   Villar Rojas, Francisco José: *Privatización de Servicios Públicos*, Editorial Tecnos, Madrid 1993, p. 145.

18   Majone, *ob cit.*, pp. 212, 213.

ha renunciado a la publicatio de actividades privadas de interés general o de servicios públicos, entendida esta como la asunción de la titularidad de dicha actividad, y ha llevado al mínimo también su actividad de gestión empresarial o económica directa, pero sin retirarse de los mercados; para privilegiar el control continuado y focalizado, mediante la normación, de tales actividades, desde instituciones categorialmente pertenecientes al universo del Derecho Administrativo, llamadas administraciones reguladoras, administraciones independientes, agencias independientes, entre otras. En tal sentido, su cauce instrumental fundamental va a discurrir, ya no en que el Estado declare pública y asuma la titularidad de una actividad, bastando la imposición unilateral, característica de la técnica de la policía. La actuación del Estado no fundada en una previa "publicatio", propia de la categoría del servicio público, es la que corresponde a la regulación económica.

Sin embargo, el término regulación se estaría extendiendo al conjunto de la intervención económica en la actividad económica disciplinada progresivamente bajo la fórmula del denominado Derecho administrativo económico, homologación que no debe sorprender pues también en los Estados Unidos el término *economic regulation* tiene una acepción amplia que incluiría prácticamente cualquier tipo de intervención en la actividad económica

Diferentes autores han venido interpretando y aplicando el término regulación subrayando los rasgos diferenciadores de las nuevas técnicas de intervención pública:

-. Algunos de ellos han subrayado como definidor el hecho de que las administraciones y las autoridades públicas abandonen la prestación directa de los servicios, para pasar a imponer obligaciones a los operadores presentes en el mercado. Se popularizó así la referencia al Estado regulador (LA SPINA y MAJONE, 2000).

-. Otros autores han preferido subrayar el *telos* del nuevo modelo de intervención adjetivando la regulación como para la competencia -ARIÑO ORTIZ, 1996-. Entrarían en juego así variaciones terminológicas de término, tales como neo-regulación y re-regulación.

-. La antigua regulación de las actividades calificadas como servicio público, sería objeto de un nuevo modelo de regulación, esto es, de intervención pública en las mismas actividades, pero ahora calificadas como de interés general.

-. Quizás el rasgo más significativo del nuevo marco sea el extraordinario margen de discrecionalidad otorgado a la administración, pudiendo calificarse este como el rasgo diferenciador que caracteriza la regulación frente a otras técnicas de intervención. La discrecionalidad es el rasgo que justifica y exige un régimen jurídico diferenciado, destinado a incrementar las garantías a favor del ciudadano.

De todo lo dicho, y siempre desde la perspectiva del Derecho Administrativo, la regulación económica, es el proceso de interacción normativa del Estado, mediante el cual ordena y disciplina de manera continuada y permanente un determinado sector de actividad económica, limitando si es necesario la libertad económica y, ejercitando para ello potestades diversas que inciden directamente sobre la funcionalidad operativa de los agentes del mercado, y sobre la dinámica funcional de este, con el objeto de generar y potenciar beneficios para el interés general. El nuevo concepto de regulación nace vinculado a la creación de nuevos sistemas de administración, los cuales responden a la necesidad de desligar al regulador del regulado en actividades de tipo económico.

Desde una óptica más multidisciplinaria, LOWI define la regulación:

...como las acciones con origen en un actor o agencia pública dirigidas al control del desarrollo de la actividad de los agentes de un determinado sector o mercado..., de esta forma, el término regulación comprende un conjunto variado de formas de control que limitan de acuerdo con la regla, las elecciones y las actividades de los sujetos presentes en una arena sectorial -Baldwin / Cave-.[19]

2. Los objetivos de la regulación

De manera fundamental, ARIÑO ORTIZ ha advertido y precisado cual a su juicio es el objeto real de la regulación y los objetivos de la regulación. No se trata en absoluto de hacer de ella un instrumento político al servicio de toda clase de fines, por muy loables y deseables que éstos sean. La noción de regulación económico-sectorial que estamos desarrollando y postulando:

> ...no está al servicio del empleo, ni de la lucha contra la inflación, ni del desarrollo regional, ni de la redistribución de rentas. A ello sirven la política laboral, la política monetaria, la política industrial o territorial de un Estado o la política fiscal. La política regulatoria tiene como objetivo único y exclusivo la defensa y buena ordenación del sistema de prestaciones de que se trate, en las mejores condiciones posibles de seguridad, calidad y precios, con la mayor eficiencia que el estado del arte permita, tanto para hoy como para mañana, lo cual exige empresas solventes, estables, dinámicas y rentables[20].

Así, la nueva regulación no se refiere en abstracto a las normas generales de intervención en la economía, sino a aquella intervención focal del Estado, que ejecuta la administración y que tiene como fin la consecución de un orden económico definido en la Constitución, con el objetivo de realizar y ejecutar presupuestos de ordenación que satisfagan necesidades sociales específicas.

La polisemia del término regulación, lleva en no pocos casos a que se pueda entender como regulación lo que corresponde al ámbito de la reglamentación o a su confusión con el objeto de la potestad reglamentaria. Así, MAISL esboza las siguientes diferencias:

> ...la reglamentación puede definirse como el encuadramiento jurídico de los comportamientos sociales; y es, en este sentido... un modo de regulación. Pero el término de regulación tiene un sentido más amplio. Se habla de regulación... para designar la acción tendiente a regularizar el movimiento, o asegurar su buen funcionamiento, a mantener el equilibrio. El reglamento jurídico es por tanto un modo de regulación dentro del conjunto de arreglos, ajustes que permiten a la sociedad salvaguardar sus equilibrios", así, "el nuevo orden impuesto con la regulación tiene como fundamento posibilitar una acción ordenadora o reguladora, más adaptada a las exigencias... de sectores sensibles, gracias al otorgamiento de las pertinentes facultades a nuevas instancias dotadas de formas de actuación más diversificadas que las propias de la administración pública directa...

En definitiva, a diferencia del Estado de bienestar social, el Estado regulador separa las actividades de regulación de aquellas que corresponden al diseño de políticas, cuyas metas se centran más en alcanzar la eficiencia económica, la competencia y la protección

---

[19]   Lowi, T. *"The State in Politics. The Relation Between Policy and Administration"* en Noll, R. (Ed.): Regulatory Policy and the Social Sciences. University of California Press. Londres 1985. Baldwin, R, Cave, M. *Understanding Regulation. Theory, Strategy and Practice*, Oxford University Press. Oxford 1999.

[20]   Ariño Ortiz, *Logros y fracasos de la regulación*...p. 48, 49.

de los consumidores; separación que se busca materializar mediante la creación de las llamadas autoridades autónomas e independientes.[21]

Los objetivos esenciales de la regulación son enunciados por ARIÑO ORTIZ:

-. Facilitar la entrada y salida del sector, posibilitando la inversión y desinversión en él de capitales privados promoviendo así la pluralidad y capacidad de elección. Los posibles abusos se controlan mediante la regulación de defensa de la competencia.

-. Facilitar la conformación autónoma de la propia oferta comercial por las empresas del sector, posibilitando la libre formación de precios -régimen de competencia-; y si para ello es necesario regular el uso de algunos medios -acceso a redes, por ejemplo-, debe hacerse.

-. Facilitar la innovación y la asunción de riesgos, posibilitando la apropiación de los beneficios que de ellos puedan obtenerse -equilibrio riesgo-beneficio-.

-. Garantizar la libre elección de los consumidores entre los diferentes prestadores; agrega nuestro autor que allí donde no haya posibilidad de elección para los usuarios, la regulación debe actuar -fijación de tarifas, estandarización y publicidad de la oferta, etcétera- y también debe hacerlo para que las prestaciones declaradas esenciales lleguen a todos sus posibles destinatarios (continuidad y regularidad de la prestación de un servicio básico y universal).[22]

La regulación económica, tiene como característica fundamental también, que aun cuando actúa desde *"afuera de la empresa"*, en palabras de HERNÁNDEZ GONZÁLEZ, sin embargo, está dirigida a producir cuatro efectos o incidir sobre los cuatro elementos estructurales esenciales de la empresa, en los cuales se materializa la libertad de empresa y, por tanto, a limitarla:

1.- La regulación determina los componentes orgánicos, la composición y muchas de las atribuciones que corresponden a los órganos decisorios de la empresa, inclusive desaplicando o metamorfoseando los principios clásicos del Derecho Mercantil que rige a las sociedades, y sometiéndolos a una reconversión congruente con los principios del Derecho Administrativo y adaptados a la finalidad regulatoria.

2.- La regulación determina el contenido y alcance de los presupuestos que permiten el acceso al mercado y la permanencia en el, imponiendo cargas, condiciones, habilitaciones, inhabilidades, tanto reales como personales a la sociedad y a sus representantes naturales.

---

[21] *Vid*: Tom Christensen y Per Lægreid: *Reformas post nueva gestión pública Tendencias empíricas y retos académicos*; Volumen XVI. Número 2. II Semestre DE 2007. pp. 539-564 Gestión y Política Públicas. Los dos autores promueven y forman parte de la denominada Nueva Gestión Pública o NGP, en su segunda fase, que persigue reestructurar un nuevo gobierno total -GT- a partir del convencimiento de que la fase primera, representada por el principio de organizaciones especializadas, con cantidad de roles y funciones especializados y no sobrepuestos, produjo en los países en los cuales se cumplió, demasiada segmentación, autoridades centradas en sí mismas, y falta de cooperación y coordinación, todo lo cual habría entorpecido y hecho nugatoria la efectividad y eficiencia. Para estos autores, la delegación estructural, que se llevó a cabo durante largo tiempo en muchos países y que implicó la transferencia de autoridad del nivel político administrativo central hacia agencias regulatorias, autónomas, independientes, o a agencias productoras de servicios o compañías paraestatales, produjo desventajas mas que beneficios y, de manera fundamental se desposeyó al liderazgo político y administrativo de palancas de control y de influencia e información, planteando problemas de rendición de cuentas y capacidad.

[22] *Idem*, pp. 48, 49.

3.- La regulación determina los presupuestos y el alcance de la actividad escogida en ejercicio de la libertad de empresa como objeto de explotación, pudiendo imponer condiciones de calidad, estándares de productividad, asignación obligatoria de recursos de la empresa a sectores o productos deficitarios en el mercado.

4.- La regulación somete a condicionamiento el derecho de cesar en la actividad desempeñada por la empresa, pudiendo inclusive negar, desautorizar o desaplicar los actos societarios que declaren la extinción de la empresa o el cese de la actividad[23].

Estos objetivos podrían variar, dependiendo del modelo y la visión que sobre la regulación se acoja y consagre positivamente dado que, insistimos, hoy en día la regulación es un fenómeno que no sólo forma parte del arsenal instrumental jurídico público, sino también de las ciencias políticas, de la sociología, de las escuelas de políticas públicas, de la economía. En este sentido, por ejemplo, CULEBRO y GONZÁLEZ LAPORTA se refieren a las diferentes visiones desde las que puede ser enfocada la teleología de la regulación:

-. **La versión pragmática:** La regulación considerada como un mecanismo a través del cual se pueden corregir las fallas del mercado. Desde esta perspectiva, señalan los dos autores, la regulación se define como un control exógeno al mercado ejercido por la jurisdicción pública de manera permanente. En un principio, el mercado funge como regulador de los bienes y servicios intercambiados y cómo se determinan precios y costos; los equilibrios que se establecen representan la materialización de esta perspectiva regulatoria. Así, el Estado sólo interviene cuando la condición de equilibrio o eficiencia del mercado no se logra. Esta concepción de la intervención pública desde el enfoque de la economía de la regulación sugiere la implementación de mecanismos que controlan, sobre todo, las decisiones de las empresas, y de manera destacada en lo referente a los precios y la producción de los bienes.

-. **La versión jurídico-administrativa:** focalizada en los aspectos y presupuestos relacionados con el diseño normativo y de las instancias reguladoras de los servicios públicos en redes, considera igualmente la importancia de las variables económicas y el papel del mercado como instrumento de distribución.

-. **El Estado regulador:** Es la visión global europea la regulación responde a una necesidad global y puede adquirir diferentes formas. La comunidad europea se presenta en este sentido como un mecanismo a través del cual se sintetizan las diferentes visiones nacionales de regulación, aun cuando éstas sean opuestas.

Desde el punto de vista de la regulación pragmática señalan los CULEBRO y GONZÁLEZ LAPORTA que los reguladores son susceptibles de ser capturados por los actores regulados. Puede suceder que exista una falta de coordinación entre las instancias de regulación o incluso una regulación que no favorezca lo suficiente a la competencia. Por otro lado, en una regulación mediante monopolio y administración central, las fallas se pueden imputar a la naturaleza de la acción pública misma: captura de los administradores públicos de los servicios en redes por intereses políticos y sindicales; los costos de mantener un monopolio público y la falta de coordinación entre las empresas públicas (Majone, 1996a). Para Majone, la regulación debe limitarse a los mecanismos de corrección de las fallas de mercado, sobre la base de una separación funcional o necesaria de sus misiones. A partir de este enfoque, los poderes públicos están obligados a desasociar la gestión de la eficiencia del mercado de la dinámica misma del mercado.

---

23 Hernández González, José Ignacio: *Derecho Administrativo y Regulación Económica*, Editorial Jurídica Venezolana, Caracas, 2006, pp. 152, 153, 154.

3. *La justificación de la regulación*

De manera fundamental, la regulación administrativa que hemos venido delimitando, conjuga las tres vertientes esbozadas, y tiene su sentido finalistico en la corrección, minimización o prevención de las externalidades de los mercados y de las empresas, causadas en el despliegue y desarrollo de la actividad económica, y que pudieran producir daños o beneficios a específicos bienes tutelados jurídicamente. Por ello, la regulación imbrica y combina la estricta producción normativa con las nociones de ordenación, limitación y disciplina, y por añadidura, con la de policía administrativa, no obstante, aludir a una realidad técnica más precisa, como lo es su función correctora de disfunciones y externalidades traducidas en fallas de mercado.[24]

De manera que, la razón por la que se regula una determinada actividad económica o servicio es para darle una respuesta a los fallos de los mercados, a saber: el mercado y la concurrencia, las externalidades y la asimetría de la información.

La regulación desempeña un papel fundamental en la relación entre el mercado y la concurrencia, en particular, cuando esta última no es posible, o es sumamente dificultosa como sucede por ejemplo con la existencia en el mercado de un monopolio natural.

En el caso de las externalidades, entendidas como deficiencias o fallos del mercado, estas se producen cuando el bienestar de un operador económico es directamente afectado por las actividades de otro. El ejemplo clásico es la contaminación: los desechos que las empresas químicas o de otra naturaleza vierten en los ríos y lagos, perjudican a empresas que se surten de agua para comercializarla o perjudican a los pescadores. En estos casos, la regulación se manifiesta mediante una estricta ordenación jurídica, particularmente intensa en la normación de las obligaciones de restitución y en rescate ambiental de los sujetos responsables, así como en todo un cuerpo de sanciones. De modo que, la disciplina regulatoria y la actividad policial de ordenación y disciplina marchan de la mano, sin que quepa una separación tajante entre ellas.

De igual forma, las externalidades, son la explicación para los economistas, de la regulación de los servicios públicos como prestaciones esenciales para la sociedad, como lo expresa VILLAR ROJAS, tanto el servicio universal como el derecho de acceso son factores externos a la relación económica que se entabla entre una empresa y un consumidor, en donde la libertad de decisión de ambos queda sometida al régimen estatutario regulador del servicio[25].

Finalmente, la tercera deficiencia que justifica la intervención de la regulación se encuentra constituida por los problemas de información. En la realidad y en la práctica, la libertad de contratar, entre usuarios y agentes económicos, se encuentra bastante limitada por la falta de información adecuada, sobre todo, para el usuario o consumidor.

---

[24] En este concepto diferimos de Hernández González, quien en su obra *Derecho Administrativo y Regulación Económica* rechaza la equiparación del termino regulación con la noción de ordenación y limitación e incluso con la idea de policía económica, no obstante, aceptar que en todos esos supuestos hay un efecto común constituido por la restricción de la iniciativa económica impuesta por los Poderes Públicos. En tal sentido véase: Hernández González, José Ignacio, *Derecho Administrativo y Regulación Económica*, Editorial Jurídica Venezolana, Caracas, 2006, pp. 148, 149.

[25] Villar Rojas, *ob.cit.* p. 148.

En otro orden de ideas, desde otra perspectiva económica, se afirma que la mayor parte de las actividades económicas han sido reguladas, no por los fallos del mercado, sino para evitar los inconvenientes de la competencia, entre ellos, la multiplicación innecesaria de los sistemas de distribución y la consiguiente posibilidad de evitar que se malgasten los recursos.

4. *La razonabilidad de la regulación*

La regulación económica, se estructura sobre dos pilares y una relación: la que existe entre la administración pública encargada de tutelar el interés público cuya protección le ha sido encomendada competencialmente, en nuestro caso con rango constitucional, y la de los agentes económicos o empresas que desarrollan la actividad que dicha administración disciplina y supervisa. Para ser efectiva la regulación, estas administraciones públicas cuentan y ejercen dos grandes modalidades de regulación:

-. *la regulación de la autorregulación*, en orden a la cual, la administración impulsa la elaboración de un marco normativo por los propios grupos de interés de un determinado ordenamiento sectorial, marco normativo que actuara como un código de conducta vinculante, y cuyo cumplimiento es encomendado a otra entidad distinta, usualmente colegiada y dotada de potestades públicas.

-. la segunda fórmula es la denominada *regulación externa*, en la que son los poderes públicos quienes ordenan la actividad mediante su sectorialización normativa -legislativa y reglamentaria-, regulando todos los aspectos de la actividad y de las relaciones que en ese ordenamiento son posibles, regulación que se constituye entonces en una actividad de tracto sucesivo, y en la que se encomienda la normación sub-legal prudencial y la vigilancia del cumplimiento por los actores a una entidad pública altamente especializada, como por ejemplo lo son, las *public authorities* anglosajonas, que siguen de cerca el modelo norteamericano de las agencias independientes.

Uno de los presupuestos de ejercicio de la regulación es, evidentemente, la regulación normativa de la actividad privada de interés público o general por parte de la autoridad administrativa. Esta actividad de normación y disciplina jurídica está sometida a precisos límites derivados de diversos principios como lo son el de razonabilidad, proporcionalidad, idoneidad, suficiencia. En ese mismo orden de ideas se ha pronunciado el Máximo Tribunal dejando claro los límites y el encuadramiento axiológico y funcional al que debe someterse toda regulación limitatoria de los derechos subjetivos. Así, ha expresado el TSJ en Sala Constitucional en la sentencia N° 379 del 07 de marzo del 2007:

…se debe destacar que no sólo la norma infraconstitucional debe adecuar su contenido al texto expreso de la norma constitucional, sino a la intención o el valor de justicia contenido en los principios constitucionales y, en los prenombrados valores constitucionales, y que le dan valor y respeto del Estado de Derecho, razón por la cual, debe establecerse con rotundidad que toda actividad del Estado debe ceñirse a un examen de razonabilidad y proporcionalidad para determinar su adecuación al Texto Constitucional… En este escenario, interesa destacar lo expuesto por WEAVER quien en su tratado de derecho constitucional dispone: "(…) La validez de toda regulación debe depender de si, bajo las circunstancias existentes, la regulación es razonable o arbitraria, y si está verdaderamente dirigida a cumplir un propósito público lícito. Por razonabilidad se entiende que la regulación debe ser necesaria y adecuada para el cumplimiento de un objeto dentro de la órbita del poder de policía. No debe ser opresiva. Debe estar sancionada de buena fe para la promoción del interés público y no para la hostilidad o sometimiento de una clase o raza determinada. No puede interferir arbitrariamente con el goce de los derechos personales o de propiedad garantizados por la Constitución (…). Los tribunales invalidarán toda regulación o ley que sea irrazonable o ilegal… "la racionalidad [o razonabilidad] debe ser entendida en un sentido garantista y no restrictiva de los derechos constitucionales", por lo tanto, Esta debe atender o adecuarse al fin o intención que ha querido desarrollar el constituyente o el legislador con la promulgación y aplicación de la norma en cuestión, con la finalidad de dotarla de un valor de utilidad y relevancia jurídica, por lo que debe ajustarse en consecuencia a un examen de verificabilidad o proporcionalidad entre el comportamiento deseado por el Estado y la finalidad perseguida. La razonabilidad y proporcionalidad de las normas son equitativamente comparativas o asimiladas al valor de justicia que debe conllevar la misma, el equilibrio axiológico interno del Derecho con el efecto externo de su actuación y represión por su incumplimiento o como lo expresa correctamente. En consecuencia, se resalta que dicho principio [la razonabilidad] no constituye un canon de constitucionalidad autónomo, sino un criterio de interpretación que permite enjuiciar posibles vulneraciones de normas constitucionales concretas y, en especial, de derechos fundamentales, por lo que, se ha venido reconociendo que la desproporción entre el fin perseguido y los medios empleados para conseguirlo puede dar lugar a un enjuiciamiento desde la perspectiva constitucional cuando esa falta de proporción implique un sacrificio excesivo o innecesario de los derechos que la Constitución garantiza. Tal principio no se circunscribe a un análisis subjetivo de la norma sino que responde a unos criterios de análisis (idoneidad, necesidad y proporcionalidad en sentido estricto) que obedecen de una manera tuitiva al resguardo de los derechos constitucionales en su justa medida y proporción al valor de justicia que debe conllevar toda norma de derecho, en este sentido interesa destacar lo expuesto BERNAL PULIDO, quien reseñando la labor jurisprudencial llevada a cabo por el Tribunal Constitucional Español expresó: "En las alusiones jurisprudenciales más representativas, el principio de proporcionalidad aparece como un conjunto articulado de tres subprincipios: idoneidad, necesidad y proporcionalidad en sentido estricto. Cada uno de estos sub-principios expresa una exigencia que toda intervención en los derechos fundamentales debe cumplir. Tales exigencias pueden ser enunciadas de la siguiente manera: Según el principio de idoneidad, toda intervención en los derechos fundamentales debe ser adecuada para contribuir a la obtención de un fin constitucionalmente legítimo. De acuerdo con el subprincipio de necesidad, toda medida de intervención en los derechos fundamentales debe ser la más benigna con el derecho intervenido, entre todas aquéllas que revisten por lo menos la misma idoneidad para contribuir a alcanzar el objetivo propuesto. En fin, conforme al principio de proporcionalidad en sentido estricto, la importancia de los objetivos perseguidos por toda intervención en los derechos fundamentales debe guardar una adecuada relación con el significado del derecho intervenido. En otros términos, las ventajas que se obtienen mediante la intervención en el derecho fundamental debe compensar los sacrificios que ésta implica para sus titulares y para la sociedad". (*Vid.* BERNAL PULIDO, Carlos; "El principio de proporcionalidad y los derechos fundamentales", CEPC, 2005, p. 37 y 38).

La implementación de las políticas reguladoras y los cambios organizacionales que se han sucedido en las últimas décadas tienen a la regulación como el motor dinámico de ese cambio, el cual es particularmente profundo y visible en la prestación de los servicios públicos en redes. Cuando nos referimos a los servicios públicos en redes lo entendemos "como toda actividad de interés general llevada a cabo por uno o varios actores económicos que permiten la interconexión y el acceso a un servicio determinado" -Stofflaés, Matheu, 1995-. Lo anterior supone que intervienen, por un lado, los poderes públicos en distintas modalidades en el control de los servicios prestados y, por el otro, participan diversos organismos, regidos por normas específicas propias del sector y del servicio. Ante la diversidad y versatilidad que presentan los servicios públicos en redes suele confundirse el organismo o la empresa que lo presta (o que tiene la responsabilidad de asegurar su funcionamiento) con el servicio público en sí. Esto sucede, por ejemplo, en el sector eléctrico. En todo caso, el servicio público en redes concierne a una actividad sometida por los poderes públicos a un régimen particular de obligaciones y prerrogativas que, dada su naturaleza asociada al interés general, la distinguen de las actividades privadas regidas por las reglas del mercado Fournier, 1999, situación particular que se califica o justifica la calificación de la actividad como una actividad de interés público social.

Desde una perspectiva de regulación política, entendida como "el sistema de representación sometido al reto permanente de conciliar la construcción de un orden político legítimo y de contribuir al mismo tiempo a la consolidación de un orden social complejo y contradictorio", se distinguen tres niveles de análisis que impactan la gestión de los servicios públicos: *a)* los regímenes de política pública, *b)* las regulaciones de orden político y *c)* los regímenes ciudadanos -Jobert, 1998-. En todo caso, resulta pertinente entender la regulación a partir de la definición de las reglas que permiten la implementación de la competencia en sectores donde no existe, restringiendo el campo de elección privado, al tiempo que aseguran las misiones de interés general que caracterizan a los servicios públicos en redes.

De manera general dos grandes corrientes han estructurado los análisis sobre la regulación de los servicios públicos en redes. La primera *corriente inicial* se deriva de los resultados de la aplicación de políticas de liberalización -o desregulación- de los servicios públicos en Estados Unidos e Inglaterra en la década de los ochenta. Las políticas públicas "desreguladoras" en estos países se fundamentaron en un principio pragmático de la regulación en el que la acción de los poderes públicos se limitó únicamente a la implementación de controles independientes de las actividades comerciales de los actores económicos, al tiempo que respondía a medidas sugeridas por el paradigma de la nueva gestión pública. La segunda corriente corresponde a una visión supranacional cuyo mejor ejemplo lo tomamos de la acción de la Unión Europea, donde la regulación (o el control público) interviene en un marco de acción más amplio, incorporando las esferas jurídicas y políticas inherentes a la dinámica social de los servicios públicos.

5.   *Regulación económica y regulación social*

La regulación económica tiene por objeto preservar, estimular condiciones competitivas de mercado, estableciendo los presupuestos de control o disolución de los monopolios, la salida de los competidores deficitarios o débiles, el control de ingreso de nuevos competidores y, en fin, el seguimiento del hábitat económico que se quiere alcanzar. Por su parte, la regulación social tiene por objeto la corrección o la neutralización de consecuencias multifactoriales derivadas de las actividades económicas del mercado, y que tienen que ver con la salud, el ambiente, la seguridad de los trabajadores, la protección de los consumidores y la defensa de sus intereses[26].

III.   LOS ENTES REGULADORES: LA ADMINISTRACIÓN PÚBLICA REGULADORA

La regulación en nuestro ordenamiento constitucional es una función pública de imperativo acatamiento por el Estado por mandato y prescripción del artículo 112 constitucional, el cual lo instruye para racionalizar y y regular la economía, impulsando el libre mercado y la iniciativa privada.

El posicionamiento del Estado Regulador no obedece sólo a su aparición como alternativa sustitutiva del Estado de Bienestar intervencionista y expresión de políticas públicas de liberalización de la economía y de retracción del Estado: Este posicionamiento requiere, pues, el rediseño institucional del rol y la personificación de sus administraciones públicas, así como la implementación de mecanismos que aseguren una real y verdadera autonomía entre los entes reguladores y los sujetos regulados, y la protección del sentido último de la regulación que es la preservación de la eficiencia de los mercados en beneficio de los consumidores y usuarios y también de los productores o agentes económicos.

Las administraciones públicas reguladoras, trátese de agencias o de autoridades o administraciones independientes, y cualquiera sea la forma jurídica que adopten, por lo general y

---

26   Majone, Giandomenico, ob. cit. pp. 126, 127.

como lo ha precisado POMED SÁNCHEZ comparten concurrencialmente una serie de características comunes[27]:

-. Todas ellas están llamadas a actuar sobre sectores especialmente sensibles de intervención pública por el interés general que representan esos sectores, ya sea como servicios públicos o como actividades privadas de interés general: radio y televisión, energía nuclear, sistema crediticio y financiero, telecomunicaciones, transporte, etc.

-. El propósito que se persigue encomendando a las Administraciones Independientes dicha actuación no es en modo alguno el de proceder a la constitución de Ordenamientos jurídicos sectoriales, modelación que corresponde más bien al legislador. Antes bien, se trata de asegurar el alejamiento de las instancias de intervención de la lucha política partidista.

- Finalmente, al requisito constitucional de la objetividad e imparcialidad de la Administración pública, este modelo organizativo añade otra nota caracterizadora, el de su neutralidad. Se trata de alcanzar objetivos específicos y continuados: la transparencia informativa, la seguridad nuclear, la estabilidad monetaria, el buen funcionamiento del mercado de valores, la adecuada cobertura de salud o de la prestación de tales servicios, o la defensa de la intimidad frente al uso indebido de la informática, entre otros, que afectan al conjunto de la sociedad y cuya proyección temporal se extiende más allá de la vida de los Gobiernos de turno.

Empero, no obstante la circunstancia de no constituir el propósito que se persigue con su creación la conformación de Ordenamientos jurídicos sectoriales, lo cierto es que hoy en día la mayor parte de las agencias reguladoras o autoridades administrativas independientes, operan inmersas en ordenamientos jurídicos sectoriales, los cuales se han enmarcado por el legislador calificando a la actividad privada que conforma su núcleo dinámico, como una actividad privada de interés general, y habilitando todo un piso sectorial creado por la normación sub-legal, reglamentaria o prudencial ,como se quiera calificar – las tres expresiones son válidas-.

1.   *Las agencias reguladoras independientes del derecho norteamericano*

El precedente del modelo europeo de las administraciones públicas independientes es el norteamericano de las Agencias Independientes, El nacimiento de las Agencias Reguladoras Independientes tuvo lugar con ocasión de la aprobación en 1887, de la Ley de Comercio Interestatal. Esta Ley intentó frenar los abusos cometidos por las empresas ferroviarias en la zona medio-oeste de los Estados Unidos

La Ley inicia el proceso de regulación pública de actividades privadas, por lo que se ha llegado a ver en la misma el acta de nacimiento del Derecho administrativo estadounidense.

Desde una perspectiva organizativa, la Ley creó la Comisión de Comercio Interestatal, primer ejemplo de Agencia Reguladora Independiente. En ella se hallan ya los elementos característicos de este tipo de Agencias:

-. Estabilidad en el cargo de los órganos de dirección;

-. Atribución a la misma de la capacidad para diseñar sus propias líneas de actuación, al margen de posibles injerencias del Ejecutivo y;

- La atribución de potestad reglamentaria autónoma.[28]

---

[27]   Pomed Sánchez, *ob.cit.* pp. 120, 121.

[28]   En el ínterin que media entre la aparición de la Comisión de Comercio Interestatal y la época del New Deal, tuvo lugar la creación de dos Agencias Independientes fundamentales, el Sistema de la

La relación existente entre la intervención pública en la vida económica y la aparición de Agencias Reguladoras Independientes coincide con la política intervencionista del Presidente F. D. Roosevelt en la década de los treinta. Frente al dogma liberal clásico de la neutralidad de los poderes públicos en materia económica, los ideólogos del *New Deal* afirmaron la necesidad de una acción positiva e interventora del Estado, intervención que llevarían a cabo las Agencias Reguladoras Independientes, consideradas inmunes a toda influencia política y dotadas de una gran especialización técnica, las que estaban llamadas a transformar la sociedad estadounidense.

Las Agencias Independientes presentarían otras dos ventajas añadidas, como lo ha precisado POMED SÁNCHEZ. En primer lugar, al tratarse de órganos de la Federación, no se ven constreñidas por los frenos e insuficiencias que aquejaban a los Estados. Por otra parte, representan una cierta superación de la división horizontal de poderes, puesto que se trata de instancias que, ejerciendo funciones de tipo normativo, ejecutivo y de resolución de conflictos, permitían al Gobierno federal aplicar un programa político de vastas dimensiones[29]

La independencia de las Agencias quedó reafirmada y definitivamente asentada, con la célebre Sentencia *Humphrey's Executor V. U.S.,* de 1935. En dicha Sentencia, el Tribunal negó la pretensión de cese de un miembro de la Comisión Federal de Industria, que había sido nombrado por el Presidente republicano y que se mostraba desafecto a la política del nuevo Gobierno, afirmando que:

La autoridad del Congreso para crear Agencias cuasi-legislativas o cuasi-judiciales, para permitirles actuar con independencia frente al ejecutivo, no puede ser cuestionada y esa autoridad incluye, como un medio adecuado, la potestad de fijar un período de permanencia en el cargo, así como prohibir su remoción, excepto por causa justificada (for cause).

Este pronunciamiento supuso el abandono del criterio jurisprudencial sentado en el caso *Myers v. U.S.*, de 1916, según el cual, para tener un ejecutivo fuerte, como había sido el propósito de los constituyentes, era preciso reconocer al Presidente la libertad de seleccionar y cesar a sus funcionarios y agentes.[30]

Reserva Federal, regulado por la Ley de la Reserva Federal, de 23 de diciembre de 1913 y la Comisión Federal de Industria, surgida al año siguiente.

[29]   Pomed Sánchez, *ob cit.* p. 126.

[30]   En los años siguientes a la Sentencia Humphrey's se crean más de diecisiete Agencias Independientes. Así, se constituyeron el Fondo Federal de Garantía de Depósitos (*Federal Deposit Insurance Corporation),* la Comisión de Títulos y Cambio *(Securities and Exchange Comission),* encargada de disciplinar la actividad de los mercados de valores, la Oficina Nacional de Relaciones Laborales (*National Labor Relations Board),* la Oficina de la Seguridad Social (*Social Security Board*) y, finalmente, se reformó la Ley de la Reserva Federal, a fin de dotar a este órgano de mayores competencias y de fortalecer su independencia.

Las agencias independientes nacen como producto de una consagración constitucional que no primaba la separación estanca de los poderes públicos entre si. Asi, la Constitución de los Estados Unidos de 1787, si bien asignó a cada rama del poder público una función propia y connatural, es decir, la legislativa, judicial y ejecutiva, sin embargo, omitió cualquier declaración expresa que prohibiera la concentración de funciones públicas de diversa naturaleza en una misma autoridad, razón por la cual, algunos estudiosos han expresado que la teoría clásica de la separación de poderes, acogida por esa constitución constituyo una formulación jurídicamente inacabada e incompleta. Sin embargo, por obra de la jurisprudencia de los tribunales norteamericanos, la teoría fue evolucionando hasta abrirle paso al principio de equilibrio entre los poderes y de reciproca influencia entre ellos, conocido hoy como el principio de *checks and balances* o equilibrio de poderes, que se considera hoy, propio de la Constitución de los Estados Unidos de 1787, y que constituye un presupuesto fundamental del sistema de administración por agencias independientes y de su marco constitucional.

En 1887, se creó la primera agencia administrativa independiente federal en la figura de la *Interstate Commerce Commission (ICC)*, como administración competente en el ámbito federal, para regular y supervisar el funcionamiento del sector ferroviario, habilitada competencialmente con facultades que la doctrina calificaría inmediatamente como cuasi-legislativas y cuasi-judiciales. Este modelo surge como algo totalmente novedoso en donde el acento funcional y competencial estaba puesta en su verdadera independencia y autonomía respecto a los poderes públicos y en particular respecto al ejecutivo, además de su notoria atribución regulatoria; luego de lo cual fueron creadas, otras AAI, como *la Federal Reserve System (1913), la Federal Trade Commission (1914), la Federal Radio Commission (1927), la Federal Power Commission (1930), la Securities and Exchange Commission (1934), la Federal Communications Commission (1934), la National Labor Relations Board (1935), la United States Maritime Commission (1936) y la Civil Aeronautics Board (1938).*

La real y material independencia técnica de las AAI, genero casi inmediatamente una reacción en las altas esferas de los poderes dirigida a pregonar su inconstitucionalidad por constituir un poder al margan de todo tipo de control por cualquiera de los otros poderes públicos. Ello se debio, como lo apunta FERNÁNDEZ ROJAS, a los tres elementos que, en su conjunto, parecían amenazar el orden constitucional:

-. la escasa responsabilidad política por sus decisiones;

-. su atomización en múltiples centros de decisión y;

-. la potestad para actuar al margen de la orientación política del gobierno.

Casi inmediatamente a su nacimiento, las AAI se vieron confrontadas por el rechazo y la hostilidad del Poder Ejecutivo frente a ellas, intentando someter y subordinar a las AAI, a la categoría de agencias ejecutivas, dado que, en muchos casos se convertían en una autoridad administrativa incómoda para la política gubernamental.

La célebre sentencia *Humphrey's Executor v. United States* de 1935, fue la primera en pronunciarse a favor de la constitucionalidad del sistema de administración por agencias o administraciones independientes. La destitución del director de la Federal Trade Commission (FTC), WILLIAM F. HUMPHREY, fundada en su negativa reiterada a someterse a la política presidencial, dio lugar a que, tras su fallecimiento, el albacea administrador de su herencia intentara ante los tribunales un proceso civil declarativo contra la administración federal, exigiendo los salarios dejados de percibir desde su destitución, al haber sido cesado por causas no previstas legalmente para la destitución de los altos directivos de la agencia. La Suprema Corte, emitió por unanimidad la sentencia que se convertiría en el pilar protector a favor de la legitimidad constitucional de las AAI. Ya la sentencia Myers v. United States de 1926 había sostenido la inconstitucionalidad de una norma legal que impedía al presidente de los Estados Unidos remover libremente de sus cargos a los executive officers, y permitió a la Suprema Corte afirmar la supremacía presidencial sobre el poder ejecutivo y la administración. Esta sentencia le reconoció al presidente el derecho ilimitado de remoción discrecional, respecto de los titulares de los diferentes órganos de la administración federal. La sentencia Humphrey's Executor v. United States de 1935, preciso y delimito el alcance de aquélla, al sostener que, en ciertos casos, el poder presidencial de remoción podría verse seriamente limitado legalmente, en particular las competencias presidenciales de libre remoción de los cargos directivos de las agencias administrativas federales, sin que ello significara trasgredir el orden constitucional, cuando dichas administraciones desempeñasen además, funciones de naturaleza cuasi-legislativa regulación o cuasi-judicial resolución de conflictos técnicos y jurídicos.

El temprano informe Brownlow de 1937, realizado bajo la administración ROOSEVELT, fue quizás junto a los informes HOOVER lo mas agresivo que se haya elaborado por los partidarios de las tesis unionistas contras las AAI. En el caso del informe Brownlow, este concluye, definiendo las AAI como *"una poderosa, descoordinada y acéfala cuarta rama del poder público, que desafía la lógica de la responsabilidad democrática y desborda gravemente el marco constitucional".* Los informes elaborados por representantes del gobierno federal y funcionarios del ejecutivo se multiplicarían los años subsiguientes, como fue el caso de los informes, de Ash (1971), Grace (1983) y Gore (1993), por mencionar solo algunos; informes estos que insistirían duramente en la inconstitucionalidad y en la inconveniencia de mantener el sistema de administraciones independientes como órganos no sujetos o adscritos al ejecutivo federal. Lo mas paradójico es que un cumulo jurisprudencial que cubría varios años reconocía al Presidente atribuciones cuasi-legislativas y cuasijudiciales, por lo que objetar la legitimad y la constitucionalidad de las AAI por ostentar tales atribuciones es una supuesta ruptura del sistema de tripartición de los poderes públicos clásicos, resultaba un débil argumento. De esta forma, las sentencias sentadas en los casos, Field v. Clark (1892), United States v. Grimaud (1911), Myers v. United States (1926), J.W.Hampton Jr. & Co. v. United States (1928), y Yakus v. United States (1944), ya habían declarado constitucionales varias leyes que otorgaban al presidente de los Estados Unidos atribuciones cuasilegislativas y cuasijudiciales.

Pero la independencia de las agencias administrativas comienza a ser reinterpretada y redelimitada a partir de la célebre sentencia del caso *Synar v. United States,* dictada en 1986 por el Tribunal Federal de Apelación con sede en Washington D.C. la cual comienza a abrirle camino a un nuevo criterio enrazado igualmente en la constitución de 1787 y que descansa en el también clásico principio constitucional del *checks and balances,* contenido desde antiguo en la Constitución de 1787. La aplicación de este criterio para justificar la constitucionalidad del sistema de administración por agencias independientes demostró su efectividad en 1993, cuando el Congreso de los Estados Unidos, con mayoría parlamentaria del Gobierno negó la modificación y supresión de algunos aspectos esenciales de algunas AAI, bajo el argumento de que tal reducción efectiva de la autonomía de las AAI podría derivar en una concentración inconstitucional de facultades a favor del ejecutivo.

De modo que, hoy en día las AAI se sostienen legitimadas por este principio y su interpretación jurisprudencial del *check and balances,* el cual ha propiciado una serie de reformas, sobre todo en las ultimas dos décadas del siglo XX, y las cuales han dimanado tanto de la actividad parlamentaria, judicial y administrativa, intentando y logrando equilibrar la situación del Presidente y mecanismos de tutela o control sobre las AAI. Asi, el Congreso, poder modelador precisamente del sistema de administración por agencias independientes, consolidó en las ultimas décadas dos reformas fundamentales: la primera de ellas es el multiplicado otorgamiento de competencias de naturaleza cuasi-legislativa y cuasi-judicial en torno al presidente, especialmente a través de sus agencias ejecutivas; Y la segunda, ha sido la eliminación de algunas administraciones independientes que se consideraban fundamentales e intocables como la *Civil Aeronautics Board* (CAB), cuyas funciones fueron reasignadas al *Department of Transportation, o la Interstate Commerce Commission (ICC).*

En el mismo orden de ideas, el Poder Judicial ha reformulado sus criterios flexibilizando sus ideas respecto a la relación que debe existir entre el Presidente y las AAI, admitiendo una reducción en la realidad de la autonomía de las AAI y contribuyendo al rediseño de la institución a lo largo de los últimos treinta años, gracias a una creciente preocupación por amparar al gobierno en el ejercicio de sus derechos constitucionales. Por una parte, se han flexibilizado los criterios respecto a los presupuestos legales que obstaculizaban al Presidente para remover los altos directivos de las agencias independientes, criterios estos que germinaran a partir de las sentencias dictadas en los casos Morrison v. Olson de 1988 y SEC v. Bilzerian de 1990, las cuales se preocupan por preservar y salvaguardar, con rango de primacía, las competencias presidenciales para dirigir, diseñar y ejecutar la política pública, frente a la intervención de las administraciones o agencias independientes. La segunda reforma o cambio de criterio construido por la jurisprudencia es la definición de los motivos y causas para la atenuación de la rigidez de los presupuestos legales que permiten al presidente remover a los altos cargos de las administraciones independientes, ha significado que las causas legales, que hacen procedente el ejercicio de la potestad de remoción, como son la grave negligencia o la mala fe en el cumplimiento del deber, puedan verse multiplicadas analógica y extensivamente por la interpretación jurisprudencial, entre las cuales resalta como causal la repetida y grave discrepancia entre las políticas presidenciales y las formuladas o ejecutadas por las AAI.

En el caso de las reformas administrativas, curiosamente la reducción o transformación de la independencia en autonomía, es decir, la aceptación de vínculos de subordinación administrativa- parcial, el replanteamiento y la reconceptuación que vienen sufriendo las AAI, sobre todo en sus relaciones con el ejecutivo, las mismas agencias independientes han aceptado someterse voluntariamente a las *Executive Orders* gubernamentales. Como lo destaca FERNÁNDEZ ROJAS, *"el acatamiento manifestado voluntariamente por las AAI que lo deseen, transforma en vinculantes las disposiciones contenidas en las respectivas Executive Orders, lo cual supone un radical cambio en la actitud de algunas de las otrora beligerantes agencias independientes, y significa un paso -desde el punto de vista de las tesis unionistas- hacia la consolidación de la supremacía adminis-*

2. *Las Administraciones Públicas Independientes en el Ordenamiento Francés*

La importación del modelo norteamericano de las Agencias Independientes se produjo masivamente, siendo uno de sus primeros receptores Francia. Allí ha surgido la figura de las *"autorité administrative indépendante"* objeto de una fuerte discusión política y jurídica, así como de variadas decisiones tanto por el Consejo Constitucional como por el Consejo de Estado[31].

La característica esencial que define a las autoridades administrativas independientes en Francia, es su amplia autonomía en el ejercicio de sus competencias, en situación de intangibilidad e independencia frente a cualquier forma de control jerárquico por la Administración, es decir de las facultades jerárquicas que le asisten al gobierno en sus relaciones ordinarias con la administración. Presentan así genéticamente una conformación institucional que puede neutralizar a través de su especial autonomía, la indebida injerencia del gobierno en la administración y ofrecer a sectores de especial sensibilidad económica y social, la vocación prestacional, la credibilidad, independencia y neutralidad, que se exige de las administraciones públicas.

La influencia decisiva en este tema que el sistema de administraciones independientes del derecho norteamericano ha ejercido sobre las recientes reformas del derecho público francés, se ha reflejado tanto en las autoridades administrativas independientes del orden legal, como en las de rango constitucional.

---

trativa del gobierno. Esta transformación, que se ha ido gestando gradualmente, se manifiesta sobremanera a partir de las importantes Executive Orders proferidas por los gobiernos REGAN y CLINTON, cuyo objeto ha sido exigir a las AAI, un mínimo de acatamiento a las políticas públicas promovidas desde el gobierno, así como una mayor coordinación entre las diversas políticas adelantadas por un nutrido número de administraciones independientes". Al respecto véase: FERNÁNDEZ ROJAS, Gabriel (2003): *La administración por agencias independientes en los Estados Unidos de América,* Vniversitas, núm. 106, Pontificia Universidad Javeriana Bogotá, Colombia, pp. 177-205. Igualmente pueden consultarse: Bilbao Ubillos, Juan María (1999): Las agencias independientes: un análisis desde la perspectiva jurídico-constitucional, Universidad de Valladolid, AFDUAM 3, pp. 163-181. Sancho, David (2003) *Regulación y agencias reguladoras independientes: elementos clave para la consolidación de su diseño institucional* Universidad Pompeu Fabra de Barcelona. España.

[31] En este tema de la Administración por agencias independientes en Francia, pueden consultarse: Fernández Rojas, Gabriel*: Las autoridades administrativas independientes en Francia;* Vniversitas, núm. 107, 2004, pp. 343-372 Pontificia Universidad Javeriana Bogotá, Colombia Longobardi, N., «*Les autorités administratives indépendantes,* laboratoires d'un nouveau droit administratif, suite et fin». Les Petites Affiches, n° 173, 1999, p. 10 y ss.; Rivero, J. et Waline, J., Droit Administratif, Dalloz, Paris, 1998, p. 313; Gentot, M., *Les autorités administratives indépendantes,* 2ª. éd., Montchrestien, Clefs Politique, Paris, 1994, p. 14 y ss.; Teitgen-Colly, C., «Les instances de régulation et la Constitution», Revue du Droit Public et de la Science Politique en France et a l'Etranger, n° 1, 1990, p. 24, 42 y ss. Para un análisis completo de las facultades tradicionales del gobierno frente a las administraciones *Vid.* Chauvin, F., *Administration de l'Etat,* Dalloz, Paris, 2002; Bauby, P., Dérégulation et re-régulation: les transformations du service public de l'électricite. Le service public en devenir, L'Harmattan, Paris, 2000, p. 199 y ss.; Chevallier, J., Le place du service public dans l'univers juridique contemporain. Le service public en devenir, L'Harmattan, Paris, 2000, p. 26 y ss.; Esplugas, P., Le service public, Dalloz, Paris, 1998, p. 105 y ss.; Chevallier, J., La réforme de l'état et la conception française du service public. RFAP.

Es en sistema integrado por las autoridades administrativas independientes de configuración legal, donde se ha presentado la confrontación y controversia por su limitación a las facultades reconocidas al gobierno de la República por la Constitución francesa de 1958[32]

La doctrina francesa, ante el surgimiento de las primeras Autoridades Administrativas Independientes, carentes de personalidad jurídica propia, por lo que sus actos se imputan directamente al Estado, las recibió inicialmente como la formulación más importante de los últimos años en el Derecho público, para luego pasar a expresar dudas y críticas a su legitimidad y en torno al régimen jurídico que les corresponde. Inclusive hay quienes consideran esta figura una auténtica *contradictio in terminis*, por entender que no cabría en el sistema constitucional francés la existencia de un sector de la Administración que se sitúe al margen del poder de dirección del Gobierno. En apoyo de esta tesis se aduce el artículo 20.2 de la Constitución francesa de 1958, en virtud del cual el Gobierno dispone de la Administración. Como quiera que en estos supuestos el Gobierno no pudiera ejercer ningún tipo de control sobre los órganos ni sobre la actividad de unos organismos calificados como administrativos, el legislador estaría desconociendo la existencia de un *domaine réservée* al ejecutivo.

La posición jurisprudencial respecto a las Autoridades Administrativas Independientes, se ha movido entre el laconismo prudente del Consejo Constitucional y el silencio ostensible del Consejo de Estado. Así, mientras el primero ha empleado la denominación de Autoridad Administrativa Independiente, el Consejo de Estado ha eludido todo pronunciamiento expreso a ese respecto.

Sus características fundamentales en el derecho francés pueden esquematizarse de la siguiente forma:

Desde la perspectiva organizativa, se aprecia una clara opción por la colegialidad en la composición de sus órganos;

La nota de la especialidad, que se traduce en la atribución a las mismas de la función reguladora de un sector concreto de la actividad estatal, en orden a lo cual tienen poderes de dirección y disciplina, entre los que destacan las potestades reglamentaria y sancionadora;

En tanto que las Agencias Reguladoras norteamericanas tienen personalidad jurídica propia, las Autoridades Administrativas francesas carecen de ellas, por lo que sus actos se imputan directamente al Estado, ausencia de personalidad jurídica que fundamenta el rechazo de A. DE LAUBADERE a su caracterización como un ejemplo de descentralización administrativa.

---

[32] Esta influencia del derecho norteamericano respecto al ejercicio de la actividad administrativa mediante el sistema de agencias o administraciones independientes se ha difundido en diversos países, que comparten, asimismo, un amplio elenco de instituciones similares, en particular presentes en el derecho español, alemán e italiano. Las administraciones independientes del derecho español, los *ministerialfreie räume* alemanes, las administraciones italianas comprendidas bajo la denominación institucional de *autorità amministrative indipendenti*, y las *autorités administratives indépendantes* del régimen francés, participan entre sí, de rasgos característicos relativamente semejantes. Del mismo modo merece resaltarse, como lo hace Fernández Rojas que las *quasi-autonomous* non-*governmental organisations (quangos)*, tan características de las últimas reformas emprendidas en el Reino Unido, realmente conservan en muchos aspectos, una mayor similitud con las autoridades administrativas independientes del derecho continental, que con las *Independent Agencies o Independent Regulatory Agencies del derecho norteamericano. Vid.* Craig. P.P., Administrative Law, 5th. ed., Sweet & Maxwell, London, 2003. Véase: Fernandez Rojas, *op cit.*

Se distinguen diversas categorías de Autoridades Administrativas Independientes: aquellas que responden a una exigencia nueva de regulación social en el sector de la información y de la comunicación -Alta Autoridad, Comisión de Encuestas-; aquellas concebidas como solución para luchar contra el poder burocrático -Mediador, Comisión de Acceso a la Documentación Administrativa-; aquellas otras que tienen que ver con lo que se denomina el poder científico y técnico -Comisión Nacional de Informática y Libertades, Comité Consultivo Nacional de la ética para las ciencias de la vida y de la salud, Comisión de Información Nuclear- y los que hacen referencia a la vida económica -Comisión de Operaciones de Bolsa, Comisión de la Competencia-[33].

La Administración por agencias independientes en Francia presenta igualmente otra característica que es connatural a esta categoría, cualquiera sea la forma en que se presente en los diversos países y es la que tienen por objetivo fundamental la tutela y satisfacción prestacional de los derechos humanos, como parte del predicado y del condicionamiento teleológico de administración servicial. Precisamente, en Francia, la primera entidad consagrada expresamente por la ley como *autorité administrative indépendante* fue creada para la protección de los derechos y libertades fundamentales, con la constitución en 1978, de la *Commission Nationale de l'Informatique et des Libertés*, habilitada para supervisar el uso apropiado de la mayoría de los datos contenidos en ficheros y bases informatizadas, de titularidad pública y privada.

El mismo año se creó también la *Commission d'Accès aux Documents Administratifs*.en acatamiento a la Decisión del Tribunal Europeo de Derechos Humanos de 24 de abril de 1990, que condenó al Estado francés por no dar adecuada garantía a la intimidad y el secreto en las comunicaciones. El legislador creó otra administración independiente para la protección de los derechos fundamentales, mediante la creación de la *Commission Nationale de Contrôle des Interceptions de Sécurité.*

Las autoridades administrativas independientes tienen una amplia potestad regulatoria, la cual comprende la habilitación para dictar, tanto los reglamentos internos, de su propia organización y funcionamiento, sino normas jurídicas generales que inciden con valor de sujeción en los sectores de actividad que le han sido encomendadas. Sin embargo, se encuentran vinculadas en ejercicio de tal potestad reglamentaria a las disposiciones reglamentarias del gobierno en el ejercicio de sus competencias reguladoras, característica limitante esta que las distingue de las agencias independientes del derecho norteamericano. Tal limitación ha sido progresivamente tallada por el Consejo Constitucional, a través de numerosas decisiones en las que ha interpretado en atención a la Constitución, y respecto la libertad de comunicación, la inconstitucionalidad la concesión de potestades reguladoras a las administraciones, a menos que estén debidamente limitadas y su ejercicio se haga dentro del marco definido por *"los reglamentos"* del gobierno[34].

---

[33] Como bien lo destaca Pomed Sánchez, se trata, en todos los casos, de sectores especialmente sensibles, dato este que ha sido destacado por G. Vedel y P. Devolve, *Droil administratif*, vol. II, Themis, París, 1990, p. 447. (69) *Vid.*, para el Derecho estadounidense, L. MARTÍN-Retortillo, Energía, *op. cit.*, p. 61. Adviértase que, en el Derecho francés, no todas las Autoridades Administrativas Independientes tienen atribuidas potestades reglamentaria y sancionadora, toda vez que algunas de ellas ejercen, fundamentalmente, funciones de mediación y de composición de intereses. Tal sucede, especialmente, con la Comisión de Acceso a la Documentación Administrativa. A este respecto. Véase Pomed Sánchez, *ob. cit.* pp. 127, 128.

[34] Decisión 84-173 de 26 de julio de 1984, sobre la explotación de servicios de radio y televisión, y la Decisión 86-217 de 18 de septiembre de 1986.

3. *Las Administraciones Independientes en España*

La aparición de las Administraciones Independientes en el catálogo del Derecho público español constituye, en primer término, un fenómeno vinculado a la evolución del régimen jurídico de las personificaciones instrumentales. Por cuanto que, en el caso de las Administraciones Independientes, se les ha atribuido un Derecho estatutario propio sobre la base de la concesión a las mismas de personalidad jurídica propia, que deroga el régimen general de los entes institucionales.

Las Administraciones Independientes, por contraposición a los órganos independientes, no surgen para resolver conflictos, sino para ordenar determinados sectores de la vida pública. Desde esta perspectiva, la aparición de una serie de Entes de Derecho público a los que se atribuye la denominación genérica de Administraciones Independientes -Ente Público Radio Televisión Española, Consejo de Segundad Nuclear, Banco de España, Comisión Nacional del Mercado de Valores y Agencia de Protección de Datos- representa un curioso hito constituido por el deseo de escapar a la regulación del Derecho administrativo.[35]

Sus características en el derecho español pueden resumirse en los siguientes términos:

-. La creación de Administraciones Independientes persigue, como objetivo principal, la consecución de un nuevo título de legitimación de la acción de los poderes públicos en ámbitos especialmente sensibles, reforzando la nota de la objetividad en el servicio a los intereses generales, modulando el principio de jerarquía, expresamente recogido en el artículo 103. Const.

-. En el plano formal, se trata de Entes Institucionales.

-. El fin o servicio para cuya gestión se crea el ente institucional es un fin o servicio propio del ente matriz, que conserva, en todo caso, la titularidad del mismo.[36]

-. El ente matriz y el ente instrumental forman un complejo organizativo unitario, en virtud de la adscripción de este último al primero a través de un Ministerio específico.

-. La existencia de un poder de dirección, reconocido al ente de adscripción respecto de las actividades realizadas por el ente instrumental institucional. Poder de dirección que se concreta en la existencia de un control sobre el personal de dirección y un control sobre los actos.

-. La extinción o disolución del ente institucional sólo puede ser acordada por el ente de adscripción.

Respecto a la competencia supervisora de estos entes reguladores es menester tener en cuenta que ni el acceso, ni el establecimiento de las obligaciones de servicio universal que se imponen unilateralmente, ni la fijación de tarifas y precios se lleva a cabo por los entes

---

[35]   Puede consultarse al respecto: García De Enterría, E y Fernández Rodríguez, T.R.: *Curso de Derecho Administrativo*, Civitas, Madrid, tomo I, 1989, p. 406 y ss.; i. A. Santamaría Pastor, *Fundamentos de Derecho Administrativo*, CEURA, Madrid, 1988, tomo T, p. 1 190; J. R. Parada Vázquez, Derecho, *op. cit.*, tomo II, p. 212 y ss.; G. Ariño Ortiz, *La Administración institucional (Bases de su régimen jurídico)*, Instituto de Estudios Administrativos, Madrid, 1974, p. 234 y ss., y S. Martín-Retortillo, *Las Empresas Públicas: Reflexiones del momento presente*, núm. 126 de esta Revista, 1991, p. 64 y ss. (111) *Vid.* M. F. Clavero Arévalo, *Personalidad jurídica, Derecho general y Derecho singular en las Administraciones autónomas*, «Documentación Administrativa», núm 58 (1958), p. 13 y ss.

[36]   *Vid.* E. García De Enterría Y T. R. Fernández Rodríguez, Curso..., *op. cit.*, tomo I, p. 409 y ss.|

reguladores, sino por el gobierno. La fijación del precio regulado no se realiza en el ámbito de un contrato de gestión de un servicio público.[37]

Los ejemplos más destacados de Administraciones Independientes en el ordenamiento español son el Banco de España, regulado por la Ley 13/1994, de 1 de junio, de Autonomía del Banco de España, y su potestad reglamentaria se estableció en el artículo 3 de la citada Ley. La configuración del Banco de España como Administración independiente o ente regulador es atípica en cuanto que es producto de la progresiva asunción de mayores niveles de autonomía durante los más de 100 años de existencia

La Comisión Nacional del Mercado de Valores fue creada por medio de la Ley 24/1988, de 28 de julio del Mercado de Valores, y su potestad reglamentaria se regula en sus artículos 15 y 23.a. La creación de la CNMV responde a la influencia norteamericana, concretamente del modelo de la *U.S. Securities and Exchange Commission*. Aquí, como acota GARCÍA ÁLVAREZ, el legislador no ha sido totalmente coherente con el modelo, dado que junto a un ente regulador para las entidades financieras -el Banco de España- y otro para los mercados de valores -la CNMV-, las funciones equivalentes para las entidades aseguradoras son ejercidas por la Dirección General de Seguros y Fondos de Pensiones del Ministerio de Economía y Hacienda.[38]

A su vez, la Comisión Nacional de Energía, creada por medio de la Ley 34/1998, de 7 de octubre, del Sector de Hidrocarburos ostenta una potestad discrecional amplia regulada en el Real Decreto 1339/1999, de 31 de julio, por el que se aprueba el Reglamento de la Comisión Nacional de Energía, artículo 17. Esta entidad sustituyo a la Comisión Nacional del Sistema Eléctrico.

Igualmente forma parte del inventario de las Administraciones Independientes la Comisión del Mercado de las Telecomunicaciones actualmente regulada en la Ley 32/2003, de 3 de noviembre.

Por excepción a la regla general, existen dos entidades económicas dotadas de personalidad jurídica en el ámbito energético[39]: la Agencia Valenciana de la Energía, creada por Ley 8/2001, de 26 de noviembre, y la Agencia Andaluza de la Energía, creada por Ley 4/2003, de 23 de septiembre.

Los organismos reguladores ejercen funciones de policía administrativa sobre un sector de actividad. Es decir, la supervisión prudencial, la inspección y, en caso de infracción, el restablecimiento de la legalidad alterada y la sanción administrativa. Es a partir de su carácter de organizaciones administrativas especializadas que se les encomienda una función reglamentaria.

---

[37]   Meilan Gil, *ob cit*. p. 30.

[38]   Al respecto puede consultarse: Fuerte López, Mercedes: *La Comisión Nacional del Mercado de Valores*; Editorial Lex Nova, Valladolid. 1994.

[39]   *Vid*: García Álvarez, Gerardo: "Los poderes normativos de las Administraciones Independientes", *Revista de Administración Pública* ISSN: 0034-7639, núm. 171, septiembre-diciembre Madrid 2006, pp. 139-179 147 12. Igualmente puede consultarse: Fuertes López, Mercedes, La *Comisión Nacional del Mercado de Valores*, Editorial Lex Nova, Madrid 1994; Sánchez Calero, Fernando, "*Algunas consideraciones sobre la autonomía o independencia de la CNMV*", *Revista de Derecho Bancario y Bursátil*, núm. 84, 2001, p. 7-25. 13. EMBID IRUJO, Antonio: *Ordenación del seguro y competencias de los poderes públicos,* Cedecs, Barcelona, 1997.

Las administraciones independientes, no obstante, su carácter orgánico como personificaciones instrumentadas, dictan las llamadas Normas Prudenciales, actos administrativos de carácter netamente técnico en su mayoría y muchas veces sumamente complejos, dirigidos a los agentes sectoriales privados que operan en el mercado regulado, normas que tienen una fuerza imperativa y de *ius cogens*, mientras que también los organismos reguladores disponen de las prerrogativas ordinarias de las Administraciones públicas en el Derecho español.

En este sentido, las Administraciones independientes disponen de la potestad de autotutela tanto en su vertiente declarativa, pudiendo dictar órdenes específicas para restablecer la legalidad cuando se advierta un incumplimiento o una transgresión del régimen prudencial; como en su modalidad o categoría ejecutiva, pudiendo utilizar medidas coactivas de ejecución forzosa si su orden no es cumplida, incluso recurriendo a la fuerza pública. Además, la mayoría de las entidades reguladoras disponen por habilitación normativa de la potestad sancionadora, por lo que, si el incumplimiento es enmarcable en cualquiera de los tipos sancionables tipificados legalmente, pueden tales administraciones instruir el correspondiente procedimiento administrativo, en el que se garantizarán los derechos de la defensa, y proceder a imponer una sanción, que tendrá carácter ejecutivo una vez que quede firme en vía administrativa[40].

4. *La Administración con autonomía funcional en Venezuela y las Administraciones independientes: La inexistencia de una fórmula categorial única para el ejercicio institucional de la actividad de regulación económica*

En Venezuela no existe un patrón categorial o modelo de personificación instrumental único utilizado por el Legislador como modelo de los entes u órganos que conformen un núcleo organizacional que pudiéremos denominar como la Administración Pública independiente, aún cuando según alguna doctrina es posible identificar algunos entes que encajan dentro del marco general definitorio de tales Administraciones, según lo que pasamos a ver.

A. *La diversidad de tipos orgánicos y entes regulatorios*

Sin embargo, esta estructura organizacional del Poder Público que concierne a la actividad de regulación en nuestro país, esta conformada por órganos subordinados de ordinario al Poder Ejecutivo; empezando por servicios desconcentrados sin personalidad jurídica; pasando por entes descentralizados funcionalmente con un grado de autonomía patrimonial y funcional predicado -la más de las veces retóricamente- por sus respectivas leyes de creación y de ordenación del sector de actividad económica que están llamados a regir y regular, de los cuales uno de los mas complejos es el sector bancario y crediticio, regimentado regulatoriamente por la Superintendencia de Bancos y Otras Instituciones del Sector Bancario, la cual tiene atribuida la condición formal de Instituto Autónomo; hasta entes de rango constitucional con una consagratoria de autonomía predicada por el propio texto fundamental, como es el caso del Banco Central de Venezuela por ejemplo.

De modo que la actividad administrativa regulatoria en Venezuela es desempeñada por órganos y entes de diversa naturaleza y no por un tipo único que pudiera encajar en el perfil caracterológico que hemos estudiado de las administraciones independientes, siendo frecuente que la fórmula utilizada sea la del Instituto Autónomo creado como una Superintendencia o, inclusive, la de un servicio desconcentrado sin personalidad jurídica o bajo la forma de los denominados y escasos órganos con autonomía funcional.

---

40   *Idem*, p. 160.

a. *Caso del BANCO CENTRAL DE VENEZUELA*

El BCV es un ente de naturaleza jurídica atípica y su clasificación o calificación dentro del universo de las personas jurídicas estatales puede hacerse desde diversas perspectivas. La propia Ley del Banco Central de Venezuela[41] reconoce tal atipicidad cuando en su artículo 1 define a esta institución como *"una persona jurídica de derecho público, de rango constitucional, de naturaleza única, con plena capacidad pública y privada, integrante del poder público nacional"*.

La adjetivación como persona jurídica de "naturaleza única" que acoge la norma pareciera indicar que el legislador quiso dejar claro que la institución no es clasificable en ninguna de las categorías de los entes estatales que conforman la descentralización funcional.

BREWER-CARÍAS, sin embargo, nos recuerda que, desde su creación en 1939, el BCV tuvo forma de sociedad anónima, sumado ello a un régimen expresamente declarado de autonomía, y hasta 1974 los particulares podían participar en su capital; todo lo cual lo llevó a clasificarlo como un establecimiento público asociativo.[42]

Empero, no obstante haber sido constituido bajo la forma societaria, la Corte Federal y de Casación en Sala Político-Administrativa adelantó la calificación del BCV como un *"ente público"*, descartando que fuera un instituto privado.

Con la reforma de la Ley en 1974 se hizo más compleja aún su catalogación en alguna de las categorías tradicionales de la Administración Descentralizada, dado que este texto de 1974 en su artículo 1, lo declaró como una "persona jurídica pública con forma de compañía anónima" y vetó toda posibilidad de participación del capital privado en dicha institución. Ya en la reforma de la Ley en el 2002 se le calificó como persona jurídica de derecho público de carácter único.[43]

---

[41]   Gaceta Oficial n. 38.232, extraordinaria del 20 de julio de 2005.

[42]   Brewer-Carías, Allan R. *Derecho Administrativo*, tomo I; UCV-Universidad del Externado, Bogotá 2005, pp. 400, 401.

[43]   Muy similar discusión y evolución ha existido en España sobre la naturaleza jurídica del Banco de España, que cumple las funciones propias de la banca central. En efecto, en la Ley de Ordenación Bancaria de 1921 –Ley Cambó- y en la Ley de Ordenación Bancaria de 1946, se regula la creación del Banco de España como una institución en la que participaba el capital privado, siendo la Ley de Ordenación del Crédito y la Banca de 1962 la que lo nacionaliza, transfiriéndose sus acciones al Estado, y calificándosele de" *Institución oficial con personalidad jurídica*". La vigente Ley de Autonomía del Banco de España, la Ley 13/1994 de 1 de junio, modificada por la Ley 66/1997 de 30 de diciembre de Medidas Fiscales, Administrativas y del Orden Social y por la Ley 12/1998 de 28 de abril, establece en su artículo 1 la definición y régimen jurídico de la Institución: "*el Banco de España es una Entidad de Derecho Público con personalidad jurídica propia y plena capacidad pública y privada. En el desarrollo de su actividad para el cumplimiento de sus fines actuará con autonomía respecto a la Administración del Estado, desempeñando sus funciones con arreglo a lo previsto en esta Ley y en el resto del Ordenamiento Jurídico*".
   La doctrina ha destacado como, conceptuado así, el Banco de España no encaja en ninguna de las categorías generales de entidades o administraciones institucionales: organismos autónomos, sociedades estatales, organismos administrativos o entidades públicas empresariales. Tal y como sucede en nuestra legislación y organización administrativa, concluye Zunzunegui que ocurre en el ordenamiento español, señalando que el Banco de España es "*una entidad de derecho público especial, que ocupa un puesto destacado dentro de los que se pueden considerar que forman la Administración Institucional y que no encaja en ninguno de los tipos o categorías genéricas recogidos en nuestro ordenamiento, pudiendo considerarse, además, como un caso de Administración independiente*". *Vid*: Zunzunegui, Fernando: *Lecciones de Derecho Bancario y Bursátil*; Editorial

La constitucionalización del Banco Central de Venezuela en el texto de 1999, consagrando su personalidad jurídica de derecho público y su autonomía para la formulación y el ejercicio de las políticas de su competencia, tal y como lo dispone el artículo 318 constitucional, provocaron un cambio en el criterio de clasificación de BREWER-CARIAS, estimando el destacado doctrinario que en la actualidad puede ser calificado como un *establecimiento público institucional*, con forma de sociedad anónima, pero diferenciado de los institutos autónomos[44].

El Tribunal Supremo de Justicia introdujo una novedosa y desconocida calificación para el BANCO CENTRAL DE VENEZUELA que no figura dentro del catálogo elaborado por la doctrina del universo de las personas jurídicas estatales, asignándole a dicha Institución el calificativo de "*órgano de relevancia constitucional*" y que parece carecer de sustancia caracterizante. Así en sentencia de la Sala Constitucional, caso Recurso de nulidad por inconstitucionalidad de los artículos 113 y 114 y de la Disposición Transitoria Décima de la Ley del Banco Central de Venezuela por presunta violación de los artículos 318 y 320 de la Constitución, expresó:

> La regulación contenida en los artículos parcialmente transcritos comporta la constitucionalización del Banco Central de Venezuela, lo cual implica, fundamentalmente dos efectos de forma directa, tal como ha señalado RUBÉN MARTÍNEZ DALMAU "por una parte, dota a la institución de la categoría de órgano de relevancia constitucional. La doctrina ha diferenciado entre órganos constitucionales y órganos de relevancia constitucional: en ambos casos, como señala LÓPEZ GUERRA, se prevé su existencia en la Constitución y son, por tanto, insuprimibles por el legislador. Respecto a los órganos constitucionales, al ser esenciales a la propia configuración del Estado, la Constitución se ocupa asimismo de su composición, procedimiento y funciones principales. Los órganos de relevancia constitucional, si bien no son consustanciales a la forma de gobierno, coadyuvan de manera importante al cumplimiento de los objetivos del Estado. Esta función, en referencia al Banco Central de Venezuela, viene reconocida en el propio estatuto constitucional del órgano" -*Cfr.* MARTÍNEZ DALMAU, RUBÉN. La Configuración Constitucional del Banco Central de Venezuela. Consultado el 30/01/10, en la página web http://www.bcv.org.ve/Upload/Conferencias/dalmau.pdf, p. 9 y 10- y además; implica que la regulación de parte de su organización y competencias, no puede ser modificada o alterada por el legislador, en el marco del principio de jerarquía normativa.

Colez, Madrid 2001, pp. 47, 48, 48. Igualmente véase: Orriols Sallés, M.A. et al (1997*): Banco de España y estructura plural. Los modelos administrativos de la Reserva Federal americana y del Bundesbank Alemán*; Ediciones Marcia l Pons. Situación similar respecto a la naturaleza societaria se presenta históricamente en el banco de Inglaterra, el cual comenzó siendo una sociedad por acciones establecida en 1694 por una Ley del Parlamento. Posteriormente todo el capital fue adquirido por el Estado de acuerdo con lo establecido en la Ley del Banco de Inglaterra de 1946. Sin embargo, la innovación más importante de esa Ley se consagro en los incisos del artículo 4, que dotaban al Banco de Inglaterra de poderes legales para dirigir los asuntos de los bancos comerciales. Hasta esa Ley, el Banco de Inglaterra tenía que recurrir a la persuasión moral.

También en el caso del Bundesbank, su precedente el Banco de Prusia, creado en 1846 con la transformación del Banco Real de Depósito y Préstamos, fundado por Federico El Grande en 1765, era una institución societaria por acciones de tipo mixto, aunque administrada por el Estado. La Ley Fundamental de Bonn de 23 de mayo de 1949 constitucionalizo la existencia de un Banco Central al establecer que la Federación creaba un banco monetario y emisor con carácter de banco federal.

[44]   Brewer-Carías, Allan R. *Sobre el Banco Central de Venezuela, como ente descentralizado de la Administración Pública del Estado, con personalidad jurídica de derecho público directamente prevista en la Constitución*, consultado por internet, 2019.

En el mismo fallo, el TSJ deja claro que la autonomía del BCV no significa indepen-dencia en el ejercicio de sus competencias, sino que se trata de una *"autonomía condicio-nada"*, dada la necesaria coordinación que debe existir con las políticas económicas del Ejecutivo:

"La opción del constituyente de dar rango constitucional a la autonomía del Banco Central, es el resultado necesario de las funciones atribuidas a los bancos centrales y de la experiencia histórica a nivel mundial al respecto, donde la eficiencia en el logro de los sus objetivos es inversamente proporcional a la posibilidad del Poder Ejecutivo de imponer sus políticas eco-nómicas de forma unilateral. No obstante, es preciso señalar que la autonomía de los bancos centrales respecto a su facultad de determinar discrecionalmente los instrumentos para el lo-gro de sus objetivos no comporta una actuación al margen de los objetivos y fines del Estado. En este sentido, el artículo 318 del Texto Fundamental establece que las competencias mone-tarias del Poder Nacional serán ejercidas de manera exclusiva y obligatoria por el Banco Central de Venezuela, lo que implica en términos generales, no sólo el diseño y la aplicación de la política monetaria, sino también su regulación. Así, el ejercicio exclusivo de las compe-tencias monetarias del Poder Nacional por parte del Instituto Emisor prevista en el mencio-nado precepto constitucional no puede desvincularse del resto de las disposiciones conteni-das en las Secciones Tercera y Cuarta del Capítulo II del Título VI del Texto Fundamental, referidas al sistema monetario nacional y a la coordinación macroeconómica, respectivamen-te. En efecto, el artículo 319 Constitucional prevé que "El Banco Central de Venezuela ejer-cerá sus funciones en coordinación con la política económica general, para alcanzar los obje-tivos del Estado y la Nación", mientras que el artículo 320 eiusdem, establece en su tercer acápite que "La actuación coordinada del Poder Ejecutivo y el Banco Central de Venezuela se dará mediante un acuerdo anual de políticas, en el cual se establecerán los objetivos fina-les de crecimiento y sus repercusiones sociales, balance externo e inflación, concernientes a las políticas fiscal, cambiaria y monetaria...". Ahora bien, la "Constitución es un conjunto sistemático de principios y normas racionalmente entrelazados, informadas por una filosofía política determinada, según la cual se organizan los Poderes Públicos, se atribuyen compe-tencias a los órganos del Estado y se fijan las metas de su actuación. Ello así, ninguno de sus preceptos debe considerarse de manera aislada, ni superfluamente ni independiente de lo de-más, ya que su sentido y alcance se encuentra conectado con los restantes preceptos constitu-cionales. De este modo, la interpretación sistemática de la Constitución obliga a entender sus normas en armonía, sin magnificar el sentido de algunos preceptos, ni minimizar el de otros, con el propósito de compatibilizarlos positivamente para garantizar su homogeneidad, cohe-sión y coherencia (…). Desde esta perspectiva, el análisis sistemático de los artículos 318 y 320 de la Constitución permite afirmar que las competencias constitucionalmente atribuidas al Instituto Emisor para lograr la estabilidad de precios y preservar el valor interno y externo de la unidad monetaria, deben ser ejercidas en coordinación con la política económica gene-ral formulada por el Ejecutivo Nacional" (*Cfr.* Sentencia de esta Sala N° 1.613/04).

(omissis)

No obstante, la Exposición de Motivos de la Constitución de la República Bolivariana de Venezuela, utiliza el término "independiente" respecto al Banco Central de Venezuela, al se-ñalar que "la autonomía del Banco Central implica que la autoridad monetaria debe ser inde-pendiente del Gobierno", esta Sala reitera su criterio expuesto en la antes citada sentencia N° 1.613/04 y comparte la posición según la cual "la autonomía del Banco Central de Venezuela (…), no puede confundirse con la independencia de esta institución. No sólo ninguna institu-ción pública debe ser independiente del Estado en una nación democrática, sino que la confi-guración constitucional del Banco Central de Venezuela cuestiona decisivamente cualquier defensa de la independencia del Banco Central de Venezuela, principalmente por dos moti-vos: los elementos de control político, por parte de la Asamblea Nacional, del Banco Central, que la Constitución incorpora (artículo 319 CRB); y la coordinación a la que obliga la Cons-titución entre el Banco Central de Venezuela y el Gobierno, con el fin de armonizar la políti-ca fiscal y la monetaria (artículo 320 CRB). Tanto el control político sobre las acciones del Banco Central de Venezuela, como la coordinación macroeconómica necesaria entre esta institución y el Ejecutivo, son claras razones indicativas de que el Banco Central no se configura en la Constitución como un órgano independiente" -Cfr. MARTÍNEZ DALMAU, RUBÉN. *Ob cit.* p. 17-18-. En tal sentido, la efectiva definición de esa autonomía debe enmarcarse en las funciones que expresamente el Texto Fundamental reconoce al Banco Central de Venezuela para el adecuado cumplimiento de su objetivo fundamental -como es el lograr la estabilidad de precios y preservar el valor interno y externo de la unidad monetaria-, para lo cual se consagran como competencias de dicho ente, la de formular y ejecutar la política monetaria, participar en el diseño y ejecutar la política cambiaria, regular la moneda, el crédito, las tasas de interés y administrar las reservas internacionales -artículo 118 de la Constitución-sin perjuicio de aquellas otorgadas a dicho ente por vía legislativa.

(*omissis*)

La coordinación macroeconómica que instituye la Constitución de la República Bolivariana de Venezuela, propende a la acción conjunta entre la política financiera y la política monetaria, indispensable para la correcta y eficiente dirección pública de la economía, tal como lo sostiene SIMÕES PATRICIO al señalar que "la política monetaria es una parte nada más de la política económica, la cual en todos los países compete constitucionalmente al Gobierno, y por eso lo que se nos muestra en la práctica es el necesario diálogo, la cooperación (interdependencia) entre los bancos centrales y el poder específicamente político. La política monetaria y en especial la política financiera están en efectiva dependencia recíproca, no pudiendo ser cada una conducida y formulada de modo indiferente al modo en que lo sea la otra" -Cfr. SIMÕES PATRÍCIO, JOSÉ. "Autonomía de los bancos centrales: perspectiva de derecho comparado". *Revista de Derecho Bancario y Bursátil* Nº 69, enero-marzo 1998, p. 32-

De esta forma y con este fallo se despojó de toda autonomía al BCV, subordinándolo a la política fiscal y de gasto público del Ejecutivo.[45]

---

[45] El voto salvado de este fallo no puede ser más claro respecto a la defensa de la autonomía e independencia del BCV, y a los sofismas que el fallo construye para someterlo al Poder Ejecutivo:

"El Magistrado que suscribe, Pedro Rafael Rondón Haaz, manifiesta su disentimiento de la mayoría de Magistrados que suscribió la antecedente decisión; por consecuencia, salva su voto, con base en el siguiente razonamiento:

La sentencia de la cual se disiente declaró conforme a la constitución el segundo aparte del artículo 125 y la Disposición Transitoria Décima de la Ley del Banco Central de Venezuela, con fundamento en una interpretación del texto constitucional que se aparta por completo del espíritu del constituyente y de la correcta interpretación gramatical, sistemática y teleológica de las normas constitucionales que regulan lo concerniente al Sistema Socioeconómico de la República. Según la mayoría sentenciadora: ...en la actualidad se recogen principios que se habían desarrollado a nivel doctrinal, jurisprudencial y legislativo, al establecer claramente que las competencias monetarias del Poder nacional son ejercidas de manera exclusiva y obligatoria por el banco Central de Venezuela, como persona jurídica de derecho público de naturaleza constitucional con autonomía para la formulación y el ejercicio de las políticas de sus competencias. Asimismo, se consagra que el Banco central al definir y ejecutar la política monetaria debe atender a los fines del Estado por lo que debe armonizar dicha política con la fiscal, encontrándose imposibilitado para financiar o convalidar políticas fiscales deficitarias: En criterio de quien salva su voto esa interpretación del texto constitucional no es adecuada desde el punto de vista gramatical ni del sistemático, como tampoco del teleológico. 1.1 En el primer aspecto el salvante aprecia que el artículo 321 preceptúa que "El estado debe promover y defender la estabilidad económica, evitar la vulnerabilidad de la economía y velar por la estabilidad monetaria y de precios". Para ese propósito, el constituyente consideró, en esa misma norma, que la manera de lograrlo sería "la armonización de la política fiscal con la monetaria" y armonizar implica, de acuerdo con el Diccionario de la Real Academia Española, "hacer que no discuerden o se rechacen dos o más partes de un todo, o dos o más cosas que deben concurrir al mismo fin". Entonces, la armonización implica el ajuste de dos o más elementos entre sí, en este caso la política monetaria y la política fiscal, definición que en, sí misma, no sugiere la subordinación de un elemento a otro pero que, en la frase antes mencionada, pareciera definirse mediante el empleo de la conjunción con, que denota que, en principio, la política fiscal servirá de instrumento para la consecución de los objetivos de la política monetaria.

Mas adelante, esa conclusión se confirma cuando se dispone que "el Banco Central no estará subordinado a directivas del Poder ejecutivo y no podrá convalidar o financiar políticas fiscales deficitarias." Al voto salvante no le cabe duda que la letra del artículo 321 de la Constitución no obliga al Banco Central a subordinarse al Ejecutivo Nacional, tal como erróneamente afirma la mayoría, esto es, a supeditar las políticas monetarias a los designios de la política Fiscal; por el contrario, la letra de la constitución obliga a que la política fiscal se defina en atención a los designios del Banco Central órgano que se considera, según la constitución, como el único capacitado para la lucha contra la inflación y los altibajos del signo monetario. 1.2 A igual conclusión se llega desde el punto de vista sistemático, pues, según el artículo 318 constitucional, el objetivo del Banco Central, como único órgano con competencias monetarias es "lograr la estabilidad de precios y preservar el valor interno y externo de la unidad monetaria". En la comparación de esos objetivos con los fines que se le asigna a la coordinación macroeconómica a que se refiere la primera parte del artículo 320 antes mencionado, claramente se aprecia que el Banco Central juega un papel preeminente en la coordinación macroeconómica y que, por ninguna razón, puede supeditarse a los designios del Ejecutivo Nacional. 1.3 No puede ser otra la voluntad del legislador, pues si el constituyente hubiese querido supeditar la política monetaria a la Fiscal habría mantenido el antiguo esquema, en el que constitucionalmente no existía ninguna objeción a la existencia de un Banco Central cuyas políticas pudieran ser moldeadas desde el Ejecutivo Nacional. En este aspecto, quien disiente aprecia que la mayoría mal interpretó la intención del constituyente, quien, en la exposición de motivos, expresó que "la estabilidad macroeconómica se establece con base en tres principios fundamentales: equilibrio fiscal y un nivel prudente de deuda pública; autonomía del Banco Central en el cumplimiento de sus funciones, con un claro mecanismo de rendición de cuentas y coordinación transparente de las políticas macroeconómicas". Además, la sumisión de la política monetaria a la fiscal queda descartada cuando el constituyente expresó que "la autonomía del Banco Central implica que la autoridad monetaria debe ser independiente del Gobierno y se prohíbe constitucionalmente toda práctica que obligue al Banco Central a financiar o convalidar políticas fiscales deficitarias."

En criterio del voto salvante, esa prohibición no tendría sentido si el Banco Central estuviese obligado a plegarse a las políticas fiscales del Gobierno, tal como afirmó la mayoría. Se aprecia que la importancia que se le atribuyó al grado de la autonomía del ente emisor radica en que, a lo largo de los años, se ha observado que "...los países con alto grado de autonomía de sus bancos centrales han demostrado bajos índices de inflación y alto grado de desarrollo económico" (Chang Mora, Kimlen y Emilio Antonio Negrón Chapín: *Instituciones Financieras*, Vadell Hermanos Editores, Caracas, 2000, p 148.) Por esa razón, en el desarrollo de la normativa legal preconstitucional sobre el Banco Central de Venezuela se proyectaba darle al ente "una mayor independencia respecto al Gobierno, sin desmedro de la de necesaria coordinación que debe existir. Es preciso superar la confusión que a menudo se observa entre las políticas fiscal y monetaria, a la par que reducir la posibilidad de financiamiento del déficit fiscal por la vía de la creación del dinero. (Citado por Chang y Negrón p. 149).

Estas inquietudes de larga data preconstitucional evidentemente cristalizaron en la Constitución vigente, en la que, claramente, el tema de la autonomía de la banca central se consideró como un aspecto clave para que el sistema económico de la República Bolivariana de Venezuela contribuyese al bienestar social que asegurarían tanto estabilidad de la moneda como la de los precios. 1.4 En criterio del voto salvante la reserva al Poder Legislativo Nacional del establecimiento de las "reglas contables para la constitución de sus reservas y el destino de sus utilidades", sólo confirma que la autonomía a la que se refiere el constituyente es respecto al Gobierno, pero de ninguna manera implica actuación sin control por parte del Banco Central. En este sentido, para nada sorprende que el control de su gestión se encomiende, según el artículo 319 de la constitución al Poder Legislativo y Moral a través de la Contraloría General de la República. El Máximo ente monetario, si bien es autónomo, está sometido al principio de responsabilidad pública, la que se determinará en función del alcance de las metas y el resultado de sus políticas, y el incumplimiento con sus objetivos y metas dará lugar a la remoción del directorio y a sanciones administrativas de acuerdo con la Ley. Sin embargo, tanto esos medios de control como la potestad normativa del Legislativo no pueden utilizarse para el sometimiento del Banco Central a las políticas fiscales, que es lo que pretende evitar nuestra constitución. 2. En opinión del quien disiente, la mayoría debió analizar la constitucionalidad del artículo 125 de la ley del Banco Central de Venezuela y la Disposición Transitoria Décima desde el punto de vista de que el Banco Central es autónomo, en cuanto se refiere a la definición formulación y ejecución de la política monetaria. Ahora bien, la mayoría estudió si el mecanismo utilizado para la transferencia de divisas al FONDEN contradice principios y preceptos constitucionales relativos a la estabilidad de precios y la preservación del valor interno y externo del bolívar o bien implican el desconocimiento de las competencias del Banco Central de Venezuela relativas a la formulación de la política monetaria. La mayoría concluyó que la transferencia de las divisas provenientes de Petróleos de Venezuela al FONDEN efectivamente constituye una injerencia del ejecutivo en la política monetaria, pues no se explica de otra manera que se declare la constitucionalidad de la norma con el único sustento en la supuesta sumisión del Banco central al Gobierno y de que: ...no existen en el expediente elementos de convicción que permitan determinar al menos en grado suficiente que permita incluso bajo parámetros de precaución, precaver una violación irreversible o de difícil reparación al contenido, valores y derechos que garantiza la constitución de la república Bolivariana de Venezuela –tales como acciones como susceptible de de convalidar o financiar políticas fiscales deficitarias del gobierno nacional. El disidente considera que la transferencia del remanente de divisas que son obtenidas de las exportaciones de hidrocarburos, gaseosos y otras al FONDEN para el "financiamiento de proyectos de inversión en la economía real y en la educación y la salud; el mejoramiento del perfil y saldo de la deuda pública; así como, la atención de situaciones especiales y estratégicas" infringe el artículo 318 de la Constitución, ya que constituye una evidente delegación de parte de la administración de las reservas internacionales al Gobierno, competencia que sólo está atribuida al Banco Central de Venezuela. El voto salvante considera necesario expresar que las reservas internacionales son los recursos financieros en divisas con los cuales cuenta un país como garantía del pago de los bienes que importa y el servicio de la deuda, así como para la estabilización de la moneda. En Venezuela, esas reservas provienen, fundamentalmente, de las exportaciones petroleras que realiza PDVSA, pues esa compañía recibe las divisas por causa de las exportaciones, y, luego, las transfiere al Banco Central a cambio de bolívares, dinero que a través del pago de regalías, impuestos y utilidades se transmite al Gobierno y que, después, constituye la base de nuestro signo monetario. (tomado de http://www.bcv.org.ve/reservas/reservas/htm el 01-11-10) De acuerdo con la anterior explicación, las reservas internacionales son una parte central del valor de la moneda, con lo cual su administración es un componente fundamental de la política monetaria, cuyo ejercicio, en criterio de quien expone su desacuerdo, es competencia exclusiva y obligatoria del Banco Central de Venezuela. Este análisis resultaba suficiente para que se concluyera en la inconstitucionalidad de los dos últimos apartes del artículo 125 de la Ley del Banco Central de Venezuela y de la disposición Transitoria Décima de ese cuerpo normativo.

Sin embargo, en decisión número 618, de fecha 20/07/2016, expediente 06-0338, de la SC, Ponencia conjunta, reinvindicó el TSJ esta vez la independencia y autonomía del BCV:

"Como puede observarse, la doctrina de la Sala Constitucional ya ha distinguido que no toda operación de crédito público comporta la suscripción de un contrato de interés público nacional, reconociendo la compatibilidad de aquellas operaciones realizadas de manera natural por los organismos competentes, ante contingencias o para atender el normal funcionamiento de los órganos y entes que conforman el Estado, con el postulado del artículo 150 constitucional".

Que "aunado a ello, y respecto al Banco Central de Venezuela, debe precisarse que si bien el mismo como persona jurídica de derecho público que integra el Poder Público Nacional y como tal es sujeto de aplicación del Decreto con Rango, Valor y Fuerza de Ley Orgánica de la Administración Financiera del Sector Público (DLOAFSP) este mismo instrumento jurídico lo exceptúa de las limitaciones y restricciones previstas en materia de crédito público, específicamente, aunque no limitada a ello, de requerir autorización mediante ley especial para las operaciones de endeudamiento, como lo hace con el resto de los entes que conforman el sector público, salvo los también exceptuados en el artículo 101 ejusdem".

Que adicionalmente, el pasivo que adquiere el Banco Central de Venezuela producto de su endeudamiento, es asumido directamente por éste en su condición de autoridad monetaria, por lo que es [su] representado, y no la República, quien asume la condición de deudor de la obligación, lo que no debe bajo ningún supuesto confundirse con el concepto de deuda pública externa, que refiere a aquella que es adquirida por la Nación, y avalada por el Estado, siendo los recursos que el Banco Central diligencia por dicha fuente en sus operaciones propias, dirigidos a la consecución de los objetivos que constitucionalmente debe cumplir, de orden macroeconómico, y con

b. *La definición de PEÑA SOLIS de las Administraciones Independientes a partir de la noción de los órganos con autonomía funcional*

Por su parte, PEÑA SOLIS incluye al BANCO CENTRAL DE VENEZUELA dentro de las denominadas Administraciones Independientes, noción que tiene su antecedente conceptual en nuestro país en la de los órganos con autonomía funcional, categoría deducida por la doctrina y la jurisprudencia durante la vigencia de la Constitución de 1961 a partir de múltiples estudios respecto de la organización administrativa venezolana[46].

BIBLIOGRAFÍA

Ariño Ortiz, Gaspar, *Principios de derecho público económico: modelo de Estado, gestión pública y regulación económica*, 3 ed., Comares, Madrid 2016.

Arrow, K. *Social Choice and Individual Values*, Cowles Foundation, monografía número 12, 20 edición. 1963

Arts, W. y Gelissen, J. "Welfare States, Solidarity and Justice Principles: Does the Type Really Matter?", *Acta Sociologica*, volumen 44, 2001, p 283-299.

---

incidencias en la política monetaria y cambiaria, que de suyo suponen para su debida ejecución, la posibilidad que ese Instituto actúe con celeridad, confidencialidad y eficiencia, so pena de hacer nugatoria su actuación". (omissis)

Que de "[l]a lectura del artículo 150 de la CRBV nos permite aproximarnos a los elementos subjetivos de los contratos de interés público nacional, a partir del cual la jurisprudencia ha propuesto una definición formal de los mismos, como tempranamente declaró la Sala Constitucional en la mencionada, sentencia N° 240 (*sic*.) del 24/09/2002, definiéndolo como 'los contratos celebrados por la República; a través de los órganos del Ejecutivo Nacional…".

Que "*…en ese sentido, señala la Sala que el Banco Central de Venezuela '(…) es un órgano que pertenece a la Administración Pública Nacional con autonomía funcional, integrado a la estructura del Estado, que de manera autónoma exclusiva y excluyente ejerce la competencia monetaria, con un régimen legal propio y con la finalidad de contribuir armónicamente a los fines del Estado en beneficio del Pueblo'. Reconociendo la sentencia en análisis que '[e]s un ente único y la relación que se establece entre el Ejecutivo Nacional y el Banco Central de Venezuela, es una relación de coordinación y colaboración general y especial y no de subordinación'…".*

Que "*lo expuesto ha sido igualmente reconocido en foros internacionales de protección de los activos de las autoridades monetarias y como desarrollo del axioma de la banca central independiente en el ejercicio de las políticas de su competencia, siendo imperioso oponerse en todo nivel la distinción entre la personería jurídica de la República y la del Banco Central de Venezuela, so pena de dar lugar a interpretaciones de la 'teoría 'de alter ego que puedan pretender socavar los activos que administra y resguarda el Banco Central de Venezuela".* (omissis)

Que "[e]*n función de ello, es forzoso colegir, que el Banco Central de Venezuela no reúne la cualidad subjetiva que exige el texto constitucional para configurar la existencia de un contrato de interés público nacional, siendo las operaciones que realiza intrínsecas a la consecución de los objetivos que tiene asignados; las cuales agencia en ejecución directa de la Constitución, sobre la base de la autonomía funcional que lo caracteriza con el propósito de abstraer su actuación de intereses propios de los poderes que integran el Estado, no siendo por tanto homologable, reiter*[a]*, a la República y mucho menos un órgano del Ejecutivo Nacional, presupuesto que indica la Sala en su sentencia No 2240 (sic.) del 24/09/2002".*

[46]   La sentencia N° 259 dictada por la Sala Constitucional del Tribunal Supremo de Justicia el 31 de marzo de 2016, afirma que el Banco Central de Venezuela es '*una persona jurídica de derecho público, de rango constitucional, dotada de autonomía para el ejercicio de las políticas de su competencia, que no forma parte de la Administración Central ni de la Administración Descentralizada funcionalmente, sino que, atendiendo a las disposiciones de la Constitución de la República Bolivariana de Venezuela que lo regulan y que han sido desarrolladas por la Ley Especial que lo rige, forma parte de la llamada Administración con autonomía funcional ".*

Álvaro Espina Montero. *Estado del Bienestar y Teorema de la Imposibilidad. ICE, Revista De Economía, 1* (815). 2004. Recuperado a partir de http://www.revistasice.com/index. php/ICE/article/view

Arispe, Lourdes. *"Nuevas formas de organización: ética global, creatividad y Gobernabilidad"* en Saúl Sosnowski y Roxana Patiño (comp.). Una cultura para la democracia en América Latina. F.C.E., UNESCO: México 1999, 69-85

Dahrendorf, Ralf (1996*). La cuadratura del círculo. Bienestar económico, cohesión social y libertad política*, F.C.E. México 1996

Camou, Antonio (comp.) (Estudio preliminar) 2001. *Los desafíos de la Gobernabilidad.* Plaza y Valdés, FLACSO, IIS-UNAM: 1558. México 2001.

CEPAL, ONU. 2012. Panorama social de América Latina. Documento informativo, en www.cepal.org, [revisado en mayo de 2012]

Coopedge, Michael. *"Instituciones y Gobernabilidad democrática en América Latina"*, en Antonio Camou (comp.). Los desafíos de la Gobernabilidad. Plaza y Valdés, FLACSO, IIS-UNAM: 211-239. México 2001.

Colombia Longobardi, N., «*Les autorités administratives indépendantes*, laboratoires d'un nouveau droit administratif, suite et fin». Les Petites Affiches, n° 173, 1999.

Cohen, Ernesto y Rolando Franco. Gestión social. Cómo lograr la eficiencia e impacto en las políticas sociales. México: CEPAL - Siglo XXI. Comisión Económica para América Latina. 2005. Síntesis del Panorama Social de América Latina. New York: CEPAL. Naciones Unidas.

Culebro, Jorge y González Laporta, Christian: *Regulación y evolución de organismos reguladores en telecomunicaciones: El caso de México y Francia.*

Chauvin, F., *Administration de l'Etat, Dalloz, Paris, 2002;* Bauby, P., *Dérégulation et re-régulation: les transformations du service public de l'électricite. Le service public en devenir, L'Harmattan,* Paris, 2000, p. 199 y ss.

Chevallier, *J., Le place du service public dans l'univers juridique contemporain. Le service public en devenir, L'Harmattan,* Paris, 2000, p. 26 y ss*.; ESPLUGAS, P., Le service public, Dalloz,* Paris, 1998, p. 105 y ss.

_____ *La réforme de l'état et la conception française du service public. RFAP*

Easton, David. 1969. *Esquema para el análisis político.* Buenos Aires: Amorrortu. 1973. "Categorías para el análisis sistémico de la política", en Enfoques sobre teoría política. Amorrortu: 216-231, Buenos Aires 1969.

Espina, Álvaro. "Estado del Bienestar y Teorema de la Imposibilidad"; ICE *Revista de Economía,* Universidad Complutense, Madrid. 2004.

Medellín Torres, Pedro. *La modernización del Estado en América Latina. Entre la reestructuración y el reformismo.* CIDER. Bogotá: 1994.

O'Donnell, Guillermo. Notas para el estudio de procesos de democratización política a partir del estado burocrático-autoritario. Buenos Aires 1979: Centro de Estudios de Estado y Sociedad y Philippe C. Schmitter. 1994.

Claude Offe. Transiciones desde un gobierno autoritario (1991): Conclusiones tentativas sobre las democracias inciertas. Paidós. Buenos Aires 1991.

_____ Contradicciones en el Estado de bienestar, Alianza editorial CNCA [1a ed. ing. 1988] México 1988.

Peters, B. Guy. Voz "Gobernabilidad" en Vernon Bogdanor (ed.) Enciclopedia de las instituciones políticas. Alianza. Madrid: 1991. Programa de Naciones Unidas para el Desarrollo. 2004. La Democracia en América Latina.

Fernández Rojas, Gabriel. *Las autoridades administrativas independientes en Francia*; Vniversitas, núm. 107, 2004, pp. 343-372 Pontificia Universidad Javeriana Bogotá.

Gentot, M., *Les autorités administratives indépendantes,* 2ª éd., Montchrestien, Clefs Politique, Paris, 1994, p. 14 y ss.

Freeman, R., Topel, R. y Swedenborg, B. *The Welfare State in Transition. Reforming the Swe-dish Model*, The University of Chicago Press. 1997.

Habermas, J. *Between Facts and Norms.Contributions to a Discourse Theory of Law and Democracy,* MIT Press, Cambridge, Mass. 1996. (versión española: Trotta,1998).

Miranda Londoño, A., & Márquez Escobar, C. P. Intervención pública, regulación administrativa y economía: elementos para la definición de los objetivos de la regulación. *Vniversitas*, *53*(108), 2004, 71-117. Recuperado a partir de https://revistas.javeriana.edu.co/index.php/vnijuri/article/view/14723

Rivero, J. et Waline, J., *Droit Administratif,* Dalloz, Paris, 1998, p. 313.

Teitgen-Colly, C., «Les instances de régulation et la Constitution», *Revue du Droit Public et de la Science Politique en France et a l'Etranger*, n° 1, 1990, p. 24, 42 y ss.

Whitehead, Laurence. "Three international dimensions of democratization" en L. Whitehead (coord.) The international dimensions of democratization. Europe and the Americas. Oxford University Press. Oxford 1996.

¿Qué te ha pasado Venezuela?[*]

Rafael Tomás Caldera[**]

Profesor de la Universidad Simón Bolívar

Resumen: *El pueblo de Venezuela está en completa postración. Es necesario por ello meditar en el sentido del proceso vivido para encontrar remedio. 'Desarticulación', 'discordia', 'sometimiento' son términos que compendian los males que se padecen. La desarticulación se manifiesta en la desintegración del territorio nacional, la ruina de las empresas del Estado y el colapso de los servicios públicos. A ello se ha llegado por la siembra de discordia, que fracturó los consensos fundamentales y el Estado de derecho. Un pueblo dividido es, por otra parte, sometido sin mayor dificultad a intereses foráneos. Para aplicar remedio, hemos de apelar a la conciencia de los ciudadanos y restituir en su fuerza vital el amor a la Patria.*

Palabras clave: *Sentido del proceso, desarticulación, discordia, sometimiento, apelación a la conciencia, amor a la Patria.*

Abstract: *Venezuelan people are prostrated. We are to meditate in the meaning of the process that has brought about this sad condition. 'Disarticulation', 'discord', 'submission' are terms that synthetize the evils that Venezuelan people suffer. To somehow remedy this situation, we are to make appeal to conscience and restore in its inner vigor the love of the country.*

Key words: *Prostration, meaning of the process, disarticulation, discord, submission, appeal to conscience, love of the country.*

En medio de la larga noche que atraviesa Venezuela muchos se preguntan, con desazón: ¿Qué nos ha pasado? ¿Qué fue de aquella Venezuela "toda horizontes como la esperanza, toda caminos como la voluntad"?

El pueblo -aquel pueblo bueno que amaba, sufría y esperaba- está hoy en completa postración.

En semejante estado, algunos quieren engañarse con espejismos de vitalidad. Olvidan el vigor que exhiben las células cancerosas o con el que se multiplican los microorganismos en un cuerpo descompuesto.

Es necesario, más que nunca, meditar en *el sentido del proceso vivido*, si queremos encontrar curación para nuestros males.

---

[*] Este estudio fue previamente publicado en la *Revista SIC Sociedad, Economía y Política*, diciembre 13, 2021. Dando mi autorización para que sea nuevamente publicado.

[**] Doctor en Filosofía por la Universidad de Friburgo (1974). Profesor titular del Departamento de Filosofía de la Universidad Simón Bolívar. Individuo de número de la Academia Venezolana de la Lengua. Miembro de la Sociedad Venezolana de Filosofía y la Academia Pontificia de Santo Tomás de Aquino.

A lo largo de estos años han aparecido, y aún aparecen cada día, documentados estudios sobre los avatares de nuestra historia reciente. No se trata entonces de reproducir esa información ni de repetir tales análisis, de mucho provecho por lo demás. Se trata, de manera sencilla y como previa a todo lo otro, de descifrar el sentido del proceso y, con ello, determinar la raíz de nuestros males.

Solo así podremos nutrir la esperanza de recobrar el país perdido.

DESARTICULACIÓN

Quizá lo más aparente, al observar de manera desprejuiciada nuestra realidad actual, sea lo que puede compendiarse bajo el término 'desarticulación'. Venezuela es hoy un país desarticulado.

Ello se pone de manifiesto, en forma muy patente, en la desintegración del territorio nacional, la ruina de las empresas del Estado y el colapso de los servicios públicos.

No hay que poner énfasis alguno para hablar de *colapso* de los servicios públicos. Lo experimentamos a diario: no hay agua, no hay luz, no se recoge la basura, las calles y carreteras están intransitables. Al expresarlo de este modo reducido, como en esquema, parecerá que exageramos. No es nuestra intención. Cada quien sabe a qué atenerse al respecto y no necesita que le digan nada acerca de lo que padece a diario. Importa, en cambio, recordar que se ha tratado de un colapso de unos servicios imprescindibles que, a pesar de sus limitaciones, funcionaban, acaso de manera desigual, pero en todo el país.

Decir que las empresas públicas se hallan en ruina no requiere tampoco mucha argumentación. Quien conoció en su momento las empresas de Guayana -el hierro, el aluminio-; quien pudo ver cómo operaba la Electrificación del Caroní C.A. (Edelca) en lo que tenía como cometido propio; quien -¡todos nosotros!- vio el esplendor de Petróleos de Venezuela, S.A. (Pdvsa), de sus empresas filiales y de su centro de investigación, de donde salió entre tantas cosas de provecho la Orimulsión, que hoy sirve en otras tierras; quien experimentó el país unido por la red de telefonía nacional, no puede menos de sentir que acaso vive una pesadilla. Lo hemos perdido todo.

La desintegración del territorio amerita, sin embargo, que nos detengamos un poco más porque -por sorprendente que sea- no parece ser objeto de mayor atención ni, por consiguiente, se advierte la gravedad que reviste.

La unidad del territorio de un país, aquello por lo cual se lo toma como un sujeto y no tan solo una porción de tierra, dejada en manos de quien quisiera colonizarla, depende del gobierno que lo rige. Un gobierno en un territorio.

Si se retrocede en el tiempo, puede verse cómo la unión o no de ciertos países deriva de su origen y su experiencia histórica. Evangelizada desde Constantinopla, la Madre Rusia no fue nunca parte del sistema europeo occidental. Por eso, cuando a la caída de la Unión Soviética algunos pensaron que Rusia entraría en la Unión Europea, olvidaron esa verdad elemental: que aquel territorio, aquel país era sencillamente otro, irreductible, aunque sus élites hablaran francés en tiempo de los zares.

Asimismo, Venezuela quizá podría entrar en una confederación de naciones bolivarianas; pero no podía ser gobernada desde Bogotá. La historia lo hacía inviable.

Todo esto subraya cómo la unión del territorio está vinculada, incluso deriva, del gobierno que lo rige, con la pertenencia que trae consigo. En un sentido primario, por desgracia no infrecuente, esa movilización que se puede dar para la defensa del territorio, el suelo patrio amenazado.

Pero hoy Venezuela está fragmentada como no lo estuvo ni siquiera tras la Guerra Federal, cuando las regiones en gran medida incomunicadas seguían, o padecían, a los caudillos regionales. Juan Vicente Gómez derrotó a esos caudillos, trazó carreteras, unificó el país bajo su férreo mando. Habrá entonces una hacienda pública unificada, se darán los primeros pasos en el desarrollo institucional que Eleazar López Contreras llevó a cabo.

En nuestros días, el *mando* -sí, el mando- está fragmentado. Lo ejercen personas y bandas diversas que tienen firme control de sus territorios. Como suele ocurrir, a la vez protegen y explotan a la gente. ¿Será necesario enumerar algunas de esas bandas, con sus cabecillas? Son demasiado conocidos. Retengamos en cambio su alcance, con un ejemplo de hace un tiempo: Maracay ha sido el epicentro del poder militar del país... y esa ciudad se detuvo dos días enteros por orden de un *pran* desde la cárcel.

¿VOLVERÁ EL PAÍS A RECUPERAR SU UNIDAD?

Sin duda, la desarticulación de Venezuela -en su territorio, sus empresas básicas, sus servicios- ha sido terreno abonado para los depredadores. Cuando falta lo más necesario, cuando no hay orden que nos proteja, hay campo abierto para la corrupción, las actividades ilícitas, la explotación de la necesidad ajena. Todo ello ha sido denunciado, en parte censurado. No faltan voces que claman por la aplicación de una justicia, que tarda demasiado en llegar. Lo inmoral y dañino de esas conductas, responsabilidad innegable de quienes las practican, no debe ocultarnos su dependencia directa de la desarticulación de nuestra vida nacional.

Hemos de preguntarnos entonces: ¿por qué este proceso -patológico y patógeno- ha roto la unidad del organismo vivo que fuimos? Entramos a considerar la raíz del mal.

DISCORDIA

Una ciudad está en concordia, explica Aristóteles (*Ética*, IX, 6) "[...] cuando los ciudadanos piensan lo mismo sobre lo que les conviene, eligen las mismas cosas y realizan lo que es de común interés". Es así una suerte de *amistad civil*, que no exige unanimidad de pareceres (lo que sería imposible y hasta inconveniente), pero garantiza un consenso de base que permite la vida en comunidad, una vida que favorezca la realización de las personas. En suma, el bien común.

Esa concordia da lugar a las leyes y permite erigir la autoridad, lo que articula la comunidad para actuar en la historia. Un sujeto uno y viviente.

La ruptura de la concordia, por lo contrario, impide la vida en común, esto es, esa acción compartida para realizar el bien de las personas y de los grupos sociales. Dirá Aristóteles: si en los beneficios algunos aspiran a alcanzar más de lo que les corresponde, quedándose en cambio rezagados en los trabajos y servicios públicos; si para ello se critica y pone trabas al vecino, la comunidad se destruye. "Así, al forzarse unos a otros y no querer hacer gustosamente lo que es justo, acaban por pelearse" (*Ética, loc. cit.*).

HEMOS VIVIDO ESTA HISTORIA

Allí ha estado la raíz del mal. *Se ha cultivado, deliberadamente, la confrontación.*

Entre nosotros, Hugo Chávez sembró la confrontación, y con ella la discordia, desde su primer discurso como presidente electo, cuando se podía esperar de él una actitud más conciliadora que la exhibida en los mítines de la campaña electoral.

Estableció una clara división *en el presente*: patriotas y corruptos. Al contrario de lo que corresponde a un gobernante, que lo es de todos, declaraba de manera enfática que no gobernaría para los que llamó entonces 'corruptos' y luego calificaría de 'escuálidos', es decir, todos aquellos que no formaran parte de sus seguidores. Pero la tarea de un gobernante es la justicia y el bien común. Gobierna a todos y para todos, no ha de tomar partido por un grupo. Le toca más bien, podría decirse, impedir el daño que los malos ciudadanos puedan causar, es decir, preservar la unidad y la concordia, la paz civil.

La división establecida iba cargada de desprecio: aquellos, los otros, no merecían sino rechazo. No tendrían derechos, como no los tuvieron los expulsados de la industria petrolera o aquellos cuyos bienes fueron incautados. No merecían respeto ni en el lenguaje ni en la conducta.

Con ese desprecio salió a la luz el *resentimiento*, ahora con curso libre en la vida social. La discordia y el enfrentamiento se hicieron permanentes.

¿Resentimiento? Sí, ese oscuro impulso que puede habitar el corazón humano y lleva a la negación destructora. El anhelo de plenitud, de ser feliz, que late en toda persona puede verse negado por algún obstáculo insalvable: una diferencia física o intelectual con los otros; una carencia, una deformidad; la desigualdad en el trato que se recibe en la familia cercana o en la sociedad, cuando se nos hace sentir que somos menos. El impulso originario al bien, frustrado en su deseo, se vuelve sobre sí y contra lo que ha impedido su logro. Se hace resentimiento. Porque la insatisfacción no se cura y queda como una espina en el alma de quien la padece. Tomará entonces diversas formas. Acaso una resignación, que de modo aparente atribuye ahora poco valor a lo deseado. O la envidia, entristecida por el bien ajeno. El rencor, porque lo que tiene el otro me priva a mí de tenerlo. El odio que quiere dañar, destruir y se ejerce al desvalorizar, descalificar al otro, injuriarlo. La persona se llena de amargura. En rebeldía contra la realidad, niega lo que pueda haber en ella misma de positivo, degrada lo que toca.

Cuando puede, estalla: da rienda suelta a su envidia, a su rencor hacia aquello real o supuesto que le impide (como piensa) realizarse. Profiere palabras injuriosas, emprende acciones destructivas. Revestido acaso de afán de lucha por la justicia y por la necesaria reforma de la sociedad, su verdadera índole se pone de manifiesto en la negatividad, tal como ocurre en aquellos casos paradigmáticos en los cuales, visto que no puede obtener lo que desea, el sujeto prefiere que se destruya y no lo tenga nadie. Negado en su deseo de hacerse valer con traje militar, Chávez exclamó: "Ahora se van a joder todos".

Así, toda jerarquía, todo recordatorio de alguna cualidad superior -en nuestro caso: en la industria petrolera, en las fuerzas armadas- ha de ser degradado. Se colocará en el primer puesto de la organización a quien de modo evidente ni está capacitado para ejercerlo ni lo merece. Los sargentos son elevados al rango de generales.

Esta oscura posibilidad del corazón humano puede ser alentada. Se puede soplar en las brasas y desatar el incendio. Entonces, como leímos en Aristóteles, "al forzarse unos a otros y no querer hacer lo que es justo, acaban por pelearse". Más aún cuando se alimenta el fuego desde el más alto sitial en la sociedad y mediante un abuso intensivo de los medios de comunicación.

Ahora bien, no tan solo se introdujo discordia en el presente, se introdujo la división *respecto al pasado* inmediato y hasta el tiempo de Páez. Es decir, se negaba con ello toda la historia republicana de Venezuela, quedando apenas en pie alguna figura aislada, cercana al gran actor: Maisanta, Zamora. Desde luego, se mantuvo la figura de Bolívar, interpretada -con el fantasioso verso de Neruda- como alguien que cabalga cada cien años. Que, por tanto, era entonces el propio Chávez.

La negación de la historia real del país no podía sino traer consigo un envilecimiento de nuestra conciencia ciudadana. Aquí nada había servido nunca. El resentimiento, instalado en el presente, triunfaba ahora sobre el pasado.

Además, ello se montó sobre nuestro *tradicional afán de cambio* -tan bien señalado por Briceño Iragorry-. Se cambió la Constitución, el nombre del país, la bandera, el escudo, el Panteón nacional y... hasta la imagen del propio Libertador.

El país entró en esa estrategia de la confrontación, sembrada en nuestros corazones con la fuerza del resentimiento y, por otra parte, con la inconsciencia de los que no entendieron lo que estaba en juego.

Con severa miopía, no se percibió, por ejemplo, que con el referendo de 1999 y la reforma constitucional regresábamos a la autocracia. El imperio de la ley, siempre imperfecto, que tuvimos por cuarenta años, era sustituido otra vez por la voluntad del caudillo.

La dirigencia de los nuevos movimientos políticos, descuidada de la experiencia histórica, adoptó el vocabulario, las consignas, los enfoques de ruptura con el pasado inmediato, al tiempo que se pretendía estar aún en democracia. Todo sería, a la hora de hacer oposición al régimen, un problema de políticas públicas, de mayor eficacia en la gestión, como es lo propio de jóvenes urbanitas con posgrados técnicos.

SOMETIMIENTO

Los hermanos Castro codiciaban Venezuela: sus riquezas naturales, su posición estratégica en el Continente. Dominado su país, intentaron entonces la conquista del nuestro por diversos medios. Fallaron. La integridad de nuestra dirigencia y de la conciencia ciudadana resultó difícil de penetrar.

Llegó el día en que, por afán de mantenerse en el poder, ante un país que rechazaba en sus inicios el gobierno de la confrontación, les abrieron la puerta. ¡Malhaya!

Un pueblo dividido es sometido sin mayor dificultad.

Se inició entonces la labor erosionante de un grupo de poder con años de experiencia en la dominación y carente de escrúpulos. Ajeno a todo sentimiento de fraternidad hacia nuestro pueblo.

Comenzó la réplica del modelo aplicado en su propio país, devastado. Acaso pueda resumirse en los siguientes puntos.

Ante todo, una oposición estratégica a los Estados Unidos como recurso retórico para la dominación. Se trataría de una nueva independencia que debíamos conquistar, ahora no de la corona española sino del imperio de la república de la colina.

La retórica libertaria había de permitir la consolidación de la cúpula del poder, que no dejó de echar mano de los servicios de espionaje y una calculada reestructuración de la fuerza armada para hacerla incapaz de sublevación.

Los recursos del país habían de ponerse al servicio del nuevo poder dominante. No solo se debía apoyar la maltrecha, siempre maltrecha, economía de la isla con un generoso subsidio petrolero, sino que debía asimilarse una cuota de mano esclava -los famosos médicos- cuyos salarios eran recaudados por el gobierno insular.

Se favoreció, con la ruina de los servicios, de la economía, de las instituciones universitarias, el éxodo. Si la clase profesional cubana hubo de emigrar, lo que representó -¡oh paradoja!- un gran aporte económico para los odiados Estados Unidos, ahora les tocaba el turno a los venezolanos. Una sociedad que se desangra y pierde la mayor parte de su fuerza joven es más fácil de someter.

Todo llevó, como en la nueva metrópoli, al envilecimiento de la población: oprimidos, opresores, enchufados. La vida en dependencia de remesas del extranjero y reducida a un *resuelve* permanente.

¿En nombre del pueblo, de la revolución, de la independencia fingida?

¿Cómo podría celebrar Venezuela los doscientos años de la gesta de Carabobo, que selló nuestra Independencia de España, sometida como ahora se halla a la dominación cubana?

La presencia dominante de Cuba en Venezuela está documentada. Hay material publicado al respecto. Pero quien tenga ojos para ver, como decía el propio Chávez, no dejará de percibir la naturaleza proconsular de nuestro gobierno actual.

SANAR LOS CORAZONES

La raíz de nuestro mal está en los corazones. Allí hemos de aplicar el remedio. En esa tarea, hemos de considerar al menos dos aspectos fundamentales: la apelación a la conciencia; el amor a Venezuela.

Una de las consecuencias negativas del mal que nos aqueja es la *despersonalización*. Actuar de manera reactiva, no libremente, como corresponde al ser humano. Conductas prefabricadas por la situación de la vida social. La responsabilidad de cada uno disuelta en el "esto es lo que hay", "otro tiene la culpa", "qué se le va a hacer".

No habrá cura -no podrán sanar los corazones de los venezolanos- sin apelar a la conciencia. Cada uno ha de entrar en sí mismo y sopesar sus actos a la luz de la verdad. Sin justificaciones fáciles, sin ese endurecimiento de la persona imbuida de ideología, que responde con un ataque personal para descalificar a quien la interpela.

En ese retorno de cada uno a la confrontación con lo mejor de sí mismo, es importante considerar al menos tres situaciones, cuyo factor común está en lo estereotipado de unas acciones defectuosas que se toman como humanamente válidas. Hablamos de la extorsión, del ir a lo suyo, de ese culpar a los otros.

Demasiado frecuentes son las situaciones en las que, por parte de los detentadores de las armas, se extorsiona a la población. Digo 'detentadores de las armas' por ser lo más visible, pero bien podría incluirse a cualquiera que tenga una cuota de poder: extender un certificado, otorgar una autorización, registrar un documento, expedir un pasaporte. Sin hablar de la distribución de cajas de comida, de la gasolina y de la circulación por el territorio nacional. Un mundo de sanguijuelas que, con frecuencia, extorsionan más a quien padece mayor necesidad.

¿Se darán cuenta -alguna voz autorizada se los hará oír- que no hay justificación para el atropello que cometen y los daños que causan?

Las dificultades generalizadas para encontrar lo más básico para subsistir -comida, medicina, abrigo- ha acrecentado la población en pobreza. Con ello, acaso abrumados por sus propios problemas o simplemente ciegos ante la necesidad del otro, o temerosos de las consecuencias que puedan sufrir, son muchos los que practican un literal "sálvese el que pueda". Se abandona toda solidaridad, sin la cual la persona se envilece. Experta en pobreza, la Madre Teresa de Calcuta narraba en una ocasión cómo, habiendo recibido un aporte de arroz para su distribución a los necesitados, ella dio enseguida una ración suficiente a una mujer del vecindario. Y se llenó de admiración cuando la vio compartir esa limitada ración con una vecina en mayor necesidad.

¿Recordaremos la fraternidad que nos une y que nos interpela en la carencia del otro?

La negación de nuestra historia, en particular del pasado reciente, se ha traducido en un reiterado culpar a otros de las dificultades que padecemos. Ello lleva, como hemos visto, a permanecer presos de la estrategia de la confrontación y del desprecio al prójimo. Un rencor que puede llegar al odio.

¿Acaso -debemos preguntarnos- no hemos tenido culpa alguna, primero en el deterioro de las instituciones de la vida republicana, luego en la aceptación de los modos, sigilosos pero efectivos, de la autocracia implantada? ¿No tenemos responsabilidad alguna al dejar en el olvido el legado de los constructores de nuestra democracia? ¿No nos exige ello una verdadera conversión para aceptar nuestra experiencia histórica?

En todos estos casos de apelación a la conciencia han de tener un papel fundamental los líderes del proceso social. Por eso son líderes (o acaso por eso no lo han sido). Es tiempo de desterrar los ataques personales; poner el interés común por sobre el afán de protagonismo, retomar lo positivo que puede unir al país. El único protagonismo ha de ser el afán de servir, cada uno desde el lugar que le corresponde.

Sin embargo, esa apelación a la conciencia, que despierta la responsabilidad individual, no será suficiente si no nos vemos de nuevo animados por el *amor a Venezuela*.

Ante la desvalorización por el resentimiento y la amargura de la desesperanza, hemos de retomar lo valioso de nuestro país, de nuestra historia. ¿Barinas? Por la voz de Arvelo Torrealba allí cantó Florentino y *venció al diablo*. Allí José León Tapia rescató en su escritura, con la fuerza del recuerdo, una experiencia que pertenece a la sustancia de la vida venezolana.

Suele repetirse que la gran hazaña de Rómulo Betancourt en la formación de Acción Democrática fue lograr que hubiera "una casa del partido en cada pueblo". No quitemos su importancia al asunto, pero no podemos limitarnos a ello. El gran logro de Acción Democrática fue la incorporación del pueblo a la política. Sí, sin duda, la lucha por el sufragio universal y directo.

Ello se nutrió de la fecunda obra de Rómulo Gallegos y de Andrés Eloy Blanco, que modelaron el imaginario colectivo. Le dieron forma en el sentido de la integración de lo popular, de un modo legítimo y verdadero, *sin resentimiento*. Así, José Santos Urriola pudo hablar del "esquema de conciliación" en Gallegos, en cuyas novelas los asuntos se resuelven de modo positivo. El Andrés Eloy de los palabreos en *Poda*, el de los poemas del castillo de Puerto Cabello (entre los cuales hay una hermosa *dedicación de la mañana* a Jesús de Galilea), sobre todo, el del *Canto a los Hijos*, no solo nutrió nuestro imaginario con figuras inmortales sino sembró, digamos sin recato, amor a la bondad en el corazón del hombre venezolano.

Dentro del mismo sentimiento de venezolanidad, el Copei aportaría luego su lucha por la justicia social, así como por la instauración del Estado de derecho. Sin el contrapunto del movimiento socialcristiano no puede entenderse la República Civil.

Al inicio nos referimos a la desarticulación de Venezuela. Habría que recordar entonces lo que fuimos, lo que hemos sido.

Habitado por tribus dispersas, Venezuela se constituye como nación en el tiempo de la colonia. Predestinada al mestizaje, fomentó luego el igualitarismo y esa llaneza en el trato tan propia de nuestro modo de ser. A finales del 18, tenemos ya la generación que hará la Independencia, así como lo que ha sido llamado el *milagro musical* de Caracas. Tras la larga guerra, superado el tiempo de los caudillos, constituidos los partidos modernos, Venezuela emprenderá su camino hacia la democracia y el desarrollo.

Se logra la integración del territorio por una extensa red vial, desde autopistas hasta caminos de penetración agrícola. La electrificación del país fue tarea proseguida con continuidad admirable a partir de 1947 y hasta 1999. El desarrollo de la educación popular, desde las escuelas primarias y de bachillerato -ese asombroso crecimiento de Fe y Alegría- hasta las instituciones universitarias. La salud, la vivienda, la protección del trabajo. En todo ello, el crecimiento homogéneo y sostenido de la industria petrolera, con lo que aportó a la vida del país el proyecto nacional de dominar el petróleo.

Es tiempo de retomar el rumbo. Queden aisladas las voces de la discordia para empeñarnos con sinceridad en lograr de nuevo la unidad del país.

En definitiva, solo el amor sano. Fuerza unificadora, solo un amor eficaz puede restablecer la concordia perdida. No esa palabrería hueca que a veces se oye sino un principio operativo en el corazón que lleva a querer el bien y a procurarlo para todos. Un verdadero principio de acción que, preocupado por el estado del país, se traduce en trabajo cotidiano.

Con las limitaciones y los defectos de cada uno, debe prevalecer en nosotros el amor a Venezuela. Esa realidad humana eficaz, esa decisión en lo íntimo de la persona de querer el bien y de procurar llevarlo a cabo, será lo que pueda levantarnos de la postración.

La recuperación del Esequibo
Anotaciones desde la estrategia procesal·

Juan Carlos Sainz Borgo[1]
Profesor de la Universidad Central de Venezuela

Resumen: *La controversia por el territorio de la Guayana Esequiba es la culminación de un largo proceso diplomático construido alrededor de una estructura jurídica negociada en la década de los años sesenta, donde se preveían diversos escenarios de solución de controversia, incluida la Corte Internacional de Justicia. En este momento que el caso se encuentra en el seno del máximo órgano judicial del mundo es imperativo revisar las opciones procesales que tiene Venezuela para poder establecer los elementos de una defensa integral del territorio nacional. El artículo propone la reflexión sobre algunos de estos escenarios estrictamente procesales.*

Palabras Clave: *Venezuela - Guyana - Esequibo - Corte Internacional de Justicia - Territorialidad.*

Abstract: *The controversy over the territory of Guayana Esequiba is the culmination of a long diplomatic process built around a legal framework negotiated in the 1960s, where various dispute resolution scenarios were envisioned, including the International Court of Justice. Currently, the case is within the highest judicial body in the world, it is imperative to review the procedural options that Venezuela has in order to establish the elements of a comprehensive defense of the national territory. The article includes an overview of some key procedural elements for the case.*

Key words: *Venezuela - Guyana - Esequibo - International Court of Justice - Territoriality.*

---

* Una primera versión de este artículo fue presentada en el marco del aula virtual Antonio Moles Caubet, del Instituto de Derecho Público de la Universidad Central de Venezuela y la Fundación Universitas. Caracas, 21 de junio 2021.

[1] Juan Carlos Sainz Borgo. Abogado, Master y Doctor en Derecho por la Universidad Central de Venezuela. Master por la Universidad de Oxford. Graduado en los programas de postgrado de la Escuela de Derecho de la Universidad de Harvard y de la Academia de la Corte Internacional de Justicia de la Haya. Investigador del Instituto de Derecho Público, con rango de profesor asociado. Universidad Central de Venezuela. Profesor Titular de Derecho Internacional y Decano. Universidad para la Paz. Organización de las Naciones Unidas. Las opiniones expresadas son a titulo individual. Correo: jsainz@upeace.org. sainzj@gmail.com

SUMARIO

INTRODUCCIÓN
I.   EL ACUERDO DE GINEBRA Y LA VÍA PARA LLEGAR A LA SOLUCIÓN PRÁCTICA
II.   VENEZUELA EN LA CORTE INTERNACIONAL DE JUSTICIA DE LA HAYA
III.   DICTUM DE LA CORTE INTERNACIONAL DE JUSTICA DEL 18 DE DICIEMBRE DE 2020
        1. *La Corte se declara competente para conocer el caso entre Guyana y Venezuela.* 2. *La fecha crítica para conocer el caso.*
IV.   DETERMINAR LA EXISTENCIA DE UNA CONTROVERSIA ENTRE EL REINO UNIDO Y LA REPUBLICA DE VENEZUELA
A MANERA DE CONCLUSIÓN
BIBLIOGRAFÍA

INTRODUCCIÓN

El 18 de diciembre del año 2020, la Corte Internacional de Justicia de la Haya, máximo órgano jurídico de la Organización de las Naciones Unidas se declaró competente para conocer de la demanda incoada por la República Cooperativa de Guyana, contra la República Bolivariana de Venezuela por la validez del Laudo Arbitral del 3 de Octubre de 1899. Una semana antes de la navidad del año 2020, la Corte Internacional de Justicia, tomo dos decisiones: la primera, con una mayoría de 12 votos a favor y 4 en contra, su competencia para conocer de la demanda de Guyana sobre la validez de la sentencia arbitral y la segunda, por unanimidad, que la Corte no era competente para conocer de los hechos ocurridos con posterioridad a la firma del Acuerdo de Ginebra en 1966. Esta unanimidad incluyó a la jueza *ad hoc*, designada por Guyana, Hilary Gharlesworth de nacionalidad australiana.

La Corte Internacional de Justicia finalizó así un siglo de ausencia de Venezuela de los tribunales internacionales para determinar la soberanía territorial. Esta decisión de la Corte de la Haya representa para profesionales en el área del derecho, la oportunidad de estudiar y revaluar el gran despojo territorial que ocurrió en el siglo XIX que azotó las costas venezolanas, en la efervescencia del colonialismo europeo. Primero con la decisión del Laudo con el Reino Unido en 1899 y luego con el bloqueo de los puertos a comienzos del siglo XX. La Corte Internacional de Justicia retomó el camino del derecho y el cumplimiento de los principios generales del derecho internacional, que los fundadores de la democracia venezolana trazaron como un plan desde la finalización de la dictadura del General Marcos Pérez Jiménez en 1958.

De esta forma, el presente artículo tiene por objeto señalar algunos elementos de carácter procesal que podrían formar parte de un eventual alegato venezolano ante la Corte Internacional de Justicia de la Haya, en un proceso que intentará cerrar las heridas que el imperialismo europeo dejo abiertas en nuestra geografía.

I.   EL ACUERDO DE GINEBRA Y LA VÍA PARA LLEGAR A LA SOLUCIÓN PRÁCTICA

El 17 de febrero de 1966 se firmó por parte del Ministro de Relaciones Exteriores de Venezuela, Ignacio Iribarren Borges y el por el Reino Unido Michael Stewart, Ministro de Estado y Forbes Burham, Primer Ministro de la Guayana Británica "el Acuerdo para resolver la controversia entre Venezuela y el Reino Unido de Gran Bretaña e Irlanda del Norte sobre la frontera entre Venezuela y la Guayana Británica", mejor conocido como "Acuerdo de Ginebra". Formalmente las negociaciones que llevaron a la firma del mismo se iniciaron entre Venezuela y el Reino Unido, con alguna anticipación. El 22 de febrero de 1962 el Embajador de Venezuela ante la ONU, Carlos Sosa Rodríguez[2], explicó la necesidad de abrir las negociaciones con el Reino Unido, ante la Asamblea General de la ONU, con las siguientes palabras:

"En esta oportunidad, en que apoyamos sinceramente el reconocimiento pleno de los derechos que corresponden a la población de la Guayana Británica, no podríamos, sin embargo, sin traicionar a nuestro propio pueblo venezolano, olvidarnos de sus derechos, de sus reivindicaciones de fronteras y silenciar en este foro mundial, su legítimo reclamo de que se rectifique una injusticia histórica."[3]

Este esfuerzo de la naciente democracia venezolana, que entendió claramente el momento político, tanto en la esfera internacional con un proceso de democratización regional y descolonización global. Venezuela desarrolló una audaz diplomacia desde el sur en diversos foros, en especial cuando se erige en uno de los fundadores de la Organización de Países Exportadores de Petróleo OPEP, así como con el apoyo de la causa de descolonización global. De allí la necesidad de apoyar la causa del pueblo de la "Guayana británica", pero dejando en claro el despojo que el colonialismo del siglo XIX había causado en el país. Por otro lado, el Gobierno de Venezuela entiende el momento político que vive el Reino Unido, bajo el gobierno laborista que encabeza Harold Wilson, que había comenzado en 1964. Este gobierno rompió la hegemonía conversadora que comenzó con Stanley Baldwin en 1935, continuada por Neville Chamberlain en 1937 y luego por Winston Churchill. Esta hegemonía conservadora solo se vio interrumpida por el laborista Clement Attle entre 1945 y 1951, para dar paso de nuevo a Winston Churchill y sus sucesores hasta 1964.

El Gobierno de Venezuela se plantea cambiar con el Acuerdo de Ginebra la serie de eventos que conforman la década horrible de la soberanía nacional, esa que comienza en 1891 con el Laudo Arbitral con Colombia, sigue con el Laudo con el Imperio Británico en el 1899 y finaliza con el bloqueo de los puertos en 1902-3 y la confiscación de las aduanas por parte de las potencias europeas. Aunque Venezuela no fuera la única que sufrió del colonialismo europeo o el expansionismo de sus vecinos en el continente, como el caso de México, Guatemala o Colombia, por solo citar algunos, estos hechos marcaron en las generaciones que vivieron las perdidas de forma permanente.

En la psique colectiva que vivió estos hechos se fue formando una visión defensiva de la forma como funcionaban las instituciones internacionales. Esta visión fue además atizada por el encierro que se impuso en el país la larga dictadura del General Juan Vicente Gómez entre 1908 hasta 1935, que no permitió la circulación de ideas o nuevas corrientes del pensamiento.

Cuando se inician las negociaciones para la recuperación del territorio Esequibo, el Presidente de la República Rómulo Betancourt en el mensaje al Congreso, afirmó:

---

[2]   Carlos Sosa Rodríguez de Venezuela, abogado egresado de la UCV, además formado en Francia, doctor de Estado de la Sorbona, es elegido presidente de la XV Asamblea General de la ONU, única oportunidad que Venezuela ha tenido la presidencia de la Asamblea General, presidente del Consejo de Seguridad en Marzo de 1969. Embajador de Venezuela ante la ONU desde 1958 hasta 1969.

[3]   Discurso del Embajador Carlos Sosa Rodríguez ante la Asamblea General de la ONU, 22 de febrero 1962. Disponible en http://esequibonuestro.blogspot.com/2012/03/exposicion-del-embajador-de-venezuela.html

"El diferendo entre la débil Venezuela y la arrogante Albión de los días de la Reina Victoria, fue resuelto en un idílico e inaceptable y siempre inaceptado por Venezuela, laudo pronunciado por el Tribunal político y no de derecho en sentencia del 3 de octubre de 1899.

Jamás Venezuela admitido ni admitirá que tan extensa porción de territorio legítimamente suyo deje de estar encuadrado dentro de sus biografías.[4]"

En este mensaje, el primer presidente de la era democrática del siglo XX se refiere directamente al nudo del problema, al plantear la nulidad del laudo por razones jurídicas, al señalar la necesidad de un tribunal que no fuera político, donde Venezuela pudiera defender sus argumentos.

La firma del Acuerdo de Ginebra por parte de esa Venezuela democrática y pujante de los años sesenta del siglo XX, logra lo que parecía imposible: el Reino Unido de la Gran Bretaña aceptara un convenio para reconocer la existencia de una pretensión territorial producto de su expansionismo colonial de la era victoriana. Los compromisos de ese importante acuerdo tuvieron lecturas pesimistas en su momento y hasta la fecha muchos analistas no han sido optimistas de la causa venezolana. Sin embargo, como veremos más adelante, el fallo de la Corte de la Haya, confirmó la estrategia venezolana.

El artículo 1 del Acuerdo de Ginebra, reza lo siguiente:

"Se establece una Comisión Mixta con el encargo de buscar soluciones satisfactorias para el arreglo práctico de la controversia entre Venezuela y el Reino Unido surgida como consecuencia de la contención venezolana de que el Laudo Arbitral de 1899 sobre la frontera entre Venezuela y Guayana Británica es nulo e irrito."

Se ha leído muchas veces este acuerdo como una maniobra británica destinada a ganar tiempo, mientras se producía la completa independencia de la Guayana Británica. Otros referían el precario sustento jurídico que el Acuerdo podía otorgar a la reclamación venezolana. Sin embargo, los hechos y la decisión actual de la Corte Internacional de Justicia demuestran que muchos de los venezolanos que trabajaron en la estrategia venezolana, entendían que las cosas podían evolucionar de forma distinta, teniendo el tema de una solución judicial, como un elemento claro, final y con un resultado definitivo. A fin de cuentas, abandonando el fantasma impenitente del obscuro siglo XIX territorial.

El Acuerdo de Ginebra fue aprobado por el Congreso de Venezuela en un arduo debate, donde las posiciones políticas del país se dividieron sobre la conveniencia del mismo. El Ministro Iribarren Borges hace la exposición para presentar el Convenio y plantea lo siguiente:

"Evidentemente que el acuerdo de Ginebra no constituye la solución ideal del problema, que no es otro que la devolución a Venezuela de su territorio. No fuimos a la ciudad del lago Lemán a dictar las condiciones de rendición del adversario, poniendo en la balanza de la disputa la espada de una victoria bélica. Fuimos a buscar una solución satisfactoria a la ardua cuestión territorio, como fruto del diálogo diplomático y no del monólogo de los vencedores.

El acuerdo de Ginebra lleva a una nueva situación las posiciones extremas de quienes exigen la devolución del territorio usurpado en virtud de un laudo nulo y la de quién argüía que no abrigando duda alguna sobre su soberanía acerca de este territorio, no estaba dispuesto a llevar la causa a Tribunal alguno"[5].

---

[4]   Todas las citas del Discurso ante el Congreso Nacional de Venezuela en 1966. Exposición al Congreso Nacional del Doctor Ignacio Iribarren Borges, Ministro de Relaciones Exteriores, sobre el Acuerdo de Ginebra el 17 de marzo de 1966. Embajada de Venezuela en Guyana. Disponible en: https://embvenezuelaenguyana.es.tl/Exposici%F3n-sobre-el-Acuerdo-de-Ginebra.htm

[5]   Subrayado nuestro.

Del texto del Canciller venezolano, queda la clara la intención de lograr una solución jurídica, que pusiera fin a la controversia, en especial cuando señala la negativa británica a presentar el caso ante "tribunal alguno". En esa misma oportunidad, el Canciller Iribarren Borges presenta la evolución de las negociaciones, dejando en claro la idea por parte de Venezuela de lograr que el caso fuera conocido por un arbitro o incluso la solución judicial. Se explica de la siguiente forma:

> *"No voy a enumerar todos los incidentes de la discusión derivada del rechazo por Gran Bretaña de esa primera propuesta de solución formulada por Venezuela, a la que se contestó con una contrapropuesta para que Venezuela con un "acto de gran calidad de estadista y coraje", renunciara a su reclamación. Formulé una segunda propuesta venezolana en el sentido de convenir por un período que podría discutirse, en una administración conjunta del territorio reclamado por Venezuela, previo reconocimiento de nuestra soberanía sobre el mismo. También esta fórmula vino a ser rechazada. Por último, en un esfuerzo por buscar una salida honorable al problema, presenté como tercera propuesta venezolana una fórmula que preveía la solución del problema fronterizo a través de tres etapas consecutivas con sus respectivos plazos, con la particularidad de que el proceso había de tener un final: a) Comisión Mixta; b) Mediación; c) Arbitraje Internacional."*

La estrategia negociadora esgrime una serie de opciones: un reconocimiento del despojo territorial, una zona de administración compartida, hasta la propuesta final de una hoja de ruta, donde se utilizarán todos los métodos de solución de controversias: negociación, mediación y una solución de arbitraje. Esta propuesta fue rechazada por el Gobierno del Reino Unido, como explica en su presentación el Canciller venezolano:

> *"Las Delegaciones de Gran Bretaña y Guayana Británica, después de estudiar detenidamente esa propuesta, aunque terminaron por mostrarse receptivas, objetaron la mención específica del recurso al Arbitraje y a la Corte Internacional de Justicia.*
>
> *Soslayada esta objeción, sustituyendo aquella mención específica por la referencia al artículo 33 de la Carta de las Naciones Unidas que incluyen aquellos dos procedimientos del Arbitraje y del Recurso a la Corte Internacional de Justicia, se vio que había una posibilidad de lograr un acuerdo."*

Finalmente, el Canciller Iribarren Borges deja clara la estrategia venezolana y el rechazo a una pretendida estrategia británica oculta, con la siguiente explicación:

> *"Fue, pues, sobre la base de la propuesta venezolana, como se vino a lograr el Acuerdo de Ginebra. Lejos de haber sido éste, como se había dicho maliciosamente, una imposición, o un artilugio británico que sorprendió la ingenuidad de la Delegación venezolana, que está basado en una propuesta venezolana que, rechazada terminantemente en Londres ha venido a ser aceptada en Ginebra."*

El mensaje de año nuevo de 1966 del Presidente Raúl Leoni, afirmó lo siguiente:

> *"Somos un país económicamente débil desgarrado por las luchas de facciones. Apenas convaleciente de los dolorosos estragos de largas y cruentas guerras fratricidas e impotente para defenderse de actos de agresión. En esta nueva Venezuela se ha formado una conciencia nacional en torno a la justicia de nuestra reclamación, sin abandonar nuestra indeclinable posición favorable a la pacífica y amistosa solución de la diferencia entre naciones.*
>
> *Estamos dispuestos a hacer valer todos nuestros recursos para la buena defensa de nuestros derechos territoriales. Esa idea de que la nueva Venezuela, que ya no está convaleciente de los estragos de las largas y cruentas guerras fraticidas."*

Este discurso del Presidente Leoni resume en gran medida la aspiración de la Venezuela democrática de mediados de los sesenta. La idea y la estrategia de ese grupo de venezolanos que se forma después de los años 40, empiezan a estudiar, a formarse lejos de la sombra gomecismo y del obscurantismo del siglo XIX venezolano.

Ese grupo de venezolanos entienden que el mundo es otro después del Segunda Guerra Mundial y los organismos internacionales, incluida los tribunales, esta cambiando radicalmente.

Desde el principio de las conversaciones, la estrategia venezolana era darle la oportunidad a una negociación que pudiera, como sucedió en el caso de la Isla de Patos[6], devolver la soberanía venezolana sobre el área esequiba. Sin embargo, las circunstancias geopolíticas cuando se firma el convenio en 1942 para la completa devolución de la soberanía de la Isla de Patos y sus correspondientes zonas marítimas[7], eran marcadamente distintas. En 1942 aún faltaban dos años para la invasión aliada a Europa, había solo transcurridos meses desde el ataque japonés a Estados Unidos en Perl Harbor y la necesidad de garantizar rutas de navegación seguras y el suministro de petróleo representaban una gran carta de negociación.

Tomando en cuenta todas estas variables, podemos explicar el Acuerdo de Ginebra como un acuerdo multinivel, donde se dejan muy claras las diversas etapas del proceso y que están explicadas en el texto del mismo.

1. Negociación directa: Una Comisión Mixta Venezuela-Guayana Británica elaborará informes sobre el avance de su labor, cada seis meses por un plazo de cuatro años. (Artículo II y III Convenio de Ginebra). Esta etapa representa la negociación diplomática directa, como elemento fundacional de cualquier negociación.

2. Escogencia directa de un medio de solución pacifica por las partes: Transcurridos 3 meses del informe final de la comisión bilateral antes mencionada, los gobiernos de Venezuela y la Guayana Británica, las partes deberán decidir sobre uno de los mecanismos de solución de controversias previstos en el artículo 33 de la Carta de las Naciones Unidas (Artículo IV Convenio de Ginebra)

3. El papel del Secretario General de la ONU: Si las dos partes no se pusieran de acuerdo en un modo de solución de controversia o no conducen a la solución el Secretario General de la ONU podrá decidir cualquiera según su criterio.

Estas tres etapas se sucedieron tal y como estaba previsto en el Acuerdo. Desde 1966 hasta 1970 los dos países trabajaron sin dilación, aunque sin resultados. La ausencia de una solución negociada, la independencia de la Guayana Británica y el incidente de Rupununi que afectó de manera grave las relaciones entre los dos países, se produjo la suscripción de un protocolo para congelar las negociaciones por doce años.

---

[6]   La Isla de Patos es una isla perteneciente a Venezuela, cuya extensión es de algo menos de un kilómetro cuadrado (60 hectáreas o 0,6 km²). Se encuentra ubicada en el golfo de Paria (62° 18´W y 10° 38´N), a ocho kilómetros del sureste del Estado Sucre, en la región oriental de Venezuela, cerca de las islas de Trinidad y Tobago; está prácticamente deshabitadas. En 1859 el Reino Unido comenzó una reclamación sobre la isla que Venezuela rechazó argumentando que no era mencionada en la capitulación de 1797 ni en el tratado de Amiens de 1802. A pesar de esto en 1902 el Reino Unido izó su bandera en la isla, desde sus posesiones en la Isla de Trinidad lo que provocó una fuerte protesta del gobierno venezolano. (Datos de Wikipedia, consultado en Agosto 2021).

[7]   El 26 de febrero de 1942 se firmaron los Tratados sobre Cesión de Isla de Patos y sobre Delimitación de la Plataforma Continental del Golfo de Paria entre Gran Bretaña y Venezuela. González Oropeza, Hermann. y Donis Ríos, Manuel. 1989: *Historia de las fronteras de Venezuela*. Cuadernos Lagoven. Lagoven, S.A. Caracas. p. 180

Este acuerdo se conoció como el Protocolo de Puerto España, y fue suscrito por las tres partes en el Convenio de Ginebra: Venezuela, Reino Unido y Guyana, que había alcanzado su independencia en mayo de 1966.

Este Protocolo no fue renovado por las partes y se entregó al Secretario General de la ONU, para la fecha el peruano Javier Pérez de Cuellar, para buscar una solución ante la ausencia de un acuerdo entre las dos partes. El Secretario General, luego de largas negociaciones, logró el consenso entre las dos partes para elegir a un buen oficiante, *"good officer"*.[8] Desde esa fecha 3 buenos oficiantes fueron designados por el Secretario General: Alister McIntyre (1990-1999), Oliver Jackman (1999-2007) y Norman Girvan (2010-2014)[9]. Estos buenos oficiantes no mostraron avances sustanciales en el tema, aunque en los respectivos comunicados de cada encuentro, se reafirmó la conveniencia del mecanismo escogido por el Secretario General.

A partir de la muerte del último buen oficiante, el jamaiquino Norman Girvan, la Oficina del Secretario General de la ONU, a través de diálogos adelantados por su oficina, en particular por su Jefa de Gabinete Susana Malcorra[10], se fue preparando un nuevo método de solución de controversias entre los dos países. En una comunicación enviada a los dos gobiernos, el Secretario General Ban Ki Moon informó que designaría a un nuevo enviado especial, y que le daría un plazo de un año, con "...un mandato de mediación reforzado".[11] El nuevo enviado especial fue el diplomático noruego Dag Nylander[12], quien en ejercicio de su mandato como mediador "reforzado", intento negociar una salida donde pudiera acordarse un nuevo mecanismo de mutuo acuerdo por ambas partes, donde la intervención de un tercero, bien sea a través de la vía judicial o arbitral, fue un elemento ampliamente discutido.

El Secretario General Antonio Guterres, transcurrido el plazo fijado por la Secretaría General, produjo un comunicado de prensa, presentado por su portavoz Stephane Dujarric, en el cual expresó su posición como parte del mecanismo del Acuerdo de Ginebra, de la siguiente forma:

"El Secretario General ha analizado detenidamente lo acontecido en el transcurso de 2017 en el proceso de buenos oficios y ha llegado a la conclusión que no se ha alcanzado progreso significativo en llegar a una solución a la controversia.

---

[8]   Memoradum venezolano, en Faundez L. Héctor. "La Competencia de la Corte Internacional de Justicia y el Caso Guyana Contra Venezuela". Colección Estudios No. 1126. Academia de Ciencias Políticas y Sociales. Editorial Jurídica Venezolana Internacional. Caracas 2020.

[9]   https://dppa.un.org/en/mission/border-controversy-between-guyana-and-venezuela

[10]   https://news.un.org/es/story/2015/10/1342591

[11]   https://www.un.org/sg/en/content/sg/statement/2018-01-30/statement-attributable-spokesman-secretary-general-border

[12]   Dag Nylander fue el representante especial del Secretario General de la ONU para la controversia por el Esequibo entre 2016 y 2017. Actualmente es el Enviado del Gobierno de Noruega para las conversaciones entre el Gobierno de Nicolás Maduro y las fuerzas de oposición encabezadas por el Presidente de la Asamblea Nacional de Venezuela Juan Guaido. Además, fue Enviado Especial de Noruega para el Proceso de Paz en Colombia (2012-2016), Encargado de Negocios de la Embajada de Noruega en Bogotá, Colombia (2006-2008), delegado de su país ante las Naciones Unidas en Nueva York (2001-2004), y en la Embajada de Noruega en Buenos Aires, Argentina (1999-2001).

Por consiguiente, el Secretario General ha cumplido con la responsabilidad que le ha correspondido dentro del marco establecido por su predecesor en diciembre de 2016, y ha escogido a la Corte Internacional de Justicia como el medio a ser utilizado para la resolución de la controversia. "[13]

De esta forma, la Oficina del Secretario General de la ONU, activó en base a lo establecido en el Acuerdo de Ginebra, una nueva solución prevista en el artículo 31 de la Carta de la ONU, la cual sería a la postre una solución definitiva, porque las decisiones de la máxima corte internacional no tienen apelación. Sin embargo, el Secretario General Guterres, en su comunicado de prensa, dejó una puerta abierta para continuar con el acompañamiento de la Secretaría General, de la siguiente forma:

"Al llegar a esta decisión, el Secretario General también ha llegado a la conclusión que Guyana y Venezuela podrían beneficiarse de continuidad en los buenos oficios de la Organización de las Naciones Unidas mediante un proceso complementario establecido sobre la base de las facultades del Secretario General en la Carta de las Naciones Unidas. "[14]

Esta comunicación por parte del Secretario General de la ONU, fue recibida de forma distinta por los gobiernos de Guyana y Venezuela. En el caso del primero, esa fue la señal para iniciar la presentación del caso ante la Corte Internacional de Justicia.

En el caso de Venezuela, la reacción del Gobierno de Nicolás Maduro ha sido de diversa: desestimar la solución jurisdiccional con una comunicación expresando su rechazo a la decisión[15], no comparecer ante la audiencia de la Corte Internacional de Justicia y aceptar, *a posteriori*, la invitación para continuar con los buenos oficios. En el caso del Gobierno liderado por Juan Guaido, como presidente de la Asamblea Nacional y presidente encargado, igualmente se ha rechazado asistir a la Corte Internacional de Justicia[16].

En el caso de Nicolás Maduro, luego de la decisión de admisibilidad de la causa por parte de la Corte Internacional de Justicia, envió al Secretario General de la ONU, una comunicación en la que expresó lo siguiente:

"Usted tiene la capacidad de reanimar el dialogo como camino para evitar decisiones ajenas a la legalidad internacional que pueden poner en grave riesgo la paz y la seguridad de la Región.(sic) En sus manos está el encauzamiento de una controversia territorial mediante medios pacíficos, una solución amistosa, práctica y satisfactoria para ambas partes, tal como se encuentra establecido en el Acuerdo de Ginebra de 1966, y no mediante un fraude procesal que pretende socavar la soberanía territorial de Venezuela reeditando el infausto, fraudulento e ilegal Laudo Arbitral de 1899.

---

[13]   Statement attributable to the Spokesman for the Secretary-General on the border controversy between Guyana and Venezuela [scroll down for Spanish version] 30 Enero 2018. https://www.un.org/sg/en/content/sg/statement/2018-01-30/statement-attributable-spokesman-secretary-general-border

[14]   *Ibidem.*

[15]   Maduro Moros, Nicolás. Carta al Secretario General de la ONU Antonio Guterres. 07 de Enero de 2021. Disponible en: http://www.mppre.gob.ve/wp-content/uploads/2021/01/Carta-del-presidente-Nicolas-Maduro-al-Secretario-General-de-la-ONU-sobre-controversia-por-la-Guayana-Esequiba-1.pdf Consultado en Agosto 2021.

[16]   Asamblea Nacional. Venezuela Comunicado oficial del Presidente (E) Guaidó sobre sentencia de la Corte Internacional de Justicia (CIJ) sobre la controversia territorial sobre el Esequibo. 19 diciembre, 2020. Disponible en https://presidenciave.com/presidencia/comunicado-oficial-del-presidente-guaido-sobre-sentencia-de-la-corte-internacional-de-justicia-cij-sobre-la-controversia-territorial-sobre-el-esequibo/ Recuperado Agosto 2021.

Por eso creemos que ahora más que nunca, es necesario contar desde su buena voluntad con sus buenos oficios en el sentido mas(sic) amplio posible, para reiniciar con la urgencia que esta controversia amerita, conversaciones directas en Guyana y Venezuela con el objetivo de avanzar hacia un entendimiento pacifico, y beneficioso para ambas Partes (sic).[17]

La comunicación de Nicolás Maduro tiene diversos elementos que llaman la atención, pero que no es menester ocuparse en este artículo. Sin embargo, quisiera señalar dos aspectos que pudieran tener impacto en el desarrollo procesal de esta causa en el futuro: 1. Referirse a la remisión del caso a la Corte Internacional de Justicia como "un fraude procesal" y 2. La solicitud de reactivar los buenos oficios, el Gobierno de Nicolás Maduro donde expresamente requirió "conversaciones directas entre Guyana y Venezuela".

Referirse al Secretario General como parte de un fraude procesal comparable al del Laudo Arbitral de 1899, no parece una declaración acorde con las prácticas diplomáticas, así como tampoco para el objetivo final de la recuperación del territorio Esequibo. Asimismo, solicitar un nuevo modo de solución de controversias, distinto a los buenos oficios o la solución judicial, complejiza aún más la búsqueda de una solución concertada entre todas las partes. Esto muestra una ruptura de la posición nacional sostenida por más de sesenta años.

De esta forma, con el rechazo de los dos poderes que se atribuyen la legitimidad del ejecutivo venezolano, por primera vez en la historia de los órganos jurisdiccionales universales, Tribunal Permanente de Justicia Internacional y su sucesora la Corte Internacional de Justicia, un caso de Venezuela formará parte de sus archivos.

II. VENEZUELA EN LA CORTE INTERNACIONAL DE JUSTICIA DE LA HAYA

El 29 de marzo de 2018, el Gobierno de la República Cooperativa de Guyana presentó en la Secretaría de la Corte una demanda contra la República Bolivariana de Venezuela con respecto la controversia relativa a "la validez jurídica y el efecto vinculante del Laudo relativo a la frontera entre la colonia de la Guayana Británica y los Estados Unidos de Venezuela, de 3 de octubre de 1899[18]".

En la demanda el Gobierno Guyanés basó la competencia de la Corte en el artículo IV, párrafo 2, del "Acuerdo para resolver la controversia entre Venezuela y el Reino Unido de Gran Bretaña e Irlanda del Norte sobre la frontera entre Venezuela y la Guayana Británica", firmado en Ginebra en 1966.

En la demanda, Guyana presentó las siguientes peticiones:

"Guyana solicita a la Corte que declare lo siguiente:

(a) El Laudo de 1899 es válido y vinculante para Guyana y Venezuela, y el límite establecido por ese Laudo y el Acuerdo de 1905 es válido y vinculante para Guyana y Venezuela;

---

[17]   Maduro Moros, Nicolás. Carta al Secretario General de la ONU Antonio Guterres. 07 de Enero de 2021. Disponible en: http://www.mppre.gob.ve/wp-content/uploads/2021/01/Carta-del-presidente-Nicolas-Maduro-al-Secretario-General-de-la-ONU-sobre-controversia-por-la-Guayana-Esequiba-1.pdf

[18]   Las citas en español de la sentencia del 18 de diciembre de 2020 provienen de la traducción de: Abello-Galvis, Ricardo; Arévalo-Ramírez, Walter; Villamizar-Lamus, Fernando; Abello-Laurent, Bruno. Anuario Colombiano de Derecho Internacional ACDI, Bogotá, ISSN: 2027-1131/ISSNe: 2145-4493, Vol. 14, pp. 257-319, 2021.

b) Guyana disfruta de plena soberanía sobre el territorio entre el río Esequibo y el límite establecido por el Laudo de 1899 y el Acuerdo de 1905, y Venezuela disfruta de plena soberanía sobre el territorio al oeste de ese límite;

Guyana y Venezuela tienen la obligación de respetar plenamente la soberanía e integridad territorial de cada uno de acuerdo con la frontera establecida por el Laudo de 1899 y el Acuerdo de 1905;

(c) Venezuela se retirará inmediatamente y cesará su ocupación de la mitad oriental de la isla de Ankoko, y de todos y cada uno de los demás territorios reconocidos como territorio soberano de Guyana de conformidad con el Laudo de 1899 y el Acuerdo de 1905;

(d) Venezuela se abstendrá de amenazar o usar la fuerza contra cualquier persona y/o compañía autorizada por Guyana para realizar actividades económicas o comerciales en el territorio de Guyana según lo determinado por el Laudo de 1899 y el Acuerdo de 1905, o en cualquier área marítima dependiente de dicho territorio, sobre el cual Guyana tiene soberanía o ejerce derechos soberanos, y no interferirá con ninguna actividad guyanesa o autorizada por Guyana en estas áreas;"

Venezuela decidió no comparecer ante la Corte. Sin embargo, ha estado en permanente comunicación con la Secretaría de la corte; ha enviado cinco comunicaciones, junio de 2018, abril del 2019, en noviembre del 2019, en febrero del 2020 y en julio del 2020. En relación con la memoria presentada por Guyana, presentó un memorandun como respuesta[19]. Esta comunicación con fecha del 29 de marzo del 2018 es parte de la práctica generalizada de los estados que deciden no presentarse en el proceso y que normalmente se presenta en forma de un libro blanco.[20]

En esta comunicación trata de hacer algunas alegaciones, a mi juicio más de carácter político que de fondo. Esto además en la práctica de la Corte, en relación con estas aportaciones procesales de quienes no participan en el caso, ya que se presenta argumentos y no evidencia. "Es inconcebible que el Libro Blanco que dicho Estado produzca y haga llegar a la Corte contenga anexos documentales que sirvan de respaldo para las posiciones que plantee en el texto, pero probablemente sería imposible para la Corte en su sentencia darle a esta documentación el tratamiento formal de evidencia o considerar que con ella se prueban determinados hechos."[21]

La comunicación venezolana se enfocó principalmente en tres puntos: la no intencionalidad de la Secretaria General de la ONU de presentar el caso ante la Corte; el objeto de la controversia y finalmente el cambio de perspectiva de Guyana en el caso.

En el párrafo 95, el Gobierno Bolivariano de Venezuela, expresa los siguientes puntos:

"95. Lo cierto es que el Secretario General de la ONU no pretendía hacerlo en su comunicación del 30 de enero de 2018: "... he elegido -dice- la Corte Internacional de Justicia como el próximo medio a utilizar" para la resolución de la disputa".

La comunicación añade a continuación:

---

[19] Memorandum of the Bolivarian Republic of Venezuela on the Application filed before the International Court of Justice by the Cooperative Republic of Guyana on March 29th, 2018. Disponible en https://www.icj-cij.org/public/files/case-related/171/171-20191128-WRI-01-00-EN.pdf La traducción es del autor.

[20] Quinta Aranguren, Juan José. *Diccionario Jurídico de la Corte Internacional de Justicia*. Colección Derecho Internacional. Editorial Tirant Lo Blanch. Bogotá 2021.

[21] *Ibidem.*

"Si ambos Gobiernos aceptaran la propuesta de un proceso complementario de buenos oficios, creo que ese proceso podría contribuir al uso de los medios pacíficos de arreglo elegidos".[22]

Esta novedosa interpretación del contenido de la comunicación del Secretario General de la ONU, se une con un llamado al dialogo en los siguientes términos:

137. "Venezuela vuelve a invitar a Guyana a la mesa de negociaciones con el espíritu fraterno y solidario que siempre ha animado su política de buena vecindad e integración."[23]

Posteriormente, afirma la aparente intencionalidad real del Acuerdo de Ginebra, en los siguientes términos:

"113. Cabe recordar que el Ministro de Relaciones Exteriores de Venezuela, Iribarren Borges, estuvo dispuesto a llevar la disputa real, es decir la disputa territorial, al arbitraje o a la Corte Internacional de Justicia, no la validez o nulidad del Laudo de 1899. Esto explica la renuencia anglo-guyanesa a mencionar estos medios en el Acuerdo de Ginebra y su deseo de no referirse explícitamente a ellos en los artículos que los regulan".[24]

Este argumento del Gobierno Bolivariano será un elemento especialmente abordado por parte de la decisión de la Corte, como veremos más adelante. Finalmente, el Gobierno Bolivariano explica su visión de la verdadera intención del Gobierno de Guyana con esta decisión de acudir a la Corte:

"134. Guyana, que rechazó la mera mención del arbitraje y la solución judicial en el Acuerdo de Ginebra, se ha convertido en defensora del recurso (unilateral) ante la Corte Internacional de Justicia, manipulando su espíritu y objeto. Si la Corte hace valer su jurisdicción sobre las reclamaciones de Guyana, el Acuerdo de Ginebra se dará por terminado sin que se haya cumplido el objetivo último que motivó su celebración, a saber, una solución práctica, aceptable y satisfactoria de la disputa territorial. Decidir sobre la validez del Laudo 1899 no servirá para este propósito. Al contrario, dificultará su solución."[25]

---

[22] Versión original: "95. The truth is that the UN Secretary-General did not intend to do so in his communication of January 30th, 2018: "...I have chosen -he says- the International Court of Justice as the next means to be used" for the resolution of the dispute. He adds: "if both Governments accepted the proposal for a complementary good offices process, I believe that such a process could contribute to the use of the chosen peaceful means of settlement".

[23] Versión original: "137 Venezuela is not going to resort to force, not only because it is prohibited by international law but also because of its own regional policy of peace, integration, and solidarity. Venezuela once again invites Guyana to the negotiating table in the fraternal and supportive spirit that has always animated its policy of good neighbourliness and integration."

[24] Versión original: "113. It is worth recalling that the Venezuelan Minister of Foreign Relations, Iribarren Borges, was willing to take the real dispute, namely the territorial dispute, to arbitration or to the International Court of Justice, not the validity or nullity of the 1899 Award. This explains the British- Guyanese reluctance to mention these means in the Geneva Agreement and their desire for not referring to them explicitly in the articles regulating them".

[25] Versión original: "134 Guyana, which rejected the mere mention of arbitration and judicial settlement in the Geneva Agreement, has become a defender of (unilateral) recourse to the International Court of Justice, manipulating its spirit and object. Should the Court assert its jurisdiction over Guyana's claims, then the Geneva Agreement will be terminated without having satisfied the ultimate purpose that motivated its conclusion, namely, a practical, acceptable and satisfactory settlement of the territorial dispute. Deciding on the validity of the 1899 Award will not serve this purpose. On the contrary, it will make its settlement more difficult."

En el memorandum, de contestación de Venezuela, se plantea que la verdadera intención del Gobierno de Guyana es terminar con el Acuerdo de Ginebra, ya que decidir sobre la validez del Laudo de 1899 no contribuiría a la solución del caso.

Este último argumento, a juicio de este autor, contradice la letra misma del Acuerdo de Ginebra, que plantea en todo su articulado y espíritu la solución de la controversia que el propio Laudo planteó.

Sin embargo, será la Corte en su primera decisión sobre un caso venezolano en más de un siglo, quien aportará los elementos claves para la comprensión del futuro próximo de la controversia.

III. DICTUM DE LA CORTE INTERNACIONAL DE JUSTICIA DEL 18 DE DICIEMBRE DE 2020

La Corte Internacional de Justicia en la primera decisión respecto del caso sobre el territorio Esequibo o en su denominación oficial (Guyana-Venezuela case), produjo una sentencia de unas 37 paginas donde tomó dos decisiones. La primera, con una mayoría de 12 votos a favor y 4 en contra, que era competente para conocer de la demanda de Guyana para conocer de la validez de la sentencia arbitral y la segunda, por unanimidad, que la Corte no era competente para conocer de los hechos acaecidos con posterioridad a la firma del Acuerdo de Ginebra. Esta unanimidad incluyó a la jueza *ad-hoc*, designada por Guyana, Hilary Gharlesworth de nacionalidad australiana.

Revisemos la forma en la cual se expresó la Corte en estas dos decisiones:

"1) Por doce votos contra cuatro,

Decide que es competente para conocer de la solicitud presentada por la República Cooperativa de Guyana el 29 de marzo de 2018 en la medida que se refiere a la validez de la sentencia arbitral del 3 de octubre de 1899, así como de la cuestión conexa de la solución definitiva del diferendo relativo a la frontera terrestre entre la República Cooperativa de Guyana y la República Bolivariana de Venezuela;"

"2) Por unanimidad,

Decide que no es competente para conocer de las pretensiones de la República Cooperativa de Guyana fundadas en hechos acaecidos con posterioridad a la firma del Acuerdo de Ginebra."

Estas dos decisiones de la Corte se configuran en un conjunto de acciones que deberían trazar el mapa de la navegación procesal en este caso, cambiando al menos 100 años de trabajo y estrategia venezolana en relación con el tema y no poco menos en el caso de Guyana. En mi criterio, tres hechos fundamentales se desprenden de esta decisión:

1. La jurisdicción de la Corte para el caso en concreto

2. La determinación de una fecha crítica para considerar el caso.

3. Determinar la existencia de una controversia entre el Reino Unido y la República de Venezuela.

Estos tres elementos son los pilares fundamentales sobre los cuales deberían ser tomados en cuenta para construir la estrategia procesal venezolana en esta caso. Es por ello que brevemente me referiré a ellos, para luego continuar con algunas de las acciones que estas decisiones de la Corte podrían motivar en una eventual defensa de fondo por parte de Venezuela. Revisemos algunos de los elementos de estos tres hechos procesales en relación con el caso.

1. *La Corte se declara competente para conocer el caso entre Guyana y Venezuela*

La Corte hace un completo análisis de la solicitud de Guyana y de la defensa de Venezuela sobre la capacidad de la misma para ejercer su jurisdicción sobre la controversia territorial. Finalmente, la Corte concluye:

"115. Por el conjunto de estas razones, la Corte concluye que, al conferirle al secretario general la autoridad de escoger el medio apropiado de solución de su diferendo, siendo el recurso a la solución judicial por la Corte Internacional de Justicia como uno de los medios posibles, Guyana y Venezuela aceptaron la competencia de esta. La redacción, el objeto y el fin del Acuerdo de Ginebra, así como las circunstancias que rodearon su conclusión, apoyan esta interpretación (ver párrafo 108). En consecuencia, teniendo en cuenta las circunstancias del presente caso, el consentimiento de las Partes a la competencia de la Corte quedó establecido."

De esta forma la Corte deja claro que tiene jurisdicción para el caso y como tal la ejercerá. Desde una perspectiva institucional internacional, la Corte Internacional de Justicia es uno de los 5 órganos principales de la ONU, tal y como establece la Carta en su artículo 7. Los órganos principales son: la Asamblea General, el Consejo de Seguridad, la Secretaría General, el Consejo Económico y Social y el Consejo Fiduciario.

El artículo 92 de la Carta de la ONU, define a a Corte Internacional de Justicia como "órgano judicial principal de la Naciones Unidas". De tal forma, que la declaratoria de competencia del órgano principal del Sistema de las Naciones Unidas deja muy poco margen de maniobra y de interpretación para los estados partes que están en un proceso judicial, según los siguientes términos:

"Articulo 94

1. Cada Miembro de las Naciones Unidas compromete a cumplir la decisión de la Corte Internacional de Justicia en todo litigio en que sea parte.

2. Si una de las partes en un litigio dejare de cumplir las obligaciones que le imponga un fallo de la Corte, la otra parte podrá recurrir al Consejo de Seguridad, el cual podrá, si lo cree necesario, hacer recomendaciones o dictar medidas con el objeto de que se lleve a efecto la ejecución del fallo."

Venezuela nunca había reconocido la jurisdicción de forma expresa a la Corte Internacional de Justicia, probablemente basado en ese atávico resquemor y desconfianza por los laudos arbitrales del siglo XIX que transformaron la territorialidad y la conciencia nacional sobre la injerencia extranjera. Sin embargo, Venezuela siempre ha sido un defensor de la Corte y su labor internacional, la cual ha sido reconocida por la comunidad internacional con la elección de dos magistrados en su seno, los Doctores Andrés Aguilar Madwsley y Gonzalo Parra Aranguren.

La no comparecencia absoluta en un caso ante la Corte es un hecho muy poco. Como señala el tratadista Juan José Quintana: "ante la actual Corte esto solo se ha registrado con respecto a Islandia en los asuntos Fisheries Jurisdiction, Francia en Nuclear Tests, India en Pakistani POW, Turquía en Aegean Sea e Irán en el asunto US Hostages."[26]

Asimismo, es importante recordar que las decisiones de la Corte Internacional de Justicia son inapelables. La decisión tiene un efecto vinculante entre las partes y su ejecución es

---

[26]   Quinta Aranguren, Juan José. *Diccionario Jurídico de la Corte Internacional de Justicia*. Colección Derecho Internacional. Editorial Tirant Lo Blanch. Bogotá 2021.

obligatoria. En la historia de las decisiones de la Corte, todas las decisiones se han cumplido o al menos su ejecución se ha producido a través de otro tipo de decisiones complementarias. En algunos casos, como el Canal de Corfu o el Oro Monetario, el cumplimiento pudo tardarse hasta cuarenta años; en el caso del Templo Preah Vihear fue un largo tiempo, pero el área objeto de la disputa fue devuelta a Cambodia por parte de Tailandia. Quizás el más discutible tiene que ver con el caso de los Diplomáticos y personal consular de los Estados Unidos en Teherán, que, aunque la sentencia no se cumplió, el Acuerdo de Algiers de 1981 tuvo el mismo efecto de la sentencia.[27] Algo similar ocurrió con el caso de Nicaragua-Estados Unidos.

Por todo lo anterior, es muy difícil sostener en el campo del derecho y el cumplimiento de la normativa internacional de un país miembro de la comunidad internacional, que una decisión que se pronuncie en su contra, no se acate y cumpla. Quizás pueda demorarse, dilatarse o establecer procedimientos extra convencionales para evadir el cumplimiento especifico de la decisión, pero una vez que se dicta será de obligatorio acatamiento para las partes. La decisión que dicte la Corte Internacional de Justicia deberá ser acatada por Guyana y Venezuela, así como por el resto de la comunidad internacional, independientemente del resultado o de su participación.

Por otro lado, la no comparecencia de Venezuela en el caso conlleva una serie de problemas de carácter procesal, que hace difícil la defensa de los intereses nacionales. Uno de los más evidentes, tiene que ver con la designación de un juez *ad hoc*, como si realizó Guyana con la Profesora Hilary Gharlesworth de nacionalidad australiana.

El Estatuto de la Corte establece la figura de los jueces *ad hoc* de la siguiente forma:

"*31.3. Si la Corte no incluyere entre los magistrados del conocimiento ningún magistrado de la nacionalidad de las partes, cada una de éstas podrá designar uno de acuerdo con el párrafo 2 de este Artículo.*"

Esta ausencia de una voz en el marco de la discusión, a mi juicio, es una perdida de gran magnitud para el estado que no se presenta ante la Corte en el caso. En este caso, sería de gran importancia la voz de un profesional del sistema jurídico distinto al que defiende el common law o el derecho anglosajón. La escogencia de la jueza ad hoc por parte de Guyana de nacionalidad australiana, refuerza el vinculo entre los países que forman parte de la corona británica o que ya no forman pero que se encuentran reunidos en la Commonwealth. Con la no comparecencia en el caso Venezuela perdió una voz clave para explicar su posición histórica y nacional.

2.   *La fecha critica para conocer el caso*

La Corte una vez determinada la competencia para conocer del caso, realiza la determinación del alcance de la misma. En este caso de vital importancia por la diferencia de interpretaciones que las dos partes tienen sobre el fondo del caso.

En primer lugar, la Corte determina el objeto de controversia de la siguiente forma:

"*130. Esta interpretación está conforme con el objeto y el fin del Acuerdo de Ginebra, que buscaba, como lo indican su índice y el preámbulo, garantizar una solución definitiva del diferendo entre el Reino Unido y Venezuela relativo a la frontera entre este último y Guayana*

---

27   Zimmermann, Andreas; Tomuschat, Christian; Oellers-Frahm, Karin; J. Tams, Christian. *The Statute of the International Court of Justice. A Commentary.* Second Edition Edited by Pagina 349. Oxford, 2012.

Británica (ver párrafos 64 a 66 y 73). En efecto, no sería posible resolver de forma definitiva el diferendo fronterizo que enfrenta a las Partes si no se define primero la validez de la sentencia de 1899 relativa a la frontera entre Guayana Británica y Venezuela."

Mas adelante agrega la Corte:

"135. La Corte, en consecuencia, concluye que las pretensiones de Guyana relativas a la validez de la sentencia de 1899 relativa a la frontera entre la Guayana Británica y Venezuela, así como la cuestión conexa de la solución definitiva del diferendo concerniente a la frontera terrestre entre Guyana y Venezuela son objeto del diferendo que las Partes convinieron solucionar por medio del mecanismo previsto en los artículos I a IV del Acuerdo de Ginebra, específicamente el párrafo 2 del artículo IV, y que, la Corte es competente, ratione materiae, para conocer del caso".

Esta interpretación de la Corte se apartó de los argumentos presentados por el Gobierno de Venezuela en su memorándum antes mencionado. La Corte lo refuta de la siguiente manera[28]:

"134. La Corte observa que el argumento de Venezuela según el cual el acuerdo de Ginebra no incluye lo relativo a la validez de la sentencia de 1899, se contradice con la alocución pronunciada por el ministro venezolano de relaciones exteriores ante el Congreso Nacional poco después de la adopción del acuerdo."

A mi juicio, la Corte indica al alegato presentado por Venezuela la falta de consistencia con su propia posición nacional, que nos referimos anteriormente donde la vía judicial era la solución definitiva si fallaba la negociación.

A tenor siguiente, la Corte se plantea la jurisdicción *ratione temporis*, donde desarrolla un argumento lógico impecable, que fue apoyado de forma unánime por todos los magistrados. La redacción de la Corte es en estos términos:

"En consecuencia, la competencia de la Corte está limitada, ratione temporis, a las demandas que las Partes hayan podido formular para la fecha del Acuerdo de Ginebra, es decir el 17 de febrero de 1966. Esto es, que las pretensiones de Guyana fundadas en hechos ocurridos con posterioridad a esta fecha no entran en el campo de la competencia ratione temporis de la Corte.

137. De acuerdo con lo anterior, la Corte concluye que es competente para conocer de las pretensiones de Guyana relativas a la validez de la sentencia de 1899 sobre la frontera entre la Guayana Británica y Venezuela, así como de la cuestión conexa de la solución definitiva del diferendo concerniente a la frontera terrestre entre los territorios respectivos de las Partes."

La definición de la Corte en el área de la jurisdiccional temporal, se ha definido en el ámbito del derecho internacional como la fecha crítica, la cual es de gran importancia en los

---

28   Párrafo completo de la Sentencia: "134. La Corte observa que el argumento de Venezuela según el cual el acuerdo de Ginebra no incluye lo relativo a la validez de la sentencia de 1899, se contradice con la alocución pronunciada por el ministro venezolano de relaciones exteriores ante el Congreso Nacional poco después de la adopción del acuerdo. El ministro indicó específicamente que "suponiendo que la sentencia de 1899 sea declarada nula, que se realice de común acuerdo entre las Partes o por una decisión proferida por una autoridad internacional competente designada de común acuerdo, la cuestión se plantearía nuevamente en los términos iniciales". Esto confirma que las Partes del Acuerdo de Ginebra consideraban que la cuestión de la validez de la sentencia de 1899 se encontraba en el meollo del diferendo a resolver de acuerdo con el párrafo 2 del artículo IV de ese instrumento, en aras de lograr una solución definitiva de la cuestión de la frontera terrestre entre Guyana y Venezuela.

temas relativos a la definición de la territorialidad. La Corte explica la naturaleza de esta fecha critica en su sentencia El derecho de paso sobre territorio indio (Portugal-India, Sovereignty over Pedra Branca/Pulau Batu Puteh Case), en los siguientes términos:

> *"la fecha critica sirve para "...distinguir ... entre los actos que deben tenerse en cuenta a los efectos de establecer o determinar la soberanía y los actos que se produzcan después de esa fecha" (párr. 32)"*[29].

Esta determinación de la fecha del 17 febrero de 1966, cuando se firmó el Acuerdo de Ginebra, puede tener un impacto gigantesco en el desarrollo final de la decisión de la Corte. Esta determinación temporal determinará la evolución de los argumentos que Venezuela debería presentar y en el desarrollo de toda la argumentación del caso. La decisión de la Corte deja claro que todo lo que sucedió a partir del 18 de febrero de 1966 no es competencia del caso y por lo tanto no puede ser tomado en consideración para la decisión final del litigio. Un elemento que llama la atención de esta decisión de la Corte fue que la misma fue tomada por unanimidad. Es decir, que ninguno de los 15 magistrados designados por la Organización de las Naciones Unidas y la 16 magistrada *ad hoc* designada por Guyana coincidieron en esta decisión.

La definición de fecha critica ha sido definida de manera relativamente pacifica en la práctica internacional, especialmente de la jurisprudencia de la Corte. Sin embargo, la forma como los estados han pretendido utilizar la institución en cada caso práctico, representa un desafío clave para el caso del Esequibo. Algunos de los problemas que se plantea tienen que ver con la consideración de la fecha crítica como un elemento meramente procesal o como un argumento de fondo para estructurar la decisión del caso.

Luis Ignacio Sánchez Rodríguez, cita al reconocido Juez británico Gerald Gray Fitzmaurice, para argumentar de la siguiente forma: "...se trata de enfocar, de precisar la controversia en el tiempo (en su tesis del «focus»), dado que el establecimiento de la soberanía sobre un determinado territorio implica una serie de actos, planteando el problema subsiguiente de qué actos son relevantes y cuáles no para adquirir un título válido y definitivo"[30]

En el caso Minquiers and Ecrehos entre Francia y el Reino Unido, la Corte Internacional de Justicia realizó algunas determinaciones sobre la naturaleza de esta institución, de la siguiente forma:

> "Consecuentemente, en principios los eventos posteriores (a la fecha critica) no tienen impacto en el poder de la Corte para analizar los méritos de la causa"[31].

---

[29] Kohen, Marcelo G. Hébié, Mamadou. Territory, Acquisition. Max Planck Encyclopedias of International Law [MPIL]. Article last updated: March 2011.

[30] Sánchez Rodríguez, Luis Ignacio. El problema de la fecha critica en los litigios relativos a la Atribución de la soberanía territorial del estado. *Anuario Español de Derecho Internacional* - 1977/78 - Vol. IV

[31] "The 'critical date' for determining the admissibility of an application is the date on which it is filed. Consequently, in principle later events have no impact on the power of the Court to entertain the merits of a case. However, under specific circumstances it may appear exceedingly formalistic to dismiss an application on procedural grounds, in particular if shortly after the filing of the application the defects were cured or where immediately afterwards the applicant could again institute proceedings against the respondent." Vaughan Lowe, Antonios Tzanakopoulos. Minquiers and Ecrehos Case. Max Planck Encyclopedias of International Law [MPIL]. Encyclopedia entries Article last updated: December 2008

De esta manera la Corte cierra la interpretación de la fecha critica, dejando a un lado cualquier consideración desde el punto de vista procedimental, tanto para admisión de pruebas o evidencias, pero también para considerar el fondo de los acontecimientos que pudieron presentarse después de esta fecha. En este sentido, por ejemplo, el caso entre Portugal y la India, "El derecho de paso sobre territorio indio", abre líneas de interpretación sobre estos elementos y la idea de posesión colonial.

La estrategia litigiosa que se genera a partir de una fecha critica que comienza el 18 de febrero de 1966 incluye una gran cantidad de elementos. Sin embargo, el mas importante de ellos se refiere a que el territorio Esequibo estaba en manos del Reino Unido y la Guayana Británica no había alcanzado su independencia. Por ello sería imperioso replantearse el caso a través de la participación en el caso del Reino Unido de la Gran Bretaña, quien fue el estado que firmó el Acuerdo de Ginebra, ya que la Guayana Británica no era un sujeto de derecho y alcanzó su independencia algunos meses tarde que la fecha aprobada por la Corte.

Consecuentemente, se hace necesario evaluar acciones más audaces, como la comparecencia del Reino Unido en el proceso, bien como parte interesada o una reconvención por parte de Venezuela.

III. DETERMINAR LA EXISTENCIA DE UNA CONTROVERSIA ENTRE EL REINO UNIDO Y LA REPÚBLICA DE VENEZUELA

Uno de los aspectos más interesantes de la decisión de la Corte Internacional de Justicia, tiene que ver con la interpretación que otorgó al Acuerdo de Ginebra. De esta manera y quizás sin proponérselo la Corte finalizó mas de 50 años de debate sobre la naturaleza del Acuerdo, sobre su alcance y su efectividad para la solución de la controversia territorial.

La Corte explica ampliamente las diferentes posiciones y las eventuales "posiciones de Venezuela en relación con la controversia". En su decisión se explica lo siguiente:

"En consecuencia, la Corte considera que la "controversia" que las partes acordaron resolver a través del mecanismo establecido en el Acuerdo de Ginebra se refiere a la cuestión de la validez del Laudo de 1899, así como a sus implicaciones jurídicas para la línea limítrofe entre Guyana y Venezuela".

Los amplios debates que se dieron en el proceso de negociación entre el Gobierno Venezolano y el Gobierno Británico, donde se pretendía mostrar que el Acuerdo de Ginebra era solo un documento de compromiso para ganar tiempo por parte la potencia colonial, parecen haber llegado a una conclusión. La Corte deja clara la existencia de una controversia, al que da origen a todo el problema para fijar la frontera entre esos dos países. Y una sentencia de un tribunal arbitral debería ser solucionada a través de un mecanismo de carácter judicial.

La línea de interpretación jurídica es bastante clara a nuestro criterio. ¿Cómo podría derogarse un Laudo Arbitral establecido por dos sujetos de derecho internacional que no están directamente involucrados en la negociación? O, en otras palabras, podrían Venezuela y Guyana derogar un tratado fruto de un acuerdo arbitral firmado por el Reino Unido y Estados Unidos.

En su argumentación, la Corte registra a lo largo del periodo de negociaciones entre Venezuela y el Reino Unido el cambio de posición de este último, con las siguientes palabras:

"La Corte observa igualmente que, en la celebración e implementación del Acuerdo de Ginebra, las Partes expresaron opiniones diferentes sobre la validez del Laudo de 1899 dictado por el tribunal y las implicaciones de esta cuestión para su frontera. Así, el artículo I del Acuerdo de Ginebra define el mandato de la Comisión Mixta como la búsqueda de soluciones satisfactorias para la solución práctica de "la controversia entre Venezuela y el Reino

Unido que ha surgido como resultado del alegato venezolano de que el Laudo Arbitral de 1899 sobre la frontera entre la Guayana Británica y Venezuela es nulo y carece de valor". El Reino Unido se opuso sistemáticamente a esa posición en el período comprendido entre 1962 y la adopción del Acuerdo de Ginebra, el 17 de febrero de 1966, y posteriormente por Guyana después de que pasó a ser parte del Acuerdo de Ginebra tras su independencia, de conformidad con el artículo VIII del mismo.

65. Como consecuencia, en opinión de la Corte, el objeto del Acuerdo de Ginebra era buscar una solución a la disputa fronteriza entre las partes que se originó en sus puntos de vista opuestos en cuanto a la validez del Laudo de 1899. Esto también lo indica el título del Acuerdo de Ginebra, que es Acuerdo para resolver la controversia entre Venezuela y el Reino Unido de Gran Bretaña e Irlanda del Norte sobre la frontera entre Venezuela y Guayana Británica, y de la redacción del último párrafo de su preámbulo. La misma idea está implícita en el párrafo 1 del artículo V del Acuerdo de Ginebra."

En este sentido, la Corte registra el cambio de opinión británico hasta la firma del Acuerdo de Ginebra y deja claro que luego esa posición será sostenida por Guyana. La idea de revisar la sentencia sería en principio un éxito de la estrategia venezolana. Luego de esa decisión podrían abrirse diferentes caminos para el establecimiento de un nuevo mecanismo, quizás basado en la oferta del Secretario General de la ONU para la negociación directa de una línea fronteriza basado en los argumentos históricos que las partes podrían presentar.

En todo caso, la idea del Gobierno encabezado por Nicolás Maduro, expresado en diversas comunicaciones, sobre la incompetencia de la Corte para entrar a conocer sobre la validez del Laudo de 1899 podría llevar a una contradicción sobre las formas y procesos adelantados por Venezuela en las últimas décadas. Y las inconsistencias en el derecho internacional suelen tener un costo muy alto.

Las graves circunstancias políticas que azotan a Venezuela no pueden convertirse en el sino del siglo XIX que castiga nuevamente al país. Se impone una visión moderna y profesional de las relaciones internacionales, basada en el respeto a las normas internacionales y a los mecanismos establecidos en la Carta de la ONU para la solución de la controversia.

A MANERA DE CONCLUSIÓN

El presente artículo tiene por objetivo ajustar la perspectiva de análisis del caso sobre el Esequibo en Venezuela. En esta fase del proceso, donde se activaron los mecanismos jurisdiccionales, es necesario que las personas responsables de dirigir la política exterior y la sociedad civil, en especial la comunidad académica, puedan comprender la etapa histórica en la que nos encontramos.

Por ello quisiéramos terminar el presente escrito con los siguientes elementos:

1. Venezuela esta litigando su frontera más disputada en la más alta corte internacional. Las decisiones de este tribunal no tienen apelación y su cumplimiento es un hecho indiscutible en la comunidad internacional.

2. La vía judicial ante la Corte Internacional de Justicia era parte de la estrategia de los negociadores venezolanos en los años sesenta del siglo XX.

3. La no comparecencia en la Corte Internacional de Justicia no beneficia a quien la utiliza. Las partes que han utilizado esta táctica en el proceso han terminado acudiendo o expresando sus opiniones por estas vías. La no comparecencia imposibilita la defensa de la posición nacional a través de la presentación de evidencia en el proceso y la designación de un juez ad-hoc en la causa.

BIBLIOGRAFÍA

Abello-Galvis, Ricardo; Arévalo-Ramírez, Walter; Villamizar-Lamus, Fernando; Abello-Laurent, Bruno. Anuario Colombiano de Derecho Internacional ACDI, Bogotá, ISSN: 2027-1131/ISSNe: 2145-4493, Vol. 14, 2021.

Faundez L. Héctor. *La Competencia de la Corte Internacional de Justicia y el Caso Guyana Contra Venezuela*. Colección Estudios No. 1126. Academia de Ciencias Políticas y Sociales. Editorial Jurídica Venezolana Internacional. Caracas 2020.

González Oropeza, Hermann. y Donis Ríos, Manuel. *Historia de las fronteras de Venezuela*. Cuadernos Lagoven. Lagoven, S.A. Caracas 1989. 180 p.

Quinta Aranguren, Juan José. *Diccionario Jurídico de la Corte Internacional de Justicia*. Colección Derecho Internacional. Editorial Tirant Lo Blanch. Bogotá 2021.

Kohen, Marcelo G. Hébié, Mamadou. Territory, Acquisition. Max Planck Encyclopedias of International Law [MPIL]. Article last updated: March 2011.

Sánchez Rodríguez, Luis Ignacio. "El problema de la fecha crítica en los litigios relativos a la Atribución de la soberanía territorial del estado". *Anuario Español de Derecho Internacional* - 1977/78 - Vol. IV.

Vaughan Lowe, Antonios Tzanakopoulos. Minquiers and Ecrehos Case. Max Planck Encyclopedias of International Law [MPIL]. Encyclopedia entries Article last updated: December 2008.

Zimmermann, Andreas; Tomuschat, Christian; Oellers-Frahm, Karin; J. Tams, Christian. *The Statute of the International Court of Justice. A Commentary*. Second Edition. Oxford University Press, 2012.

El debilitamiento de la democracia en Venezuela: El caso Afiuni˙

Alexandra Álvarez Muro

Profesora de la Universidad de Los Andes (Venezuela)

Resumen: *En este trabajo analizamos dos eventos discursivos donde el presidente Chávez informa que ha mandado a encarcelar a una juez, y pide para ella la condena máxima, por haber incumplido sus deseos de mantener en prisión a un banquero. Con esta incursión en las atribuciones de la judicatura, el presidente debilita el principio de separación de poderes propio del sistema democrático (Brewer Carías 2012). Partiendo de la noción de contexto de van Dijk (2008), se emplea para el análisis la lingüística forense de Shuy (2013) de base etnográfica. Se describe la situación comunicativa global, descendiendo del evento comunicativo hasta llegar a las unidades menores del lenguaje. El evento comunicativo descrito corresponde a un modelo de gobierno autoritario. Se observaron dos participantes: el poder ejecutivo, representado por el presidente y sus acompañantes y el auditorio, representado por los presentes en la sala y el país que recibe la transmisión por televisión y radio. El primero tiene un poder absoluto, que se muestra en las características discursivas que estudiamos en este trabajo. El segundo es dominado por el primero, tanto así que la Presidente del Tribunal Supremo de Justicia no está en el podio, sino se encuentra en la sala y forma parte del auditorio. Se observa, en todos los niveles del lenguaje, la manera cómo el discurso se corresponde con una forma autoritaria de gobierno.*

Palabras Clave: *Lingüística forense, análisis del discurso, afectividad, discurso autoritario, separación de poderes.*

Abstract: *This study analyses two speech events where President Chávez informs that he has incarcerated a judge. He demands the maximum penalty, because she has unfulfilled his desire of maintaining a banker in prison. With this incursion into the judiciary, the president weakens the democratic principle of separation of powers (Brewer Carías 2012). I follow van Dijk (2008) in his notion of context and Shuy's (2013) forensic linguistics, with an ethnographic base, and descending from the speech event to minor language unities. There are two participants: the executive formed by the president and his companions at the table. A compliant wide auditorium represented by the hearers present in the room -including the President of the Supreme Judiciary Court- and the country at large, who receives the message by radio and television. The first has absolute power, shown by the discursive features found in this study. The second is dominated by the first; in fact, the President of the Supreme Court of Justice is not on the podium but is part of the auditorium. The discursive fea-*

˙ Este artículo fue publicado anteriormente en Discurso & Sociedad 2010. ISSN 1887-4606 Vol. 4(2) 207-233, www.dissoc.org. Asimismo, en portugués, como "O enfraquecimento da democracia na Venezuela: o caso Afiuni", 2019. Traducido por Karina de Mello Arantes, Estudos Semióticos ISSN 1980-4016 vol. 15, n. 1 p. 64 –97.

tures show the power of the president, who dominates the rest of the powers. The discourse of the president evidences an authoritative form of government.

Key words: *Forensic linguistics, discourse analysis, affect, authoritarian discourse, separation of powers.*

C'est une expérience éternelle que tout homme qui a du pouvoir est porté à en abuser; il va jusqu'à ce qu'il trouve des limites.

Montesquieu: *L'Esprit des Lois*

SUMARIO

I.   INTRODUCCIÓN

II.   LA SITUACIÓN CONTROVERTIDA

III. IMPLICACIONES PARA LA REPUBLICA

IV.   METODOLOGÍA

V.   LOS CONCEPTOS

VI.   EL CORPUS

      1. *Análisis.*

VII. LOS EVENTOS COMUNICATIVOS

VIII. LOS ESQUEMAS

IX.   LAS AGENDAS CONVERSACIONALES

X.   LOS ACTOS DE HABLA

XI.   LAS ESTRATEGIAS

      1. *Estrategias del hablante.* 2. *Estrategias del auditorio.*

CONCLUSIONES

I.   INTRODUCCIÓN

La democracia se ha ido debilitando en Venezuela desde el punto de vista jurídico, como lo muestran estudios como el de Brewer Carías (2012) donde se describe el desvanecimiento paulatino de los límites entre los poderes del estado. Esa misma confusión se ha visto en los hechos, como el que nos ocupa en este trabajo, en la condena de la juez Afiuni por el presidente Hugo Chávez Frías a través de dos cadenas televisivas.

En este trabajo analizamos, desde la lingüística forense y con una visión etnográfica, dos eventos comunicativos: el del 11 de diciembre de 2009, cuando el mandatario se dirige al país al día siguiente de haber mandado a encarcelar a la juez, exige dureza contra ella y ordena que se le aplique la pena máxima de treinta años de prisión. Asimismo, el del 21 de diciembre del mismo año, cuando el presidente reitera la condena a Afiuni.

Se estudian los elementos discursivos empleados por el presidente para ejercer su poder; se describe y analiza los eventos desde las unidades mayores hasta las más pequeñas del lenguaje, con el fin de observar cómo se construye discursivamente la denuncia, acusación y condena de la juez. Se observa cómo en todos los niveles discursivos se evidencia el discurso autoritario, propio de una dictadura.

II.   LA SITUACIÓN CONTROVERTIDA

Un presidente condena a una juez en cadena de radio y televisión. Desde el punto de vista político, hay una violación del principio republicano de la separación de poderes, pues el ejecutivo ha dado una orden que corresponde al poder judicial. Brewer Carías, en 2012 reseña el hecho así:

En diciembre de 2009 tuvo lugar otro asombroso caso, que fue la detención policial arbitraria de una juez penal (María Lourdes Afiuni Mora) por habérsele ocurrido ordenar, conforme a sus atribuciones y siguiendo las recomendaciones del Grupo de Trabajo de las Naciones Unidas sobre Detenciones Arbitrarias, la excarcelación de un individuo investigado por delitos financieros a los efectos de que fuese enjuiciado en libertad como lo garantiza la Constitución. El mismo día de la decisión, el Presidente de la Republica pidió públicamente la detención de la juez, exigiendo que se le aplicara la pena máxima de 30 años establecida en Venezuela para crímenes horrendos y graves. La juez fue efectivamente detenida por la policía ese mismo día, y todavía permanece en detención, sin que se haya desarrollado juicio efectivo alguno contra ella[1]. El mismo Grupo de Expertos de Naciones Unidas consideró estos hechos como "un golpe del Presidente Hugo Chávez contra la independencia de los jueces y abogados" solicitando la "inmediata liberación de la juez" concluyendo que "las represalias ejercidas sobre jueces y abogados por el ejercicio de sus funciones garantizadas constitucionalmente creando un clima de temor, solo sirve para minar el Estado de derecho y obstruir la justicia" (Brewer Carías 2012: 15).

María Lourdes Afiuni, juez titular de la República Bolivariana de Venezuela fue privada de libertad el 10 de diciembre de 2009 por emitir una boleta de excarcelación a nombre del banquero Eligio Cedeño[2]. Cedeño llevaba dos años y ocho meses en detención preventiva. En Venezuela, según el artículo 244 del Código Orgánico Procesal Penal de 2001, vigente en ese momento, nadie puede ser privado de libertad por más de dos años, o la pena mínima para el delito que se le imputa[3]. Asimismo, había una resolución del Grupo de Trabajo contra Detenciones Arbitrarias de la ONU que exigía la liberación del banquero. Los abogados de Cedeño solicitan una revisión de la medida de prisión por una menos gravosa (Brewer Carías 2014).

La juez revisa el expediente y verifica que existe la resolución de la ONU que dictamina que la privación de libertad de Cedeño es arbitraria. De acuerdo con el artículo 264 del Código Orgánico Procesal Penal, un juez puede revisar una medida (cautelar o de privación preventiva de libertad, como la que tenía Cedeño) cuando lo estime conveniente y le otorga la excarcelación al banquero con obligación de presentarse ante el tribunal cada quince días, y prohibición de salida del país. Cuando la juez sale a su despacho con los alguaciles, se firma el acta de diferimiento, y se generan las boletas de excarcelación[4]. Quince minutos más tarde

---

[1]   Afiuni obtuvo libertad condicional en 2013 con prohibición de ejercer la profesión.

[2]   Los datos se toman de las declaraciones de José Amalio Graterol abogado de la juez Afiuni disponibles en YouTube. Se trata de una serie de videos donde está presente la juez, a quien le está vedado hablar en público, y su abogado quien se expresa por ella. Los videos se titulan "María Lourdes Afiuni". Aquí nos referimos específicamente a los siguientes: https:// youtu.be/V6nS3tBJkuc y https://youtu.be/FUaVMW-OTZM y https://youtu.be/0AVEuvEf-iM.

[3]   Artículo 244. Proporcionalidad. No se podrá ordenar una medida de coerción personal cuando ésta aparezca desproporcionada en relación con la gravedad del delito, las circunstancias de su comisión y la sanción probable. En ningún caso podrá sobrepasar la pena mínima prevista para cada delito, ni exceder del plazo de dos años

[4]   La información se toma de a serie de videos titulados "María Lourdes Afiuni" en YouTube, citados en la Metodología.

queda detenida (*cf.* Vinogradoff 2010). Mientras tanto, Cedeño pasa a la clandestinidad y huye del país una semana después[5].

El 12 de diciembre presentan a Afiuni al tribunal 50 de control del área metropolitana de Caracas a cargo de una suplente. Los diputados y la Fiscal General de la República declaran que no había boleta de excarcelación, que la juez había sacado a Cedeño por la puerta de atrás de la sala de audiencias y lo había metido en el ascensor privado de los jueces.

Explica el abogado de Afiuni, José Amalio Graterol, que en el Palacio de Justicia ni hay puerta de atrás, ni hay ascensor privado[6].

El 11 de diciembre de 2009, el presidente Hugo Chávez pide, en cadena nacional de radio y televisión, 30 años de prisión, la pena máxima en Venezuela, para la juez Afiuni. Dice que la juez es "una bandida", violentando la presunción de inocencia y el debido proceso. Se viola la separación de poderes, pues el presidente es el jefe del ejecutivo nacional, no del poder judicial. Chávez exige dureza para la jueza y agrega que, si estuviéramos en otra época, Bolívar la habría pasado por las armas. El 21 de de diciembre, diez días después de la primera cadena, Chávez habla nuevamente al país. En esta ocasión reitera la condena a la juez Afiuni y la amenaza a los jueces que se presente para ese tipo de "vagabunderías". Pide nuevamente la pena máxima e, incluso, una pena mayor que no existe en la legislación.

A María Lourdes Afiuni se la conoce como "La presa del comandante[7]". Se la aisló en establecimientos de la policía y luego se la envió al Instituto Nacional de Orientación Femenina (INOF), la cárcel de mujeres de Los Teques, a veinte minutos de Caracas. Habiendo sido ella la juez que había condenado a muchas reclusas, se vio sometida a torturas físicas y morales (*cf.* Olivares 2012). No se la juzgó debidamente en ese momento y su juicio real no ha concluido hasta el día de hoy. En 2013 se le otorgó libertad condicional, como lo solicitó la fiscal Luisa Ortega Díaz. La medida otorgada es libertad con régimen de presentación cada 15 días ante el Tribunal, prohibición de salida del país, de hablar a los medios de comunicación nacionales e internacionales sobre el caso y escribir en las redes sociales. Con ello se retiró a más de 16 efectivos de la Guardia Nacional que la custodiaban en su domicilio.

III.   IMPLICACIONES PARA LA REPÚBLICA

La revolución bolivariana realizó cambios sustanciales en la Constitución venezolana original de 1999, tales como la prolongación del mandato presidencial y la prevalencia del poder ejecutivo sobre los demás poderes. El socialismo chavista se sostiene en la legitimidad de su origen, es decir, en las elecciones, aunque la democracia demanda también la legitimidad de ejercicio. En efecto, el modelo democrático sostiene que la legitimidad procede no solo del origen, sino que tiene como principio supremo la separación de poderes y la representatividad del gobierno, esto es, en la obligación de dar cuenta de sus actos a quienes lo han elegido; además, claro está, en el respeto a los derechos humanos. Durante el gobierno de Chávez, el poder ejecutivo se hizo cada vez más fuerte y fue usurpando las funciones de los demás poderes.

Brewer Carías (2012: 2) explica que el principio de la separación de poderes, como base del constitucionalismo en Venezuela, se remonta a los inicios de la independencia, cuando la

---

[5]   Entrevista de Nelson Bocaranda a Eligio Cedeño https://www.youtube.com/watch?v=uT2Ascs3iLE (minuto 6).

[6]   *Cf.* Video "María Lourdes Afiuni, la presa del régimen", primera entrega, disponible en YouTube. https://www.youtube.com/watch?v=V6nS3tBJkuc&t=407s

[7]   Es el título del libro de Francisco Olivares

Constitución Federal de los Estados de Venezuela del 21 de diciembre de 1811 lo adopta e indica en su preámbulo que "el Poder Supremo debe estar dividido en Legislativo, Ejecutivo y Judicial, y confiado a distintos Cuerpos independientes entre sí y en sus respectivas facultades". Asimismo, en el artículo 189 de ese texto, se insiste en la necesidad de mantener los poderes "tan separados e independientes el uno del otro cuanto lo exija la naturaleza de un gobierno libre". Señala el jurista que la separación de poderes surge de la afirmación de Montesquieu en *L'Esprit des Lois*: "Es una experiencia eterna que todo hombre que tiene poder, tiende a abusar de él; y lo hace, hasta que encuentra límites" (De l'Esprit del Lois, ed. G. Tunc, Paris 1949, Vol. I, Libro XI, Cap IV, 162-163, en Brewer Carías 2012: 2; traducción del autor).

El principio de la separación de poderes es, según Brewer Carías (2012:7), uno de los pilares fundamentales del constitucionalismo moderno. También la Carta Interamericana de Derechos Humanos aprobada en 2001 en su Artículo 3 lo enumera como uno de los principios esenciales de la democracia (OEA 2003:5). Sin embargo, en el sistema venezolano el principio se entiende, en primer lugar, como una separación orgánica entre los elementos de cada rama del Poder Público y, en segundo lugar, como una asignación de funciones propias a cada uno de dichos órganos, pero nunca como una separación de funciones atribuidas con carácter exclusivo a los diversos órganos (Brewer Carías 2012).

De ahí que la Sala Constitucional haya considerado que el principio "no es un principio ideológico, propio de la democracia liberal, sino un principio técnico del cual depende la vigencia de la seguridad jurídica". La separación de poderes se convierte de ese modo de principio ideológico en principio instrumental, con lo cual se olvida su valor como principio de la ideología de la democracia liberal, esencial para la existencia de la propia democracia y la libertad y se reduce, de principio fundamental, a un simple instrumento organizativo (Brewer Carías 2012).

La Asociación de la Barra Americana de Abogados del Centro de Derechos Humanos (ABA) concluye, en 2013, no solamente que la condena de la juez Afiuni fue una represalia por haber tomado una decisión contraria a los intereses de altos funcionarios del gobierno, sino que este proceder atenta contra la independencia judicial en Venezuela por el efecto intimidatorio que produce y socava el estado de derecho (ABA 2013:30).

El abogado de Afiuni, José Amalio Graterol habla del "efecto Afiuni"[8] en el poder judicial pues, en su opinión, someter al poder judicial con la orden contra Afiuni logra mantener un miedo insuperable en los jueces para que no decidan según la ley y su conciencia sino según órdenes emitidas desde el poder ejecutivo. Según Brewer Carías (2012:15) "en Venezuela ningún juez puede adoptar una decisión que pueda afectar las políticas gubernamentales, los deseos del Presidente, los intereses del Estado o la voluntad de los funcionarios públicos". Ralenis Tovar, exjueza del Área Metropolitana de Caracas, aseguró que firmó la orden de aprehensión contra Leopoldo López en febrero de 2014 fue para evitar "convertirse en una segunda jueza Afiuni"[9].

El caso Afiuni tiene evidentes visos de inconstitucionalidad. El presidente no podía con o sin habilitante[10] ordenar la detención de la juez. No se respetó el debido proceso, consagra-

---

[8]   https://youtu.be/0AVEuvEf-iM

[9]   *Cf.*http://contrapunto.com/mobile/noticia/ralenis-tovar-firme-orden-de-aprehension-de-lopez-para-no-ser-la-proxima-jueza-afiuni-165408/

[10] La tercera habilitante había sido solicitada en 2007 con duración de 18 meses. Consta en la Gaceta oficial 38617 del 1 de febrero de 2007

do en el artículo 49 de la Constitución de la República Bolivariana de Venezuela[11]. Actualmente, la juez Afiuni es sometida a un juicio que avanza sin que la acusada esté presente, pues el artículo 327 del nuevo Código Orgánico Procesal Penal de 2012 lo permite[12]. Esa decisión fue aprobada por Chávez mediante una Ley Habilitante promulgada en 2012, que debía servir para ayudar a los damnificados de las lluvias.

IV. METODOLOGÍA

Nuestro acercamiento los dos eventos comunicativos en los que se condena a Afiuni es esencialmente etnográfico y, por lo tanto, cualitativo. Como analistas nos limitamos a observar los hechos desde el punto de vista del observador participante, sin hipótesis previas. Tratamos que las respuestas a las preguntas de investigación provengan del análisis. Una interrogante que se nos presenta es cómo se construye discursivamente la acusación y condena de la juez María Lourdes Afiuni. Asimismo, nos preguntamos cómo se relaciona el discurso del presidente con el desvanecimiento de los límites entre los poderes públicos y, por lo tanto, con el debilitamiento de la democracia en Venezuela.

V. LOS CONCEPTOS

Hymes (1974) propone, desde la etnografía de la comunicación, la idea de que el lenguaje debe estudiarse en un contexto amplio que incluya el contexto situacional y cultural. También para van Dijk (2008) los contextos son constructos subjetivos de los participantes, de modo que ellos mismos participante definen las situaciones comunicativas. De ahí que las situaciones influyan sobre el discurso a través de la interpretación de los participantes, por lo cual dependen de su conocimiento, sus opiniones y sus emociones. Los contextos son entonces modelos mentales que tienen que ver con la memoria episódica y autobiográfica. Estos modelos son esquemáticos, de manera que, sin estos esquemas y categorías, los participantes

---

[11] Agradezco al colega Dr. Ramón Escovar León esta precisión. El artículo 49 de la CRBV reza así: Artículo 49. El debido proceso se aplicará a todas las actuaciones judiciales y administrativas y, en consecuencia: 1. La defensa y la asistencia jurídica son derechos inviolables en todo estado y grado de la investigación y del proceso. Toda persona tiene derecho a ser notificada de los cargos por los cuales se le investiga, de acceder a las pruebas y de disponer del tiempo y de los medios adecuados para ejercer su defensa. Serán nulas las pruebas obtenidas mediante violación del debido proceso. Toda persona declarada culpable tiene derecho a recurrir del fallo, con las excepciones establecidas en esta Constitución y la ley. 2. Toda persona se presume inocente mientras no se pruebe lo contrario. 3. Toda persona tiene derecho a ser oída en cualquier clase de proceso, con las debidas garantías y dentro del plazo razonable determinado legalmente, por un tribunal competente, independiente e imparcial establecido con anterioridad. Quien no hable castellano o no pueda comunicarse de manera verbal, tiene derecho a un intérprete. 4. Toda persona tiene derecho a ser juzgada por sus jueces naturales en las jurisdicciones ordinarias, o especiales, con las garantías establecidas en esta Constitución y en la ley. Ninguna persona podrá ser sometida a juicio sin conocer la identidad de quien la juzga, ni podrá ser procesada por tribunales de excepción o por comisiones creadas para tal efecto. 5. Ninguna persona podrá ser obligada a confesarse culpable o declarar contra sí misma, su cónyuge, concubino o concubina, o pariente dentro del cuarto grado de consanguinidad y segundo de afinidad. La confesión solamente será válida si fuere hecha sin coacción de ninguna naturaleza. 6. Ninguna persona podrá ser sancionada por actos u omisiones que no fueren previstos como delitos, faltas o infracciones en leyes preexistentes. 7. Ninguna persona podrá ser sometida a juicio por los mismos hechos en virtud de los cuales hubiese sido juzgada anteriormente. 8. Toda persona podrá solicitar del Estado el restablecimiento o reparación de la situación jurídica lesionada por error judicial, retardo u omisión injustificados. Queda a salvo el derecho del o de la particular de exigir la responsabilidad personal del magistrado o magistrada, juez o jueza y del Estado, y de actuar contra éstos o éstas.

[12] Cf. Artículo 327 en http://www.mp.gob.ve/LEYES/CODIGO_OPP/index.html

no serían capaces de comprender las situaciones sociales complejas en tiempo real. Así, el contexto controla la producción y comprensión del discurso, de modo que los hablantes modulan apropiadamente el discurso en función de la situación comunicativa.

Shuy (2013) ha adaptado el acercamiento etnográfico a situaciones jurídicas, y toma en cuenta desde los elementos más amplios del habla, como el contexto situacional -en este caso el evento comunicativo del juicio-, hasta las unidades más pequeñas como las palabras, e incluso elementos de la entonación. Imagina una pirámide invertida que sitúa los elementos a considerarse en un continuo que va desde las unidades mayores, hasta las unidades más pequeñas del lenguaje. Pasa desde los eventos comunicativos, los esquemas, las agendas, las estrategias y los actos de habla, hasta las frases, las palabras y los sonidos, esbozando lo que el lingüista llama una "pirámide invertida" (Shuy 2013: 8).

Nuestro análisis toma en cuenta estos pasos, adaptándolos al corpus empleado, que no es el de un juicio como los que emprende Shuy, pero sí de un contexto jurídico. Es por ello que su enfoque nos parece útil para este trabajo.

1. *El evento comunicativo* es un concepto elaborado por Gumperz (1972) a partir del modelo de comunicación de Hymes (1964) que se define en términos de los participantes en la cultura, los *cultural insiders*. De acuerdo con Shuy (2013: 44), los eventos comunicativos son actividades humanas identificables, en las que la forma como se usa el lenguaje tiene un rol central en la definición del evento mismo.

2. *Los esquemas,* (Shuy 2013: 56), refieren a los planes mentales que sirven como guías para la acción y el pensamiento de un hablante. Los participantes traen conocimientos, actitudes, ideas, creencias y valores hacia la información adquirida recientemente. Estos esquemas pueden entenderse como representaciones sociales, esto es, como sistemas de valores, ideas y prácticas que sirven para establecer el orden social y facilitar la comunicación (Moscovici, 1973) El contexto cultural incide en la forma como los humanos interpretan su entorno físico y social (Potter y Wetherell 1987). Las representaciones sociales por lo tanto son sociales y nunca idiosincrásicas; si lo fueran, serían incomprensibles para otros (Sammut, Andreouli, Gaskell, y Valsiner 2015: 8).

3. *Las agendas conversacionales* refieren a los temas que introducen y reciclan, y a las respuestas a los temas introducidos por otros. Las agendas se relacionan, además, en el contexto del juicio, con tres conceptos que corroboran la intención del acusado de cometer un crimen: el compromiso, la voluntariedad y la intención.

4. *Los actos de habla* son enunciados, es decir, unidades de lenguaje en uso, que realizan una acción por el mismo hecho de proferirse. Se trata de las unidades mínimas de comunicación lingüística. Según Searle, "[...] la producción de la oración token bajo ciertas condiciones es el acto ilocucionario, y el acto ilocucionario es la unidad mínima de comunicación lingüística" (Searle 1965:2)[13]. Para que haya una comunicación lingüística tiene que haber una intención, pero, además, un comportamiento gobernado por reglas[14]. Los actos de habla

---

[13]   "To put this point more precisely, the production of the sentence token under certain conditions is the illocutionary act, and the illocutionary act is the minimal unit of linguistic communication" (Searle 1969:2)

[14]   Estas reglas son para Searle constitutivas, porque crean o definen una nueva forma de comportamiento. El autor las compara con las reglas del fútbol, fuera de las cuales, no hay fútbol. Son distintas a las reglas regulativas como, por ejemplo, las reglas de etiqueta, que regulan relaciones interpersonales que pueden existir independientemente de estas reglas (cf. Searle 1969: 3).

pueden clasificarse según su intención o finalidad; Searle (1969) distingue entre actos representativos o asertivos, directivos, compromisorios, expresivos y declarativos. Estos últimos, como se verá, son especialmente pertinentes para nuestro análisis.

Ynoub (2016) identifica, a partir de los verbos modales *hacer, ser, deber, querer, poder saber* distintas tipologías modales. Caracteriza los distintos actos de habla como modalizaciones o sobremodalizaciones del "hacer" factitivo de base. De este modo, caracteriza los actos representativos como *hacer-saber* y los compromisivos, como un *hacer-deber*. Por otra parte, considera la "orientación de la modalización" y distingue la orientación hacia el enunciatario, o "transitiva", de la orientada hacia el enunciador, que es "reflexiva". Conforme con ello, cuatro de los cinco tipos de la clasificación de los actos de habla propuesta por Searle, se ordenan de la siguiente manera:

LOS ACTOS DE HABLA COMO MODALIZACIONES.
TOMADO DE YNOUB (2016)

		Reflexivo
Hacer deber	*actos directivos*	*actos compromisorios*
Hacer saber	*actos representativos*	*actos expresivos*

Según Ynoub, el grupo de las "declaraciones" de Searle queda fuera de esta clasificación, puesto que faltan el carácter interlocutivo de los mismos y las condiciones de sinceridad, dado que el estado psicológico del hablante es irrelevante. Ynoub sostiene que los actos declarativos se expresarían como *hacer ser*, a que su función es "crear o dar existencia a hechos sociales". Propone la autora que este tipo de actos develan un rasgo de los actos de habla que es el contexto de la interlocución, que define como contexto translocutivo.

5. *Las estrategias conversacionales* son planes que llevan a cabo los hablantes de acuerdo con el contexto situacional en que se encuentran, con la finalidad de comunicarse y de lograr una meta.

Por otra parte, las *oraciones, frases* y *sonidos* son unidades menores, definidas por la gramática tradicional. Tales unidades se precisarán en la medida en que se utilicen en el análisis.

En el análisis seguimos los lineamientos del método de Shuy (2013: 8-9), adaptado a nuestros materiales, y analizamos:

- *El evento comunicativo representado por la evidencia lingüística.*
- *Los esquemas de los participantes, tal y como los revela el lenguaje que usan.*
- *Los actos de habla usados por los participantes.*
- *Las agendas conversacionales de los participantes.*
- *Las estrategias conversacionales usadas por los participantes, incluyendo.*
  - *el léxico*
  - *los gestos*
  - *la prosodia*

Para comprender la relación entre el lenguaje y lo político es también pertinente la noción de concepto de van Dijk (2008), basado en los modelos cognitivos de los participantes. Para van Dijk, el contexto es la representación cognitiva de una situación, por lo cual, aunque tengan dimensiones objetivas, las situaciones políticas y sociales influyen sobre el discurso a través de la interpretación de los participantes, y dependen de sus conocimientos, opiniones y emociones. Estos procesos son compartidos por los miembros del grupo y la comunidad. El contexto es dinámico, en el sentido de que se construye para cada situación comunicativa; de ahí que la noción de contexto sea tan importante para comprender una situación política y su relación con el lenguaje.

En el análisis seguimos a Chilton (2004:3), para definir lo político como la lucha por el poder entre quienes buscan mantenerlo y quienes tratan de resistirlo, así como la cooperación a través de las prácticas e instituciones de una sociedad para resolver conflictos de interés. Diferenciamos asimismo lo político de la política, considerando lo político como "el arte, doctrina y opinión referente al gobierno de los Estados", y política como la actividad de quienes rigen o aspiran a regir los asuntos públicos. (Alfaro Fatel sf: 4).

También empleamos conceptos de la teoría de la polifonía, que enseña que el lenguaje es un lugar de argumentación y confrontación de subjetividades (Ducrot 1984, 2012). Por ello su estudio, al sostener que el enunciado expresa una multiplicidad de voces y no corresponde a un sujeto único, permite una mirada más precisa cuando el lenguaje es el objeto de estudio. En efecto, cada enunciación representa una multiplicidad de puntos de vista que no siempre coinciden con los del locutor, quien es el responsable de la enunciación (Nølke, Fløttum y Norén 2004: 31). Los conceptos empleados por la teoría de la polifonía son los siguientes:

Se llama *locutor* a la persona que construye discursivamente a todos los demás elementos: crea seres discursivos. Crea a un sujeto, hablante complejo y de varios niveles, compuesto en primer lugar por alguien que hace el ruido o escribe -que llamamos *animador*-; crea también una imagen de sí mismo -con el pronombre "yo"- que es el responsable de la emisión -el *autor*- y finalmente a un tercero que sustenta las creencias y valores representadas en el discurso que aquí llamaremos el *principal*[15]. Este último asume una posición, relacionada con su identidad y rol social.

También crea al *alocutor* o *receptor*, igualmente complejo, porque hay un oyente físico y otro a quien va dirigido el mensaje; estos pueden o no ser idénticos. El locutor construye una imagen del alocutario, que puede estar o no presente, y ser un oyente físico o una entidad abstracta.

Hay otros seres discursivos que no están presentes, los *terceros*, pero quienes son aludidos en el discurso. Estos son entidades que pueden representarse con pronombres de terceras personas, nombres propios, o por medio de una frase verbal.

VI. EL CORPUS

El corpus de este trabajo lo constituye la transcripción de tres videos de YouTube de dos alocuciones presidenciales en cadena de radio y televisión de diciembre de 2009. El primero es (https://www.youtube.com/watch?v=UxhYpnQFHMM), del 10 de diciembre. El segundo registra otro segmento del mismo evento comunicativo, donde se continúa el tema de la prisión de la juez (https://www.youtube.com/watch?v=eGZLZC_K3YM). El escenario es el mismo, el presidente está vestido con la misma ropa. Cabe señalar que éstos son sin duda los videos centrales del caso, pues tratan del anuncio que hace el presidente de la prisión de la juez.

---

[15]   Seguimos en la teoría de la polifonía a Todorov (1998), Anscombre (2008) y la versión más moderna y elaborada de Nølke, Fløttum y Norén (2004). Sin embargo, hemos preferido emplear aquí la terminología de Goffman (1981) porque nos parece más clara.

Sin embargo, no es la única vez que Chávez toca el tema Afiuni. La segunda oportunidad se da el 21 de diciembre del mismo año, doce días después de haber detenido a la juez. En esta ocasión, Chávez retoma el tema y vuelve a justificar su actuación. Nuevamente pide que recaiga sobre ella todo el peso de la "Santa Ley" y que se le aplique la pena máxima. Por ello tomamos este video también como corpus del presente trabajo. Se trata del video de YouTube https://youtu.be/AOWPXh3yxBM. Asimismo, como fuente directa de datos, tomamos en cuenta los videos titulados "María Lourdes Afiuni: La presa del régimen"[16]. Confróntese también Rosa (2012,2013).

En la transcripción de los videos, las pausas cortas se marcan con / y las largas, con //. La entonación ascendente se marca con ↑la descendente con↓. Los números entre corchetes representan los gestos que hace el presidente con las manos.

1. *Análisis*

Una lingüística social implica la intrínseca conexión de la forma lingüística con su función social (*cf.* Hymes 1974: 196). El contexto no solo le da forma, sino también el significado a los rasgos lingüísticos, pues "agrega" sentido a lo dicho (Hymes 1974: 96)[17]. Ello nos lleva a estudiar, en esta sección, los eventos comunicativos en conjunto con sus escenarios. En el análisis nos referimos, en orden decreciente, a cada uno de los elementos esbozados por Shuy (2013).

VII. LOS EVENTOS COMUNICATIVOS

Chávez ha hecho poner presa -"está presa" (v1)- a la juez María Lourdes Afiuni a pocos minutos de que ella hubiera decretado el cese de prisión preventiva de Eligio Cedeño. Chávez dicta una sentencia pública como si fuera un juez. Con ello condena a la juez María Lourdes Afiuni o pide su condena, lo cual para los efectos es lo mismo. Cabe recordar la afirmación de Chumaceiro (2010) cuando dice:

> Para Chávez, hablar es también hacer. Su palabra, a menudo, se convierte en mandato apenas es proferida. No en balde, su arraigada costumbre de dirigir las acciones y políticas de gobierno, y hasta las relaciones internacionales, desde el micrófono de sus programas de radio y televisión. (Chumaceiro 2010: 226).

Chávez denuncia que hubo una supuesta componenda -"todo estaba montado"-, para convencer al público de que su propia acción de poner presa a la juez ha sido justa puesto que, en su criterio, ella ha violado las normas jurídicas; con ello justifica la acción de apresar a la juez. Pide pena máxima y todo el rigor de la ley. Da órdenes a la Fiscal General del Ministerio Público y sopesa la necesidad de ordenar a la Guardia Nacional que rode a los tribunales cada vez que haya una acción judicial para evitar acciones como la que se ha llevado a cabo.

---

[16] Los videos "María Lourdes Afiuni, la presa del régimen" son cinco. Están disponibles en YouTube. Son los siguientes: Primera entrega: Cómo comenzó. Disponible en https://www.youtube.com/watch?v=V6nS3tBJkuc&t=407s. Segunda entrega: La condena. Disponible en https://www.youtube.com/watch?v=FUaVMW-OTZM. Tercera entrega: La tortura. Disponible en https://www.youtube.com/watch?v=tQTOTkUrFAE. Cuarta entrega: Poderes secuestrados. Disponible en https://www.youtube.com/watch?v=0AVEuvEf-iM&t=7s. Quinta entrega: Habla la familia. Parte I. Disponible en https://www.youtube.com/watch?v=6oRf1EzJmY8&ts

[17] "A 'socially constituted'linguistics is concerned with contextual as well as referential meaning, and with language as part of communicative conduct and social action" (197).

El primer evento que estudiamos, del 11 de diciembre de 2009, a las 9:30 de la noche, es una alocución presidencial en cadena de radio y televisión[18] desde el centro del poder ejecutivo, el Palacio de Miraflores en Caracas cuando el presidente pide prisión para Afiuni. Los videos 1 y 2 registran ese evento comunicativo.

El escenario muestra una concepción estática y autoritaria del gobierno. Chávez está vestido con una chaqueta negra y una bufanda roja, el color de su partido (PSUV[19]) y sentado en una mesa semicircular. Detrás del presidente hay un cuadro con la imagen del Libertador Simón Bolívar y la bandera de Venezuela, dos símbolos patrios en los que funda su autoridad. El presidente se presenta aquí como el jefe del gobierno, al centro de la mesa y rodeado por personeros del mismo que oyen y guardan silencio. De izquierda a derecha se observa[20] a Elías Jaua (Ministro del Poder Popular para la Agricultura y Tierras, a un hombre no identificado, Chávez (Presidente de la República), María Cristina Iglesias (Ministro del Poder Popular para el trabajo), a Alí Rodríguez Araque (Ministro del Poder Popular para la Energía y Petróleo) y a Jorge Giordani[21] (Ministro del Poder Popular para la Planificación y el Desarrollo). La presencia de estas figuras al lado del mandatario muestra el apoyo del poder ejecutivo. Los símbolos patrios -la imagen de El Libertador y la bandera- connotan el poder del Estado.

La mesa está situada encima de un podio con alfombra roja. Delante de la mesa hay un enorme ramo de flores blancas que adornan el semicírculo. Dos escalones separan al grupo del público, que se ve de espaldas, aunque con frecuencia la cámara enfoca de frente a la Fiscal General del Ministerio Público, Luisa Ortega Díaz, vestida de gris. Ella no está sentada en la mesa del presidente, sino que forma parte del auditorio, de modo que su sola presencia en ese lugar indica la subordinación del poder judicial al poder ejecutivo. El presidente se dirige a ella directamente, nombrándola en dos ocasiones. Ella mira fijamente al mandatario y asiente reiteradamente; la cámara la enfoca varias veces.

El segundo evento comunicativo, del 21 de diciembre es similar al anterior. Se trata de la misma sala, pero el presidente está vestido de traje y corbata y está solo en el podio. En el auditorio se encuentra nuevamente la Fiscal General del Ministerio Público, sentada frente al presidente.

Hagamos brevemente un esbozo de los eventos a partir de la polifonía: Como se dijo antes, *locutor* es la persona que construye discursivamente a todos los demás elementos que participan en el evento. Crea seres discursivos. Además, construye puntos de vista y los une o no a los seres discursivos que ha creado. Es el creador del coro de voces. El locutor, en todos los videos, es Hugo Chávez Frías.

A través de su discurso el locutor crea en primera instancia a un sujeto. Este sujeto se compone del *animador*, el que habla para la ocasión y provee los recursos orales y gestuales de su intervención. Crea al *autor,* una imagen de sí mismo, Chávez el líder, el comandante, el presidente, responsable de la emisión.

---

[18]   Disponible en https://www.youtube.com/watch?v=UxhYpnQFHMM
[19]   Partido Socialista Unido de Venezuela.
[20]   La imagen es borrosa, por lo que la identificación de los personajes es difícil.
[21]   En el minuto 0.54 del video se muestra la escena.

También crea al *principal*, que transmite las creencias y valores que se evidencian en su discurso, en este caso, los valores de la revolución bolivariana[22].

Pero no ha terminado su tarea. Crea al *alocutor* también. Hay un auditorio físico delante de él, pero también están los jueces de la república -"Y CUALQUIER OTRO JUEZ que se le...que se le ocurra hacer algo parecido↓/ porque no es la primera vez↓"// (v1); "¿Tener jueces que liberan delincuentes? ah no// ¡Eso es lo ÚLTIMO↑ que podemos tener nosotros!↓"(v2); Por eso yo pido pena máxima↑ para juez que se preste a vagabunderías como ésta↓// ¡PIDO PENA MÁXIMA! ↓// (v3)-. Asimismo, es un alocutor la Asamblea Nacional: "y así lo digo a la Asamblea Nacional↓/(v1); la justicia en general es otro: Y si es que le van a meter los años de cárcel, bueno métanselos↑/ A QUIEN SEA↓//"(v2). Los mensajes tienes una audiencia más amplia: todo el país lo escucha por radio o lo mira por televisión; asimismo, podía oírsele a través del canal Telesur en toda Latinoamérica.

Hay que resaltar, como alocutor en ambos eventos, la figura de la Fiscal General de la República, quien tiene en el discurso de Chávez un papel significativo. Se dirige a ella varias veces directamente: "eso habrá que revisarlo señora Fiscal↓" (v1); "incluso le dije a la Presidente del Tribunal Supremo↑/ Doctora↑"(v1); "No/ no/ Señora Fiscal↓ no lo permita usted↓// No lo permitamos↓" (v1). "Porque es MÁS GRAVE el juez doctora↑ ¿Usted no cree?↑ES MÁS GRAVE CLARO↑(v2); "A la Fiscal gracias de nuevo por acompañarnos// No le quiero quitar mucho tiempo/ usted tiene mucho trabajo allá [Fiscal sonríe] / imponer la justicia y buscar a los bandidos donde se escondan" (v3). "Y yo pido que se estudie Señora Fiscal↑ [La fiscal sonríe] señores expertos en la materia↑/ Por eso yo pido pena máxima↑ para juez que se preste a vagabunderías como ésta↓// ¡PIDO PENA MÁXIMA! ↓ (v3)".

Además del locutor, como dijimos, están los puntos de vista (*pdv*), entidades semánticas que son "saturadas por entidades discursivas". El locutor construye estos seres discursivos o entidades discursivas como imágenes de otras personas lingüísticas, los *terceros,* que no están presentes en la ocasión (Nølke, Fløttum y Norén: 37). Estos están formados por las personas a quienes Chávez menciona en el discurso —Afiuni "El otro caso triste↑/ también/ INDIGNANTE más que triste↓ es/ bueno↑/ cómo una jueza// voy a decir su nombre↓//está presa↓//María Lourdes Afiuni↑/ una jueza↓//"(v1). "A la juez esa deberían meterle treinta años de cárcel↓// ¡Sí señor!" (v2); "Ahora/ viene la juez↑/ se pone de acuerdo con unos...señores...↑// No voy a acusar a nadie↓/ Pero la juez está en EVIDENCIA↓(v3); "¿ESTÁ O NO ESTÁ BIEN PRESA ESA JUEZ?↑/ ¡ESTÁ BIEN PRESA...COMADRE!↓" (v3); "Entonces me acusan de que porque es mujer↓/ pobrecita↓/ de que...no no...¡somos iguales..chico↑! /¡Somos iguales mano↑ /ante la ley somos iguales↑ (v3).

Otro tercero es Cedeño, "uno de estos BANDIDOS que estaba preso// precisamente por estas redes↑ que venimos desmontando de (sic) hace tiempo/ un bandido llamado Eligio Cedeño↓" (v1); "Los policías que lo custodian se lo entregan a los alguaciles del tribunal↓ (v1); "Y allí estaban la secretaria del tribunal↑/ los abogados del preso↑/ que me informan por aquí que habían firmado en blanco una hoja con la juez↑ ANTES de que llegara el preso↑/ tenían todo preparado y una puerta por allá atrás↑ y los alguaciles↓// ¿Ve?" (v1)

Los *puntos de vista* se unen, a través de *nexos enunciativos,* a los entes discursivos - emisores o receptores- que son de *responsabilidad* cuando muestran el punto de vista del emisor, o nexos de *no-responsabilidad* como de desacuerdo, de refutación, etc., cuando éstos

---

[22] *Cf.* el Discurso en el Primer Encuentro con Propulsores del Partido Socialista Unido de Venezuela desde el teatro Teresa Carreño, 24 de marzo de 2007: http://www.minci.gob.ve/alocuciones/4/13788/primer_encuentro_con.html

están en una posición contraria a la suya. En el caso que nos ocupa, es evidente que Chávez muestra aquí el desacuerdo con el punto de vista de Afiuni, a quien según sus palabras ha puesto presa por deshonesta.

De los seres discursivos que Chávez construye en su discurso, el personaje central es el de la juez, a quien representa como una "bandida". Afiuni representa el punto de vista opuesto al del locutor, quien hace evidente los nexos de *no-responsabilidad*, en este caso de oposición contundente, pues ella encarna un tipo de juez no sumiso al poder. Ella actúa con independencia y sin consultar al líder de la revolución; ha obedecido a sus atribuciones, ya que la ley venezolana prohíbe que la detención de un ciudadano se prolongue más allá de los dos años sin haber sido sometido a juicio; además, ha seguido las recomendaciones del Grupo de Trabajo de las Naciones Unidas sobre Detenciones Arbitrarias. Por ello ordena la excarcelación de Eligio Cedeño, con medidas restrictivas sustitutivas, de modo que el banquero sería sometido a juicio en libertad y con prohibición de salir del país. La juez toma una decisión independiente y ajustada a la ley. Ahora bien, justamente eso es lo que el presidente no quiere: no conviene que los jueces actúen según las normas y siguiendo su propio criterio, pues eso significaría la independencia del poder judicial, ya debilitado. Afiuni es un ejemplo de lo que le puede pasar a los jueces si actúan en contra de la voluntad del presidente.

El significado se compone de todas esas instancias que hacen que en el texto se encuentren las huellas del contexto enunciativo[23]. De ahí la utilidad de estudiar un texto y revelar las demás voces del discurso.

VIII. LOS ESQUEMAS

Como vimos anteriormente, los esquemas tienen que ver con las representaciones sociales, que definimos como como sistemas de conocimientos o formas de sentido común que los sujetos humanos usan para comprender el mundo a su alrededor y actuar hacia él con sentido. Aquí parecen estar en conflicto dos formas de concebir el estado: por un lado, el estado democrático, cuyo principio fundamental es la separación de los poderes públicos y el equilibrio entre ellos; por el otro, el estado autoritario donde el poder ejecutivo ostenta la mayor cuota de poder.

Como señala Brewer Carías (2012), por parte del gobierno venezolano hay una concepción flexible del concepto de separación de poderes. Si bien la constitución vigente acata esta separación, quienes rigen las instituciones del estado no parecen valorarla como un elemento esencial de la democracia y la consideran apenas un instrumento que permite organizar el gobierno de mejor manera. La separación de funciones no tiene carácter exclusivo, sino que tiene meramente carácter de asignación ocasional. Las representaciones sociales dan luces sobre la concepción del estado que rige en el momento en que se produce el evento comunicativo que estudiamos aquí.

Cabe señalar, además, que en Venezuela el poder judicial está compuesto casi exclusivamente por jueces temporales y provisorios, sin estabilidad alguna (Brewer Carías 2012:14). Por esta razón, corren el riesgo de ser destituidos en cualquier momento, sobre todo cuando no obran conforme a los deseos y las políticas del gobierno[24]: "¿Cómo va a haber justicia en

---

23   Seguimos básicamente a Nølke, Fløttum and Norén (2004) aunque hemos cambiado la terminología relativa a LOC, el locutor complejo, y hemos tratado de simplificar la teoría para fines didácticos.

24   Edgar López, en un artículo del diario *El Nacional* informa sobre la injerencia del poder ejecutivo en el judicial cuando defenestra jueces por tomar decisiones independientes, por ejemplo, exigir credenciales a los médicos cubanos de la Misión Barrio Adentro. Casos similares se repiten conti-

un país donde un juez se preste para eso, Chico?↑" (v3); "Por eso yo pido pena máxima↑ para juez que se preste a vagabunderías como ésta↓// ¡PIDO PENA MÁXIMA! ↓//". Ya Chávez había afirmado, en 2007, que los jueces no deben moverse "a espaldas del líder de la revolución":

> Muchas veces llegan, viene el Gobierno Nacional Revolucionario y quiere tomar una decisión contra algo por ejemplo que tiene que ver o que tiene que pasar por decisiones judiciales y ellos empiezan a moverse en contrario a la sombra, y muchas veces logran neutralizar decisiones de la Revolución a través de un juez, o de un tribunal, o hasta en el mismísimo Tribunal Supremo de Justicia, a espaldas del líder de la Revolución, actuando por dentro contra la Revolución. Eso es, repito, traición al pueblo, traición a la Revolución." (Discurso en el Primer Encuentro con Propulsores del Partido Socialista Unido de Venezuela desde el teatro Teresa Carreño, 24 de marzo de 2007)[25].

Chávez se muestra como el padre severo que reprime y sienta el ejemplo de cómo hay que proceder en el gobierno y cuáles son las consecuencias si alguien lo contradice:

(1)   Bueno/ está presa↓// Y yo exijo DUREZA contra esa jueza↑/ incluso le dije a la Presidente del Tribunal Supremo↑/ Doctora↑/ y así lo digo a la Asamblea Nacional↓/ habrá que hacer una ley↓// porque es MUCHO/ MUCHO/ MUCHO MÁS GRAVE↓// un juez↓ que libere a un bandido↑ que el bandido mismo □// Es INFINITAMENTE MUY GRAVE para una república↑/ para un país↑/ que un asesino/ porque PAGUE/ un juez lo libere↑/ Es más grave que un ASESINATO↑// Entonces habrá que meterle PENA MÁXIMA a esta jueza↓/ y a los que hagan eso↓/ ¡TREINTA AÑOS DE PRISIÓN/ PIDO YO A NOMBRE DE LA DIGNIDAD DEL PAÍS! □ ↓// [APLAUSOS] (v1).

(2)   [...]A la juez esa deberían meterle treinta años de cárcel↓// ¡Sí señor! //Simón Bolívar un día decretó/ hizo un decreto↓//Aquel que tome un centavo del tesoro público será pasado por las armas↓/es decir/ fusilado↓// Y el juez que no lo hiciera y tal .... será también pasado por las armas↓// Porque es MÁS GRAVE el juez doctora↑ ¿Usted no cree?↑ES MÁS GRAVE CLARO↑/ ¿Tener jueces que liberan delincuentes? ah no// ¡Eso es lo ÚLTIMO↑ que podemos tener nosotros! ↓ (v2)

---

nuamente, no solo en jueces provisionales; también se suspenden cautelarmente jueces titulares. http://www.noticias24.com/actualidad/noticia/330940/aseguran-que-la-mayor-debilidad-del-poder -judicial-es-la-falta-de-estabilidad-y-de-autonomia-de-los-jueces/. Asimismo, un Informe de la Comisión Interamericana de Derechos Humanos sobre democracia y derechos humanos en Venezuela, partiendo del principio de la separación e independencia de los poderes públicos como elemento esencial de la democracia (Art. 180), que se encuentra en la constitución venezolana, en el Título IV, denominado del Poder Público, examina las garantías para la independencia del poder judicial en Venezuela. El informe constata las irregularidades en la elección de los magistrados del Tribunal Supremo de Justicia (TSJ y en la provisión de cargos judiciales. En su Art 204 explica que "La información recibida por la CIDH señala que las Normas de Evaluación y Concurso de la Oposición para el Ingreso y Ascenso a la Carrera Judicial se encontrarían en desuso, puesto que no se habría llamado a ningún concurso y las designaciones realizadas a partir del año 2002 se habrían realizado sin ningún tipo de control ni procedimiento". El 100% de los jueces no titulares designados en el año 2008 (1.451) no fue designado a través del concurso público de oposición exigido por la Constitución venezolana en el artículo 255. En consecuencia, todos estos jueces son de libre nombramiento y remoción. Asimismo, sólo entre enero y septiembre de 2009 se nombró un total de 359 jueces sin concurso, todos de libre nombramiento y remoción. (Comisión Interamericana de Derechos Humanos. Democracia y Derechos Humanos en Venezuela Cap. III "La separación e independencia de los poderes públicos http://www.cidh. org/countryrep/Venezuela 2009sp /VE09CAPIIISP.htm).

25   Disponible en http://www.minci.gob.ve/alocuciones/4/13788/primer_encuentro_con.html p. 45. (En Brewer Carías 2012: 13, nota 47).

(3)   ¡PIDO PENA MÁXIMA! ↓// Y no en una oficina por ahí...no↓/donde debe estar↓ /en
una prisión// Entonces me acusan de que porque es mujer↓/ pobrecita↓/ de que...no
no...¡somos iguales..chico↑! /¡Somos iguales mano↑ /ante la ley somos iguales↑// Que
yo la...le falté el respeto/ que estoy difamando//Ah bueno está bien↓ /¡Dígan lo que ustedes quieran! ↓Pero apliquese todo el peso de la/ SANTA LEY↓// ¿No ve?↑ ¡No se
puede permitir↑ (v3)

A propósito de la afirmación del presidente Chávez, Brewer Carías recuerda, refiriéndose a decretos leyes dictados conforme a una habilitación legislativa ilimitada: "La Ley soy
yo. El Estado soy yo" (Brewer Carías 2012:9)[26]. Señala además el jurista que el presidente
criticaba con ello una sentencia del Tribunal Supremo de Justicia sobre una ley financiera, no
por su contenido sino porque no se le hubiera consultado previamente.

IX. LAS AGENDAS CONVERSACIONALES

Shuy (2013) habla de las agendas conversacionales cuando se refiere a los temas introducidos en los intercambios discursivos entre participantes tal y como se revelan por los
tópicos que introducen y las respuestas a los tópicos introducidos por otros. Si bien aquí
estudiamos un monólogo, extendemos la noción de Shuy para analizar este texto en su totalidad, considerando la polifonía del lenguaje (*cf.* Ducrot (1984, 2012), Nølke (2001), Nølke y
Olsen (2000), Nølke, Fløttum, y Norén (2004).

Sostiene Shuy (2013, 2014)[27] que las agendas se relacionan con la predisposición, la voluntariedad y la intención de la persona al cometer un crimen que, en este caso, es el que
Chávez le imputa a Afiuni.

i. La *premeditación*. Es la "circunstancia agravante de ciertos crímenes, por la cual la intención criminal es madurada y reflexionada durante cierto lapso de tiempo. Implica no solo
la anterioridad de la intención, sino también la persistencia de esta hasta la realización del
acto"[28].

ii. Lo *voluntario* es "lo que se hace libremente, sin compulsión o solicitación, sin contraprestación o retribución, gratuitamente"[29]. También *"Potencia o facultad de alma que
lleva a obrar o a abstenerse"*[30].

iii. La *intención* es la resolución mental o la determinación de llevar a cabo un crimen
(Shuy 2014: 35). La Enciclopedia Jurídica[31], por su parte, la define de la siguiente manera:

---

[26]   Según Brewer Carías, Chávez se refiere a un grupo de decretos leyes dictados conforme a una
habilitante, implementando, en forma inconstitucional la reforma constitucional que había sido rechazada por el pueblo en referendo de diciembre de 2007, diciendo simplemente: "Yo soy la Ley.
Yo soy el Estado," repitiendo así las mismas frases que ya había dicho en 2001, aún cuando con
un pequeño giro -entonces dijo "La Ley soy yo. El Estado soy yo"-, al referirse también en aquella
oportunidad a la sanción inconsulta de cerca de 50 decretos leyes violando la Constitución.

[27]   Shuy se queja de la carencia de definiciones precisas en derecho, de modo que los conceptos o se
dan por conocidos, o se definen según los diccionarios generales, o se definen mal (cf. Shuy 2014:
34 y ss).

[28]   *Cf.* Enciclopedia jurídica:www.enciclopedia-juridica.biz14.com/d/premeditaci%C3%B3n/preme-
ditaci%C3%B3n.htm

[29]   Black's Dictionary of Law: <a href="http://thelawdictionary.org/voluntary/"title="VOLUNTARY">
VOLUNTARY</a> (traducción nuestra).

[30]   Enciclopedia Jurídica www.enciclopedia-juridica.biz14.com/d/voluntad/voluntad.htm

[31]   (http://www.enciclopediajuridica.biz14.com/d/intenci%C3%B3n/intenci%C3%B3n.htm)

"(Derecho Penal) Conciencia ilustrada y voluntad libre de trasgredir las prescripciones de la ley penal. Determinación volitiva o de la voluntad en orden a un fin. Propósito de conducta. | Designio reflexivo de obrar o producir un efecto. | Plan, finalidad. | Cautela maliciosa."

Chávez denuncia la forma como el crimen se había preparado con antelación. De acuerdo con el banquero preso, la jueza había hecho un compromiso con él para liberarlo:

(4)   [...] El otro caso triste↑/ también/ INDIGNANTE más que triste↓ es/ bueno↑/ cómo una jueza// voy a decir su nombre↓//está presa↓//María Lourdes Afiuni↑/ una jueza↓// Entonces hace toda una componenda↑ con unos alguaciles↑// y otra gente más/ seguro↑// y uno de estos BANDIDOS que estaba preso// (v1)

(5)   Y allí estaban la secretaria del tribunal↑/ los abogados del preso↑/ que me informan por aquí que habían firmado en blanco una hoja con la juez↑ ANTES de que llegara el preso↑/ tenían todo preparado y una puerta por allá atrás↑ y los alguaciles↓// ¿Ve?↑ (v1).

(6)   Y estaba todo trabajado↑/ todo preparado↑ y sacaron a este señor por la puerta de atrás↑/Y se perdió↑/ Ahora apareció fíjense en Estados Unidos↑ (v3)

El supuesto delito se comete, según Chávez, con voluntariedad porque la juez lo hace sola (7), movida por el dinero que le significaría el hecho (8).

(7)   ELLA MISMA se lleva al preso↑/ VIOLANDO LA LEY en primer lugar porque hace la audiencia/ o la llamada audiencia/ sin la presencia del Ministerio Público// Eso está prohibido/ ningún juez puede hacer ninguna audiencia si no está el fiscal↑ del caso↓/ Ella no le comunicó nada a ningún fiscal↓// Mandó por el preso// lo metió en el tribunal↑ y lo sacó por una puerta de atrás↓ (v1)

(8)   Ahora/ viene la juez↑/ se pone de acuerdo con unos...señores...↑// No voy a acusar a nadie↓/ Pero la juez está en EVIDENCIA↓//es una cosa tan evidente qué cómo ella va a decir que no↓//Y entonces viene↑ y le da↑/toma una decisión↑ (v3)

Graterol, abogado de Afiuni, señala no era necesaria la presencia de otras personas en el juicio, pues según el Artículo 264 del Código Orgánico Procesal Penal de 2001, vigente en ese momento, el juez puede revisar una medida y otorgar una sanción menos gravosa.

Artículo 264. Examen y revisión. El imputado podrá solicitar la revocación o sustitución de la medida judicial de privación preventiva de libertad las veces que lo considere pertinente. En todo caso el Juez deberá examinar la necesidad del mantenimiento de las medidas cautelares cada tres meses, y cuando lo estime prudente las sustituirá por otras menos gravosas. La negativa del tribunal a revocar o sustituir la medida no tendrá apelación. (Código Orgánico procesal penal, 2001)

Tampoco era necesario que estuvieran presentes miembros de la procuraduría, ni los abogados de Cedeño, ni los fiscales (*cf.* María Lourdes Afiuni, Primera entrega: Cómo comenzó, min: 4:00 https://www.youtube.com/watch?v=V6nS3tBJkuc&t=407s).

Chávez, sin embargo, acusa la juez de tener la *intención* de cometer el crimen del que la acusa. Ella misma habría conducido al preso, sin intervención de las personas de rigor, como son los miembros del Ministerio Público, y hace una presunta audiencia que no tiene otra finalidad sino la de sacar al preso por una imaginada puerta de atrás del tribunal.

(9)   Entonces viene una juez↑/ ¡BANDIDA! ↑// una BANDIDA↑// y los alguaciles↑// reciben de los policías que vienen trasladando/ al preso↑// porque la juez lo llamó a declarar al...al ¿cómo se llama?↑/ ¡AUDIENCIA! ↓Y todo estaba montado↑/ según ahora me explican/ yo tengo los informes↑// ELLA MISMA se lleva al preso↑/ VIOLANDO LA LEY (V1)

(10)   No voy a acusar a nadie↓/ Pero la juez está en EVIDENCIA↓//es una cosa tan evidente qué cómo ella va a decir que no↓// (v3)

El locutor construye una imagen de la juez que no se corresponde con la realidad. La juez no violó la ley, sino que actuó según el Código Orgánico Procesal Penal vigente, no hizo una audiencia sino que hizo un acta de diferimiento de la audiencia preliminar, ni tampoco había puerta de atrás en el tribunal por la que sacó al preso.

Por otra parte, está el alocutario, quien recibe el mensaje. Como alocutarios construye también a Afiuni y a los otros jueces del país, puesto que su mensaje es una advertencia a los miembros del poder judicial:

(11)   [...] Esa jueza↑ / tiene que pagar CON TODO EL RIGOR DE LA LEY lo que ha hecho↓/ Y CUALQUIER OTRO JUEZ que se le...que se le ocurra hacer algo [parecido↓/ porque no es la primera vez↓ [...] No debe ocurrir ni un caso y si ocurre↑/ que le caiga todo el peso de la ley↑ a los responsables/ [...]Pero bueno/ a nombre de la dignidad↑ / tenemos que actuar↓/ y con mucha contundencia/ en casos como este↓// No podemos darnos el lujo de que estas cosas sigan ocurriendo [...] (v1)

X.   LOS ACTOS DE HABLA

Encontramos los siguientes tipos de actos de habla en los dos eventos comunicativos recogidos en los tres videos: 15 actos declarativos, 10 actos representativos, 8 actos expresivos y 7 actos directivos.

Actos representativos: Los actos representativos manifiestan certeza sobre la creencia representada por la proposición. Son actos como reportar, admitir, aconsejar, prevenir. En los ejemplos siguientes el hablante afirma, en primer lugar, que el preso, Cedeño, se fugó (12). Como consecuencia de ello reporta, con un participio[32], "está presa" (13), donde se omite el sujeto agente: él mismo la mandó a poner presa. El oyente 'siente' el valor participial, y no adjetival, porque la paciente ha sido objeto de una acción que la tiene entre rejas. En efecto, si "presa" es un adjetivo por su posición de predicado nominal, es también el participio irregular de un verbo. Lo que ahí se dice está más en bien en el ámbito del evento (propio de los verbos) que el de la caracterización, descripción... (propio de los adjetivos)[33]. En otras palabras, la palabra "presa" contiene la fuerza ilocutiva del acto de habla. Con la historia de Simón Bolívar justifica su dureza en el caso Afiuni: Bolívar hubiera hecho lo mismo (14): argumento a pari.

(12)   Se fugó↓ (v1)

(13)   [...] es/ bueno↑ cómo una jueza// voy a decir su nombre↓//está presa↓//María Lourdes Afiuni↑/ una jueza↓ (v1)

(14)   Simón Bolívar un día decretó/ hizo un decreto↓//Aquel que tome un centavo del tesoro público será pasado por las armas↓/es decir/ fusilado↓// Y el juez que no lo hiciera y tal .... será también pasado por las armas↓ (v2)

Actos declarativos: Los actos declarativos son aquellos aquellos donde el emisor tiene la potestad para cambiar un estado de cosas, por lo que evidencian una conexión directa entre el enunciado y la acción. Consideramos estos actos como declarativos porque el presidente ordena y juzga, empleando su autoridad de jefe de estado. Si bien es cierto que Chávez "pi-

---

[32]   RAE y asociación de Academias. 2010. *Manual de la Nueva Gramática de la Lengua Española*, p. 66 (adjunta).

[33]   Agradezco a C.L. Domínguez su opinión en este particular.

de" treinta años de prisión (16), "exije" dureza (16) y que "caiga todo el peso de la ley a los responsables" (17), el contexto situacional donde él ocupa una posición protocolar superior a la de la presidente del Tribunal Supremo de Justicia, y además tiene el uso de la palabra, muestran que es el presidente quien tiene la posición de mando y el poder para ejecutar la justicia y promulgar las leyes, como se aprecia en el tercero de los ejemplos. Se trata de actos de habla indirectos (Searle 1969), en los que el poder del presidente incide sobre la fuerza ilocutiva del acto para transformarlo en una sentencia.

(15)   Y yo exijo DUREZA contra esa jueza↑/ incluso le dije a la Presidente del Tribunal Supremo↑/ Doctora↑/ y así lo digo a la Asamblea Nacional↓/ habrá que hacer una ley↓ (v1)

(16)   ¡Treinta años de prisión/ pido yo a nombre de la dignidad del país!↓ (v1)

(17)   No debe ocurrir ni un caso y si ocurre↑/ que le caiga todo el peso de la ley↑ a los responsables/ en este caso esta señora jueza que se llama// (mirando un papel) María/ Lourdes/ Afiuni↓ (v1)

Actos directivos: Con los actos directivos el hablante desea que el oyente haga algo. Entre estos están convocar, incitar, persuadir, pedir y reclamar derechos. En nuestro texto encontramos ejemplos que pueden interpretarse como simples afirmaciones -como actos representativos- pero que, dichas por el presidente de la república tienen la fuerza ilocutiva de una denuncia -acto directivo-. Son actos de habla indirectos, pues en estos casos la afirmación constituye una denuncia velada.

En el ejemplo que se anota a continuación, "Y todo estaba montado, según ahora me explican, yo tengo los informes", el enunciado cobra el carácter de denuncia, con lo cual el hablante solicita que el oyente actúe en consecuencia (18).

(18)   [...]y lo voy a repetir pues// UNA JUEZ// Yo hago el pedido/ yo lo que hago es pedir↑/ (v3)

Actos expresivos: Los actos expresivos enuncian un estado emocional del hablante. El presidente expresa sus sentimientos sobre el caso: lo considera "triste", en primer lugar, y reformula, y lo califica de "indignante*"* (l); "lamentable" es lo que ha hecho la juez. Finalmente, Chávez se muestra cómo víctima de las habladurías de la oposición.

(19)   [...] El otro caso triste↑/ también/ INDIGNANTE más que triste↓ (v1)

(20)   Bueno/ es lamentable por la dignidad del país↓/¿Verdad?↑// (v1)

(21)   ¡Miren cómo me tienen por ahí!↑/Cosido a críticas↑ (v3)

Austin (1962 [1955]) explica que los performativos tienen una fuerza ilocutiva -precisamente la que origina la acción- y que hay elementos situacionales que condicionan su validez. En efecto, según el filósofo, hay condiciones que determinan si los actos son apropiados, o *felices*, que se relacionan con lo que se hace necesario para ello, y que pueden resumirse como que exista un procedimiento convencional que incluye el pronunciamiento de ciertas palabras por ciertas personas en determinadas circunstancias; que las personas particulares y las circunstancias sean apropiadas para invocar el procedimiento en cuestión, que el acto se ejecute tanto correcta como completamente por todos los participantes y que, dado que los pensamientos y sentimientos se designan para personas que tienen ciertos pensamientos y sentimientos, la persona que participe en invocar el procedimiento tenga esos pensamientos o sentimientos. Además, que los participantes tengan la intención de conducirse y se conduzcan de ese modo. El procedimiento se considerará infeliz si alguna de estas reglas no se cumple (Austin, 1962:14-15).

Esto es particularmente importante cuando se analiza el discurso de los políticos, porque el poder que les da su posición modifica las condiciones para que los actos sean percibidos como válidos; en otras palabras, las condiciones la fuerza ilocutiva de los enunciados puede variar según el poder de los emisores. Esto es digno de estudio en relación con los actos directivos y declarativos, donde el hablante expresa su deseo de que el oyente haga algo, o cambia con la palabra un estado de cosas (*cf.* Searle 1969).

Efectivamente, en el evento que estudiamos hay enunciados que podrían catalogarse como infelices, según las pautas de Austin (1962), o inaceptables, siguiendo a Ynoub (2016). Asimismo, en este caso particular producen una acción, nociva para el sistema democrático, como es el caso de la juez Afiuni. El presidente condena a la juez en una alocución televisiva. El mandatario, cabeza del poder ejecutivo, no es juez. El evento comunicativo no se da en el lugar apropiado, que debió ser un juzgado. A pesar de ello, la condena se consuma.

En el contexto que nos ocupa, el Presidente de la República posee la autoridad conferida por la ley para llevar a cabo ciertos actos que están fijados en el Capítulo II "Sección Segunda: De las Atribuciones del Presidente o Presidenta de la República" Artículo 236 de la Constitución de la República Bolivariana de Venezuela. Con una mirada desde el lenguaje puede constatarse que de los tópicos relacionados con el poder legislativo hay varios, ninguno de los cuales es legislar[34]. Relacionados con el poder judicial, sólo uno, el número (19), sobre conceder indultos, es pertinente. Los demás son exclusivos del poder ejecutivo. De modo que la única función del Presidente de la República Bolivariana de Venezuela que puede relacionarse con el poder judicial es la de conceder indultos, es decir, perdonar a alguien la pena que tiene impuesta, o conmutarla por otra menos grave.

Desde el punto de vista lingüístico, puede traducirse esta norma como: el Presidente de la República (A) tiene el poder ilocutivo para hacer por medio de su palabra que cese la condena impuesta a un ciudadano (B), o para conmutarla por otra menor. Nada parece indicar que (A) tenga la capacidad ilocutiva de hacer el acto contrario, esto es, de condenar a (B), pues la constitución no le da la autoridad para hacerlo. Desde el punto de vista lingüístico, una acción verbal semejante es *infeliz* -el término empleado por Austin (1962)- puesto que la situación comunicativa donde se emite no es la de un juicio y el hablante no es la autoridad que pudiera realizar ese acto de habla. En todo caso es inapropiada o, en palabras de Ynoub (2016), inaceptable.

Si nos referimos a la modalidad, como la analiza Ynoub (2016) y la aplica a los actos de habla, vemos que el acto de habla es un hacer-hacer: es decir, una manipulación de un sujeto por otro mediante el habla. Según Ynoub, los actos representativos de la clasificación de Searle podrían caracterizarse como hacer-saber transitivo que, aplicado a nuestro corpus, es la información que Chávez da al país sobre lo que ha sucedido, claro está, en su propia interpretación.

---

[34]   Estos son: Cumplir y hacer cumplir esta Constitución y la ley (1). Dictar, previa autorización por una ley habilitante, decretos con fuerza de ley (8). Convocar a la Asamblea Nacional a sesiones extraordinarias (9). Reglamentar total o parcialmente las leyes, sin alterar su espíritu, propósito y razón (10). Dirigir a la Asamblea Nacional, personalmente o por intermedio del Vicepresidente Ejecutivo o Vicepresidenta Ejecutiva, informes o mensajes especiales (17). Disolver la Asamblea Nacional en el supuesto establecido en esta Constitución (21). Además, el Artículo 237 habla de la obligación del presidente de presentar un mensaje a la Asamblea para dar cuenta de los aspectos políticos, económicos, sociales y administrativos de su gestión durante el año inmediatamente anterior.

La juez, *una bandida* en la concepción del comandante, ha desacatado sus deseos y su plan de gobierno. Los actos expresivos, *triste/ también/ indignante más que triste,* pueden calificarse también en ese hacer-saber reflexivo, como lo que siente el comandante sobre el caso.

Los actos compromisivos transitivos, en nuestro caso los directivos, son el hacer- deber. El presidente pide una condena de 30 años y ordena actuar con dureza contra la juez, y contra todos aquellos que contravengan su voluntad. Los actos declarativos, que Ynoub deja fuera de su clasificación por no ser interlocutivos y faltarle las condiciones de sinceridad, se expresarían según la investigadora como un hacer-ser, puesto que crean hechos sociales: en este caso, la prisión de la juez. Si bien, como hemos visto, la situación comunicativa no es la de un tribunal, ni el presidente es un juez, las condiciones del contexto inmediato situacional y del contexto más amplio de un gobierno autoritario convierten el pedido del comandante en una condena.

La venganza por la liberación del banquero y, sobre todo, por la pretensión de la juez de actuar con independencia de criterio y con la autoridad que le confería la ley parecen haber sido los móviles de este "crimen de lenguaje"[35], un crimen en el que se evidencian, por parte del jefe del estado, compromiso, voluntariedad e intención. En efecto, hay una obligación contraída en las amenazas del presidente de sacar a la guardia, de condenar a Afiuni y a todos los jueces que lo contradigan.

XI. LAS ESTRATEGIAS

Como se dijo anteriormente, las estrategias son los planes de los hablantes que corresponden al contexto, la finalidad que persiguen y la meta que avizoran. En este texto hay un hablante complejo: el poder ejecutivo, representado por el presidente que se presenta rodeado por sus funcionarios en un plano de poder, sentado en un semicírculo elevado sobre una alfombra roja, y con los símbolos patrios a su espalda. En segundo lugar, hay un oyente complejo: el auditorio que recibe la alocución, en el cual se encuentra la Fiscal General de la Nación, sentada en primera fila, y quien representa al poder judicial; más allá está el país, que observa la arenga por televisión; quizás también, el mundo.

1. *Estrategias del hablante*

Quien pronuncia el texto de la alocución es el presidente Chávez. Como lo hemos descrito, él está en la posición de poder, que puede entenderse como el control discursivo:

> La noción de poder involucra sobre todo el concepto de control sobre dos instancias: los actos de las personas y la mente de las personas; es decir, hablar de poder es hablar de control (van Dijk 1994: 12).

En lo que sigue veremos, en primer lugar, el uso de expresiones afectivas en unidades menores como palabras y frases. Luego nos referimos a la prosodia y los gestos, con los cuales también transmite su poder.

Como lo han estudiado Erlich (2005) y Nieto y Otero (2002), la afectividad es una estrategia muy importante en el discurso de Hugo Chávez. Las estrategias afectivas son centrales para comprender el discurso del presidente (*cf.* Erlich 2005; Nieto y Otero 2002). Nieto y Otero (2002) ha mostrado el empleo de lo afectivo en las estrategias de seducción y convencimiento de Chávez. En el caso discutido por la autora se argumenta la necesidad del acuerdo con Cuba. En aquella oportunidad no se ofrecen datos para juzgar sobre la conveniencia o no de la relación entre ambos países y lo que se aplica es el *emotivismo ético,* al decidir la acep-

---

[35] *Language Crimes* es el nombre de un libro de Roger Shuy.

tación solo a través de los sentimientos. Nieto y Otero muestran que esa emotividad corresponde al concepto definido por MacIntire referido a lo que se siente y no a lo que se piensa. En efecto, McIntire (2007) sostiene que para el emotivista los juicios éticos son simples expresiones de aprobación o desaprobación, y simples expresiones de preferencia. En su libro *After Virtue* (pp: 12-13), el autor sostiene que la aprobación moral se basa en la creencia de que un acto es moralmente bueno, lo cual basta por sí solo porque es lo que él mismo ha aprobado. Con ello, la aprobación se banaliza y la desaprobación del gusto de una fruta o de una cuestión moral se ponen en el mismo plano.

> Emotivism is the doctrine that all moral judgments are nothing but expressions of preference, expressions of attitude or feeling, insofar as they are moral or evaluative in character (McIntire, 2007:12).

La afectividad puede manifestarse en el nivel léxico-semántico, el sintáctico y discursivo por la exageración y en el uso de repeticiones; también en el canal no verbal (Nieto y Otero 2002). Nieto y Otero se refieren al programa *Aló Presidente* y encuentra evidencias lingüísticas de manipulación afectiva y no racional en el discurso de la conversación entre Chávez y Fidel Castro. Nieto y Otero entienden por afectividad "las manifestaciones lingüísticas de las expresiones de los estados de ánimo, de las emociones y sentimientos a través de formas verbales y gestuales" (Nieto y Otero 2002). Los sentimientos se manifiestan en la interacción a través de la cortesía y la modalización. También Bolívar menciona en este sentido el juramento en la primera toma de posesión de Hugo Chávez en 1999, cuando extiende las dos palabras habituales ("Lo juro") y modifica el juramento tradicional (Bolívar 2016:72).

Veamos el empleo por parte del presidente de palabras con connotación afectiva, de expresiones cargadas de afectividad negativa, y de aumentativos que acrecientan la afectividad.

a. Expresiones afectivas en el léxico: "triste/ también/ indignante más que triste (v1); "un bandido llamado Eligio Cedeño" (v1); "¡bandida, una bandida!" (v1); "vagabundería", "vagabunderías" (v3); "comadre" [Refiriéndose a Luisa Ortega Díaz] (v3); "uno de esos delitos horrorosos" (v3); "pobrecita" [irónico] (v3); "Santa Ley" (v3).

b. Frases y voces cargadas de afectividad negativa: "toda una componenda" (v1); "redes que venimos desmontando" (v1); "y todo estaba montado, según ahora me explican" (v1); "es mucho, mucho, mucho más grave un juez que libere a un bandido que el bandido mismo" (v1) "saltándose las leyes y los procedimientos" (v3).

c. Expresiones afectivas en la morfosintaxis, con el uso de aumentativos: "es mucho, mucho, mucho más grave" (v1); "es infinitamente muy grave (v1)".

d. Afectividad en el nivel discursivo con el uso de expresiones informales: "meterle pena máxima" (v1); "pero no es que no, después vienen, y tal y salió a los tres meses" (v1); "no podemos darnos el lujo" (v1); "y no me vengan después con que no..." (v1); "si es que le van a meter los años de cárcel/ bueno métanselos" (v2); "cosido a críticas" (v3); "está bien presa, comadre" (v3); "Entonces si un homicida le salen treinta años pena máxima ¿verdad?/ en Venezuela// a un juez le saldrían/ yo le pondría treinticinco"(v3); "¡no...no...no...somos iguales/ chico! ante la ley somos iguales mano"(v3); "¿cómo va haber justicia en un país donde un juez se preste para eso, chico?" (v3); "los mismos escuálidos" (v3).

e. Repeticiones: Hay repeticiones enfáticas en el texto, de las cuales las más representativas son las siguientes: "el otro caso [...] es/ bueno/ cómo una jueza/ voy a decir su nombre//está presa//María Lourdes Afiuni/ una jueza" (v1); "entonces viene una juez/ ¡bandida!// una bandida" (v1); "no//debe estar en la cárcel/ en la cárcel" (v1); "no/ señora Fiscal no lo permita usted// no lo permitamos" (v1) ; "y hasta que se acabó todo/ se acabó todo" (v1); "Eso es lo ÚLTIMO↑ que podemos tener nosotros! ↓ [La Juez parpadea y asiente con la cabeza] Es lo ULTIMO pues↑" (v2); Pero la juez está en evidencia/ es una cosa tan evidente [...]" (v3); "¡Dígan lo que ustedes quieran![...] ¡sigan diciendo lo que ustedes quieran!"↓.

f. La prosodia y la gestualidad muestran cómo Chávez está en control de la situación y del país. En este sentido son de señalar los siguientes elementos:

En cuanto al aspecto prosódico[36], explicaremos brevemente el uso de las pausas, la entonación y la intensidad, que en este caso aparecen fundamentalmente como elementos de orden retórico. Las pausas que hemos destacado en los fragmentos que aquí se señalan tienen la duración que reclama lo que el emisor intenta subrayar. Hemos marcado pausas breves y pausas largas, de acuerdo a la duración presentada. Las pausas percibidas como breves, no necesariamente sintácticas, tienen una duración que oscila entre 325 ms y 694 ms. Las pausas percibidas como largas oscilan entre 694 y 1384 ms. La pausa breve claramente intenta poner en relieve una parte del discurso y las pausas largas lo enfatizan para darle al auditor la lectura esperada. Véase las marcas en el fragmento siguiente:

i. *Las pausas.* Las pausas son un elemento que resalta en el discurso de Chávez. Hace pausas largas y mira al auditorio. Pueden señalarse como ejemplo en la intervención del 10 de diciembre, las siguientes: "El otro caso triste/ también/ indignante más que triste es/ bueno/ cómo una jueza// voy a decir su nombre//está presa//María Lourdes Afiuni/ una jueza (v1);". En este segmento vemos cómo hay pausas largas después de las palabras "jueza", "presa" y nuevamente "jueza". Las pausas marcan elementos esenciales del segmento y los convierten en relevantes. Lo mismo ocurre en otro segmento: "No debe ocurrir ni un caso y si ocurre/ que le caiga todo el peso de la ley a los responsables/ en este caso esta señora jueza que se llama// [mirando un papel] María/ Lourdes/ Afiuni (v1)". Son significativas las pausas antes del nombre de la juez, cuando Chávez lee detenidamente el papel como si no lo supiera y hace una pausa después de cada uno de los elementos de su nombre. En el segundo video, continuación del anterior, Chávez hace pausas significativas después del "Y si es que le van a meter los años de cárcel/ bueno métanselos//"; después de "a quien sea//; luego de "a la juez esa deberían meterle treinta años de cárcel//" y "porque el juez es encargado nooo de imponer la sentencia//". En el tercer video, correspondiente al evento del 21 de diciembre, hace nuevamente una pausa después de "una juez"; viene la juez; y después de "es más grave que el mismo homicida el juez". Como puede verse, la pausa es enfática después de la palabra juez. También hace una pausa después de "yo le pondría treinticinco", cuando pide se alargue la pena máxima en Venezuela.

ii. *La entonación y la intensidad.* El presidente habla con contundencia, aumenta el *volumen* de su voz, con un cambio tanto en la línea de frecuencia fundamental como en la de intensidad en su discurso. Hace entonces un juego retórico entre las pausas y los otros elementos prosódicos cuando pronuncia acusaciones. En el fragmento citado a continuación tenemos un descenso o ascenso de la línea de frecuencia fundamental, marcada con la flecha hacia arriba o hacia abajo. En los discursos analizados tenemos que el descenso o ascenso tonal está entre 10 y 20 Hz, por debajo o por encima del tono normal del informante (118 Hz). En los casos de énfasis, marcados en el texto en mayúscula, la elevación del tono va acompañada de una elevación de la intensidad en 3 o 4 decibeles. Lo cual claramente es un llamado de atención.

[36]   Los datos acústicos fueron obtenidos a partir del análisis de muestras de discursos a través del programa Praat. A E. Mora mi agradecimiento por el análisis en este programa y sus sugerencias sobre el tema.

[...] El otro caso triste↑/ también/ INDIGNANTE más que triste↓ (v1); Entonces viene una juez↑/ ¡BANDIDA!↑// una BANDIDA↑ (v1); Y yo exijo DUREZA contra esa jueza↑ (v1); Porque es MÁS GRAVE el juez doctora↑ ¿Usted no cree?↑ES MÁS GRAVE CLA-RO↑/ ¿Tener jueces que liberan delincuentes? ah no// ¡Eso es lo ÚLTIMO↑ que podemos tener nosotros! (v2); No voy a acusar a nadie↓/ Pero la juez está en EVIDENCIA↓ (v3); ↑// ¿ESTÁ O NO ESTÁ BIEN PRESA ESA JUEZ?↑/¡ESTÁ BIEN PRESA...COMADRE!↓ (V3); ¡PIDO PENA MÁXIMA!↓ (v3); Pero aplíquese todo el peso de la/ SANTA LEY↓ (v3). Además, hace *alargamientos* enfáticos: "porque el juez es encargado *nooo* de imponer la sentencia//".

Asimismo, juega con los tonos finales y ascensos de intensidad para expresar focaliza-ciones. Así se observan niveles tonales elevados, con intensidad igualmente en ascenso, para hacer énfasis. Ejemplos de ello son los siguientes: [...] El otro caso triste↑ (v1); ¡BANDI-DA!↑//una BANDIDA↑(v1); habían firmado en blanco una hoja con la juez↑ANTES de que llegara el preso↑(v1); Porque es MÁS GRAVE el juez doctora↑ ¿Usted no cree?↑ES MÁS GRAVE CLARO↑ (v2); ¡Miren cómo me tienen por ahí!↑/Cosido a críticas↑ (v3); ES MÁS GRAVE↑ (v3).

Por otra parte, se observan tonos finales descendentes en enunciados aseverativos, como es lo esperado en el español. Sin embargo, el efecto de sentido viene dado por el juego de estos finales descendentes unidos a las pausas correspondientes y el manejo retórico de la fuerza de la intensidad de la voz. Tales los siguientes: voy a decir su nombre↓//está presa↓ (v1); Bueno/ está presa↓ (v1); No/ no/Señora Fiscal↓ no lo permita usted↓// No lo permita-mos↓ (v1); [...]tiene que pagar CON TODO EL RIGOR DE LA LEY lo que ha hecho↓ (v1); Simón Bolívar un día decretó/ hizo un decreto↓//Aquel que tome un centavo del tesoro públi-co será pasado por las armas↓/es decir/ fusilado↓ (v2); Pero la juez está en EVIDENCIA↓ (v3); ¡ESTÁ BIEN PRESA...COMADRE! ↓ (V3).[37]

iii. Los gestos. Los gestos[38] son determinantes en el discurso del Hugo Chávez. Como se dijo anteriormente, clasificamos los gestos y enumeramos cada tipo de gesto para estos vi-deos. Puede señalarse que apoya cada una de sus frases con gestos corporales. Encontramos que usa reiteradamente los siguientes gestos:

- Mueve los índices de ambas manos señalando hacia arriba tanto con el índice iz-quierdo, que usa frecuentemente, como con el derecho. Muchas veces el movimien-to se extiende hasta el brazo correspondiente, o ambos [1];
- Muestra la palma de la mano (cualquiera de las dos o ambas) y encoge los hombros. Este movimiento puede hacerse extensible al brazo [2];
- Las manos señalan hacia afuera o hacia sí mismo [3].
- Baja los índices y las manos en forma de hacha [4].
- Mueve el puño cerrado que mueve en hacha hacia abajo [5].
- Hace un movimiento circular hacia adentro con una o ambas manos, que puede re-petirse [6].
- Imita en el segmento el acto de firmar con la mano, y mira un papel cuando pronun-cia el nombre de la juez o muestra los informes que tiene del caso. [7]
- También cruza las manos sobre la mesa, luego eleva ambos brazos y cruza nueva-mente las manos [8].

---

37   Para el análisis de la entonación en un discurso de Chávez, véase Connett 2016.

38   Agradezco a L. Tovar sus sugerencias sobre el tema de la gestualidad.

Las palabras van acompañadas, ininterrumpidamente, a veces para cada frase, con gestos con los índices, las manos, los brazos y los hombros. La actitud es de mando. Se ha determinado que los gestos del dedo índice son como un hacha simbólica que el hablante introduce en el oyente para subyugarlo y se describen como agresivos o beligerantes (Pease y Pease (2005: 38-40). Por otra parte, las manos cruzadas, muestran una persona que cierra simbólicamente la posibilidad de acercamiento (Pease y Pease 2005: 132). He aquí algunos ejemplos:

(22)   El otro caso triste↑/ también/ INDIGNANTE más que triste↓[índice hacia arriba] (v1)

(23)   Entonces viene una juez↑ [ambas manos en círculo]/ ¡BANDIDA!↑ [índice y brazo hacia arriba]// una BANDIDA↑ [manos en hacha] (v1)

(24)   Entonces habrá que meterle PENA MÁXIMA a esta jueza↓ [manos en hacha]/ y a los que hagan eso↓ [movimiento circular de ambas manos]/ ¡TREINTA AÑOS DE PRISIÓN [manos en hacha]/ PIDO YO A NOMBRE DE LA DIGNIDAD DEL PAÍS! [índice izquierdo y brazo levantados] (v1)

(25)   Esa jueza↑/ tiene que pagar CON TODO EL RIGOR DE LA LEY[puño cerrado en hacha v1]

(26)   Y si es que le van a meter los años de cárcel [manos en hacha] bueno métanselos↑/ A QUIEN SEA↓[movimento circular]// A la juez esa deberían meterle treinta años de cárcel↓[manos en hacha]// (v2)

(27)   ¿Está o no está bien presa esa juez?↑ [manos en hacha]/ ¡Está bien presa...comadre!↓// (v3)

(28)   Por eso yo pido [manos cruzadas]pena máxima↑[índice hacia arriba] para juez [manos en hacha]que se preste[manos en hacha] a vagabunderías [manos en hacha]como ésta↓[manos en hacha]// ¡Pido pena máxima!↓[manos en hacha]// (v3).

Es frecuente que los gestos se repitan en paralelo; por ejemplo, cuando señala con el dedo índice teniendo la palma cerrada, estira el brazo correspondiente y luego lo alterna: primero con el dedo izquierdo, luego con el derecho, repite los gestos y termina haciendo un círculo hacia adentro con ambas manos. Luego repite el gesto comenzando con el derecho y terminando con el izquierdo.

Pueden observarse contundencia y severidad cuando juzga a la juez de bandida o cuando la condena a treinta años de prisión en el gesto del índice e incluso del brazo levantado. Con los círculos acompaña sus descripciones.

La mirada de Chávez durante todo el segmento es severa y desafiante, y muestra indignación y enojo, por ejemplo en el video 3 cuando dice: "A la juez esa deberían meterle treinta años de cárcel↓[4] ¡Sí señor!". Mira hacia adelante y hacia los lados. Encontramos gestos de enojo en la cara del comandante: acerca y baja las cejas; ceño fruncido; se tensa el párpado inferior; los ojos abiertos miran fijamente; la boca está tensa y comprimida, las narinas levantadas (*cf.* Ekman y Friesen 2003; Matsumoto et al. 2008) Esos rasgos se observan en su cara en el curso de ambas alocuciones.

La estrategia del presidente es informar al país que ha puesto presa a una juez y que él mismo exige su condena. Su discurso refleja su indignación sobre la acción de la juez al excarcelar a Cedeño. Como hemos visto, Chávez emplea la afectividad, tanto en la confrontación y la descalificación directa y pública hacia sus oponentes, como en la vinculación solidaria con sus seguidores (Chumaceiro 2010; Marcano y Barrera Tyzka 2004).

2. *Estrategias del auditorio*

La reacción del auditorio presente en la sala es gestual, dado que no tiene voz en la situación de alocución presidencial, salvo en el tercer video cuando la Presidente del TSJ responde una pregunta que le hace el presidente, pero que no se comparte públicamente. Si el texto y la gestualidad del presidente muestran autoridad, la de la Fiscal General del Ministerio Público es pasiva y aquiescente. Ella, como dijimos, no encabeza el acto, sino que se encuentra entre el público en primera fila y no al lado del mandatario; su participación se limita a sonreír y asentir con la cabeza. Su actitud es de sumisión y de acatamiento de la voz de mando. Puede decirse que fue sometida a decisiones que no eran libres de apremio y presiones, puesto que el presidente actuó en una situación pública frente a todo el país. Las condiciones no son admisibles (Ynoub 2016).

Los videos muestran momentos en los que la cámara enfoca al público y se detiene tres veces en la persona de la Fiscal General del Ministerio Público, mostrándola de frente y directamente. La mujer que encarna al poder judicial oye, sonríe y asiente: sus gestos muestran conformidad y obediencia. Veamos, en lo que sigue, cada uno de los videos.

i. *Primer video*: En la primera de las tomas, la fiscal mira fijamente al presidente y asiente con la cabeza. Esto ocurre en el minuto 01,11, cuando él ha dicho: "Los policías que lo custodian se lo entregan a los alguaciles del tribunal porque así está establecido en las normas, eso habrá que revisarlo, señora Fiscal"

En la segunda oportunidad, la fiscal asiente de nuevo, en el minuto 1.53, cuando él dice "Ella misma se lleva al preso, violando la ley en primer lugar porque hace la audiencia, o la llamada audiencia, sin la presencia del Ministerio Público. Eso está prohibido"

En la tercera oportunidad, los presentes, incluyendo a la Fiscal General del Ministerio Público, aplauden. Esto ocurre en el minuto 3.01, cuando Chávez dice: "Entonces habrá que meterle pena máxima a esta jueza, y a los que hagan eso. ¡Treinta años de prisión pido yo a nombre de la dignidad del país!" (

En la cuarta oportunidad, la Fiscal General del Ministerio Público mira fijamente y sonríe levemente al Presidente de la República. (Tabla 2. Foto 4). Según Pease y Pease (2004) la sonrisa indica sumisión (*cf.* 72-74). Esto ocurre el minuto 3.30, cuando el Presidente dice:

(29)   Y no, y no me vengan después que la jueza porque es jueza está en una oficina. No, debe estar en la cárcel, en la cárcel. Con todos sus derechos, pero no es que no, que la jueza, después vienen, y tal y salió a los tres meses. No, señora Fiscal, no lo permita usted. No lo permitamos.

Con lo anterior reproduce un diálogo reconstruido (Tannen 1986, 1989) de aserción / réplica. Esto le otorga vivacidad e histrionismo al relato. Luego, retoma la idea anterior de la cita y usa también un verbo de desplazamiento, que no es prototípico, como los de comunicación aunque no termina de construirla -"y no me vengan [a decir]; después vienen y tal"-. El "y tal" es una manera de no especificar lo que sería el contenido citado (*cfr.* Gallucci 2014, 2016).

Chávez utiliza, seguramente con un cambio de entonación, una cita prospectiva en estilo indirecto en la que presenta una justificación que no ha tenido lugar, es decir, pone en boca de los otros lo que dirían hipotéticamente. Como explica Escribano (2013: 22), tal vez sea esa necesidad de salvaguarda social lo que hace que nuestras intervenciones tengan que sustentarse en puntos de vista diferentes a los nuestros, bien como apoyo argumentativo, o bien para distanciarnos y disentir con respecto a ellos, como ocurre en el ejemplo[39].

ii. *Segundo video.* La Presidenta del Tribunal Supremo mira fijamente al mandatario en los minutos 0.40 a 045 del video. Sonríe levemente de compromiso, apenas con los labios (Ekman et al. 2005).

iii. *Tercer video.* En este video, del 21 de diciembre de 2009, la Presidente del Tribunal Supremo está nuevamente en la primera fila del auditorio. Aquí reacciona a las palabras de Chávez "No le quiero quitar mucho tiempo/ usted tiene mucho trabajo allá" en los minutos 0.05 a 0.07 con una franca sonrisa, como puede verse en (1) (*cf.* Ekman et al. 2005). En los minutos 0.45 y 0.46 se le ve hablar al presidente, respondiendo a su pregunta "Ojalá que lo extraditen ante la solicitud que ya estamos elaborando ¿verdad? La fiscal asiente y gesticula con su mano derecha (2). Luego se le ve mirar fijamente a presidente en el minuto 2.12 (3) y, finalmente, en el minuto 2.20 mira fijamente al presidente y sonríe levemente.

CONCLUSIONES

En este trabajo hemos analizado la alocución del presidente Hugo Chávez cuando informa al país sobre la prisión de la juez Afiuni y su orden de condenarla a treinta años de prisión, el día 11 de diciembre de 2009. Asimismo, estudiamos un nuevo evento, el día 21 de diciembre, cuando el presidente reitera y defiende su condena y su petición de la máxima pena para la juez y todo aquel que actúe de forma semejante, es decir, en contra de sus designios.

Para nuestro análisis empleamos la metodología etnográfica, en especial el método de lingüística forense (Shuy 2013). Determinamos los eventos comunicativos, los esquemas de los participantes, los actos de habla, las agendas conversacionales y las estrategias encontradas en el corpus.

Nos preguntamos cómo se construye discursivamente la acusación y condena de la juez María Lourdes Afiuni. Asimismo, cómo se relaciona el discurso del presidente con el desvanecimiento de los límites entre los poderes públicos y, por lo tanto, el debilitamiento de la democracia en Venezuela. Encontramos que, además de violar la separación de poderes prevista en la Constitución en lo jurídico, desde el punto de vista lingüístico se asume e irrumpe en la fuerza ilocutiva que le debería corresponder a otros poderes del estado. El Presidente de la República no debió inmiscuirse en asuntos jurídicos. Ninguna de las situaciones corresponde al procedimiento convencional para condenar a un ciudadano, puesto que no se realizan en un juicio, ni con las personas apropiadas, ni en el lugar que corresponde.

El debilitamiento de la democracia se evidencia desde el punto de vista discursivo en todos los niveles del lenguaje. Encontramos que en ambas cadenas televisivas se violan normas pragmáticas para que un evento comunicativo como el de juzgar y condenar a una ciudadana en un contexto republicano pueda considerarse apropiado. En efecto, los eventos comunicativos se realizan en el palacio de Miraflores, sede del poder ejecutivo, y el presidente aparece la primera vez en una sala rodeado de sus ministros frente a un auditorio en el que se encuentra la Fiscal General. Diez días después repite la cadena, esta vez solo, pero también frente a un auditorio en el que se encuentra la Fiscal General de la República con la que intercambia palabras y gestos.

---

[39]		Agradezco a M.J Gallucci haberme señalado este hecho.

Las condiciones situacionales caracterizan los eventos como formales: la sala del palacio de gobierno, los símbolos patrios y el podio elevado simbolizan el poder del hablante frente al de todos los presentes, frente a los poderes públicos, y frente al país. En ambas situaciones, el contexto ideológico es el del autoritarismo y no el de la democracia, caracterizada justamente por la independencia de los poderes públicos (*cf.* Márquez 2004). Observamos dos participantes principales en ambas situaciones: Chávez, que representa el poder ejecutivo transformado en un poder casi absoluto, y el auditorio, compuesto por quienes lo acompañan, quienes lo escuchan directamente y el país que se entera por televisión.

En cuanto a los esquemas, mostramos que hay dos formas de concebir el estado, el democrático, con separación de poderes públicos y el autoritario, con un ejecutivo fuerte que invade los demás. Chávez representa el padre severo que manda, y castiga si se lo contradice.

Las agendas se relacionan con la predisposición, la voluntariedad y la intención de la persona al cometer un crimen que, en este caso, es el que Chávez le imputa a Afiuni. Chávez sostiene que la juez actuó con premeditación, con la intención de cometer el crimen y con voluntariedad, pues actuó sola, por corrupción. Sin embargo, los abogados de Afiuni sostienen que la juez actuó de acuerdo con la ley.

Se contaron en los videos son 15 actos de habla declarativos, 10 actos representativos, 8 actos expresivos y 7 actos directivos. Si sumamos los actos declarativos y directivos, obtenemos un 55%, lo cual muestra que Chávez emplea su poder para actuar, en este caso, para llevar a cabo la condena a Afiuni. Incluso los actos declarativos son actos de habla indirectos que representan denuncias veladas.

Las estrategias del hablante son de diverso tipo, y se encuentran plasmadas en varios niveles del lenguaje. Una estrategia importante en el discurso de Chávez es la afectividad (Nieto y Otero 2002; Erlich (2005). De allí también la importancia de los actos de habla expresivos en el corpus. Se encuentran expresiones afectivas además en el léxico, frases y voces cargadas de afectividad negativa, expresiones afectivas en la morfosintaxis y en el nivel discursivo con el uso de expresiones informales. Además, hay repeticiones enfáticas que se dan con frecuencia.

En relación a la prosodia, explicamos el uso de las pausas, la entonación y la intensidad, que son aquí elementos de orden retórico. Hay pausas breves y pausas largas, de acuerdo a la duración presentada. La pausa breve pone en relieve una parte del discurso y las pausas largas lo enfatizan para darle al auditor la lectura esperada. En cuanto a la entonación y la intensidad, Chávez aumenta el *volumen* de su voz, con un cambio tanto en la línea de frecuencia fundamental como en la de intensidad en su discurso. Hace entonces un juego retórico entre las pausas y los otros elementos prosódicos cuando pronuncia acusaciones. En los casos de énfasis, la elevación del tono va acompañada de una elevación de la intensidad en 3 o 4 decibeles, lo cual es un llamado de atención. Además, hace *alargamientos* enfáticos: "porque el juez es encargado *nooo* de imponer la sentencia//". Asimismo, juega con los tonos finales y ascensos de intensidad para expresar focalizaciones y tonos finales descendentes en enunciados aseverativos, como es lo esperado en el español. Sin embargo, el efecto de sentido viene dado por el juego de estos finales descendentes unidos a las pausas correspondientes y el manejo retórico de la fuerza de la intensidad de la voz.

La actitud de Chávez es intimidante. Su gestualidad, su mirada y su entonación son amenazadoras. Los gestos con las manos son determinantes. Son frecuentes y acompañan casi cada enunciado. Clasificamos ocho gestos diferentes que se repiten muchas veces en paralelo.

Son característicos los movimientos circulares con las manos. El movimiento de las manos en hacha, en particular ha sido caracterizado como agresivo y beligerante. Con la mirada muestra enojo durante los videos, ésta es tensa y desafiante.

El presidente tiene una actitud de mando sobre el auditorio. Esta muestra una actitud expectante y sumisa, evidenciada sobre todo en la actitud de la Presidente del Tribunal Supremo de Justicia que se encuentra en la sala en ambas ocasiones. Ella es enfocada varias veces sonriendo acquiescente.

Si bien la constitución no le da a Chávez el poder para condenar a un ciudadano, todos los elementos del evento comunicativo le confieren la fuerza ilocutiva que convierte sus deseos en realidades. El poder judicial se rinde discursivamente ante el poder ejecutivo.

APÉNDICES

2.2.1. Primer Video (v1) Transmisión del 10 de diciembre de 2009.

La transcripción (a partir del minuto 0.10) del primer video es la siguiente.

[...] El otro caso triste↑/ también/ INDIGNANTE más que triste↓[1] es/ bueno↑/ cómo una jueza// [2]voy a decir su nombre↓//está presa↓//María Lourdes Afiuni↑/ una jueza↓// Entonces hace toda una componenda↑[6] con unos alguaciles↑[6]// y otra gente más/ seguro↑[2]// y uno de estos BANDIDOS[4] que estaba preso [3]// precisamente por estas redes↑[6] que venimos desmontando de (sic) hace tiempo [3]/ un bandido llamado Eligio Cedeño↓// lo llevan/la juez lo cita al tribunal↓/[3]/ Los policías que lo custodian se lo entregan a los alguaciles [4]del tribunal↓[4] porque así está establecido en las normas [4]/ ↓eso habrá que revisarlo señora Fiscal↓[8] // Porque si es así↑/ bueno/ yo tendré que ordenar a la Guardia [3] rodear los tribunales↓ [6]// Entonces viene una juez↑ [6]/ ¡BANDIDA!↑ [1]// una BANDIDA↑ [4]// y los alguaciles↑ [3]// reciben de los policías que vienen trasladando/ al preso↑[3]// porque la juez lo llamó a declarar al...al ¿cómo se llama?□□↑/ ¡AUDIENCIA!↓ [4]//Y todo estaba montado↑ [6]/ según ahora me explican/ yo tengo los informes↑ [6]// ELLA MISMA se lleva al preso↑/ VIOLANDO LA LEY en primer lugar [6]porque hace la audiencia/ o la llamada audiencia [2]/ sin la presencia del Ministerio Público// Eso está prohibido [4]/ ningún juez puede hacer ninguna audiencia si no está el fiscal↑ [4] del caso↓ [8]/ Ella no le comunicó nada a ningún fiscal↓ [3]// Mandó por el preso [3]// lo metió en el tribunal↑ y lo sacó por una puerta [3]de atrás↓[8]// Se fugó [2]↓// Bueno/ está presa↓ [3]/ Y yo exijo DUREZA contra esa jueza↑/ incluso le dije a la Presidente del Tribunal Supremo↑ [4]/ Doctora↑ [4]/ y así lo digo a la Asamblea Nacional↓ [3]/ habrá que hacer una ley↓ [4]// porque [6]es MUCHO/ MUCHO/ MUCHO MÁS GRAVE↓ [1]// un juez↓ [3] que libere a un bandido↑[3] que el bandido mismo↓ [4]// Es INFINITAMENTE MUY GRAVE [4] para una república↑ [6]/ para un país↑ [6]/ que un asesino/ porque PAGUE/ un juez lo libere↑ [6]/ Es más grave que un ASESINATO↑ [1]// Entonces habrá que meterle PENA MÁXIMA a esta jueza↓ [4]/ y a los que hagan eso↓ [6]/ ¡TREINTA AÑOS DE PRISIÓN [4]/ PIDO YO A NOMBRE DE LA DIGNIDAD DEL PAÍS! [4] ↓/ [APLAUSOS] Y no [4]/ y no me vengan después con que no que la jueza [4] porque es jueza está en una oficina↓ [3]/ no [1]/ debe estar en la cárcel↓ [3]// en la cárcel↓ [3]// Con todos sus derechos↑ [2]// pero no es que no↑/ que la jueza/ después vienen/ y tal [6] y salió a los tres meses↑ [6]// No/ no/Señora Fiscal↓ no lo permita usted↓// No lo permitamos↓ [4]// Esa jueza↑ [4]/ tiene que pagar CON TODO EL RIGOR DE LA LEY [4] lo que ha hecho↓/ Y CUALQUIER OTRO JUEZ que se le...que se le ocurra hacer algo [4] parecido↓/ porque no es la primera vez↓ [3]// Cobran↑// es la corrupción↑ [6]// y es lo que Bolívar decía↓ [3]/ ¿no?⬜↑ A un delito/ un perdón y de ahí otro delito y otro perdón [8] hasta que se acabó todo [3]/ se acabó todo↓ [3]// ¿Cómo se va a imponer justicia en un país si no tenemos un poder judicial// BLINDADO TOTALMENTE [4] contra estos casos↓ [3]// Todavía a pesar de que ha mejorado/ ha mejorado mucho [4]/ pero todavía vemos casos como este↓ [3]/ No debe ocurrir ni un caso [1]y si ocurre↑/ que le caiga todo el peso de la ley↑ [4] a los responsables/ en este caso esta señora jueza que se llama// (mirando un papel) María/ Lourdes/ Afiuni↓// Y allí estaban la secretaria del tribunal↑/ los abogados del preso↑/ que me informan por aquí que habían firmado [7] en blanco una hoja [4] con la juez↑ [4] ANTES [3]de que llegara el preso↑ [4]/ tenían todo preparado [4]y una puerta por allá atrás↑[3] y los alguaciles↓// ¿Ve?⬜ ↑//Bueno/ es lamentable por la dignidad del país↓ [1]/¿Verdad?↑// Pero bueno/ a nombre de la dignidad↑ [4]/ tenemos que actuar↓ [4]/ y con mucha contundencia/ en casos como este↓// No podemos darnos el lujo [4]de que estas cosas [4] sigan ocurriendo [4] [...] Y lo mismo digo a los funcionarios públicos↓ [4]// en cualquiera de las ramas del poder↓ [6]// Nosotros [4]no llegamos aquí [4]para hacer negocios [4]/ ni para ser amigos de burgueses↑ [6]//

2.2.2. Segundo video (v2): (Continuación del evento anterior).

(https://www.youtube.com/watch?v=eGZLZC_K3YM)

Y si es que le van a meter los años de cárcel [4] bueno métanselos↑/ A QUIEN SEA↓[6]// A la juez esa deberían meterle treinta años de cárcel↓[4]// ¡Sí señor! //Simón Bolívar un día decretó [7]/ hizo un decreto↓[7]//Aquel que tome un centavo del tesoro público [4] será pasado por las armas↓/es decir [4]/ fusilado↓ [4]// Y el juez que no lo hiciera y tal cumplir [6].... será también pasado por las armas↓ [4]// Porque es MÁS GRAVE el juez doctora↑ [3] ¿Usted no cree?↑ [3] ES MÁS GRAVE CLARO↑ [4]/ ¿Tener jueces que liberan delincuentes? [6]ah no// ¡Eso es lo ÚLTIMO↑ que podemos tener nosotros! [3] ↓ [La Juez parpadea y asiente con la cabeza] Es lo ULTIMO pues↑// Porque el juez es encargado nooo de imponer la sentencia↑ [4]// Oyendo las partes↓ [3]/ Ahora si vamos a tener jueces delincuentes [6]/ ¡Ah Sálvese quien pueda!↓ [3]//

2.2.3. Tercer video (v3): Transmisión del 21 de diciembre de 2009.

A la Fiscal gracias de nuevo por acompañarnos// No le quiero quitar mucho tiempo [4]/ usted tiene mucho trabajo allá [3] [Fiscal sonríe] / imponer la justicia y buscar a los bandidos donde se escondan. ¡Miren cómo me tienen por ahí!↑ [2]/Cosido a críticas↑/ porque yo lo que dije aquí↑/ y lo voy a repetir pues// UNA JUEZ/ [8]/ Yo hago el pedido/ yo lo que hago es pedir↑[3]// ¿Cómo es posible que un juez o una juez/ lo que sea↓[3]/ se preste para una vagabundería como la que ocurrió con el señor este Cedeño? [6]↑/Allá está detenido en Estados Unidos↑ [1]// Ojalá que lo...cumplan y lo extraditen ante la solicitud que ya estamos elaborando ¿verdad?↑[6] ¿Eh? ¿Cómo?↑ [La juez habla y gesticula] Si/ estamos solicitando↑[3]// Ahora [8]/ viene la juez↑[6]/ se pone de acuerdo con unos...señores↑[3]// No voy a acusar a nadie↓/ Pero la juez está en EVIDENCIA↓[4]//es una cosa tan evidente qué cómo ella va a decir que no↓[8]//Y entonces viene↑ y le da↑/toma una decisión↑ [6]/Y estaba todo trabajado↑/ todo preparado↑ y sacaron a este señor por la puerta de atrás↑[3]/Y se perdió↑ [3]/ Ahora apareció fíjense en Estados Unidos↑ [8]//¿ESTÁ O NO ESTÁ BIEN PRESA ESA JUEZ?↑ [4]/ ¡ESTÁ BIEN PRESA...COMADRE!↓// Y yo pido que se le aplique todo el peso de la ley↑[4]// ¿Cómo va a haber justicia en un país donde un juez se preste para eso, chico?↑ [4]// Y por eso digo↑[4]/ es mucho más grave↓[6]//supónganse ustedes que un asesino↑/ un violador↑[6]/ un... de esos delitos [6] horrorosos↑[6]sea liberado↑// un narcotraficante↓// Es más grave [6]que el mismo homicida↑[6] el juez que libere a un homicida↑[6]/ saltándose las leyes[6] y los procedimientos↓[4]/ ES MÁS GRAVE↑[6]// Entonces si un homicida le salen treinta años[4] pena máxima [1] ¿verdad?↑ en Venezuela↓ [4][La Fiscal mira fijamente a Chávez] a un juez le saldrían↑/ yo le pondría treinticinco↑[8]// Y yo pido[8] que se estudie Señora Fiscal↑ [La juez sonríe] señores expertos en la materia↑/ por eso yo pido [8]pena máxima↑[1] para juez [4]que se preste[4] a vagabunderías [4]como ésta↓[4]// ¡PIDO PENA MÁXIMA!↓[4]// Y no en una oficina por ahí [3]no↓/donde debe estar↓[4]/en una prisión[4]// Entonces me acusan[6] de que porque es mujer↓[6]/ pobrecita↓[6]/ de que...no no...¡somos iguales..chico↑! /¡Somos iguales mano↑[3] /ante la ley [4]somos iguales↑[8]// Que yo la...le falté el respeto[3]/ que estoy difamando[6]//Ah bueno está bien↓[8]/¡Dígan lo que ustedes quieran!↓ [3]Pero[8] aplíquese[4] todo[4] el peso [4]de la/ SANTA LEY↓[4]// ¿No ve?↑ ¡No se puede permitir↑![8] ¿Y quienes son los que me critican?↑[6] Los mismos escuálidos↓[3]// Ahí está↑/[3] Y mandan no sé qué por el mundo [6]que van a denunciarme porque estoy atropellando y que yo soy el tirano/ No/ bueno/ está bien..¡sigan diciendo lo que ustedes quieran!↑ [4]//Nosotros como dijo el Quijote ¡que ladren los perros!↑[3]//Nosotros sigamos cabalgando[4] por el rumbo que nos impone esta Constitución↑ [muestra la constitución con la mano izquierda elevada] que es continuidad esta de aquella que un día como hoy quiero recordarlo↑[8] /un día como hoy 21 de diciembre pero por allá [3]en mil ochocientos once↑[4] fue promulgada [...] [hasta aquí el video].

Comentarios Monográficos

COMENTARIOS SOBRE EL INFORME DE LA SITUACIÓN DE LOS DERECHOS HUMANOS Y LA ASISTENCIA TÉCNICA EN LA REPÚBLICA BOLIVARIANA DE VENEZUELA DE LA ALTA COMISIONADA DE LAS NACIONES UNIDAS PARA LOS DERECHOS HUMANOS (A/HRC/48/19 de 13 septiembre 2021)[*]

Román J. Duque Corredor[**]
Individuo de Número de la Academia de Ciencias Políticas y Sociales

Resumen: *Este estudio se refiere a los informes presentados por la Alta Comisionada de Derechos Humanos, en los cuales se desprende la comisión por órganos del gobierno de Venezuela de delitos graves contra derechos humanos, de lesa humanidad, que permanecen en la impunidad por el incumplimiento principalmente del sistema de justicia, de la obligación de investigar estos delitos; impunidad esta que no se resuelve con la suspensión o levantamiento de las medidas coercitivas unilaterales sectoriales impuestas sobre Venezuela.*

Palabras Clave: *Derechos Humanos; Delitos de lesa humanidad; Impunidad.*

Abstract: *This study refers to the Reports submitted by the High Commissioner for Human Rights, which show that the Venezuelan government has committed serious crimes against human rights and against humanity, which remain in impunity for the failure of the justice system to comply mainly with the obligation to investigate these crimes; impunity is not resolved by the suspension or lifting of the unilateral sectoral coercive measures imposed on Venezuela.*

Key words: *Human Rights; Crimes against humanity; Impunity.*

---

[*] Trabajo elaborado para la Catedra Dr. José Santiago Núñez Aristimuño del Instituto de Estudios Jurídicos Dr. Román J. Duque Corredor.

[**] Exmagistrado de la Corte Suprema de Justicia de la República de Venezuela. Expresidente e Individuo de Numero de la Academia de Ciencias Políticas y Sociales. Profesor universitario. Ex vicepresidente del Instituto Latinoamericano del Ombudsman. Presidente de la Fundación Alberto Adriani. Coordinador Nacional del Bloque Constitucional de Venezuela. Coordinador del Grupo Democristiano de Opinión Patricio Aylwin. Presidente de Honor del Instituto que lleva su nombre.

I. CRITERIO INTERPRETATIVO DEL INFORME E IMPORTANCIA E INDEPEN-
    DENCIA DE LAS COMISIONES DE INVESTIGACIÓN Y MISIONES DE DETER-
    MINACIÓN DE LOS HECHOS SEGÚN MANDATO DE LAS NACIONES UNIDAS
    EN SITUACIONES DE GRAVES VIOLACIONES DEL DERECHO INTERNACIO-
    NAL HUMANITARIO Y DEL DERECHO INTERNACIONAL DE LOS DERECHOS
    HUMANOS

La Alta Comisionada de Derechos Humanos de la ONU, de conformidad con *la Resolución 45/2 del Consejo de Derechos Humanos* presentó, en fecha el 13 de septiembre de 2021, el Informe A/HRC/48/19, sobre la situación de los derechos humanos con especial atención a los derechos económicos, sociales, culturales y ambientales y a la asistencia técnica, en la República Bolivariana de Venezuela, correspondiente al período comprendido entre el 1º de junio de 2020 y el 30 de junio de 2021[1]. Confieso que para entender un Informe como el mencionado hay que practicar un examen o análisis minucioso y detallado de sus partes, es decir, diseccionar su contenido para estudiarlos separadamente y llegar a conclusiones acerca de la situación de los derechos humanos en Venezuela. Porque como es propio de tales informes internacionales aparte de su forma protocolar, lo característico es dar la mayor muestra de imparcialidad. Por ello su lenguaje es refinado y de gravedad y pomposo en su formalidad. Diría hasta prosopopeyico, por lo que no contienen una conclusión general sobre la situación de los derechos humanos. De modo que es necesario diseccionar sus partes para arribar a conclusiones sobre la verdadera realidad de estos derechos, que a veces parece disimulada o se ha dejado de relacionar. Es decir, descomponer el informe para pasar de sus partes al todo. Proceso propio este de interpretar su forma para extraer su fondo respecto de la idea principal que se atribuye a un informe sobre la situación de los derechos humanos, cuyas conclusiones no pueden ser otras sino la de los principales avances, retrocesos, obstáculos y amenazas para la efectividad y protección de los derechos humanos. Pues de otra manera no se entendería la función de autoridad moral y portavoz de las víctimas, que se asigna al Alto Comisionado para los Derechos Humanos de la ONU de promover y proteger todos los derechos humanos contenidos en la Carta de las Naciones Unidas y el derecho internacional de los derechos humanos. Es decir, de proteger dichos derechos y de velar por su cumplimiento. En lo cual no puede haber neutralidad.

En efecto, *la Resolución 48/141 141 de 20 de diciembre de 1993 de la Asamblea General de la ONU*[2], asigna como mandato del Alto Comisionado para los Derechos Humanos el promover y proteger el disfrute efectivo de todos estos derechos por todos; desempeñar un papel activo en la tarea de eliminar los obstáculos para la plena realización de los derechos humanos; y desempeñar un papel activo para evitar que se sigan vulnerando los derechos humanos. Y la Oficina a cargo de este funcionario internacional debe realizar una labor de supervisión cuyo objeto es velar para que los estándares principistas normativos se apliquen en la práctica, contribuyendo así a la realización de los derechos humanos, mediante una labor de   aplicación de alerta temprana al determinarse indicios o hechos de situaciones graves de crisis de los derechos humanos y   de deterioro especial de ciertas situaciones. En razón de estas funciones al Alto Comisionado le corresponde inspeccionar la aplicación de las normas en derechos humanos, formular recomendaciones a los estados en cuanto a sus políticas de Derechos Humanos, investigar violaciones de estos derechos y prestar asesoría a

---

[1]   https://www.ohchr.org/EN/HRBodies/HRC/RegularSessions/Session48/Documents/A_HRC_48_
       19_UnofficialSpanishVersion.pdf

[2]   https://undocs.org/pdf?symbol=es/A/RES/48/141

los estados en esta materia[3]. Huelga decir, entonces, que el informe del Alto Comisionado no puede convertirse en memorias y cuentas de los gobiernos de los estados y en una fuente de información de programas y planes de estos gobiernos. Esta alteración no es propia de un Fiscal Internacional de Derechos Humanos, como lo es el Alto Comisionado de Derechos Humanos de la ONU. En concreto, que su función es de la denunciar las violaciones de derechos humanos y sus responsables, cuando se comprueben por sus propios delegados o por las comisiones independientes de la ONU. Lo contrario, es aplicar la política de Pilatos de lavarse las manos.

II.   LAS COMISIONES DE INVESTIGACIÓN Y LAS MISIONES DE DETERMINA-CIÓN DE LOS HECHOS DE LA ONU PARA LAS SITUACIONES DE GRAVES VIOLACIONES DEL DERECHO INTERNACIONAL HUMANITARIO Y DEL DERECHO INTERNACIONAL DE LOS DERECHOS HUMANOS

Por otra parte, la ONU, a través del Consejo de Seguridad, la Asamblea General, el Consejo de Derechos Humanos, la Secretaria General y el Alto Comisionado para los Derechos Humanos, utilizan la designación de comisiones de investigación y de las misiones de determinación de los hechos establecidas por mandato de las Naciones Unidas, para responder a situaciones de graves violaciones del derecho internacional humanitario y del derecho internacional de los derechos humanos, tanto si estas son prolongadas, como si se derivan de acontecimientos súbitos y para promover la responsabilidad por dichas violaciones y combatir la impunidad[4]. Por otro lado, según *La Guía de Investigación*[5] cada órgano de investigación de las Naciones Unidas es diferente, por lo que los comisionados y los expertos son independientes. La labor de las comisiones o misiones es decisiva para fortalecer la protección de los derechos humanos de múltiples maneras. Esos órganos pueden aportar un registro histórico de violaciones graves de derechos humanos y de derecho internacional humanitario y contribuyen a asegurar la rendición de cuentas en casos de violaciones graves, lo que resulta esencial para prevenir futuras violaciones, fomentar el cumplimiento del derecho y facilitar los medios para proporcionar justicia y reparación a las víctimas. Un aspecto que debe destacarse de la labor de las comisiones independientes de investigación y de las misiones de determinación de los hechos, es que aportan elementos decisivos para los procesos judiciales, tanto en los procedimientos de los tribunales internacionales ad hoc como en los incoados ante la Corte Penal Internacional.

Muchas de esas investigaciones de estas comisiones y misiones relativas a la violencia y las violaciones que han indagado, sirven de fundamento para la aplicación de los mecanismos de justicia transicional para la averiguación de a verdad, los procesos de esta justicia, la interposición de recursos y para la puesta en marcha la reparación de las víctimas y las garantías de no repetición[6]. Un aspecto importante respecto de estas comisiones y misiones es la de la formulación de mandatos concretos por la ONU para su labor de determinación y esclarecimiento de los hechos, de investigación de violaciones de derechos humanos y de denuncias de abusos y violaciones graves de los derechos humanos, de recopilación sistemáticamente de información sobre las violaciones de derechos humanos y los actos susceptibles de constituir quebrantamiento del derecho internacional humanitario, así como de determinación de las responsabilidades y de identificación de los responsables. Un aspecto que

---

[3]   https://www.ohchr.org/Documents/AboutUs/CivilSociety/Chapter_1_sp.pdf

[4]   https://www.ohchr.org/Documents/Publications/CoI_Guidance_and_Practice_sp.pdf

[5]   https://libraryresources.unog.ch/factfinding

[6]   https://www.ohchr.org/Documents/Publications/CoI_Guidance_and_Practice_sp.pdf (p. 7).

debe destacarse también respecto de las comisiones de investigación y misiones de determinación de los hechos es que a sus miembros y a su personal se les exige que procedan con
independencia y que garanticen que no solicitarán ni aceptarán instrucciones de ningún gobierno, persona u otra fuente, y que al ejercer sus funciones no recibirán ninguna influencia
indebida, procedente de gobiernos, personas, ONG u otras entidades. Y, asimismo, se exige a
las comisiones o misiones que su labor debe basarse en su mandato y en las normas internacionales aplicables; y que las presuntas violaciones cometidas por todas las partes deben
investigarse con igual meticulosidad y vigor, de modo que las comisiones o misiones no
deben dar la impresión de que favorecen a una de las partes sobre las demás.

Pues bien, el Consejo de Derechos Humanos de la ONU, mediante *Resolución No.
42/25, del 27 de septiembre de 2019*[7], designó una Misión Internacional Independiente de
Investigación sobre la República Bolivariana de Venezuela y le fijó como su mandato concreto, de un plazo de un año, de investigación de las ejecuciones extrajudiciales, las desapariciones forzadas, las detenciones arbitrarias y la tortura y otros tratos crueles, inhumanos o
degradantes cometidos en Venezuela desde 2014. En la mencionada Resolución el Consejo
de Derechos Humanos decidió que la Misión Internacional Independiente de determinación
de los hechos, cuyos miembros fueron designados por el Presidente del Consejo de Derechos
Humanos, viajara urgentemente a la República Bolivariana de Venezuela para que investigue
las ejecuciones extrajudiciales, las desapariciones forzadas, las detenciones arbitrarias y las
torturas y otros tratos crueles, inhumanos o degradantes cometidos desde 2014, a fin de asegurar la plena rendición de cuentas de los autores y la justicia para las víctimas y le solicitó a
la Misión que presentara un informe con sus conclusiones al Consejo en su 45° período de
sesiones. El mandato de la Misión de Investigación fue prorrogado por el Consejo el 6 de
octubre de 2020 por dos años más, hasta septiembre de 2022, mediante *su Resolución No.
45/20*[8]-[9] a fin de que pueda seguir investigando las violaciones manifiestas de los derechos
humanos, como las ejecuciones extrajudiciales, las desapariciones forzadas, las detenciones
arbitrarias, las torturas y otros tratos crueles, inhumanos o degradantes, incluida la violencia
sexual y de género, cometidas desde 2014, con miras a combatir la impunidad y asegurar la
plena rendición de cuentas de los autores y la justicia para las víctimas, y solicitó a la Misión
que presente un informe verbal actualizado sobre su labor en los períodos de sesiones 46° y
49° del Consejo y que prepare informes por escrito sobre sus conclusiones para presentarlos
al Consejo en sus períodos de sesiones 48° y 51°. Y el referido Consejo de Derechos Humanos, en *la Resolución A/HRC/45/L.43/Rev.1 del 1° de octubre del 2020*[10], instó a las autoridades venezolanas a que cooperen plenamente con la Oficina del Alto Comisionado y la
misión internacional independiente de determinación de los hechos, les concedan acceso
inmediato, pleno y sin restricciones a todo el país, incluidas las víctimas y los lugares de
reclusión, les proporcionen toda la información necesaria para cumplir sus mandatos y velen
por que todas las personas tengan acceso sin trabas a las Naciones Unidas y otras entidades
de derechos humanos y puedan comunicarse con ellas sin temor a represalias, intimidación o
ataques, Asimismo, en la citada *Resolución A/HRC/45/L.43/Rev.1*, expresó su gran preocupación ante la alarmante situación de los derechos humanos en la República Bolivariana de
Venezuela, marcada por un cuadro persistente de violaciones que afectan de forma directa e
indirecta a todos los derechos humanos -civiles, políticos, económicos, sociales y culturales-
en el contexto de la actual crisis política, económica, social y humanitaria, como se indica en

---

[7]   /25undocs.org/es/A/HRC/RES/42

[8]   A/HRC/RES/45/20, par. 15.

[9]   ndocs.org/es/A/HRC/RES/45/20

[10]   https://undocs.org/es/A/HRC/45/L.43/Rev.1

los informes de la Alta Comisionada de las Naciones Unidas para los Derechos Humanos y de la misión internacional independiente de determinación de los hechos y en otros informes de organizaciones internacionales.

La importancia de estas comisiones de investigación y misiones de determinación de hechos es que producen pruebas contundentes sobre los crímenes de guerra y los crímenes de lesa humanidad que sirven para formalizar los procesos de justicia para responsabilizar a los infractores. Al respecto un dato importante es que, de las misiones activas de determinación de los hechos, una es la referente a Venezuela, designada en septiembre de 2019, junto con las de Myanmar de septiembre de 2918, del Grupo de Expertos de la región de Kasai República Democrática del Congo de julio de 2018, del Grupo de Expertos Eminentes sobre la situación de derechos humanos en Yemen de septiembre de 2017, de la Comisión de Investigación sobre derechos humanos en Burundi de septiembre de 2016, de la Comisión sobre derechos humanos en Sudán del Sur de marzo de 2016 y de la Comisión International Independiente de Investigación sobre la República Árabe Siria de agosto de 2011[11]. En otras palabras, que la situación en Venezuela de graves violaciones del derecho internacional humanitario y del derecho internacional de los derechos humanos es similar a la de los países mencionados. Por tanto, los informes de las comisiones de investigación y de las misiones de determinación de los hechos no pueden ser ignorados en los informes del Alto Comisionado de Derechos Humanos de la ONU.

III. INFORME DE LA ALTA COMISIONADA DE DERECHOS HUMANOS DE LA ONU SOBRE LA SITUACIÓN DE LOS DERECHOS HUMANOS CON ESPECIAL ATENCIÓN A LOS DERECHOS ECONÓMICOS, SOCIALES, CULTURALES Y AMBIENTALES, Y A LA ASISTENCIA TÉCNICA, EN LA REPÚBLICA BOLIVARIANA DE VENEZUELA, CORRESPONDIENTE AL PERÍODO COMPRENDIDO ENTRE EL 1° DE JUNIO DE 2020 Y EL 30 DE JUNIO DE 2021 (A/HRC/48/19). E, INFORME DE LA MISIÓN INTERNACIONAL INDEPENDIENTE DE DETERMINACIÓN DE LOS HECHOS SOBRE LA REPÚBLICA BOLIVARIANA DE VENEZUELA DEL 16 DE SEPTIEMBRE DE 2021 (A/HRC/48/69)

Un primer comentario con relación a este Informe es que conforme a la Resolución 45/2 del Consejo de Derechos Humanos "ha de ser un informe exhaustivo" sobre la situación de los derechos humanos en la República Bolivariana de Venezuela. Es decir, completo sobre todos los casos que trata el objeto del Informe. Otro comentario es que según el mismo Informe la información recopilada y analizada tiene como base entrevistas con víctimas y testigos, así como las reuniones con funcionarios del Gobierno y organizaciones de la sociedad civil y la información y datos oficiales proporcionados por el Gobierno, incluyendo a través de un cuestionario enviado para los fines de este informe. ¿Ocurre preguntar, entonces, si se ha debido además mencionar los informes presentados con anterioridad por la Misión Internacional Independiente de Investigación sobre la República Bolivariana de Venezuela a la que se le fijó como su mandato concreto, de un plazo de un año, la investigación de las ejecuciones extrajudiciales, las desapariciones forzadas, las detenciones arbitrarias y la tortura y otros tratos crueles, inhumanos o degradantes cometidos en Venezuela desde 2014? Por ejemplo, también la declaración de Marta Valiñas, Presidenta de la Misión Internacional Independiente de determinación de los hechos sobre la República Bolivariana de Venezuela, en la 46ª sesión del Consejo de Derechos Humanos, el 10 de marzo de 2021[12]. Por el contra-

[11] "El Consejo de Derechos Humanos. Comisiones y Misiones de Investigación, p. 17 (https://www.ohchr.org/Documents/HRBodies/HRCouncil/HRC_booklet_Sp.pdf).

[12] https://www.ohchr.org/SP/HRBodies/HRC/Pages/NewsDetail.aspx?NewsID=26872&LangID=S).

rio, en el Informe de la Alta Comisionada le da más relieve al Informe de la Relatora Especial sobre las sanciones aplicadas por los Estados Unidos, la Unión Europea y otros estados y los derechos humanos del 12 de febrero de 2021 (Ver, cap. II, 7), hasta el punto que la recomendación de esta Relatora de suspensión de tales sanciones, es, a su vez, una de las conclusiones del Informe de la Alta Comisionada (Ver, IV. 68).

Es verdad que en el Informe en comento se hace referencia a casos de violaciones de derechos humanos relacionadas con la defensa de los derechos económicos, sociales, culturales y ambientales, que incluyen casos de amenazas y de intimidación acompañados de actos de violencia que implicaban la criminalización de actividades legítimas, así como casos de criminalización, amenazas, hostigamiento y detención de estudiantes debido a su participación en movimientos estudiantiles. E, igualmente se refiere al enjuiciamiento de dirigentes sindicales y trabajadores por su defensa de los derechos laborales por delitos como terrorismo, asociación ilícita, revelación de secretos de Estado e incitación al odio; a actos de persecución, detención y difamación contra dirigentes sindicales y a la falta de confianza de la sociedad civil en los sistemas administrativo y judicial y por temor a las represalias. (Ver Cap. II, I. Nos. 46, 47, 48, 49 y 51). Sin embargo, a pesar de los anteriores hechos determinados como graves violaciones de derechos humanos, el Informe de la Alta Comisionada de la ONU no contiene conclusión concreta sobre las consecuencias derivadas de la responsabilidad por tales violaciones, como sí se contiene respecto de las medidas coercitivas unilaterales sectoriales porque, según el Informe, han reducido aún más los recursos disponibles.

Simplemente, a pesar de la reiteración de los hechos graves de violaciones de los derechos y del incumplimiento del gobierno de su obligación de seguir las recomendaciones para investigar, sancionar y reparar por esas violaciones, la Alta Comisionada señala que está preocupada por la criminalización de las personas defensoras de los derechos económicos, sociales, culturales y ambientales, en particular de los y las dirigentes sindicales y estudiantiles (Ver. Cap. IV. No. 66). Y además dice que al igual que en anteriores Informes, vuelve a hacer un llamamiento al gobierno para que siga las recomendaciones contenidas en un Anexo y no en las conclusiones, del cese inmediatamente de todo acto de intimidación, amenazas y represalias por parte de miembros de las fuerzas de seguridad contra los familiares de víctimas de violaciones de los derechos humanos que buscan justicia de la realización de investigaciones de las denuncias de violaciones de los derechos humanos, incluidas la privación de la vida, la desaparición forzada, la tortura y la violencia sexual y de género, en las que estén involucrados miembros de las fuerzas de seguridad, que lleve a los autores ante la justicia y ofrezca a las víctimas una reparación adecuada; (Ver, Informe A/HRC/44/54 del 29 de septiembre de 2020). Así como las recomendaciones de investigar eficazmente las violaciones de los derechos humanos, incluidas las muertes de indígenas, y lleve a los responsables ante la justicia (Ver, Informe A/HRC/41/18 del 9 de octubre de 2019); de garantizar el derecho de las víctimas a acceder a vías de recurso y a medidas de reparación, adoptando un enfoque sensible a las cuestiones de género, y asegurar su protección contra la intimidación y las represalias (A/HRC/41/18, citado). E, igualmente, la recomendación del cese inmediato todo acto de intimidación, amenazas y represalias por parte de las fuerzas de seguridad contra los familiares de víctimas de violaciones de los derechos humanos que buscan justicia (A/HRC/44/54, citado).

En otras palabras, que desde julio de 2019 por el que se hicieron estas recomendaciones en el Informe A/HRC/41/18, y que se reiteraron en junio del 2020, en el Informe sobre la Independencia del sistema judicial y acceso a la justicia en la República Bolivariana de Venezuela, también respecto de las violaciones de los derechos económicos y sociales, y situación de los derechos humanos en la región del Arco Minero del Orinoco (A/HRC/44/54), el gobierno de Nicolás Maduro no ha cumplido con ninguna de esas recomendaciones. Razón suficiente para concluir, como si se concluye en el Informe de la Misión Internacional Independiente de determinación de los hechos sobre la República Bolivariana de Venezuela del 16 de septiembre de 2021 (A/HRC/48/69), que, el Estado no ha adoptado medidas tangibles, concretas y progresivas para remediar las violaciones a los derechos humanos, combatir la impunidad y reparar a las víctimas mediante investigaciones y enjuiciamiento domésticos y que existen motivos razonables para creer que el sistema de justicia ha jugado un papel significativo en represión estatal de opositores al gobierno en lugar de proporcionar protección a las víctimas de violaciones de derechos humanos y delitos. Concluye también afirmando que los efectos del deterioro del Estado de Derecho se propagan más allá de los directamente afectados, repercuten en toda la sociedad.

IV. IMPORTANCIA DEL INFORME DE LA MISIÓN INTERNACIONAL INDEPENDIENTE DE DETERMINACIÓN DE LOS HECHOS SOBRE LA REPÚBLICA BOLIVARIANA DE VENEZUELA, DE FECHA 25 DE SEPTIEMBRE DE 2020 (A/HRC/45/33)

Aparte de lo anterior, el Informe de la Misión Internacional Independiente de determinación de los hechos sobre la República Bolivariana de Venezuela, de fecha 25 de septiembre de 2020 (A/HRC/45/33)[13], resultaba determinante para para la elaboración del contenido y las conclusiones del Informe que la Alta Comisionaba de Derechos Humanos, presentó, en fecha 13 de septiembre de 2021 (A/HRC/48/19), ante el Consejo de Derechos Humanos de la ONU, objeto de estos comentarios. En efecto, en el citado Informe A/HRC/45/33, la Misión Internacional mencionada, concluyó, que, "(…) tiene motivos razonables para creer que los actos y conductas descritos en el presente informe constituyen ejecuciones arbitrarias, incluidas ejecuciones extrajudiciales; tortura y otros tratos o penas crueles, inhumanos o degradantes, incluida violencia sexual y de género; desapariciones forzadas (a menudo de corta duración); y detenciones arbitrarias, lo que contraviene la legislación nacional y las obligaciones internacionales de la República Bolivariana de Venezuela". Y, que, "Las vulneraciones de los derechos humanos y los delitos investigados por la Misión y descritos en el presente informe dan lugar tanto a responsabilidad del Estado como a responsabilidad penal individual en virtud del derecho penal interno o del internacional, o bien de ambos.". Asimismo, que "El Estado, como principal titular de las obligaciones internacionales en materia de derechos humanos, es responsable de todos los actos que le son atribuibles y que constituyen una violación de las obligaciones internacionales. Y, señala, que además de la obligación del Estado de impedir las vulneraciones de los derechos humanos y de garantizar recursos accesibles y eficaces a las personas cuando aquellas se produzcan, el hecho de que no investigue y lleve ante la justicia a los autores de esas violaciones da lugar por sí mismo a otro incumplimiento distinto de las obligaciones internacionales en materia de derechos humanos" (Cap. V. Responsabilidades. Nos. 151 a 153).

Es cierto que tanto la Oficina de la Alta Comisionada de Derechos Humanos de la ONU, como las comisiones de investigación y las misiones de determinación de los hechos, actúan con independencia respecto de su labor, y, que sus Informes también son independientes, pero es igualmente cierto que tanto una como otras responden a un mismo mandato, por lo que ambos han de servirse como fuentes de información de sus respectivos informes para sus contenidos y conclusiones, porque se trata de una misma materia y de una misma sistemática de investigación, de determinación de los hechos y del establecimiento de las responsabilidades por las violaciones graves de los derechos humanos, dado el carácter indivisible e

---

[13]   https://undocs.org/es/A/HRC/45/33

interdependiente de los derechos humanos. Ello en virtud de la concepción integral de los derechos humanos, en el sentido que entre ellos no existen jerárquicamente derechos superiores a otros, ni sus violaciones o consecuencias pueden tratarse aisladamente de otras en las que no se haya actuado en forma directa. Y en razón de que todos los derechos humanos están unidos por un mismo cuerpo de principios y que todos están situados a un mismo nivel. Por ello, la Proclamación de Teherán de 1968[14] y la Declaración de Viena de 1993[15], proclaman esta indivisibilidad e interdependencia.

V.   COMENTARIOS BREVES ACERCA DE LA CONCLUSIÓN DEL INFORME DE LA ALTA COMISIONABA DE DERECHOS HUMANOS, DE FECHA 13 DE SEPTIEMBRE DE 2021 (A/HRC/48/19), SOBRE LAS SANCIONES APLICADAS POR LOS ESTADOS UNIDOS, LA UNIÓN EUROPEA Y OTROS ESTADOS Y LOS DERECHOS HUMANOS Y SOBRE LA RECOMENDACIÓN DE SUSPENSIÓN DE TALES SANCIONES

Por supuesto que no voy referirme a la conveniencia o no conveniencia de las sanciones unilaterales impuestas por estados extranjeros a los países que violan los derechos humanos, sino por el contrario, a la calificación que en el Informe en comento se atribuye a esas sanciones sectoriales y al impacto de la pandemia de COVID-19, como causas eficientes del agravamiento de la violación de los derechos económicos y sociales y de las condiciones económicas y humanitarias preexistentes, por cuanto afectan los recursos disponibles para garantizar y proteger los derechos humanos, en particular de las personas más vulnerables. Creo que lo pertinente es ponderar qué condición tienen tales sanciones o la pandemia en la crisis humanitaria en Venezuela, de modo de evaluar el grado de agravamiento que se le atribuyen. Sin abusar de datos estadísticos o de informaciones basta señalar que para 2004 y 2007 ya se apreciaba una caída de la pobreza atribuida al cambio de políticas en el país, derivada de la mezcla entre la estatización de la economía, por un lado, la monopolización y estandarización de la política social, y por otro, el control político de la sociedad y la perdida de la institucionalidad en el país que lleva a situaciones inciertas y de riesgos. Y que 2007, *"la precariedad de las condiciones de vida de los estratos de pobreza externa es peor a lo que estas eran en 1997, aun cuando ella sea aún poco menor en términos relativos y absolutos"*. Igualmente, para ese año de 2007 se señalaba como causa de ese deterioro económico y social la poca inversión en la infraestructura, el esparcimiento, la recreación y los servicios públicos" y se decía, que *"serán causa del empobrecimiento y rezago de la población"*, y que *"ello será una sentencia"*[16]. Y en lo que respecta a la producción de alimentos, entre 1980 y 2000 la agricultura logró aumentar la producción de alimentos a una tasa levemente superior al incremento de la población, pero desde el 2000 hasta el 2016, al contrario, la tasa de incremento de la producción fue menor a la tasa de incremento de la población, generando situaciones de escasez. Ese déficit desde 2016 ha llevado a un incremento de la importación de alimentos para suplir las carencias de la producción nacional[17]. La caída sostenida de la productividad en Venezuela ha sido progresiva en el sector agropecuario, que es la fuente

---

[14]   https://www.acnur.org/fileadmin/Documentos/BDL/2002/1290.pdf

[15]   https://www.ohchr.org/documents/events/ohchr20/vdpa_booklet_spanish.pdf

[16]   España, N., Luis Pedro, "Detrás de la Pobreza. Diez Años Después", Asociación Civil para la Promoción de Estudios Sociales, 2009, Universidad Católica Andrés Bello, Facultad de Ciencias Económicas y Sociales, Instituto de investigaciones Economizas y Sociales, pp. 12, 25, 43 y 417.

[17]   Informe Elaborado por: ACCIÓN CAMPESINA, Asociación Civil en coalición con SINERGIA Venezuela Déficit Alimentario y Situación de la Producción de Alimentos en Venezuela, Caracas, 23 de marzo de 2016.

fundamental de consumo básico, que ha sido uno de los mayores afectados. Por ejemplo, Fedeagro y sus organizaciones de base registran que entre 2008 y 2020 la producción de alimentos vegetales experimenta una caída de entre 74% y 99%, según el rubro. El sorgo, el pimentón, la papa, el tomate y la cebolla son productos tradicionales de la dieta venezolana y los más afectados en cuanto a su producción.

Esta crisis productiva del sector agrícola que se evidencia en 12 años de caída sostenida, se deriva básicamente y entre otros factores, de la intromisión del Estado venezolano en el mercado, mediante la centralización de la distribución de materias primas, el acceso a las divisas e importaciones, así como la interrupción de la distribución de la mercancía, junto con la imposición de controles de precios que debilitaron a los productores hasta llevarlos a condiciones precarias y de dependencia[18]. Lo cierto es que en Venezuela la inseguridad alimentaria aumentó entre 2018 y 2019-20, según el reporte de la ENCOVI[19]. Y, además, entre 2019 y 2020 un 88% de los hogares venezolanos entrevistados señaló preocupación porque los alimentos se acabaran; entre 76% y 79% presentó deterioro en la diversidad alimentaria y más del 30% tuvo situaciones de hambre y todos los hogares reportaron preocupación por la seguridad alimentaria, unos por no contar con alimentos suficientes y otros por situaciones de hambre en las que algún miembro del hogar comió menos (58%), o dejó de comer (30%), o se acabaron los alimentos en el hogar (54%)[20]. De modo que todas estas consecuencias del deterioro económico y social se apreciaban como efecto de las causas internas mencionadas hace catorce (14) años mucho antes que las sanciones unilaterales.

Por lo que respecta a las sanciones de los Estados Unidos fue en el 2015 y en 2017 cuando se comenzaron a aplicar sanciones, pero a personeros del gobierno y fue en el 2018 cuando se dictó una orden que impide dentro del territorio estadunidense realizar transacciones con cualquier tipo de moneda digital emitida por, para o en nombre del gobierno de Venezuela y se agregaron otros personeros como sancionados mediante el bloqueo de sus bienes y activos. Igual sucedió en el 2019, durante el cual se cancelaron las órdenes de compra a PDVSA y se aplicaron sanciones al Banco Central de Venezuela, pero tanto las remesas personales como la asistencia humanitaria se mantuvieron intactas[21]. En ese mismo año se dictó una orden ejecutiva que impide que los bienes e intereses del gobierno de Venezuela que se encuentran en Estados Unidos puedan transferirse, pagarse, exportarse, retirarse ni negociarse de otra manera. En el 2020 se aplicaron sanciones a diputados de la Asamblea Nacional electa en diciembre de ese año y el Departamento del Tesoro sancionó una red dirigida por Alex Saab y el ministro Tareck El Aissami Maddah bajo la modalidad de un programa "petróleo por alimentos" y el 19 de enero de 2021 se sancionaron a personas relacionadas con la venta de petróleo de PDVSA a México. Por otro lado, con relación a las sanciones de la Unión Europea en enero de 2018 se sancionaron a funcionarios del Estado venezolano por ser señalados como autores del deterioro de la democracia en el país, prohibiéndoles la entrada a las naciones de dicha Comunidad y en el 22 de febrero de 2021 la Unión Europea sancionó 19 funcionarios del régimen de Maduro, por lo que ya son

18   Banca y Negocios. Reymar Reyes M. Estos son los números del colapso agrícola, febrero 07, 2020 /

19   https://provea.org/actualidad/derechos-sociales/alimentacion/informe-anual-2020-se-intensifico-la-desnutricion-y-la-inseguridad-alimentaria-en-venezuela-2/

20   PROVEA. Informe Anual 2020: Se intensificó la desnutrición y la inseguridad alimentaria en Venezuela (https://provea.org/actualidad/derechos-sociales/alimentacion/informe-anual-2020-se-intensifico-la-desnutricion-y-la-inseguridad-alimentaria-en-venezuela-2/

21   Treasury Sanctions Central Bank of Venezuela and Director of the Central Bank of Venezuela (https://home.treasury.gov/news/press-releases/sm661

55 personas sancionadas por el Consejo de esta Comunidad. Y, en 2020, el gobierno británico a través de la Oficina de Implementación de Sanciones Financieras del Tesoro de Su Majestad, adoptó las mismas sanciones que la Unión Europea dictó en junio de ese año contra once dirigentes chavistas, y el 2021 sanciono a tres militares más y en julio de sanciono a los colombianos Alex Saab y Álvaro Pulido Vargas. Finalmente, en abril de 2019, Human Rights Watch y la Facultad de Salud Pública de Johns Hopkins Bloomberg, publicaron un reporte conjunto observando que las sanciones iniciales no estaban dirigidas a la economía venezolana de ninguna manera, agregando que las sanciones impuestas en 2019 podían empeorar la situación, pero que "la crisis las precedía"[22].

Por lo expuesto, si bien los levantamientos de las sanciones alivian algunos aspectos de la crisis, sus causas estructurales impedirán el resurgimiento del crecimiento económico y el desarrollo social. Aparte que desconocer el rol que en la violación de los derechos humanos fundamentales ha tenido el gobierno en la generación de la crisis humanitaria de Venezuela, considerada como la mayor en la historia de occidente, es exonerar la responsabilidad directa a los gobiernos chavistas, principalmente del gobierno de Nicolás Maduro.

VI. EL INCUMPLIMIENTO DE LOS PROTOCOLOS DE MINNESOTA Y DE ESTAMBUL POR EL GOBIERNO DE NICOLÁS MADURO

Un aspecto que debe destacarse del Informe A/HRC/48/19 de la Alta Comisionada de Derechos Humanos de la ONU, objeto de estos comentarios, al incluirse como temas de cooperación y asistencia y no como de recomendación o de llamamiento al gobierno de Nicolás Maduro, lo que puede parecer que carece de importancia, es lo referente al cumplimento de las normas de protección del derecho a la vida y de la integridad personal, En efecto, en el Capítulo III Cooperación y Asistencia Técnica, No. 58, se dice "El ACNUDH también evaluó el cumplimiento de los protocolos de Minnesota y Estambul por parte del sistema de justicia, y redactó protocolos para la investigación de denuncias de violaciones del derecho a la vida y del derecho a la integridad personal, orientar de forma práctica las acciones que debe llevar a cabo cada institución con responsabilidad en el proceso". Esta afirmación puede entenderse como que el gobierno de Nicolás Maduro no ha cumplido ni ha venido cumpliendo con los susodichos Protocolos, cuyo cumplimiento es de vital trascendencia para evitar la violación de derechos fundamentales como el derecho a la vida, a la libertad y a la integridad física y mental. En efecto, el Manual de las Naciones Unidas sobre la Prevención e Investigación Eficaces de las Ejecuciones Extralegales, Arbitrarias o Sumarias de 1991, revisado en el 2016, que, con su uso generalizado, llegó a conocerse por su uso generalizado como el *Protocolo de Minnesota*[23], complementa los Principios de las Naciones Unidas relativos a una Eficaz Prevención e Investigación de las Ejecuciones Extralegales, Arbitrarias o Sumarias (1989), Este Protocolo es parte importante de las normas jurídicas internacionales para la prevención de muertes ilícitas y la investigación de las muertes potencialmente ilícitas y es la referencia internacional que debe ser la guía a los órganos de los estados encargados de llevar a cabo la investigación de muertes ocurridas en circunstancias sospechosas o como norma para evaluar ese tipo de investigación. Y, el *Protocolo de Estambul* que es un manual para la investigación y documentación eficaz de la tortura y otros tratos o penas crueles, inhumanas o degradantes[24], y que es utilizado por tribunales, comisiones y comités naciona-

---

[22]   https://www.hrw.org/report/2019/04/04/venezuelas-humanitarian-emergency/large-scale-un-response-needed-address-health

[23]   https://www.ohchr.org/Documents/Publications/MinnesotaProtocol_SP.pdf

[24]   https://www.ohchr.org/documents/publications/training8rev1sp.pdf

les, regionales e internacionales, como el Tribunal Europeo de Derechos Humanos y la Corte Interamericana de Derechos Humanos (Corte IDH), la Comisión Africana de Derechos Humanos y de los Pueblos y el Comité de Derechos Humanos de las Naciones Unidas. El referido Protocolo de Estambul si no bien no es un documento vinculante, sin embargo, el derecho internacional obliga a los gobiernos a investigar y documentar casos de tortura y otras formas de malos tratos y castigar a los responsables de una manera integral, eficaz, rápida e imparcial y la herramienta para esta labor es mencionado Protocolo. Sobre todo, su obligatoriedad es mucho más precisa cuando se incluye en una recomendación de instancias internacionales como el Alto Comisionado de Derechos Humanos de la ONU. Para comprender la importancia de ambos instrumentos internacionales que contiene estándares internacionales derivados de principios del derecho internacional de derechos humanos y del derecho internacional humanitario, me referiré brevemente a sus aspectos más importantes.

El objeto del *Protocolo de Minnesota* es proteger el derecho a la vida y promover la justicia, la rendición de cuentas y el derecho a una reparación mediante la promoción de una investigación eficaz de toda muerte potencialmente ilícita o sospecha de desaparición forzada. Ello porque es una obligación general del Estado investigar toda muerte ocurrida en circunstancias sospechosas, aun cuando no se denuncie o se sospeche que el Estado fue el causante de la muerte o se abstuvo ilícitamente de prevenirla. Tales circunstancias son cuando: a) La muerte puede haber sido causada por actos u omisiones del Estado, de sus órganos o agentes, o puede ser atribuible al Estado, en violación de su obligación de respetar el derecho a la vida. b) La muerte sobrevino cuando a persona estaba detenida, o se encontraba bajo la custodia del Estado, sus órganos o agentes. Y, c) La muerte podría ser resultado del incumplimiento por el Estado de su obligación de proteger la vida. El fundamento de obligación de investigar es que esta obligación es parte esencial de la defensa del derecho a la vida[25]. Por tanto, cuando en el marco de una investigación se descubran pruebas de que la muerte fue causada ilícitamente, el Estado debe velar por que se enjuicie a los autores identificados y, que en su caso, sean castigados mediante un proceso judicial[26]. En ese orden de ideas, el derecho internacional exige que las investigaciones sean: i) prontas; ii) efectivas y exhaustivas; iii) independientes e imparciales; y iv) transparentes.

El Protocolo de Estambul o Manual para la Investigación y Documentación eficaces de la Tortura y otros Tratos o Penas crueles, inhumanos o degradantes (HR/P/PT/8/Rev.1), define la tortura con las mismas palabras empleadas en la Convención de las Naciones Unidas contra la Tortura y Otros Tratos o Penas Crueles, Inhumanos o Degradantes, de 1984. Y es el desarrollo del derecho a no ser sometido a tortura que está firmemente establecido en el derecho internacional. La Declaración Universal de Derechos Humanos, el Pacto Internacional de Derechos Civiles y Políticos y la Convención contra la Tortura y Otros Tratos o Penas Crueles, Inhumanos o Degradantes, prohíben expresamente la tortura. Del mismo modo, varios instrumentos regionales establecen el derecho a no ser sometido a tortura. La Convención Americana de Derechos Humanos, la Carta Africana de Derechos Humanos y de los Pueblos y el Convenio para la Protección de los Derechos Humanos y de las Libertades Fun-

---

[25]   Ver, Tribunal Europeo de Derechos Humanos, *McCann y otros c. el Reino Unido*, sentencia (Gran Sala), 27 de septiembre de 1995, párr. 161; Corte IDH, *Montero Aranguren y otros (Retén de Catia) Vs. Venezuela*, sentencia, 5 de julio de 2006, párr. 66; Comisión Africana de Derechos Humanos y de los Pueblos, observación general núm. 3 sobre el derecho a la vida, noviembre de 2015, párr. 2 y 15; Comité de Derechos Humanos, observación general núm. 31, párr. 15 y 18.

[26]   Comisión de Derechos Humanos de las Naciones Unidas, Conjunto de principios actualizado para la protección y la promoción de los derechos humanos mediante la lucha contra la impunidad (E/CN.4/2005/102/Add.1), principio 1.

damentales contienen prohibiciones expresas de la tortura. Y, por otro lado, los convenios, declaraciones y resoluciones adoptados por los Estados Miembros de las Naciones Unidas afirman claramente que no puede haber excepciones a la prohibición de la tortura y establecen distintas obligaciones que como instrumentos figuran en la Declaración Universal de Derechos Humanos, el Pacto Internacional de Derechos Civiles y Políticos, las Reglas Mínimas para el Tratamiento de los Reclusos, la Declaración de las Naciones Unidas sobre la Protección de Todas las Personas contra la Tortura y Otros Tratos o Penas Crueles, Inhumanos o Degradantes (Declaración sobre la Protección contra la Tortura el Código de conducta para funcionarios encargados de hacer cumplir la ley), los Principios de Ética Médica aplicables a la función del personal de salud, especialmente los médicos, en la protección de personas presas y detenidas contra la tortura y otros tratos o penas crueles, inhumanos o degradantes (Principios de Ética Médica), la Convención contra la Tortura y Otros Tratos o Penas Crueles, Inhumanos y Degradantes (Convención contra la Tortura) y el Conjunto de Principios para la Protección de Todas las Personas Sometidas a Cualquier Forma de Detención o Prisión (Conjunto de Principios sobre la Detención).

Por su parte, el Estatuto de Roma de la Corte Penal Internacional, adoptado el 17 de julio de 1998, creó esta Corte con carácter permanente y con la misión de juzgar a las personas responsables de delitos de genocidio, crímenes de lesa humanidad y crímenes de guerra. Dicha Corte tiene jurisdicción sobre los casos de presunta tortura si se trata de actos cometidos en gran escala y de modo sistemático como parte del delito de genocidio o como crimen de lesa humanidad, o como crimen de guerra con arreglo a los Convenios de Ginebra de 1949. En el Estatuto de Roma se define la tortura como el hecho de causar intencionalmente dolor o sufrimientos graves, ya sean físicos o mentales, a una persona que el acusado tenga bajo su custodia o control. Su jurisdicción se limita a los casos en los que los Estados no pueden o no desean procesar a las personas responsables de los delitos que se describen en el Estatuto de Roma de la Corte Penal Internacional.

En resumen, el derecho internacional obliga a los Estados a investigar con prontitud e imparcialidad todo caso de tortura que se notifique. Cuando la información disponible lo justifique, el Estado en cuyo territorio se encuentra una persona que presuntamente haya cometido actos de tortura o participado en ellos, deberá bien extraditar al sujeto a otro Estado que tenga la debida jurisdicción o bien someter el caso a sus propias autoridades competentes con fines de procesar al autor de conformidad con el derecho penal nacional o local. Los principios fundamentales de toda investigación viable sobre casos de tortura son: competencia, imparcialidad, independencia, prontitud y minuciosidad. Estos elementos pueden adaptarse a cualquier sistema jurídico y deberán orientar todas las investigaciones de presuntos casos de tortura.

Ahora bien, ¿qué importancia tiene en estos comentarios el resaltar la normativa anterior referente a la investigación de las Ejecuciones Extralegales, Arbitrarias o Sumarias y a la Investigación y documentación eficaces de la Tortura y otros Tratos o Penas crueles, inhumanos o degradantes?

En primer lugar, destacar que del Informe A/HRC/48/19 de la Alta Comisionada de Derechos Humanos de la ONU, sobre el cual he venido comentado, se desprende que en Venezuela se han cometido tales hechos, cuando dice que de la evaluación que realizó del cumplimiento de los Protocolos de Minnesota y Estambul por parte del sistema de justicia en Venezuela, le redactó al gobierno de Nicolás Maduro guías para la investigación de denuncias de violaciones del derecho a la vida y del derecho a la integridad personal, y para orientar de forma práctica las acciones que debe llevar a cabo cada institución con responsabilidad en el proceso.

En segundo lugar, el destacar igualmente que del Informe de la Misión Internacional Independiente de determinación de los hechos sobre la República Bolivariana de Venezuela, de fecha 25 de septiembre de 2020 (A/HRC/45/33), de la declaración de Marta Valiñas, Presidenta de la Misión Internacional Independiente de determinación de los hechos sobre la República Bolivariana de Venezuela, en la 46ª sesión del Consejo de Derechos Humanos, el 10 de marzo de 2021, del Informe de la Misión Internacional Independiente de determinación de los hechos sobre la República Bolivariana de Venezuela del 16 de septiembre de 2021 (A/HRC/48/69); y de los Informes sobre la Independencia del sistema judicial y acceso a la justicia en la República Bolivariana de Venezuela, también respecto de las violaciones de los derechos económicos y sociales, y situación de los derechos humanos en la región del Arco Minero del Orinoco del 29 de septiembre de 2020 (A/HRC/44/54): y sobre la situación de los derechos humanos con especial atención a los derechos económicos, sociales, culturales y ambientales, y a la asistencia técnica, en la República Bolivariana de Venezuela del 13 de septiembre de 201 (A/HRC/48/19), ambos informes de la mencionada Alta Comisionada de Derechos Humanos de la ONU; se desprende que existen evidencias de casos de ejecuciones extralegales, arbitrarias o sumarias y tortura y otros tratos o penas crueles, inhumanos o degradantes y que el gobierno de Nicolás Maduro ha incumplido la obligación de investigarlos, sancionarlos y repararlos.

Además, del informe de la Misión de Determinación de Hechos sobre Venezuela de Naciones Unidas del 16 de septiembre de 2021, se constata "que existen motivos razonables para creer que en razón de una presión política que fue intensificándose, los jueces, las juezas y las y los fiscales han desempeñado, a través de sus actos y omisiones, un papel importante en graves violaciones de derechos humanos y crímenes cometidos por diversos actores del Estado en Venezuela contra opositoras y opositores, supuestos o reales", "dentro de un patrón de graves violaciones de derechos humanos y crímenes de derecho internacional en el contexto de una política de Estado para silenciar, desalentar y sofocar la oposición al gobierno desde 2014". En lo cual, según el citado Informe, "existen motivos razonables para creer que en razón de una presión política que fue intensificándose, los jueces, las juezas y las y los fiscales han desempeñado, a través de sus actos y omisiones, un papel importante en graves violaciones de derechos humanos y crímenes cometidos por diversos actores del Estado en Venezuela contra opositoras y opositores, supuestos o reales". Y, que, por tanto, "En los últimos años, funcionarias y funcionarios públicos, incluso algunos de alto nivel, en Venezuela han podido cometer violaciones de derechos humanos y crímenes con impunidad. El Estado venezolano está constitucionalmente obligado a investigar y castigar a todos los y las autores de violaciones de derechos humanos, independientemente de su posición. Sin embargo, la investigación de la Misión encontró que este deber se está incumpliendo en los casos que involucran a opositoras y opositores reales o percibidos por el gobierno como tales"[27].

---

[27] Ante las contundentes conclusiones del informe de la Misión de Determinación de Hechos sobre Venezuela de Naciones Unidas del 16 de septiembre de 2021, que son confirmación de conclusiones de sus anteriores informes, como por ejemplo, que 200 presos políticos han sido torturados desde 2014 hasta el 2021, y que uno de los cuales se refiere al caso de un detenido por la 'Operación Gedeón' a quien le aplicaron la técnica nazi denominada 'Sippenhaft', que consiste en arrestarlos para hacer presión para que delaten a sus familiares; y que también los jueces y fiscales del sistema judicial venezolano gozan de total impunidad por encarcelar y violar los derechos humanos y cometer crímenes de lesa humanidad a todo disidente que piense contrario al régimen chavista; el Fiscal General del gobierno de Nicolás Maduro, acusó al Grupo de Lima de sobornar a los funcionarios de la Misión Internacional, mediante el supuesto pago de 5 millones de dólares "para ofender la labor de fiscales y jueces del sistema de justicia y del Ministerio Público», sin mostrar pruebas de tal acusación. Lo que evidentemente filosófica y políticamente cabe calificar

CONCLUSIÓN

No cabe duda, pues, que de toda la documentación que soporta la investigación de los órganos, comisiones y misiones que han examinado la situación de los derechos humanos en Venezuela, e, incluso, de los informes anteriores de la Alta Comisionada de Derechos Humanos, se desprende la comisión de delitos graves contra derechos humanos, de lesa humanidad, relativos a los crímenes de detenciones arbitrarias, desaparición forzada de personas, de persecución ejecuciones extralegales, arbitrarias o sumarias y tortura y otros tratos o penas crueles, inhumanos o degradantes, que implican la criminalización de actividades legítimas, pero que permanecen en la impunidad por el incumplimiento de los órganos del gobierno de Nicolás Maduro y principalmente del sistema de justicia, de la obligación de investigar estos delitos, que como se dijo, es parte esencial de la defensa del derecho a la vida. Impunidad esta que no se resuelve con la suspensión o levantamiento de las medidas coercitivas unilaterales sectoriales impuestas sobre Venezuela y que incluso tampoco permitirían al gobierno de Nicolás Maduro hacer frente al impacto combinado sobre la población de la situación humanitaria y la pandemia de COVID-19, en razón del derrumbe o implosión de la estructura administrativa, la falta absoluta de institucionalidad del estado y la gran corrupción que azota Venezuela en la actualidad.

---

como una falacia, o "*sofisma populista*" (*argumentum ad populum*), cuyo propósito es hacer creer que esa es la opinión de la mayoría. Ver, abc.es/internacional/abci-venezuela-acusa-mision-investigo-violacion-ddhh-haber-recibido-sobornos-202109171048_noticia.html

ALGUNAS LECCIONES DERIVADAS DEL PROCESO CONSTITUYENTE O POPULISMO CONSTITUCIONAL DESARROLLADO EN VENEZUELA EN 1999, QUE PODRÍAN SER ÚTILES PARA EL PROCESO CONSTITUYENTE CHILENO DE 2021[*]

Allan R. Brewer-Carías
Director de la Revista

Resumen: *Este artículo estudia el contraste entre el proceso constituyente que se desarrolló en Venezuela en 1999, sin que hubiera habido acuerdo político alguno entre los partidos y sin estar regulado en la Constitución de 1961, y cuyo desarrollo implicó que la Asamblea Nacional Constituyente usurpara la voluntad popular y el poder constituyente originario, interviniera los poderes públicos constituidos y violara la Constitución vigente; con el proceso constituyente que se desarrolló en Chile en 2021, con base en un gran acuerdo político entre todos los partidos, que condujo a una reforma de la Constitución para regular la Convención Constitucional, a la cual se le fijó el estatuto de su funcionamiento, sin posibilidad de intervenir a los poderes constituidos y en todo caso sometiéndose a la Constitución vigente.*

Palabras Clave: *Procesos constituyentes; Asamblea Constituyente; Convención Constitucional; Venezuela; Chile.*

Abstract: *This article studies the contrast between the constituent process that took place in Venezuela in 1999, without any political agreement between the parties and without being regulated in the 1961 Constitution, and whose development implied that the National Constituent Assembly usurped the popular will and the original constituent power, intervened the constituted public powers and violated the current Constitution; with the constituent process that took place in Chile in 2021, based on a great political agreement between all the parties, which led to a reform of the Constitution to regulate the Constitutional Convention, to which the statute of its operation was fixed, without the possibility of intervening to the constituted powers and in any case submitting to the current Constitution.*

Key words: *Constituent Processes; Constituent Assembly; Constitutional Convention; Chile; Venezuela.*

---

[*]   Texto de la exposición realizada por el autor sobre "El proceso constituyente de 1999 en Venezuela," en el *Seminario Internacional "Procesos constituyentes en América latina. Aprendizajes y desafíos para el proceso político*," organizado por el *Instituto Palestra, Escuela Iberoamericana de Derecho, Red Iberoamericana de Argumentación Jurídica*, vía zoom 31 de julio de 2021.

El proceso constituyente de Venezuela del año 1999[1] puede decirse que tuvo su origen -como ha ocurrido en otros países- en la crisis terminal del sistema político que se había instaurado en el país a partir del año 1958, es decir, cuarenta años atrás, y que había caído en lo que en su momento denominé una "crisis terminal,"[2] que era una crisis de los partidos políticos y crisis de las instituciones, en definitiva, desencanto en las mismas pues nadie creía en el Congreso, nadie creía en el poder judicial, en la administración pública, en la policía, ni en los cuerpos de seguridad. Nadie creía en los liderazgos, había una situación de crisis derivada de que a la democracia se había dejado estancada, es decir, no se la había dejado evolucionar, habiendo sido los propios responsables de su instauración, que fueron los partidos políticos, los no supieron como hacerla evolucionar hacia nuevas formas de participación y representación políticas.[3]

En ese contexto, el 4 de febrero de 1992 se produjo un intento de golpe de estado militar comandado por el Teniente Coronel Hugo Chávez Frías y un grupo de militares, el cual provocó, desde el punto de vista institucional, un sacudón importante en el país. Y fue justamente a raíz de ese intento de golpe de Estado fue que se planteó la idea y la propuesta de la necesidad de reconstituir y recomponer el proceso político democrático, en una forma también democrática, planteamiento del cual surgió la propuesta de convocar una Asamblea Constituyente para ello.

Yo mismo, en marzo de 1992, luego de la intentona de golpista de febrero de ese año, planteé la necesidad de restituir la legitimidad democrática en el país, o la democracia simplemente desaparecería, y junto con otras personas planteamos la idea de que se convocara una Asamblea Constituyente como forma de reconstitución del sistema político.[4] El planteamiento era simple: o se transformaba el sistema político y se convocaba una Asamblea Constituyente en democracia, o al final se podría producir otro golpe de Estado y la convocatoria iba a tener lugar sin democracia.[5]

Estábamos a tiempo, decía entonces, de reconstituir el sistema político en democracia, existiendo sin embargo para ello un escollo fundamental que impedía materializar rápidamente la propuesta que era que la Constitución de 23 de enero de 1961 no preveía entre los mecanismos para su revisión, la figura de la Asamblea Constituyente.[6] Por ello, la propuesta

---

[1]   Véase sobre ello los numerosos escritos y trabajos escritos sobre el proceso en Allan R. Brewer-Carías: *Asamblea Constituyente y Proceso Constituyente 1999*, que es el Tomo VI de mi *Tratado de Derecho Constitucional*, Fundación de Derecho Público, Editorial Jurídica Venezolana, Caracas 2013, 1198 pp.; y en *Reforma Constitucional y Fraude Constitucional. Venezuela 1999-2009*, Academia de Ciencias Políticas y Sociales, Caracas 2009. Véase igualmente, Allan R. Brewer-Carías, *Reformas constitucionales, Asambleas Constituyentes y control judicial: Honduras (2009), Ecuador (2007) y Venezuela (1999)*, Universidad Externado de Colombia, Bogotá 2009.

[2]   Véase Allan R. Brewer-Carías, "Venezuela: Historia y crisis política" en *Derecho y Sociedad. Revista de Estudiantes de Derecho de la Universidad Monteávila*, N° 3, Caracas, abril 2002, pp. 217-244.

[3]   Véase Allan R. Brewer-Carías, "La crisis de las instituciones: Responsables y salidas", en *Revista del Centro de Estudios Superiores de las Fuerzas Armadas de Cooperación*, N° 11, Caracas 1985, pp. 57-83.

[4]   Véase las declaraciones donde planteé la propuesta en *El Nacional*, Caracas 1 de marzo de 1992, p. D-2.

[5]   Véase Allan R. Brewer-Carías, *Asamblea Constituyente y Ordenamiento Constitucional*, Academia de Ciencias Políticas y Sociales, Caracas 1999.

[6]   Véase Allan R. Brewer-Carías, "Los procedimientos de revisión constitucional en Venezuela" en Eduardo Rozo Acuña (Coord.), *I Procedimenti di revisione costituzionale nel Diritto Comparato*, Atti del Convegno Internazionale organizzato dalla Facoltà di Giurisprudenza di Urbino, 23-24

que formulamos en 1992, que fue secundada por el Grupo de Estudios Constitucionales y otras personalidades como el Gobernador del Estado Zulia (Oswaldo Álvarez Paz), y el propio Fiscal General de la República (Ramón Escobar Salom), fue que se aprobara una reforma puntual de la Constitución para prever y regular la Asamblea Constituyente. Esta idea la acogió incluso el Consejo Consultivo que el presidente Carlos Andrés Pérez había nombrado a raíz del intento de golpe de Estado de febrero de 1999.[7]

Pero ni los senadores ni diputados al Congreso, ni los partidos políticos entendieron la gravedad de la crisis, y no pasó absolutamente nada en la materia, perdiéndose la oportunidad de convocar una Asamblea Constituyente en democracia.

Algo era y sigue siendo definitivo en esta materia: una Asamblea Constituyente en democracia no es posible convocarla si no hay un acuerdo y un consenso político entre los actores de un determinado país. Esta había sido hasta ese momento la lección que resultaba del proceso constituyente colombiano del año 1990, que fue producto de un acuerdo político, y que permitió, luego de una consulta popular y una decisión judicial, la Convocatoria de una Asamblea Constituyente que sancionó la Constitución de 1991;[8] y puede decirse que fue la lección que se aprendió y que se reflejó en los acuerdos políticos en Chile en el año 2019, que originaron la reforma constitucional puntual para regular la Convención Constitucional e iniciar el proceso constituyente de 2021.

En Venezuela, en cambio, no hubo voluntad política ni interés ni consenso alguno en plantear el tema de regular una Asamblea Constituyente mediante una reforma puntual de la Constitución, para así poder convocarla. Eso fue lo que dio origen a que apareciera la figura del "populismo constitucional"[9] producto del llamado "nuevo constitucionalismo"[10] con la propuesta de utilizar las instituciones democráticas para asaltar el poder a través de una Asamblea Constituyente convocándola sin que estuviera prevista y regulada en la Constitución. Fue entonces que ante la desidia, desinterés o ignorancia del liderazgo y de los partidos

---

aprile 1997, a cargo del Prof., Università Degli Studi di Urbino, pubblicazioni della Facoltà di Giurisprudenza e della Facoltá di Scienze Politiche, Urbino, Italia, 1999, pp. 137-181.

[7]   Véase sobre todas esas referencias en Allan R. Brewer-Carías "Reflexiones sobre la crisis del sistema político, sus salidas democráticas y la convocatoria a una Constituyente", en Allan R. Brewer-Carías (Coord.), *Los Candidatos Presidenciales ante la Academia. Ciclo de Exposiciones 10-18 agosto 1998*, Serie Eventos Nº 12, Biblioteca de la Academia de Ciencias Políticas y Sociales, Caracas 1998, pp. 9-66.

[8]   Véase Allan R. Brewer-Carías, "El proceso constituyente y la Constitución colombiana de 1991, como antecedentes directos del proceso constituyente y de algunas previsiones de la Constitución venezolana de 1999," en Hernando Yepes Arcila y Vanessa Suelt Cock (Editores), *La Constitución 20 Años después. Visiones desde la teoría y la práctica constitucional*, Facultad de Ciencias Jurídicas, Pontifica Universidad Javeriana, y Fundación Konrad Adenauer, Bogotá 2012, pp. 67-114.

[9]   Véase Juan Carlos Cassagne y Allan R. Brewer-Carías, *Estado populista y populismo constitucional. Dos estudios*, Ediciones Olejnik, Santiago, Buenos Aires, Madrid 2020. Véase igualmente lo expuesto en la Nota del Editor sobre "Democracia, Populismo y Constitución," al libro *Elecciones y democracia en América latina: El desafío autoritario - populista (Coloquio Iberoamericano, Heidelberg, septiembre 2019, homenaje a Dieter Nohlen)*, (Editor: Allan R. Brewer-Carías), Colección Biblioteca Allan R. Brewer-Carías, Instituto de Investigaciones Jurídicas de la Universidad Católica Andrés bello, Editorial Jurídica Venezolana International, Caracas 2020, pp. 13-25.

[10] Véase sobre Allan R. Brewer-Carías, *El "nuevo constitucionalismo latinoamericano" y la destrucción del Estado democrático por el Juez Constitucional. El caso de Venezuela*, Colección Biblioteca de Derecho Constitucional, Ediciones Olejnik, Madrid, Buenos Aires, 2018, 294 pp.

políticos, la idea de la Asamblea Constituyente fue asumida incluso como bandera política única, por el candidato presidencial golpista Hugo Chávez Frías, de manera que su campaña electoral durante todo ese año 1998 fue sólo plantear la necesidad de convocar una Asamblea Constituyente, sin reformar la Constitución, solo consultando la voluntad popular, para "refundar" la Republica.

Frente a esa propuesta no hubo reacción alguna por parte de los partidos políticos, a pesar de que se había formulado la recomendación ante el propio Congres, ante las directivas de los propios partidos políticos y ante el propio Presidente de la República -en todas las cuales tuve ocasión de participar-,[11] los cuales no entendieron ni el planteamiento ni la gravedad de la crisis política, quedando el tema en una confrontación entre el candidato Chávez, que proponía convocar una Asamblea Constituyente sin reformar la Constitución, y el grupo de personas que sosteníamos que era necesaria la reforma puntual de la Constitución para poder regular una Asamblea Constituyente que estableciera sus estatutos, y así poder convocarla apropiadamente.

En medio de esa discusión en un recurso de interpretación de algunas normas de la Ley Orgánica del Sufragio y Participación Política de 1998 que regulaban el referéndum consultivo, se le formularon a la la Corte Suprema de Justicia fundamentalmente dos preguntas: Primero: sí se podía convocar y realizar un referéndum consultivo sobre una Asamblea Constituyente y, segundo, sí ésta se podía convocar sin antes reformar a la Constitución.

La Corte Suprema, en una enjundiosa sentencia dictada el 19 de enero de 1999, analizó todo lo que había que estudiar y exponer sobre el Poder Constituyente, así como sobre el alcance del derecho a la participación política, terminando con la respuesta a la primera pregunta que se le había formulado, indicando en forma obvia que sí, que efectivamente se podía convocar un referéndum consultivo sobre la propuesta de una Asamblea Constituyente pues ello era evidentemente una materia de alto interés nacional. Sin embargo, y lamentablemente, la Corte Suprema no respondió expresamente a la segunda pregunta, es decir, sí se podía o no convocar una Asamblea Constituyente sin reformar la Constitución.[12]

Fue en realidad la opinión pública y el inevitable proceso político subsiguiente los que, ante el silencio del Congreso recién electo en noviembre de 1998, y la falta de interés de los partidos políticos, resolvieron el asunto,[13] llevando al Presidente Chávez, recién electo en diciembre de 1998, a tomar la iniciativa de convocar un Asamblea Constituyente no prevista ni regulada en la Constitución Este fue, como lo había prometido, su primer acto político al asumir la Presidencia para lo cual emitió un decreto el mismo día en que tomó posesión de la Presidencia (Decreto N° 3 de 2 de febrero de 1999), convocando una Asamblea Constituyente

---

[11]	Véase todas las referencias en Allan E. Brewer-Carías "Reflexiones sobre la crisis del sistema político, sus salidas democráticas y la convocatoria a una Constituyente", en Allan R. Brewer-Carías (Coord.), *Los Candidatos Presidenciales ante la Academia. Ciclo de Exposiciones 10-18 agosto 1998,* Serie Eventos N° 12, Biblioteca de la Academia de Ciencias Políticas y Sociales, Caracas 1998, pp. 9-66.

[12]	Véase el texto de la sentencia y su análisis en Allan R. Brewer-Carías, *Poder Constituyente Originario y Asamblea Nacional Constituyente,* Editorial Jurídica Venezolana, Caracas 1999.

[13]	Véase específicamente la referencia al papel que jugó la prensa en el detonante constituyente en Carlos García Soto, "La Asamblea Nacional Constituyente de 2017 en su contexto histórico," en Allan R. Brewer-Carías y Carlos García Soto (Compiladores), *Estudios sobre la Asamblea Nacional Constituyente y su inconstitucional convocatoria en 2017,* Editorial Jurídica Venezolana, Caracas 2017, pp. 87-92.

que no estaba regulada en la Constitución.[14] En dicho decreto, además, resolvió convocarla dicha Asamblea conforme le vino en ganas; así de simple, es decir, conforme a los principios que él mismo estableció, lo que le permitió asegurarse, en definitiva, la mayoría absoluta y el control total de la Asamblea, la cual de 131 miembros constituyentes, sólo seis fueron no chavistas.

Allí comenzó otro debate político. A pesar de que esa Asamblea Constituyente convocada no estaba prevista en la Constitución, la misma, sin embargo, en ningún caso podía ser electa en contra de la misma; es decir, no se podía acudir al principio de la soberanía popular para enfrentarla al de la supremacía constitucional.[15]

Esa Asamblea Constituyente que se convocó en 1999, por supuesto, no era una Asamblea primigenia para la constitución de un Estado como pudieron haber sido las que en todos nuestros países de América Latina existieron en la historia política del siglo XIX al constituirse las Repúblicas luego de la independencia de España, en situaciones en las cuales antes no había una Constitución previa, razón por la cual en su momento asumieron la totalidad de la soberanía. Tampoco se trataba de una Asamblea Constituyente producto de un golpe de Estado que hubiera barrido con la Constitución previa y, por tanto, la misma asumía la soberanía popular.

Esos no fueron los casos. En 1999, debido a que se trataba de una Asamblea Constituyente que se quería convocar en democracia, en un país donde existía una Constitución (la de 1961) que estaba vigente y que no perdía vigencia frente a la propuesta de la convocatoria y elección de la Constituyente; en ese contexto, si esa Asamblea Constituyente se convocaba no podía ser en contra de la Constitución y, al contrario, debía estar sometida a ella. Sobre ello, incluso, la propia presidenta de la Corte Suprema de Justicia de la época, Cecilia Sosa Gómez, sostuvo en declaraciones de prensa que, en su opinión, la Constitución de 1961 seguía vigente,[16] lo que implicaba, por tanto, que, en definitiva, la convocatoria de una Asamblea Constituyente en democracia no podía significar que la misma suplantara al pueblo, ni podía significar que la Asamblea asumiera un poder originario que sólo el pueblo tenía.

Después de su ambigua sentencia de enero de 1999, la Corte Suprema de Justicia en varias sentencias dictadas con posterioridad durante en resto del primer semestre de ese año, buscó delimitar estos principios en relación con la Asamblea Constituyente, sentando el criterio de que la misma debía actuar conforme a la Constitución de 1961, razón por la cual la misma no podía pretender asumir un "poder constituyente originario."[17]

---

[14]   Véase los comentarios sobre el decreto en Allan R. Brewer-Carías, "Comentarios sobre la inconstitucional de la convocatoria a Referéndum sobre una Asamblea Nacional Constituyente, efectuada por el Consejo Nacional Electoral en febrero de 1999" en *Revista Política y Gobierno*, Vol. 1, N° 1, enero-junio 1999, Caracas 1999, pp. 29-92.

[15]   Véase Allan R. Brewer-Carías, "El desequilibrio entre soberanía popular y supremacía constitucional y la salida constituyente en Venezuela en 1999", en la *Revista Anuario Iberoamericano de Justicia Constitucional*, N° 3, 1999, Centro de Estudios Políticos y Constitucionales, Madrid 2000, pp. 31-56.

[16]   Véase las declaraciones de prensa en *El Nacional*, Caracas 24 de enero de 1999, p. D-1; y *El Nacional*, Caracas 12 de febrero de 1999, p. D-1.

[17]   Véase Allan R. Brewer-Carías, "La configuración judicial del proceso constituyente en Venezuela de 1999 o de cómo el guardián de la Constitución abrió el camino para su violación y para su propia extinción," en *Revista de Derecho Público*, N° 77-80, Editorial Jurídica Venezolana, Caracas 1999, pp. 453-514

Sin embargo, en contra de ello, una vez que la Asamblea Constituyente fue electa, la primera decisión política que adoptó al instalarse y que se reflejó en su Estatuto aprobado días después, fue la de asumir, en contra de lo resuelto por la Corte Suprema de Justicia, el "poder constituyente originario." Con ello, a partir de ese momento, 1º de agosto de 1999, puede decirse esa Asamblea Constituyente dio un golpe de Estado contra la Constitución de 1961.[18] Yo fui miembro de esa Asamblea, habiendo sido electo como constituyente independiente de la misma (con más de un millón doscientos mil votos), habiendo por supuesto salvado mi voto ante esa decisión, como lo salvé otras varias decenas de decenas de veces respecto de todas las decisiones con las cuales no estuve de acuerdo.[19]

El procedimiento aplicado por Chávez fue convocar una Asamblea Nacional Constituyente no regulada en la Constitución, y en contra de ella, que asumiera el poder total y así suplantar al pueblo. Esa fue, y hay que es recordarlo, una receta de "populismo constitucional" o "nuevo constitucionalismo" que le vendieron a Chávez un grupo de profesores españoles vinculados a la Universidad de Valencia, España, y a un Centro académico en el cual tuvo su origen el partido Podemos de ese país. Ese grupo, en un trabajo soterrado que no fue conocido en el mundo académico venezolano del momento, hizo su trabajo de difusión que luego, continuaron en Ecuador, vendiéndole la idea a Rafael Correa, y luego en Bolivia, vendiéndosela a Evo Morales. En todos esos países se repitió el mismo esquema, aplicándose la misma receta de una Asamblea Constituyente electa sin respaldo en la Constitución, que asumió el poder constituyente total, propinando un golpe de Estado en contra de la Constitución y contra todos sus poderes constituidos.[20]

En Venezuela, esa receta populista se aplicó a la letra y, por tanto, permitió el asalto al poder por los mismos militares que siete años antes lo habían intentado por la vía de un golpe militar.

En 1999, el asalto lo llevaron a cabo usando un instrumento democrático como fue la decisión de convocar esta Asamblea Constituyente, pero en contra de la Constitución, lo que les permitió controlarla a su antojo, a lo cual contribuyó una gran abstención del 57.7% del electorado desencantado de la política. Con ello, una minoría, convertida en mayoría en la Asamblea, dio el golpe de Estado a través de una serie de actos[21] que se adoptaron rápidamente en un proceso que duró un mes:

---

[18]   Véase los textos en Allan R. Brewer-Carías, *Golpe de Estado y proceso constituyente en Venezuela*, Universidad Nacional Autónoma de México, México 2002

[19]   Véase todos los textos en Allan R. Brewer-Carías, *Debate Constituyente, (Aportes a la Asamblea Nacional Constituyente)*, 3 tomos, Caracas 1999.

[20]   Véase los comentarios sobre esa influencia foránea en Allan R. Brewer-Carías, *La Justicia Constitucional, La demolición del Estado Democrático en Venezuela en nombre de un "nuevo constitucionalismo," y una Tesis "Secreta" de doctorado en la Universidad de Zaragoza,"* Ponencia preparada para las *Jornadas sobre "El papel de la Justicia Constitucional en los procesos de asentamiento del Estado democrático en Iberoamérica,"* Universidad Carlos III de Madrid, octubre de 2018, Editorial Jurídica Venezolana International, 2018; y *El "nuevo constitucionalismo latinoamericano" y la destrucción del Estado democrático por el Juez Constitucional. El caso de Venezuela*, Colección Biblioteca de Derecho Constitucional, Ediciones Olejnik, Madrid, Buenos Aires, 2018, 294 pp.

[21]   Véase el comentario a todos los textos en Allan R. Brewer-Carías, *Debate Constituyente, (Aportes a la Asamblea Nacional Constituyente)*, Tomo I, *op. cit*, Caracas 1999.

Primero, al adoptar el Estatuto de funcionamiento de la Asamblea Constituyente, mediante el cual la misma asumió el "poder constituyente originario," suplantando al pueblo y la soberanía popular.

Segundo, decidiendo en contra de la Constitución vigente, que todos los poderes públicos quedaban subordinados a la Asamblea, con la obligación de cumplir y obedecer todos los actos que ella dictare; decretando una subsiguiente reorganización de todos los poderes públicos constituidos. La consecuencia de ello fue que las decisiones de la Asamblea Constituyente, en definitiva, quedaron fuera de control judicial pues una vez que la misma cesó, el Tribunal Supremo de Justicia nombrado por ella misma sentenció que dichos actos tenían un supuesto rango "supraconstitucional." Esta lección específica incluso fue seguida en Ecuador, al preverse en el propio estatuto de la Asamblea Constituyente en 2007 que los actos de esa Asamblea eran inmunes y no estaban sometidos a control.

Tercero, la Asamblea Constituyente se auto atribuyó potestades por encima de la Constitución entonces vigente de 1961, al punto de establecer expresamente en su Estatuto que la misma sólo estaría vigente en todo lo que no fuera contrario a lo que esa Asamblea decidiera.

Cuarto, la Asamblea decretó la intervención del Poder Judicial, creando una Comisión de Emergencia Judicial, la cual barrió con la autonomía y la independencia de los jueces, los destituyó a mansalva, sin garantías algunas del debido proceso, nombrando jueces sustitutos sin concurso. La Corte Suprema de Justicia, incluso y lamentablemente, en un desafortunado Acuerdo del 23 de agosto de 1999, llegó a nombrar a uno de sus Magistrados para formar parte de esa Comisión de Emergencia Judicial. Con ello, con razón, como lo calificó Cecilia Sosa, presidenta de la Corte Suprema, se produjo su "autodisolución," razón por la cual, ante esa injerencia inadmisible de la Asamblea Constituyente en el poder judicial, renunció a su posición.[22] La Corte luego sería la primera víctima de la Asamblea Constituyente.

Quinto, la Asamblea Nacional Constituyente intervino el Congreso, cesó en sus funciones a los Diputados y Senadores de la Cámara de Diputados y del Senado que habían sido electos unos meses antes, y que eran representantes de unos partidos políticas que no tuvieron interés alguno en el proceso. Ello provocó que luego el Congreso también fuera barrido inmisericordemente, como segunda víctima, tras la propia Corte Suprema de Justicia. La consecuencia de esta intervención fue que, en este caso, la función legislativa la asumió la propia Asamblea Constituyente, llegando incluso a "delegarla," en parte, a la Comisión Delegada del antiguo Congreso. Luego intervino las Asambleas Legislativas de los Estados de la federación, eliminándolas; y, además, intervino y delimitó las funciones de los Concejos Municipales. Por último, la Asamblea Constituyente suspendió las elecciones municipales. Es decir que la Asamblea Constituyente barrió con todos los poderes constituidos.

Luego de este golpe de Estado constituyente, al mes siguiente la Asamblea pasó a elaborar el texto de la nueva Constitución y lo hizo en una forma como no debe hacerse un proceso de este tipo y que fue sin tener un proyecto previo para discutir. Al contrario, la Asamblea nombró de su seno veinte comisiones de constituyentistas para que cada una de ellas elaborará un proyecto en los temas que les fueron asignados. Todas esas Comisiones elaboraron sus proyectos de manera aislada que en conjunto llegaron a tener más de 950 artículos, los cuales luego hubo que recomponer, integrar y armonizar en una Comisión

---

[22]   Véanse en torno al Acuerdo los comentarios en Allan R. Brewer-Carías, *Debate Constituyente*, Tomo I, *op. cit.*, pp. 141 ss. Véanse, además, los comentarios de Lolymar Hernández Camargo, *La Teoría del Poder Constituyente. Un caso de estudio: el proceso constituyente venezolano de 1999*, Universidad Católica del Táchira, San Cristóbal 2000, pp. 75 ss.

constitucional que los redujo a 350 artículos, que son los que tiene la Constitución que al final fue sancionada, luego de haber sido discutida en pocos días durante el mes de noviembre de 1999.

Al terminar la discusión y sanción de la Constitución, al momento de iniciarse la campaña electoral para el voto en el referendo aprobatorio de la misma fijado para el 15 de diciembre de 1999, publiqué un documento donde exponía las "razones por el voto NO,"[23] es decir las razones para votar por el rechazo de la nueva Constitución, argumentando, entre ellas, que esa Constitución no era la que permitiría recomponer el sistema político en crisis, y más bien había resultado siendo una mesa servida para el autoritarismo, que mezclaba el centralismo, el presidencialismo, el militarismo y el populismo de Estado.

Lamentablemente el tiempo me dio la razón, pues la de 1999 ha sido una Constitución que en definitiva condujo a todo lo que se anunciaba, siendo un texto lleno de declaraciones floridas y principios dispuestos sin embargo para no ser cumplidos. Y así, las violaciones a la misma incluso comenzaron antes de que hubiera sido publicada (30 de diciembre de 1999), mediante la adopción por la propia Asamblea, la cual ya había cesado en sus funciones luego de que la Constitución fuera aprobada por referéndum por el pueblo (15 de diciembre de 1999), de un régimen constitucional transitorio que resultó ser una "Constitución paralela" a la aprobada. Este Estatuto constitucional transitorio dictado el 22 de diciembre d 1999, que no fue aprobado por el pueblo, materialmente suspendió la aplicación de la nueva Constitución, de manera que mediante el mismo, además, se decretó la remoción de todos los titulares de los órganos del poder público, nombrándose sus nuevos titulares, incluyendo al Tribunal Supremo de Justicia, sin siquiera cumplir los requisitos que exigía la nueva Constitución que se ignoró; habiendo sido ese Tribunal el que luego legitimó los actos constituyentes otorgándoles rango supra constitucional.[24]

En esa forma y desde ese momento se sentó la pauta de una Constitución que simplemente no se ha cumplido, lo que incluso se evidencia cada vez que los funcionarios del régimen la blanden en declaraciones públicas, refiriéndose a la misma. Cada vez que eso sucede, se puede estar seguro de que la misma no está siendo aplicada. En fin, la Constitución de 1999, producto del populismo constitucional, durante los últimos veinte años ha sido inmisericordemente violada y desperdiciada, sin que exista órgano alguno que haya podido controlar o detener esas violaciones, porqué el primer acto de la Asamblea Constituyente populista que asaltó el poder, como se dijo, fue precisamente nombrar un Tribunal Supremo de Justicia que en definitiva ha sido el primer instrumento para afianzar el autoritarismo de Venezuela.

Esa es la realidad del proceso constituyente venezolano de 1999, siendo el resultado una Constitución llena de principios y de declaraciones que cualquiera que la lea aisladamentee podría considerarla como una "maravillosa" Constitución, pero que lamentablemente no se cumple y nunca se ha cumplido, y que no tiene forma de ser controlada.

---

[23]   Véase Allan R. Brewer-Carías, "Razones del voto NO en el referendo aprobatorio de la Constitución," en Debate *Constituyente (Labor en la Asamblea Nacional Constituyente),* Tomo III, Fundación de Derecho Público, Editorial Jurídica Venezolana, Caracas 2000, 315-340.

[24]   Véase en general sobre el tema, Allan R. Brewer-Carías, "La demolición del Estado de Derecho en Venezuela. Reforma Constitucional y fraude a la Constitución (1999-2009)," en *El Cronista del Estado Social y Democrático de Derecho,* No. 6, Editorial Iustel, Madrid 2009, pp. 52-61. Véase igualmente Allan R. Brewer-Carías, *Reforma constitucional y fraude a la Constitución 1999-2009,* Academia de Ciencias Políticas y Sociales, Caracas 1999.

Esas son, en mi criterio, los elementos fundamentales de las lecciones que hay que aprender de la experiencia venezolana; elementos que luego se siguieron con nefastas consecuencias propias del populismo constitucional en Ecuador, Bolivia e incluso se intentaron ejecutar en Honduras.

Esa tendencia, sin embargo, más recientemente se ha podido contener en el caso chileno, donde estimo que conociéndolas o no, se han aprendido muchas de las lecciones de la experiencia venezolana, para evitarlas y no repetirlas. Y ello, en los siguientes aspectos:

Primero, al haberse acordado convocar una Convención Constitucional, reformando previa y puntualmente la Constitución mediante la aprobación por plebiscito de la Ley 21.200 de 24 de diciembre de 2019[25] para regular en su texto a la Convención Constitucional, que fue lo que en 1998 propusimos en Venezuela, pero que no se logró. En Chile, en cambio, sí supieron hacerlo, frenando la tendencia populista, partiendo ante todo de la necesidad de reformar la Constitución para regular la Convención Constitucional partiendo de la iniciativa contenida en el proyecto de reforma constitucional que propuso en 2017 la entonces Presidenta Michelle Bachelet.[26]

Luego, segundo, al haberse logrado mediante un acuerdo político global que todas las corrientes políticas suscribieron después de las crisis políticas que se tuvieron que enfrentar antes del proceso constituyente, que se materializó en la suscripción del llamado "Acuerdo por la Paz Social y la Nueva Constitución" de 15 de noviembre de 2019.[27] Todos los partidos del oficialismo, la oposición, y la mesa técnica, elaboraron y llevaron adelante la propuesta de reforma constitucional y eso originó la sanción de la antes mencionada Ley 21.200 para la reforma constitucional que es la que rige la existencia y funcionamiento de la Convención Constitucional de 2021.

Tercero, como consecuencia de ello, al haber acordado que la Convención Constitucional estuviese constitucionalmente regulada en Chile, y bien regulada, ello resultó ser la garantía de que no puede haber discusión sobre si la Constitución actual sigue vigente o no durante las sesiones de la Convención. Evidentemente que sí sigue vigente, y la Convención Constitucional está sujeta a un marco bien preciso dentro de la Constitución.

Esa regulación constitucional de la Convención Constitucional a raíz de la aprobación popular de la Ley 21.200 puede considerarse, globalmente, como la mejor garantía contra el populismo constitucional, particularmente al establecerse expresamente los siguientes aspectos, que demuestran que se aprendieron las lecciones del proceso venezolano, evitando su repetición:

En primer lugar, que la Convención Constitucional tiene por misión única elaborar y sancionar un nuevo texto constitucional. Esa es su misión, eso era lo que nosotros queríamos fuera la misión de la Asamblea Constituyente de 1999 en Venezuela, y no fue así, pues la misma usurpó las funciones de los diversos órganos del Estado, en particular del legislador.

---

[25]   El texto de la Ley sometido a plebiscito está disponible en: https://www.bcn.cl/procesoconstituyente/detalle_cronograma?id=f_cronograma-5.

[26]   Véase los comentarios al proyecto en Allan R. Brewer-Carías, "Sobre la Asamblea Nacional Constituyente y el dilema entre soberanía popular y supremacía constitucional," en *Una nueva Constitución para Chile. Libro homenaje al profesor Lautaro Ríos Álvarez*, Asociación Chilena de Derecho Constitucional, Editorial Jurídica de Chile, Santiago 2018, pp. 69-96.

[27]   El texto del Acuerdo está disponible en: https://obtienearchivo.bcn.cl/obtienearchivo?id=documentos /10221.1/76280/1/Acuerdo_por_la_Paz.pdf

En el caso chileno, en cambio, se dice expresamente que la Convención Constitucional "no podrá intervenir ni ejercer ninguna otra función o atribución de otros órganos o autoridades establecidas en esta Constitución o en las leyes" (art. 135).

En segundo lugar, la Convención Constitucional en Chile está sometida a la Constitución y a las leyes vigentes, disponiéndose expresa y textualmente en la misma, que "mientras no entre en vigencia la Nueva Constitución [...], esta Constitución seguirá plenamente vigente, sin que pueda la Convención negarle autoridad o modificarla" (art. 135). En cambio, en Venezuela, la Asamblea Nacional Constituyente de 1999 barrió literalmente con la Constitución del año 1961.

En tercer lugar, en el caso chileno a raíz de la reforma constitucional derivada de la Ley 21.200 se dispuso expresamente en la Constitución que la Convención Constitucional no es soberana, no puede asumir la soberanía, no sustituye al pueblo ni puede abrogarse su soberanía. En el texto constitucional se establece, en efecto, que "mientras la Convención esté en funciones la soberanía reside esencialmente en la Nación y es ejercida por el pueblo a través de los plebiscitos y elecciones periódicas que la Constitución y las leyes determinan y, también, por las autoridades que esta Constitución establece." En consecuencia, incluso, el mismo texto constitucional dispone que "Le quedará prohibido a la Convención, a cualquiera de sus integrantes o a una fracción de ellos, atribuirse el ejercicio de la soberanía, asumiendo otras atribuciones que las que expresamente le reconoce esta Constitución" (art. 135).

En cuarto lugar, en Chile, a raíz de la reforma constitucional de la Ley 21.200, se estableció que la nueva Constitución no afecta a las autoridades constituidas, es decir, "no podrá poner término anticipado al período de las autoridades electas en votación popular, salvo que aquellas instituciones que integran sean suprimidas u objeto de una modificación sustancial" (art. 138). Lo que ocurrió en Venezuela fue radicalmente distinto, pues una vez culminada su tarea, la Asamblea Nacional Constituyente no cesó y continuó a mansalva barriendo con todos los poderes públicos, eliminando y cesando a todos los funcionarios electos. De esto en Chile se aprendió la lección, y se reguló que las autoridades electas como principio conservan su potestad, salvo que se trate de írganos estatales que se eliminen.

Y, por último, en cuarto lugar, en el caso chileno, en la reforma constitucional a raíz de la Ley 21.200 se establecieron los mecanismo de control necesarios para asegurar que la Asamblea en su funcionamiento se ajuste a lo prescrito en la Constitución; lo que no existió en Venezuela, donde la Asamblea Constituyente de 1999 escapó a toda forma de control.

En el caso de Chile, en cambio, en el artículo 136 constitucional se reguló expresamente la posibilidad de formular reclamos ante cinco ministros de la Corte Suprema por infracciones a las reglas de procedimiento aplicables en la Convención (vicios esenciales); aun cuando se excluyó todo tipo de reclamo "sobre el contenido de los textos en elaboración."

En esta materia de control, el artículo 136 reformado por la Ley 21.200, sin embargo, concluyó indicando que "ninguna autoridad, ni tribunal, podrán conocer acciones, reclamos o recursos vinculados con las tareas que la Constitución le asigna a la Convención, fuera de lo establecido en este artículo," (art. 136) lo que implica, por supuesto, que toda actuación de la Convención Constitucional que no estén vinculada con las tareas que la Constitución le asigna, si queda sujeta al control de constitucionalidad atribuido en la misma Constitución al Tribunal Constitucional

Todos estos aspectos regulados en Chile le dan un marco de funcionamiento a la Convención Constitucional, dentro de la Constitución vigente, para la redacción de una nueva Constitución, respetando los principios del republicanismo y de la democracia (art. 135). Con todo esto, sin duda, en Chile puede decirse que se aprendió la lección de lo que no debía hacerse y que en cambio ocurrió en los procesos constituyentes de Venezuela, Ecuador y Bolivia.

Pero entre las lecciones del proceso venezolano, puede decirse que una de ellas lamentablemente no se aprendió a tiempo en Chile, y fue la de evitar la alta abstención en la elección de los convencionales constituyentes. En la misma tendencia de lo que ocurrió en Venezuela, donde solo votaron el 42.3% electores para elegir a los miembros constituyentes de la Asamblea Constituyentes en 1999, pero agravado, en Chile solo votaron el 41.5 % de los electores para elegir los miembros convencionales de la Convención Constitucional. Eso significó en Venezuela, en definitiva, que la mayoría en la Asamblea Constituyente estuvo en manos de unas minorías, que impusieron su voluntad al país, lo que lamentablemente podría igualmente ocurrir en Chile.

Afortunadamente, sin embargo, en Chile se aprendió otra lección derivada del caso venezolano y que puede contribuir a frenar los antes referidos efectos nocivos que resultaron de la abstención, y es que a diferencia del régimen en Venezuela, donde las propuestas en la Asamblea Constituyente se aprobaron con el voto de la mayoría de los constituyentes presentes en las sesiones de la Asamblea; en el caso de Chile, la reforma derivada de la Ley 21.200 establece expresamente la necesidad de que todas las decisiones de la Convención Constitucional deben adoptarse por "un quorum de dos tercios de sus miembros en ejercicio," precisándose que "la Convención no podrá alterar los quorum ni procedimientos para su funcionamiento y para la adopción de acuerdos" (art. 133).

Lo importante, en todo caso, es que en la Convención Constitucional chilena se respete y se haga respetar el marco constitucional que le dio origen, y que regula con todo detalle su funcionamiento, como producto de los acuerdos y consensos políticos que tuvieron lugar para que se pueda sancionar una nueva Constitución que represente un verdadero y genuino pacto político de la sociedad para recomponer el sistema democrático.

EL SISTEMA DE GOBIERNO: REFLEXIONES SOBRE EL PROCESO CONSTITUYENTE CHILENO DE 2021

Mayerlin Matheus Hidalgo[*]

Abogado

Resumen: *Este ensayo se propone hacer algunas reflexiones sobre el proceso constituyente que está viviendo Chile y que ha iniciado este 2021. Especialmente queremos enfocarnos en el sistema de gobierno y cómo las experiencias pasadas, específicamente las que dieron lugar a las Constituciones de 1830 y 1925, pueden servirnos para comprender por qué en Chile ha imperado el presidencialismo y, a grandes rasgos, entender cuáles fueron las causas y consecuencias de la adopción del parlamentarismo en 1891 y reflexionar sobre el sistema de gobierno que debería acogerse en una nueva constitución.*

Palabras Clave: *Clave: sistema de gobierno; parlamentarismo; presidencialismo; constitución.*

Abstract: *This essay intends to make some reflections on the constituent process that Chile is undergoing and that has begun in 2021. We especially want to focus on the system of government and how past experiences, specifically those that gave rise to the Constitutions of 1830 and 1925, can help us to understand why presidentialism has prevailed in Chile and, broadly speaking, to understand what were the causes and consequences of the adoption of parliamentarism in 1891 and to reflect on the system of government that should be included in a new constitution.*

Key words: *System of government; parliamentarism; presidentialism; constitution.*

INTRODUCCIÓN

Las líneas que siguen están enfocadas en hacer algunas reflexiones sobre el proceso constituyente que está viviendo Chile en este año 2021. De todos los temas que podrían analizarse consideramos oportuno hacer una revisión sobre el sistema de gobierno, que tanto antes como ahora ha tenido una relevancia capital en el ámbito político y social del país.

En tal sentido, exploraremos las circunstancias políticas y sociales del centenio 1833 y 1932, período en el cual se elaboraron y rigieron las constituciones de 1833 y 1925, a fin de hacer algunas reflexiones sobre aspectos que puedan ser relevantes para el debate que deberá darse en la Convención Constitucional y que determinará el régimen político que quede plasmado en la nueva constitución.

El debate sobre este punto ha estado divido, antes y ahora, entre los defensores y detractores del sistema imperante en Chile que, desde su conformación en República, ha sido el presidencialismo.

---

[*] Abogada y Especialista en Derecho Administrativo (UCAB-Venezuela), Cursante del Doctorado en Derecho de la Universidad de los Andes, Chile. Correo electrónico: mjmatheus@miuandes.cl

Para algunos, el sistema presidencialista es el causante de todos o la mayoría de los problemas que en el ámbito político y social ha vivido Chile, a partir de lo cual hay quienes piensan que la adopción de un sistema parlamentarista, al estilo europeo, podría venir a solucionar tales problemas.

Sobre esto vale decir, que las simplificaciones no son recomendables cuando se trata de analizar -o determinar- algo tan complejo como el sistema de gobierno de un país. Creer que las realidades de un lado del mundo pueden intercambiarse hacia un país con cultura, estilo de vida e idiosincrasia distintos puede ser peligroso y podría conllevar a ensayos que no den los frutos esperados.

Nos disponemos entonces, repasar a grandes rasgos cómo fue evolucionando el debate sobre el sistema de gobierno en el centenio mencionado y qué experiencias de dicho período podrían contribuir al debate actual.

I.   REFLEXIONES PRELIMINARES

Antes de entrar en el análisis sobre el sistema de gobierno nos parece pertinente hacer unas pequeñas consideraciones sobre: 1. el ámbito de actuación de la Convención Constitucional y 2. Sobre el objetivo y el origen de la Constitución.

1.   *Sobre el ámbito de actuación de la Convención Constitucional chilena de 2021*

Podemos iniciar estas reflexiones preliminares, haciendo referencia a una frase pronunciada por Arturo Alessandri en 1925 y que emitió como parte de su argumentación para justificar su abandono a la idea de convocar una Asamblea Constituyente y, en su lugar, aprobar la nueva Constitución a través de un plebiscito: "un grupo de hombres constituidos en asamblea carece de la superioridad moral necesaria para despojarse de atribuciones y facultades"[1].

La frase llama la atención no por lo acomodaticia que fue para Alessandri en su momento sino por la atinada descripción que se hace de las Asambleas Constituyentes.

Si vemos experiencias recientes de procesos constitucionales como el de Colombia de 1991 y el de Venezuela de 1999[2], podemos percatarnos que aun cuando ambas asambleas estaban conformadas con el único fin de elaborar una nueva constitución para los nombrados países, las dos rápidamente excedieron sus competencias.

En efecto, al declararse "originarias" -no sujetas a la autoridad de los poderes constituidos-, desconocieron sus límites y comenzaron a dictar diferentes decisiones y actos, como la no realización de un plebiscito de salida en el caso de Colombia y los "actos constituyentes" en el caso de Venezuela, algunos de los cuales se convirtieron en "leyes supraconstitucionales".

Tanto en Colombia como en Venezuela parece que las asambleas carecieron de la moralidad necesaria para "despojarse de atribuciones y facultades" o, dicho de otro modo, no lograron contener la tentación de ejercer el poder en forma desmedida apoderándose de atribuciones y facultades que no les correspondían.

---

[1]   Tomado de CARRASCO, Sergio. "Génesis y vigencia de los textos constitucionales chilenos". Editorial Jurídica de Chile, 3era. Edición, Santiago, 2002, p. 156.

[2]   Sobre los casos aquí referidos ver HERRERA, Luis y MATHEUS, Mayerlin. "Experiencias constituyentes en América Latina: los casos de Colombia y Venezuela", *Serie Informe, Sociedad y Política*, N° 172, Santiago, 2019, p. 14, Disponible en https://cutt.ly/NQyYSf3

Algo similar parece estar sucediendo en el actual proceso constituyente que atraviesa Chile. La recién instalada Convención Constitucional (en adelante la Convención) emitió su primera declaración el día 8 de julio de 2021[3], en la que a modo de exhorto hacen un llamado a los poderes constituidos a discutir y promulgar normas de indulto a los "presos políticos de la revuelta" -el conocido estallido social del año 2019- y en el caso de las Regiones de Bio Bio, Araucanía, Los Lagos y Los Ríos que se aplique el indulto desde el año 2001 para los que consideran "presos políticos mapuches".

Si bien queda dispuesto de forma expresa que la Convención no pretende "arrogarse las competencias o atribuciones de otros poderes del Estado" consideran que respecto de este tema tienen una responsabilidad política de pronunciamiento.

Bajo tal entendimiento, podríamos estar viendo innumerables declaraciones -exhortos- de parte de la Convención a las autoridades del poder constituido, pues cualquier tema de relevancia política podría justificar un pronunciamiento.

Cabe preguntarse ¿qué pasa si los exhortos de la Convención no son tomados en cuenta?, ¿podríamos tener una Convención que el día de mañana se abrogue, ahora sí, atribuciones que no le correspondan? ¿qué pasa si la Convención decide emitir no ya un pronunciamiento o exhorto, sino una actuación con un mandato directo? ¿qué impacto tendrá tal proceder sobre el cuestionado sistema de gobierno actual e, incluso, sobre el que en definitiva se adopte en la próxima constitución?

Las preguntas aquí formuladas no pretenden ser respondidas en este ensayo, se plantean con el afán de generar un espacio de duda y reflexión a quien las lea y hacer planteamientos que contribuyan a encontrar esas respuestas en la institucionalidad chilena y en el derecho vigente al que deben sujetarse indefectiblemente quienes hoy se reúnen en la Convención.

Estamos en un momento político y social en el que cobra vital importancia la "regla de oro del derecho público chileno"[4] esa que ha "atravesado incólume hasta hoy tanto la readecuación constitucional de 1925 (art. 4°) como la nueva institucionalidad de 1980 (art. 7°)"[5]. Nos referimos al artículo 160 de la Constitución de 1833, que se encuentra en el art. 7 de la Constitución Política de 1980 (en adelante CP 1980)[6] y que dispone:

Los órganos del Estado actúan válidamente previa investidura regular de sus integrantes, dentro de su competencia y en la forma que prescriba la ley.

Ninguna magistratura, ninguna persona ni grupo de personas pueden atribuirse, ni aun a pretexto de circunstancias extraordinarias, otra autoridad o derechos que los que expresamente se les hayan conferido en virtud de la Constitución o las leyes.

Todo acto en contravención a este artículo es nulo y originará las responsabilidades y sanciones que la ley señale.

---

[3]   La declaración está disponible en https://cutt.ly/km4qERh

[4]   Esta es la denominación que ha dado el profesor Soto Kloss al artículo 160 de la Constitución de 1833.

[5]   SOTO, Eduardo. "La regla de oro del derecho público chileno", *Anales de la Universidad de Chile*, N° 5, 1989, p. 804. Disponible en https://cutt.ly/4QyUXlk 4

[6]   Disponible en https://www.bcn.cl/leychile/navegar?idNorma=242302.

Al amparo de este artículo, queda claro que la Convención no podrá atribuirse ninguna otra tarea que no sea la de redactar una nueva constitución, según el procedimiento que a tal efecto establecen los artículos 130 y ss. de la CP 1980, tal como además fue acordado en noviembre de 2019 con la firma del "acuerdo por la paz social y nueva constitución"[7].

2. *Sobre el objetivo y origen de la Constitución*

Si observamos las experiencias constitucionales que sirvieron para modificar las Constituciones de 1828 y de 1833, encontramos, por un lado, que hay una verdadera convicción de que la Constitución que se buscaba reformar había causado los daños que en aquellas épocas sufría Chile.

Por el otro, vemos una suerte de fe ciega en la Constitución que no compartimos, primero porque parece ser muy ingenua y segundo porque los hechos han demostrado que dicho texto por sí mismo es incapaz de resolver crisis o problemas.

Por ejemplo, en 1831 el Senado afirmaba que la Constitución de 1828 había generado "la horrible crisis en que acababa de verse envuelta la nación..."[8] y con ello justificaba la convocatoria a una Convención Constituyente.

Por su parte Egaña, Irarrázaval y Vial, en informes de las sesiones de los cuerpos legislativos exponían "Los horribles males que hemos sufrido y de que solo por una especie de milagro político puede haberse salvado la nación, han sido resultado preciso de la ambigüedad e insuficiencia de la Constitución"[9].

Lo mismo sucedía en 1924, se entendía que había una necesidad de cambiar el estado de cosas y que esto podría lograrse a través de una nueva constitución. Con la vuelta de Arturo Alessandri en 1925 destaca "... el fervor con que se le recibía, expresión de la constante histórica de las grandes y periódicas esperanzas colectivas"[10].

Esas esperanzas colectivas, no son otras que el deseo de resolver los problemas casi por arte de magia y creyendo que lo que se dispone en un papel es posible replicarlo en la realidad solo por el deseo de que así sea, sin tomar en cuenta otros factores que necesariamente inciden como lo económico, lo social e incluso lo cultural.

En este sentido, Portales en carta a Garfias, refiriéndose al proyecto de la constitución de 1833, escribe "No me tomaré la pensión de observar el proyecto de reforma (la Carta de 1833). Ud. sabe -dice a Garfias- que ninguna obra de esta clase es absolutamente buena ni absolutamente mala, pero ni la mejor ni ninguna servirá de nada si está descompuesto el principal resorte de la máquina"[11].

Han pasado casi cien años desde la Constitución de 1925 y casi doscientos desde la de 1833, pero las expectativas acerca de una nueva constitución parecen no haber evolucionado.

---

[7]   Disponible en https://cutt.ly/DmJTcO9

[8]   Tomado de BRAHM, Enrique. "Mariano Egaña. Derecho y Política en la fundación de la República Conservadora", Santiago, 2007, p. 91, Centro de Estudios Bicentenario.

[9]   Tomado de Carrasco (2002), *Op. Cit.*, p. 108.

[10]   Carrasco (2002), *ob. cit.*, p. 150.

[11]   Tomado de Carrasco (2002), *Op. Cit.*, p. 106.

Basta con escuchar algunos de los convencionales electos[12] o en una simple charla con un vecino, para darse cuenta de que hay una tendencia a creer que la Constitución todo lo puede soportar y resolver.

El derecho al agua, el derecho a la salud, el derecho a vivienda, a la alimentación, el derecho a sistema universal de pensiones y todos los demás derechos sociales que puedan nombrarse, el reconocimiento de los pueblos indígenas incluso a través de un Estado plurinacional, el matrimonio entre personas del mismo sexo y la identidad de género son apenas una pequeña parte de todo lo que algunos se proponen incluir en la nueva Constitución.

Parece que hay quienes piensan que incluir todo lo que se pueda acabará con todos los males de Chile y terminará con la crisis que desde los violentos hechos de octubre de 2019 vienen golpeando al país en lo económico, político y social[13].

Además, piensan algunos, se acabará finalmente con una Constitución que tiene un pecado de origen por "antidemocrática". Dejando de lado que la vigente puede considerarse más la Constitución de la transición que de la dictadura[14], la misma no sería más antidemocrática que la de 1925, cuya comisión redactora fue nombrada y presidida por Arturo Alessandri que a la sazón era Presidente de la República, ni más antidemocrática que la de 1833 que terminó siendo una reproducción casi exacta del conocido "voto particular"[15] de Egaña.

Es decir, ambas constituciones estuvieron determinantemente influenciadas por las ideas de una sola persona y su puesta en vigencia no gozó precisamente de un proceso democrático, en ambos casos, se desconocieron en forma deliberada los procesos que las Constituciones vigentes (la de 1828 y 1833) establecían para ser modificadas o sustituidas[16]. A pesar de ello, fueron otras las razones que conllevaron a sustitución.

Habría que preguntarse si realmente importa el origen o importa más que una constitución sea una verdadera norma jurídica que pueda organizar y limitar el poder y "Tal limitación no es sino el medio para asegurar el respeto de los derechos de las personas miembros de esa comunidad… de nada, absolutamente nada, sirve una constitución si en los hechos, si en realidad, no hay una defensa de los derechos y libertades de los ciudadanos, derechos y libertades que son el alma, el fundamento, la base de lo propiamente constitucional…"[17]

---

[12]   Por ejemplo, el *Diario Uchile* analizó más de 1400 propuestas de los candidatos a la convención encontrando 3 puntos importantes y una tendencia mayoritaria a incluir derechos sociales, a cambiar el régimen de gobierno y a establecer la descentralización, disponible en https://cutt.ly /pQyd4xY. También, parte de las variadas posturas y propuestas de los convencionales pueden leerse en reportaje de *CNN* disponible en https://bit.ly/3BM9Tsh.

[13]   Sobre las expectativas respecto de la nueva constitución ver la columna de Inger Ambler en *Diario UNAB,* disponible en https://bit.ly/3rCBc3o

[14]   Al respecto ver el análisis de Claudio Alvarado en *CIPER,* disponible en https://bit.ly/3iRqXVc

[15]   El voto particular puede ser leído en https://cutt.ly/gmNDetq.

[16]   Sobre la legitimidad de las constituciones de 1833 y 1925 ver BRAHM, Enrique. "¿Volver a la constitución de 1925? Una propuesta sin fundamento histórico", *Revista Chilena de Derecho*, 2019a, pp. 79-97. Disponible en https://cutt.ly/fmNDaCf.

[17]   Soto, Eduardo. "¿Lirismo constitucional o realismo político?", *Revista chilena de derecho,* 1979, pp. 363-364. Disponible en https://cutt.ly/3Qy0oUp. Es importante aquí tener presente el caso de las Constituciones de países como los EEUU, Inglaterra -no codificada- y Alemania, por solo nombrar algunas, que no tienen propiamente origen democrático al no ser aprobadas por los electores en plebiscitos o referéndums, y sin embargo han funcionado desde el punto de vista de hacer posible el cumplimiento de los fines antes indicados.

Finalizamos estas reflexiones preliminares señalando que compartimos la posición de Soto Kloss -plasmada en la cita anterior- y la de otros constitucionalistas[18] que encuentran en la limitación del poder el objetivo primario de la constitución que permite la efectiva protección de los derechos. Asignar otro objetivo a la constitución es caer en el plano del *lirismo jurídico* en desconocimiento del *realismo político,* convirtiéndola en una *commedia dell'arte*[19].

III. EL SISTEMA DE GOBIERNO DE AYER Y SUS ENSEÑANZAS PARA EL SISTEMA DE GOBIERNO DE MAÑANA

1. *El sistema de gobierno en el período 1833-1932*

En el período 1833-1932, Chile no escapó a la cuestión "presidencialismo" o "parlamentarismo". "La misma Constitución de 1833 favorecía ese contrapunto, desde el momento en que ella contenía ciertos elementos equívocos..."[20] asimismo, "La disputa en torno al régimen de gobierno es el punto central en la discusión de la Constitución de 1925"[21].

Al estudiar la historia política de Chile podemos afirmar que el sistema presidencialista ha sido imperante y que cuando se ensayaron por vías no institucionales otras formas como el parlamentarismo, el fracaso fue patente.

Algunas de las circunstancias que dieron lugar a las Constituciones de 1833 y 1925, pueden ser fuente de enseñanzas para el proceso constituyente que vive Chile en este momento y en tal sentido puede ser interesante repasarlas, a fin de detectar los puntos más relevantes a esta discusión en la actualidad.

En 1833 la experiencia constitucional de Chile era poca, el primer instrumento de este tipo tenía apenas dos décadas de antigüedad. A principios del siglo XIX, Chile, igual que el resto de los territorios hispanohablantes de la región, no conocía otra cosa que la Monarquía como forma de organización y conducción política, por lo que la identificación de su régimen de gobierno estaba en fase experimental.

Diego Portales estaba convencido de que no quería un gobierno al estilo de la Monarquía y asimismo veía imposible practicar en ese entonces la democracia en Chile. Así lo hizo saber a José Manuel Cea en marzo 1822 a quien escribió:

> La Democracia, que tanto pregonan los ilusos, es un absurdo en los países como los americanos, llenos de vicios y donde los ciudadanos carecen de toda virtud, como es necesario para establecer una verdadera República. La Monarquía no es tampoco el ideal americano: salimos de una terrible para volver a otra y ¿qué ganamos? La República es el sistema que hay que adoptar; ¿pero sabe cómo yo la entiendo para estos países? Un Gobierno fuerte, centralizador, cuyos hombres sean verdaderos modelos de virtud y patriotismo, y así enderezar a los ciudadanos por el camino del orden y de las virtudes[22].

---

[18]   Loewenstein, Karl. "Teoría de la Constitución", Barcelona, 1979, p. 149, Ariel, Reimpresión, Trad. Alfredo Gallego; Pereira-Menaut, Antonio. "Teoría Constitucional", Santiago, 2006, p. 26, LexisNexis; Sartori, Giovanni. "Elementos de teoría política". Madrid, 2005, p. 21, Alianza Editorial, trad. María Luz Morán.

[19]   Soto (1979), *Op. Cit,* p. 364.

[20]   Bertelsen et. al. "Régimen de gobierno en Chile. ¿Presidencialismo o Parlamentarismo? 1925-1973", Santiago, 2002, p. 8, Editorial Jurídica de Chile.

[21]   Bertelsen et. Al. (2002), *Op. Cit.*, p. 11

[22]   Extracto de carta disponible en https://cutt.ly/am86eTg

Por su parte, Mariano Egaña "Luego de sufrir a la distancia los desórdenes y la anarquía política de la época de ensayos, no tenía dudas de que Chile necesitaba un gobierno fuerte y autoritario, dentro de las formas republicanas, para salir del atolladero en que se encontraba..."[23].

Como vemos, dos de las personas más influyentes de este período estaban convencidas de que un régimen presidencial fuerte[24] era el que se precisaba para dejar atrás la inestabilidad sufrida por los ensayos de gobiernos luego de la independencia, así como para enfrentar las crecientes amenazas externas a la integridad territorial.

Con esta idea, Mariano Egaña apoyado en constituciones propias y foráneas "...más el aporte del mismo autor... dio forma a un modelo constitucional único, que terminaría por ser la columna vertebral de la Constitución Política de 1833".[25]

Recordemos, además, que dicho sistema de gobierno se unía a una concepción particular de República de la época, como lo explica Collier[26]. En Chile, el gobierno republicano se identificaba con un gobierno representativo, entendiendo que la participación de las personas debía estar limitada a la aristocracia e intelectualidad criollas, pues no todos tenía las capacidades para participar de la vida pública y política.

En 1846 José Victorino Lastarria escribía el libro *Elementos de Derecho Público Constitucional* donde se lee:

...la república democrática es la que mas garantías presta ala realización del fin social... Así podemos establecer que la mejor forma de gobierno es aquella que en una época dada satisface mejor los intereses jenerales, depositando el poder en manos de los que pueden hacer triunfar con inteligencia el principio de justicia de los ataques de la ignorancia i del interes individual; aquella en fin que ofrece mayor seguridad de que los hombres mas capaces sean investidos de las funciones del poder...[27]

Y bajo esta concepción, continúa más adelante "...es claro que no puede conferirse el derecho de sufrajio a los que por su condición social no ofrecen ninguna garantía de sus buenas intenciones, asi como no deben ser elejibles los que carezcan de probidad i de las cualidades jenerales i especiales que la naturaleza de cada empleo público requiere..."[28]

---

[23] Brahm (2007), *Op. Cit.*, p. 116.

[24] En Brahm, Enrique. "La discusión en torno al régimen de gobierno de Chile (1830-1840)", *Revista de Estudios Históricos-Jurídicos*, 1994, pp. 35-56. Disponible en https://cutt.ly/lQy3OJ1, podemos leer una cita del periódico *El Hurón,* que describe en forma crítica todas las que podía ejercer el Presidente: "...poder para dar y quitar intendentes a las provincias y gobernadores a los departamentos; facultad para disolver las Cámaras siempre que se le antoje: con voto en las resoluciones del Congreso; libre de ser acusado por los actos de su administración; que puede ser reelegido indefinidamente; suspender de su ejercicio por seis meses a los empleados civiles y privarles hasta de dos tercios de sus sueldos por vía de corrección, y destituirlos por ineptitud calificada... De este modo claramente se infiere que no tendríamos jamás otras leyes que las que quiera darnos el Gobierno, y si el Presidente de la República no se convierte en un monarca absoluto, será solamente porque no quiere...".

[25] Brahm (2007), *Op. Cit.*, p. 117

[26] Collier, Simón. "Ideas y policía de la independencia chilena 1808-1833", Editorial Andrés Bello. Santiago, 1977, pp. 138-139.

[27] Lastarria, José Victorino. "Elementos de Derecho Público Constitucional", Santiago, 1848, pp. 60-61, Imprenta Chilena, segunda Edición. Disponible en https://cutt.ly/AQy8q1R.

[28] Lastarria (1848), *Op. Cit.*, p. 150.

Se configuró así un sistema de gobierno presidencial fuerte en una época donde predominaba el voto censitario[29], común no solo en Chile sino en muchos otros países que salían de sistemas de gobierno absolutistas. Y esto obedeció, como vimos, a circunstancias propias de la época, a la inestabilidad política que había vivido Chile después de la independencia unido a otros hechos como, por ejemplo, las amenazas externas a la soberanía nacional[30].

Por su parte, si nos remitimos a algunas de las circunstancias que impulsaron la redacción y puesta en vigencia de la Constitución de 1925, encontramos una gran tensión entre el sistema presidencial y el parlamentario.

Durante la primera etapa de vigencia de la Constitución de 1833, se ejerció un presidencialismo fuerte, tal como lo quería Portales y lo había concebido Mariano Egaña.

Un ejemplo destacable de gobierno fuerte es la presidencia de José Joaquín Prieto (período 1831-1841), "Su gestión política estuvo inspirada por su ministro y vicepresidente Diego Portales Palazuelos, que tuvo una gran influencia política en el país hasta su asesinato en 1837"[31]. Antonio García Reyes, sobre Prieto expresaba "el Gobierno, al principio fuerte, se hizo después imponente... se llegó a organizar, por decirlo así, un régimen que poco o nada se diferenciaba del terror"[32]

A pesar del peso que tenía la figura del Presidente, esta comienza a perder importancia y comienzan a cuestionarse sus poderes, como expone Bravo Lira[33], cuando en 1856 se conforman los primeros partidos políticos en Chile. Ya desde 1848 (con la Revolución de París) habían permeado en algunos políticos chilenos las ideas parlamentarias y liberales.

El mismo autor, indica que dichas ideas -liberales y parlamentarias- pudieron discutirse e incluso ensayarse en Chile gracias a la estabilidad que desde 1830 existía en el país, precisamente gracias al régimen presidencialista que se había practicado según lo entendía Portales.

Esa estabilidad institucional, que se creía era algo dado que no podía perderse, alentó a los jóvenes políticos a traer ideas europeas como si fueran recetas que pueden copiarse sin atender a otros elementos propios del país.

La conocida "cuestión del sacristán"[34], una pugna entre la iglesia y el gobierno de turno, el de Manuel Montt, partió las aguas en la esfera política chilena. Los conservadores que venían gobernando en forma estable se dividieron.

Este fue el hecho que en 1856 allanó el camino para el nacimiento de los partidos[35]. Así, en julio de 1857 nació el Partido Conservador y en diciembre del mismo año nació el Partido Nacional, el primero apoyaba a la iglesia y el segundo al gobierno.

---

[29]   La Constitución de 1833 exigía saber leer y escribir para poder votar (art. 7) ver https:// cutt.ly/ Nm7RYl2

[30]   Jaksic, Iván. "Andrés Bello", Ediciones UCAB, Caracas, 2007, p. 191.

[31]   Reseña biográfica disponible en https://cutt.ly/Km743nk

[32]   Tomado de Brahm, Enrique. "Tendencias críticas en el conservantismo después de Portales", Instituto de Estudios Generales. Santiago, 1992, p. 101.

[33]   BRAVO, Bernardino. "Historia de las instituciones políticas de Chile e Hispanoamérica", Editorial Andrés Bello. Santiago, 1993, p. 233.

[34]   Sobre este episodio histórico ver VIAL, Gonzalo. "Chile, cinco siglos de historia. Desde los primeros pobladores prehispánicos hasta el año 2006", Zig-Za, Santiago, 2010, Tomo 1, pp. 650-654.

[35]   Sobre el nacimiento de los partidos ver BRAVO (1993), Op. Cit., pp. 236-240.

La época de cambios que se vivía y el ambiente político propiciaron también el surgimiento de otros partidos. Quienes en aquel momento proponían la reforma de la Constitución se agruparon para formar el partido liberal.

El 1857 el ejecutivo continuaba con la balanza de poder a su favor. Sin embargo, la alianza entre liberales y conservadores permitió imponer el gabinete al Presidente Manuel Montt y a solicitarle una declaración por escrito bajo amenaza de postergar las leyes periódicas y de presupuestos.

Se empezaba a inclinar la balanza en favor del Senado y a ejercitar las primeras formas de parlamentarismo que traían consigo la característica de estancamiento y obstrucción a la función del Ejecutivo[36].

A liberales y conservadores los unía su oposición al gobierno, sin embargo, dentro del partido liberal una buena parte rechazaba la cercanía con la iglesia; esto terminó por dividir al partido permitiendo así que en 1860 naciera el partido radical.

Como vemos desde 1856 la política empieza a cambiar, el Congreso se divide en las diferentes posturas políticas que representan los partidos. "El estrato social del cual salían los dirigentes del Estado… había sufrido una transformación importante sobre todo desde la década de 1860-1870… Es todo un grupo humano que se incorpora a la aristocracia, no ciertamente numeroso, pero importante, porque proyecta en ella el espíritu especulativo y financiero"[37].

Los cambios en la política hacia 1880 hicieron que se gestara el fin de la llamada época "portaliana". Las tensiones entre el Presidente y el Congreso llegan a su punto límite en el año 1890.

En ese año José Manuel Balmaceda era Presidente y ya en una oportunidad había tenido que ceder a las presiones del Congreso para designar el ministerio. Cuando correspondía despacharse la Ley de Presupuestos, los partidos, una vez más, presionaron al Presidente para que designara un ministro de la confianza del parlamento amenazando con no despachar la mencionada ley.

Llegó el año 1891 y Balmaceda decidió extender la vigencia de la Ley de Presupuestos de 1890. En contra de esto, los partidos declararon al Presidente como dictador por haber violado la Constitución[38].

En consecuencia, las decisiones del Presidente por un lado y las del Congreso por el otro, generaron que las fuerzas armadas del país tomaran partido dando lugar así a la Guerra Civil de 1891[39].

---

[36]   Así lo expone VIAL. *Op. Cit*, Tomo 1, 2010, p. 655 "Debutaba no solo el parlamentarismo -la primacía del Congreso sobre el Ejecutivo- sino su insensata forma extrema, victoriosa el 91: que bastara reunir mayoría en una cámara para derribar el ministerio".

[37]   Góngora, Mario. "Ensayo histórico sobre la noción de Estado en Chile en los siglos XIX y XX", Editorial Universitaria. Santiago, 1988, pp. 48 y 49.

[38]   Bravo, *Op. Cit.*, 1993, pp. 267 y 268.

[39]   Bravo, *Op. Cit.*, 1993, p. 268, expone: "La guerra en realidad fue sangrienta. Costó más de 10.000 muerto. Fue, además, onerosa, porque se gastaron cien millones de pesos en armamentos, pertrechos y en las acciones militares. Pero lo peor fue la odiosidad y los rencores terribles que generó dentro del país. La población se abanderizó ya sea con el Presidente de la República, ya sea con el

Es así como en 1891 y bajo la vigencia de la Constitución de 1833 se termina de inclinar la balanza para dar más peso al poder del Congreso. Triunfa entonces la interpretación "parlamentarista" y se acepta sin mayores conflictos que la estabilidad de los ministros estaba sujeta a la confianza del Congreso[40].

Cabe ahora preguntarse si el parlamentarismo fue la respuesta a los conflictos que vivía Chile en su momento, si proporcionó estabilidad política e institucional y si vino a ser un régimen realmente mejor que el presidencialismo practicado hasta el momento.

Podemos responder estas preguntas con dos referencias de personajes de la época. Alberto Edwards expuso "Los Gabinetes, como fantasmas de teatro, desfilaban a cortos intervalos por el escenario de La Moneda"[41] por su parte en 1894 Francisco Valdés Vergara decía "Duro es confesarlo, pero los hombres que hicimos la revolución con la mejor de las intenciones hemos causado daños mayores que los bienes prometidos"[42].

El parlamentarismo fue acogido en Chile prescindiendo de sus características clásicas y moldeando un parlamentarismo muy particular, que autores como Carrasco llaman seudoparlamentarismo[43] o que autores como Nohlen (ver nota 60) simplemente no reconocen. De allí el análisis crítico de Cea: "se pasó así del autoritarismo presidencial al extremo opuesto, desapareciendo la figura del presidente de la República como institución suprema del Estado de Derecho"[44].

En Chile, la realidad llegó a ser no solo que el Congreso tenía más poder, sino que el Ejecutivo llegó a perder todo el suyo; no existía la división Jefe de Estado y Jefe de Gobierno; el Presidente carecía de la típica facultad de disolución del Congreso; la censura a un ministro hacía que cayera el gabinete completo. El multipartidismo contrastaba con los escasos partidos de los sistemas parlamentarios clásicos[45]; la obstrucción al gobierno provenía de la facultad de cualquier diputado o senador de dilatar la discusión de una ley *ad infinitum* o de la herramienta favorita de obstrucción, que era paralizar el gasto fiscal[46].

El parlamentarismo *empírico* en Chile no tardó en entrar en crisis, desaprovechando además los congresistas el emplear en favor de la población los altos ingresos recibidos por el Estado durante el período, por la actividad salitrera[47]. Además, fueron tres décadas en que el Congreso concentró el poder, pero "éste no pudo tener ninguna efectividad por su cambio incesante… la rotativa ministerial"[48].

Congreso o mejor, con los partidos representados en el Congreso. El encono entre unos y otros fue la más grave secuela de la guerra civil".

[40]   Bravo, *Op. Cit.*, 1993, p. 270.

[41]   Tomado de Góngora (1988), *Op. Cit.*, p. 74

[42]   Tomado de Góngora (1988), *Op. Cit.*, p. 75

[43]   Carrasco (2002), *Op. Cit.*, p. 136

[44]   Cea, José. "Derecho Constitucional Chileno", Ediciones UC, 3[era]. edición. Tomo I, Santiago, 2015, p. 32,

[45]   Pérez, Guillero. "¿Más o mejor Estado?", *Revista Punto y Coma*, 2021, pp. 28 y 29.

[46]   Vial (2010), *Op. Cit.*, Tomo 2, p. 972-975.

[47]   Cea (2015), *Op. Cit.*, Tomo I, p. 34.

[48]   Vial (2010), *Op. Cit.*, Tomo 2, p. 1025.

La crisis del parlamentarismo abre paso al "tiempo de los caudillos"[49], Arturo Alessandri que había llegado a la presidencia en 1920 gracias a hombres de clases medias y aristocráticos consideró necesario incorporar al proletariado dentro del Estado.

Alessandri tiene conciencia de que los tiempos han cambiado y que la legitimidad política del presidente no viene dada ni por la tradición aristocrática ni por voluntad divina. El presidente ahora depende de su propio carisma y de las masas que están dotadas de voto directo, secreto y universal. Partiendo de esta idea Alessandri está convencido que la Constitución debe configurar el régimen presidencialista[50].

En 1923, cuando la pugna entre el Presidente y el Congreso era cada vez más fuerte, Alessandri visitó la Escuela de Caballería de la cual Carlos Ibáñez era director y pronunció allí un discurso que inició precisamente haciendo alusión a la necesidad de reformar la Constitución y el sistema parlamentario, además de la necesidad de leyes sociales y termina alentando a la oficialidad joven que lo escuchaba a intervenir para materializar los cambios que necesitaba el país[51].

El creciente interés de los militares en la política termina por asentarse con el conocido "ruido de sables"[52], que tuvo lugar el 2 de septiembre de 1924 cuando se debatía en el Congreso la ley de dieta parlamentaria, cuya discusión había avanzado "a la velocidad de un tren expreso"[53], mientras que la ley que mejoraría la situación de los militares estaba paralizada por falta de recursos.

La combinación militar jugó en favor de Alessandri quien a pesar de haber sufrido un golpe fue llamado a terminar el periodo presidencial. Sin embargo, Ibáñez y los militares revolucionarios le advertían que se precisaba un régimen fuerte que superara el liberalismo parlamentario y económico[54], pues cobraba importancia la "cuestión social"[55].

Como expusimos antes, la Constitución de 1925 termina gestándose por una comisión presidida por el propio Alessandri y donde el punto central del debate fue el sistema de gobierno que "desemboca en la discusión de la regulación constitucional más conveniente… que terminará siendo el presidencial"[56]. Sin embargo, no bastó con recuperar el régimen presidencial. La ejecución de la Constitución de 1925 tuvo múltiples dificultades; de un lado porque el sistema parlamentarista se resistía a ceder ante el presidencialismo, del otro porque el primer presidente electo bajo su vigencia, Emiliano Figueroa, no era "ni el caudillo ni el hombre fuerte"[57] que los revolucionarios querían, su personalidad no estaba en consonancia con los poderes que la nueva Constitución había establecido en favor del presidente.

---

[49]   Góngora (1988), *Op. Cit.*, p. 127

[50]   Góngora (1988), *Op. Cit.*, p. 137

[51]   Brahm, Enrique. Carlos Ibáñez del Campo. *El camino al poder de un caudillo revolucionario*, Centro de Estudios Bicentenario, Santiago, 2019, p. 177.

[52]   Sobre este hecho ver BRAHM (2019b), *Op. Cit.*, pp. 184-193.

[53]   Vial (2010), *Op. Cit.*, Tomo 2, p. 1074.

[54]   Brahm (2019b), *Op. Cit.*, p. 225.

[55]   VIAL (2010), *Op. Cit.*, Tomo 2, p. 1034 expone "'La cuestión social' se define como las intolerables condiciones de vida material y espiritual, que afligen a nuestros sectores desposeídos durante el parlamentarismo".

[56]   Bertelsen et. Al. (2002), *Op. Cit.*, p. 31.

[57]   Brahm, Enrique. "La elección presidencial de 1925. El candidato equivocado" en San Francisco, Alejandro y Soto, Ángel (edit.), *Camino a La Moneda las elecciones presidenciales en la historia*

De los diferentes aprendizajes que pueden extraerse de las experiencias constitucionales de 1833 y 1925, podemos destacar que mirar el cambio constitucional como una fórmula para acabar de raíz con los problemas que se enfrenten en un determinado momento puede ser ilusorio, pues incluso después de un cambio constitucional, como en 1925, puede ser complejo que se implemente realmente lo que se ha concebido en la Constitución. O que lo concebido en la Constitución sea interpretado en un sentido distinto al que originalmente se pensó como sucedió en 1891 con la Constitución de 1833.

Además, partir del conflicto para proponer un cambio constitucional resulta problemático porque se hace en épocas de polarización donde se terminan imponiendo voluntades y se termina de fondo considerando a una parte vencedora y a otra perdedora. Así, quienes "vencen" imponen su agenda aun cuando quienes pierden también deben soportarla.

Si bien el camino hacia el actual cambio constitucional partió por las protestas y hechos violentos de octubre de 2019 y ha generado polarización, esperamos que no se repita la historia de vencidos y vencedores y que sobre todo en la discusión que respecta al cambio constitucional no se repitan los errores del pasado y se crea que se debe voltear la hoja para acabar con lo que existe y sustituirlo por completo por regímenes que han funcionado -con sus luces y sombras- en otras partes de mundo.

En el pasado, el punto central de las discusiones de las nuevas constituciones fue el sistema de gobierno; discusiones que se impregnaron de factores contingentes, de las luchas de poder entre partidos o facciones y en definitiva de la intención oculta de que un poder se terminara imponiendo sobre otro, sin considerar los fines de toda constitución y el principio del Estado de Derecho, lo que condujo a que los resultados -insatisfactorios- llevaran a Chile a nuevas y más graves encrucijadas.

2. *La convención Constitucional de 2021 y el sistema de gobierno*

La determinación del sistema de gobierno o régimen político, como se puede advertir, es de las cuestiones más importantes a plasmar en una nueva constitución. El presidencialismo y el parlamentarismo[58] son sistemas muy diversos que definen en forma diferente cómo se elige, se distribuye y se ejerce el poder político.

---

de Chile 1920-2000, Santiago, 2005, p. 58, Centro de Estudios Bicentenario, Disponible en https://cutt.ly/mQy5Ho0

[58] Sobre los conceptos de parlamentarismo y presidencialismo ver Carey, John. "Presidencialismo versus Parlamentarismo", *Revista de Reflexión y Análisis Político*, 2006, p. 122. Disponible en https://cutt.ly/vQutx1H donde expone "Bajo el parlamentarismo, sólo la asamblea es electa, de modo que el origen del ejecutivo deriva del de la asamblea. El requisito de confianza parlamentaria significa que la supervivencia del ejecutivo está sujeta al apoyo de una mayoría parlamentaria. Asimismo, en la mayoría de los sistemas parlamentarios esta dependencia es mutua puesto que el ejecutivo puede disolver la asamblea y llamar a nuevas elecciones antes de la finalización de su preestablecido período constitucional. Por tal motivo, el parlamentarismo es a menudo distinguido del presidencialismo sobre la base de que los poderes están fusionados más que separados. Bajo el presidencialismo los orígenes de las dos ramas de gobierno son electoralmente distintos, siendo el jefe del ejecutivo -siempre el presidente, y a veces también uno o más vicepresidentes- elegido separadamente de la asamblea y por un mandato fijo. El último elemento en la definición del presidencialismo es simplemente que el presidente electo posee poderes sustanciales sobre la rama ejecutiva -los ministerios- y sobre el proceso legislativo. Esto distingue los regímenes presidenciales de aquellos que eligen un jefe de Estado ceremonial, que puede ser llamado presidente pero que carece de autoridad constitucional (Irlanda, por ejemplo).

No quiere esto decir que la determinación del sistema de gobierno pueda en sí mismo ser un factor que resuelva los problemas del país -ni que los agudice- pero sí será determinante en la manera en cómo los poderes públicos se relacionan entre sí y con los ciudadanos.

A pesar de lo dicho, pareciera existir una creencia colectiva en que el sistema de gobierno sea el presidencialista en Hispanoamérica o sea el sistema parlamentarista en Europa, han traído desgracias a la primera y beneficios a la segunda.

En este sentido, expone Nohlen[59] que cuando pensamos en parlamentarismo pensamos en Europa occidental y cuando pensamos en presidencialismo nos referimos a realidades latinoamericanas. Pero advierte que tratar de comparar estas realidades tan distintas puede traer problemas metodológicos, ya que se compara algo que existe -el parlamentarismo europeo- con algo que nunca ha existido como sería el parlamentarismo en Hispanoamérica porque -a su parecer- el parlamentarismo practicado en Chile entre 1891 y 1925 en realidad no fue tal.

Duverger[60], citado por Bernales, explica lo sucedido en Hispanoamérica añadiendo una precisión que no es menor; en nuestra región el régimen "presidencial clásico" se ha deformado, convirtiéndose en "presidencialista" precisamente por estar centrado en la figura del presidente que aumenta sus poderes mientras debilita los poderes del legislativo. Es clara la deformación, pues un presidente no es un monarca absolutista, sino un funcionario que está subordinado a la voluntad ciudadana y a la constitución.

Es por esto que, para Bernales[61], en realidad ni el parlamentarismo ni el presidencialismo puros han echado raíces en Hispanoamérica y esto se debe a factores culturales, sociales y económicos. Es decir, -según explica Bernales- en los países de la región se ha precisado una autoridad fuerte, que dé sentido de cohesión a la Nación. El autor admite que se requiere un líder, pero este debe estar controlado y no necesariamente pueden acogerse o copiarse formas parlamentarias europeas para ejercitar ese control. Más bien, hay que encontrar vías propias en el presidencialismo para consolidar los contrapesos a la presidencia.

Como vimos, tanto en la discusión de 1833 como en la de 1925, el sistema de gobierno fue un punto central del debate. Lo mismo sucede ahora, el régimen de gobierno es un punto de suma importancia que tendrá un lugar protagónico en las discusiones del actual proceso Constituyente[62]. En ese sentido, creemos que el papel de la Convención, tanto en la determinación del sistema de gobierno como de cualquier otro tema relevante y donde las aguas están absolutamente divididas, debe propender sobre todo a mantener la estabilidad institucional y la concordia ciudadana.

---

[59]   Nohlen, Dieter. "Presidencialismo "versus" parlamentarismo en América Latina", *Revista de Estudios Políticos*, 1991, p. 46. Disponible en https://cutt.ly/OQy6ypi.

[60]   Bernales, Enrique. "Crítica al presidencialismo en América Latina", *Araucanía Revista Iberoamericana de Filosofía, Política, Humanidades y Relaciones Internacionales*, 1999, p. 159. Disponible en https://cutt.ly/pQy6bs7.

[61]   Bernales (1999), *Op. Cit.*, p. 160.

[62]   Podemos encontrar diversos análisis de este y otros temas relevantes en espacios creados especialmente para seguir el proceso constituyente, por ej. "Observatorio Constitucional" de https://www.uandes.cl/polis/, "Hoja en Blanco" de https://ideapais.cl/, "Una Constitución para Chile" de https://www.biobiochile.cl/, seminarios "Proceso Constituyente" de https://lyd.org/, entre otros.

Es decir, en la discusión que se lleve a cabo sobre este tema, los convencionales deberían despojarse de pasiones y atender a la realidad, a la costumbre e idiosincrasia chilenas y desde allí estudiar y preguntarse: ¿por qué en Chile ha predominado el sistema presidencialista? ¿Por qué hubo de pasar por una guerra civil -en 1891- para imponer el parlamentarismo? ¿Son los hábitos políticos partidistas de Chile capaces de sostener el funcionamiento de un sistema parlamentarista o de uno semipresidencialista? ¿Está la ciudadanía preparada para acoger un parlamentarismo o un semipresidencialismo en que la figura del presidente de la República ya no exista como se ha conocido hasta el presente?

Estas y otras tantas preguntas son cruciales para discutir el régimen de gobierno que debe ser adoptado en el país. Pretender que el presidencialismo es el causante de todos los males y en sentido contrario el parlamentarismo sería la solución a estos, conduciría, como explica Nohlen[63], a una deformación teórica y práctica, al tiempo que ignoraría algunos de los efectos sociales positivos que el sistema presidencialista ha tenido, al menos en Chile, según destacadas investigaciones dedicadas a estudiar las condiciones institucionales para el desarrollo de los países[64].

Lo que debería tenerse en cuenta y que resulta realmente relevante a un análisis sobre el sistema de gobierno de un país es observar la especificidad de cada sistema y hacer las adaptaciones que en un momento dado sean pertinentes para propender a su mejora y evolución. Sin más, se trata de recordar y atender a la idea de Bello, según la cual más que adoptar una nueva constitución, a partir de la idea de la "hoja en blanco", de lo que se trata es de reformar una vez más la Constitución Política de la Nación[65].

Volviendo a la idea de Nohlen, parece que, en este momento, lo más prudente y provechoso para el país sería hacer adaptaciones, mejoras e incluso cambios de raíz en el sistema de gobierno presidencialista, que ensayar la adopción de un sistema de gobierno parlamentarista o de uno semipresidencialista, los cuales, como bien se ha documentado en investigaciones recientes[66], dada la fusión plena o parcial que generan entre ejecutivo y legislativo, no son inmunes a la inestabilidad política ni a la falta de gobernabilidad.

Una de las claves para el éxito de un sistema parlamentario es que existan partidos políticos fuertes, capaces de formar coaliciones, que puedan nombrar, cuando corresponda, al gobierno de un determinado país. En Chile, no es un secreto que los partidos políticos se encuentran desmoralizados y en crisis, sin contar que, hay partidos muy pequeños que no mueven en forma considerable al electorado.

---

[63]   Nohlen (1991), *Op. Cit.*, p. 45.

[64]   En tal sentido, Acemoglu, Daron y Robinson, James. "El pasillo estrecho", Editorial Planeta, Santiago, 2019, p. 511, trad. Ramón González y Marta Valdivieso. Destacan cómo el veto presidencial para eliminar gastos que solo beneficiaban a sectores aventajados de la población chilena y la mayor injerencia del presidente respecto del Congreso en proyectos sobre obras públicas y salarios, fueron competencias positivas de cara al logro de mejoras sociales.

[65]   Tal y como se aprecia en Bello, Andrés. "Reformas a la Constitución" en Jaksic, Iván (edit.), *Andrés Bello. Repertorio Americano. Textos Escogidos*, Santiago, 2019, p. 410, Penguin Clásicos. Texto en el cual el autor no habla de "nueva constitución", sino de "reforma del código fundamental de 1828".

[66]   Ver referencias al libro *La Pregunta por el Régimen Político, Conversaciones Chilenas*, de Arturo Fontaine recogidas en el informe de Libertad y Desarrollo disponible en https://bit.ly/3BWPYqK

Parece entonces, el peor momento para intentar acoger un régimen parlamentario[67], más si añadimos los desafíos que enfrenta el país a raíz del impacto de la crisis de octubre de 2019 y la pandemia del COVID-19.

La historia, en este sentido, cobra una importancia capital. La sociedad chilena comparte desde su conformación en República una tradición presidencialista que ha convivido con las épocas de mayor estabilidad institucional y mayor crecimiento económico de la Nación. ¿Por qué entonces se piensa que hay que renegar de esa tradición?

La pregunta anterior parece encontrar su respuesta en la crítica más común que recibe el presidencialismo en Chile; esto es, que en el país lo que existe es un régimen presidencial exacerbado o un "hiperpresidencialismo"[68], donde la figura del Presidente es tan fuerte que termina convirtiendo al Congreso en servil o sumiso.

Quienes consideran que en Chile existe hiperpresidencialismo, fundamentan tal postura principalmente en las facultades legislativas del Presidente como: i. las iniciativas legislativas exclusivas, ii. la posibilidad de decretar urgencias legislativas; iii. la posibilidad de decretar vetos a las leyes aprobadas por el Congreso y, iv. la elección de cargos judiciales.

Pues bien, si el problema es que hay competencias excesivas, injustificadas o anacrónicas para el presidente de la República, entonces la falla no deriva del sistema presidencialista. Más bien deriva de la falta de adaptación del sistema de gobierno a las necesidades y evolución política e institucional del país. Así, el objetivo más modesto y práctico de la Convención Constitucional podría ser eliminar lo "hiper" del presidencialismo chileno.

En ese sentido, sobre las iniciativas legislativas exclusivas una modificación que podría equilibrar los poderes del Presidente es mantener la exclusividad solo en lo que corresponde estrictamente al funcionamiento y finanzas del Poder Ejecutivo y que sea concurrente o compartida la iniciativa sobre otras materias tocantes a otros ámbitos fuera del Ejecutivo.

Sobre las urgencias legislativas no consideramos que sea una evidencia de un presidencialismo "exacerbado", en tanto que, la no atención del Legislativo a ese llamado de urgencia no comporta ninguna sanción o consecuencia jurídica, con lo cual las normas que regulan las urgencias entran dentro de lo que en derecho se conoce como normas imperfectas. Esto no quiere decir que dicha facultad presidencial no pueda revisarse o modificarse, sin embargo, no consideramos que sea realmente problemática.

La posibilidad de decretar vetos a las leyes aprobadas por el Congreso sí consideramos que merece atención y modificación, pues dicha facultad impacta directamente en el proceso de formación de ley que debería corresponder preponderantemente al Poder Legislativo. En tal sentido, no consideramos que esta figura deba desaparecer pero una posible vía para su modificación es que el Presidente pueda decretar vetos y que finalmente corresponda al Legislativo la decisión sobre las observaciones que acoge o no y en este último caso que fundamente su decisión; en refuerzo de lo cual también se debería considerar el eliminar el llamado control preventivo de constitucionalidad de la ley ante el Tribunal Constitucional.

---

[67]   Una cita del *Observador Chileno* de fecha 6 de noviembre de 1822, que recoge Collier (1977), *Op. Cit.*, p. 142, es ilustrativa en este sentido: "Sería en vano entablar la más bella forma de Gobierno, y dictar las mejores leyes, si las costumbres no estuviesen en consonancia con ellas, pues no serían más que una vana estatua formada en el aire, que sería destruida por el más leve sacudimiento".

[68]   Por poner algunos ejemplos, así lo consideran los constitucionalistas José Francisco García (ver https://cutt.ly/Lm9NEaI) y Tomás Jordán (ver https://cutt.ly/Mm9MuHy), la politóloga Valeria Palanza (ver https://cutt.ly/Bm9Bz4B); el convencional Christian Viera y la politóloga Pamela Figueroa (por ambos ver https://cutt.ly/hm9BkPJ), entre otros.

Sobre la elección de cargos judiciales, al igual que la posibilidad de decretar urgencias, tampoco consideramos que se trate de una evidencia de hiperpresidencialismo pues la decisión sobre esto en realidad corresponde a los tres poderes constituidos y nunca es una libre decisión del Presidente. Con lo cual, quizás es la facultad que menos atención merezca respecto del presidencialismo.

Valga, como cierre de esta parte traer a colación la siguiente idea "...el presidencialismo puede funcionar cuando cuenta con instituciones flexibles, un sistema de partidos que actúa en forma responsable, especialmente en el Congreso, y se tiene un buen liderazgo, con un presidente que tiene una amplia experiencia política y reúne a colaboradores que también son experimentados en las materias políticas y técnicas.

Estas tres condiciones se han dado en Chile... El buen funcionamiento de las instituciones, que incluye un mayor protagonismo del Congreso y particularmente del Senado..."[69].

3. *Reflexiones finales sobre el sistema de gobierno y la adopción de otras medidas propuestas en el actual debate constitucional*

Al parecer se piensa que, restando competencias al presidente de la República en su relación con el Congreso, colocando a éste en una posición de mayor control sobre la conformación del gobierno o dotando al legislativo de competencias que detengan la acción del ejecutivo y hasta lleven a su cambio de integración, el hiperpresidencialismo quedaría en el pasado.

Sin embargo, hay que cuidar mucho las decisiones que se tomen en otras materias de índole constitucional también, pues se corre el riesgo de sacar el hiperpresidencialismo por la puerta principal y traerlo de vuelta por la puerta trasera.

En efecto, si se convierten en parte de la nueva constitución algunas propuestas como la eliminación de la subsidiariedad del Estado, la simplificación del proceso de creación de empresas estatales y la disminución de la autonomía del Banco Central, el aumento del poder estatal en cada una de esas áreas terminará reflejándose en las competencias de quien ejerza la jefatura del gobierno nacional, llámese Presidente, Primer Ministro o Jefe de Gobierno.

El debate actual resulta paradójico en varios sentidos. Por ejemplo, si lo que se quiere es cambiar el presidencialismo por considerar que es exacerbado, pero al mismo tiempo, se pretende la eliminación de la subsidiariedad y la adopción del principio del Estado social o algo similar, esto es contradictorio, pues el Estado social en la práctica genera más burocracia por la necesidad de atender más tareas, lo que se traduce en un incremento de las obligaciones y, por tanto, de los poderes del gobierno encabezado por el presidente o quien ejerza la jefatura[70].

[69]   Huneeus, Carlos. "¿Por qué ha funcionado el presidencialismo en Chile?: Factores institucionales y el liderazgo de Patricio Aylwin", *Persona y Sociedad*, 2005, p. 53. Disponible en https://cutt.ly/sQuwJlU.

[70]   Soto, Sebastián. "Derechos sociales y la eficacia de su constitucionalización: un análisis aplicado" en GARCÍA, José Francisco (edit.), *¿Nueva Constitución o reforma?*, Santiago, 2015, s/n, Thomsom Reuters. Disponible en https://cutt.ly/5QuttMM.

Lo mismo sucedería con la simplificación o eliminación del actual régimen constitucional de creación de empresas del Estado, esto también se traduciría en darle más facultades al Ejecutivo para crear más burocracia aumentando así los poderes de este[71].

También se plantea revisar la autonomía del Banco Central a efectos de que el gobierno pueda, en ciertos supuestos, tener influencia o injerencia directa en decisiones del ente emisor. No hay ni que mencionar lo peligroso que puede resultar que el Banco Central pierda autonomía y que el Ejecutivo pueda financiar el gasto público con préstamos o bonos emitidos a tales fines y de nuevo esto se traduce es más poderes al Ejecutivo[72].

Desmontar el actual sistema presidencialista y al mismo tiempo adoptar medidas como las anteriores en la nueva Constitución, implica, de algún modo, sacar por un lado los posibles actuales excesos e introducir por el otro, nuevas formas de poder, tan o más problemáticas que las actuales, para el funcionario responsable de la conducción de la República. Todo esto aunado al actual sistema electoral que eliminó el sistema de elección basado en bloques de partidos.

Volviendo a Góngora, luce prudente para la Convención Constitucional alejarse de visiones abstractas, que atienden solo a tendencias foráneas y desatienden el contexto interno[73], y adoptar más bien una visión moderada y realista de la Constitución, en la cual, como plantea Peña, esté bien definido el régimen jurídico de limitación a la mayoría gubernamental[74].

CONCLUSIONES

1. La actual Convención Constitucional está llamada únicamente a elaborar una nueva Constitución y no le está dado ejercer otras facultades o dictar otros actos que se salgan del mandato directo y específico que tiene, so pena de que tales actos sean declarados nulos a tenor de los dispuesto en el art. 7 de la CP de 1980 que es norma vigente y aplicable a la Convención.

2. El origen de la Constitución no es tan importante como su objetivo principal que es la limitación del poder a partir de lo cual se pueden proteger los derechos individuales. Asignar otro cometido a la Constitución, creer que esta tiene que contemplar fórmulas para resolver los problemas de la vida cotidiana de las personas, es escapar del ámbito de la realidad y caer en el ámbito del lirismo.

3. Las experiencias que sirvieron a la adopción de las Constituciones de 1833 y 1925, son relevantes hoy en día pues permiten ver cómo el conflicto político de un determinado momento no puede marcar la pauta para lo que quede plasmado en una

---

[71] Algunas críticas a la propuesta de eliminar o simplificar el régimen constitucional de creación de empresas del Estado en Correa, Pablo, Escobar, Luis y Eyzaguirre, Sylvia. "Estado subsidiario y Estado empresario" en Valdés, Rodrigo y Vergara, Rodrigo (edit.), *Aspectos económicos de la Constitución. Alternativas y propuestas para Chile,* Santiago, 2021, p. 189, Fondo de Cultura Económica.

[72] Una exposición a favor de la conservación de la autonomía del Banco Central en Claro, Sebastián y Valdés, Rodrigo. "Banco Central de Chile" en Valdés, Rodrigo y Vergara, Rodrigo (2021), *Op. Cit.,* p. 99.

[73] Góngora, Mario. "Exposición sobre mi ensayo", *Revista Punto y Coma,* 2021, pp. 62 y 63.

[74] Peña, Carlos. "Pensar el malestar", Santiago, 2020, p. 220, Taurus, expone "La mayor parte de las sociedades, si no todas, apartan así un conjunto de temas o materias de la ley ordinaria y las entregan a reglas que poseen particulares exigencias para su aprobación. En otras palabras, la mayor parte de las sociedades -la chilena entre ellas- cuentan con reglas que limitan las decisiones que pueden adoptar aquellos que ganan las elecciones gubernamentales".

Constitución y cómo la tensión entre el Poder ejecutivo y el Poder Legislativo no puede resolverse dando más poder a uno sobre otro, sino que hay que propender, dentro del margen del Estado de Derecho y el fin primario de la Constitución, a concebir poderes limitados que en definitiva protejan a los ciudadanos y aseguren la paz y concordia ciudadana.

4. La actual Convención Constitucional tiene en sus manos la oportunidad histórica de plasmar un sistema de gobierno que pueda finalmente acabar con la tensión Ejecutivo y Legislativo pero que no puede desconocer la tradición, historia y particularidades de la sociedad chilena. Por ello, consideramos que la vía más sana para el país es mantener el presidencialismo haciendo algunas mejoras y modificaciones que permitan una adecuada armonía y contrapesos entre los poderes constituidos.

5. Pretender cambiar el presidencialismo por un parlamentarismo o un semipresidencialismo, al mismo tiempo que se otorgan posibilidades sobre todo en materia económica que aumentan las obligaciones y formas de intervención del Ejecutivo es contradictorio con la crítica al "hiperpresidencialismo" y podría, como la experiencia lo muestra, traer más problemas que soluciones.

BIBLIOGRAFÍA

Acemoglu, Daron y Robinson, James: *El pasillo estrecho* (Editorial Planeta, trad. Ramón González y Marta Valdivieso). Santiago, 2019.

Bello, Andrés: "Reformas a la Constitución" en Jaksic, Iván (edit.), *Andrés Bello. Repertorio Americano. Textos Escogidos* (Penguin Clásicos), Santiago, 2019, pp. 410-418.

Bernales Ballesteros, Enrique: "Crítica al presidencialismo en América Latina" en *Araucanía Revista Iberoamericana de Filosofía, Política, Humanidades y Relaciones Internacionales*, 1999, pp. 155-166. Disponible en https://cutt.ly/pQy6bs7. Fecha de consulta: 27-07-2021.

Bertelsen Repeto, Raúl, Brahm García, Enrique y Amunátegui Echeverría, Andrés (2002): *Régimen de gobierno en Chile. ¿Presidencialismo o Parlamentarismo? 1925-1973* (Editorial Jurídica de Chile). Santiago, 2002.

Biblioteca Nacional del Congreso, *Bibliografía José Joaquín Prieto Vial.* Disponible en https://cutt.ly/Km743nk. Fecha de consulta: 27-07-2021.

Biblioteca Nacional del Congreso, *Voto Particular.* Disponible en https://cutt.ly/gmNDetq. Fecha de consulta: 27-07-2021.

Brahm García, Enrique: *Tendencias críticas en el conservantismo después de Portales* (Instituto de Estudios Generales). Santiago, 1992.

_____: "La discusión en torno al régimen de gobierno de Chile (1830-1840)" en *Revista de Estudios Históricos-Jurídicos*, 1994, pp. 35-56. Disponible en https://cutt.ly/lQy3OJ1. Fecha de consulta: 27-07-2021.

_____: "La elección presidencial de 1925. El candidato equivocado" en San Francisco, Alejandro y Soto, Ángel (edit.), *Camino a La Moneda las elecciones presidenciales en la historia de Chile 1920-2000* (Centro de Estudios Bicentenario), Santiago, 2005, pp. 39-79. Disponible en https://cutt.ly/mQy5Ho0. Fecha de consulta: 27-07-2021.

_____: *Mariano Egaña. Derecho y Política en la fundación de la República Conservadora* (Centro de Estudios Bicentenario). Santiago, 2007.

_____: "¿Volver a la constitución de 1925? Una propuesta sin fundamento histórico" en *Revista Chilena de Derecho*, pp. 79-97. 2019a. Disponible en https://cutt.ly/fmNDaCf. Fecha de consulta: 27-07-2021.

_____: *Carlos Ibáñez del Campo. El camino al poder de un caudillo revolucionario* (Centro de Estudios Bicentenario). Santiago, 2019b.

Bravo Lira, Bernardino (1993): *Historia de las instituciones políticas de Chile e Hispanoamérica* (Santiago, Editorial Andrés Bello).

Carey, John: PRESIDENCIALISMO VERSUS PARLAMENTARISMO" en *Revista de Reflexión y Análisis Político*, 2006, pp. 121-161. Disponible en https://cutt.ly/vQutx1H. Fecha de consulta: 27-07-2021.

Carrasco Delgado, Sergio: *Génesis y vigencia de los textos constitucionales chilenos* (Editorial Jurídica de Chile, 3era. Edición, Santiago).

Cea Egaña, José Luis (2015, tomo I): *Derecho Constitucional Chileno* (Ediciones UC, 3era. edición, Santiago).

Ciper (2021): *Cambio constitucional en el Chile postransición: refundar o arreglar lo que tenemos*. Disponible en https://bit.ly/3iRqXVc. Fecha de consulta: 27-07-2021.

Claro, Sebastián y Valdés, Rodrigo (2021): "Banco Central de Chile" en Valdés, Rodrigo y Vergara, Rodrigo (edit.), *Aspectos económicos de la Constitución. Alternativas y propuestas para Chile* (Fondo de Cultura Económica), Santiago, 2021, pp. 87-103.

CNN Chile (2021): *Estas son las posturas políticas de cada una de las listas con candidatos a la CC*. Disponible en https://bit.ly/3BM9Tsh. Fecha de consulta: 27-07-2021.

Collier, Simón: *Ideas y policía de la independencia chilena 1808-1833* (Editorial Andrés Bello). Santiago, 1977.

Convención Constitucional: *Declaración de la tercera sesión*. 2021. Disponible en https://cutt.ly/8QyUwS4. Fecha de consulta: 27-07-2021.

Correa, Pablo, Escobar, Luis Eduardo y Eyzaguirre, Sylvia: "Estado subsidiario y Estado empresario" en Valdés, Rodrigo y Vergara, Rodrigo (edit.), *Aspectos económicos de la Constitución. Alternativas y propuestas para Chile* (Fondo de Cultura Económica), Santiago, 2021, pp. 173-203.

Diario UChile: *Cambiar el modelo garantizando derechos sociales: las propuestas del debate constitucional según el Observatorio Nueva Constitución*. 2021. Disponible en https://cutt.ly/pQyd4xY. Fecha de consulta: 27-07-2021.

Diario UNAB: *¿Qué tanto esperamos de una nueva constitución?*, 2021. Disponible en https://bit.ly/3rCBc3o. Fecha de consulta: 27-07-2021.

Góngora, Mario: *Ensayo histórico sobre la noción de Estado en Chile en los siglos XIX y XX* (Editorial Universitaria). Santiago, 1988.

Góngora, Mario: "Exposición sobre mi ensayo" en *Revista Punto y Coma*, 2021, pp. 56-65.

Herrera Orellana, Luis y Matheus Hidalgo, Mayerlin: "Experiencias constituyentes en América Latina: los casos de Colombia y Venezuela", *Serie Informe, Sociedad y Política*, N° 172, 2019, p. 6-20. Disponible en https://cutt.ly/NQyYSf3. Fecha de consulta: 27-07-2021.

Huneeus Magde, Carlos: "¿Por qué ha funcionado el presidencialismo en Chile?: Factores institucionales y el liderazgo de Patricio Aylwin" en *Persona y Sociedad*, 2005, pp. 11-53. Disponible en https://cutt.ly/sQuwJlU. Fecha de consulta: 27-07-2021.

Jaksic, Iván: *Andrés Bello* (Ediciones UCAB). Caracas, 2007.

Lastarria, José Victorino: *Elementos de Derecho Público Constitucional* (Imprenta Chilena), 1848. Disponible en https://cutt.ly/AQy8q1R. Fecha de consulta: 27-07-2021.

Libertad y Desarrollo: "Régimen de Gobierno en la nueva Constitución" en *Temas Públicos*, 2021, pp. 1-9, Disponible en https://bit.ly/3BWPYqK. Fecha de consulta: 27-07-2021.

Loewenstein, Karl: *Teoría de la Constitución* (Ariel, Reimpresión, Trad. Alfredo Gallego). Barcelona, 1979.

Memoria Chilena de la Biblioteca Nacional de Chile, *Extracto de Carta de Portales a Cea, marzo de 1822*. Disponible en https://cutt.ly/am86eTg. Fecha de consulta: 27-07-2021.

Nohlen, Dieter: "Presidencialismo "versus" parlamentarismo en América Latina" en *Revista de Estudios Políticos*, 1991, pp. 43-54. Disponible en https://cutt.ly/OQy6ypi. Fecha de consulta: 27-07-2021.

Peña, Carlos: *Pensar el malestar* (Taurus), Santiago, 2020.

Pereira Menaut, Antonio-Carlos: *Teoría Constitucional* (LexisNexis). Santiago, 2006

Pérez, Guillermo: "¿Más o mejor Estado?" en *Revista Punto y Coma*, 2021, pp. 24-30.

Piñera Echenique, Sebastián y Partido Políticos: *Acuerdo Por la Paz Social y la Nueva Constitución*. 2019. Disponible en https://cutt.ly/DmJTcO9. Fecha de consulta: 27-07-2021.

Sartori, Giovanni: *Elementos de teoría política* (Alianza Editorial, trad. María Luz Morán). Madrid, 2005.

Soto Kloss, Eduardo: "¿Lirismo constitucional o realismo político?" en *Revista chilena de derecho*, 1979, pp. 361-373. Disponible en https://cutt.ly/3Qy0oUp. Fecha de consulta: 27-07-2021.

Soto Kloss, Eduardo: "La regla de oro del derecho público chileno", *Anales de la Universidad de Chile*, N° 5, 1989, p. 803-833. Disponible en https://cutt.ly/4QyUXlk. Fecha de consulta: 27-07-2021.

Soto, Sebastián: "Derechos sociales y la eficacia de su constitucionalización: un análisis aplicado" en García, José Francisco (edit.) *¿Nueva Constitución o reforma?* (Thomsom Reuters), Santiago, 2015 Disponible en https://cutt.ly/5QuttMM. Fecha de consulta: 27-07-2021.

Vial, Gonzalo: *Chile, cinco siglos de historia. Desde los primeros pobladores prehispánicos hasta el año 2006* (Zig-Zag). Santiago, 2010, tomos 1 y 2.

LA EFICACIA DE LAS CONSTITUCIONES EN LA HISTORIA VENEZOLANA*

In memoriam del Dr. José Melich Orsini

Román J. Duque Corredor**

Abogado

Resumen: *En este artículo se analizan no sólo los grandes períodos de la historia constitucional venezolana desde 1811 hasta nuestros días, sino en dicho marco, el grado de eficacia que han tenido los textos constitucionales con particular referencia a las Constituciones de 1821830, 1863.*

Palabras Clave: *Constitución. Efectividad; Historia constitucional; Períodos histórico-políticos.*

Abstract: *This article analyzes not only the great periods of Venezuelan constitutional history from 1811 to the present day, but in this context, the degree of effectiveness of those constitutional texts with particular reference to the Constitutions of 1811, 1830, 1864, 1947, 1961 and 1999.*

Key words: *Constitution. Effectiveness; Constitutional history; Historical political periods.*

INTRODUCCIÓN

No es el número de Constituciones venezolanas, 26 desde 1811 hasta 1999, ni tampoco su mayor o menor vigencia lo que interesa destacar, sino lo que han significado como estructuras constitucionales históricas y la realidad de su aplicación. En efecto, como lo asienta Gustavo Planchart, las de 1811, 1830, 1856, 1864, 1947 y 1961, significaron nuevas concepciones o al menos un rompimiento con la que sustituyeron[1]. A estas debe agregarse, en mi concepto, la de 1936, por lo que significó de transición de una dictadura a una incipiente democracia y la de 1999, cuyo fin supremo es de la refundación de la República, incluso con el cambio de su denominación[2]. Ahora bien, autores, como Ambrosio Oropeza, en atención a sus concepciones y su aplicación distingue entre constituciones federalistas del Siglo XIX y dictatorialistas del Siglo XX[3]. Por supuesto, que por contradicción habría que hablar también

---

*   Conferencia dictada en el Seminario" El Bicentenario de la Independencia y el constitucionalismo venezolano", en la Universidad Monte Ávila, el día 7 de Julio de 2011

**   Abogado y Dr. En Derecho. Ex Magistrado de la Corte Suprema de Justicia. Profesor de postgrado de la UCAB y de la UMA. Individuo de Número de la Academia de Ciencias Políticas y Sociales. Expresidente de dicha Academia. Miembro de la Comisión Andina de Juristas

[1]   Planchart Manrique, Gustavo, "Proceso de formación de la Constitución Venezolana del 23.01. 1961, *Revista de Derecho Público*, N° 24, octubre-diciembre 1985, p 5.

[2]   Preámbulo de la Constitución de la República Bolivariana de Venezuela (G. O: N° 36.860 del 30.12.1999, reimpresa en G. O. N° Extraordinario del 24-03-2000).

[3]   Oropeza, Ambrosio, "La Nueva Constitución Venezolana" 1961, p. 193-194.

de constituciones centralistas y constituciones democráticas de ambos Siglos, aunque históricamente, desde el punto de vista de su eficacia, es una constante el divorcio entre el federalismo constitucional y el centralismo real y el modelo democrático constitucional y el realismo del presidencialismo autocrático o hegemónico y del partidismo, por lo que, incluso,
podría hablarse de constituciones antidemocráticas.[4] En otras palabras, que más allá de las
especulaciones doctrinarias es posible señalar que en nuestra historia constitucional existe la
tendencia de acomodar instrumentos constitucionales a los intereses de una fracción o de un
jerarca o de un pensamiento ideológico, a través de golpes, revoluciones y hasta mediante los
mecanismos de procesos constituyentes y de enmiendas y de reformas constitucionales.
Recientemente, en 1998, cuando hace crisis la democracia de partidos surge en el extremo de
la democracia representativa la tesis de su sustitución por la democracia participativa y en el
otro extremo la tesis de la participación como corrección de los defectos de la democracia
representativa, para lo cual se convoca a una constituyente por la vía de un referéndum consultivo, para reconstituir la República. Por ello, propiamente no puede afirmarse que las 26
constituciones han sido en la realidad diferentes, porque algunas no fueron sino meras enmiendas o reformas parciales por factores circunstanciales de carácter político y no propiamente concepciones constitucionales sustanciales, si acaso consustanciales con reacciones
políticas contra constituciones que representan intereses distintos a los que privaron en determinadas épocas.[5] Hoy puesta de manifiesto en el querer dividir nuestra historia reciente
entre una IV República, que comprendería de 1830 a 1998 y otra V República, de 1999 en
adelante. Pero lo cierto, como lo afirma Planchart Manrique, salvo la Constitución de 1811,
ningún proceso formativo constitucional en Venezuela se produce en un vacío de experiencia
propia.[6] Incluso la más reciente de 1999 toma de la Constitución de 1961 su estructura fundamental y su inspiración, aunque en la práctica ha sido lo contrario, y su inspiración ni fue
sino una reacción ante lo que se denominó "democracia partidista" o "Estado de partidos".

II. PERÍODOS HISTÓRICOS CONSTITUCIONALES

Si se entiende por períodos políticos históricos los regímenes constitucionales que conforman políticamente el país, y por eficacia de las constituciones la conformación practica de
modelos de Estado, los períodos constitucionales son los siguientes[7]:

1) **El Estado independiente y autónomo**, desde 1811 a 1863, que significó la descolonización del país, la formación del nuevo Estado surgido de la Independencia, su integración
a la Gran Colombia, la creación de la República autónoma de Venezuela y que finalizó en
1.863 con la guerra federal. Este período comprende las constituciones de la Independencia
de 1811, la gran colombiana de 1819; y la venezolana de 1830, y las reformas parciales de
1857 y 1858, que históricamente fueron el soporte de **la República oligárquica conservadora**. Además, sus constituciones sirvieron de base al nacimiento de un derecho nacional.

4   Por ejemplo en su *Breve Historia de Venezuela 1492-1958*, 2ᵈᵃ Edición Caracas 1974, Tipográfica
        S R L, Antonio Arellano Moreno, llama constituciones revolucionarias a las de 1811, a la del
        Congreso de Angostura de 1819 y a la de Bolivia de 1826 (pp. 147-187-214) y democráticas a las
        constituciones de 1830, de 1858, de 1864 (p. 259-312-334), y antidemocráticas y regresivas a las
        constituciones de 1857, 1874 y a las reformas constitucionales de 1891 y 1914, 1922, 1925, 1928
        y 1929 (p. 301-360- 385-430-431).

5   Brewer Carías, Allan R. *Las Constituciones de Venezuela*, Academia de Ciencias Políticas y
        Sociales, Caracas 1997, p 17.

6   Planchart Manrique, Gustavo, *Loc. Cit.*, p 5.

7   Sigo parcialmente el criterio de Brewer Carías, Allan R., *Op. Cit.* pp. 17-18.

2) La federalización del Estado, que se inició con la Constitución de 1.864 y concluye en 1899, con la Revolución Liberal Restauradora y la liquidación del caudillismo regional, que comprende las modificaciones constitucionales de 1874, 1881,1891, 1893, que conformaron el **Estado autocrático liberal**.

3) El Estado centralizado y autocrático y de su transición hacia un Estado democrático controlado, comprendido entre 1901 a 1945, que se consolidó progresivamente como una autocracia petrolera con el soporte de las constituciones de 1901, 1904, 1909, 1914, 1922, 1928, 1929, y 1931; y que con la Constitución de 1936 se fue abriendo hacia una democracia "*gobernada*" o "*controlada*"[8] y que con las reformas constitucionales de 1945, amplio su respeto a las libertades políticas y se nacionalizó la justicia, se consagró el voto directo para la Cámara de Diputados y el de las mujeres para los Concejos Municipales y que contempló poderes extraordinarios para que el Presidente dictara medidas económicas; se realizó la reforma petrolera y la reforma tributaria. De este período se puede decir que con estas reformas se dio inicio a los procesos constituyentes que atienden a la estructura constitucional del Estado[9]. En este periodo, con la Constitución de 1936 se reprodujo el principio de la no reelección y de la reducción de los periodos presidenciales para darle efectividad al proceso de transición política de la autocracia a la democracia.

3) La democratización del Estado petrolero, que se inicia con la Asamblea Constituyente de 1946, como poder constituyente y como legislador ordinario y al cual pretendió dar cauce la Constitución de 1947 y que concluyó con el golpe de Estado de 1948, y que dio lugar al sistema de partidos y a los modelos de procesos constituyentes. Asimismo, esta Constitución incorporó a los derechos fundamentales los derechos sociales y económicos, con una tendencia populista hacia el estado de bienestar y a la intervención del Estado en la economía. Desde el punto de vista político, la Constitución de 1947 consagró el voto universal, directo y secreto para los procesos electorales, el escrutinio proporcional en las elecciones de cuerpos representativos, el sistema presidencialista con matices del parlamentarismo, como el ejercicio conjunto del poder ejecutivo en Consejo de Ministros, el voto de censura a los Ministros y el principio de la colaboración de los poderes entre las ramas de los poderes públicos. Y, por último, contiene vestigios del federalismo, porque si bien adopta la forma federal, sin embargo, es una constitución centralista.

4) El Estado dictatorial militar petrolero, que se inicia con el golpe de 1948 y que termina en 1958, que comprende las Actas del Gobierno Provisorio de noviembre de 1948 y de noviembre de 1950, que mantuvieron la vigencia de la Constitución de 1936, reformada en 1945 y las disposiciones de la Constitución de 1947 que el Gobierno Provisorio consideró aplicables. En este período se inscribe la Constitución de 1953, aprobada por la Asamblea Constituyente elegida en 1952, cuyo texto era políticamente restrictivo, conservador económica y socialmente, y acentuadamente centralista, puesto que invirtió el poder residual del federalismo en favor del poder central, al contrario de las constituciones anteriores que hasta 1947 colocaban el poder residual en los estados. Lo característico fue el diseño de un Estado dictatorial militarista, que concluyó con el golpe de estado del 23 de enero de 1958.

5) El Estado democrático centralizado de partidos y de promoción de un federalismo descentralizado, período este que se desarrolló desde 1958 hasta la Constitución de 1999, y que sin embargo, en su inicio, se aplicó la Constitución de 1953 para convocar elec-

---

8   El término "*democracia gobernada*" es de Burdeau y el de "*democracia controlada*" de Gustavo Planchart Manrique (*Loc. Cit.*, p 6).

9   Planchart Manrique, Gustavo, *Loc. Cit.*, p. 8.

ciones para los poderes públicos, para tener cuanto antes un gobierno electo y terminar con la provisionalidad[10] y durante el cual el Congreso electo en 1959, a través de una Comisión de reforma constitucional elaboró y después promulgó la Constitución de 1961. Según Planchart Manrique esta Constitución representó una puesta al día o "aggiornamento" de la Constitución de 1947, sin afectar sus bases políticas por lo que no transformó o modificó sus estructuras. Respecto del federalismo, al concebirse más que una estructura como *"una regla ideal hacía el cual debía tender el Estado venezolano"*[11]; solo contempló la posibilidad que se dictase una ley para la elección directa de los gobernadores y la *"cláusula de descentralización de la competencia del poder nacional a favor de los estados y los municipios"*. Que vinieron a tener eficacia veinte años más tarde con la ley de elección directa de gobernadores y con las leyes de descentralización y del poder público municipal de 1988 y 1989.

      6) El Estado de la República Bolivariana de Venezuela para el control del poder, desarrollado en la Constitución de 1999 sobre el postulado de la refundación de la República, bajo la inspiración del ejemplo histórico del Libertador, para promover una democracia participativa en un Estado federal descentralizado, como reacción al modelo constitucional del Estado centralizado de partidos. Esta Constitución pretende que Venezuela sea un Estado democrático y social de Derecho y de Justicia, federal y descentralizado, basado en una axiología constitucional de la conjunción de valores políticos, éticos, sociales y de la preeminencia de los derechos humanos. No obstante que su Exposición de Motivos señala que como estructura del Estado se propugna la transformación del anterior Estado centralizado en un verdadero modelo federal con las especificidades que requiere nuestra realidad, como un gobierno compartido entre los distintos niveles políticos territoriales, sin embargo, se elimina el Senado como Cámara Federal. Durante este período se enmendó la Constitución en el 2008, para permitir la reelección indefinida del Presidente y de los alcaldes y gobernadores, que, sin lugar a dudas, representa un elemento antidemocrático propio de los gobiernos personalistas, de acuerdo con nuestra historia constitucional. Y que políticamente implica un regreso al período presidencial de siete (7) años de la Constitución de 1931. Paralelamente a su contenido formal, a través de la enmienda constitucional y de la legislación ordinaria y de leyes habilitantes, fuera de la Constitución se impulsa un modelo de Estado autoritario, asambleario, de estructura vertical, jerarquizada y excluyente, y de corte militarista e idiologizado, y que significa un retroceso en materia de descentralización, con la perdida de las competencias de los estados y municipios y de un presidencialismo exacerbado por el uso ilimitado de la delegación legislativa a favor del Presidente. Bajo el régimen de esta Constitución, a partir de 2008, se impone una tendencia de desconstitucionalización del Estado que afecta su institucionalidad y por supuesto su funcionamiento normal.

III. LA EFICACIA HISTÓRICA DE LAS CONSTITUCIONES VENEZOLANAS

      Los regímenes constitucionales divididos en periodos de tipos de Estados, en cuanto a su eficacia se mide por la practicidad del ejercicio del poder y por el respeto o no a los principios fundamentales de la estructura constitucional y por las crisis políticas que condujeron a cambios constitucionales, las más de la veces mediante guerras civiles o revoluciones, o por las vías formales constitucionales de procesos constituyentes, de enmiendas y de reformas, que se utilizaron para implantar un nuevo Estado. Así, es posible considerar como *constituciones de papel* aquéllas cuya aplicación se aleja del tipo de estado que procuran o que no

---

10   Planchart Manrique, *Loc. Cit.*, p 12.

11   Posición del Dr. Gonzalo Barrios, citado por Planchar Manrique, en su trabajo mencionado páginas 18 y 19.

significaron cambios algunos en los fenómenos atávicos de nuestro sistema político, aunque aparezcan como tales. Así, por ejemplo, aún constituciones como las de 1811, 1830, 1858, 1864, 1947, 1961 y 1999, si bien representan concepciones constitucionales de rupturas con estructuras anteriores, sin embargo, al confrontarse con la realidad en cuanto a su eficacia se refiere, algunas resultan irreales o regresivas.

La de 1811 fue acusada del traslado de un federalismo de estados ya consolidados con provincias autónomas, cuando la realidad política requería la existencia de un estado centralizado, para lograr su descolonización frente a un estado monárquico absoluto y en un escenario bélico. Sin embargo, como afirma el Dr. Tulio Chiossone, si muy poco podía hablarse de constitucionalidad en un ambiente de guerra[12], esta Constitución en nuestra historia es la fuente del carácter civil y democrático del Estado y de la supremacía constitucional y de la garantía objetiva de los derechos reconocidos en la constitución y constituye un atisbo de la función principal de la jurisdicción constitucional. E igualmente, a pesar de su efímera vigencia de apenas dos años, es la partida de nacimiento del modelo republicano, democrático, electivo y representativo y del principio de la sujeción del poder militar a la autoridad civil[13].

La Constitución de 1830 creó la República de Venezuela para regir nuestra sociedad y si bien siguió el sistema de garantías de derechos constitucionales, sin embargo, mediante un centralismo y de la existencia de gobiernos personalistas y elitescos, en la realidad sirvió para el fortalecimiento de la clase política dominante, y de un militarismo y de un Estado clasista y aristocrático, fundado en el poder de Páez, que a su vez era el gran elector, del cual dependió la restauración del orden constitucional quebrantado con la deposición de Vargas por la Revolución de Las Reformas de Mariño y Carujo, en 1835. Modelo caudillista y personalista que continúo con la nueva elección de Páez, en 1839, y de Soublette en 1843, y con la elección de José Tadeo Monagas en 1847, que inaugura un sistema político dictatorial, con el golpe al Congreso del 24 de enero de 1848, y de nepotismo, con la elección de su hermano José Gregorio, en 1851. Puede señalarse, que no obstante que la Constitución de 1830 demostró ineficacia por los factores señalados, es la partida de nacimiento del Estado venezolano, y que esculpió para nuestra historia el sistema de gobierno republicano, popular, representativo, responsable y alternativo, y los principios del ejercicio de la soberanía popular mediante su organización en cuerpo electoral, así como el del carácter obediente y no deliberante de la fuerza armada, que son propios de nuestra tradición republicana que el artículo 350 de la Constitución de 1999 consagra como cláusulas pétreas constitucionales.

Previo a la Constitución de 1864, que pretendió abolir el sistema político anterior por la implantación del federalismo, se utilizó la reforma constitucional de 1857, para alargar el período presidencial de José Tadeo Monagas de cuatro años, quien había sido elegido en 1855, que es el precedente de otras modificaciones futuras de las constituciones para favorecer el continuismo, que se apartan del principio anti reeleccionista de las Constituciones de 1811 y 1830. En este período constitucional es importante para la historia venezolana la eliminación en 1849 de la pena de muerte y en 1854 de la esclavitud. La crisis política continúa con Julián Castro, hasta 1858 a 1863, cuando ocurre la guerra federal.

---

12   Chiossone, Tulio, "Formación jurídica de Venezuela y la República", Universidad Central de Venezuela, Facultad de Ciencias Jurídicas y Políticas, Instituto de Ciencias Penales y Criminológicas, Caracas, 1980, p. 123.

13   Ver Brewer Carías, Allan R., "Las declaraciones de derechos del Pueblo y del hombre de 1881" (Academia de Ciencias Políticas y Sociales, Fundación Juan Germán Roscio, Series Estudios 93, Caracas 2011).

La Constitución de Federal de 1864, recogió el decreto de los derechos del hombre y del ciudadano del 18 de agosto de 1863 de Juan Crisóstomo Falcón, pero sin embargo no tuvo eficacia en cuanto a estos derechos. Esta Constitución en la práctica significó la sustitución del Estado oligárquico conservador por un Estado autocrático liberal, o una *"dictadura ilustrada"* que hizo sucumbir la experiencia federal, porque no trajo ni paz, ni un nuevo modelo de gobierno democrático, sino gobiernos personalistas y no impidió la guerra civil. Durante su vigencia se vuelve a utilizar la reforma constitucional en 1874 para reducir el período presidencial, pero para después de comenzado el período de cuatro años de Guzmán en 1878. Chiossone señala que la Constitución de 1864 dio una nueva orientación en cuanto al régimen político se refiere, pero no en lo relativo a un verdadero sistema constitucional, pues no puede afirmarse que hubo cambios políticos, aunque hoy se pretenda afirmar que fue una revolución del proletariado, pues no se transformó la estructura económica y social, pues los lideres de la guerra federal eran aristócratas, cuando no terratenientes, como en el caso de Zamora y Falcón[14]. Y Arcaya afirmó que "tómese como ejemplo, la lista de federales que firmaron el pronunciamiento de Caracas del 1° de agosto de 1859 y se verán los nombres de muchos de aquellos *mantuanos* cuyo compañerismo tanto ufanaba a don Antonio Leocadio Guzmán"[15]. Brewer Carias opina que la Constitución federal de 1864 formalizó una alianza entre caudillos regionales, y que, si bien ratificó el voto popular, universal y directo, éste no tuvo eficacia puesto que para ello se exigía saber leer y escribir y entre el 80% y el 90% de la población era analfabeta. Y que el federalismo fue una entelequia formal que encubría una administración centralizada y que desde esa época al perderse el pacto federal no ha tenido real vigencia en Venezuela, y que sigue siendo un ropaje formal de un Estado centralizado administrativa y políticamente hablando[16]. En este período, bajo la Constitución de 1864 y el guzmancismo se consolidó la codificación que había comenzado con Páez en 1835, se reorganizó la administración pública, se instituyó la instrucción laica, se creó el registro civil, se fomentó el progreso material y se revivió el crédito exterior[17]. Igualmente, bajo la Constitución de 1864 se estableció el principio de la repartición de competencias entre el nivel nacional y el de los estados miembros de la Federación y se creó el Distrito Federal, principios estos que con mayor o menor intensidad perduran hasta la Constitución vigente de 1999. En el aspecto legal, la Constitución de 1864, al reservar las materias civil, procesal y penal al Poder Nacional, perfiló la orientación jurídica de la República en estas materias. Así, por ejemplo, El Código Civil de 1873 incorporó las doctrinas del Código Civil italiano de 1864 y el Código Penal de 1873 se inspiró en la legislación española de 1850 y 1870, que han contribuido a la formación de un pensamiento jurídico nacional[18]. Con el triunfo de la Revolución Liberal Restauradora de 1899, se acentúa el proceso de centralización política del país a través de las Constituciones de 1901 y su reforma de 1904, que extendió el periodo presidencial de Cipriano Castro hasta 1911, y que con la constitución de 1925 y sus reformas de 1928, 1929 y 1931, se estableció la llamada dictadura petrolera de Gómez y se constitucionalizó el centralismo con la centralización militar, de los ingresos públicos, de la hacienda pública y la centralización legislativa. Con la muerte de Gómez en 1935 termina esta dictadura y se inicia un proceso de transición de la autocracia hacia una democracia formal centralizada, que fue progresivamente liberalizándose mediante las constituciones de 1936 y 1945, hasta llegar a la

---

[14]   *Op. Cit.*, p. 220.

[15]   Arcaya, Pedro Manuel, "Federación y Democracia en Venezuela", citado por Chiossone, *Op. Cit.* Nota 198, P 220.

[16]   *Op. Cit.*, p. 49 y 152.

[17]   Gil Fortoul, José, citado por Guillermo Morón, en su "Historia de Venezuela", Los Libros de El Nacional, 2011, p. 205.

[18]   Chiossone, Tulio, *Op. Cit.*, p. 223-224.

Constitución de 1947, que dio origen a la democratización del Estado y al sistema político de partidos que predominó durante el período 1945-1948, y a partir de la segunda mitad del Siglo XX, hasta que en 1999 comienza de nuevo una tendencia unipartidaria y de gobierno personalista de corte militarista.

Antes de la vigencia de **la Constitución de 1947**, que significó el inicio de la tesis del intervencionismo a través estado bienestar y la democratización del Estado, se debe recordar la importancia de la Constitución de 1936 con la que se fue abriendo el sistema político hacia una democracia "gobernada" o "controlada", como ya dije, pero que promulgó los derechos de carácter social que permitió, entre otras medidas legislativas, la sanción de la Ley del Trabajo, y el impulso a proyectos de colonización y de inmigración selectiva y que con las reformas constitucionales de 1945, amplio su respeto a las libertades políticas. Y en la elección de la Asamblea Constituyente de 1946 se consagró el sufragio universal y directo, en la que participaron por primera vez las mujeres. Respecto de la importancia de **la Constitución de 1947**, Brewer Carias afirma, que, en la historia constitucional del país, presenta un carácter revolucionario en cuanto a su técnica de elaboración y respecto de su contenido, porque desarrolló con amplitud los derechos sociales, previó restricciones a la libertad económica y al derecho de propiedad, y por cuanto al establecer como principio general el derecho al sufragio universal, directo y secreto se dio inicio a la democracia representativa en Venezuela. Y que a pesar de que continúo con el centralismo a través del federalismo formal, sin embargo, contenía elementos del régimen federal[19]. A mi juicio esta Constitución de 1947 es de gran trascendencia para la vigencia del régimen constitucional porque instituyó a la democracia como un sistema político irrenunciable del gobierno de Venezuela. Sin embargo, la propensión hegemónica del partido gobernante generó conflictividad e impidió su plena eficacia social y política[20].

A la caída del régimen del Presidente Gallegos con las Actas del Gobierno Provisorio de 1948 y de noviembre de 1950 y la Constitución de 1953, se estableció una dictadura petrolera militar bajo el gobierno de Pérez Jiménez; que terminó en 1958 con el golpe de estado del 23 de enero de ese año y con **la Constitución de 1961**, bajo cuya vigencia comenzó el modelo de Estado democrático centralizado de partidos y de promoción de un federalismo descentralizado. Y que se distinguió por la duración por más de treinta años de un texto constitucional. Esta Constitución tuvo presente el pacto de gobernabilidad que los tres grandes partidos nacionales celebraron en 1958 y que se conoció como "El Pacto de Punto Fijo", y que posteriormente, con las elecciones de 1959 y al ser sancionada la Constitución en 1.961 recibió el respaldo de la población y que históricamente permitió la estabilidad política del país durante tres décadas. Este texto de 1961 continúo con un modelo de federación centralizada, pero permitió el inicio de una descentralización política a partir de 1989 con la elección directa de los gobernadores y la creación de los municipios autónomos y con la ley de descentralización de competencias del poder nacional. Sin embargo, cuando el poder político del Estado se trasladó a las cúpulas partidistas hizo crisis el sistema político de Estado democrático, fundamentalmente porque se cerraron las vías para nuevos instrumentos de participación y de representación; y que originó una crisis en las instituciones políticas del Estado e

---

[19]   *Op. Cit.*, p. 193.

[20]   El Profesor Argenis Urdaneta, Presidente de la Asociación Venezolana de Derecho Constitucional, en el desarrollo del Seminario celebrado en la Universidad Monte Ávila, sobre "El Bicentenario de la Independencia y el constitucionalismo venezolano, el día 7 de julio de 2011, sostuvo que en la Constitución de 1947 tuvo influencia el llamado "Plan de Barranquilla", elaborado por los políticos exiliados durante la dictadura gomecista, lo calificó como "el primer documento de la modernidad de la democracia".

intentos de golpes de estado el 4 de febrero y 27 de noviembre de 1992, respectivamente. Todo ello llevó al proceso electoral de 1998 que se convirtió en un debate entre el sistema imperante de partidos y un sistema de democracia más representativa y de participación, que devino en la Constitución de 1999. Durante la vigencia de la Constitución de 1961 el país experimentó cambios sustanciales en materia educativa, sanitaria, reforma agraria, de infraestructura y de desarrollo de la legislación laboral y de la negociación colectiva; y que permitió la nacionalización de la industria y el comercio de los hidrocarburos y de la explotación del hierro mediante la aplicación de reglas constitucionales. Durante este período, en 1982, tuvo lugar la reforma del Código Civil que igualó los derechos de los hijos naturales con los legítimos, extendió los efectos patrimoniales del matrimonio a la uniones de hecho, consagró el ejercicio conjunto de la patria potestad y la corresponsabilidad en la administración de los bienes conyugales, y permitió a la mujer casada conservar su apellido de soltera, previó el divorcio por la prolongación de las separaciones de hecho y contempló para la demostración de la paternidad las pruebas hematológicas y heredo-biológicas. Reforma esta que ciertamente representó un cambio en la estructura familiar. Sin embargo, el traslado del poder político a las direcciones de los partidos dio origen lo que se ha llamado "una democracia partidista" o "partidocracia", que sirvió de justificación para una desmedida reacción contra la Constitución de 1961, que, en lugar de atacar esa distorsión, promovió la tesis de la refundación total de la estructura del Estado.

La Constitución de 1999 surgió de una Asamblea Constituyente convocada por el Presidente de la República, al admitir la Sala Política Administrativa de la Corte Suprema de Justicia, en sendas sentencias del 19 de enero de 1999, que mediante el referéndum consultivo previsto en la Ley Orgánica del Sufragio se convocara tal Asamblea, no obstante que la Constitución de 1961 no la contemplaba como mecanismo de reforma constitucional. Esta Asamblea, por tanto, fue una creación de fuente jurisprudencial de una Sala de la Corte Suprema de Justicia de naturaleza contenciosa administrativa y no de su Corte en Pleno que tenía la competencia en materia constitucional. Este proceso constituyente se basó en la sustitución del Estado centralizado de partidos por un Estado participativo, y que se denominó la refundación de la República. Lo cierto que si de lo que se trataba era la suplantación de la partidocracia exclusiva y excluyente por un sistema de mayor amplitud política y de una mejor representatividad, la vía constitucional era la de la reforma y no la de una asamblea constituyente. Sin embargo, el tema de la convocatoria de esta asamblea se había constituido en un elemento de cambio en el debate electoral de 1998, frente a la resistencia del sector gobernante hacia la reforma constitucional. Las referidas sentencias mantuvieron el criterio que frente a la supremacía constitucional prevalecía la soberanía popular. No obstante, la misma Corte Suprema de Justicia, en sentencias de su Sala Político Administrativa, de fechas 18 de marzo y 21 de julio, ambas de 1999, precisó los límites de actuación de la Asamblea Constituyente, al señalar que quedaba sometida al orden jurídico establecido y a las Bases Comiciales, que definió como "*normas de rango especial supra constitucional*", que sujetaban dicha Asamblea al orden establecido en la Constitución de 1961. Pero la mayoría integrante de esta Asamblea decidió otorgarle carácter de poder constituyente originario, asumiendo la totalidad de los poderes públicos. De modo, que, desde el punto de vista de la eficacia constitucional, esta Constitución fue derogada en la práctica por los Estatutos de la Asamblea Constituyente de 1999. Por lo que la actual Constitución es producto de un acto que contrarió las bases constitucionales de la Asamblea que la aprobó el 17 de noviembre de 1999 y que desconoció las sentencias últimamente señaladas. A esto puede argumentarse que, en todo caso, al ser aprobada mediante referéndum el 15 de diciembre de 1999, el pueblo venezolano le dio legitimidad; razón por la cual, por ejemplo, algunos de los constituyentistas que habían votado negativamente su aprobación, posteriormente firmaron su proclamación el 20 del mismo mes y año[21].

A doce años de la proclamación de una constitución puede resultar apresurada una ponderación de su eficacia, pero, lo cierto es que en la práctica la Constitución de 1999, ha resultado una *"constitución de papel"*, dado que por su aplicación y por su interpretación jurisdiccional existe en la realidad un régimen constitucional paralelo, distinto al de la misma Constitución. Así ha dicho la Academia de Ciencias Políticas y Sociales, que hay un divorcio entre los principios consagrados constitucionalmente y la realidad política, al cual han contribuido la Asamblea Nacional y la Sala Constitucional de Tribunal Supremo de Justicia. En efecto, la referida Academia ha señalado, que no obstante que Venezuela constitucionalmente es un Estado Democrático y Social de Derecho y de Justicia, sin embargo, en nuestra realidad política la separación de los poderes públicos ha sido sustituida por un predominio prácticamente del Poder Ejecutivo, al mismo tiempo que bajo la tesis de un solo gobierno, se postula la inconveniencia de la separación de poderes y se relativiza el principio de la independencia del poder judicial al condicionar su ejercicio a la construcción del socialismo bolivariano[22]. Desde otro punto de vista, a pesar que constitucionalmente la representación popular y las elecciones se establecen constitucionalmente para asegurar los principios de la representación proporcional, sin embargo, en la práctica se pone de manifiesto un sistema electoral que ha ido en desmedro de la representación proporcional y de las minorías. Así como que es una realidad la ausencia de un Parlamento autónomo y la falta de un Poder Judicial independiente; y el desconocimiento del sistema económico constitucional de respeto a la propiedad y a la libre iniciativa, que se conciben como simples licencias del Estado, así como que se ha exacerbado la delegación legislativa extraordinaria prevista en el texto constitucional. La razón de la ineficacia de la Constitución de 1999, radica, entre razones, en que el texto constitucional fue concebido para una democracia plural, pero que después de haberse propiciado su reforma en el año 2007 y de haber sido rechazada en un referéndum, en la realidad se trata, entonces, de imponer las reformas rechazadas a través de leyes que no encajan en el marco constitucional, porque esas leyes están inspiradas en una única ideología socialista y de un poder popular que no están recogidos en la Constitución. Y que resultan excluyentes en la práctica de quienes no se identifican con esa ideología con alteración de los principios de igualdad y de no discriminación y de la democracia plural[23]. En la realidad, existe, pues, una estructura para constitucional, que sigue los lineamientos del Plan General de Desarrollo Nacional para 2003-2017, llamado "Plan Nacional Simón Bolívar, que propugna la creación de un Estado socialista, basado en un entreverado "pueblo-partido-ejercito-gobierno-

---

[21]   Ver Brewer Carías, Allan R., *La Constitución de 1999*, Nota 33, Editorial Arte, Caracas 2000, p. 35.

[22]   Ver discurso de apertura del año judicial correspondiente al año 2011, pronunciado por el Magistrado Fernando Vegas Torrealba, en el Tribunal Supremo de Justicia, el 5 de febrero del mismo año, según Nota de Prensa de esa fecha, según el cual *"el Poder Judicial está en el deber de dar su aporte a la política de Estado que conduce a un socialismo bolivariano y democrático"*, y, que *"el Tribunal Supremo de Justicia y el resto de los tribunales de la República, deben aplicar severamente las leyes para sancionar conductas o reconducir causas que vayan en desmedro de la construcción del Socialismo Bolivariano y Democrático"*, porque, conforme esta tesis, con fundamento en el artículo 136 Constitucional que establece la colaboración entre Poderes, el Poder Judicial está en el deber de dar su aporte en tal sentido (http://www.tsj.gov.ve/informacion/notasdeprensa/notasdeprensa.asp?codigo=8239).

[23]   Academia de Ciencias Políticas y Sociales, "La reconstrucción institucional del país", en "Propuestas a la Nación de las Academias Nacionales", documento presentado el día 10 de noviembre de 2010. (Ver www.acienpol.org.ve, Sección Noticias).

líder presidente", considerado como "el poder popular", que en la realidad, mediante la destrucción progresiva de los elementos fundamentales de la institucionalidad de la democracia representativa[24] y de la partidización de la fuerza armada, consiste en el control del Estado a través del ejercicio personalista del poder con apoyo militar. Modelo este que, por sus aspectos formales democráticos, de realización de procesos electorales no representativos, de la admisión condicionada de una representación parlamentaria de la minoría, de una libertad de expresión restringida y por la militarización del gobierno, algunos califican de "semidemocracia", "democradura" o "masocracia", que se aleja de la institucionalidad del Estado de Derecho Democrático y Social que contempla la Constitución.

Jesús María Casal, ha señalado como obstáculo para la eficacia normativa de la Constitución el ejercicio del poder constituyente a espaldas del pueblo por la Sala Constitucional en lo relativo principalmente a la interpretación del régimen transitorio no previsto en la Constitución, y, que, después, extendió hasta que se instalaran los poderes públicos y aún más allá hasta la promulgación de las leyes orgánicas de los poderes públicos y la renovación de sus titulares, que el mismo autor califica de "prolongación y manipulación del régimen de transacción que ha sido un pesado lastre sobre la Constitución de 1999" y "uno de los factores que ha conspirado contra la eficacia de la Constitución". Así como que, a través de leyes, decretos-leyes, o reglamentos inconstitucionales del poder legislativo y del poder ejecutivo y de reescrituras de la Constitución por el supuesto poder constituyente residual de la Sala Constitucional, en la práctica se dio inicio a *un proceso de franca desconstitucionalización*"[25].

Lo cierto, es que la frase de Monagas, en 1858, *"La Constitución sirve para todo"*, hoy más que nunca, teniendo presente lo que ocurre con la Constitución de 1999, es la que mejor caracteriza la ineficacia de las Constituciones. Y cuya versión moderna, en el 2011, sería *"La Constitución no sirve para nada"*.

---

[24]   A estos elementos se refiere la Carta Democrática Interamericana" (Lima, Perú 11 septiembre 2001), en sus artículos 1°, 2° y 3°.

[25]   Casal, Jesús, *Defender la Constitución*, Publicaciones UCAB, Caracas 2011, p. 39-44 (Ver Sentencias de la Sala Constitucional N° 656/2000 del 30 de junio; N° 156/2000 del 12 de septiembre; N° 2816/2002 del 18 de noviembre; N° 1057/2005 del 1° de junio y N° 1309/2001 del 19 de julio y 1684/2008 del 4 de noviembre).

EL ESTATUTO MIGRATORIO ANDINO Y LAS NUEVAS TENDENCIAS DEL DERECHO MIGRATORIO

José Ignacio Hernández G.[*]

Profesor de la Universidad Central de Venezuela

Resumen: *El Consejo Andino de Ministros dictó el Estatuto Migratorio Andino, que avanza en la unificación del estatus migratorio dentro de la Comunidad Andina de Naciones, en especial, para promover la integración socioeconómica.*

Palabras Clave: *Comunidad Andina de Naciones, migración, Estatuto Migratorio Andino, asimilación socioeconómica de migrantes.*

Abstract: *The Andean Council of Minister approved the Andean Migratory Statute to advance in the unification of the migration status in the Andean Community, particularly to promote socio-economic assimilation.*

Key words: *Andean Community of Nations, migration, Andean Migratory Statute, socio-economic assimilation.*

INTRODUCCIÓN

El Consejo Andino de Ministros de Relaciones Exteriores dictó la Decisión N° 878, sobre el *Estatuto Migratorio Andino*[1], la cual entró en vigor el 11 de agosto de 2021. Este Estatuto se inserta dentro de las nuevas tendencias del Derecho migratorio, impulsadas por la Declaración de Nueva York de 2016 y el *Pacto Global para una Migración Segura, Ordenada y Regular,* de 2018. A su vez, coincide con el mayor flujo de personas registrado en la región, como resultado de la emergencia humanitaria en Venezuela. De allí el interés de analizar, en sus aspectos centrales, los principios del Estatuto Migratorio Andino, en especial, desde tres perspectivas[2].

En *primer* lugar, es relevante determinar cómo el *Estatuto Migratorio Andino* resuelve la tensión -muy común en América Latina- entre soberanía estatal y migración. Como regla, la migración ha sido considerada componente esencial de la soberanía estatal, lo que reduce el ámbito del Derecho Internacional. Esta visión ha venido cediendo como resultado de la mundialización de derechos humanos y, en especial, la necesidad de implementar mecanismos de protección especiales bajo el Derecho Internacional Humanitario. Precisamente, el Pacto Global de 2018 promueve una visión más balanceada entre el derecho a regular la migración y el reconocimiento de estándares internacionales y comunes de protección.

---

[*] Profesor de Derecho Administrativo de la Universidad Central de Venezuela y la Universidad Católica Andrés Bello Fellow, Growth Lab (Harvard Kennedy School).

[1] Gaceta Oficial del Acuerdo de Cartagena N° 4.239 de 12 de mayo de 2021.

[2] Seguimos lo explicado en Hernández G., José Ignacio, *Aspectos jurídicos de la crisis de migrantes y refugiados en Venezuela*, Editorial Jurídica Venezolana, Caracas, 2021.

En *segundo* lugar, interesa analizar si el *Estatuto Migratorio Andino* promueve la asimilación económica de los migrantes, esto es, el reconocimiento en igualdad de condiciones de derechos económicos de los migrantes para integrarlos al proceso productivo sea como trabajadores o como operadores económicos independientes. Tal y como el Pacto Global de 2018 recuerda, esta asimilación puede crear condiciones favorables al crecimiento económico.

Finalmente, y, en *tercer* lugar, analizaremos el impacto del Estatuto Migratorio Andino en la crisis humanitaria de migrantes y refugiados venezolanos.

I. LOS ESTÁNDARES DE PROTECCIÓN DE LOS MIGRANTES

El Estatuto Migratorio Andino tiene como propósito *"regular el derecho comunitario andino en materia de circulación y residencia de los ciudadanos andinos y sus familiares, así como de los residentes permanentes extracomunitarios"*. Esto es, que el Estatuto tiene dos ámbitos de aplicación. El primero alude a los ciudadanos andinos, o sea, nacionales de los Países Miembros de la Comunidad Andina de Naciones. En tal sentido, el Estatuto garantiza la libre circulación y residencia de los ciudadanos andinos, lo que permite aludir a la migración andina como una categoría especial -y en cierto modo, intermedia- entre la migración interna y la externa. El segundo ámbito alude los no-nacionales andinos que, sin embargo, tienen derecho de residencia permanente en alguno de los Países Miembros, esto es, los *"residentes permanentes extracomunitarios"*. El Estatuto tiende a garantizar, en tal sentido, la libertad de circulación y residencia de esas personas.

Por lo anterior, el Estatuto no tiene incidencia en el Derecho migratorio de los Países Miembros fuera de su ámbito de aplicación, derivado del Acuerdo de Cartagena y de la creación de un ordenamiento jurídico supranacional. Así, el Estatuto refuerza el principio de igualdad entre los nacionales y los extranjeros de los Países Miembros (artículo 4), a los fines de equiparar el régimen jurídico que cada Estado reconoce a sus nacionales a los nacionales de otros Países Miembros. Toda diferencia entre nacionales y migrantes, en ese ámbito, tiende a quedar suprimida ante el reconocimiento de la ciudadanía andina[3]. En tal sentido, el Estatuto reconoce el derecho a la libre circulación de los ciudadanos andinos con fines turísticos[4]. Sin embargo, el derecho a fijar residencia se condiciona al correspondiente permiso[5].

Con lo cual y en resumen, fuera del ámbito de la Comunidad Andina de Naciones, el Estatuto no modifica los principios del Derecho migratorio de la región, ni por ello, los estándares aplicables. La principal novedad es que, dentro de ese ámbito, el Estatuto simplifica los controles migratorios de nacionales de los Países Miembros, promoviendo la libertad de circulación y, bajo ciertas condiciones, de residencia. En sentido estricto, por ello, la ciudadanía andina no desplaza la diferencia entre los nacionales de los Países Miembros, aun cuando si avanza en promover el sentido de pertenencia comunitario, como se indica en la exposición de motivos.

---

[3] La equiparación no es, en todo caso, absoluta. Así, el principio de trato nacional -artículo 6- deja a salvo derechos políticos, como se deduce del artículo 9. Esto quiere decir que los nacionales de otro País Miembro no se equiparan, totalmente, a los nacionales del País Miembro de residencia.

[4] Artículo 16, extensible -bajo condiciones- a los residentes extracomunitarios (artículo 17).

[5] Artículo 18. La residencia podrá ser temporal o permanente. En el primer caso se regula el permiso de residencia temporal andina (artículo 19), y en el segundo el permiso de residencia permanente andina (artículo 22).

II.   LA ASIMILACIÓN ECONÓMICA DE LOS MIGRANTES

El Estatuto se inserta dentro de los objetivos del Pacto Global, al disponer en su artículo 28 que los "*Países Miembros desarrollarán acciones tendientes a facilitar una migración segura, ordenada y regular*". De esa manera, la promoción de una migración segura, ordenada y regular es necesaria no solo de cara a proteger los derechos humanos de los migrantes, sino en especial, para facilitar su asimilación económica. Por ello, en la exposición de motivos del Estatuto se indica lo siguiente:

> "Que los Países Andinos buscan asegurar avances concretos y efectivos en materia de movilidad de los ciudadanos andinos, así como potenciar las dinámicas positivas que la movilidad de nuestros ciudadanos genera y es susceptible de generar para el desarrollo de las personas migrantes y de las sociedades de nuestros países".

Las tendencias actuales del Derecho migratorio tienden a prestar más atención a la movilidad humana que a la categoría jurídica de migrante. Así, desde la perspectiva de la globalización, el Pacto Global promueve la movilidad humana voluntaria no solo como extensión del derecho al libre tránsito sino en especial, para facilitar de esa manera el intercambio de conocimiento como condición favorable al crecimiento económico. Así, una de las condiciones que facilitan el crecimiento es, precisamente, el intercambio de conocimientos asociados a la producción de bienes y servicios, en tanto ello tiende a fortalecer la complejidad económica. Para lograr los diversos conocimientos necesarios para avanzar en la complejidad económica resulta más eficiente promover la movilidad humana -antes que promover la formación doméstica de esos conocimientos, lo que no es una tarea a corto plazo-[6]. Por ello, dentro de los fundamentos del Estatuto encontramos el artículo 129 del Acuerdo de Cartagena, pues la promoción de la movilidad humana es una condición favorable a los "*objetivos de desarrollo social de la población andina*".

Para lograr esa asimilación, el Estatuto prevé que los titulares de permisos temporales o permanentes de residencia podrán emprender cualquier actividad económica[7]. Esto quiere decir que los ciudadanos andinos -titulares de los permisos- tienen los mismos derechos económicos que los nacionales a los fines de emprender actividades económicas, tanto a cuenta propia como bajo relación laboral. Esta equiparación, desde el punto de vista jurídico facilita la asimilación y reduce las restricciones al intercambio internacional de conocimientos.

Sin embargo, y como reflejo del derecho a regular, el artículo 26 del Estatuto deja a salvo el derecho de los Estados de regular a los derechos de ciudadanos andinos "*en caso de que se evidencie la necesidad de preservar la vida y la salud de las personas, el orden público y los intereses esenciales de la seguridad nacional, garantizando la seguridad jurídica, el derecho al debido proceso y los derechos de las personas en movilidad, conforme a la aplicación de la normativa interna de cada País Miembro*". Esta cláusula -de amplio alcance- justificaría que cada Estado cree excepciones que, en suma, podrían limitar la asimilación económica de los ciudadanos andinos.

---

[6]   Bahar, Dany y Rapoport, Hillel, "Migration, Knowledge Diffusion and the Comparative Advantage of Nations", en *Economic Journal 128-612*, 2018, pp. 273 y ss., y Nedelkoska, Ljubica, *et al.*, *Immigration and Economic Transformation. A Concept Note*, Center for International Development-Harvard Kennedy School, 2017.

[7]   Los titulares de esos permisos tienen derecho a acceder a cualquier actividad, tanto por cuenta propia como por cuenta ajena, "*en las mismas condiciones que los nacionales de los países de recepción, de acuerdo con las normas legales de cada país*" (artículos 20 y 23).

III. LA INCIDENCIA DE LA CRISIS DE MIGRANTES Y REFUGIADOS VENEZO-LANOS

El *Estatuto Migratorio Andino* no tiene incidencia directa en la crisis de migrantes y refugiados venezolanos, en tanto Venezuela ya no es País Miembro de la Comunidad Andina de Naciones, y por ello, los venezolanos no pueden ser considerados ciudadanos andinos. Pero ello no quiere decir que tal crisis sea irrelevante para el Estatuto y su aplicación.

Así, a julio de 2021 se estima que existen cerca de tres millones doscientos mil (3.200.000) venezolanos que se han desplazado a los Países Miembros de la Comunidad Andina de Naciones, de los cuales, el ochenta y cuatro por ciento (84%) está concentrado en Colombia y Perú[8]:

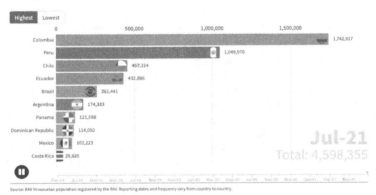

Cuadro N° 1 Distribución de venezolanos migrantes y refugiados
Fuente: R4V Venezuela

Ese flujo de migrantes impacta en los objetivos del Estatuto, en especial, en cuanto a la promoción de flujos migratorios regulares. Desde esta perspectiva, la crisis humanitaria de migrantes y refugiados venezolanos es un problema que impacta en la Comunidad Andina de Naciones y, más allá, en toda la región. Así quedó reflejado en la *Declaración de Quito sobre Movilidad Humana de ciudadanos venezolanos en la región,* de 2018, en la cual se insistió en la necesidad de abordar conjuntamente la crisis venezolana, a los fines de *"acoger adecuadamente a los ciudadanos venezolanos en situación de movilidad humana, especialmente a aquellos en condición de vulnerabilidad"*[9]. Además, esa crisis fue abordada desde la perspectiva humanitaria, como también lo hecho la Comisión Interamericana de Derechos Humanos[10].

---

[8]   Tomado de: https://www.r4v.info/es/refugiadosymigrantes

[9]   Suscrita por representantes de los Gobiernos de la República Argentina, República Federativa del Brasil, República de Chile, República de Colombia, República de Costa Rica, República del Ecuador, Estados Unidos Mexicanos, República de Panamá, República del Paraguay, República del Perú y República Oriental del Uruguay. El "proceso de Quito" reúne los esfuerzos de coordinación para atender de manera integral la crisis venezolana. Puede verse al respecto: https://procesodequito. org/es/inicio

[10] Resolución 2/18, de 2 de marzo de 2018.

Esto quiere decir que aun cuando los venezolanos no pueden ser considerados ciudadanos andinos, la crisis humanitaria venezolana es relevante de cara a alcanzar los objetivos del Estatuto, lo que explica por qué tres de los Países Miembros han participado en el proceso de Quito de cara a procurar soluciones comunes.

De manera más concreta, la regularización de los venezolanos migrantes y refugiados en los Países Miembros, por ejemplo, como sucedió en Colombia con el Decreto N° 216 de 1° de marzo de 2021[11], contentivo del *Estatuto Temporal de Protección para Migrantes Venezolanos Bajo Régimen de Protección Temporal,* podría permitir aplicar el *Estatuto Migratorio Andino* a los venezolanos, en la medida en que éstos sean considerados "residentes extracomunitarios"[12]. En efecto, los venezolanos son ciudadanos extracomunitarios, y como tal, pueden ser "residentes extracomunitarios" en la medida en que algún País Miembro les haya otorgado la residencia temporal o permanente. Sin embargo, y de acuerdo con el artículo 17, el Estatuto solo aplica a los residentes permanentes, o sea, los *"titulares de alguno de los documentos detallados en la Resolución 1559"*, quienes *"gozarán de los mismos derechos que se establecen en la presente Decisión para los nacionales de los Países Miembros, excepto en el caso en que las normas migratorias del país de destino les exijan el uso de pasaporte y/o visado"*[13].

Esto quiere decir que la regularización de los desplazados venezolanos en los Países Miembro no supone la directa aplicación del concepto de residente permanente extracomunitario, de cara aplicar el citado artículo 17. Por el contrario, ello dependerá de la regulación migratoria de cada país, que deberá determinar si la regularización de los venezolanos permite considerar a éstos como residentes permanente a los fines de aplicar el citado artículo 17. Ello es de extrema importancia pues el artículo 17 podría permitir la regularización de los migrantes y refugiados venezolanos en todos los Países Miembros, en la medida en que cualquiera de esos Países dicte los actos administrativos de control migratorio que permitan considerarlos como residentes permanentes.

---

[11]   Tomado de: https://dapre.presidencia.gov.co/normativa/normativa/DECRETO%20216%20DEL%201%20DE%20MARZO%20DE%202021.pdf

[12]   Como vimos, el residente extracomunitario aplica a los nacionales de Estados que no son parte de la Comunidad, diferenciándose entre los residentes permanentes y temporales de conformidad con el artículo 1 del Estatuto. Empero, el Estatuto solo aplica a los residentes permanentes extracomunitarios (artículo 2). En concreto, el derecho de circulación aplica solo a los residentes permanentes extracomunitarios (artículo 17).

[13]   La referencia parece hacer alusión a la Decisión N° 503, de *reconocimiento de documentos nacionales de identificación.*

VENEZUELA: UNA POLÍTICA EXTERIOR DE CONFLICTOS, IMPASES Y CONFRONTACIONES. RESUMEN GLOBAL 2021

Coordinación y compilación:
J. Gerson Revanales M. PhD
Embajador de Carrera (R)

Resumen: *Al contrario de lo estipulado en el preámbulo de la constitución de la República Bolivariana de Venezuela de ser un país, cuyo propósito es promover la la cooperación pacífica entre las naciones e impulse y consolide la integración latinoamericana de acuerdo con el principio de no intervención y autodeterminación de los pueblos, la garantía universal e indivisible de los derechos humanos, la democratización de la sociedad internacional, su política exterior ha sido la del conflicto e impases con la comunidad internacional y su exclusión de los principales organismos de integración regional.*

Palabras Clave: *Venezuela, Política Exterior, Relaciones Internacionales Conflicto, Amenaza, ONU, OEA, DD.HH, MERCOSUR, INTEGRACIÓN, Colombia. EE.UU, Brasil Cuba, Rusia, Turquía.*

Abstract: *Contrary to what is stipulated in the preamble of the constitution of the Bolivarian Republic of Venezuela of being a country, whose purpose is to promote peaceful cooperation among nations and promote and consolidate Latin American integration, in accordance with the principle of non-intervention and self-determination of peoples, the universal and indivisible guarantee of human rights, the democratization of international society; and the article thirteen of the CRBV; its foreign policy has been one of conflict and impasse with the international community and its exclusion from the main regional integration organizations.*

Key words: *Venezuela, Foreign Policy, International Relations, Conflict, Threat, UN, OEA, Human Rights, MERCOSUR, INTEGRATION, Colombia. USA, Brazil Cuba, Russia, Turkey.*

Exordio

CATEDRA INTERNACIONAL Al arribar a sus primeros diez meses de circulación (23/02/21), hace llegar sus participantes, su primer Resumen Global con los principales acontecimientos que han incidido en las relaciones internacionales y la política exterior de Venezuela, principalmente en lo referente a violaciones a los Derechos Humanos, Democracia y Legitimidad; confrontación con los antiguos socios, junto a otros miembros de la comunidad internacional y falta de carencia y reconocimiento de las instancias internacionales.

Hacemos expresa diferencia entre "política exterior" como el conjunto de las decisiones y acciones públicas que toma el gobierno de un Estado en función de los intereses nacio-

nales y en relación con los demás actores del sistema internacional en un país; mientras que las "relaciones internacionales", se entienden como el conjunto de vínculos relacionados estrechamente con la política, pero también con cuestiones culturales, económicas y geográficas, entre dos o más países.

Al finalizar el año 2021, se considera oportuno hacer con los artículos y aportes de prestigiosos analistas internacionales, un resumen con aquellos acontecimientos y sucesos que en el contexto internacional han tenido un efecto directo sobre los intereses de Venezuela; bien positivo o negativo, de forma que se pueda hacer una evaluación final del comportamiento de Venezuela como miembro de la comunidad internacional; al ser el propósito principal de CATEDRA INTERNACIONAL, un espacio de referencia para quienes de alguna forma tiene interés en los temas internacionales desde el punto de vista académico o político.

J. Gerson Revanales

RELACIONES BILATERALES

EE.UU.

Luego de las tensas y difíciles relaciones de Venezuela con el ex presidente Trump, el Presidente Biden inicio su mandato con tres cambios en las relaciones de EE.UU, con América Latina los cuales tienen efectos directos en las relaciones Caracas Washington, a saber:

1. *Mayor presión por democracia, corrupción y derechos humanos*

EE.UU. ha vuelto a poner en la mesa de su trato con América Latina los temas de democracia, corrupción y derechos humanos, aumentando la presión sobre algunos países. Esto supone una novedad respecto a Trump, quien relegó esos asuntos en su vínculo con los gobiernos de la región, excepto los de Venezuela, Cuba y Nicaragua por motivos ideológicos, señalan expertos

2. *Revisión de sanciones a Venezuela*

Otro cambio que se esperaba del gobierno de Biden era un relajamiento de algunas sanciones a Venezuela, y eso ha comenzado a ocurrir. El Departamento del Tesoro habilitó ciertas operaciones en ciertas áreas de tipo financiero y petrolero que habían sido vedadas por el gobierno de Trump. Las medidas en todo caso está lejos de significar un fin de las sanciones al sector petrolero venezolano. Al respecto, el Departamento del Tesoro aclaró que la nueva autorización excluye actividades de exportación de diluyentes necesarios para refinar el crudo.

3. El fin de los acuerdos de "tercer país seguro" dirigido a detener el flujo de migrantes hacia EE.UU. El gobierno del presidente Joe Biden extendió el plazo para que los venezolanos, soliciten el Estatus de Protección Temporal (TPS) que les permite vivir y trabajar en Estados Unidos. El período para la presentación inicial de solicitudes de TPS para los venezolanos se extiende, ahora, hasta el 9 de septiembre de 2022.

COLOMBIA

Las relaciones entre Colombia y Venezuela han oscilado entre largos períodos de distanciamiento y conflicto, y breves y esporádicas fases de entendimiento circunstancial. Los primeros, han correspondido a tensiones derivadas de la seguridad fronteriza, a una excesiva acumulación de asuntos bilaterales sin resolver y a la parálisis de los mecanismos previstos para el diálogo y la negociación. Sin embargo, recientemente los Congresos de Colombia y

Venezuela se han propuesto acercar a los dos países distanciados por años de desencuentros. El presidente de la Asamblea Nacional de Venezuela, Jorge Rodríguez, manifestó haber recibido una carta de su homólogo del Senado de Colombia, Juan Diego Gómez, en la cual le propone iniciar un proceso de normalización de las relaciones, rotas desde 2019 a raíz de la crisis política que produjo la presidencia interina de Juan Guaido. Ante esta iniciativa el presidente Iván Duque oficialmente afirmo que no reconocerá a la "dictadura" de Maduro mientras sea presidente.

El contexto hemisférico e internacional de la relación no puede ser más complejo. Mientras las crisis se profundizan en cada país y se articulan con repercusiones mutuas, los conflictos en cada uno se han agudizado aumentando los costos de una inserción muy difícil en el mundo globalizado. Y en lugar de seguir en la perspectiva de los años noventa, de acercamiento binacional para buscar formas de inserción conjunta en ese complejo panorama internacional, los mecanismos binacionales han sido silenciados sin perspectivas reales de acercamiento a menos q Gustavo Petro llegue a la Casa de Nariño

GUYANA

Las relaciones entre la ex colonia Británica y Venezuela están determinadas por la reclamación; el Esequibo es más que los 159.000 Km de la reclamación, es una cuestión de integridad territorial, soberanía y seguridad nacional. El gobierno de Venezuela, luego de la decisión de la CIJ del 18 de 2020 de declarar que tiene jurisdicción para conocer de la solicitud presentada por la República Cooperativa de Guyana el 29 de marzo de 2018, en lo que respecta a a) La validez del Laudo Arbitral de 3 de octubre de 1899 y la cuestión conexa de la solución definitiva de la disputa por la frontera terrestre b) De fijar los plazos según la Orden 171 del 8 de marzo 2021 para la presentación de alegatos sobre el fondo de la reclamación por escrito, donde la República Cooperativa de Guyana presentara su memoria el 8 de marzo de 2022 y Venezuela su Contramemoria el 8 de marzo de 2023; Venezuela informo que se niega a reconocer o aceptar dicha decisión, lo cual pone en riesgo la reclamación. Para esta fecha el nuevo ministro de Relaciones exteriores no se ha pronunciado al respecto, lo cual tensa aún más las relaciones de Venezuela con Guyana con la Corte Internacional de Justicia y la Comunidad Caribeña.

BRASIL

En enero de 2019, con el triunfo de Jair Bolsonaro y la juramentación de Juan Guaidó, una nueva fase se inició con el reconocimiento al gobierno interino y de la embajadora designada para tales efectos. A la fecha, más de 280 mil venezolanos han hecho de Brasil su patria. En Brasil han sido recibidos con respeto, comprensión, afecto y sin discriminación. Los venezolanos tienen garantizados todos sus derechos, lo que incluye documentación, salud, educación y trabajo. Brasil es un país de inmigrantes y como los brazos del Cristo Redentor, así han acogido a nuestros ciudadanos.

La aceptación de los pasaportes vencidos y de la autoridad de la delegación diplomática venezolanas ha permitido coadyuvar en la búsqueda de las soluciones que demandan a diario los venezolanos. Junto a Brasil se está consolidando una nueva etapa basada en el respeto, la no ideologización y el acompañamiento de esta nación como un aliado fundamental en el Grupo de Lima, la Organización de los Estados Americanos, el Tratado Interamericano de Asistencia Recíproca y el Tratado de Cooperación Amazónica donde su voz clara y firme en defensa de la libertad de Venezuela, ha sido fundamental.

LOS ALIADOS

CUBA

La relación Cuba-Venezuela pretende quebrantar los esquemas ya establecidos e implantar un nuevo acuerdo según sus necesidades e intereses. Las relaciones que Venezuela ha establecido con la Isla son sinónimo de preocupación para el exterior ya que suponen que temas como la ideología y la política antiimperialista jerarquiza la agenda; empero, esto podría ser una visión generalizada a la luz del discurso popular y poco formal de los presidentes de ambas Repúblicas. La relación que existe entre Cuba y Venezuela se basa contundentemente en la solidaridad y en la cooperación.

La relación entre Cuba y Venezuela pretenden a establecer un nuevo orden mundial en el que los Estados del Tercer Mundo en su opinión logren autonomía y soberanía. Por tal razón establecieron en primera medida unas relaciones bilaterales en función de la ideología socialista y la política antiimperialista acompañadas de unas relaciones económicas basadas en la solidaridad y no en la competencia y en segunda medida una relación con repercusiones regionales.

En síntesis, existe una simetría en la relación entre Cuba y Venezuela en materia política y económica. La ideología, por ejemplo, es una cuestión que no converge en su totalidad, ya que Cuba establece un socialismo basado en los preceptos clásicos y en Venezuela el socialismo en nombre del pueblo es la mascarada para encubrir la corrupción y otros delitos internacionales.

Las relaciones económicas que buscan ambos países se desarrollan mediante las ventajas cooperativas, es decir intercambio de bienes y servicios de acuerdo a sus capacidades. Como Venezuela posee petróleo y Cuba capital humano, que desplaza al venezolano como es el caso de los médicos, maestros, entrenadores deportistas, pretendiendo bajo esa mascarada complementar y justificar el subsidio que Venezuela brinda a la isla Caribeña.

Cuba y Venezuela a través del Foro de Sao Paulo (1990) emprendieron un recorrido regional con miras a que sus políticas fueran aceptadas por otros Estados y en consecuencia lograron la creación de la Alianza Bolivariana para los Pueblos de Nuestra América (2004) en la que consta la integración y la cooperación en términos sociales y económicos a largo plazo y de forma sostenible a base del petróleo venezolano, razón por la cual, como plataforma política ha venido perdiendo efectividad.

El pasado mes de junio se realizó una revisión de las relaciones Venezuela-Cuba la tercera en seis meses, en la cual el viceprimer ministro Ricardo Cabrisas, reconoció que ambos países viven "algunas dificultades", como siempre evadiendo responsabilidades y culpando de sus ineficiencias a Estados Unidos.

"Realmente hemos pasado revista al conjunto de nuestras relaciones económicas bilaterales que realmente marchan, algunas con dificultades no generadas ni en Venezuela ni en Cuba, sino como resultados de esa acción sistemática, obsesionada por la Administración de Estados Unidos".

La reunión para revisar la agenda entre ambos países por la parte cubana estuvo encabezada por el viceprimer ministro cubano, quien destacó que las relaciones se seguirán incrementando y añadió que, pese a las dificultades, ambos países saldrán adelante; reconociendo que en los últimos años las ayudas de Venezuela, afectada por una grave crisis, han caído.

ESPAÑA

Las tensiones diplomáticas entre España y Venezuela forman parte de la agenda entre ambos países; uno de los últimos incidentes fue el llamado de Nicolás Maduro a "revisar toda la relación" con Madrid, luego de_ una visita de la Ministra de Exteriores a un campamento de refugiados venezolanos. Ello abrió otro capítulo de polémica entre Caracas y Madrid.

La primera vez que el gobierno de Maduro amenazó con cortar relaciones con España, fue en el 2019, después de que el Gobierno de Pedro Sánchez como presidente encargado de Venezuela. Con el paso del tiempo, este reconocimiento ha mermado y en enero 2021, la Unión Europea dejo de reconocerlo expresamente como presidente del país, dejando en los socios la decisión de seguir respaldando o no al líder opositor. España ha evitado aclarar si sigue reconociendo a Guaidó como presidente y llama a las fuerzas del país a una transición democrática. Lo que ha cambiado es que Madrid no designará nuevo embajador en Venezuela, por considerar que las elecciones presidenciales "no fueron justas", y será sustituido por un Encargado de Negocios desde la salida del Embajador Jesús Silva, una categoría diplomática inferior. A esa polémica se sumó que en octubre 2020, pasado, en plena pandemia segunda ola por la Covid, España acogió al líder opositor Leopoldo López.

La penúltima polémica diplomática llego después de que el gobierno español añadiera a 55 personas a la lista negra por "serias violaciones a los derechos humanos"; una acción que despertó la irritación de Maduro, que calificó la visita de la canciller española de "intromisión" en los asuntos internos de su país y ordenó "revisar a fondo" todas las relaciones entre España y Venezuela, a lo cual hay que agregar el "vínculo afectivo, político e ideológico entre Podemos y los sectores más duros del chavismo", que de alguna forma se solapan los intereses partidistas con los generales de España.

El profesor Guillermo Rocafort, profesor de Relaciones Internacionales de la Universidad Europea de Madrid, considera que Maduro realiza ese tipo de declaraciones en clave de consumo interno, pero sin el afán de romper relaciones con Madrid. "De hecho, el profesor espera que estas situaciones se repitan mientras la situación social y económica en Venezuela se siga deteriorando, pues lo fácil es atacar a España". "Si Venezuela recuperara una senda de estabilidad económica, este tipo de ataques perderían razón de ser".

CHINA

La relación diplomática entre ambas naciones ha implicado un cambio en las alianzas tradicionales que Venezuela había desarrollado en el marco de su política exterior entre 1958 y 1998. Este cambio de enfoque estuvo influenciado por determinantes ideológicos y por acontecimientos políticos que llevaron a Hugo Chávez a buscar posibles aliados fuera de la esfera de influencia de los Estados Unidos de América (EEUU). La importancia de la relación ha radicado en los resultados concretos que ha ofrecido a ambos. Puede afirmarse que Venezuela ha sido la puerta de entrada de los inversionistas chinos a América Latina y el Caribe y, a su vez, la piedra angular en esta región para el desarrollo de su política de exportación de capitales. A esto habría que agregar la importancia adquirida por Venezuela como proveedor de petróleo y otras materias primas, necesarias para el mantenimiento del crecimiento económico chino. La relación de Venezuela con China ha significado el reforzamiento de sus relaciones diplomáticas con los recientemente llamados "países emergentes", entre los cuales China destaca por su extensión, capacidad económica y potencial de poder. Al mismo tiempo, el acercamiento con China, ha permitido reducir la histórica dependencia de Venezuela con los EE.UU y países de Europa, sus tradicionales aliados. Paralelamente, para China, Venezuela se ha consolidado como un importante enclave geopolítico en la región, debido a sus recursos naturales y a su posición geográfica (se encuentra a unos pocos kilómetros de la frontera marítima de los EE.UU). Para Venezuela, este acercamiento ha derivado en una situación de sobre exposición frente a las demás potencias que tienen intereses en la región, como es el caso de los EE.UU, Brasil, Colombia, lo cual ha propiciado que parte de la política exterior venezolana, durante estos veinte un años, haya quedado atrapada en el juego que mantienen las grandes potencias en el escenario global.

RUSIA

Rusia es ahora mismo el principal apoyo exterior del gobierno de Maduro. En los últimos años, Moscú ha apoyado al gobierno con miles de millones de dólares en acuerdos comerciales y líneas de financiación; Eso le ha convertido en su segundo socio comercial y acreedor, después de China La cooperación ruso-venezolana, que tiene un carácter estratégico, se basa en un sólido fundamento de coincidencia de posiciones en las cuestiones fundamentales del orden mundial policéntrico emergente, en el deseo mutuo de fortalecer vínculos comerciales, económicos y culturales, así como en un amplio ordenamiento jurídico (más de 200 instrumentos). Caracas debe unos 6,5 millones de dólares (5.600 millones de euros) a la rusa Rosneft, que va pagando poco a poco con petróleo. El gobierno ruso y empresas estatales han gastado millones en convertir a Caracas en un aliado estratégico. Si el gobierno chavista cae, Moscú tiene mucho que perder.

Estos Acuerdos han asegurado a Moscú el acceso a las interesantes reservas venezolanas, mientras que han supuesto el principal balón de oxígeno del gobierno de Maduro para evitar y sortear las sanciones, especialmente las derivadas del crudo, que le han impuesto tanto Estados Unidos como la Unión Europea y que asfixian al gobierno de Maduro hoy en día. Venezuela, se ha convertido además en uno de los mercados más importantes para la industria de defensa rusa. Moscú ha enviado en el pasado pilotos de entrenamiento y "asesores militares" y recientemente anuncio la construcción de la fábrica de producción de fusiles Kalashnikov para mediados del 2022. En este contexto el Ministro Lavrov anunció que los acuerdos se ampliarían. "Es importante desarrollar nuestra cooperación militar técnica para aumentar la capacidad de defensa de nuestros amigos contra las amenazas externas".

En el Kremlin se ve el vínculo con Caracas no solo como un asunto de negocios, sino también como un movimiento estratégico y geopolítico. Aunque se está cultivando otras relaciones, como se ha visto con la reciente gira de Lavrov, por Cuba y México donde Venezuela es su principal base para influir en la región. "Rusia está usando América Latina como un modo de contrarrestar la presencia estadounidense en el patio trasero de Rusia.

La aparición de Juan Guaidó en la escena política ha profundizado la batalla geopolítica entre Washington y Moscú; En la medida en que Donald Trump hizo de la crisis venezolana la bandera de su política exterior hacia América Latina, el gobierno de Putin ha cerrado filas con Maduro. "Venezuela se ha convertido en una ficha para Rusia, que la puede usar como palanca en otros lugares, como Ucrania", opina David Smilde, profesor de Sociología de la Universidad de Tulane e investigador de la Oficina en Washington para Asuntos Latinoamericanos (WOLA, en inglés).

Con las sanciones impuestas a Rusia en 2014, tras anexionarse la península ucrania de Crimea, Moscú no solo ha estrechado sus vínculos con aliados históricos como habían sido Venezuela o Cuba. Sin embargo, la crisis en Venezuela ha llegado a tal punto y hay tantos actores globales implicados que pocos dudan de que para que se produzca algún tipo de acuerdo, tiene que tener el beneplácito de, al menos, EE UU y Rusia.

Esto hace que una negociación, como la que se intentó en Barbados recientemente, se vuelva aún más compleja. "Ambas partes, de momento, tienen una mejor alternativa a un acuerdo negociado", opina Smilde. "La oposición cuenta con el apoyo de Estados Unidos y Maduro tiene el de los rusos. Seguramente se necesite un pacto que incluya a la Unión Europea y a China", ahonda este experto en Venezuela.

IRÁN

En el reciente encuentro entre el presidente iraní y el Ministro de Relaciones Exteriores de Venezuela Félix Plasencia en octubre pasado (18OCT21), se reiteró el carácter estratégico de las relaciones entre ambas naciones y el compromiso mutuo de defender el multilateralismo y la cooperación para el desarrollo. Para Irán Venezuela constituye una prioridad en materia de diplomacia económica para Irán, para profundizar sus vínculos con países en desarrollo en particular aquellos que defienden su soberanía frente a naciones dominadoras, e Instó a establecer un plan claro y a largo plazo para desarrollar al máximo las relaciones bilaterales.

Durante 2020, las empresas petroleras de ambas naciones realizaron varios intercambios, fortaleciendo su cooperación ese año. Irán ha enviado flotillas de buques cisternas que transportan gasolina a Venezuela y de hecho, ha incrementado sustancialmente su ayuda al enviar otras materias primas, equipos y repuestos para reiniciar las deterioradas refinerías de la otrora nación OPEP.

A principio de año (FEB2021) a fin de poder pagar nuevas importaciones de gasolina iraní y así abastecer la escasez que aún prevalece en el país, el gobierno de Maduro ha estado enviando a Teherán carburante para aviones. Una de las fuentes de una agencia británica de noticias, resaltó que la Compañía Nacional de Petróleo de Irán (NIOC) y Petróleos de Venezuela (PDVSA) acordaron el año pasado un intercambio completo de combustible para aviones de Venezuela para pagar la gasolina iraní. A estos efectos, Venezuela ha utilizado envíos de su crudo pesado Merey para compensar a Irán por los déficits en el valor de las exportaciones de combustible para aviones, con al menos un cargamento de 1,9 millones de barriles entregado a NIOC desde octubre, según las fuentes y los documentos de PDVSA vistos por Reuters.

El mecanismo ha permitido hasta ahora que las dos firmas estatales despachen cargamentos dentro y fuera de Venezuela a bordo de buques con bandera iraní que han atracado en los puertos de la nación sudamericana al menos tres veces desde mayo de 2020, según datos de Refinitiv Eikon. PDVSA está vendiendo la gasolina iraní a precios denominados en dólares en los surtidores, lo que le ha proporcionado una moneda fuerte desesperadamente necesaria para las operaciones. No está claro si Irán utiliza el combustible venezolano para su consumo interno o si los cargamentos se revenden. Sin embargo, hay pocos detalles sobre lo que Irán está recibiendo de Venezuela a cambio; aunque se prevé que los envíos podrían mantenerse a largo plazo.

En términos globales, las relaciones entre la República Islámica de Irán y Venezuela han experimentado un fuerte estrechamiento a partir de la llegada al poder en el año 2005 de Mahmoud Ahmadinejad. El presidente venezolano, a su vez, ha propiciado que los gobiernos de Bolivia, Nicaragua, Cuba y Ecuador, afines ideológicamente al proyecto del "socialismo del siglo XXI", acrecienten sus relaciones con esta nación islámica. Irán ha logrado con estas relaciones mostrar capacidad internacional y obtener de esas naciones un decidido apoyo a su programa de enriquecimiento de uranio. De igual manera su presencia en el hemisferio le permite retar a Estados Unidos y establecer bases para operaciones de propaganda e inteligencia. En contraste, para Venezuela y sus socios ideológicos los beneficios han resultado exiguos, ya que más allá de irritar a Washington, los centenares de acuerdos establecidos con los persas no han generado resultados sustantivos en el campo económico, comercial o político, mientras que en cambio estas relaciones los involucran en un conflicto estratégico mundial que supera enormemente sus capacidades reales de influencia en el concierto internacional. Finalmente, como consecuencia del apoyo suministrado a los persas en distintos ámbitos, tanto Bolivia como Ecuador y Venezuela han recibido advertencias o se han generado solicitudes de posibles sanciones o represalias en contra de sus gobiernos por parte de Washington.

TURQUÍA

A pesar de las diferencias geopolíticas y la distancia, se han firmado una serie de Acuerdos que van desde la cooperación comercial hasta la seguridad, incluyendo negocios agrícolas, como una forma de evadir las sanciones con Estados Unido lo cual obligó a Turquía a buscar nuevos socios, razón por la cual Ankara puso la mirada en Venezuela -rica en petróleo- para diversificar sus intercambios comerciales, razón por la cual, necesita nuevos aliados y amigos debido a su enfrentamiento con EE.UU, y los empresarios turcos creen que Venezuela tiene potencial a pesar de la crisis.

En los últimos años, se han fortalecido las relaciones bilaterales hasta alcanzar los US$ 892,4 millones en los primeros cinco meses de 2018, según el Instituto de Estadística de Turquía. Para el 2020, las importaciones venezolanas desde Turquía crecieron 79%, lideradas por los alimentos y otros productos básicos, de acuerdo con datos del Instituto Turco de Estadísticas, con lo que el país euroasiático gana cada vez más espacio como una especie de supermercado para Venezuela. Las cifras muestran que el país compró mercancías por un total de $236,2 millones, de los cuales $195,09 millones corresponden a comida, es decir, 83% del total. El gobierno de Venezuela acostumbra a no suministrar oficialmente cifras; aunque las cifras actuales constituyen solo una pequeña parte en el comercio exterior de Turquía, muestran claramente el rápido desarrollo de las relaciones bilaterales.

Según Evren Celik Wiltse, profesor asociado del Departamento de Ciencias Políticas de la Universidad del Estado de Dakota del Sur, la razón por la que los dos países desarrollaron una relación cercana en años recientes es la crisis humanitaria que está atravesando Venezuela. Wiltse recuerda que Turquía tiene instituciones de ayuda humanitaria importantes como AFAD (Presidencia y Manejo de Desastres y Emergencias) y TIKA (Agencia Turca de Cooperación y Coordinación Internacional) que no generan efectivo directamente, "pero tienen los medios para brindar y distribuir ayuda humanitaria en el terreno".

COREA DEL NORTE

La alianza entre Corea del Norte y Venezuela se ve consolidada "en la llama de una lucha común anti-imperialista por la independencia y el socialismo en la alianza con el gobierno de Kim Jong-Un "se esfuerza constantemente por ampliar y desarrollar las relaciones de amistad y cooperación con Venezuela". Además, el presidente coreano Kim Jong-Un Kim Jong-Un "seguirá prestando plena asistencia y apoyo al gobierno y al pueblo de Venezuela en sus esfuerzos por proteger su Estado". Sin embargo, los resultados de dicha relación diplomática con Corea del Norte son inciertos todavía, pero según el experto en procesos internacionales Carlos Pozzo dicha unificación entre ambos regímenes sólo podría generar "un efecto propagandístico y panfletario". No creo que una relación más estrecha con Corea del Norte vaya a propiciar una resolución positiva a los problemas que enfrentamos en Venezuela", explica Pozzo. Además, asegura que "esto no es un síntoma de que el gobierno esté buscando los mejores socios comerciales y económicos".

La embajada de Venezuela en Corea del Norte es un proyecto del gobierno de Nicolás Maduro que inició el 28 de noviembre del año 2018 luego de que Jorge Arreaza, ex canciller, recibió una delegación del país asiático en Caracas donde se discutieron futuras asociaciones entre ambos regímenes socialistas.

Con el desfallecimiento de los acuerdos internacionales del gobierno y el cambio de posturas de muchas naciones del mundo para inclinarse a favor de Juan Guaidó, pareciera que Nicolás Maduro y su cúpula pretenden fortalecer las alianzas con los países "no alineados". Según el profesor Carlos Luna de la UCV, "Maduro se está alineando o acercándose a este eje radical, contrario a la dinámica de la política de occidente, como una forma de autoprotección y como una forma de tratar de garantizar su permanencia y perpetuación en el poder al costo que sea", Las implicaciones que pueda tener para los venezolanos la nueva asociación que realiza el gobierno de Maduro es incierta, pero es evidente que la relación con Kim Jong-Un, solo presenta apoyo ideológico para los fines políticos del gobierno. Según el internacionalista Carlos Pozzo "Venezuela necesita otro tipo de socios, que mejoren el presente económico y comercial de la nación". Lo que sí queda claro es que la relación entre Venezuela y Corea del Norte está signada por sucesos terribles, como las torturas al poeta Alí Lameda "que, siendo comunista, fue encarcelado porque el gobierno norcoreano detectó unas cartas donde hacía algunas críticas menores", Lameda, un fuerte defensor del comunismo decidió irse a vivir a Corea del Norte, pero en 1967 fue encarcelado y enviado a un campo de concentración.

La apertura de la embajada venezolana en territorio norcoreano ocurre justo en el momento en que Estados Unidos se encuentra tratando de llegar a un Acuerdo con Corea del Norte, a pesar de que esto no parece corresponderle a Venezuela una intervención en medio de una realidad "compleja y sesgada", explica el embajador de Venezuela en Corea Alejandro Martínez.

RELACIONES MULTILATERALES

ONU

Uno de los temas de agenda en la ONU son los Derechos Humanos; pero para entender como es su tratamiento en el seno de la organización hay que tener en cuenta, primero que la ONU no es una organización de carácter supranacional como la Unión Europea, que tiene capacidad para imponerle reglas y sanciones a sus Estados miembros. La ONU es el producto de un compromiso asumido por las grandes potencias después de la Segunda Guerra Mundial y ese compromiso limita su margen de maniobra".

Entre los elementos que destacan en su agenda, se encuentran:

Suspensión Derecho al voto: Venezuela en enero 2020 se convirtió en uno de los 10 países junto a la república Centroafricana, Comoras, Gambia, Líbano Lesoto, Santo Thomas y Príncipe, Somalia, Tonga y Yemen en habérsele suspendido el derecho al voto, debido a las deudas acumuladas en sus contribuciones obligatorias, al haber acumulado moras bajo las previsiones del artículo 19 de la Carta de la ONU, que establece una suspensión del voto en la Asamblea General a los países cuya mora sea "igual o superior al total de las cuotas adeudadas por los dos años anteriores".

Los Derechos Humanos. (Consejo de Derechos Humanos) En el caso de Venezuela, pese a los crímenes de lesa humanidad que ya se le endilgan en 2014, el gobierno de Maduro logro mediante el mecanismo de intercambio de votos, una silla en el Consejo de Derechos Humanos de la ONU (2015-2018) -"un cuerpo sin mayor peso donde todavía es visible la huella del lobby chavista",- y un puesto no permanente en el Consejo de Seguridad (2015-2017), donde la "Revolución Bolivariana" se blindó contra las críticas de las democracias occidentales congraciándose con el Kremlin y el Partido Comunista de China, apoyando sus decisiones con su voto, según explica Daniel León, del Instituto de Estudios Globales de la Universidad de Leipzig. "Moscú y Pekín han argüido que los graves problemas de Venezuela no constituyen una amenaza para la seguridad internacional porque no han trascendido sus fronteras", pero ahora estamos frente a otra situación: la emigración masiva de venezolanos hacia los países vecinos es innegable y es, sin duda alguna, un tema de seguridad regional. El éxodo venezolano ha entrado en la agenda política y económica de los Estados sudamericanos", señala la politóloga Ana Soliz, del Instituto Alemán de Estudios Globales y Regionales (GIGA).

A estas alturas, la prioridad dentro de las democracias ya no es la investigación exhaustiva de las violaciones de los derechos humanos en Venezuela; nadie necesita urgentemente que el Consejo de Derechos Humanos de la ONU confirme la existencia de algo que todos conocemos. Lo más apremiante es que algún organismo multilateral contribuya a que en Venezuela tenga lugar un cambio de gobierno y una transición pacífica; y para alcanzar ese objetivo no basta negociar con el chavismo para que convoque a elecciones limpias.

Las migraciones. Según dos agencias de las ONU, el plan para ayudar a 3,3 millones de migrantes y refugiados venezolanos y a sus comunidades de acogida durante 2021 necesito 1440 millones de dólares. La Agencia de la ONU para los Refugiados (ACNUR) y la Organización Internacional para las Migraciones (OIM) informaron que las necesidades de los migrantes y refugiados venezolanos han aumentado como resultado de la crisis económica derivada de la pandemia de COVID-19 y conminaron a la comunidad internacional a contribuir con 1440 millones de dólares para poder asistirlos el año que acaba de terminar.

Al término del evento, se anunciaron compromisos por 1500 millones de dólares, incluyendo 954 millones en donaciones. Los fondos solicitados contemplan también apoyar a las comunidades que han acogido a esas personas, explicaron esos organismos en una Conferencia de Donantes para la causa, auspiciada por el gobierno de Canadá. El representante especial de ACNUR y OIM para las Personas Venezolanas Refugiadas y Migrantes señaló que el éxodo de Venezuela parece no tener fin y advirtió que podría convertirse en una crisis olvidada.

Reconocimiento del gobierno. La Asamblea General de la Organización de Naciones Unidas (ONU) reconoció el lunes 06DIC21 al gobierno de Nicolás Maduro, como representante legítimo de Venezuela. El anuncio lo realizó el embajador de Venezuela ante la ONU, Samuel Moncada.

OEA

A pesar de no ser miembro de la Organización de Estados Americanos (OEA) esta mantiene seguimiento a la situación en el país. En esta oportunidad, la OEA acuso a Venezuela de "engañar" a la ONU en relación a la crisis en la frontera con Colombia.

Esta vez por los "argumentos engañosos" que habría enviado al Consejo de Seguridad de Naciones Unidas en los que se aborda la actual escalada de tensiones fronterizas con Colombia, en donde están teniendo lugar enfrentamientos entre las Fuerzas Armadas venezolanas y grupos armados procedentes del país vecino. "Se trata de una estrategia de argumentos engañosos, desinformación y propaganda", lo cual sigue tensando las relaciones con la organización y su Secretario General.

CIDH/OEA

Comisión Interamericana de Derechos Humanos (CIDH)

El Mecanismo Especial de Seguimiento para Venezuela (MESEVE) fue instalado el 21 de octubre de 2019, con el objetivo de fortalecer las actividades de monitoreo y responder de manera oportuna a los nuevos desafíos que plantea la grave crisis de derechos humanos en el país. El MESEVE busca acercarse a las víctimas de violaciones a los derechos humanos y trabajar de manera articulada con organizaciones de la sociedad civil y distintos mecanismos de la (OEA) y la (ONU) para documentar las violaciones sistemáticas de los derechos humanos en Venezuela.

Desde hace varios años, la Comisión viene observando un progresivo debilitamiento de la institucionalidad democrática y la situación de derechos humanos en Venezuela que ha tenido una profundización e intensificación alarmantes en los últimos dos años y especialmente, los delitos presuntamente cometidos en Venezuela desde al menos abril de 2017. La crisis que atravesó Venezuela durante ese año obedece a un conjunto de factores, entre los que ocupan un lugar central las serias injerencias del Poder Ejecutivo y Judicial en el Legislativo. En efecto, la Comisión observa que tal situación está estrechamente relacionada, aunque no de forma exclusiva, a las decisiones adoptadas por el TSJ, desde 2015, que significaron importantes afectaciones en las competencias de la Asamblea Nacional y menoscabaron el principio de separación de poderes. Las injerencias en el Órgano Legislativo condujeron hasta la alteración del orden constitucional con las Sentencias N° 155 y 156 emitidas por el TSJ el 28 y 29 de marzo de 2017, respectivamente, que contravinieron la separación de poderes, el principio de representación popular y las competencias que la Constitución confiere a cada órgano, garantía indispensable de un gobierno democrático y del Estado de Derecho. 471. Según observa la CIDH en este informe, tales decisiones se enmarcan en un contexto de falta de independencia del Poder Judicial en Venezuela. Ello ha conducido a las recientes decisiones del TSJ que, en abierta contradicción con el orden constitucional, desconocen el órgano que ejerce el Poder Legislativo en Venezuela. En efecto, la Asamblea Nacional, democráticamente elegida, ha sido seriamente impedida de ejercer sus funciones constitucionales por parte del TSJ. En contrapartida, se ha establecido una Asamblea Nacional Constituyente, a través de un proceso electoral sumamente cuestionado y que ha dado por resultado una composición oficialista. Por su parte, el Poder Electoral es ejercido por una institución, el Consejo Nacional Electoral, que no presenta las garantías mínimas de independencia e imparcialidad. De igual manera, el Poder Ciudadano representado por la DP y la Fiscalía General, ha declinado a su mandato constitucional de servir a la ciudadanía, la libertad y la democracia.

UNIÓN EUROPEA

Las relaciones no están reguladas por ningún marco institucional bilateral, con el agravante que desde el 25 de febrero de 2021 no hay embajadores en ninguna de las dos jurisdicciones. Las relaciones entre la UE y Venezuela se enrarecieron desde que en 2017 Venezuela se convirtió en el primer país latinoamericano en ser sancionado por la UE. Así, en noviembre de 2017, los estados miembro de la EU anunciaron un embargo de armas, abriéndose la posibilidad también a futuras sanciones personales, las cuales se hicieron efectivas el 18 de enero de 2018. La UE aprobó sancionar a once funcionarios venezolanos, señalados como responsables de la represión en el país imponiéndoles así una congelación de activos y la prohibición de entrada a la UE.

En junio de 2020, el gobierno venezolano anunció la expulsión de la enviada de la UE en Venezuela, Isabel Brilhante Pedrosa, como medida retaliatoria en respuesta al anuncio de nuevas sanciones dirigidas hacia 11 altos cargos de la administración venezolana por parte de la UE, entidad a la cual el presidente venezolano, tachó de «supremacista»; El alto representante de la UE José Borrell anticipó que se respondería con «reciprocidad», sin embargo, la medida fue retirada. Este año en febrero de 2021 la UE vuelve a sancionar a funcionarios venezolanos, a lo que el gobierno de Nicolás Maduro responde con la expulsión definitiva de Pedrosa, al día siguiente el jefe de la diplomacia europea ejecuto la misma acción en reciprocidad, con la expulsión de la representante venezolana Claudia Salerno.

MERCOSUR

Es de tener presente que la suspensión de Venezuela en el MERCOSUR se realizó según lo establecido en el Protocolo de Ushuaia sobre el Compromiso Democrático del MERCOSUR, suscripto el 24 de julio de 1998, para lo cual la plena vigencia de las instituciones democráticas es condición esencial para el desarrollo del proceso de integración. El protocolo establece que: toda ruptura del orden democrático constituye un obstáculo inaceptable para la continuidad del proceso de integración. Las consultas realizadas entre los Cancilleres de los Estados Partes del MERCOSUR, constataron la ruptura del orden democrático en Venezuela; por consiguiente, al no haberse registrado medidas eficaces y oportunas para la restauración del orden democrático por parte del gobierno de Venezuela, decidieron:

Suspender a la República Bolivariana de Venezuela en todos los derechos y obligaciones inherentes a su condición de Estado Parte del MERCOSUR,

2) La suspensión cesará cuando, de acuerdo a lo establecido en el artículo 7° del Protocolo de Ushuaia, se verifique el pleno restablecimiento del orden democrático en la República Bolivariana de Venezuela.

Es de señalar que Venezuela no fue expulsada, sino suspendida por lo tanto, dicha medida es reversible, en el momento que se restablezca el estado democrático. La suspensión de Venezuela como miembro del Mercado Común del Sur (Mercosur), represento en la región, el comienzo del aislamiento del país de los sistemas de integración y de gran parte de la comunidad internacional, una situación agravada con el paso del tiempo, pero con posibilidad de revertirse.

La suspensión representa la privación de muchos privilegios, como el arancel cero, por "ejemplo", que permitía ingresar productos venezolanos en el resto de naciones del Mercosur "sin pago de impuestos" y, del mismo modo, "recibir productos de ellos", fundamentalmente, del sector alimentario.

El regreso de Venezuela al MERCOSUR o a otro mecanismo de integración, sería importante, con el objetivo de que se reactiven las "oportunidades comerciales y de inversiones" a través de la "integración competitiva de las economías nacionales al mercado internacional"; No obstante, el organismo dejó abierta una puerta a futuro: "la suspensión cesará cuando (...) se verifique el pleno restablecimiento del orden democrático en Venezuela".

CARICOM

La reclamación del Esequibo ha condicionado las relaciones de Venezuela con el CARICOM, al punto, que el Ministerio de Relaciones Exteriores de Venezuela debió elaborar un comunicado expresando su preocupación sobre la posición asumida por el grupo sub regional en el conflicto territorial que enfrenta a Caracas y Georgetown. En ese sentido, el comunicado diplomático recuerda que Caracas "ha demostrado solidaridad incondicional en momentos en los que sus vecinos del Caribe han atravesado situaciones de dificultad", y arguye que "jamás ha promovido operaciones o ejercicios militares con potencias extra regionales en aguas o territorios controvertidos, tal como lo ha hecho Guyana". Para apoyar su declaración, el Ministerio de Relaciones Exteriores hace referencia a un hecho reciente, en el cual "la Fuerza de Defensa de la República Cooperativa de Guyana y el Servicio de Guardacostas de los Estados Unidos de América desarrollaron ejercicios militares conjuntos" en aguas consideradas "controvertidas" por Caracas, ya que están "muy cercanas a las aguas jurisdiccionales de Venezuela, en una zona aún por delimitar y en la que empresas estadounidenses tienen importantes intereses económicos, particularmente en el campo energético".

Es así que la Comunidad del Caribe (CARICOM) en respuesta, el pasado 14 sep. 2021 en un comunicado reitera, en los términos más enérgicos posibles, su firme e inquebrantable apoyo al mantenimiento y conservación de la soberanía y la integridad territorial de Guyana. CARICOM rechazo con la misma firmeza cualquier acto de agresión por parte de Venezuela contra Guyana el cual concluye en reafirmar su apoyo "al proceso judicial en curso de la Corte Internacional de Justicia -CIJ-.

En este contexto el (CARICOM) se ha posicionado firmemente al lado de Guyana en la disputa territorial que mantiene contra Venezuela, sin tener en cuenta que Venezuela es un país tan caribeño como cualquiera de sus islas, al tener más mar territorial, más línea costera que muchas país caribeños.

En la reunión virtual celebrada el 12 de enero pasado y liderada por Keith Rowley, primer ministro de Trinidad y Tobago y actual presidente de CARICOM, los líderes caribeños respaldaron a Guyana, donde la empresa de energía ExxonMobil comenzó una exploración petrolera en 2008.

UNASUR

La identidad regional, que animó la conformación de una comunidad sudamericana y dio origen a la Unión de Naciones Suramericanas (UNASUR) devino, en el último periodo, una retórica deshabitada con una sede sin mando y un mandato con crecientes desacuerdos. Esto se produce en medio del declive económico de Venezuela, las turbulencias sociales y la contracción de la representación política que atraviesan, en diverso grado y forma, varios países de la región como es el caso de Venezuela con Nicolás Maduro.

En la parálisis institucional de la UNASUR, apenas disimulada con encuentros políticos eventuales, presencia formal de seguimiento electoral o mínimas acciones sectoriales, se reflejan cambios fundamentales en las condiciones regionales. Estos están vinculados con la conflictividad social y política que resquebraja los procesos de transformación en los sistemas políticos nacionales, las vulnerabilidades estructurales de países sin articulación en una economía regional y la persistente ausencia de un sistema de seguridad institucionalizado de confianza mutua para la gestión y el manejo de conflictos. Venezuela con la falta de carisma de su presidente y de recursos económicos ha perdido el liderazgo que tenía durante la época del presidente Hugo Chávez.

PETROCARIBE

La caída de los precios del petróleo, los problemas estructurales de la economía venezolana, la ineficiencia de PDVSA plantean una realidad distinta. Los países del Caribe, antes de pensar en un proyecto político regional o en afinidades ideológicas, piensan en su supervivencia energética. Hay países caribeños que han entrado en una profunda crisis al dejar de recibir los envíos de Venezuela. Los casos más emblemáticos son Cuba y Haití. Los críticos de PETROCARIBE dicen que, aunque ha sido esencial para apoyar a algunos países durante complicados períodos económicos, no ha promovido la diversificación energética ni un mejoramiento significativo de sus economías, sino que ha dejado a algunos países caribeños con grandes deudas y una inmensa dependencia del crudo venezolano. La mala noticia para esos países es que ni siquiera EE. UU, podría sustituir al crudo venezolano. El propio gobierno estadounidense, a través del vice asesor de Seguridad Nacional, Ben Rhodes, aseguró que podrían brindar algunos "recursos" a los 17 países que se verían afectados por la desaparición del programa, pero no podrían "sustituirles simplemente el petróleo venezolano con petróleo estadounidense".

La situación demuestra, los graves problemas geopolíticos que aquejan al gobierno de Nicolás Maduro y a los países que se volvieron sus aliados durante las últimas décadas. "Geopolíticamente, el declive de PETROCARIBE ocasiona una pérdida de influencia política de Venezuela en la mayoría de los países de la cuenca del Caribe que apoyaron a Maduro; Algunos ya no dependen de Venezuela y por lo tanto asumen posiciones muy críticas de lo que sucede en el país". Explica Carlos Murillo, especialista en Relaciones Internacionales de la Universidad de Costa Rica.

ALBA

El desplome de los precios del crudo, la muerte del presidente Chávez y la retirada de la escena pública de Castro, han dejado sin liderazgo el organismo, Nicolás Maduro, no cuenta con el carisma de Chávez y Castro y otros mandatarios como el boliviano Evo Morales, el ecuatoriano Rafael Correa o Raúl Castro, en Cuba, han optado por diversificar sus políticas exteriores con la participación en otros organismos como UNASUR (Unión de Naciones Suramericanas) o la CELAC (Comunidad de Estados de Latinoamérica y el Caribe), "más pragmáticos que ideológicos o doctrinarios, como el ALBA", "La diversidad ideológica de la izquierda iberoamericana ha acabado por imponerse sobre el proyecto hegemónico bolivariano".

CELAC

Venezuela junto a Cuba, Nicaragua enfrentan duras críticas en cumbre de la Comunidad de Estados Latinoamericanos y Caribeños, CELAC, celebrada en México en pasado mes de SEP. 2021, presidente de Paraguay, Mario Abdo Benítez, enfrentó al mandatario venezolano por sus políticas. Al manifestar "Mi presencia en esta cumbre", dijo Benítez, "en ningún sentido ni circunstancia representa un reconocimiento al gobierno del señor Nicolás Maduro. No hay ningún cambio de postura en mi gobierno y creo que es de caballeros decirlo de frente". Acto seguido el presidente de Uruguay, Luis Lacalle Pou, criticó directamente a los gobiernos de Cuba, Nicaragua y Venezuela, y señaló que su presencia tampoco implicaba ser complaciente con lo que está ocurriendo en esas naciones. "Cuando se encarcelan opositores, cuando no se respetan los derechos humanos, nosotros en voz tranquila pero firme debemos decir con preocupación que vemos gravemente lo que ocurre en Cuba, Nicaragua y Venezuela".

OPEP

A los 62 años de haberse reunido el Primer Congreso Petrolero Árabe celebrado en El Cairo en abril de 1959, Venezuela tiene poco que celebrar, y muchos retos por delante. Nuestra posición de país no árabe, no musulmán y al mismo tiempo influyente Miembro Fundador, nos daba una importancia especial. Podíamos ser mediadores respetados, conocedores de la problemática petrolera, sin participación alguna en los conflictos internos del Medio Oriente. Nunca tomamos partido en la guerra entre Irán e Irak y, menos aún, en rivalidades milenarias entre chiitas y suníes. Se nos respetaba que fuéramos aliados del mundo árabe dentro de la Organización y al mismo tiempo éramos amigos y manteníamos excelentes relaciones con el Estado de Israel. Estaba claro que ninguno de esos trágicos problemas eran temas para ser tratados dentro de la OPEP. En opinión de la Dra. Maruja Tarre. Desde la llegada de Hugo Chávez, el gobierno tomo partido con los países árabes rompiendo relaciones con Israel y convertirse en un aliado de Irán, lo cual lo coloca en una situación comprometida dentro del seno de la organización petrolera.

INSTANCIAS JURISDICCIONALES

Corte Penal Internacional

En septiembre de 2018, seis Estados Miembros de la CPI pidieron a la Fiscalía investigara posibles crímenes de lesa humanidad en Venezuela, siendo la primera vez que un grupo de países solicitó conjuntamente a la Fiscalía que investigara presuntos delitos cometidos en el territorio de otro Estado miembro de la CPI. Esta remisión por los Estados permitió que el fiscal iniciara una investigación preliminar, sin la aprobación previa de jueces de la CPI; el pasado 3 de noviembre de 2021, al final de una visita a Caracas, el fiscal decidió iniciar una investigación sobre Venezuela, lo cual abrió la puerta para que las víctimas de las atrocidades del gobierno de Nicolás Maduro tengan acceso a la justicia.

Las investigaciones realizadas por diversos organismos de DD.HH han demostrado que los abusos no fueron casos aislados, ni el resultado de excesos cometidos por agentes insubordinados. Por el contrario, los reiterados abusos generalizados por parte de distintas fuerzas de seguridad, durante un período de tiempo determinado y en múltiples lugares, permiten concluir que los abusos han sido sistemáticos. Human Rights Watch también documentó casos de desapariciones forzadas que se extendieron durante varios días o semanas, así como otros abusos aberrantes desde 2014.

El cierre del examen preliminar y el inicio formal de una investigación quiere decir que la CPI tiene elementos para pensar que en Venezuela se han cometido crímenes de lesa humanidad. La decisión representa un paso histórico para Venezuela y el continente, al tratarse de la primera investigación de la CPI en América Latina.

Corte Internacional de Justicia

La Corte con la Orden 171, del 18 dic. 2020 confirmo las solicitudes de demanda de Guyana relativas a la validez del Laudo de 1899, sobre la frontera entre los británicos y los asuntos conexos a la solución definitiva de la controversia respecto a la frontera terrestre entre los territorios de las Partes, concluyendo que tiene competencia para conocer del litigio territorial existente. Guyana, considerando que es necesario fijar plazos para conocer del procedimiento escrito sobre el fondo; solicitó un período de nueve meses, a partir de la fecha de la Orden que fija los plazos, para la preparación de su Memorial; mientras que en la misma sesión, Venezuela expresó su desacuerdo con la sentencia dictada por la Corte alegando que el "Acuerdo para resolver la controversia, es el Acuerdo de Ginebra "firmado en Ginebra el 17 de febrero de 1966, agregando además que aún no ha decidido su posición en relación con el proceso y que, a la luz de las alegadas implicaciones graves de la sentencia, por tanto, solicitó un período de 12 a 18 meses para la preparación de su contramemoria. La Corte, teniendo en cuenta las opiniones de las Partes, acordó fija los siguientes plazos para la presentación de alegatos de fondo por escrito:

El 8 de marzo de 2022 para el Memorial de la República Cooperativa de Guyana;

El 8 de marzo de 2023 por la Contramemoria de la República Bolivariana de Venezuela; y

Reserva el procedimiento para una decisión posterior

La posición de Venezuela, al no atender la convocatoria de la instancia internacional pone en riesgo la oportunidad de recupera el territorio en reclamación.

Las razones jurídicas que validan esta afirmación de porque hay que ir a la Corte, se sustentan en que: Estratégicamente, la no comparecencia, en términos generales, afecta negativamente la posición del Estado venezolano en el proceso. El tribunal habrá de considerar los argumentos y las conclusiones que Guyana presente en su Memoria programada para el 8 de marzo del 2022; Si Venezuela no se presenta el año siguiente, el 8 de marzo del 2023, con su contramemoria, en respuesta a los argumentos de Guyana; para la Corte, le será muy difícil evaluar la posición de Venezuela.

El Magistrado Tomka quien voto a favor del fallo, declaro lo siguiente:

Es importante que las Partes entiendan que, si la Corte declara nulo y sin efecto el Laudo Arbitral de 1899, como lo alega Venezuela, la Corte necesitará más presentaciones, en forma de pruebas y argumentos, sobre el curso de la frontera terrestre, a fin de que resuelva plenamente la "controversia". Sin estas presentaciones, la Corte no estará en condiciones de determinar el curso de la frontera en disputa entre los dos países. En tal caso, el Secretario General de las Naciones Unidas podrá ser llamado una vez más a ejercer su autoridad en virtud del párrafo 2 del Artículo IV del Acuerdo de Ginebra para elegir otro de los medios de arreglo previstos en el Artículo 33 de la Carta del Naciones Unidas.

Corte Suprema del Reino Unido

En una ambigua decisión la Corte Suprema del Reino Unido, el pasado 21 dic. 2021, se pronunció sobre la propiedad y disposición de las reservas de oro que Venezuela tiene en el Banco Central de Inglaterra, equivalentes a unos 1.000 millones de dólares desde hace 13 años. La decisión del más alto tribunal ingles si bien ratifica el reconocimiento a Juan Guaido como encargado de la presidencia, deja abierta la puerta al gobierno para una segura y próxima reclamación.

La importancia del pronunciamiento de la Corte Inglesa está en sus triples implicaciones: del lado oficialista, de la oposición y de las relaciones internacionales. En esta última, el cambio de gobierno por la vía constitucional no representa ningún problema, pero no es así cuando hay una toma del poder por la vía no constitucional; ante tal situación, la doctrina y práctica del derecho internacional se plantean el "reconocimiento de gobierno". En términos generales, se puede definir, como la manifestación de voluntad que hace un Estado o grupo de Estados mediante la cual verifica la constitucionalidad de un gobierno o no, y que tiene como efecto la continuidad o no de las relaciones entre los Estados. En este contexto existen varias doctrinas en el Derecho Internacional: la del ecuatoriano Carlos R Tobar (1907), que dice: "Las Repúblicas Americanas, deben intervenir de modo indirecto en las decisiones internas de las Repúblicas del Continente. Esta intervención podría consistir, a lo menos, en el no reconocimiento de gobiernos de hecho surgidos de revoluciones en contra de la constitución"; Doctrina que fue ratificada con la doctrina Betancourt, antesala de la Carta Democrática Interamericana. Años después, la doctrina Wilson en 1917, estableció que todo gobierno latinoamericano de origen revolucionario o contrario a la constitución, no podría gozar del favor del gobierno de Washington y no sería reconocido por él; Posteriormente en contraposición a las anteriores doctrinas, el canciller de México Genaro Estrada (1930), fundamentado en el principio de "no intervención", manifestó que "México se limita a mantener o retirar, cuando lo considere procedente a sus agentes diplomáticos […] sin calificar, ni precipitadamente, ni a posteriori, el derecho que tengan las naciones extranjeras para aceptar, mantener o sustituir a sus gobiernos o autoridades".

A finales del año pasado, la Corte Suprema del Reino Unido se pronunció sobre la disponibilidad de las 31 TN de reservas en oro que tiene de Venezuela en el Banco Central de Inglaterra, equivalentes a 1.000 millones de dólares desde hace 13 años. La decisión, aunque tuvo poca resonancia en los medios oficiales y de oposición, tiene una amplia significancia desde el punto de vista político, jurídico y económico. Para el gobierno políticamente una decisión a su favor representaba el reconocimiento a su gobierno, lo cual le permitiría disponer a su antojo, dándole un amplio colchón para el despilfarro y la corrupción. Afortunadamente, la Corte se pronunció en contra y se adhirió a las doctrinas regionales de reconocimiento de gobierno.

La Corte manifestó que los tribunales ingleses están obligados por el principio de una sola voz a aceptar las declaraciones del ejecutivo que establecen que Guaidó es reconocido por HMG como presidente constitucional interino de Venezuela y Maduro no lo es. Un segundo elemento que deja fuera de juego al gobierno es que la validez de los actos ejecutivos de Guaidó en la designación del directorio del BCV no pueden ser cuestionada por los tribunales ingleses; finalmente los argumentos de justificación concluyen con que los tribunales ingleses no se pronuncian ni se pronunciarán sobre la legalidad o validez de un acto ejecutivo de un Estado extranjero, realizado dentro del territorio de ese Estado.

Internacionalmente, este acto tiene plena justificación jurídica, debido a tres consideraciones: a) el evidentísimo fraude electoral, en que se mantienen las estructuras externas, para alegar una apariencia de legalidad, a la vez que se manipula descaradamente el proceso y los resultados. b) la atroz violación de los DD.HH en una clara violación de la Constitución y al Derecho Internacional y; c) haberse permitido al gobierno cubano, intervenir políticamente en Venezuela, convirtiendo a Venezuela en un Estado vasallo

Sin embargo, esta sentencia que políticamente se alinea con la Unión Europea y los 60 gobiernos que respaldan al gobierno interino de Guaido, deja una puerta abierta al gobierno para que recurra a un juzgado mercantil dentro de la propia jurisdicción inglesa, lo que cabría preguntarse: 1) ¿un tribunal mercantil ingles contradiría el principio de una sola voz?; 2) ¿O se refiere a un tribunal mercantil internacional para la resolución de controversias como el CIADI, Cámara de Arbitraje Internacional de París? u otras de las 27 instituciones de arbitraje destacadas y centros de resolución de controversias, a nivel mundial, lo cual sería una perogrullada.

COLOFÓN

Agenda para el 2022

El nombramiento de un nuevo ministro de Relaciones Exteriores era necesario, el paso de su colega y antecesor por lo que fue una cancillería de primera línea no fue lo que se esperaba (lamentable), no solo para la imagen del MRE, sino para los intereses de Venezuela, incluso si se compara su gestión con los anteriores aprendices a cancilleres que le precedieron; por lo que la popular frase *"Quod natura nondat, Salmantica non praestat"* viene a ilustrar su lamentable gestión diplomática.

El nuevo ministro como en tiempos de olimpiadas recibe un difícil testigo; cuando su colega fue designado Ministro del PPRE se pensó pudiera reconstruir la política exterior ya devaluada por quienes le precedieron, sin embargo no fue así, la torpeza y el mal cálculo hundieron la política exterior y las relaciones con la comunidad internacional, a un estado comparable a uno de esos agujeros negros en el espacio, en cuyo interior existe una concentración de masa lo suficientemente elevada como para generar un campo gravitatorio negativo, tal que la Política Exterior de Venezuela se encuentra en una situación más complicada y difícil que cuando las potencias europeas a fines de 1902 y principios de 1903 las marinas de guerra del Imperio Británico, el Imperio alemán el bloqueo a nuestras costas y aduanas exigiendo el pago inmediato de las deudas contraídas por el gobierno a las compañías de sus connacionales. El bloqueo naval tuvo su fin con el Protocolo de Washington el cual fue firmado en esa ciudad el 13 de febrero de 1903 y dio origen a la Doctrina Monroe y Doctrina Calvo.

Hoy el nuevo huésped de la Casa Amarilla, tendrá que bajar a la sala de máquinas para tomar nota y tratar de reparar los daños causados por su antecesor en la política exterior y las relaciones con la comunidad internacional, con sus socios naturales: sean económicos o comerciales o ideológicos, comenzando con las relaciones con Colombia, los EE.UU; reconstruir las relaciones con todos los países con los cuales se tiene fronteras terrestres: Colombia, Brasil y Guyana; así como marítimas al tener límites definidos de áreas marinas y submarinas con: Francia (a través de Martinica y Guadalupe); EE.UU por las Islas las Aves; los Países Bajos (a través de Aruba, Curazao; Trinidad y Tobago y los municipios especiales de Bonaire, Saba y San Eustaquio).

En materia comercial existe la necesidad urgente de definir cuál será la estrategia económica y comercial para volver a insertarnos en la economía internacional (financiera y comercial) a fin de que nuestros productos lleguen a otros mercados con las preferencias y ventajas correspondientes. Es necesario decidir si se regresa a los esquemas de integración en la búsqueda de preferencias arancelarias o la vía competitiva del Libre Comercio. No se puede pasar por alto que las ocho economías industrializadas del planeta integradas en el (G8); y una gran mayoría de los países del (G20) como el principal foro de coordinación de políticas macroeconómicas más importantes del mundo: Alemania, Australia, Brasil, Canadá, Francia, Italia, Japón, Reino Unido y la Unión Europea, desconocen la legitimidad del gobierno que representa el nuevo ministro.

La situación para el colega ministro no le será fácil. Venezuela además de tener problemas de alto tenor con todos los países fronterizos, tiene causas abiertas en los dos más altos tribunales internacionales. La CPI por crímenes de lesa humanidad; y la CIJ por la reclamación del Esequibo, donde no son solo los 159.000 km de la reclamación, sino un problema de soberanía, integridad territorial y seguridad nacional; con el agravante que la totalidad de los países miembros del CARICOM y los del NOAL, sus simpatías y declaraciones están a favor de la ex colonia inglesa de Guyana., mientras que la única acción en defensa del Esequibo fue la presencia del ex ministro Arreaza ante la Corte por Cortesía

Ante este panorama el nuevo Ministro tendrá una doble tarea reparar los daños causados por su antecesor; hacer un reset de la política exterior y reinventar si tiene tiempo, una nueva la política exterior acorde a los tiempos necesidades e interés reales de Venezuela así como y responder a los retos de la agenda internacional para el 2022 la cual requiere de una estructura ministerial profesional, una amplia capacidad de respuesta y el liderazgo suficiente para poner o concertar los interés nacionales con los de la comunidad internacional; retos como determinar en qué momento el conflicto o la cooperación internacional imponen una respuesta oportuna para adaptarse a las nuevas realidades impuesta por la pandemia.

LEGISLACIÓN

Información Legislativa

LEYES, DECRETOS NORMATIVOS, REGLAMENTOS Y RESOLUCIONES DE EFECTOS GENERALES DICTADOS DURANTE EL SEGUNDO SEMESTRE DE 2021

Recopilación y selección
por Gabriel Sira Santana
Abogado

SUMARIO

I. RÉGIMEN DE LA TRANSICIÓN A LA DEMOCRACIA

1. *Acuerdos*. A. Régimen de la administración general del Estado. B. Régimen de los derechos fundamentales. C. Régimen del desarrollo físico y ordenación del territorio. 2. *Decretos*.

II. RÉGIMEN DE LOS DERECHOS Y GARANTÍAS CONSTITUCIONALES

1. *Garantías del proceso penal*. 2. *Régimen del amparo*. 3. *Régimen de reparaciones a las violaciones*. 4. *Derecho a la igualdad y no discriminación*.

III. ORDENAMIENTO ORGÁNICO DEL ESTADO

1. *Régimen del Poder Público Nacional*. A. Poder Legislativo. B. Poder Ejecutivo. a. Ministerios. b. Comisiones presidenciales. c. Empresas del Estado. d. Fundaciones del Estado. e. Misiones. f. Otros órganos y entes. C. Poder Judicial. D. Poder Ciudadano. a. Contraloría General de la República. b. Ministerio Público. E. Poder Electoral.

IV. RÉGIMEN DE LA ADMINISTRACIÓN GENERAL DEL ESTADO

1. *Sistema presupuestario*. 2. *Sistema de crédito púbico*. 3. *Sistema de contratación pública*. 4. *Sistema funcionarial*. 5. *Sistema de información pública*.

V. RÉGIMEN DE POLÍTICA, SEGURIDAD Y DEFENSA

1. *Relaciones internacionales*. A. Acuerdos e incorporaciones al ordenamiento jurídico nacional. B. Cuerpos diplomáticos. 2. *Seguridad y defensa*. A. Zonas especiales. B. Función policial, de investigación científica y protección civil. C. Operativos y planes de seguridad ciudadana. 3. *Fe pública*.

VI. RÉGIMEN DE LA ECONOMÍA

1. *Cono monetario*. 2. *Tributos*. 3. *Instituciones financieras y mercado de valores*. 4. *Agricultura y pesca*. 5. *Energía y minas*. 6. *Servicios e indus*.

VII. RÉGIMEN DE DESARROLLO SOCIAL

1. *Educación*. A. Educación básica y media. B. Educación superior. 2. *Cultura*. 3. *Salud*. 4. *Programas sociales y de protección social*. 5. *Deporte*. 6. *Vivienda y hábitat*

VIII. RÉGIMEN DEL DESARROLLO FÍSICO Y ORDENACIÓN DEL TERRITORIO

1. *Ambiente y recursos naturales*. 2. *Transporte y tránsito*. A. Sistema de transporte terrestre. B. Sistema de transporte acuático y aéreo.

I. RÉGIMEN DE LA TRANSICIÓN A LA DEMOCRACIA[1]

1. *Acuerdos*

A. *Régimen de la administración general del Estado*

Acuerdo mediante el cual se rechaza la transacción realizada por el régimen de maduro con las acciones de la refinería "Dominicana de Petróleo PDV, S.A." (REFIDOMSA), propiedad de PDV Caribe, S.A., filial de Petróleos de Venezuela, S.A. (PDVSA). G.L. N° 52 del 27-08-2021.

Acuerdo para la creación de una comisión especial de control e investigación sobre la situación actual de la empresa Monómeros Colombo Venezolanos S.A. G.L. N° 53 del 19-10-2021.

B. *Régimen de los derechos fundamentales*

Acuerdo que declara la emergencia humanitaria de carácter de especial vulnerabilidad que sufren los pueblos indígenas venezolanos. G.L. N° 53 del 19-10-2021.

C. *Régimen del desarrollo físico y ordenación del territorio*

Acuerdo sobre la defensa del territorio esequibo y la fachada atlántida, en el marco del acuerdo de salvación nacional que se lleva a cabo en México. G.L. N° 53 del 19-10-2021.

2. *Decretos*

Decreto N° 37 de la Presidencia (E) de la República Bolivariana de Venezuela sobre la declaración del estado de alarma, como modalidad del estado de excepción en el estado Mérida, debido a los estragos causados por las fuertes lluvias y el desbordamiento de los cauces hídricos de este estado. G.L. N° 52 del 31-08-2021.

II. RÉGIMEN DE LOS DERECHOS Y GARANTÍAS CONSTITUCIONALES

1. *Garantías del proceso penal*

Ley Orgánica de Reforma del Código Orgánico Procesal Penal. G.O. N° 6.644 Extraordinario del 17-09-2021.

Ley de Reforma de la Ley de Protección de Víctimas, Testigos y Demás Sujetos Procesales. G.O. N° 6.645 Extraordinario del 17-09-2021.

Ley Orgánica de Reforma Parcial del Código Orgánico de Justicia Militar. G.O. N° 6.646 Extraordinario del 17-09-2021.

Ley de Reforma del Código Orgánico Penitenciario. G.O. N° 6.647 Extraordinario del 17-09-2021.

2. *Régimen del amparo*

Ley Orgánica de Amparo a la Libertad y Seguridad Personal. G.O. N° 6.651 Extraordinario del 22-09-2021.

---

[1]   La información se ha extraído de la Gaceta Legislativa de la Asamblea Nacional (G.L.), disponible en https://www.asambleanacionalvenezuela.org/gacetas

3. *Régimen de reparaciones a las violaciones*

Ley de la Comisión para la Garantía de Justicia y Reparación de las Víctimas de Delitos Contra los Derechos Humanos. G.O. N° 6.678 Extraordinario del 27-12-2021.

4. *Derecho a la igualdad y no discriminación*

Acuerdo mediante el cual se declara el 31 de agosto como el Día Internacional de las Personas Afrodescendientes. G.O. N° 42.203 del 01-09-2021.

Ley de Reforma Parcial de la Ley de Idiomas Indígenas. G.O. N° 6.642 Extraordinario del 13-09-2021.

Ley Para La Promoción y uso del Lenguaje con Enfoque de Género. G.O. N° 6.654 Extraordinario del 07-10-2021.

Ley Orgánica de Reforma Parcial de la Ley Orgánica contra la Discriminación Racial. G.O. N° 6.657 Extraordinario del 28-10-2021.

III. ORDENAMIENTO ORGÁNICO DEL ESTADO

1. *Régimen del Poder Público Nacional*

A. *Poder Legislativo*

Acuerdo que declara la inexistencia, ineficacia e invalidez de los acuerdos, decisiones y actos de la Asamblea Nacional durante el período de desacato continuado, contrarios a los intereses de la República y los derechos del pueblo. G.O. N° 42.161 del 06-07-2021.

Acuerdo que constata y advierte el fraude a la Ley, La Constitución y el Derecho Internacional público como consecuencia de la inexistencia, ineficacia e invalidez de los simulados acuerdos de fechas 22-05-2018 y 21-05-2019, mediante los cuales se intentaron desconocer la elección, proclamación y juramentación del ciudadano Nicolás Maduro Moros, como Presidente de la República para el período 2019-2025 por decisión libérrima del pueblo venezolano. G.O. N° 42.204 del 02-09-2021.

Acuerdo que constata y advierte el fraude a la Ley, la Constitución y el Derecho Internacional público como consecuencia de la inexistencia, ineficacia e invalidez de los simulados acuerdos de fechas 12-09-2018, 19-03-2019, 10-12-2019 y 28-04-2020; mediante los cuales se pretendió el desconocimiento del ciudadano Procurador General de la República, así como, del sistema normativo sobre la asesoría jurídica y defensa legal de la República, tanto nacional como internacionalmente. G.O. N° 42.204 del 02-09-2021.

Acuerdo que constata y advierte el fraude a la Ley, La Constitución y el Derecho Internacional público como consecuencia de la inexistencia, ineficacia e invalidez del simulado acuerdo de fecha 20-11-2018, mediante el cual se pretendió el desconocimiento de la autoridad que detentan los embajadores y embajadoras, jefes y jefas de misiones diplomáticas permanentes, representantes y personal del servicio exterior de la República Bolivariana de Venezuela. G.O. N° 42.204 del 02-09-2021.

Acuerdo que constata y advierte el fraude a la Ley, La Constitución y el Derecho Internacional público como consecuencia de la inexistencia, ineficacia e invalidez de los simulados acuerdos de fechas 26-06-2018, 16-07-2019 y 19-05-2020, mediante los cuales se pretendió designar unas falsas autoridades del Banco Central de Venezuela, con la finalidad de engañar a la comunidad internacional y al sistema bancario mundial y, obstaculizar mediante fraude, el control legítimo de la República Bolivariana de Venezuela sobre sus activos en el extranjero. G.O. N° 42.204 del 02-09-2021.

B.   *Poder Ejecutivo*

a.   *Ministerios*

(REIMPRESIÓN) Reglamento Orgánico del Ministerio del Poder Popular de Atención de las Aguas. G.O. N° 42.187 del 10-08-2021.

Resolución N° 3 del Ministerio del Poder Popular de Atención de las Aguas, mediante la cual se dicta el Reglamento Interno del Ministerio del Poder Popular de Atención de las Aguas. G.O. N° 42.215 del 17-09-2021.

Decreto N° 4.589, mediante el cual se crea el Despacho del Viceministro o de la Vice-ministra para la Pequeña y Mediana Industria y Nuevas Formas Productivas, en el Ministerio del Poder Popular de Industrias y Producción Nacional. G.O. N° 42.223 del 29-09-2021.

b.   *Comisiones presidenciales*

Decreto N° 4.586, mediante el cual se crea la Comisión Presidencial denominada Comité Nacional del Fondo Verde para el Clima, como órgano asesor del Presidente de la República Bolivariana de Venezuela, con carácter permanente; dicha Comisión tendrá las funciones que en él se indican, y será presidida por el Vicepresidente o Vicepresidenta Sectorial de Planificación, y estará constituida por los organismos que en él se especifican. G.O. N° 42.217 del 21-09-2021, reimpreso en N° 42.246 del 02-11-2021.

Decreto N° 4.612, mediante el cual se crea con carácter permanente la Comisión Presidencial para el Cambio Climático, como órgano asesor del Presidente de la República, en materia de cambio climático, la cual estará integrada por los Ministerios que en él se mencionan. G.O. N° 42.247 del 03-11-2021.

Decreto N° 4.615, mediante el cual se crea la Comisión Presidencial denominada Polo Científico Tecnológico, con carácter permanente, dependiente del Ministerio del Poder Popular para la Ciencia y Tecnología, cuyo funcionamiento se regirá por lo previsto en el presente Decreto. G.O. N° 42.264 del 26-11-2021.

c.   *Empresas del Estado*

Decreto N° 4.626, mediante el cual se autoriza la modificación del objeto social de la Empresa del Estado Industria Canaima, C.A., el cual quedará redactado de la manera que en él se especifica. G.O. N° 42.284 del 27-12-2021.

d.   *Fundaciones del Estado*

Providencia N° 002-2021 de la FUNDAPRET, mediante la cual se dicta el Reglamento Interno de la Fundación Venezolana para la Prevención y Tratamiento del Consumo de Drogas (FUNDAPRET). G.O. N° 42.181 del 02-08-2021.

e.   *Misiones*

Ley de la Gran Misión Chamba Juvenil. G.O. N° 6.633 Extraordinario del 07-07-2021.

Ley Orgánica de Reforma del Decreto con Rango, Valor y Fuerza de Ley Orgánica de Misiones, Grandes Misiones y Micromisiones. G.O. N° 6.666 Extraordinario del 11-11-2021.

f.   *Otros órganos y entes*

Providencia N° 1 del SNB, mediante la cual se dicta el Reglamento Interno del Servicio Nacional de Administración y Enajenación de Bienes Asegurados o Incautados, Confiscados y Decomisados. G.O. N° 42.191 del 16-08-2021.

Decreto N° 4.567, mediante el cual se integra a la estructura organizativa del Ministerio del Poder Popular de Petróleo, el Registro Nacional Único de Operadores de Sustancias Químicas Controladas (RESQUIMC), manteniendo su carácter de servicio desconcentrado, sin personalidad jurídica, con capacidad funcional, financiera y presupuestaria, constituido como un órgano administrativo de carácter técnico especial. G.O. N° 42.194 del 19-08-2021.

Providencia N° 92-2021 de la SUNACRIP, mediante la cual se suprime la Intendencia de Promoción y Desarrollo de Criptoactivos y Actividades Conexas, y crea la Intendencia de Promoción, Capacitación y Atención Integral y la Intendencia de Innovación y Desarrollo. G.O. N° 42.214 del 16-09-2021.

Providencia N° 0032-2021 del SENAFIM, mediante la cual se establece la Inspectoría Técnica de Coordinación de Regiones, dependiente de la Dirección General del Servicio Nacional de Fiscalización e Inspección Minera (SENAFIM), con el propósito de organizar y unificar procesos que optimicen los canales de comunicación entre los Directores a nivel central y las Inspectorías Técnicas Regionales. G.O. N° 42.229 del 07-10-2021.

Resolución N° 159 del Ministerio del Poder Popular para Relaciones Interiores, Justicia y Paz, mediante la cual se declara la refundación de la Brigada Especial Contra los Grupos Generadores de Violencia, la cual estará a cargo de una comisión integrada por las ciudadanas y ciudadanos que en ella se mencionan. G.O. N° 42.242 del 27-10-2021.

C.   *Poder Judicial*

Resolución N° 2021-0012 de la Sala Plena, mediante la cual se regulan las audiencias constitucionales y actos orales de informes de la Sala Electoral del Tribunal Supremo de Justicia con presencia telemática. G.O. N° 42.201 del 30-08-2021.

Resolución N° 2021-0011 de la Sala Plena, mediante la cual se establece las Normas Generales que regularán la suscripción y publicación de decisiones con firma digital, práctica de citaciones y notificaciones electrónicas y la emisión de copias simples o certificadas por vía electrónica relacionado con los procesos seguidos ante la Sala Político-Administrativa del Tribunal Supremo de Justicia y su Juzgado de Sustanciación; dichas normas se aplicarán a todos los procesos que cursen ante la Sala Político-Administrativa del Tribunal Supremo de Justicia, así como aquellos que cursen ante el Juzgado de Sustanciación. G.O. N° 42.243 del 28-10-2021.

Resolución N° 2021-019 de la Sala Plena, mediante la cual se establece que ningún Tribunal despachará desde el 15-12-2021 hasta el 15-01-2022, ambas fechas inclusive, durante ese período permanecerán en suspenso las causas y no correrán los lapsos procesales. G.O. N° 42.272 del 08-12-2021.

D.   *Poder Ciudadano*

a.   *Contraloría General de la República*

Resolución N° 01-00-000233 de la Contraloría General de la República, mediante la cual se prorroga desde el 01 hasta el 31-08-2021, el lapso para la presentación de la Declaración Jurada de Patrimonio actualizada. G.O. N° 42.180 del 30-07-2021.

b.   *Ministerio Público*

Resolución N° 1953 del Ministerio Público, mediante la cual se da inicio al "Plan Especial de Regularización Funcionarial de Fiscales Provisorios Activos del Ministerio Público". G.O. N° 42.241 del 26-10-2021.

E.   *Poder Electoral*

Resolución N° 210708-0033 del Consejo Nacional Electoral, mediante la cual se resuelve entre otros, crear la Unidad de Registro Civil Accidental en Zona Fronteriza "Territorio Insular Francisco de Miranda", ubicada en el Gran Roque, la cual funcionará bajo la coordinación directa del Consejo Nacional Electoral, a través de la Oficina Nacional de Registro Civil. G.O. N° 42.165 del 09-07-2021.

IV.   RÉGIMEN DE LA ADMINISTRACIÓN GENERAL DEL ESTADO

1.   *Sistema presupuestario*

Ley de Presupuesto para el Ejercicio Económico Financiero 2022. G.O. N° 6.670 Extraordinario del 20-12-2021.

2.   *Sistema de crédito público*

Decreto N° 4.572, mediante el cual se procede a la Octogésima Quinta emisión (85°) de Letras del Tesoro, hasta un máximo en circulación al cierre del ejercicio económico financiero 2021 de Bs. 90.000.000.000, de acuerdo a lo previsto en el artículo 8 del Decreto Constituyente que Aprueba la Ley Especial de Endeudamiento para el Ejercicio Económico Financiero 2021, y de conformidad con lo establecido en los artículos 80, 81 y 99 de la Ley Orgánica de la Administración Financiera del Sector Público, publicada en la Gaceta Oficial de la República Bolivariana de Venezuela N° 6.210 Extraordinario de fecha 30-12-2015. G.O. N° 6.640 Extraordinario del 26-08-2021.

Decreto N° 4.573, mediante el cual se procede a la Septingentésima Septuagésima Novena emisión (779°) de Bonos de la Deuda Pública Nacional, constitutivos de empréstitos internos, hasta por la cantidad de Bs. 260.994.754.149.180, destinados al financiamiento del Aporte Local de los Proyectos contemplados en los artículos 2 y 4 del Decreto Constituyente que Aprueba la Ley Especial de Endeudamiento para el Ejercicio Económico Financiero 2021, ejecutados por intermediación de los órganos o entes que conforman el Sector Público. G.O. N° 6.640 Extraordinario del 26-08-2021.

Decreto N° 4.574, mediante el cual se procede a la Septingentésima Octogésima Emisión (780°) de Bonos de la Deuda Pública Nacional, constitutivos de empréstitos internos, hasta por la cantidad de Bs. 69.977.644.821.270, destinados al financiamiento del Servicio de la Deuda Pública Interna y Externa, de acuerdo a lo previsto en el artículo 6 del Decreto Constituyente que Aprueba la Ley Especial de Endeudamiento para el Ejercicio Económico Financiero 2021. G.O. N° 6.640 Extraordinario del 26-08-2021.

Decreto N° 4.575, mediante el cual se procede a la Septingentésima Octogésima Primera Emisión (781°) de Bonos de la Deuda Pública Nacional, constitutivos de empréstitos internos, hasta por la cantidad de Bs. 525.410.913.231.435, destinados al Refinanciamiento o Reestructuración de la Deuda Pública Nacional, de acuerdo a lo previsto en el artículo 7 del Decreto Constituyente que Aprueba la Ley Especial de Endeudamiento para el Ejercicio Económico Financiero 2021. G.O. N° 6.640 Extraordinario del 26-08-2021.

Ley Especial de Endeudamiento Complementaria para el Ejercicio Económico Financiero 2021. G.O. N° 6.661 Extraordinario del 04-11-2021.

Ley Especial de Endeudamiento Anual para el Ejercicio Económico Financiero 2022. G.O. N° 6.671 Extraordinario del 20-12-2021.

3. *Sistema de contratación pública*

Resolución Conjunta N° 4/2021 y 17-2021 de los Ministerios del Poder Popular de Planificación y de Economía, Finanzas y Comercio Exterior, mediante la cual se fija el valor de la Unidad para el Cálculo Aritmético del Umbral Máximo y Mínimo (UCAU). G.O. N° 42.211 del 13-09-2021.

4. *Sistema funcionarial*

Decreto N° 4.541, mediante el cual se dicta el Reglamento Parcial del Decreto con Rango, Valor y Fuerza de Ley del Estatuto de la Función de la Policía de Investigación, en Materia Disciplinaria. G.O. N° 42.173 del 21-07-2021.

Resolución N° 89 del Ministerio del Poder Popular para Relaciones Interiores, Justicia y Paz, mediante la cual se dicta el Reglamento Interno del Cuerpo de Investigaciones Científicas, Penales y Criminalísticas (CICPC). G.O. N° 42.177 del 27-07-2021.

Resolución N° 116 del Ministerio del Poder Popular para Relaciones Interiores, Justicia y Paz, mediante la cual se dictan las "Normas relativas al proceso de reclasificación y asignación de rangos y niveles jerárquicos de los funcionarios y funcionarias policiales en los distintos ámbitos políticos territoriales". G.O. N° 42.188 del 11-08-2021.

Ley de Reforma del Decreto Con Rango, Valor y Fuerza de Ley del Estatuto de la Función de la Policía de Investigación. G.O. N° 6.643 Extraordinario del 17-09-2021.

Ley de Reforma del Decreto con Rango, Valor y Fuerza de Ley del Estatuto de la Función Policial. G.O. N° 6.650 Extraordinario del 22-09-2021.

Ley para los Derechos Humanos en el Ejercicio de la Función Pública. G.O. N° 6.658 Extraordinario del 28-10-2021.

Ley de Juramento Público. G.O. N° 6.660 Extraordinario del 04-11-2021.

5. *Sistema de información pública*

Ley de Transparencia y Acceso a la Información de Interés Público. G.O. N° 6.649 Extraordinario del 20-09-2021.

V. RÉGIMEN DE POLÍTICA, SEGURIDAD Y DEFENSA

1. *Relaciones internacionales*

A. *Acuerdos e incorporaciones al ordenamiento jurídico nacional*

Ley Aprobatoria de la Ratificación del Protocolo para la Eliminación del Comercio Ilícito de Productos de Tabaco. G.O. N° 6.648 Extraordinario del 17-09-2021.

Ley Aprobatoria de la Enmienda de Kigali al Protocolo de Montreal sobre las Sustancias Agotadoras de la Capa de Ozono. G.O. N° 6.659 Extraordinario del 28-10-2021.

Ley Aprobatoria del Convenio Constitutivo de la Agencia Latinoamericana y Caribeña del Espacio. G.O. N° 6.673 Extraordinario del 22-12-2021.

Ley Aprobatoria del Acuerdo de Cooperación Artística y Cultural entre la República Bolivariana de Venezuela y el Estado de Kuwait. G.O. N° 6.674 Extraordinario del 22-12-2021.

Ley Aprobatoria del Acuerdo entre la República Bolivariana de Venezuela y la República de Serbia sobre la Cooperación en Materia Agrícola. G.O. N° 6.675 Extraordinario del 22-12-2021.

B.   *Cuerpos diplomáticos*

Resolución N° 98 del Ministerio del Poder Popular para Relaciones Exteriores, mediante la cual se crea la Embajada de la República Bolivariana de Venezuela ante la República de Fiyi. G.O. N° 42.192 del 17-08-2021.

2.   *Seguridad y defensa*

A.   *Zonas especiales*

Decreto N° 4.543, mediante el cual se desactiva la Zona Operativa de Defensa Integral Temporal Especial (ZODITE) "General de División José Cornelio Muñoz", bajo la circunscripción de la Región Estratégica de Defensa Integral (REDI) los Llanos, definida por los municipios Páez, Rómulo Gallegos y Muñoz del estado Apure. G.O. N° 42.177 del 27-07-2021.

B.   *Función policial, de investigación científica y protección civil*

Decreto N° 4.534, mediante el cual se prorroga por un lapso de 60 días el plazo otorgado a la Dirección General de Contrainteligencia Militar (DGCIM) y el Servicio Bolivariano de Inteligencia Nacional (SEBIN) para efectuar la transferencia del ejercicio de las funciones de custodia de personas privadas de libertad al Ministerio del Poder Popular para el Servicio Penitenciario. G.O. N° 42.165 del 09-07-2021.

Providencia N° 1-2021 de la Dirección General de Armas y Explosivos, mediante la cual se dicta las "Normas y procedimientos generales relativos al cobro por servicios prestados por parte de la Dirección General de Armas y Explosivos del Ministerio del Poder Popular para la Defensa en el ejercicio de sus competencias, a personas jurídicas, públicas y/o privadas, asociaciones cooperativas, organismos del Estado y personas naturales". G.O. N° 42.221 del 27-09-2021.

Resolución Conjunta N° 151, 24 y 42930 de los Ministerios del Poder Popular para Relaciones Interiores, Justicia y Paz, para el Servicio Penitenciario y para la Defensa, mediante la cual se establecen las directrices para la ejecución de la transferencia al Ministerio del Poder Popular para el Servicio Penitenciario de las funciones y responsabilidad inherentes a la custodia de personas privadas de libertad actualmente en establecimientos a cargo de la DGCIM y el SEBIN. G.O. N° 42.227 del 05-10-2021.

Resolución N° 9/2021 de la Vicepresidencia de la República, mediante la cual se prorroga por un lapso de 6 meses, contados a partir del 13-10-2021, el plazo para el proceso de la reestructuración del Cuerpo de Policía Nacional Bolivariana. G.O. N° 42.231 del 11-10-2021.

C.   *Operativos y planes de seguridad ciudadana*

Decreto N° 4.540, mediante el cual se aprueba el Plan Nacional Contra la Trata de Personas 2021-2025, formulado por el Ministerio del Poder Popular para Relaciones Interiores, Justicia y Paz, por medio de la Oficina Nacional Contra la Delincuencia Organizada y Financiamiento al Terrorismo, con el propósito de desarrollar una política integral que articule acciones entre las instituciones del Estado, empresas privadas, las organizaciones sin fines de lucro, el Poder Popular y los organismos y entidades de cooperación nacional e internacional, a los fines de prevenir, atender, reprimir, sancionar y mitigar el delito de trata de personas. G.O. N° 42.173 del 21-07-2021.

Resolución Conjunta N° 43488 y N° 1664 de los Ministerios del Poder Popular para la Defensa y para Relaciones Interiores, Justicia y Paz, mediante la cual se ordena al Comando Estratégico Operacional de la Fuerza Armada Nacional Bolivariana (CEOFANB), que gire instrucciones pertinentes a los Comandantes de las Regiones Estratégicas de Defensa Integral, para establecer estricto control del desplazamiento fronterizo de personas, tanto por vía terrestre, aérea y marítima, así como el paso de vehículos; del horario desde las 12:01 a.m. del viernes 19-11-2021, hasta las 11:59 p.m. del lunes 22-11-2021, con el objeto de resguardar la inviolabilidad de las fronteras y prevenir actividades de personas que pudiesen representar amenazas a la seguridad de la República Bolivariana de Venezuela con motivo de las Elecciones Regionales y Municipales del próximo 21-11-2021. G.O. N° 42.255 del 15-11-2021.

Resolución Conjunta N° 44201 y 192 de los Ministerios del Poder Popular para la Defensa y para Relaciones Interiores, Justicia y Paz, mediante la cual se ordena al Comando Estratégico Operacional de la Fuerza Armada Nacional Bolivariana (CEOFANB), que gire instrucciones pertinentes a los Comandantes de las Regiones Estratégicas de Defensa Integral, para establecer estricto control del desplazamiento fronterizo de personas, tanto por vía terrestre, aérea y marítima, así como el paso de vehículos, desde las 12:01 am del viernes 07-01-2022, hasta las 11:59 pm del lunes 10-01-2022. G.O. N° 42.287 del 30-12-2021.

3.   *Fe pública*

Ley de Registros y Notarías. G.O. N° 6.668 Extraordinario del 16-12-2021.

VI. RÉGIMEN DE LA ECONOMÍA

1.   *Cono monetario*

Decreto N° 4.553, mediante el cual se decreta la nueva expresión monetaria. G.O. N° 42.185 del 06-08-2021.

Resolución N° 21-08-01 del Banco Central de Venezuela, mediante la cual se acuerda dictar las "Normas que rigen la nueva expresión monetaria". G.O. N° 42.191 del 16-08-2021.

2.   *Tributos*

Providencia N° SNAT/2021/000028 del SENIAT, mediante la cual se autoriza la emisión y circulación de unidades de bandas de garantía para licores. G.O. N° 42.161 del 02-07-2021.

Providencia N° SNAT/2021/000029 del SENIAT, mediante la cual se autoriza la emisión y circulación de unidades de bandas de garantía para licores. G.O. N° 42.161 del 02-07-2021.

Decreto N° 4.542, mediante el cual se exonera del pago del Impuesto al Valor Agregado, en los términos y condiciones previstos en este Decreto, a las operaciones de ventas nacionales de los bienes muebles corporales efectuadas a los órganos y entes de la Administración Pública Nacional, estrictamente necesarios para la ejecución del Proyecto "Potabilización del Agua para Consumo Humano en el Territorio Nacional" que en él se señala. G.O. N° 42.176 del 26-07-2021.

Decreto N° 4.552, mediante el cual se establecen las exoneraciones de impuestos de importación, impuesto al valor agregado y tasa por determinación del régimen aduanero a las mercancías y sectores que en él se señalan. G.O. N° 6.636 Extraordinario del 06-08-2021.

Providencia N° SNAT/2021/00037 del SENIAT, mediante la cual se autoriza la emisión y circulación de bandas de garantía para licores. G.O. N° 42.185 del 06-08-2021.

Providencia N° SNAT/2021/000020 del SENIAT, mediante la cual se autoriza la emisión y circulación de formularios (Forma 09, 16 y 82). G.O. N° 42.196 del 23-08-2021.

Providencia N° SNAT/2021/000035 del SENIAT, mediante la cual se autoriza la emisión y circulación de bandas de garantía para licores. G.O. N° 42.196 del 23-08-2021.

Resolución N° 14-2021 del Ministerio del Poder Popular de Economía, Finanzas y Comercio Exterior, mediante la cual se establecen Códigos Arancelarios de conformidad con el Decreto N° 4.552 de fecha 06 de agosto del 2021. G.O. N° 6.639 Extraordinario del 25-08-2021.

Decreto N° 4.579, mediante el cual se exonera del pago del Impuesto al Valor Agregado, Impuesto de Importación y Tasa por determinación del régimen aduanero, en los términos y condiciones previstos en este Decreto, a las operaciones de importación definitiva de bienes muebles corporales realizadas por el Consejo Nacional Electoral, así como las ventas nacionales de bienes muebles corporales que se efectúen a dicho órgano, estrictamente necesarias para la realización de los procesos electorales que en él se señalan. G.O. N° 42.210 del 10-09-2021.

Providencia N° SNAT/2021/00053 del SENIAT, mediante la cual se establecen los términos y condiciones para la presentación de la relación mensual de las operaciones exoneradas concedidas mediante Decreto N° 4.579, de fecha 10-09-2021. G.O. N° 42.228 del 06-10-2021.

Decreto N° 4.600, mediante el cual se exonera del pago del Impuesto al Valor Agregado, en los términos y condiciones previstos en este Decreto, a las operaciones de ventas nacionales de los bienes muebles corporales efectuadas dentro del Plan de Atención Escolar para el período 2021-2022 que en él se señalan. G.O. N° 42.231 del 11-10-2021.

Providencia N° SNAT/2021/0057 del SENIAT, mediante la cual se desincorporan del inventario de Especies Fiscales y Formularios de la Gerencia Regional de Tributos Internos, de la Región Centro Occidental, los Timbres Fiscales y Formularios que en ella se señalan. G.O. N° 42.258 del 18-11-2021.

Providencia N° SNAT/2021/00059 del SENIAT, mediante la cual se autoriza la emisión y circulación de unidades del formulario denominado Forma-82. G.O. N° 42.258 del 18-11-2021.

Decreto N° 4.618, mediante el cual se prorroga hasta el 31-12-2021, la vigencia de los artículos 3, 4, 5, 6, 7, 8 y 9 del Decreto N° 4.552 de fecha 06-08-2021, publicado en la Gaceta Oficial de la República Bolivariana de Venezuela N° 6.636, Extraordinario de la misma fecha, y en consecuencia quedan vigentes las exoneraciones o beneficios allí señalados, en los términos y condiciones prescritos en el presente Decreto. G.O. N° 42.266 del 30-11-2021.

Decreto N° 4.622, mediante el cual se prorroga por un lapso de 6 meses la vigencia del Decreto N° 4.525, publicado en la Gaceta Oficial de la República Bolivariana de Venezuela N° 42.145, de fecha 09-06-2021, y en consecuencia quedan vigentes las dispensas de los regímenes legales para la exportación allí señalada, en los términos y condiciones indicados en el citado Decreto. G.O. N° 42.273 del 09-12-2021.

Providencia Administrativa N° SNAT/2021/000070 del SENIAT, sobre el Calendario de Sujetos Pasivos no Calificados como Especiales para Actividades de Juegos de Envite o Azar, a cumplirse para el año 2022. G.O. N° 42.273 del 09-12-2021.

Providencia Administrativa N° SNAT/2021/000069 del SENIAT, que establece el Calendario de Sujetos Pasivos Especiales y Agentes de Retención para aquellas obligaciones que deben cumplirse para el año 2022. G.O. N° 42.273 del 09-12-2021.

Decreto N° 4.627, mediante el cual se prorroga hasta el 15-01-2022, la vigencia de los artículos 3, 4, 5, 6, 7, 8, 9 y 10 del Decreto N° 4.552 de fecha 06-08-2021, publicado en la Gaceta Oficial de la República Bolivariana de Venezuela N° 6.636, Extraordinario de la misma fecha, y en consecuencia quedan vigentes las exoneraciones o beneficios que en él se señalan, en los términos y condiciones prescritos en el citado Decreto. G.O. N° 6.680 Extraordinario del 30-12-2021.

3. *Instituciones financieras y mercado de valores*

Resolución N° 001.21 de la SUDEBAN, mediante la cual se dictan las "Normas que regulan los servicios de tecnología financiera del sector bancario (FINTECH)". G.O. N° 42.161 del 06-07-2021.

Providencia N° 1 de la Superintendencia Nacional de Valores, mediante la cual se dictan las "Normas relativas al buen gobierno corporativo del Mercado de Valores". G.O. N° 42.171 del 19-07-2021.

Aviso Oficial del Banco Central de Venezuela, mediante el cual se informa al público en general los límites máximos de las tarifas que las instituciones bancarias podrán cobrar a sus clientes a partir del quinto día hábil siguiente a la publicación del presente Aviso Oficial en la Gaceta Oficial de la República Bolivariana de Venezuela, con ocasión de la prestación de los servicios de Crédito Inmediato y Débito Inmediato, prestados por el Sistema de Cámara de Compensación Electrónica que administra el Banco Central de Venezuela, que en él se indican. G.O. N° 6.635 Extraordinario del 22-07-2021.

Aviso Oficial del Banco Central de Venezuela, mediante el cual se informa a las instituciones bancarias, a las casas de cambio y a los proveedores no bancarios de terminales de puntos de venta, los límites máximos de las comisiones, tarifas y/o recargos que podrán cobrar por las operaciones y actividades, que en él se mencionan. G.O. N° 6.635 Extraordinario del 22-07-2021.

Resolución N° 21-06-01 del Banco Central de Venezuela, mediante la cual se dicta las "Normas que regirán la liquidación de las transferencias de fondos interbancarios en el sistema de liquidación bruta en tiempo real del Banco Central de Venezuela". G.O. N° 6.635 Extraordinario del 22-07-2021.

Aviso Oficial del Banco Central de Venezuela, mediante el cual se informa a las instituciones bancarias, a las casas de cambio y a los proveedores no bancarios de terminales de puntos de venta, los límites máximos de las comisiones, tarifas y/o recargos que podrán cobrar por las operaciones y actividades que en él se mencionan. G.O. N° 42.197 del 24-08-2021.

Resolución N° 21-12-01 del Banco Central de Venezuela, mediante la cual se dictan las "Normas que regirán la constitución del encaje". G.O. N° 42.284 del 27-12-2021.

4. *Agricultura y pesca*

Providencia N° 17/2021 del INSAI, mediante la cual se establecen las normas, medidas y procedimientos fitosanitarios para prevención, contención, control y erradicación de la Plaga Xilella fastidiosa Wells, causante de la enfermedad de Pierce de Vides. G.O. N° 42.281 del 21-12-2021.

5.   *Energía y minas*

Decreto N° 4.598, mediante el cual se reserva al Ejecutivo Nacional y se declaran como elementos estratégicos para su exploración, explotación, beneficio-transformación y comercialización, los minerales casiterita, níquel, rodio, titanio y los minerales asociados a los elementos de las Tierras Raras, por lo cual quedan sujetos al régimen de reserva previsto en el Decreto con Rango, Valor y Fuerza de Ley Orgánica que Reserva al Estado las Actividades de Exploración y Explotación del Oro y demás Minerales Estratégicos. G.O. N° 42.230 del 08-10-2021.

6.   *Servicios e industrias*

Resoluciones N° 6/2021, 7/2021 y 8/2021 del Ministerio del Poder Popular de Comercio Nacional, mediante las cuales se declaran como Normas Venezolanas COVENIN de carácter nacional, las normas que en ellas se indican. G.O. N° 42.161 del 02-07-2021.

VII. RÉGIMEN DE DESARROLLO SOCIAL

1.   *Educación*

A.   *Educación básica y media*

Resolución N° 7 del Ministerio del Poder Popular para la Educación, mediante la cual se identifica con el Epónimo "1946-2021 - Profesor Aristóbulo Izturiz Insigne Maestro de la Patria" a las promociones que egresen de las instituciones y centros educativos oficiales dependientes del Ejecutivo Nacional, Estadal Municipal y las instituciones educativas privadas de los niveles de Educación Media General, Educación Media Técnica, Modalidades de Educación de Jóvenes, Adultas y Adultos, Inces y Misión Ribas en las menciones y especialidades correspondientes, para el período escolar 2020-2021. G.O. N° 42.165 del 09-07-2021.

B.   *Educación superior*

Acuerdo N° 173 del CNU, mediante el cual se dicta la "Normativa nacional de los sistemas multimodales de educación universitaria y educación mediada por las tecnologías de la información y la comunicación". G.O. N° 42.209 del 09-09-2021.

Resolución N° 064 del Ministerio del Poder Popular para la Educación Universitaria, mediante la cual se dictan las "Normas sobre la organización y funcionamiento de los Consejos Estadales de Gestión Universitaria". G.O. N° 42.210 del 10-09-2021.

Resolución N° 65 del Ministerio del Poder Popular para la Educación Universitaria, mediante la cual se crea la mención de Gestión de Tripulación de Mando del Programa Nacional de Formación en Aeronáutica Civil. G.O. N° 42.212 del 14-09-2021.

2.   *Cultura*

Ley de Reforma Parcial de la Ley Orgánica de Recreación. G.O. N° 6.634 Extraordinario del 07-07-2021.

Ley para la Salvaguardia del Patrimonio Cultural Inmaterial. G.O. N° 6.652 Extraordinario del 22-09-2021.

Ley del Teatro. G.O. N° 6.663 Extraordinario del 11-11-2021.

3.   *Salud*

Ley del Sistema de Cuidados para la Vida. G.O. N° 6.665 Extraordinario del 11-11-2021.

Resolución N° 137 del Ministerio del Poder Popular para la Salud, mediante la cual se establece la regulación del etiquetado de alimentos manufacturados con alto contenido de azúcar, grasas saturadas y grasas trans. G.O. N° 42.270 del 06-12-2021, reimpreso en N° 42.271 del 07-12-2021.

4. *Programas sociales y de protección social*

Ley Orgánica para la Atención y Desarrollo Integral de las Personas Adultas Mayores. G.O. N° 6.641 Extraordinario del 13-09-2021.

Ley para la Prevención y Erradicación del Abuso Sexual Contra Niñas, Niños y Adolescentes. G.O. N° 6.655 Extraordinario del 07-10-2021.

Ley para el Fomento y Desarrollo de Nuevos Emprendimientos. G.O. N° 6.656 Extraordinario del 15-10-2021.

5. *Deporte*

Ley para la Promoción del Ciclismo Urbano. G.O. N° 6.664 Extraordinario del 11-11-2021.

6. *Vivienda y hábitat*

Resolución N° 25 del Ministerio del Poder Popular para Hábitat y Vivienda, mediante la cual se establecen las nuevas condiciones de financiamiento que regirán el otorgamiento de créditos para la adquisición, autoconstrucción, ampliación o mejoras de vivienda principal con recursos provenientes de los fondos regulados por el Decreto con Rango, Valor y Fuerza de Ley del Régimen Prestacional de Vivienda y Hábitat. G.O. N° 42.168 del 14-07-2021.

VIII. RÉGIMEN DEL DESARROLLO FÍSICO Y ORDENACIÓN DEL TERRITORIO

1. *Ambiente y recursos naturales*

Decreto N° 4.545, mediante el cual se declara Reserva de Fauna Silvestre Macanao, una porción del territorio nacional, ubicada en el Municipio Península de Macanao del estado Nueva Esparta, con una superficie de 12.013,85 ha, la cual tiene por objeto conservar una muestra de los ecosistemas macro térmicos del estado Nueva Esparta y fomentar el manejo de las poblaciones de especies de interés ecológico, científico y genético, presentes en el área, en particular, la cotorra cabeciamarilla (Amazona barbadensis), el ñángaro (Aratinga acutícaudata neoxena), la culebra brazo negro (Drymarchon margaritae), la lagartija verde rayada (Cnemidophorus senectus) y el venado caramerudo de Margarita (Odocoileus margaritae). G.O. N° 42.182 del 03-08-2021.

Decreto N° 4.546, mediante el cual se declara Parque Nacional Ramal de Calderas - Dr. José Gregorio Hernández, una porción del territorio nacional ubicado en los municipios Boconó y Urdaneta del estado Trujillo; Bolívar y Cruz Paredes del estado Barinas y Cardenal Quintero y Pueblo Llano del estado Mérida, con una superficie de 50.555 ha, con el objeto de fortalecer una política integrada de gestión ambiental para proteger los ecosistemas estratégicos a gran escala, mediante un manejo sistémico que asegure el desarrollo sustentable de esas áreas, y así contribuir a la conservación de importantes especies, mejora de las características ecológicas, protección de las fuentes de agua con fines de abastecimiento a los poblados adyacentes y al sistema hidroeléctrico nacional. G.O. N° 42.182 del 03-08-2021.

Decreto N° 4.547, mediante el cual se modifica la poligonal del Parque Nacional Península de Paria, ubicado en los municipios Arismendi, Mariño y Valdez del estado Sucre, creado mediante el Decreto N° 2.982 de fecha 12-12-1978, a una superficie de 89.244 ha, con el objeto de proteger y conservar una gran diversidad biológica, incluyendo un área de bosque nublado relicto con una rica variedad de flora y fauna, lo que incluye un alto número de endemismos en diferentes grupos de organismos, así como también un área de espacio marino para la protección y conservación de la diversidad biológica marina y costera asociada al actual Parque Nacional. G.O. N° 42.182 del 03-08-2021.

Decreto N° 4.548, mediante el cual se modifica la poligonal del Parque Nacional Médanos de Coro, ubicado en los municipios Carirubana, Miranda, Colina y Falcón del estado Falcón, creado mediante Decreto N° 1.592 de fecha 06-02-1974, a una superficie de 80.866 ha, con el objeto de la preservación y uso sustentable de los ecosistemas que componen las nacientes de los médanos, los corredores ecológicos de migración de aves, reservas de manglares de tres variedades y los espacios escénicos de procesos naturales, así como los valores culturales, geográficos y ambientales asociados a la zona noroccidental venezolana, tales como el paisaje desértico de los médanos. G.O. N° 42.182 del 03-08-2021.

Decreto N° 4.549, mediante el cual se modifica la poligonal de la Zona Protectora de la Ciudad de Coro, ubicada en jurisdicción de los municipios Miranda y Colina del Estado Falcón, creada mediante el Decreto N° 1.485 de fecha 04-03-1987, a una superficie de 18.708 ha, con el objeto de controlar la expansión anárquica de la ciudad, proveer áreas de recreación y equipamiento de carácter extraurbano y contribuir con el mejoramiento del ambiente. G.O. N° 42.182 del 03-08-2021.

Decreto N° 4.550, mediante el cual se declara Reserva de Fauna Silvestre Bahía El Saco, una porción del territorio nacional ubicada en la zona costera del municipio Villalba, Isla de Coche, estado Nueva Esparta, con una superficie de 489 ha, la cual tiene por objeto de protección y manejo sustentable del ecosistema costero que sirve de sustento para la biota marina, de la avifauna residente y migratoria neártica, neotropical así como de toda la diversidad biológica y paisajística de la zona. G.O. N° 42.182 del 03-08-2021.

Decreto N° 4.551, mediante el cual se declara Reserva de Fauna Silvestre Punta El Palo, una porción del territorio nacional ubicada en la zona costera del municipio Villalba, Isla de Coche, estado Nueva Esparta, con una superficie de 2.916 ha, la cual tiene por objeto la protección y manejo sustentable del ecosistema costero que sirve de sustento a la formación geológica que está conformada por Punta La Playa y la punta misma, comprendida la biota marina, la avifauna residente y migratoria neártica y neotropical, así como de toda la diversidad biológica y paisajística de la zona. G.O. N° 42.182 del 03-08-2021.

Decreto N° 4.571, mediante el cual se declaran en Estado de Emergencia los estados; Apure; Bolívar; Mérida; Yaracuy; y Zulia, por un término de 90 días contados a partir de la publicación del presente Decreto en la Gaceta Oficial de la República, como consecuencia de las intensas y recurrentes lluvias acaecidas en los referidos territorios. G.O. N° 42.198 del 25-08-2021.

Resolución N° 2 del Ministerio del Poder Popular para el Ecosocialismo, mediante la cual se restringe el aprovechamiento forestal en los bosques plantados en la Zona Protectora del Macizo de Nirgua y Cuenca Alta del Río Cojedes, permitiendo sólo el manejo forestal convencional en las áreas con pendientes menores al 12%. G.O. N° 42.263 del 25-11-2021.

Resolución N° 3 del Ministerio del Poder Popular para el Ecosocialismo, mediante la cual se establecen las normas sobre diseño, emisión, utilización y canje de guías electrónicas de circulación de productos forestales procedentes de aprovechamientos debidamente autorizados por este Ministerio. G.O. N° 42.264 del 26-11-2021.

2. *Transporte y tránsito*

A. *Sistema de transporte terrestre*

Exhorto Oficial del Ministerio del Poder Popular Para el Transporte, mediante el cual se exhorta a los alcaldes a nivel nacional, quienes tienen la competencia en materia de tarifas en transporte urbano, a los gremios de transportistas y a las autoridades competentes a respetar y mantener como tarifas en sus áreas de competencias, para el transporte privado que preste servicio de carácter público, en las rutas que tengan el recorrido menor o igual a 20 kilómetros y/o su característica sea troncal o periféricas, el monto del pasaje será de Bs. 0,50. G.O. N° 42.239 del 22-10-2021.

Resolución N° 13 del Ministerio del Poder Popular para el Transporte, mediante la cual se encomienda a la Fundación Fondo Nacional de Transporte Urbano (FONTUR), por razones técnicas y de eficacia, la administración y operación de las estaciones de peajes, así como los recaudos provenientes de la actividad recaudadora de los mismos, específicamente la del estado Zulia, incluyendo las situadas en el Puente General Rafael Urdaneta. G.O. N° 42.261 del 23-11-2021.

Resolución N° 80 del Ministerio del Poder Popular para la Comunicación e Información, mediante la cual se fijan las tarifas del servicio de transporte, bajo la modalidad de servicio universal de telecomunicaciones, prestado por CANTV, sobre la Red Nacional de Transporte. G.O. N° 42.271 del 07-12-2021.

B. *Sistema de transporte acuático y aéreo[2]*

Decreto N° 4.611, mediante el cual se establece el mecanismo de coordinación para la fijación y cobro de los derechos por los servicios aeroportuarios. G.O. N° 42.242 del 27-10-2021.

Providencia del INAC, mediante la cual se reinicia el proceso de revisión, verificación y validación de las licencias aeronáuticas, convalidaciones, habilitaciones y certificados médicos aeronáuticos y posterior actualización e inserción en los archivos físicos y digitales correspondientes de la totalidad de las documentales y datos que conforman los expedientes administrativos de todo el personal aeronáutico acreditado, certificado o convalidado por la Autoridad Aeronáutica de la República Bolivariana de Venezuela. G.O. N° 42.266 del 30-11-2021.

Resolución N° 12 del Ministerio del Poder Popular para el Transporte, mediante la cual se ordena la transferencia inmediata al Ejecutivo Nacional por órgano del Ministerio del Poder Popular para el Transporte, a través de la Empresa Bolivariana de Aeropuertos (BAER) S.A., ente adscrito a este Ministerio, la administración, así como de la infraestructura aeronáutica civil, con las respectivas competencias para la conservación, dirección y aprovechamiento del conjunto de sus instalaciones, bienes y servicios que sobre los mismos se ejercen, en los aeropuertos que en ella se mencionan. G.O. N° 42.261 del 23-11-2021.

---

[2] Transcripciones disponibles en el Boletín de Derecho Aeronáutico editado por el Centro para la Integración y el Derecho Público (CIDEP), en http://www.cidep.com.ve

Resolución N° 14 del Ministerio del Poder Popular para el Transporte, mediante la cual se ordena la transferencia inmediata al Ejecutivo Nacional por órgano del Ministerio del Poder Popular para el Transporte, a través de la empresa Bolivariana de Aeropuertos (BAER) S.A., ente adscrito a este Ministerio, la administración, así como de la infraestructura aeronáutica civil, con las respectivas competencias para la conservación, dirección y aprovechamiento del conjunto de sus instalaciones, bienes y servicios que sobre los mismos se ejercen, en el Aeropuerto Nacional "G/J Ezequiel Zamora", del estado Bolivariano de Cojedes. G.O. N° 42.262 del 24-11-2021.

Comentarios Legislativos

ALGUNAS REFLEXIONES SOBRE LA JUSTICIA CONSTITUCIONAL

Gabriel Sira Santana*

Abogado

Resumen: *La colaboración repasa algunas de las fortalezas y deficiencias de la justicia constitucional como actividad destinada a determinar la relación que existe entre un acto, actividad u omisión y el texto constitucional, planteándose a su vez un par de propuestas que podrían tender a la eficacia de dicha de justicia.*

Palabras Clave: *Justicia constitucional, Constitución, Reforma constitucional.*

Abstract: *This paper reviews some of the strengths and weaknesses of constitutional justice as an activity aimed at determining the relationship between an act, activity or omission and the Constitution, considering as well a couple of proposals that could tend to effectiveness of such justice.*

Key words: *Constitutional justice, Constitution, Constitutional reform.*

La justicia constitucional, entendida como *"la actividad desarrollada por un órgano jurisdiccional, que actúa como tercero imparcial, confrontando normas jurídicas y actos con la Constitución en sentido formal y material, determinando la posible inconstitucionalidad de dichas normas o actos, determinando su inaplicación, su anulación o su nulidad"*[1], es un término que, desde sus orígenes[2], no ha estado exento de controversias[3], si bien también se aboga por sus ventajas[4].

---

[*] Abogado mención *summa cum laude* y especialista en Derecho Administrativo, mención honorífica, por la Universidad Central de Venezuela. Profesor de la Universidad Central de Venezuela y la Universidad Monteávila. Investigador del Centro para la Integración y el Derecho Público (CIDEP). Ganador del Premio Academia de Ciencias Políticas y Sociales para Profesionales 2017-2018, Dr. Ángel Francisco Brice.

[1] Humberto Nogueira Alcalá, *Justicia y tribunales constitucionales en América del Sur*, EJV, Caracas, 2006, p. 26. Hoy en día también se agrega la omisión como supuesto de control.

[2] *Cfr.* Jesús Ortega Weffe, *El sistema de justicia constitucional en Venezuela. Una visión desde un ángulo diferente*, CIDEP y FUNEDA, Caracas, 2021, pp. 52-64, donde se indica que los primeros pasos hacia esta *justicia* se dieron a inicios del siglo XIX.

[3] *Cfr.* Jeremy Waldron, "The core of the case against judicial review", *The Yale Law Journal*, Vol. 115, N° 6, 2006, pp. 1346-1406, en https://doi.org/10.2307/20455656

[4] *Cfr.* Jesús María Alvarado Andrade, "Reflexiones sobre la justicia constitucional como función republicana (¿es la justicia constitucional en Venezuela un instrumento para la democracia?)", *Temas de Derecho Constitucional y Administrativo. Libro homenaje a Josefina Calcaño de Temeltas*, FUNEDA, Caracas, 2010, pp. 363-396.

De seguida nos proponemos repasar sumariamente algunos ejemplos de unas y otras que consideramos de relevancia, a la par que formulamos varias propuestas que, en nuestro criterio, podrían fortalecer el desarrollo de esta actividad y, con ello, del propio Estado de Derecho y los principios que él propugna[5].

I. ALGUNAS FORTALEZAS Y DEFICIENCIAS DE LA JUSTICIA CONSTITUCIONAL

La justicia constitucional plantea como una de sus principales fortalezas el ser -al menos a nivel teórico- un medio que garantiza la supremacía constitucional con base en el análisis técnico-jurídico u objetivo de los actos y actuaciones del Estado (y de los particulares) en vez de -como ocurre con el control político ejercido por el Parlamento- valoraciones signadas por la ideología de la fuerza política dominante que, en virtud del devenir sociopolítico de un país, puede tomar decisiones que no se compaginan con los principios propios de un Estado de Derecho y que sean, inclusive, contrarias a la dignidad humana por el simple hecho de ser la voluntad de una mayoría que actúa de forma directa o mediante sus representantes[6].

Un ejemplo de esta justicia es el proceso con el que se pretende declarar la nulidad de los actos con rango de ley que sean contrarios a la Constitución que, en el caso venezolano, corresponde conocer a la Sala Constitucional del TSJ en virtud de la llamada "acción popular de inconstitucionalidad".

Al respecto, aun cuando a nivel teórico-normativo esta acción podría calificarse como otra fortaleza de la justicia constitucional en el sentido que permite a cualquier interesado -y no solo a determinados funcionarios del Estado o aquellos que tengan un interés personal- plantear una pretensión de nulidad por considerar que una ley vulnera la supremacía constitucional, en el *mundo de las realidades* esa fortaleza ha quedado difuminada por el propio actuar de la Sala que tiende a valorar positivamente las demandas planteadas por la fuerza política dominante, y a desconocer al resto[7].

Así, vemos entonces que si bien la justicia constitucional parte de un objetivo loable, una vez llevada a la práctica es posible advertir fallas que incentivan su desnaturalización pasándose de una herramienta ideada para asegurar la *fuerza* de la norma constitucional a otra que favorece el abuso del poder y el desconocimiento del ordenamiento jurídico en pleno, con inclusión de los derechos fundamentales del individuo.

A modo de muestra, dentro de estas *fallas* podemos mencionar:

---

[5]   *Cfr.* Francisco Delgado, *La idea de derecho en la Constitución de 1999*, UCV, Caracas, 2007, p. 18. Entre otros: imperio de la ley, división e independencia del Poder Público, garantía de los derechos y libertades individuales, certeza jurídica, responsabilidad y participación ciudadana.

[6]   *Cfr.* Alexis de Tocqueville, *Democracy in America and two essays on America,* trad. Gerald Bevan, Penguin Books, New York, 2003, y sus advertencias sobre la llamada *tiranía de la mayoría.*

[7]   *Cfr.* Gabriel Sira Santana, "La impopularidad de la acción popular de inconstitucionalidad en la jurisprudencia de la Sala Constitucional del Tribunal Supremo de Justicia", *Revista de Derecho Público*, N° 139, EJV, Caracas, 2014, pp. 145-161.

En *primer lugar*, la arbitrariedad que caracteriza a la tramitación de los procesos constitucionales en Venezuela que, si bien se encuentran sometidos a ciertas pautas procesales[8], estas suelen ser ignoradas por el juez constitucional bajo el argumento que se trata de asuntos de *mero derecho* y por ende exentos de sustanciación, o al simplemente no pronunciarse sobre determinados actos en una clara vulneración del principio de congruencia y el debido proceso en general[9].

Y en *segundo lugar*, el hecho que al ser el juez constitucional quien *cierra el sistema de control*, se trata de una actividad que -mal empleada, medie o no la mala fe- tiene la capacidad de comprometer el siempre inestable equilibrio de pesos y contrapesos del Poder Público al, por ejemplo, declarar la nulidad de una ley o reformar su contenido mediante *interpretaciones constitucionalizantes,* o cuando pretende sustituir a los órganos del Estado en caso de una omisión legislativa. Esta situación, en parte, es lo que ha llevado a que históricamente se formulen objeciones a la justicia constitucional con fundamento en la falta de legitimidad de los jueces frente a los representantes que ellos controlan[10].

No obstante, somos de la opinión que limitarnos a este aspecto contra mayoritario no ofrece una verdadera solución al problema pues, aun en el caso que los jueces fuesen seleccionados en elecciones auténticas tal como si se tratase del Presidente de la República o los Diputados de la Asamblea Nacional, ello no reduciría su amplísimo margen de actuación y se caería en la falacia del *buen dictador*, aunado a los peligros de la ya mencionada tiranía de la mayoría. Por ello, creemos que los esfuerzos para reforzar el control de constitucionalidad podrían más bien girar en torno a los aspectos que mencionamos a continuación.

II.   PROPUESTAS A MEDIANO PLAZO PARA REFORZAR EL CONTROL DE CONSTITUCIONALIDAD

En *primer lugar*, si bien lo ideal sería que -finalmente- se dictara una ley que regulara la "competencia constitucional" como en su momento anunció el legislador en el artículo 128 de la Ley Orgánica del Tribunal Supremo de Justicia, al estar a fin de cuentas los procesos tramitados ante el juez constitucional regidos por -entre otros- los principios del debido proceso, el acceso a la justicia y la tutela judicial efectiva, quienes ejercen esta función jurisdiccional habrían de garantizar que estos principios sean efectivamente materializados y respetados.

Con motivo de lo anterior, hasta tanto no sea sancionada la ley especial en la materia, el juez constitucional habría de aplicar de forma supletoria las disposiciones del Código de Procedimiento Civil -tal como el artículo 31 de la Ley Orgánica de la Jurisdicción Contencioso Administrativa y los artículos 70 y 183 de la Ley Orgánica Procesal del Trabajo lo prevén para estas jurisdicciones- a fin de brindar garantías a los particulares en cuanto a la legitimación, los medios de prueba, las medidas preventivas y la congruencia y ejecución del fallo, solo por nombrar unos tantos.

---

[8]   *Cfr.* por ejemplo el capítulo II del título XI de la Ley Orgánica del Tribunal Supremo de Justicia.

[9]   *Cfr.* Gabriel Sira Santana, *El estado de excepción a partir de la Constitución de 1999*, CIDEP y EJV, Caracas, 2017, pp. 191-193, donde se estudia el caso de la participación de terceros en el proceso judicial mediante el cual la Sala Constitucional determina si el decreto que declara el estado de excepción es cónsono -o no- con el texto constitucional.

[10]   *Cfr.* Jesús María Casal, *La justicia constitucional y las transformaciones del constitucionalismo*, UCAB y KAS, Caracas, 2015, pp. 95-136.

En *segundo lugar*, debe perfeccionarse el régimen disciplinario del juez constitucional para evitar interpretaciones y decisiones contrarias a derecho con las que se busque satisfacer intereses personales o partidistas en vez de la justicia.

Ciertamente en el pasado se han hecho esfuerzos en este sentido como lo demuestran las causales de amonestación, suspensión y destitución previstas en los artículos 27 a 29 del Código de Ética del Juez Venezolano y Jueza Venezolana. No obstante, estos no solo han sido infructuosos e insuficientes, sino que la propia Sala Constitucional del TSJ -a quien corresponde el control concentrado- se ha abstraído de su ámbito de aplicación al suspender cautelarmente los artículos conforme con los cuales dicho instrumento normativo regía sus actuaciones por considerar que ello vulneraba el artículo 265 de la Constitución de la República[11].

En todo caso, este sistema de responsabilidad disciplinaria, además, evitaría la *politización de la justicia* alertada por autores que exponen que invocar la responsabilidad política ante el Parlamento como única causal de destitución -tal como ha ocurrido en un par de oportunidades- atenta contra la independencia y autonomía del Poder Judicial[12], incurriéndose en definitiva en los vicios del control político comentados en el acápite anterior.

En *tercer lugar*, somos del criterio que el poder cautelar del juez constitucional debe ser reevaluado a fin de asegurar que, este, tienda verdaderamente a la garantía de la tutela judicial efectiva y no se acuda a él -que procede incluso de oficio- como un subterfugio para obtener *de facto* los efectos de una sentencia definitiva contraria a derecho, sin el costo sociopolítico que la misma podría acarrear por vociferarse *tan solo* como una medida temporal mientras se tramita el caso.

Para ello, una solución a estudiar sería que, en caso de adoptarse una medida cautelar en el curso de un proceso constitucional, la resolución del expediente adquiriría prioridad sobre otras causas y el juez constitucional habría de tender a su más pronta resolución. Este planteamiento, adicionalmente, permitiría hacer frente al retardo procesal tan común dentro de nuestras fronteras y que hace que los lapsos para dictar sentencias previstos en las leyes carezcan totalmente de utilidad.

Finalmente, en *cuarto lugar*, se considera prudente que el Poder Judicial fomente el diálogo con la Corte Interamericana de Derechos Humanos a fin de que los jueces constitucionales conozcan de primera mano su jurisprudencia y, de este modo, pueda materializarse de un modo más óptimo el principio de *iura novit curia* en cuanto al texto de la Convención Americana de Derechos Humanos y la jurisprudencia y opiniones consultivas de la Corte para el control de convencionalidad que los jueces nacionales -con inclusión de los constitucionales- deben ejercer. Lo anterior, sin perjuicio de que por aplicación analógica del artículo 60 de la Ley de Derecho Internacional Privado, si bien "*el Derecho extranjero será aplicado de oficio*" -lo que sería extensible al derecho convencional-, "*las partes*" o cualquier interesado, dado el carácter de acción popular mencionado *supra*, "*podrá aportar informaciones relativas al derecho extranjero aplicable*".

---

[11]   *Cfr.* fallo N° 6 de 04-02-2016, en https://bit.ly/3hDeXGb El artículo en cuestión reza: "Los magistrados o magistradas del Tribunal Supremo de Justicia podrán ser removidos o removidas por la Asamblea Nacional mediante una mayoría calificada de las dos terceras partes de sus integrantes, previa audiencia concedida al interesado, en caso de faltas graves ya calificadas por el Poder Ciudadano, en los términos que la ley establezca".

[12]   *Cfr.* Claudia Nikken, "La justicia constitucional y el paso insensible de una Constitución a otra", *Justicia constitucional*, ACIENPOL y FUNEDA, Caracas, 2012, pp. 63-65.

III. PROPUESTAS A LARGO PLAZO PARA REFORZAR EL CONTROL DE CONSTI-
TUCIONALIDAD

En *primer lugar*, somos de la opinión que la justicia constitucional debe ser redimensio-
nada visto que catálogos amplios de atribuciones como el previsto en el artículo 336 de la
Constitución de la República y ampliado por la vía de los hechos[13], lejos de favorecer el
control del Poder Público, lo que hacen es cambiar el órgano todopoderoso, pasándose de un
autoritarismo ejecutivo a uno de corte *judicial*.

En este sentido, el estudio de la permanencia de procesos como el de la revisión constitucional -solo por nombrar un ejemplo- resulta necesario, a efectos de determinar si él en
realidad favorece la uniformidad, seguridad jurídica y la garantía de los derechos fundamentales frente a otras decisiones judiciales que los vulneren o sí, por el contrario, no es más que
una vía con la que cuentan los Magistrados de la Sala Constitucional del TSJ para violentar la
cosa juzgada y obtener una nueva decisión que sea cónsona con los intereses de la fuerza
política dominante.

En *segundo lugar*, y en la misma línea de lo anterior, creemos oportuno que el fenómeno de la constitucionalización del derecho[14] debe ser *mitigado* en el sentido que si bien no
se duda que existen áreas de la vida individual y comunitaria que poseen gran relevancia para
la sociedad y debe asegurarse su protección por parte del Estado, vemos como innecesario
que todas ellas sean incluidas en la Constitución para alcanzar tal fin cuando, lo cierto del
caso, es que se trata de materias que bien podrían ser previstas y desarrolladas por la ley, por
un lado, y, por el otro, lo que hacen en definitiva es facilitar que el juez constitucional se
pronuncie sobre cualquier materia porque prácticamente la totalidad de los aspectos de la
vida del hombre ha sido directa o indirectamente constitucionalizada.

Nótese que estamos conscientes que este planteamiento podría encontrar oposición basada en el principio de progresividad que rige los derechos fundamentales y el bloque de la
constitucionalidad como conceptos que, más bien, tienden a ampliar el margen de lo que se
entiende por constitucional. No obstante, y a sabiendas que se trata de un argumento que
requiere de estudios adicionales, creemos que esta precisión puede ser provechosa para *re-
centralizar* el control de constitucionalidad en aquellas materias donde este es verdaderamente necesario y, así, dejar el resto a los otros ámbitos de la jurisdicción, por lo que tampoco se
estaría planteando un desconocimiento del principio de la universalidad de control del Poder
Público.

En *tercer lugar*, la evaluación de los efectos de las sentencias también habría de ser objeto de revisión a fin de precisarse cuándo ellas constituyen exhortos -por ejemplo, en caso de
la omisión legislativa dada la imposibilidad de sustitución del juez constitucional en el resto
del Poder Público- o tienen la fuerza para interpretar o modificar el ordenamiento, en pro de
la seguridad y certeza jurídica.

Finalmente, en *cuarto lugar*, y como suele sostenerse en el foro, debe fortalecerse la independencia y la autonomía de los jueces constitucionales a fin de que estos no respondan a
intereses políticos ni económicos.

---

[13]   *Cfr.* Carmen María Márquez, "Del constitucionalismo al neoconstitucionalismo. Una visión crítica
a la función del juez constitucional", *Justicia constitucional*, ACIENPOL y FUNEDA, Caracas,
2012, pp. 117-166.

[14]   *Cfr.* José Araujo-Juárez, *Derecho Administrativo Constitucional*, CIDEP y EJV, Caracas, 2017 y
María Candelaria Domínguez, *Derecho Civil Constitucional (La Constitucionalización del Derecho Civil)*, CIDEP y EJV, Caracas, 2018.

Este desiderátum, que suele resumirse en el aforismo *Quis custodies ipso custodiem?* y que la propia doctrina dice no tiene respuesta, suele enfocarse en el momento de la designación pues, luego de ello, queda únicamente en la "conciencia moral" del juez constitucional decidir conforme con la Constitución[15].

Al respecto, visto que el sistema de elección previsto en la Constitución venezolana coincide con los de la región y el foro lo cataloga como una técnica adecuada[16], podría estudiarse la conveniencia de que en una eventual reforma constitucional se previese la renovación parcial de los Magistrados que integran la Sala Constitucional a fin de evitar que la totalidad de los nombramientos represente cuál era la fuerza política dominante en un único momento histórico y, de ese modo, se fomentara la diversidad de criterios en el órgano decisor y la autonomía, proscribiéndose a su vez la figura de las *jubilaciones anticipadas*.

Claro está, esta renovación parcial tendrá sentido en la medida en que también exista una alternabilidad del Poder Ejecutivo y Legislativo pues, en caso contrario, independientemente de cuál sea la duración del cargo y su renovación, la fuerza política que realiza el nombramiento siempre será la misma y no habrá verdadera independencia, ya que siempre se elegirá a aquellos que históricamente han convergido con los ideales de quienes ejercen el poder… como lamentablemente pasa hoy en día en nuestro país.

---

[15]   *Cfr.* Allan Brewer Carías, "La justicia constitucional como garantía de la Constitución", *La justicia constitucional y su internacionalización. ¿Hacia un ius constitutionale commune en América Latina?*, t. I, IIDC, MPI y UNAM, México DF, 2010, p. 60.

[16]   *Cfr.* Nogueira Alcalá, ob. cit., pp. 142-150.

COMENTARIOS AL PROYECTO DE LEY DE CONDOMINIOS Y ASOCIACIONES DE VECINOS

Irma Lovera De Sola
Abogada
Teresa Borges García
Abogada

Resumen: *Este artículo analiza el proyecto de Ley del Estado Miranda mediante el cual se pretende a escala regional, modificar el régimen de la propiedad horizontal, interviniendo la propiedad condominial y la derivada de comunidades formales, como urbanizaciones que funcionan de manera similar a un condominio.*
Palabras Clave: *Propiedad horizontal; Condominios.*

Abstract: *This article analyzes the Miranda State Bill through which it is intended at the regional level, to modify the horizontal property regime, intervening condominial property and that derived from formal communities, such as urbanizations that function in a similar way to a condominium.*
Key words: *Horizontal property; Condominiums.*

INTRODUCCIÓN

En Venezuela existe una prolífica multitud de leyes en distintos ámbitos (inclusive muchos desconocidos al parecer por quienes legislan), así como la creencia que todo se soluciona con una nueva ley.

El verdadero inconveniente en nuestro país es que no se respetan las leyes que se promulgan, ni se crean instancia válidas y eficientes que logren se hagan efectivas, sean acatadas o respetadas, por ello la anarquía que reina en las relaciones ciudadanas en general.

El otro aspecto a considerar es la promulgación de leyes en forma precipitada, sin el análisis correspondiente respecto a su impacto. No contemplar y regular las verdaderas realidades ni sus soluciones, amén de la politización vs. la conveniencia de muchas de ellas.

Si bien reconocemos existen muchas leyes que ante los cambios tanto mundiales como nacionales deben ser actualizadas y modificadas, también es cierto que al menos hasta la fecha han podido suplir las necesidades o situaciones que regulan, y los vacíos han sido suplidos por la misma ciudadanía o la jurisprudencia. A veces de manera acertada otras no tanto.

Lo que si nos alerta es, como expresamos, que el cambio legislativo necesario sea improvisado, creando aún más inseguridad jurídica en detrimento de la ciudadanía, lo que ha sido reiterativo en muchas de las últimas leyes promulgadas.

Este es el caso del régimen de propiedad horizontal. Si bien la ley puede resultar obsoleta en muchos aspectos, hasta la fecha ha superado sus escollos, y no es sino hasta ahora que se presentan los mayores inconvenientes en el régimen condominial, pero ello en nuestro criterio obedece más a la situación económica del país, que a la obsolescencia de la ley.

En esta oportunidad, todo parece indicar que, mediante una ley de un estado, es decir regional, se pretende modificar o intervenir la propiedad condominial y la derivada de comunidades formales, como urbanizaciones que funcionan de manera similar a un condominio.

Hoy nos referiremos a este tema, dada la circulación de una propuesta del Gobernador del Estado Bolivariano de Miranda, con pretensiones de que se apruebe precipitadamente, sin armonizarla con el resto de la legislación nacional vigente y sin respetar derechos constitucionales.

CAPÍTULO I

Lo primero que debemos señalar es que hasta la fecha hemos revisado varios proyectos. Por lo que los presentes comentarios se realizan al que nos fuera remitido como el más reciente a discutir y que aparece publicado en diversas páginas web[1], algunas de noticias y otras de grupos de opinión[2][3][4] de quienes la apoyan y auspician, así como al último que logramos ubicar. Al primer proyecto que circuló se le han realizado modificaciones, pero no atinentes al fondo, muy por el contrario, justamente agudizando aspectos sobre los cuales ya habíamos llamado la atención y de manera velada incorpora los asuntos cuestionados, pero sin señalarlos de manera expresa. Tal pareciera que justo las reacciones al proyecto conllevaron algunas reformas, pero otras que quizás consideraron fundamentales, las profundizaron.

Lo segundo es que, queda clarificado que lo pretendido es que sea una ley para el estado Miranda.

Por otra parte, la denominación de la ley ya parte de un error, pues el condominio nace con la promulgación en su día de la Ley de Propiedad Horizontal, modificada en diversas oportunidades, siendo la vigente la del año 1983[5] y del texto del proyecto que comentamos no se desprende que lo planteado sea una nueva ley especial sobre propiedad horizontal, aunque este proyecto si toca aspectos de esa ley y en algunos puntos pretende modificarla.

Sí bien es cierto, la referida Ley de Propiedad Horizontal resulta en muchos aspectos obsoleta, no es menos cierto que ante tales situaciones, hasta la fecha sus deficiencias han podido ser solventadas por la jurisprudencia, los Documentos de Condominio han llenado algunas de sus lagunas, o las mismas comunidades han respondido resolviendo sus inconsistencias, como ya antes expresáramos.

De igual manera, debemos recordar que la Asamblea Nacional (la anterior a la electa en el año 2015 que contaba con mayoría de los parlamentarios oficialistas), hizo un intento para modificarla, pero en nuestra opinión lo fue con el objetivo de incorporar los desarrollos habi-

---

[1]   https://efectococuyo.com/la-humanidad/lo-que-debe-saber-sobre-el-proyecto-de-ley-de-condominios-en-miranda/ Consultada 1° de agosto de 2020.

[2]   Radiocomunidad.com

[3]   https://yelitzecortez.blogspot.com/2020/07/proyecto-ley-de-condominio-estado.html Consultado 9 de agosto de 2020.

[4]   https://cronica.uno/en-miranda-avanzan-con-una-ley-de-condominios-que-genera-mas-dudas-que-soluciones/ Consultada 9 de agosto de 2020.

[5]   G.O. Extraordinaria N° 3.241 del 18 de agosto de 1983. http://www.ley.tuabogado.com/#gsc.tab=0 Consultada el 8 de agosto de 2020.

tacionales de la Gran Misión Vivienda Venezuela, así como los edificios destinados al arrendamiento por más de 20 años de un solo propietario,[6] reunión en la cual participamos.

Lo cierto es, que al detectarse que no era posible, o mejor expresado no era tan fácil la viabilidad de una reforma rápida, la modificación de la ley no se hizo y no tuvimos conocimiento de ningún intento posterior por impulsar la reforma, lo que personalmente agradecimos, pues ante la situación actual y experiencias previas, estimamos prudente mantenernos rigiéndonos con la vigencia de la actual ley, evitando el riesgo de una legislación lesiva al derecho de propiedad o plagada de imprecisiones y al margen de las nuevas realidades.

Por otra parte, en la exposición de motivos del primer proyecto que se denominó "de condominios y asociaciones de vecinos", se señala que la idea es dirigirse a los estratos A y B de la población; esto en el más reciente proyecto revisado fue suprimido y suponemos justamente por las dudas surgidas en la ciudadanía, pero sigue disfrazado en todo su contexto, cuando lo cierto es que en el estado y sus distintos municipios existen otras comunidades de diversa naturaleza que sí requieren organizarse, así como del apoyo y auxilio en los otros sectores o estratos sociales menos favorecidos, que resultan más golpeados económicamente y no son atendidos mediante este proyecto.

Para nadie es un secreto que justo en los municipios de la Gran Caracas es donde se hallan quizás el número más representativo de unidades habitacionales de viviendas bajo régimen de propiedad horizontal cuyos propietarios en su mayoría han formado parte de la clase media asalariada o profesional que se ha empobrecido en los últimos años, lo que a su vez se traduce a nivel de la propiedad horizontal en un déficit de flujo de caja dentro de cada comunidad condominial, pero también representan el universo de inmuebles con altos precios en el mercado inmobiliario.

El objetivo del proyecto en este particular no parece claro, ni en verdad justificado.

Conforme a los artículos 156 y 187 de la Constitución de la República Bolivariana de Venezuela (CRBV),[7] es reserva del Poder Público Nacional y corresponde a la Asamblea Nacional la legislación sobre vivienda, ambiente, ordenación de territorio, vialidad, servicios públicos domiciliarios, derechos, deberes y garantías civiles, mercantil, procedimientos. Debido a ello cuando se elabora un proyecto de ley hay que tener en cuenta no invadir la reserva legal y constitucional de otros órganos bien sean nacionales o municipales y este proyecto que analizamos está plagado de intrusiones en ámbitos de otros niveles gubernativos y también en aspectos netamente condominiales que están expresamente previstos en la Ley de Propiedad Horizontal.

Por su parte, la competencia de los estados establecida en el artículo 164 de la CRBV se circunscribe a asuntos específicamente regionales, como, por ejemplo: a dictar su constitución, organizar sus municipios y demás entidades locales, la administración de sus bienes y la inversión y administración de sus recursos, etc., pero en forma alguna, ni con la más extensiva de las interpretaciones pueden normar derechos constitucionales como es el derecho de propiedad.

---

6   Recordemos aquí la intención de obligar a los propietarios a venderlos a los inquilinos, lo que no está previsto en la Ley para la Regularización y Control de los Arrendamientos de Vivienda, G.O. Extraordinaria N° 6.053 del 12 de noviembre de 2011, como obligación en nuestro criterio y dio lugar a y la Providencia No. 0042 de fecha 27 de marzo de 2014, emitida por la Superintendencia Nacional de Arrendamientos de Vivienda, G.O. N° 40.382 del 25 de marzo de 2014 mediante la cual sí se estipuló como obligación.

7   G.O. Extraordinaria N° 36.860 del 30 de diciembre de 1999. http://crespial.org/wp-content/uploads/2018/10/A%C3%B1o-1999-Constituci%C3%B3n-de-la-Rep%C3%BAblica-Bolivariana-de-Venezuela-Gaceta-Oficial-36.860.pdf Consultada 8 de agosto de 2020.

A su vez, señala el artículo 162 constitucional, que el Poder Legislativo en el estado se ejerce a través de un Consejo Legislativo, y dentro de sus atribuciones: legislar sobre las materias de la competencia estadal; sancionar la Ley de Presupuesto del Estado; y las demás que atribuya la Constitución y la Ley.

Dentro de las competencias municipales, sí se prevé: la ordenación territorial, urbanística, vivienda pero solamente de interés social (lo cual ha sido alterado con las últimas leyes en materia de vivienda, que han atribuido esas competencias el Ejecutivo Nacional), vialidad, ambiente, servicios públicos, pero atados a los lineamientos y planes nacionales, e incluso en materia de arrendamiento pero supeditada a una delegación (art. 178 CN), comentario que estimo pertinente, por los motivos que se analizarán más adelante.

Si bien nuestra Constitución establece el derecho a participar y el protagonismo ciudadano, así como la descentralización, en este proyecto de ley, aunque menciona estos conceptos, un examen más detallado demuestra que sus mecanismos de elección de personeros del nuevo fondo es exactamente contrario a la participación y a la descentralización.

Según nuestro parecer, cabría dentro de la Constitución y leyes vigentes, una ordenanza municipal que versara sobre los temas tocados en este proyecto, pero no una ley regional.

Es de vieja data en nuestra tradición, que las iniciativas legislativas planteadas hasta la fecha por las Gobernaciones y que deben ser consideradas y eventualmente aprobadas por los Consejos Legislativos, casi nunca se han quedado dentro de los límites de sus competencias, pues estas se han repartido entre la Asamblea Nacional –antes Congreso Nacional- el Ejecutivo (decretos leyes) y los Municipios.

No obstante, los estados pueden promulgar leyes a través de sus Consejos Legislativos (art. 162 CRBV), pero resulta que la enumeración legal y constitucional es bastante restrictiva y en concreto dentro del ámbito de sus competencias (art. 165 CRBV), como quedó analizado precedentemente, y no pareciera que dentro de las enumeradas se encuentre la posibilidad de un proyecto como el que estamos analizando, que más bien pareciera que corresponde al ámbito municipal.

Procederemos pues, a revisar el articulado del segundo de los proyectos existentes de manera general y emitiremos nuestras opiniones en lo que estimemos procedente, incluyendo claro está la Exposición de Motivos, para luego, la Dra. Irma Lovera De Sola, en el Capítulo II, analizará algunos artículos en particular y realizará una forma de confrontación del proyecto con la realidad nacional y estadal que resulte útil a la mejor comprensión del proyecto y sus aspectos más comprometidos.

La exposición de motivos del proyecto en cuestión indica que conforme a los preceptos constitucionales que promueven incentivar la creación de nuevas formas de organización y participación, esto obliga a los poderes públicos a definir los espacios institucionales y jurídicos necesarios para afianzarlos.

Al respecto, el proyecto no está creando nuevas formas de organización, los condominios ya existen desde hace más de sesenta años, y las asociaciones de vecinos también, pero estas fueron obviadas en las últimas leyes de régimen municipal, justo cuando cobraban mayor fuerza participativa dentro de las comunidades y frente a las autoridades municipales, para ser sustituidas por las comunas, pero al margen con una ley propia.

No obstante, es de señalar que ya en el último proyecto revisado, si bien es cierto dedica un capítulo a las asociaciones de vecinos, ya en su desarrollo la preponderancia inicial que se les otorgaba en el anterior proyecto desaparece, y es sustituida por cualquier persona que viva en el Estado y vecinos del mismo, ni siquiera circunscrito a cada unidad municipal.

Está justificada la integración de ambos grupos, es decir de condominios y asociaciones de vecinos, al indicar que nuestras ciudades carecen de una planificación adecuada; que el crecimiento demográfico carente de planificación ha afectado los estándares en los servicios públicos, ornato, seguridad y mantenimiento de las propiedades. Si bien la primera aseveración corresponde a la realidad, sus deficiencias son imputables justamente a la misma administración pública, pero las subsiguientes, relativas a los servicios públicos, no corresponden en un todo a la verdad, pues debemos recordar que en los últimos tiempos la tendencia a centralizar abarcó los servicios públicos, así como la seguridad; y en cuanto al mantenimiento de las propiedades, esto corresponde al propietario y es resultado de una crisis económica que se agravó y continua agravándose en el transcurso del tiempo y no estimamos se solvente con este proyecto de ley.

El proyecto menciona entre sus objetivos el ejercicio del control, vigilancia, supervisión y evaluación de la gestión pública, a nivel local también está prevista en la ley municipal (Ley Orgánica del Poder Público Municipal,[8] en desarrollo de las previsiones constitucionales) ya que resulta en suma complicado que sea a través de la gobernación que se ejerza. En cuanto al *"derecho de asociarse con fines lícitos, de conformidad con la ley"*, constituye hoy día una ironía, por cuanto existe la prohibición o limitación ante los registros inmobiliarios de inscribir asociaciones civiles, y el poco éxito o conflictividad observada a nivel de las comunas.

El proyecto de ley se refiere a la autogestión, pero no desarrolla este aspecto y lo difiere o delega a un posterior reglamento, y como ya es reiterativo, centraliza la gestión en el Fondo Intergubernamental para la Asistencia y Apoyo a todas las formas e instancias de participación vecinal del Estado Bolivariano de Miranda, "FIACAVEM", en realidad la atribuye a la Gobernación.

Personalmente, como ya hemos indicado, no nos parece que el estado Bolivariano de Miranda sea el único ni esté constituido mayoritariamente por los estratos sociales A y B (aunque como ya hemos señalado el más reciente proyecto por un lado carece de exposición de motivos y por otro lado tampoco menciona a que estratos socioeconómicos está dirigido) para justificar una ley dirigida a esos grupos.

No creemos que sea el estado Miranda el que porcentualmente tenga mayor número de inmuebles destinados a propiedad horizontal, muy por el contrario, este estado, tiene unas características sumamente diversas tanto geográficas, climatológicas, culturales, poblacionales, hasta en sus ámbitos urbanos y rurales. El proyecto olvida incorporar otras comunidades, que requieren mayor participación para el logro de soluciones de gestión pública y aún más cuando en el propio proyecto reconoce como su ámbito de aplicación todo el territorio del estado Miranda.

El proyecto señala que su objeto es establecer y regular los mecanismos y procedimientos de participación ciudadana en la gestión estadal y local. Y nuevamente insistimos, tanto considerando las competencias municipales, como la cercanía local que conlleva el conocimiento de las carencias, necesidades, fallas, en fin, esto corresponde legalmente a los municipios, que se ve interferida por la constante intervención desde el Ejecutivo Nacional que impide y obstaculiza la descentralización.

El proyecto analizado al enumerar sus principios fundamentales, artículo 3, refiere a la resolución pacífica de los desacuerdos que afecten la convivencia y la paz de nuestros habi-

---

[8]   G.O. Extraordinaria N°6.015 del 28 de octubre de 2010. http://historico.tsj.gob.ve/gaceta_ ext/diciembre/28122010/E-28122010-3040.pdf#page=1 Consultado 8 de agosto de 2020.

tantes, siendo que existe una justicia de paz, que valga señalar y recordar, esta justicia de paz fue completamente desarticulada al promulgarse la nueva Ley de Justicia de Paz Comunal,[9] oportunidad en la cual los jueces de paz *ad honorem* designados y anteriores a esa fecha, tuvieron que dejar sus cargos, y para la fecha no se ha realizado una sola elección de Jueces de Paz, lo que se traduce en que prácticamente quedó abolida, cuando lo cierto es que es una institución que tiene sus raíces en los que se designaron en la épica de la independencia y fue promovida por el Libertador Simón Bolívar. Este aspecto concreto llama la atención, pues los restantes enunciados del proyecto que aparecen en su artículo 3, constituyen una lista de buenos deseos y principios generales que debe orientar siempre a toda la ciudadanía.

En general, el proyecto en sus artículos 3, 5, 6 y 7 contiene una enumeración amplia de principios, deberes y derechos programáticos, los cuales están contemplados en la Constitución, así como en múltiples leyes generales o especiales, como se ha indicado previamente, y el proyecto no contempla mecanismos para hacerlos efectivos aun aceptando su viabilidad o procedencia.

El artículo 4, contiene definiciones de lo que debe entenderse como: vecino, sin considerar el tiempo ni raíces de este "vecino" en su lugar de residencia; asociación; comunidad; condominio; condómino; asociación de vecinos o participación vecinal; junta de condominio; comunidad de propietarios; régimen de propiedad en condominio; régimen de propiedad horizontal; instancias de participación ciudadana; fondo; y fondo intergubernamental, las cuales no resultan las más acertadas ni técnicas, amén que muchas están conceptualizadas en los textos legales de los cuales provienen.

En el numeral 4, del artículo 5 del último proyecto, se estipula como "forma de participación", solicitar y recibir asistencia y apoyo financiero para la consecución de proyectos de interés colectivos, previamente aprobados por las autoridades competentes, siendo así, la conceptualización de intereses colectivos puede chocar por ejemplo con los intereses propios de un condominio o una específica asociación de vecinos, esto daría lugar a una preponderancia de intereses individuales frente a derechos colectivos, pero en manos de la discrecionalidad de las autoridades competentes, de las cuales ya tenemos amplias experiencias en su exceso y abuso, y no ciertamente en beneficio de las comunidades.

Valga indicar también, que, si se es vecino, entonces por qué debo formar parte de un condominio o asociación de vecinos, para poder participar, si ya con el simple hecho de ser habitante del Estado tengo derecho, y no solo por este proyecto de ley, sino constitucionalmente a participar, y aún más tratándose de asuntos de interés colectivo.

La redacción del artículo 8 del proyecto que circula en las redes sociales, señala que el propósito de las asociaciones de vecinos y las juntas de condominio es la defensa de los intereses colectivos en sus respectivos ámbitos, pero dispone que por ello colaborarán con los organismos públicos en la gestión de asuntos comunitarios, pero obsérvese que posteriormente dentro del mismo proyecto se elimina solapadamente al pasar a otro artículo relativo a la participación ciudadana.

Cada vez que una ley en nuestro país se refiere a intereses colectivos, surge la duda del alcance de su interpretación. Igualmente, si bien ambas figuras, los condominios y las asociaciones de vecinos persiguen el bien común de su comunidad, no dejan por ello de cuidar ante todo sus bienes e intereses individuales y ello incluso pudiéramos reconocer es parte del

---

9   G.O. N° 39.913 del 2 de mayo de 2012. http://historico.tsj.gob.ve/gaceta/mayo/252012/252012-3418.pdf#page=3 (consultado el 6-8-2020)

problema social del país, pero al referir a intereses colectivos y a continuación se establece la colaboración, pareciera que dentro de la esfera propia particular lo que se pretende es imponer más allá de las normas y leyes sobre la materia el imperio del control de gobierno en ámbitos de derechos personales, individuales.

Dentro de los objetivos señalados en el proyecto, se olvida que muchos de esos objetivos tienen leyes especiales, organismos destinados a conseguirlos o están previstas las situaciones enumeradas, lo que hace innecesario una legislación adicional que en definitiva confunde y dificulta la aplicación de esas leyes con las que este proyecto invade campos "minados", legalmente hablando.

Sí resulta importante lo señalado en el artículo 10, siempre refiriéndonos al proyecto más elaborado de más reciente aparición, al referirse a las obligaciones colectivas, pues dentro de ellas en el numeral 6 dispone: *"procurar el mantenimiento preventivo y correctivo de los inmuebles, las áreas comunes y adyacentes al mismo"*. Debemos enfatizar que las áreas comunes en un condominio son responsabilidad de este, en cuanto a la toma de decisiones como en el aspecto económico. Aceptar una intervención podría significar como ya estamos acostumbrados a una injerencia del poder público, amén de violar la Ley de Propiedad Horizontal, que establece todo lo relativo a las áreas comunes y su manejo.

El título relativo a las juntas de condominio constituye una violación directa a la Ley de Propiedad Horizontal, ley especial que contempla y desarrolla todo lo inherente a dicho régimen. El proyecto de ley menciona, en forma contradictoria con su propio texto y después de pretender intervenir en la composición de las juntas de condominio, que todo lo relacionado con condominios se regirá por su ley especial.

Se rescata la figura asociativa comunitaria de las asociaciones de vecinos, que se desarrolla en un título particular, pero faltaría analizar cómo convivirían las comunas con las asociaciones de vecinos. El proyecto prevé que se deberá considerar de manera objetiva, la estructura da cada asentamiento de las diferentes comunidades, considerando elementos históricos, culturales, físicos, sociales, económicos y urbanísticos, dando razón a lo que expusiéramos previamente a la conformación entre asociaciones y comunas y entre el estado Miranda y sus propias diferencias territoriales y de uso de las tierras que va desde el destino netamente urbano hasta el rural con siembras en parcelas pequeñas y de poca productividad.

Prevé el proyecto que circula en las redes, que para su constitución se debe acudir al Consejo Local de Planificación Pública Municipal que decidirá la procedencia o no de la solicitud, la cual incluso quedará supeditada a la aceptación o no de las otras asociaciones, pero ello puede conllevar a una lucha de poder en ciertos sectores (dada la conflictividad política y constante intervención del estado), pues perfectamente podría entenderse las comunas como asociaciones que puedan participar en la aprobación o no de la petición, pretendiendo con ello arrogarse la hegemonía local, situación ésta que incluso entendemos ha acontecido en sectores para la constitución de las propias comunas no afectas al oficialismo. Se dispone que las asociaciones de vecinos se regirán por lo dispuesto en el Código Civil, pero sí marca las pautas de cómo debe conformarse, llamando la atención también la eliminación de la comisión electoral que iría de la mano del Consejo Nacional Electoral, otra intromisión incluida en el proyecto y posteriormente eliminada en el último revisado.

Quizás la explicación de lo que verdaderamente persigue este proyecto está en la creación del Fondo Intergubernamental que se desarrolla en su texto y se estructura con bastante detalle y con omisiones intencionadas. Este Fondo del mayor interés de la Gobernación de Miranda y que sirvió para promover su aceptación inicial por la población, incurre en la burocratización del manejo de fondos que pierden valor dadas las limitaciones legales en su manejo y la situación económica del país. Sin embargo, el proyecto anuncia que el manejo administrativo se someterá a la Ley de la Contraloría General de la República. A lo anterior se suma que sus directores serán de libre nombramiento y remoción del Gobernador y un solo representante por las comunidades organizadas, lo que en entrelíneas muestra la verdadera intención de someter ese Fondo al manejo discrecional de la Gobernación a través del Directorio.

Se crea un registro y control de ambas instituciones: juntas de condominios y asociaciones de vecinos. Lo cierto es que, cada vez que un ente de gobierno exige un registro, los ciudadanos sabemos que desgraciadamente se han utilizado para la persecución política y utilización de información de manera indebida; así pues, los ciudadanos se niegan a aportar información a ningún ente gubernativo, sea municipio, gobernación o cualquiera otro, quedando pendiente su desarrollo mediante un futuro reglamento.

Se establece el procedimiento y requisitos para la constitución de asociaciones de vecinos. Lo que sí resalta y de manera positiva es la invocación del Código Civil, pues en algunas leyes que refieren a contratos civiles lo han obviado, sin embargo, prevé lineamientos para su constitución y contenido de sus estatutos limitando pues la voluntad de los ciudadanos en su participación.

En el proyecto que circula en redes sociales, se establece que el patrimonio estará conformado por aportes ordinarios y extraordinarios: de sus miembros; donaciones y contribuciones; ayudas económicas de los Municipios y otras entidades locales.

Con lo anterior se pretende constituir un fondo de reserva estadal. Íntegramente manejada por la Gobernación, de donde se extraerán recursos para asignarlos, con criterios no establecidos en el proyecto, no solamente a los condominios y las asociaciones de vecinos, sino también para suplir recursos económicos faltantes para los servicios públicos. Respecto a las primeras como quedó ut supra comentado, tal fondo y actividad le es propia al condominio, y en el supuesto de las asociaciones de vecinos iría de la mano en la participación ciudadana en los proyectos municipales, que hasta la fecha debemos reconocer dejan mucho que desear porque la fuerza de esas asociaciones les fue negada al derogar la ley y el reglamento que las regía en el año 2005.

¿Por qué este interés? ¿Por qué incluir los condominios si estos conforme a su propia ley tienen previsto cómo funcionar al respecto? Y en el caso de las asociaciones de vecinos, ello corresponde a la propia gestión pública municipal que si bien podría compartir nunca lo ha hecho y no demuestra interés en ello, ni en el proyecto se establece alguna obligatoriedad para ello. ¿Por qué no orientar este proyecto a las comunidades que no están conformadas legalmente bajo un régimen de protección o que les permita funcionar en beneficio de sus propios intereses, muchas de las cuales se encuentran acéfalas en representación y participación para ser asistidas en sus necesidades? Pareciera que el estado Miranda, no estuviera conformado, como lo está, por enormes y pobladísimos barrios marginados de los servicios urbanos, por pueblos, por zonas rurales, sino que su universo solo se centra en Baruta, El Hatillo, Chacao, Petare, sin considerar que incluso en los dos primeros mencionados, el universo también es variado.

En conclusión, no logramos percatarnos cuál es la verdadera intención de este proyecto de ley, qué persigue, y más aún cuando existen en el mismo estado sectores vulnerables que requieren mucha más asistencia que los estratos A y B, y no pareciera ejecutable, salvo por vía de abuso de derecho e interpretaciones amañadas a las que hemos alertado en varias oportunidades.

No obstante, salvando los anteriores comentarios y sí partiéramos de la buena fe, podría ser una iniciativa interesante debidamente restructurada, una vez que los municipios recobraran su autonomía presupuestaria que constantemente es intervenida por motivos políticos y centralizadores y hacemos la salvedad que algunos aspectos aún podrían discutirse, personalmente creemos se ha dejado claro que nuestra posición es que una iniciativa como esta que estimule y potencie la participación ciudadana, no requiere una ley especial y muy por el contrario para su viabilidad debería partir de iniciativas de aplicación de la ley municipal.

CAPÍTULO II

Originalmente este proyecto se denominó LEY DE LAS JUNTAS DE CONDOMINIOS Y ASOCIACIONES DE VECINOS EN EL ESTADO BOLIVARIANO DE MIRANDA y popularmente se conoció como la ley de condominios del estado Miranda, porque se anunció como una ley que modificaría la Ley de Propiedad Horizontal y además crearía un fondo para atender con aportes de la Gobernación de Miranda, los gastos urgentes y extraordinarios de los condominios situados en este estado.

Ahora bien, el anuncio no se correspondió con ese primer proyecto que fue entregado a la ciudadanía vía correos electrónicos, a portales de periodismo y en redes sociales en general, ya que solamente traía unas pocas normas sobre condominios que contrariaban la Ley de Propiedad Horizontal pero no le hacían una modificación sustancial y si contenía la propuesta de un fondo que se constituiría con aportes de la Gobernación, los 21 Municipios de Miranda, los condominios y las asociaciones de vecinos.

Luego se conoció un segundo proyecto más estructurado, formalmente mejor elaborado, que sin embargo adolece de los mismos defectos del primero, aunque en apariencia un poco más coherente, pero al analizarlo nos encontramos con las observaciones y reflexiones que señalamos a continuación, que no son todas las que deberían hacerse, pero consideramos que son las más relevantes. Nos dedicamos a estudiar y profundizar en este segundo proyecto.

OBSERVACIONES al proyecto distribuido por redes sociales, sobre la Ley que crea el Fondo de Financiamiento para Condominios y entes de participación ciudadana.

Este proyecto de ley, sin mencionar la inconstitucionalidad manifiesta ni la invasión de competencias que ya han sido analizadas por la Dra. Teresa Borges García en la primera parte de este trabajo, pretende fundamentalmente crear un Fondo de Financiamiento para conceder ayudas o apoyo financiero a los diversos entes participativos que existen en el estado Miranda, lo cual es una idea plausible pero legal y prácticamente equivocada.

Es fundamental señalar que el artículo 2° del proyecto indica que será una ley obligatoria para personas naturales y jurídicas. Con esta premisa continuamos analizando sus contenidos más importantes.

Una ley emanada de un Consejo Legislativo no puede afectar derechos constitucionales de los ciudadanos, aunque diga que lo hace en aras de la cooperación, el bienestar, la mejora de la calidad de vida de los ciudadanos y de la descentralización.

El derecho de propiedad es un derecho constitucional y la consecuencia de ese derecho que es la administración y disposiciones de los dineros de los condominios y de las asociaciones de vecinos, no puede ser invadido por la Gobernación de un estado ni por una ley aprobada por un Consejo Legislativo estadal; ese es patrimonio de los propietarios, derivado de su deber, como propietarios, de pagar las cuotas de condominio en la proporción fijada por el Documento de Condominio, es decir según el porcentaje de condominio asignado a cada inmueble vendible, susceptible de ser propiedad individual, así como también una consecuencia directa de la obligación que tiene todo propietario de mantener en buenas condiciones su inmueble, tanto el individual como el común.

En la web de la Gobernación se insiste en que el proyecto de ley al que nos referimos no afecta el derecho de propiedad sobre los inmuebles, lo cual, a la letra del proyecto, es cierto, pero sí afectará las consecuencias económicas de la propiedad, que vendrían a ser la administración del dinero de la comunidad condominial, la toma de decisiones acerca de la utilización de ese dinero para fines específicos de esa comunidad, porque esos futuros e inciertos aportes que no sabemos si serán de cada propietario o de la comunidad condominial, ni sabemos como se calculará el aporte de cada quien, no serán para aplicarlos a las necesidades del propio condominio sino para pagar costos de servicios públicos, para mejorarlos y para aplicarlos a necesidades de otros condominios o asociaciones de vecinos.

Veamos este concepto de "descentralización" que maneja el proyecto: Hoy en día sin la vigencia de ese proyecto que se aspira convertir en ley, cada condominio se rige por la Ley de Propiedad Horizontal, por su Documento de Condominio que muchas veces suple deficiencias de esa ley que es del año 1958 modificada en 1983 y está desactualizada, y por los reglamentos dictados por las Juntas y las Asambleas de Condominio.

Esas comunidades toman sus decisiones, solicitan pagos de cuotas ordinarias y extraordinarias de condominio ajustadas a las necesidades específicas de su inmueble; las decisiones son generalmente rápidas, en especial cuando se presenta alguna emergencia, cuentan con los mecanismos más inmediatos para atender y solucionar sus problemas.

En cambio, si se pone en vigencia el proyecto de ley que comentamos, las decisiones ya no las tomarán las Asambleas y las Juntas de Condominio, sino que habrá que presentar solicitudes acompañadas de documentación y evaluación técnica para que el Directorio del Fondo a su vez evalúe el caso y de ser la decisión favorable establezca el monto y forma de entregar la ayuda solicitada y acordada, que puede ser el total de lo pedido o una parte del costo señalado en la petición.

Esta ley sustrae las decisiones sobre el dinero propiedad de los copropietarios de los condominios y otros entes de participación del espacio de decisión de cada condominio o asociación, burocratiza la toma de decisiones y la asignación de las ayudas, y si es posible peor aún, retarda la toma de decisiones en una época de hiperinflación en que el dinero pierde valor en semanas, días y a veces en horas.

En consecuencia, en vez de descentralizar, la ley centraliza en la burocracia estatal la administración y asignación de recursos económicos de los entes participativos (condominios y asociaciones de vecinos).

Este proyecto de ley despoja a las comunidades de la evaluación de sus prioridades en la resolución de sus problemas y el manejo de sus recursos económicos, también retarda la toma de decisiones en momentos críticos para el valor del dinero, e incluso califica de "ayudas o aportes" las asignaciones de recursos económicos que en realidad son propiedad de esos entes cotizantes.

Por otra parte, en el artículo 4° del proyecto dice que el Fondo es un instrumento de ahorro, cuando en realidad sería un instrumento de descapitalización al tardarse en todo el proceso que significa: recaudar, luego considerar y evaluar los proyectos, su documentación y asignar a aquellos proyectos que sean aprobados. ¿Y qué sucede con los proyectos no aprobados que no recibirán ayudas ni financiamiento y que son igualmente importantes y/o urgentes para una comunidad? Esos proyectos se habrán retrasado, encarecido y las reales e inmediatas necesidades de esa comunidad, tendrán que esperar a volver a reunir el dinero, ya no como cotizaciones a ese Fondo sino como cuotas extraordinarias para solventar de manera urgente problemas comunes, además de significar un retraso que se convierte en alza de los costos para emprender las obras de que se trate, no solamente a un mayor costo sino que se tendrá que aportar el dinero necesario dos veces, una para cotizar al fondo y otra para emprender la solución que requiere esa comunidad, sea condominio o asociación civil.

Otro aspecto que considerar es la utilización de dineros mixtos, de procedencia pública (Gobernaciones y Municipios) y privada (entes de participación: condominios y asociaciones) como se estableció en el primero de estos proyectos, que se utilizarán para resolver problemas concretos de unas comunidades y no de otras, en definitiva, se aplicarán dineros públicos a resolver problemas privados. Por ejemplo: el condominio XZ ha cotizado durante seis meses y tiene un total cotizado de 100 unidades, por cotizar ha dejado de agregar recursos a su propio condominio, y cuando se presenta una necesidad urgente no tiene recursos económicos propios para solventar la emergencia y debe recurrir al Fondo, que considera su solicitud y en el mejor de los casos la aprueba y establece la forma de realizar el desembolso; pero otro condominio que ha cotizado 200 tiene también una urgencia y le niegan la aprobación del proyecto. Allí habrá conflictos irresolubles porque el dinero es limitado y los gastos crecen día a día.

Con este Fondo en vez de solucionar problemas se crean nuevos conflictos entre comunidades cuya resolución no llegará por vía del convencimiento de que la urgencia de un grupo es más urgente que la de otro, y se priva a los diferentes entes de su capacidad de decisión y de administración de sus propios recursos. Por otra parte, los morosos de siempre en los condominios, en vez de aportar sus cuotas a la comunidad de propietarios para la solución de los diversos asuntos de la comunidad, reclamarán a la junta de condominio que en vez de cobrar cuotas extraordinarias recurra al Fondo, a fin de no pagar las cuotas a las que están legalmente obligados frente a su comunidad y recostarle la responsabilidad al Fondo y si no aprueban la solicitud la responsable, según esos morosos de siempre, sería la junta de condominio que no formuló la solicitud apropiadamente.

El artículo 9° del proyecto menciona las obligaciones de los vecinos y condóminos y entre ellos señala el pago de los impuestos municipales. Lo primero a considerar es que los aportes económicos al Fondo no son impuestos, impuestos son los que van a la caja común bien sea del Estado o de los municipios y estos aportes irían a un fondo individualizado, creado para esa finalidad. También hay que tener presente que los condominios como unidad no pagan impuestos municipales y tampoco las asociaciones de vecinos, son los propietarios individuales quienes pagan el Impuesto Inmobiliario Municipal (derecho de frente) y si se exige que todos los propietarios de un inmueble bajo régimen de propiedad horizontal estén solventes con esos pagos, será poco menos que imposible que se formule una solicitud de apoyo económico al Fondo y la misma sea aprobada.

El artículo 11° del proyecto señala como será la integración de las Juntas de Condominio, lo cual invade terreno de la Ley de Propiedad Horizontal y de los Documentos de Condominio que son lo que fijan la composición de las Juntas; además ignora la complejidad de los condominios al no mencionar que hay comunidades condominiales constituidas por numerosos edificios que cada uno tiene una Junta y hay una Junta General que los agrupa a todos. Pareciera que quiere imponer un formato único para todos los condominios lo cual hoy día es impracticable.

También hay condominios integrados por locales comerciales o por oficinas y locales comerciales, y la ley no discrimina entre condominios de vivienda, comerciales o mixtos y esta es una fuente de indeterminación de obligaciones. Pareciera que el proyecto va dirigido a inmuebles de vivienda, pero no lo dice expresamente y podría ser que una vez aprobada la ley se la quieran aplicar a condominios de todas las clases, usos y formatos.

Del artículo 14 al 25 del proyecto se refiere a las asociaciones de vecinos, que después que fueron dejadas de lado, sin legislación ni reglamento por los cuales regirse porque fueron derogados en el año 2006, cuando se aprobó la Ley Orgánica del Poder Público Municipal, ahora esta futura ley pretende regir para ellas, darles un solo molde al cual ceñir su constitución y funcionamiento, desconociendo su diversidad. Las normas que hoy en día rigen a las asociaciones de vecinos son las contempladas en el Código Civil para las asociaciones civiles que son más flexibles y adaptables a las particularidades de cada una.

Es indispensable señalar que recientemente el Ejecutivo, haciendo gala de su perenne desconfianza hacia las asociaciones civiles, entre las cuales se cuentan numerosas organizaciones no gubernamentales que cumplen muy diversas funciones sociales de apoyo, educación y ayuda a diversos grupos de población desfavorecidos económicamente, alimentariamente o con deficiencias funcionales, dio orden a los Registradores de no registrar nuevas asociaciones civiles hasta tanto el Servicio Autónomo de Registros y Notarías (SAREN) les otorgue su visto bueno, y este proyecto de ley que comentamos se basa en entes de participación ciudadana existentes y que se creen en el futuro, y ¿como se fundarán nuevas asociaciones civiles o de vecinos si tienen que pasar por el filtro del SAREN que no sabemos cuales documentos constitutivos le parecerán adecuados y cuales no?.

Pero pareciera que la participación ciudadana que quiere la Gobernación del estado Miranda, es solamente para aportar dinero al Fondo, no para participar en decisiones, en toma de políticas públicas favorables a los ciudadanos, a los condominios y a las propias asociaciones de vecinos, porque para lo único que se nombra la participación es para pagar cuotas al Fondo, porque las decisiones las tomará el Directorio de ese Fondo.

El artículo 26 crea el Fondo Intergubernamental para la Asistencia y Apoyo a las formas de participación del Estado Miranda, para apoyar financiera y administrativamente a todas las formas de participación vecinal.

Este nuevo ente denominado **Fondo Intergubernamental para Asistencia y Apoyo a Todas las Formas de Organización Vecinal del Estado Bolivariano de Miranda** (FIACA-VEM) se constituye en una especie de banco sin someterse a la vigente Ley de Instituciones del Sector Bancario[10], sin la supervisión de la Superintendencia del Sector Bancario (SUDE-BAN) y sin las garantías que establece esa ley para los depósitos del público. La Gobernación de Miranda a través del Fondo, recibirá aportes de los Municipios, de condominios y asociaciones de vecinos y de la propia Gobernación de Miranda, no pagará intereses ni bonificación alguna a quienes depositen en él, administrará sin garantías para los aportantes de esos dineros y los asignará a su saber y entender porque el proyecto de ley tampoco contempla los criterios que se utilizarán para otorgar esos beneficios y no reconocerá la pérdida del poder adquisitivo de ese dinero a sus aportantes.

Un artículo de máximo interés es el 30° que establece la forma como serán elegidos los miembros del Directorio del Fondo, que señala que serán funcionarios públicos de libre nombramiento y remoción del Gobernador del Estado Miranda (a pesar de que esto último no lo señala en ese artículo sino otra norma más adelante). Serán siete (7) directores: uno por la Gobernación, uno por los Altos Mirandinos, otro por el Área Metropolitana de Caracas, otro por Valles del Tuy, otro por Barlovento, otro por Plaza-Zamora y uno por las diez primeras instancias de participación registradas.

Si examinamos en la página web del Consejo Nacional Electoral[11], de los 21 alcaldes electos y en funciones en este momento en el Estado Miranda, hay 17 que son del partido Socialista Unido de Venezuela (PSUV) y sus aliados, y 4 de partidos de oposición o alianzas ciudadanas, y estos son: El Alcalde de Los Salias, Baruta, Chacao y El Hatillo. Esto significa que, con esa forma de elección de los directores del Fondo, habrá 4 directores oficialistas y 2 de alcaldías de oposición y 1 solamente por todas las asociaciones de vecinos de todo el estado Miranda. Creo que este punto no requiere más explicación por la desproporción y desigualdad que presenta este esquema de designaciones.

---

[10] Ley de Instituciones del Sector Bancario. G.O. 40.557 del 8 de diciembre de 2014. http://historico. tsj.gob.ve/gaceta/diciembre/8122014/8122014-4153.pdf#page=2. Consultado el 6 de agosto de 2020.

[11] http://www.cne.gob.ve/resultadosMunicipales2017/# Consultado el 9 de agosto de 2020.

A esto hay que agregar que según el artículo 32 del proyecto, el quorum del Directorio del Fondo se conforma con 4 de sus miembros y las decisiones se tomarán por mayoría simple de los presentes, lo cual viene a corroborar el predominio del oficialismo en la dirección, manejo y decisiones de ese organismo que se crearía por este proyecto.

El artículo 38 señala cuales son los proyectos, servicios y en general actividades que pueden ser financiadas por el Fondo y ellas van desde servicios que los municipios hayan transferido a alguna instancia de participación (ej. Servicio de cementerio transferido a una Asociación Civil), proyectos de asistencia técnica para mejoramiento de servicios públicos, hasta proyectos de los condominios. Es decir, es tal la cantidad y diversidad de asuntos que podrán ser financiados por ese Fondo que la idea inicial que se trató de transmitir a la población de que prioritariamente se atenderían las necesidades de los condominios, no se traduce en lo señalado por este proyecto.

Es significativo fijar nuestra atención en el parágrafo tercero de ese mismo artículo 38, en el cual se establece que el Directorio del Fondo fijarán los porcentajes de las alícuotas que aportará la Gobernación y los Municipios, que más adelante en el artículo 43 pone límites a esos aportes tanto para la Gobernación como para los Municipios entre el 1% y el 3% de los ingresos propios anuales estimados. Pero nada fija para los aportes de los condominios y de las asociaciones de vecinos que en este segundo proyecto esa mención a esos aportes ha desaparecido maliciosamente. Y afirmo que maliciosamente porque ¿que sentido tiene todo este proyecto de ley si no es para obligar a los condominios y asociaciones de vecinos a suministrar información, cuyo contenido no se menciona, y para que aporten recursos económicos a ese Fondo?

Por otra parte también pareciera que lo que busca la Gobernación es complementar su deficitario presupuesto con los aportes de los municipios, condominios y las asociaciones de vecinos al señalar que se podrán financiar servicios públicos que corresponde legal y constitucionalmente totalmente a las obligaciones de la administración pública con los ciudadanos y que deberían ser totalmente costeados por el Estado, las Gobernaciones y los Municipios con recursos provenientes de sus presupuestos, tanto del situado constitucional como de sus recaudaciones, y no pagados con los aportes privados en detrimento de las necesidades de los condominios y demás entes de participación.

El Directorio del Fondo fijará la contribución que deberán aportar los municipios y demás instancias de participación, es decir que no se contempla en la ley cual será ese aporte de los condominios y las asociaciones de vecinos. También el Directorio dictará el Reglamento o Reglamentos que se requieran, con lo cual todos los vacíos de esta ley, que son muchos, y disposiciones que la complementarán serán dictadas por esa instancia administrativa que es el Directorio del Fondo, sin consulta con ninguna comunidad o con esas consultas ficticias a las que nos tienen acostumbrados en las que solamente participan los partidarios del oficialismo que se apersonan en tumulto a apoyar lo que se les presente, sin tener una idea previa de sus implicaciones y el resultado serán reglamentos redactados a conveniencia del Directorio del Fondo, es decir, de la Gobernación de Miranda.

Los literales 5, 6, 7 y 8 artículo 43 del proyecto indica las fuentes de ingresos del Fondo y entre ellas, las siguientes:

"5.- Los recursos que le asignen el Ejecutivo Nacional, los Gobiernos estatales o municipales y los aportes de instituciones privadas y otras donaciones;

6.- Los beneficios que obtenga como producto de sus operaciones financieras y de colocación de sus recursos previstos en la Ley;

7.- Los recursos extraordinarios que a bien tengan otorgar la Gobernación del estado Bolivariano de Miranda y las Alcaldías del estado al Fondo, procedentes de excedentes en la recaudación estimada para cada año en su presupuesto anual de ingresos propios; y

8.- Cualesquiera otros recursos que le sean asignados…"

Lo cual sugiere que los organismos regionales y municipales podrán aportar otras cantidades de dinero además de las fijadas por el Directorio del Fondo, así como también podrá recibir aportes privados y donaciones, que este podrá realizar operaciones financieras y colocaciones (es decir entrar en el mercado bursátil), así mismo asume que puede haber excedentes de recaudación y cualesquiera otros fondos que le sean asignados.

Estas menciones solo se pueden calificar de despropósitos, porque un Fondo regional que tiene objetivos amplísimos no puede o no debe realizar operaciones financieras como que fuera un banco o una empresa financiera, tampoco es sensato pensar en la actual situación del país, que algún ente administrativo, que casi todos se encuentran en estado de ruina, tendrá excedentes de recaudación, cuando quienes engrosan esa recaudación son los indigentes pobladores de los municipios que llevan más de diez años de empobrecimiento continuado al punto que ni siquiera pueden cubrir sus necesidades básicas.

En esta Venezuela que vivimos sabemos que todos los presupuestos de todos los entes de todos los niveles gubernamentales son deficitarios. Como se hará posible que del presupuesto de la Gobernación se aporte entre el 1% y el 3% de los ingresos propios anuales e iguales porcentajes de los municipios. No se fija el aporte de condominios ni asociaciones civiles que será establecida posteriormente por el Directorio del Fondo.

Este será un proyecto que deja a ciegas a los entes de participación que son los que llevan la carga más pesada de las contribuciones justamente en una época de empobrecimiento y grandes dificultades.

Es necesario mencionar que el día 4 de agosto de 2020, los alcaldes de los municipios Chacao, Baruta, El Hatillo y Los Salias, dieron una rueda de prensa en que manifestaron su oposición al proyecto de ley que venimos comentando. Afirmaron que ese proyecto no les ha sido consultado y señalaron particularmente que la recaudación de sus municipios por concepto de ingresos propios de hace diez años al presente ha mermado en un 98%, por lo tanto, lo que podrían aportar los municipios, si es que pueden aportar algo, no sería suficiente para tan siquiera paliar algunas de las necesidades de los condominios y asociaciones de vecinos, además afirmaron que ese proyecto es una nueva herramienta que estaría en manos del ejecutivo regional para control social.[12] - [13]

Los Condominios y otros entes de participación tendrán que registrarse ante el municipio, específicamente ante la dirección de catastro y dar toda la información que se les solicite, que no se especifica en el proyecto de ley cual será, lo que si dice el proyecto es que esa información deberá remitirse a la Gobernación y actualizarse una vez al año.

A este respecto todas las suspicacias son válidas vistas las terribles experiencias que han tenido los venezolanos con el apartheid más extenso y destructivo de la historia.

Aunque en este segundo proyecto sospechosamente no se incluyó la mención al aporte en dinero que deberían realizar los condominios y asociaciones de vecinos, si aparece en su artículo 49 lo siguiente, que lo transcribimos para evitar que se pudiera señalar que es una especulación de las autoras de este trabajo:

---

[12]   Video de la rueda de prensa de los alcaldes: https://www.instagram.com/tv/ CDeQHkJna UW/?igshid=1qyrct3abyej9&fbclid=IwAR1scPN1_fWC561LrkbdgZSAL3exeTbFk7nzvi3Oa7XH FBqaH30UblTSPx4 Consultado el 6 de agosto de 2020.

[13]   https://www.elnacional.com/venezuela/alcaldes-opositores-de-miranda-rechazaron-el-proyecto-de-ley-de-condominios/ Consultado el 11 de agosto de 2020.

"**ARTÍCULO 49**: Las Entidades regionales, municipales y Locales, **podrán otorgar ayudas económicas a los Condominios y demás instancias de participación vecinal**, para la ejecución de Proyectos Especiales. Para ello **podrán exigirles como condición, el establecimiento dentro de su estructura de mecanismos adecuados de control y vigilancia internos**, así como la adopción de sistemas confiables de contabilidad para el manejo de dichos fondos."

En consecuencia, que si algún ente participativo (condominios y asociaciones) recibe una "ayuda" tendrá que permitir ser controlada por el Fondo o cualquiera otra "entidad regional, municipal o local".

En consecuencia, queda claro que uno de los objetivos de este proyecto una vez convertido en ley, es controlar a los condominios y asociaciones de vecinos, no cabe duda alguna.

En el mejor de los casos esta ley será una aspiradora de recursos de los municipios y demás entes de participación, y una fuente de control, ya que si no permitieran el control no se les asignarían las "ayudas" que los convertirán en dependientes de un Fondo que no les aportará nada positivo, que succionará sus recursos para convertirlos en improductivos. devaluados e inútiles para los fines de resolver los problemas, emergencias y gastos extraordinarios que se presentan cada día en los condominios y asociaciones civiles, y también perjudicará a los municipios que deberán aportar sin contraprestación segura y con intervención por parte de la Gobernación de Miranda y mayor burocratización.

Hay mucho más que analizar, estudiar y meditar sobre las consecuencias de este proyecto de ley, que con altas posibilidades podría ser aprobado por el Consejo Legislativo del Estado Miranda, a pesar de su inconstitucionalidad y hasta podría presentarse como un ensayo para después presentarlo para ser aprobado por la inconstitucional Asamblea Nacional Constituyente y entonces alcanzaría a todo el territorio nacional y perjudicaría y empobrecería aún más a todos los ciudadanos, dándole mayores recursos a la Gobernación de Miranda en el caso de este proyecto en particular.

Este proyecto, si llega a ser ley, constituye un espolio a los bienes más importantes que tienen en propiedad los venezolanos que son sus viviendas, que para la inmensa mayoría constituye su único patrimonio.

Con esta clase de propuestas se eterniza la política de la petición a la administración pública, el mecenazgo oficial, la dádiva, el regalo, pero esta vez en peores condiciones porque el dinero de ese Fondo lo han aportado justamente los entes participativos que lo requieren y que hubieran resuelto sus urgencias mediante sus propias decisiones y recursos económicos, sin pedirle nada a nadie.

Es crucial señalar que la Gobernación de Miranda ha divulgado que la mayoría de los propietarios de inmuebles de clase media que se rigen por la Ley de Propiedad Horizontal no han podido pagar las cuotas extras para las reparaciones de emergencia y las mejoras que de manera imperativa requieren sus inmuebles. Es decir, para los edificios donde hay mora del pago de esas cuotas extras, la ecuánime Gobernación concibe una brillante solución: que coticen a un Fondo creado por ella para ayudarlos, sin pensar que si esos propietarios no han podido pagar las cuotas de condominio menos aún podrán pagar cotizaciones a un Fondo de la Gobernación que no saben si realmente los beneficiará o no.

Es necesario divulgar este proyecto y sus críticas para que los ciudadanos no lo apoyen con el sueño sembrado por quienes dicen que es para ayudar a los condominios.

CONCLUSIONES

Podemos concluir que este proyecto de ley o cualquiera otro que reproduzca la misma o parecida iniciativa resulta innecesaria, pues si lo pretendido es la participación ciudadana existen múltiples leyes que la contemplan y desarrollan y no han resultado exitosas, aspecto que no entramos a profundizar en este trabajo. En todo caso, la participación ciudadana está desarrollada y más ajustada a que derive del nivel municipal como hemos expuesto, así como el manejo de información que se pretende obtener de los condominios, ya tenemos experiencias previas nefastas en relación con sus consecuencias.

Por otra parte, constituir un Fondo con dinero público y privado proveniente de los condominios y otras instancias de participación ciudadana, es una iniciativa inconstitucional debido a que la Gobernación ni el Consejo Legislativo del Estado Miranda tienen atribuciones para gestionar este tipo de ley ni esta clase de fondo.

La iniciativa de ese proyecto de ley centraliza en la Gobernación la recaudación de dineros que son de los condominios y de las asociaciones de vecinos y que ambas formas asociativas tienen el derecho y el deber de administrar los aportes de sus miembros en favor de la solución de sus propias necesidades y proyectos, derecho que no les puede ser arrebatado por ningún ente gubernativo.

Y nos preguntamos: ¿Por qué no se pedirán aportes a ese Fondo a las comunas, a los Consejos Comunales? ¿Es que acaso estos entes no tienen las mismas necesidades que los condominios y las asociaciones civiles? ¿Es que los integrantes de estos entes participativos tienen una categoría ciudadana diferente? ¿Es que los integrantes de las comunas no se han empobrecido igual que los de los condominios y las asociaciones? Las comunas han sido proclamadas por el gobierno nacional, estadal y municipal de la bandería política oficialista como la base de la participación ciudadana, ¿Por qué no las mencionan, por que no las integran a este esquema de recaudación de recursos?

Otro aspecto nada menor es que el proyecto de ley menciona a los condominios en general, pero esos condominios engloban a edificios netamente comerciales, otros mixtos que tienen viviendas, oficinas y comercios, también condominios de casas, en fin una gran heterogeneidad de inmuebles y la ley no aclara cuáles de ellos quedan incluidos y cuáles no, o si son todos, sea cual fuere el uso que se le da a esos inmuebles.

En el mejor de los casos que se accediera a gestionar un Fondo con recursos privados, este debería ser administrado por personas de carácter privado y no por entes gubernamentales, con los objetivos y controles más estrictos.

En resumen: La Gobernación del Estado Miranda ha permitido que circulen proyectos de esta ley en referencia, sin arriesgarse a avalar abiertamente ninguno de ellos, a pesar de que el segundo de estos proyectos es al que se ha referido el Gobernador Héctor Rodríguez en declaraciones públicas y aparece una mención en la página web oficial de esa Gobernación.[14]

El proyecto es incompatible con la Constitución, en una palabra, es inconstitucional; también es ilegal porque invade atribuciones y funciones de otros entes que se apoya cada uno en su propia ley.

---

[14] http://www.miranda.gob.ve/index.php/ley-de-condominios-de-miranda-protege-la-propiedad-privada-y-garantiza-gestion-publica/ Consultado el 6 de agosto de 2020.

El proyecto referido es inviable desde el punto de vista de la realidad económica de los Municipios, de los condominios y de las asociaciones de vecinos, e incluso visto desde la verdad económica de la propia Gobernación.

Antes de cerrar nuestro trabajo sobre este álgido tema, debemos señalar que son muchos, variados e importantes los asuntos que este proyecto de ley silencia, y ponemos solamente algunos ejemplos: ¿Como se implementarían los aportes económicos de los condominios y asociaciones de vecinos? ¿Quien designaría el Directorio del Fondo que en otro de los proyectos que han circulado decía que de una lista presentada por cada Alcaldía el Gobernador designaría a uno por cada zona señalada en nuestro trabajo, es decir que sería un funcionario público de libre nombramiento y remoción del Gobernador de Miranda? ¿Por que se dice que este proyecto "fortalecería el derecho de propiedad" cuando en realidad lo erosiona? ¿Que sucedería con los fondos de reserva de los condominios; que sucedería con aportes de propietarios de condominios en moneda extranjera? ¿Que sucede a una comunidad condominial que se niegue a registrarse, suministrar información y realizar aportes al Fondo? Son muchas incógnitas no resueltas que además el Gobernador ha soslayado responder a los periodistas que le han preguntado, que son pocos, porque han sido declaraciones unilaterales del gobernador.

En conclusión, el proyecto es un despropósito, con aparentes buenas intenciones de dar "ayudas" a quienes no las han pedido ni las quieren, pero que al profundizar salen a relucir elementos que legitiman la desconfianza ciudadana. No se debe continuar adelante con este propósito de obligar a condominios integrados por ciudadanos arruinados, a asociaciones civiles ignoradas por más de quince años y que se han debilitado al quitarles su posibilidad legal de participación en las decisiones de sus ámbitos territoriales, y además, como si faltara algo, pretender aportes económicos de organismos públicos, como Gobernación y Municipios que carecen de los recursos básicos para gestionar, mantener y, ni soñar, mejorar los pocos servicios públicos que les corresponden.

Venezuela está arruinada y a merced de estas insólitas iniciativas de sus autoridades que creen que quienes no han tenido dinero para pagar lo más inmediato que son las cuotas de condominio para mantener en medianas condiciones sus inmuebles, van a tener recursos para pagar cuotas de aporte a un fondo cuyas finalidades, administración y manejo no está en absoluto claro.

JURISPRUDENCIA

Información Jurisprudencial

Jurisprudencia Administrativa y Constitucional (Tribunal Supremo de Justicia y Cortes de lo Contencioso Administrativo): Segundo Semestre de 2021

Selección, recopilación y notas
por Mary Ramos Fernández
Abogada
Secretaria de Redacción de la Revista

SUMARIO

I. DERECHOS Y GARANTÍAS CONSTITUCIONALES

1. *Garantías Constitucionales.* A. Las garantías del debido proceso. B. Garantía del debido proceso. Jurisdicción y proceso agrario. C. La garantía constitucional del juez natural. 2. *Derechos sociales y de las familias.* A. Protección del matrimonio. Régimen patrimonial conyugal: Capitulaciones matrimoniales

II. EL ORDENAMIENTO ORGÁNICO DEL ESTADO

1. *El Poder Judicial.* A. Tribunal Supremo de Justicia. a. Facultad de Avocamiento.

III. LA JUSTICIA CONSTITUCIONAL

1. *El control de la constitucionalidad.* A. Control difuso de la constitucionalidad. Efectos. B. Carácter vinculante de las interpretaciones constitucionales. C. Interpretación constitucional vinculante. Derecho y Jurisdicción Agraria. 2. *Acción de inconstitucional.* A. Procedimiento: Asuntos de mero derecho. 3. *Revisión constitucional. Admisibilidad.* 4. *Acción de Amparo Constitucional.* A. El amparo: como derecho y como garantía constitucional. Finalidad. B. Admisibilidad. Inepta acumulación de pretensiones. C. Acción de amparo contra sentencia.D.Procedimiento. Interposición de la acción E.Sentencia. Apelación anticipada o illico modo.

I. DERECHOS Y GARANTÍAS CONSTITUCIONALES

1. Garantías Constitucionales

A. Las garantías del debido proceso

TSJ-SC (282)   **9-7-2021**

Magistrado Ponente: Luis Fernando Damani

Caso: Carmen Cecilia Padilla D´Viasy

Bajo tales parámetros, se debe igualmente reiterar que uno de los fines del Derecho es la justicia, cuyo principio se encuentra expresamente consagrado en el artículo 257 constitucional, al establecer que el proceso constituye un instrumento fundamental de la justicia y que además no se sacrificará la justicia por la omisión de formalidades no esenciales; con lo cual los esquemas tradicionales de la justicia, esencialmente formales, a la luz de la Constitución vigente, desaparecieron cuando ésta enunció un amplio espectro de los derechos protegidos y recogió principios generales que rigen la convivencia social. Por ello, si la interpretación de las normas legales choca con la posibilidad de precisar, en forma concreta, el sentido general del Derecho, ésta debe hacerse con el auxilio del Texto Constitucional.

De allí que las leyes procesales no pueden contrariar la Constitución y, por tanto, los derechos y garantías constitucionales deben ser el norte que guíe la interpretación de las mismas, con lo cual ante diversas interpretaciones siempre deberá elegirse la que mejor mantenga el equilibrio entre las partes y el objeto del litigio, desechando las que, a pesar de atenerse al texto legal, puedan menoscabar el derecho a la defensa consagrado en la Constitución. Tales postulados resultan plenamente aplicables al caso de las causas llevadas por los tribunales con competencia agraria, ya que las mismas se encuentran vinculadas con principios constitucionales como la protección de la seguridad y soberanía agroalimentaria.

B.   *Garantía del debido proceso. Jurisdicción y proceso agrario*

TSJ-SC (282)   **9-7-2021**

Magistrado Ponente: Luis Fernando Damani

Caso: Carmen Cecilia Padilla D´Viasy

En tal sentido, cabe señalar que el derecho a un debido proceso como una garantía inherente a las personas y aplicable a cualquier clase de procedimientos -*cfr.* Sentencia de esta Sala N° 5/2001- tiene una naturaleza bifronte; por una parte, puede ser abordado de forma aislada en relación a su configuración interna, en el que se desarrollan los atributos esenciales que lo hacen reconocible en cualquier procedimiento -*vgr.* Numerales 1 al 8 del artículo 49 de la Constitución- y que se manifiesta en términos generales en *"un trámite que permite oír a las partes, de la manera prevista en la Ley, y que ajustado a derecho otorga a las partes el tiempo y los medios adecuados para imponer sus defensas"* -*cfr.* Sentencia de esta Sala N° 1.523/2013-; pero además constituye una verdadera garantía o derecho fundamental instrumental, ya que es el mecanismo por excelencia que permite la protección de otros derechos fundamentales, en la medida que es el corolario necesario del acceso a la justicia y al logro de una tutela judicial efectiva, que lo erige uno de los sustentos básicos de todo el estado de derecho.

Ahora bien, la concreción del derecho al debido proceso en las diversas regulaciones procesales no es generalizada, en la medida que *"[l]a Constitución se desarrolla mediante la legislación, la cual tiene normas de ejecución directa del texto y los principios constitucionales, así como normas de instrumentación de todo ese desarrollo constitucional"* -*cfr.* Sentencia de esta Sala N° 828/2000-, ya que la posición que asume la Constitución y la interpretación que en ese sentido se plasmó en la sentencia de esta Sala N° 85/02, **constituye una perspectiva que redimensiona tanto la concepción de la función legislativa, como la de la facultad de tutela de esta Sala, sobre el ejercicio de la función normativa, en tanto que el legislador** *"tiene la obligación de legislar para la realidad nacional"* (*Cfr.* Sentencia de esta Sala N° 1.178/2009), lo cual excede una perspectiva que reduzca el análisis de constitucionalidad a la opción legislativa o que la regla seleccionada no pueda sostenerse sin afectar el núcleo esencial de los derechos constitucionales (*Cfr.* Sentencia de esta Sala N° 898/2002 y 794/2011).

Lo anterior se refleja, en la competencia de esta Sala para determinar que el legislador en el ejercicio de sus funciones actúe bajo el principio de racionalidad o de no arbitrariedad, lo que comporta la posibilidad de controlar actuaciones tan discrecionales como las sometidas a consideración de esta Sala en la sentencia N° 2/2009, en la cual se señaló *"que toda medida adoptada debe responder o ser idónea a los fines y límites que el ordenamiento jurídico establece"*, tal como ocurrió por ejemplo en materia de tutela de los derechos de los niños, niñas y adolescentes en la cual se estableció un procedimiento especial que permitiera la tutela efectiva de tales derechos, independientemente del contenido de la acción que se interponga -*vgr*. Partición, demandas de resolución de contratos, entre otras- y sin perjuicio de la supletoriedad de las normas contenidas en la Ley Orgánica Procesal del Trabajo y del Código de Procedimiento Civil -*Cfr*. Artículos 450.d y 452 de la Ley Orgánica para la Protección de Niños, Niñas y Adolescentes-.

En general la correlación entre jurisdicción y proceso impone que la determinación de clases jurisdiccionales se haga teniendo en cuenta los tipos de procesos reconocidos (*Cfr*. Guasp, Jaime. *Derecho Procesal Civil*, Instituto de Estudios Políticos, 3, Madrid, 1977, p. 105), pero en particular en el Derecho Agrario *"la explicación de la existencia misma del Derecho Procesal agrario se encuentra en la correlatividad entre jurisdicción y proceso que han impuesto una clase jurisdiccional determinada, tomando en cuenta el proceso agrario"* (*cfr*. Zeledón, Ricardo. *Derecho Procesal Agrario*. Tomo I. ILANUD: Escuela Judicial, Costa Rica, 1990, p. 15).

En tal sentido, **la jurisprudencia vinculante de esta Sala concretó el debido proceso aplicable al ordenamiento jurídico estatutario predominantemente de Derecho Público consagrado en la Ley de Tierras y Desarrollo Agrario para el resguardo de los principios de seguridad y soberanía agroalimentaria, a un particular sistema normativo adjetivo, que responde a la visión axiológica de la función jurisdiccional de los jueces con competencia agraria, en el cual toda medida adoptada por el juez agrario, se debe desarrollar conforme a la celeridad, inmediatez y especialidad necesarias para salvaguardar una eventual transgresión a los referidos principios de la seguridad agroalimentaria** -*Cfr*. Sentencias de esta Sala Nros. 1.080/2011, 368/2012, 444/2012, 563/2013 y 1.135/2013-.

De ello resulta pues, que en el presente caso la contradicción se cristalizó en una verdadera antinomia entre el trámite del procedimiento especial de partición y la eventual aplicación del procedimiento civil ordinario del Código de Procedimiento Civil en los términos expuestos *supra*, como consecuencia del contenido del artículo 252 y la última parte del artículo 186 de la Ley de Tierras y Desarrollo Agrario, que entra en franca contradicción a los criterios vinculantes de la Sala respecto a *"la necesaria abolición de la aplicación del derecho civil, a instituciones propias del derecho agrario, más aun con la existencia de un cuerpo legal que lo regula, por lo que la aplicación del procedimiento ordinario regulado en la Ley de Tierras y Desarrollo Agrario (...) encuentra pleno fundamento en las características propias de la competencia agraria, tal como se desprende de la jurisprudencia vinculante de esta Sala antes mencionada"* (*cfr*. **sentencia N° 1.080 del 7 de julio de 2011, ratificada en la N° 1.135/2013), aunado a que** *"(...) la aplicación preferente de la legislación agraria y por ende del procedimiento ordinario regulado en la Ley de Tierras y Desarrollo Agrario a casos donde lo debatido comporte materia agraria, se deriva no sólo del análisis legislativo sino también de los precedentes jurisprudenciales que ha emitido al respecto este Tribunal Supremo de Justicia (...)"* (*Cfr*. **Sentencia de esta Sala N° 563 del 21 de mayo de 2013), con lo cual la configuración del debido proceso para el resguardo de los principios de seguridad y soberanía agroalimentaria, no podrían ser satisfechos en los precisos términos de la jurisprudencia vinculante de esta Sala, según la cual** *"no concibe la existencia de un derecho agrario sin la* *necesaria y directa vinculación del juez con el principal bien de producción como lo es la tierra en las diversas etapas del proceso y en la búsqueda de la materialización plena de la justicia, que le permita desde la fase cognición y sin inconvenientes, constatar el correcto desenvolvimiento de los ciclos agrícolas, el uso adecuado de la semilla, el manejo y uso racional de las aguas entre otros aspectos fácticos. Así como el contacto inmediato con la comunidad campesina, para promover los métodos alternativos de resolución de conflictos, evacuar pruebas in-situ, exhortar a los terceros ocupantes a participar en el juicio, y ejecutar directamente de ser el caso la sentencia, garantizando en todo momento el derecho a la defensa, debido proceso y acceso a una tutela judicial efectiva"* **(Cfr. Sentencia de esta Sala N° 444 del 25 de abril de 2012).**

Una lectura en contrario llevaría al absurdo de concluir que acciones petitorias (Gorrondona, José L. *Derecho Civil II*, Caracas 1995, p. 203. Messineo, Francesco. *Manual de Derecho Civil y Comercial*, Buenos Aires 1954, p. 364 y ss. Carbonier, Jean. *Derecho Civil*, Barcelona 1965, p. 390 y ss. Colin y Capitant. *Derecho Civil*, Madrid 1961, p. 915 y ss), que tienen una regulación propia bajo los principios rectores del Derecho Agrario, como la reivindicación, la certeza de propiedad y acción negatoria, entre otras, (*Cfr.* Sentencia de esta Sala N° 1.080/2011), deberían igualmente someterse al sistema procesal civil, con lo cual se desconocería en los términos expuestos *supra*, que la competencia agraria fue concebida por la Constitución de la República Bolivariana de Venezuela, en el marco de una reforma institucional del Estado, que traza una redefinición estructural del arquetipo para el desarrollo del mismo y, particularmente de las competencias del Estado -los órganos del Poder Público- (*Vid.* Sentencia de esta Sala N° 1.444/08), la legislación vigente y la sociedad, en orden a armonizarlo con los fines que le han sido constitucionalmente encomendados, que en el caso particular son la plena garantía de la seguridad y soberanía agroalimentaria, que requiere un conocimiento especializado de la actividad agraria bajo y desde el Derecho Agrario (*Cfr.* Sentencia de esta Sala N° 1.135/2013 y Zeledón Zeledón, Ricardo. *Vicisitudes de la teoría general del Derecho agrario en América Latina.* En Carrozza, Antonio y Zeledón Zeledón, Ricardo. *Teoría General e Institutos de Derecho agrario*, Buenos Aires, Astrea, 1990), **lo cual por lo demás se justifica, desde una perspectiva del análisis económico del Derecho, en la medida que desde ese punto de vista, el objetivo de un sistema procesal es minimizar la suma de costos, dentro de los cuales se encuentra** *"el costo de decisiones judiciales erróneas"* **que se podría producir por sentencias fuera del marco del Derecho especial aplicable o mediante un trámite que no permita su real garantía, lo que no sólo afectaría** *"el costo de operación del sistema procesal"* (*Cfr.* Posner, Richard A. *Análisis Económico del Derecho. Fondo de Cultura Económica*, México 2007, p. 850), **sino además atentaría contra garantía de la paz** (*Cfr.* Sentencia de esta Sala N° 962/06) **y afectar la seguridad y soberanía agroalimentaria.**

Tales consideraciones llevan a esta Sala a la conclusión que en el presente caso, tal como se ha establecido en jurisprudencia reiterada y vinculante, como expuso el Juzgado Primero de Primera Instancia Agraria de la Circunscripción Judicial del Estado Barinas en su sentencia, la aplicación preferente de la legislación agraria y por ende del procedimiento ordinario regulado en la Ley de Tierras y Desarrollo Agrario a casos donde lo debatido comporte materia agraria, comulga con los principios constitucionales y legales propios del derecho agrario, de manera que la aplicación de disposiciones del Código de Procedimiento Civil particularmente en lo que se refiere a los procedimientos especiales y específicamente el juicio de partición, y la eventual aplicación del procedimiento ordinario establecido en su artículo 338, resulta incompatible con los criterios vinculantes de esta Sala en los términos expuestos *supra*, y por lo tanto, al derecho al debido proceso, la tutela judicial efectiva y al principio de seguridad y soberanía agroalimentaria, consagrados en los artículos 49, 26, 257 y 305 de la Constitución de la República Bolivariana de Venezuela.

En atención a ello no puede dejar de indicar esta Sala que, en el presente caso, la desaplicación debió establecerse respecto del artículo 186, en su última parte y el artículo 252 de la Ley de Tierras y Desarrollo Agrario y no de los artículos artículos 338 y siguientes del Código de Procedimiento Civil, así como los artículos 777, 778 y 780 *eiusdem*, ya que es en esas normas donde se estableció originariamente la remisión al procedimiento de partición del Código de Procedimiento Civil. Igualmente, no pasa por inadvertido para esta Sala que la sentencia objeto de revisión tanto en su parte motiva como dispositiva, el Juez procedió a aplicar el procedimiento ordinario agrario antes de hacer la desaplicación por control difuso en la resolución del asunto planteado, lo cual carece de orden lógico.

Por lo tanto, dado que la Sala igualmente concluye en la necesidad de sustanciar el juicio de partición conforme a las reglas del procedimiento ordinario agrario establecido en la Ley de Tierras y Desarrollo Agrario, es por lo que esta Sala declara conforme a derecho la desaplicación realizada por el Juzgado Primero de Primera Instancia Agraria de la Circunscripción Judicial del Estado Barinas, en los términos expuestos en el presente fallo, por lo que, el procedimiento de partición deberá tramitarse conforme al procedimiento ordinario previsto en la Ley de Tierras y Desarrollo Agrario. Así se decide.

C.   *La garantía constitucional del juez natural*

TSJ-SC (282)   **9-7-2021**

Magistrado Ponente: Luis Fernando Damani

Caso: Carmen Cecilia Padilla D´Viasy

Al respecto, esta Sala ha definido los límites y alcances de los requisitos de la garantía del juez natural, en los siguientes términos:

"Esta garantía judicial es una de las claves de la convivencia social y por ello confluyen en ella la condición de derecho humano de jerarquía constitucional y de disposición de orden público, entendido el orden público como un valor destinado a mantener la armonía necesaria y básica para el desarrollo e integración de la sociedad. Dada su importancia, no es concebible que sobre ella existan pactos válidos de las partes, ni que los Tribunales al resolver conflictos atribuyan a jueces diversos al natural, el conocimiento de una causa. El convenio expreso o tácito de las partes en ese sentido, al igual que la decisión judicial que trastoque al juez natural, constituyen infracciones constitucionales de orden público.

Por lo anterior, si un juez civil decidiere un problema agrario, porque en un conflicto entre jueces, el superior se lo asignó al juez civil, tal determinación transgrediría la garantía del debido proceso a las partes, así la decisión provenga de una de las Salas de nuestro máximo Tribunal, y así las partes no reclamaran (...)

En la persona del juez natural, además de ser un juez predeterminado por la ley, como lo señala el autor Vicente Gimeno Sendra (Constitución y Proceso. Editorial Tecnos. Madrid 1988) y de la exigencia de su constitución legítima, deben confluir varios requisitos para que pueda considerarse tal. Dichos requisitos, básicamente, surgen de la garantía judicial que ofrecen los artículos 26 y 49 de la Constitución de la República Bolivariana de Venezuela, y son los siguientes: 1) Ser independiente, en el sentido de no recibir órdenes o instrucciones de persona alguna en el ejercicio de su magistratura; 2) ser imparcial, lo cual se refiere a una imparcialidad consciente y objetiva, separable como tal de las influencias psicológicas y sociales que puedan gravitar sobre el juez y que le crean inclinaciones inconscientes. La transparencia en la administración de justicia, que garantiza el artículo 26 de la vigente Constitución se encuentra ligada a la imparcialidad del juez. La parcialidad objetiva de éste, no sólo se emana de los tipos que conforman las causales de recusación e inhibición, sino de otras conductas a favor de una de las partes; y así una recusación hubiese sido declarada sin lugar, ello no significa que la parte fue juzgada por un juez imparcial si los motivos de parcialidad existieron, y en consecuencia la parte así lesionada careció de juez natural; 3) tratarse de una persona identificada e identificable; 4) preexistir como juez, para ejercer la jurisdicción sobre el caso, con anterioridad al acaecimiento de los hechos que se van a juzgar, es decir, no ser un Tribunal de excepción; 5) ser un juez idóneo, como lo garantiza el artículo 26 de la Constitución de la República Bolivariana de Venezuela, de manera que en la especialidad a que se refiere su competencia, el juez sea apto para juzgar; en otras palabras, sea un especialista en el área jurisdiccional donde vaya a obrar." (Sentencia N° 144 del 24 de marzo de 2000, caso: "Universidad Pedagógica Experimental Libertador"). [Véase: Revista de Derecho Público N° 81, Enero-Marzo 2000, pp. 144 y ss.]

El derecho y la garantía constitucional del juez natural supone, entonces, que la composición del órgano jurisdiccional llamado a decidir esté determinado previamente en la ley, para que se siga en cada caso concreto, el procedimiento que legalmente se establece, ya que de lo contrario se plantearía un vicio de orden público que afectaría de nulidad la resolución judicial correspondiente.

2.   *Derechos sociales y de las familias*

A.   *Protección del matrimonio. Régimen patrimonial conyugal: Capitulaciones matrimoniales*

TSJ-SC (652)   **26-11-2021**

Ponente: Carmen Zuleta De Merchán

Caso: Wilmer Rafael Partidas Rangel

La Sala Constitucional Establece con carácter vinculante la interpretación constitucionalizante de los artículos 148 y 149 del Código Civil, y establece que las Capitulaciones matrimoniales se celebrarán conforme a la libre y expresa autonomía de los cónyuges/partes de manera personal con plena capacidad legal para contratar o en caso de minoridad o inhabilitación aún en trámite, con la asistencia y aprobación de la persona cuyo consentimiento es necesario para la celebración del matrimonio sean sus padres o su curador. De tal manera, que siendo las Capitulaciones matrimoniales el régimen patrimonial conyugal principal, los convenimientos de los cónyuges podrán celebrarse válidamente antes y durante el matrimonio; y así también, podrán ser reformadas durante el matrimonio y aún dejarse sin efecto. En todo caso, nunca tendrán efectos retroactivos sino hacia el futuro, y entrarán en vigencia una vez registradas conforme lo establecido en los artículos 143 y siguientes del Código Civil, normativa que se ajustará a lo aquí decidido y que queda vigente en todo lo que no contradiga la presente decisión. En el caso de que la celebración y/o reforma de las Capitulaciones matrimoniales se haga en el exterior las mismas tendrán efectos en Venezuela una vez cumplidos los requisitos previstos en los artículos 143 y 145 del Código Civil.

Asimismo, se establece con carácter vinculante la interpretación constitucionalizante del artículo 767 del Código Civil regulatorio de la comunidad concubinaria en ausencia de matrimonio, en el sentido de que "En ausencia de las Capitulaciones patrimoniales admitidas en el concubinato por inexistencia o nulidad de las mismas, deberá presumirse la comunidad de bienes salvo prueba en contrario", todo ello a tenor de lo previsto en el artículo 77 de la Constitución de la República Bolivariana de Venezuela.

...Entiende la Sala que la parte demandante en nulidad reclama una igualdad en la ley cuando en sus alegatos evidencia que resulta inexplicable la prohibición de disolución y liquidación voluntaria de los bienes de la comunidad matrimonial estando vigente aún el vínculo matrimonial, siendo que la figura jurídica de la separación de cuerpos según lo establecido en el artículo 185-A del Código Civil y artículo 190 *eiusdem* permiten la disolución o liquidación voluntaria de la comunidad de bienes.

Ahora bien, esta asimetría regulatoria del régimen de bienes matrimoniales -que denuncia el demandante en nulidad- según haya o no separación de cuerpos declarada de los cónyuges, va a permitir a la Sala revisar la constitucionalidad de la totalidad del régimen de comunidad de bienes matrimoniales porque además de ser largamente pre-constitucional, podría carecer de sentido de cara a las reformas sustanciales que por vía jurisprudencial de esta misma Sala Constitucional ha impactado a la institución matrimonial y al divorcio. Véase las sentencias de la Sala Constitucional N° 693 del 2 de junio de 2015 (caso *Francisco Anthony Rampersad*); [Véase: *Revista de Derecho Público* N° 142, 2015 pp. 136 y ss] N° 46 del 15 de mayo de 2014 (caso *Víctor José de Jesús Vargas*) y N° 1682/2005 (caso: *Carmela Mampieri Guiliani*).

Así tenemos que, el régimen económico matrimonial surgió originariamente -sostienen Planiol y Ripert (Tomo VIII, p. 3)- como un estatuto que gobierna los intereses pecuniarios de los cónyuges, bien sea en sus relaciones recíprocas como en las relaciones con los terceros. En teoría pura no hubiera sido una consecuencia necesaria del matrimonio de no estar determinada por la otrora condición de incapacidad legal de la mujer casada, y la necesidad para el legislador de establecer su grado de participación en la administración, y disposición del patrimonio conyugal; el caso es que a diferencia de Roma donde solo se conocía la regulación del régimen dotal, las legislaciones modernas desde el Código napoleónico conocen distintos régimen patrimoniales conyugales.

Nuestro Código Civil establece en su artículo 141 que el patrimonio matrimonial se rige por las convenciones de los cónyuges y por la Ley. Vale decir, conforme al artículo 148 *eiusdem*: "*Entre marido y mujer, si no hubiere convención en contrario, son comunes de por mitad, las ganancias o beneficios que se obtengan durante el matrimonio*". En nuestro ordenamiento patrio, este régimen de comunidad conyugal de gananciales -cuya regulación se detalla en los artículos subsiguientes del Código Civil- es entonces el **régimen supletorio** del patrimonio conyugal a falta de capitulaciones o convenciones contrarias previas al matrimonio que acuerden los pre-nupciantes (artículos 141 y 150 Código Civil).

Así entonces, siendo el régimen de capitulaciones o el de la separación de bienes conyugales el régimen principal que rige en la institución del matrimonio, mal podría explicarse **la solemnidad** a la que están sometidas (art. 143 Código Civil), y la condición de que la **validez** de las mismas estén sujetas a su celebración y registro antes del matrimonio (art. 144 Código Civil); restricciones legales éstas que sin duda, han influido en la inversión de la presunción legal; y hasta ha conllevado en la práctica a la sustitución del régimen principal de capitulaciones matrimoniales por el régimen supletorio de comunidad de bienes y gananciales.(...)

(...) Hoy día, cuando las instituciones familiares, y los cónyuges han alcanzado una igualdad y paridad civil en el plano familiar, resulta necesario reconocer la **autonomía de la voluntad de los cónyuges** conforme al **principio de igualdad**, de **manera expresa** (no falsamente tácita) y con reconocimiento de la **plena capacidad** de ambos cónyuges para administrar y disponer de los bienes propios y conyugales sin condicionamiento de su estado civil.

La fundamentación de la lectura constitucionalizada que hace la Sala del régimen pecuniario del matrimonio, y demás instituciones de orden familiar reguladas por el Código Civil vigente hace énfasis en el carácter **no injerencista** del legislador civil cuya regulación en el ámbito privado y familiar se hace **preferiblemente excepcional**; de tal manera, que el intérprete estará obligado a respetar el dogma o axioma base del Derecho Privado: *"Todo lo que no está expresamente prohibido está tácitamente permitido"*, por oposición justamente al dogma básico del Derecho Público: *"Todo lo que no está expresamente permitido está prohibido"*.

En esta misma perspectiva no existirían razones para que el legislador en detrimento del **principio de igualdad en la ley** estableciera circunstancias de regulación distintas para que en una misma situación civil (vigente el matrimonio), se permitiera el ejercicio de distintos derechos individuales, como es el caso de que los cónyuges vivan separados de cuerpos de forma declarada (arts. 173, 190 y 185-A del Código Civil), o **de facto** vivan separados de cuerpos. Tampoco así, ignorándose las más elementales reglas de la analogía se impida que el reconocimiento de la unión concubinaria en ausencia de matrimonio, prevista en forma única en el artículo 767 del Código Civil, ignore a su vez e impida el mutuo convenimiento de los concubinos para administrar los bienes pecuniarios propios de cada uno.

Todos estos vacíos o lagunas legales para no señalar las incongruencias sobrevenidas por efectos de la Constitución de la República Bolivariana de Venezuela (1999), y de la natural desactualización del ordenamiento civil venezolano de vieja data (1922 y reformado en 1982) hacen perentorio para esta Sala Constitucional ajustar el ordenamiento jurídico vigente a los principios y garantías constitucionales mediante anulación y/o interpretación constitucionalizante del texto legal *sub iudice*; en razón de lo cual, y con fundamento en los razonamientos arriba expuestos, esta Sala Constitucional haciendo un examen de la constitucionalidad del régimen de bienes y patrimonio regulado en el *Capítulo XI Sección II del Libro Primero* del Código Civil deja expresado con **carácter vinculante** lo siguiente: las Capitulaciones o Convenciones matrimoniales de los cónyuges contenidas en el artículo 143 del Código Civil constituyen el régimen patrimonial **principal** y ordinario de regulación en el matrimonio, y **supletoriamente** en caso de ausencia de Capitulaciones matrimoniales por **inexistencia** o **nulidad** de las mismas, la administración y disposición del patrimonio conyugal se regirá por el régimen de comunidad de bienes y gananciales previsto en los artículos 148 y siguientes del Código Civil; en consecuencia, la Sala Constitucional interpreta los artículos 148 y 149 del Código Civil , y establece que **las Capitulaciones matrimoniales se celebrarán conforme a la libre y expresa autonomía de los cónyuges/partes de manera personal con plena capacidad legal para contratar o en caso de minoridad o inhabilitación aún en trámite, con la asistencia y aprobación de la persona cuyo consentimiento es necesario para la celebración del matrimonio sean sus padres o su curador. De tal manera, que siendo las Capitulaciones matrimoniales el régimen patrimonial conyugal principal, los convenimientos de los cónyuges podrán celebrarse válidamente antes y durante del matrimonio; y así también, podrán ser reformadas durante el matrimonio y aún dejarse sin efecto. En todo caso, nunca tendrán efectos retroactivos sino hacia el futuro, y entrarán en vigencia una vez registradas conforme lo establecido en los artículos 143 y siguientes del Código Civil, normativa que se ajustará a lo aquí decidido y que queda vigente en todo lo que no contradiga la presente decisión. En el caso de que la celebración y/o reforma de las Capitulaciones matrimoniales se haga en el exterior las mismas tendrán efectos en Venezuela una vez cumplidos los requisitos previstos en los artículos 143 y 145 del Código Civil.**

Por su parte, el artículo 144 del Código Civil venezolano se interpretará sin restricción admitiéndose la celebración de las Capitulaciones matrimoniales antes de la celebración del matrimonio; o posteriormente durante la vigencia del matrimonio, así como también serán válidas las reformas o modificaciones a las Capitulaciones matrimoniales, su sustitución y la reforma.

De igual modo, invocando la plena autonomía de la voluntad de los cónyuges podrán éstos revocar por mutuo consentimiento durante el matrimonio el régimen convencional de Capitulaciones matrimoniales que hubiesen mantenido vigente, y someter el patrimonio propio al régimen legal comunitario previsto en los artículos 148 y siguientes del Código Civil, una vez cumplidos los requisitos previstos en los artículos 143 y 145 del mismo Código.

No puede pasar desapercibida la situación jurídica similar que tienen las uniones concubinarias en ausencia de matrimonio, o uniones estables de hecho como han sido calificadas por esta Sala Constitucional en sentencia N° 1682/2005 y donde se fundaría la aplicación por analogía de la interpretación constitucional que hace la Sala del Régimen convencional patrimonial del matrimonio a la institución del concubinato. En tal sentido, el documento de las capitulaciones deberá incluir la indicación expresa de la fecha de inicio de la relación de hecho, todo ello a tenor de lo previsto en el artículo 77 de la Constitución de la República Bolivariana de Venezuela.

No existiendo entonces prohibición legal expresa, la Sala encuentra también en aplicación analógica que el artículo 767 del Código Civil regulatorio de la comunidad concubinaria en ausencia de matrimonio, debe hacer prevalecer el principio de autonomía de la voluntad para que los concubinos en iguales condiciones que los cónyuges en el matrimonio puedan darse por mutuo consentimiento un régimen de Capitulaciones patrimoniales que se regirá analógicamente, según los artículos 143 y 146 del Código Civil interpretados con el mismo carácter vinculante que la Sala ha dispuesto para las Capitulaciones matrimoniales. En ausencia de las Capitulaciones patrimoniales admitidas en el concubinato por inexistencia o nulidad de las mismas, deberá presumirse la comunidad de bienes salvo prueba en contrario, conforme lo establece el artículo 767 del Código Civil.

Igualmente, las modificaciones a las capitulaciones matrimoniales que a bien tengan hacer las partes, sea durante el matrimonio o durante la unión estable de hecho, podrán hacerse una vez transcurridos cinco (5) años desde la fecha de la última capitulación de bienes efectuada.

Para la validez y antes del registro civil del documento contentivo de las modificaciones a las capitulaciones matrimoniales, las partes deberán previamente publicar dicho documento, por tres veces con intervalo de diez (10) días, en un periódico (versión digital e impresa) de circulación en el lugar donde esté constituido el domicilio conyugal, o en el lugar más cercano a éste. Para el caso de que no exista un periódico en dicha localidad, deberá publicarse en un periódico de circulación nacional (versión digital e impresa). Así finalmente se decide.

Voto Salvado del Magistrado Calixto Ortega Ríos

Quien suscribe, Magistrado Calixto Ortega Ríos, disiente del criterio sostenido por la mayoría sentenciadora al suscribir la decisión contenida en el presente fallo, por lo que de conformidad con lo establecido en el artículo 104 de la Ley Orgánica del Tribunal Supremo de Justicia, expresa su VOTO SALVADO en los términos siguientes:

En principio, tal como lo observa acertadamente el proyecto, la parte accionante en nulidad, precisa:

"… *cualquier esfuerzo de constatar la inconstitucionalidad que estamos denunciando, debe en primer lugar responder y observar que si la Ley admite la separación de bienes para los cónyuges que manifiesten voluntariamente querer separarse de cuerpo y consecuencialmente suspender la vida en común, es injusto e ilógico que quienes ya hayan estado separados por más tiempo que establece la ley para convertir en divorcio a los separados de cuerpo de hecho, no tengan la misma posibilidad de manifestar su voluntad con respecto a los bienes comunes y más aún cuando el artículo 185-A del Código Civil Venezolano establece como causal de divorcio la ruptura prolongada de la vida en común; es decir por existir una separación de hecho constatada por el Tribunal y la manifestación de voluntad común de los cónyuges. En aras de evitar injusticia y discriminaciones, en esta última situación mencionada se debería permitir aplicar el procedimiento que establece el artículo 190 del Código Civil Venezolano y 762 Código de Procedimiento Civil Venezolano al artículo 185-A CCV".*

Conforme a ello, en la sentencia de la cual se disiente, la mayoría sentenciadora delimita la solicitud, en este sentido:

"…*entiende la Sala que la parte demandante en nulidad reclama una igualdad en la ley cuando en sus alegatos evidencia que resulta inexplicable la prohibición de disolución y liquidación voluntaria de los bienes de la comunidad matrimonial estando vigente aún el vínculo matrimonial, siendo que la figura jurídica de la separación de cuerpos según lo establecido en el artículo 185-A del Código Civil y artículo 190 eiusdem permiten la disolución o liquidación voluntaria de la comunidad de bienes.*"

Si bien, el juez constitucional no se encuentra vinculado a lo solicitado por el accionante, debe existir algún nexo o conexión entre lo pedido y lo decidido, no puede hallarse una total excomunión entre lo solicitado y la decisión.

No obstante ello, a pesar de establecerse de manera diáfana y concreta el tema *decidendum* en la sentencia y declararse que su resolución es de orden público por lo que no se decide en la motiva de la misma, el abandono del trámite por pérdida del interés, aunque si lo hace en la dispositiva de la sentencia, sin embargo, la misma se profiere de forma totalmente distinta y deja de un lado lo solicitado en la acción popular para pronunciarse sobre el régimen patrimonial del matrimonio, que es un asunto totalmente diferente, con lo cual se produce una decisión incongruente.

Por otra parte, la mayoría sentenciadora declara en la sentencia de la cual se discrepa, que es un asunto de mero derecho y por ello obvia el procedimiento establecido en la Ley Orgánica del Tribunal Supremo de Justicia, siendo que la acción popular por inconstitucionalidad es por su naturaleza, una acción de mero derecho, y aun así, tienen fijado un procedimiento en la Ley, en el artículo 128 *ejusdem*, intitulado "*Demandas sujetas a tramitación*", en el cual se establece:

"*Demandas sujetas a tramitación*

Artículo 128. Hasta tanto se dicte la Ley que regula la Competencia Constitucional las demandas a que se refieren los numerales 1, 2, 3, 4, 7, 8, 9 y 17 del artículo 25 de esta Ley se tramitarán conforme a lo que dispone este capítulo."

De acuerdo a ello, la Sala, en caso de la acción de nulidad de norma, no puede obviar el procedimiento legalmente establecido, como si se tratase un amparo, siguiendo su propia doctrina, sólo por la circunstancia que la causa sea de mero derecho, porque repetimos, siempre la acción popular de nulidad contiene pretensiones de mero derecho.

Aun así, la Sala debe escuchar al Legislador por antonomasia -Asamblea Nacional- y al resto de los Poderes constituidos, tales como el Poder Ejecutivo e incluso a todo aquel que tenga algo que aportar a los fines de elaborar una legislación inclusiva, mucho más, en un Estado Social de Justicia y de Derecho donde el ciudadano ejerce un rol central y, la legislatura se practica bajo el principio de participación, protagonismo y corresponsabilidad. En este sentido, es contrario a tales principios, que, en un aspecto tan importante de la vida privada, con trascendencia social, se haya omitido el procedimiento establecido.

Como corolario de lo anterior, la decisión de la cual nos deslindamos implica un solapamiento de funciones con el Legislador ordinario, al cual le corresponde dicha función, en el sentido de la creación de Ley. La norma es una elaboración dentro de un proceso que involucra un complejo de actividades que va desde la consulta popular hasta la dinámica de las discusiones en las respectivas comisiones y en las plenarias de la Asamblea Nacional. No es una, sino dos discusiones, las que deben dárseles a los proyectos de Ley e incluso, pudiera ser sometida a referéndum aprobatorio y finalmente, puesta en ejecútese por el Presidente de la República.

El fundamento de la sentencia de la cual nos apartamos aspira o pretende dar, carácter reivindicativo, se encuadra en la lucha por la igualdad entre el hombre y la mujer, que este disidente obviamente apoya. Ello precisamente niega una de las conquistas más importantes del movimiento feminista venezolano que logró la igualdad patrimonial en el matrimonio en la reforma del Código Civil de 1982, oportunidad desde la cual, la mujer casada administra los bienes que provienen de su actividad económica y debe ser consultada y consentir la disposición de los bienes de la comunidad (al igual que el hombre) por lo que, si en algún aspecto la mujer ha conseguido plena igualdad, es precisamente en el reconocimiento jurídico de los efectos patrimoniales del matrimonio.

La sentencia de la que se disiente obra a contra corriente de la tendencia mundial del recurso cada vez más usual del las capitulaciones matrimoniales para resolver lo económico en los matrimonios y no considera aspectos que están vinculados al tema patrimonial, que se encuentra en el propio Código Civil como en otras instrumentos legislativos, como el tema de las sucesiones y la pérdida u obtención de la vocación hereditaria (*Vid.* artículos 823 y 883 del Código Civil) en caso de capitulaciones post matrimonio o no, el caso de la mujer casada que ejerce el comercio (*Vid.* artículo 16 y 19 cardinal 4° del Código de Comercio. En razón de este último, toda modificación, cambio, supresión o alteraciones de las capitulaciones matrimoniales originarias debe cumplir con esta disposición), la Ley Orgánica de Registro Civil, (Artículo 104 numeral 5 de la Ley Orgánica de Registro Civil) entre otras.

La nueva regulación no tiene previsiones de cuánto será el costo de su implementación, como si se requiere en el resto de la legislación nacional, antes de promulgarse una Ley, para saber cuánto costará la adecuación de los registros para procesar las solicitudes de cambio de régimen patrimonial.

Empero, uno de los aspectos fundamentales, son los derechos de terceros, la enorme inseguridad jurídica que implica los cambios sobrevenidos al régimen de bienes dentro del matrimonio, por cuanto si bien se aplica hacia el futuro, es muy difícil saber cuál es el último régimen asumido por los cónyuges. En la actualidad, las capitulaciones deben ser registrada en la oficina de registro correspondiente al lugar del matrimonio (Ver artículo 143 del Código Civil), en el caso de la presente decisión sería, aunque no lo dice y es un aspecto fundamental, el lugar del matrimonio o del domicilio conyugal, (que puede variar a voluntad de los cónyuges. Ver artículo 140 del Código Civil), entonces puede registrarse las capitulaciones en determinada ciudad porque los cónyuges de mutuo acuerdo fijan su domicilio conyugal en ese lugar, que puede ser distinto y distante al domicilio individual de cada uno de ellos, pudiendo ambos conjunta o separadamente, dependiendo del último régimen decidido, contratar con terceros, que no tienen posibilidades de conocer dicho régimen patrimonial.

Del mismo modo, no existe precedentes legislativos de regímenes conyugales totalmente flexibles, así las cosas, esta sentencia abre la posibilidad de aplicación a matrimonios donde actualmente existe comunidad de gananciales y con ocasión a esta decisión se puede vulnerar los intereses de los cónyuges con la exigencia de capitulaciones entre cónyuges, cuyos matrimonios tienen años constituidos, pudiendo afectar derechos adquiridos.

Para la mayoría sentenciadora se ha obviado el carácter mercantil que comportan las capitulaciones matrimoniales cuando se trata de que la pareja, o uno de ellos, sean comerciantes. Hoy, todo lo invade el comercio, y la consideración de que el patrimonio es solo una entidad civil, es anacrónica pues el patrimonio es solo una entidad de activos y pasivos tasables en dinero.

Finalmente, a pesar de que el fundamento de la sentencia aspira reivindicar la igualdad entre el hombre y la mujer, no puede haber igualdad ahí en donde se genera una fuente de eventuales conflictos en detrimento de los cónyuges, la familia y la sociedad. De igual forma, se piensa en una igualdad entre el hombre y la mujer, pero por mucho que se analice la argumentación, subyace una posición desigual, ya que la unión entre parejas no tiene *per se* que comprometer su privativo patrimonio. Si durante la vida de pareja se nutre y crece el patrimonio, por el sentido mismo de la convivencia, la pareja se socorre mutuamente, pero las virtudes del amor y de los sentimientos no tienen por qué ser la expresión del carácter patrimonial de la unión. Son dos aspectos bien diferenciados. Se pretende introducir un carácter materialista en la unión de los afectos o sentimientos que han dado origen a la unión de la pareja. Es esto un desencanto censurable por lo que la ideología que abriga la sentencia es, lamentablemente, antisocial, con manifiesto perjuicio previsible para la unión, la familia y la sociedad. Con la introducción de este nuevo régimen, lo cierto es que una vez casados pueden variar las circunstancias económicas de los cónyuges y uno de ellos, quiera dejar de compartir sus bienes, ejerciendo para eso alguna posición de dominio, sexual, afectiva, económica o jurídica, variando las circunstancias originales para acceder al casamiento. ¿No estaremos agregando una circunstancia adicional de estrés a la vida en matrimonio? ¿No es mejor un plan educativo que le enseñe a los ciudadanos que existe la posibilidad de realizar capitulaciones matrimoniales con sus ventajas para la vida en común?, pues nada garantiza que este cambio radical determine que no se seguirá manteniendo al régimen de gananciales -que aunque régimen supletorio- es el más extendido entre los ciudadanos venezolanos.

En estos términos, se resumen las contrariedades que le producen a quien abandona a la mayoría sentenciadora con relación a la sentencia de la cual se disiente.

En fecha *ut supra*

II.   EL ORDENAMIENTO ORGÁNICO DEL ESTADO

1.   *El Poder Judicial*

   A.   *Tribunal Supremo de Justicia*

      a.   *Facultad de Avocamiento*

TSJ-SC (756)   **9-11-2021**

Magistrado Ponente: Rene Alberto Degraves Almarz

Caso: María Francisca Rodríguez Castillo

Por otro lado, a los fines de considerar el trámite de la presente solicitud de avocamiento, el título VII, Capítulo III, de la Ley Orgánica del Tribunal Supremo de Justicia, establece:

"Artículo 108. La Sala examinará las condiciones de admisibilidad del avocamiento, en cuanto al asunto curse ante algún tribunal de la República, independientemente de su jerarquía y especialidad o de la etapa o fase procesal en que se encuentre, así como que las irregularidades que se aleguen hayan sido oportunamente reclamadas sin éxito en la instancia a través de los medios ordinarios. Cuando se admita la solicitud de avocamiento, la Sala oficiará al tribunal de la instancia, requerirá el expediente respectivo y podrá ordenar la suspensión inmediata del curso de la causa, así como la prohibición de realizar cualquier clase de actuación. Serán nulos los actos y las diligencias que se dicten en desacato a la suspensión o prohibición que se expida.

Artículo 109. La sentencia sobre el avocamiento la dictará la Sala competente, la cual podrá decretar la nulidad y subsiguiente reposición del juicio al estado que tenga pertinencia, o decretar la nulidad de alguno o algunos de los actos de los procesos, u ordenar la remisión del expediente para la continuación del proceso o de los procesos en otro tribunal competente en la materia, así como adoptar cualquiera medida legal que estime idónea para el restablecimiento del orden jurídico infringido".

Conforme a las disposiciones de la Ley Orgánica del Tribunal Supremo de Justicia, el avocamiento entendido en sí como potestad, debe ser analizado conforme a las situación de admisibilidad previstas en el artículo 108 de la Ley, referidas a que los asuntos que cursen ante cualquier juzgado de la República, independientemente de su jerarquía y especialidad, o de la etapa o fase procesal en que se encuentren, así como que las irregularidades que se aleguen, hayan sido reclamadas oportunamente sin éxito en la instancia a través de los medios ordinarios.

En atribución del artículo 108 de la Ley Orgánica del Tribunal Supremo de Justicia, cualquier parte afectada puede solicitar el avocamiento por parte de esta Sala, siempre y cuando haya manifestado ante la instancia correspondiente, las anomalías que considere necesarias y por las cuales pretende que sean en esa misma instancia corregidas so pena de generarse una infracción de los derechos y garantías fundamentales ínsitos del proceso que ameriten posteriormente la interposición del avocamiento.

En este punto, a diferencia de lo ocurrido en el amparo, no se trata de ejercer las acciones o recursos ordinarios, toda vez que el avocamiento presupone el ejercicio de una potestad que no se encuentra condicionada a medios impugnativos previos.

Sin embargo, esta Sala considera necesario, tal como así lo dispone la Ley que rige las funciones de este Alto tribunal, que la parte afectada dentro del proceso haga advertir de cualquier forma dentro del mismo, la anomalía que afecte su posición dentro de la causa, o de la existencia de elementos exógenos capaces de viciar la tramitación del juicio, pervirtiendo su correcta instrucción.

El cumplimiento de este requerimiento conforme a la Ley Orgánica del Tribunal Supremo de Justicia obedece a la carga que tiene el afectado como parte del proceso de advertir o enterar a las partes y al director del proceso de las circunstancias desavenidas, previa a la posibilidad de acudir a esta Sala a los fines de solicitar el avocamiento.

El fundamento de tal requerimiento obedece a que el avocamiento reviste un carácter extraordinario, por cuanto es capaz de afectar las garantías del juez natural y del doble grado de jurisdicción; de allí deriva la regulación por Ley que rige las funciones de las Salas de este Máximo Tribunal, de ceñir el avocamiento a las preceptuadas condiciones de admisibilidad y procedencia, siendo que estas últimas no sólo estén fundadas en derecho, en atención a lo alegado y probado en autos, sino también en criterios de justicia y razonabilidad que aseguren la tutela efectiva de quien haya demostrado su legítima pretensión en el asunto a resolver (*vid.* S.C. N° 5046 del 15 de diciembre de 2005, caso: *José Urbina y otros*).

En el caso de autos, en lo que corresponde a la competencia de esta Sala, se alude a sendos procedimientos de régimen de convivencia llevados en los expedientes KP02-V-2018-000681 y KP02-V-2019-001232 y sus respectivos cuadernos e incidencias que cursan ante el Tribunal Primero de Primera Instancia de Mediación, Sustanciación y Ejecución del Circuito Judicial de Protección de Niños, Niñas y Adolescentes de la Circunscripción Judicial del Estado Lara.

Asimismo, se observa de los anexos que acompañan a la presente solicitud de avocamiento, que la parte accionante ha venido denunciando e informando, la atipicidad de las situaciones que considera violatorias a sus derechos a la tutela judicial efectiva, a la defensa y al debido proceso, previstos en los artículos 26 y 49 de la Constitución de la República Bolivariana de Venezuela.

En virtud de lo expuesto, esta Sala considera que existen suficientes elementos de prueba que le hacen presumir la existencia de anomalías procesales proveniente de la causa, por lo que advierte la Sala en el presente caso la posible transgresión del orden público constitucional, en el marco de los principios fundamentales que informan el derecho al debido proceso, a la correcta aplicación de las leyes procesales y sustantivas, en materia de protección de niños, niñas y adolescentes función ésta que le es propia al juzgador a quien atañe el conocimiento del caso en concreto, con el objeto de evitar decisiones arbitrarias que coloquen en entredicho la imagen del Poder Judicial, por lo tanto en aras de preservar el derecho a la tutela judicial efectiva, con la finalidad de determinar, efectivamente, si en el presente caso existe una vulneración al orden jurídico constitucional, y con el objeto de evitar criterios jurisprudenciales contradictorios en el presente caso, esta Sala Constitucional **ADMITE** la presente solicitud de avocamiento. Así se decide.

III. LA JUSTICIA CONSTITUCIONAL

    1.   *El control de la constitucionalidad*

        A.   *Control difuso de la constitucionalidad. Efectos*

            TSJ-SC (282)   **9-7-2021**

            Magistrado Ponente: Luis Fernando Damani

            Caso: Carmen Cecilia Padilla D´Viasy

De allí que se plantea para esta Sala dilucidar, si la desaplicación realizada por el Juzgado Primero de Primera Instancia Agraria de la Circunscripción Judicial del Estado Barinas, fue ajustada a derecho, tomando en consideración en lo que a dicho control de la constitucionalidad se refiere, que esta modalidad es inherente al sistema de justicia constitucional y *"(...) se ejerce cuando en una causa de cualquier clase que está conociendo el juez, éste reconoce que una norma jurídica (...) es incompatible con la Constitución. Caso en que el juez del proceso, actuando a instancia de parte o de oficio, la desaplica (la suspende) para el caso concreto que está conociendo, dejando sin efecto la norma en dicha causa (y sólo en relación a ella), haciendo prevalecer la norma constitucional que la contraría. No debe confundirse el control difuso, destinado a desaplicar normas jurídicas, con el poder que tiene cualquier juez como garante de la integridad de la Constitución, de anular los actos procesales que atenten contra ella o sus principios, ya que, en estos casos, el juzgador cumple con la obligación de aplicar la ley, cuya base es la Constitución (...). Distinta es la situación del juez que desaplica una norma porque ella colide con la Constitución, caso en que la confrontación entre ambos dispositivos (el constitucional y el legal) debe ser clara y precisa. Esto último, conlleva a la pregunta ¿si en ejercicio del control difuso un juez puede interpretar los principios constitucionales, y en base a ellos, suspender la aplicación de una norma? (...). Fuera de la Sala Constitucional, debido a las facultades que le otorga el artículo 335 de la Constitución vigente, con su carácter de máximo y última intérprete de la Constitución y unificador de su interpretación y aplicación, no pueden los jueces desaplicar o inaplicar normas, fundándose en principios constitucionales o interpretaciones motu proprio que de ellas hagan, ya que el artículo 334 comentado no expresa que, según los principios constitucionales, se adelante tal control difuso. Esta es función de los jueces que ejercen el control concentrado, con una modalidad para el derecho venezolano, cual es que sólo la interpretación constitucional que jurisdiccionalmente haga esta Sala es vinculante para cualquier juez, así esté autorizado para realizar control concentrado"* (*Cfr.* Sentencia de esta Sala N° 1.851/08). (Resaltado añadido).

En este sentido, el control difuso es un medio que conlleva en sí un juicio de inconstitucionalidad de la norma entendida en los efectos lesivos al caso concreto, que necesariamente requieren de un análisis de ponderación entre el cumplimiento de la consecuencia jurídica establecida en la disposición a desaplicar y su aproximación con el posible perjuicio y desnaturalización de un derecho o principio constitucional; ameritando un examen en relación a la validez de la norma (*Cfr.* Sentencia de esta Sala N° 701/09).

Siendo ello así, su alcance viene determinado precisamente por el Texto Constitucional que da origen a su fundamentación como medio de protección, delimitando la naturaleza de las normas que se encuentran dentro de su ámbito de regulación, de conformidad con el primer aparte del artículo 334 de la Constitución *"(...) [e]n caso de incompatibilidad entre esta Constitución y una ley u otra norma jurídica, se aplicarán las disposiciones constitucionales, correspondiendo a los tribunales en cualquier causa, aún de oficio, decidir lo conducente"* y, el artículo 20 del Código de Procedimiento Civil, que establece *"[c]uando la ley vigente, cuya aplicación se pida, colidiere con alguna disposición constitucional, los jueces aplicarán ésta con preferencia"*.

De ello resulta pues, que uno de los presupuestos para la procedencia del control difuso de la constitucionalidad, sea la existencia de un proceso en el cual la inconstitucionalidad de la norma no sea el objeto principal del mismo, como carácter propio del control posterior en abstracto regulado en el artículo 25.12 de la Ley Orgánica del Tribunal Supremo de Justicia. Así, se ha destacado que la *"(...) revisión sobre el pronunciamiento del control difuso que ejerce cualquier tribunal de la República, por parte de esta Sala (ex artículo 336.10 constitucional), que se articula con la competencia exclusiva de la Sala para que juzgue la constitucionalidad de las leyes y demás actos estatales que se dicten en ejecución directa e inmediata de la Constitución, vía control concentrado, la que permite la afirmación de que nuestro sistema de Justicia Constitucional es mixto o integrado pues, por una parte, figura el control difuso y, por la otra, el control concentrado, pero cada uno de estos medios de control de la constitucionalidad no actúan anárquicamente, sino, por el contrario, encuentran espacio común en la Sala Constitucional, la cual, tendrá a su cargo el mantenimiento de la uniformidad de las interpretaciones de los principios y derechos constitucionales"* (*Cfr.* Sentencia de esta Sala N° 19/09).

Igualmente, la Sala ha aclarado que *"[l]a supremacía constitucional en materia de normas, jurisdiccionalmente se ejerce mediante el control difuso y el control concentrado; mientras que las infracciones normativas, o provenientes de actos, hechos u omisiones que afecten o amenacen afectar de manera irreparable la situación jurídica de una persona, se controlan mediante el amparo"* (*Cfr.* Sentencia de esta Sala N° 1.267/01) y, en ese contexto, el juez que conoce la causa puede pronunciarse acerca del contenido o aplicación de las normas constitucionales que desarrollan los derechos fundamentales, revisar la interpretación o aplicación que de éstas ha realizado la administración pública o los órganos de la administración de justicia, o establecer si los hechos de los que se deducen las violaciones constitucionales, constituyen una violación directa de la Constitución.

B.   *Carácter vinculante de las interpretaciones constitucionales*

TSJ-SC (282)   **9-7-2021**

Magistrado Ponente: Luis Fernando Damani

Caso: Carmen Cecilia Padilla D´Viasy

En tal sentido, debe reiterarse que el artículo 334 de la Constitución de la República Bolivariana de Venezuela impone a todos los jueces la obligación de asegurar la integridad de la Constitución; y el artículo 335 *eiusdem* prescribe la competencia del Tribunal Supremo de Justicia para garantizar la supremacía y efectividad de las normas y principios constitucionales, por lo que declara:

"a esta Sala Constitucional su máximo y último intérprete, para velar por su uniforme interpretación y aplicación, y para proferir sus interpretaciones sobre el contenido o alcance de dichos principios y normas, con carácter vinculante, respecto de las otras Salas del Tribunal Supremo de Justicia y demás tribunales de la República (jurisprudencia obligatoria)". Como puede verse, la Constitución de la República Bolivariana de Venezuela no duplica en estos artículos la competencia interpretativa de la Constitución, sino que consagra dos clases de interpretación constitucional, a saber, la interpretación individualizada que se da en la sentencia como norma individualizada, y la interpretación general o abstracta prescrita por el artículo 335, que es una verdadera jurisdatio, en la medida en que declara, erga omnes y pro futuro (ex nunc), el contenido y alcance de los principios y normas constitucionales cuya interpretación constitucional se insta a través de la acción extraordinaria correspondiente (...).

Por supuesto que la eficacia de la norma individualizada para el caso resuelto implica la interpretación vinculante de las normas constitucionales que ha sido establecida para resolver el problema, ya que, siendo la norma individualizada, eo ipso, decisión del caso concreto, el contenido y el alcance de su motivación normativa quedan ligados, tópicamente, al problema decidido, y su obligatoriedad sólo podría invocarse conforme a la técnica del precedente (stare decisis) [precedente vinculante, aceptar lo decidido]. Si esto es así, la interpretación de la jurisprudencia obligatoria y la determinación de la analogía esencial del caso objeto de consideración judicial son indispensables para que la jurisprudencia sea aplicable a un caso análogo. Como dice Carl Schmitt 'el caso precedente estaría entonces incluido en su decisión y sería el paradigma concreto de los casos subsiguientes, los cuales tienen su derecho concreto en sí mismos, no en una norma o en una decisión. Cuando se considera al nuevo caso como un caso igual al precedente, en su igualdad concreta queda incluido también el orden que aparecía en la decisión judicial previa' (Sobre los tres modos de pensar la ciencia jurídica, Madrid, Tecnos, 1996, trad. de Monserrat Herrero, p. 61) (...).

(...omissis...) La tutela constitucional declarada, basada en la interpretación de los principios y normas constitucionales que fundamentan el fallo, vale, entonces, para el problema resuelto, y la jurisprudencia obligatoria derivada de la motivación se contrae al carácter individualizado de la sentencia, independientemente de la vinculatoriedad que resulte de su eficacia como precedente para casos sustancialmente análogos. Por último, la obligatoriedad del precedente no se limita sólo a la exigencia tópica del problema, exigencia que, como ya se vio, no depende de una subsunción lógica, sino de la inducción decisoria que el problema suscita y de la potestad de la Sala Constitucional para ejercer su competencia jurisdiccional. Pues la Sala, como instancia interpretativa máxima, no es-

tá vinculada por su propia interpretación, pese a que su práctica interpretativa esté sujeta a la justificación interna y a la externa ya indicadas, sin las cuales la seguridad jurídica y la misma justicia resurtiría en desmedro de los valores superiores de la Carta Magna. Se explica, así, como dice Dworkin (op. cit., p. 441), que 'la fuerza gravitacional de un precedente se puede explicar apelando, no a la procedencia de imponer leyes, sino a la equidad de tratar de manera semejante los casos semejantes' (...)" (Cfr. Sentencia de esta Sala N° 1309/2001).

Al respecto, la Sala debe reiterar que el orden jurídico constitucional no puede percibirse estáticamente, sino como un sistema que dinámicamente considerado, puede ofrecer múltiples oportunidades para encontrar las valoraciones inmanentes y latentes que pueden servir de base o de entramado para materializar de forma explícita la *ratio iuris* en el resto ordenamiento jurídico vigente -*Cfr.* Sentencia de esta Sala N° 597/11-.

En ese sentido, es preciso reiterar que las decisiones vinculantes de esta Sala cumplen con el requisito de universalidad, ya que permiten llegar a determinar los requisitos necesarios para que la interpretación y aplicación de una norma (constitucional o legal) en una determinada decisión judicial, sea justificada o acorde al Texto Fundamental, y ello es posible en el ordenamiento jurídico vigente, en la medida que esas decisiones vinculantes tienen implicaciones hacia el futuro -que se justifican entre otros argumentos en la igualdad de trato y seguridad jurídica-.

Cuando esta Sala fija un criterio vinculante, **el mismo puede plantear una regulación pormenorizada sobre el ámbito de su interpretación** -como por ejemplo se verificó en la primera decisión de esta Sala con el establecimiento de las competencias en materia de amparo (Sentencia N° 1/2000) o en la sentencia N° 7/2000, con la regulación del trámite para las acciones de amparo), entre otras- **o bien fijar un parámetro interpretativo, que comporta a cargo del juez un imperativo que se materializa en la obligación de interpretar y aplicar el ordenamiento jurídico en orden a garantizar la interpretación vinculante de la Sala respecto de las normas constitucionales, en la medida que estos le sean aplicables al caso en concreto** –*Cfr.* Sentencias de esta Sala Nros. 471/06, 1.117/06 y 597/2011–.

Así, *las decisiones vinculantes de esta Sala se insertan y garantizan el arquetipo diseñado en la Constitución de la República Bolivariana de Venezuela, en la que rige plenamente el principio de supremacía constitucional, conforme al cual toda manifestación de autoridad del Poder Público debe seguir los imperativos o coordenadas trazadas en la norma fundamental, como un efecto del principio de interpretación conforme a la Constitución y de la funcionalización del Estado a los valores que lo inspiran -vid. sentencia número 780 del 24 de mayo de 2011, caso: "Julián Isaías Rodríguez Díaz-, generando la necesaria coherencia del sistema jurídico, en la medida que la jurisdicción constitucional permite hacer afecti-*vo el Texto Fundamental (*cfr.* Aguiló Regla, Josep. *Teoría General de las Fuentes del Derecho (y del orden jurídico).* Ariel, Barcelona, 2000, 101-123).

De ello resulta pues, que cuando esta Sala fija su criterio vinculante sobre determinada norma, esta se inserta como parte del sistema jurídico debe ser acatada por el resto de los Tribunales de la República y puede ser objeto de control por medio de la solicitud extraordinaria de revisión (*vid.* Sentencias de esta Sala Nros. 93/01, 325/05 y 260/01 casos: *"Corpoturismo", "Alcido Pedro Ferreira"* y *"Benítez Bolívar"*, respectivamente) -entre otros-, ya que la interpretación conforme a la Constitución de *"toda y cualquier norma del ordenamiento tiene una correlación lógica en la prohibición, que hay que estimar implícita, de cualquier construcción interpretativa o dogmática que concluya en un resultado directa o indirectamente contradictorio con los valores constitucionales"* (*Cfr.* García de Enterría, Eduardo. *La Constitución como Norma y el Tribunal Constitucional.* Navarra, Thomson-Civitas, Cuarta Edición, 2006, p. 108).

Por ello, una vez declarado el criterio vinculante y este no sea modificado por esta Sala, el alcance y contenido de las normas constitucionales se concreta en dicho precedente, ya que *"los precedentes constitucionales, es decir, las normas adscritas que la Corte Constitucional concreta, se unen a la disposición constitucional en una simbiosis y, por lo tanto, ésta transmite su fuerza vinculante (…). **El precedente especifica lo que la Constitución establece y la Constitución no establece nada distinto a lo que explícitamente puede leerse en ella y a lo que el precedente especifica"*** (destacado de esta Sala) -*Cfr.* Bernal Pulido, Carlos. *El Derecho de los Derechos. Escrito sobre la aplicación de los derechos fundamentales.* Universidad Externado de Colombia, Colombia 2005, p. 170-, lo que su vez garantiza principios como el de seguridad jurídica y de coherencia del sistema jurídico.

C.   *Interpretación constitucional vinculante. Derecho y Jurisdicción Agraria*

TSJ-SC (282)   **9-7-2021**

Magistrado Ponente: Luis Fernando Damani

Caso: Carmen Cecilia Padilla D´Viasy

Ahora bien, respecto a la referida nulidad de los artículos 186 y 252 de la Ley de Tierras y Desarrollo Agrario, publicada en la Gaceta Oficial de la República Bolivariana de Venezuela N° 5.991 del 29 de julio de 2010, tal como lo indicó esta Sala que la misma deberá ser resuelta en este mismo fallo por ser un asunto de mero derecho, (*Cfr.* Sentencias de esta Sala N° 806/202, 155/2017 y 545/2017), para lo cual resulta pertinente hacer las siguientes consideraciones:

Una visión moderna del Derecho Agrario debe plantear un parámetro interpretativo de sus instituciones a partir de una concepción, en la que la aplicación de sus normas no es solo un problema de orden procesal sino fundamentalmente de un *"(…) imperativo económico, social y sobre todo democrático (….)"* lo cual *"le proyecta a dimensiones incalculables sobre todo en cuanto a los derechos humanos (…) al desarrollo, al de la protección del ambiente ecológicamente equilibrado y sobre todo el derecho más importante de la garantía y la promoción de la paz"* que ha sido llamado por la doctrina como un *"derecho agrario humanista"* (*Cfr.* Zeledón, Ricardo. *Derecho Procesal Agrario.* Tomo I. ILANUD: Escuela Judicial, Costa Rica, 1990, p. 8 y 9), cuestión que tiene plena aplicación en el orden constitucional vigente conforme a los artículos 49, 26, 127, 257 y 305 de la Constitución de la República Bolivariana de Venezuela, las sentencias de esta Sala Nros. 1.080/2011, 444/2012, 563/2013 y 1.135/2013 y en relación a la realidad o problemática de las relaciones que surgen con ocasión de la actividad agraria.

En tal sentido, la Sala no es ajena a que la fuente material del Derecho Agrario se genera en particulares relaciones sociales de producción y en el marco de una constante lucha entre los diversos sectores que desarrollan la actividad agraria, que han dado origen en el ámbito latinoamericano y nacional a pugnas internas o luchas transnacionales por la intervención de intereses foráneos, que en muchos casos modifican los patrones culturales y la sustentabilidad del desarrollo en el campo, por cuanto:

"las políticas neoliberales -caracterizadas por la desregulación, la privatización y el libre comercio- han abierto nuevas avenidas para que el capital financiero transnacional y las corporaciones transnacionales inviertan en actividades económicas en las zonas rurales del mundo. Es más: el colapso de varias burbujas especulativas contribuyó a que los inversionistas buscaran nuevas oportunidades de inversión y se volcaran hacia los recursos naturales rurales. Esto está generando un nuevo boom de actividades extractivistas, incluyendo cultivos de exportación, agro-combustibles, minería y plantaciones de monocultivo industrial, y lo que se traduce en acaparamiento de tierras (Giraldo 2016) y

"acumulación por desposesión" (Harvey 2006), lo que yo he llamado la "guerra por la tierra y el territorio" que el capital hace contra los pueblos rurales del mundo (Rosset 2009).

(...)

La reciente ola de inversión y capitalización está colocando al agronegocio, y a otros sectores que explotan los recursos rurales, en directo y creciente conflicto con los campesinos y con otras poblaciones rurales (Fernandes 2008a, b y 2009, Rosset 2009). La lucha se puede ilustrar de forma simplificada por dos extremos: cada lado representa un modelo diferente de desarrollo y forma de vida. Por un lado, la agricultura campesina sigue un patrón típicamente basado en circuitos de producción y consumo cortos y descentralizados, con fuertes lazos entre la producción de alimentos y los ecosistemas y las sociedades locales y regionales (van der Ploeg 2010a, b). Por otro lado, los agronegocios tienen un patrón centralizado basado en productores corporativos de insumos, procesadores y comercializadoras, con una producción que está descontextualizada y no relacionada con las especificidades de los ecosistemas locales y relaciones sociales (Ibíd.). En este sistema, la producción y el consumo no están vinculados ni en el tiempo ni en el espacio, mientras que las corporaciones actúan en una escala global con alianzas estratégicas entre los suministradores de insumos, procesadores, comerciantes, cadenas de supermercados y bancos financieros, para formar complejos o imperios agroalimentarios (Ibíd.). Los movimientos sociales rurales constituidos por familias campesinas, indígenas y otras poblaciones rurales están defendiendo activamente los espacios rurales, disputándolos con los agronegocios nacionales y transnacionales, así como con otros actores del sector privado y sus aliados en los gobiernos. En esta defensa, se han organizado cada vez más en alianzas de movimientos y organizaciones transnacionales" (cfr. Peter Michael Rosset. "La reforma agraria, la tierra y el territorio: evolución del pensamiento de La Vía Campesina". En Mundo Agrario, vol. 17, n° 35, e021, agosto 2016. ISSN 1515-5994 Universidad Nacional de La Plata. Facultad de Humanidades y Ciencias de la Educación. Centro de Historia Argentina y Americana, pp. 2-3).

La *"injusticia en el campo"* ha generado a la par de reformas legislativas y avances jurisprudenciales desde de los centros formales o institucionales del Poder Político, otras manifestaciones que buscan impulsar desde la base o de los sectores directamente afectados cambios institucionales en la materia, así basta nombrar movimientos sociales tales como el Movimiento de los Sin Tierra (MST) en Brazil; el Movimiento Campesino de Santiago del Estero (MOCASE) en Argentina; el Frente de Productores Agrarios y Comunidades de Perú; la Articulación de Campesinos de Honduras (ARCAH) o en Venezuela el Frente Nacional Campesino "Ernesto Che Guevara" o la Coordinadora Agraria Nacional Ezequiel Zamora (CANEZ), entre otros.

Tales expresiones vinculadas a lo agrario entre otras circunstancias, permiten comprender el tránsito del desarrollo del Derecho Agrario que caracteriza las relaciones jurídicas agrarias como de interés público, así como su socialización, entendida como una necesaria exigencia de equilibrio entre los intereses económicos y sociales, con el objetivo de la humanización del sujeto de derecho agrario no como un individuo aislado, sino como parte de un entorno social que trasciende lo local y se relaciona con fuerzas económicas trasnacionales (cfr. William D. Heffernan, Douglas H. Constance. "Las empresas transnacionales y la globalización del sistema alimentario". En *Globalización del sector agrícola y alimentario, Alessandro Bonanno* (coord.). Ministerio de Agricultura, Pesca y Alimentación, Madrid, 1994, pp. 105-144; Gorenstein, Silvia. *Empresas transnacionales en la agricultura y la producción de* alimentos *en América Latina y el Caribe.* Julio 2016, consultado en la página web: http://nuso.org/media/documents/Analisis_Gorenstein.pdf, el 9/5/18 y Zeledón, Ricardo. *Derecho Procesal Agrario.* Tomo I. ILANUD: Escuela Judicial, Costa Rica, 1990).

Además, partiendo de los principios constitucionales de justicia, igualdad y solidaridad, así como de los fines del Estado respecto al desarrollo de la persona (artículos 2 y 3), **la tutela judicial efectiva de los procesos de producción agraria comporta tanto la seguridad y soberanía agroalimentaria, así como la defensa del sector campesino, no mediante un simple resguardo contra su empobrecimiento, sino en orden a su protección de** *"las cadenas que le atan a su miseria"* (Kautsky, Karl. *La cuestión agraria. Estudio de las tendencias de la agricultura moderna y de la política agraria de la socialdemocracia*. Ruedo Ibérico, París, 1970, pp. 352-354), lo que se consagra expresamente en la Ley de Tierras y Desarrollo Agrario al establecerse que se *"garantiza al sector campesino su incorporación al proceso productivo a través del establecimiento de condiciones adecuadas para la producción"* (artículo 8), **cometidos que se insiste requieren no sólo de un marco jurídico formal adecuado, sino de órganos jurisdiccionales con conocimiento técnico sobre las referidas relaciones de producción y de las circunstancias propias de los sujetos o sectores que intervienen en ella en relación con el medio ambiente, que permitan la concreción de la justicia material en cada caso.**

Para la realización de tales cometidos, resulta necesario insistir en la complementariedad entre el derecho sustantivo y adjetivo agrario, en tanto *"(…) constituyen aspectos de una misma realidad económica y social, la relación de complementariedad entre uno y otro va a permitir que ante una modificación del primero opere también un cambio en el segundo, para adquirir una nueva proporcionalidad, siendo siempre ese proceso un instrumento apropiado para el Derecho Agrario, lo cual denota la importancia cardinal que para el Derecho tiene la justicia agraria, pues esta debe también ser partícipe de la etapa de maduración en que se encuentra las disciplina iusagraria donde sus conceptos se afianzan, se profundiza en su naturaleza, contenido, alcances y fronteras, para adquirir el rango de rama jurídica autónoma"* (Cfr. Zeledón, Ricardo. *Derecho Procesal Agrario*. Tomo I. ILANUD: Escuela Judicial, Costa Rica, 1990, p. 27).

Dicha complementariedad acorde con la evolución moderna del Derecho Agrario abarca no solo la sustanciación de los casos referidos a la agrariedad, por la jurisdicción especial agraria, cuestión en la que jurisprudencialmente se ha progresado notablemente, sino que igualmente comprende que el juez agrario en el ámbito de sus competencias cuente con las herramientas sustantivas y procesales propias de la especialidad para el desarrollo y aplicación de los principios procesales específicos (*Cfr*. artículo 155 de la Ley de Tierras y Desarrollo Agrario), de los cuales no se debe desvincular la perspectiva humanista y los poderes que tiene el respectivo juez para encausar el asunto, de manera que el proceso aplicable no se convierta en una limitante ya que *"(…) la adecuada utilización de los principios generales del Derecho procesal agrario permitirá no contaminar el sistema procesal con normas - muchas veces contradictorias- provenientes de otras disciplinas procesales, y muy particularmente facilitará la adecuada y cada vez más moderna aplicación del Derecho Agrario, pues éste debe ser analizado y profundizado conforme a sus lineamientos generales y no en los términos de cómo pudiera serlo si fuere aplicado con base en un sistema procesal ajeno"* (*Cfr*. Zeledón, Ricardo. *Derecho Procesal Agrario*. Tomo II. ILANUD: Escuela Judicial, Costa Rica, 1990, p. 267).

Por lo tanto, la moderna aplicación del Derecho Agrario analizado desde el punto de vista estrictamente procesal no implica ningún rompimiento de la unidad del derecho procesal pues participa de este, pero tampoco puede comportar seguir ciertas particularidades propias de otros territorios de Derecho procesal que lo vacíen de contenido y efectividad, conforme a lo establecido en sentencia de esta Sala N° 1.080 del 7 de julio de 2011, respecto a los principios de autonomía y especialidad propios del Derecho Agrario los cuales son de estricto orden público y deben ser siempre aplicados a la materia en el ámbito adjetivo, lo cual favorece a la paz social del campo, por cuanto la misma se relaciona con la seguridad y soberanía agroalimentaria.

Conforme a los anteriores asertos, de la lectura del contenido general de los artículos 186 y 252 de la Ley de Tierras y Desarrollo Agrario, precisa esta Sala que su alcance es contrapuesto en lo que respecta a los procedimientos a seguir para sustanciar las acciones propias del derecho agrario, particularmente las de tipo *"petitorias"* entre las que se encuentran en primer orden la acción reivindicatoria, la cual se sustancia por las reglas del procedimiento ordinario agrario, pero que también al encontrarse incluidas en el contenido del artículo 252 de la Ley de Tierras y Desarrollo Agrario se le refiere a un procedimiento especial conforme a las normas del Código de Procedimiento Civil y tomando en cuenta que en el mencionado cuerpo normativo no existe procedimiento especial para dichas acciones, en principio sería aplicable el procedimiento ordinario establecido en el artículo 338 *eiusdem,* lo cual resulta contrario a las normas adjetivas y sustantivas propias del Derecho Agrario, así como a la jurisprudencia vinculante de esta Sala sobre la materia.

Similar circunstancia se observa respecto a las acciones de deslinde de propiedades contiguas las cuales como ya se mencionó *supra,* se encuentran dentro de la clasificación de *"acciones petitorias",* no obstante, en el artículo 252 de la Ley de Tierras y Desarrollo Agrario se mencionan separadamente. Tal situación, aunado a la constante remisión que establecen los procedimientos especiales del Código de Procedimiento Civil al procedimiento ordinario previsto en el artículo 338 y siguientes *eiusdem,* se contrapone a los principios de autonomía y especialidad propios del Derecho Agrario.

Ciertamente, resulta patente la contraposición existente entre los artículos 186 y 252 de la Ley de Tierras y Desarrollo Agrario respecto al derecho constitucional al debido proceso y a la tutela judicial efectiva de la soberanía y seguridad agroalimentaria consagrados en los artículo 49, 26 y 305 de la Constitución de la República Bolivariana de Venezuela, ya la remisión que se efectúa en ambos artículos a los procedimientos especiales contenidos en el Código de Procedimiento Civil, han generado en la práctica que los jueces agrarios en aplicación del referido artículo tengan que asumir posiciones diversas en cuanto al trámite de las pretensiones que se sustancian por procedimientos especiales, circunstancia que esta Sala conoce en ejercicio de su propia actividad jurisdiccional y tal como quedó evidenciado en el presente caso de desaplicación por control difuso. Así, en las acciones de partición en caso de controversia se remite al procedimiento ordinario del Código de Procedimiento Civil (artículo 778), lo cual ha sido resuelto en algunos casos, aplicando el procedimiento agrario ordinario y en otros modificando algunas de los actos procesales dentro del procedimiento ordinario civil, lo cual sin lugar a dudas produce que no exista uniformidad en la aplicación de legislación adjetiva, lo que genera inseguridad jurídica y posiblemente violaciones del derecho a la defensa y al debido proceso de las partes.

Todo ello, conduce a esta Sala a verificar la existencia de una antinomia o contradicción normativa, la cual se presenta: *"(…) cuando ambas normas regulan los mismos casos individuales de manera incompatible (…) cuando ambas normas establecen soluciones incompatibles (…)"* (Moreso, J.J. *Introducción a la Teoría del Derecho,* Barcelona 2004, p. 105). El mismo autor aduce que ante la presencia de una antinomia pueden aplicarse los criterios de resolución cuyo su uso *"(…) está encaminado a reformular el sistema: un caso elemental correlacionado con soluciones incompatibles pasará a estar correlacionado con una única solución normativa, por el procedimiento de ordenación de normas (…) el ideal de consistencia está en tensión con la realidad. Los criterios de resolución de antinomias son un medio para acercar nuestros sistemas jurídicos de la realidad al ideal"* (*Ob. cit.* p. 109).

Con ocasión a ello, esta Sala ha indicado que "(…) *frente a la aparente antinomia (…) se deb[e] atender a las circunstancias concomitantes que permiten aprehender el valor real de la norma, a través de la aplicación lógica de los principios, armonizando la expresión jurídica legal con el Texto Fundamental*" (*Cfr*. Sentencia N° 614/2008). De ahí que en el marco de la acción de nulidad por inconstitucionalidad, una interpretación constitucionalizante de las normas involucradas en la antinomia resulta viable como parte de la solución del problema normativo, argumento que es conteste con la "(…) característica tendencial de la nueva Justicia Agraria y Ambiental en América Latina, el papel tan importante que tiene para alcanzar la autonomía del Derecho Procesal Agrario las fuentes y la jurisprudencia (…)" ya que "(…) por medio del órgano judicial ubicado en la cúspide del sistema, para evitar la incertidumbre por la diversa aplicación de las mismas normas, es decir pretende cumplir con el interés general de darle sentido coherente y lógico al derecho positivo "(*Cfr*. Ulate Chacón, Enrique. *Tratado de Derecho Procesal Agrario*. Tomo II. Editorial Guayacán Centroamericana, S.A., Costa Rica, 1999, p. 422 y 423).

Y es que "(…) *la evolución del esquema constitucional, (…) se opera una evidente superación al pasar de un sistema liberal, en que solamente habían encontrado protección los derechos políticos, clásicos o individuales de libertad, a un sistema social, en que estos mismos derechos son integrados con los derechos sociales o económicos de libertad, pues entran en escena los derechos humanos, económicos y sociales*" (Carroza, Antonio y Zeledón, Ricardo. Teoría general e institutos de derecho agrario. Editorial Astrea de Alfredo y Ricardo Depalma, Buenos Aires, 1990 p. 16), con respecto a lo señalado por el autor se observa de forma notoria la progresividad de los derechos que debe caracterizar todo sistema constitucional moderno.

Tal evolución , entre otras formas, se materializa en el caso venezolano a través de la labor del ejercicio de las competencias propias de esta Sala que la Constitución de la República Bolivariana de Venezuela le concede como máximo y único interprete de la misma, y que la Ley Orgánica del Tribunal Supremo de Justicia detalla, los cuales constituyen fundamentos suficientes para que en el presente caso, bajo la concepción constitucional y jurisprudencial del derecho al debido proceso y la tutela judicial efectiva explanados *supra*, (artículos 49, 26 y 257 de la Constitución de la República Bolivariana de Venezuela y sentencias de esta Sala Nros. 151/2012, 1.523/2013 y 1.762/2014), permitan a esta Sala realizar una interpretación constitucionalizante del artículo 186 y declarar la nulidad del artículo 252 de la Ley de Tierras y Desarrollo Agrario, al constatar efectivamente la presencia de una antinomia entre los mismos respecto a los referidos derechos constitucionales, así como a los principios constitucionales de seguridad y soberanía agroalimentaria (artículo 305 *eiusdem*, y sentencias de esta Sala Nros. 368/2012, 733/2013), en aras de garantizar los principios previstos en el artículo 257 de la Constitución de la República Bolivariana de Venezuela de simplificación, uniformidad y eficacia de los juicios ventilados por la jurisdicción especial agraria, así como también el contenido del artículo 26 *eiusdem*, y el resguardo de los principios de protección de la seguridad y soberanía agroalimentaria, conforme a los fallos de esta Sala Nros 444/12 y 563/13; y ponderación de los intereses en conflicto, todo ello en el contexto de la nulidad de normas jurídicas, conforme a lo previsto en el artículo 34 de la Ley Orgánica del Tribunal Supremo de Justicia.

Por las consideraciones expuestas, con el fin de ajustar los artículos 186 y 252 de la Ley de Tierras y Desarrollo Agrario a la concepción constitucional y jurisprudencial de los derechos al debido proceso, a la tutela judicial efectiva, así como a los principios constitucionales de seguridad y soberanía agroalimentaria, esta Sala declara con efectos *ex nunc* y *erga omnes*, es decir a partir de la publicación del presente fallo en la Gaceta Judicial, con carácter vinculante la interpretación constitucionalizante del artículo 186 de la Ley de Tierras y Desarrollo Agrario, a tal efecto se modifica la parte final, del mismo donde señala: *"(…) a menos que en otras leyes se establezcan procedimientos especiales (…)"*.

En consecuencia, en ejercicio de sus potestades esta Sala establece la siguiente interpretación constitucionalizante:

*"**Artículo 186**. Las controversias que se susciten entre particulares con motivo de las actividades agrarias serán sustanciadas y decididas por los tribunales de la jurisdicción agraria, conforme al procedimiento ordinario agrario, el cual se tramitará oralmente, pudiendo aplicarse supletoriamente las disposiciones del Código de Procedimiento Civil".*

2. *Acción de Inconstitucionalidad*

    A. *Procedimiento: Asuntos de mero derecho*

        TSJ-SC (282)   **9-7-2021**

        Magistrado Ponente: Luis Fernando Damani

        Caso: Carmen Cecilia Padilla D´Viasy

Tomando en consideración la decisión anterior, esta Sala conforme a lo establecido en el artículo 34 de la Ley Orgánica del Tribunal Supremo de Justicia, debería proceder a ordenar el inicio del procedimiento de nulidad por inconstitucionalidad de los artículos 186 y 252 de la Ley de Tierras y Desarrollo Agrario. No obstante, en el presente caso cabe advertir que esta Sala en anteriores oportunidades ha resuelto asuntos como de mero derecho, por no versar sobre hechos, siendo innecesaria la actividad probatoria y bastando solamente la verificación judicial, así la sentencia N° 591 del 22 de junio del 2000, (Caso: *"Mario Pesci Feltri Martínez vs. la norma contenida en el artículo 19 del Decreto emanado de la Asamblea Nacional Constituyente, que creó el Régimen de Transición del Poder Público"*) ha expresado lo siguiente:

"Siendo diferentes tanto los supuestos como su justificación, estima necesario esta Sala precisar una vez más las notas relevantes de estas dos situaciones; en tal sentido, se reitera que la solicitud de declaratoria de urgencia y de reducción de lapsos '...procede cuando son invocadas por el recurrente circunstancias fácticas o jurídicas que justifiquen dispensar dicha tramitación, siendo posible también que, oficiosamente, proceda la declaratoria cuando ello sea necesario a criterio del juzgador, previa apreciación del contenido mismo del acto recurrido'. Así lo venía sosteniendo la Sala Político-Administrativa de la entonces Corte Suprema de Justicia en reiterada y pacífica jurisprudencia, y lo ha entendido esta Sala Constitucional como puede apreciarse en el caso Allan R. Brewer-Carías, Claudio Eloy Fermín Maldonado y Alberto Franceschi González vs. Estatuto Electoral del Poder Público y Decreto que fijó el día 28 de mayo de 2000 para la realización de determinadas elecciones, decisión n° 89 de fecha 14 de marzo de 2000.

El procedimiento de mero derecho, por su parte, como se estableciera en decisiones reiteradas del Máximo Tribunal de la República, sólo procede cuando la controversia esté circunscrita a cuestiones de mera doctrina, a la interpretación de un texto legal o de una cláusula contractual o de otro instrumento público o privado. Ello viene a significar que la decisión podría ser tomada con el examen de la situación planteada y la correspondiente interpretación de la normativa aplicable al mismo. Muy particularmente sostuvo la Sala Político-Administrativa de la entonces Corte Suprema de Justicia, lo siguiente:

'Es pues una causa de mero derecho aquélla en la que, al no haber discusión sobre hechos, no se requiere apertura de lapso probatorio, sino que basta el estudio del acto y su comparación con las normas que se dicen vulneradas por él, a fin de que, concluida la labor de interpretación jurídica que debe hacer el juez, se declare su conformidad o no a derecho. In-

cluso, puede evidenciarse desde el inicio mismo del proceso –de los términos de la solicitud de anulación- el que la causa sea de mero derecho y, por tanto, ser incluso innecesario el llamado a los interesados para que hagan valer sus pretensiones –sea en defensa o ataque del acto impugnado- por no haber posibilidad de discusión más que en aspectos de derecho y no de hecho".

La anterior decisión, se concatena con la sentencia n° 1077 del 22 de septiembre de 2000, (caso: *"Servio Tulio León"*), en la cual se precisó la distinción de las sentencias de la llamada jurisdicción constitucional de las que se dictan por los tribunales civiles, mercantiles y demás en jurisdicción ordinaria, y expresamente señala:

"Las pretensiones y las sentencias de la llamada jurisdicción constitucional difieren de las que se ventilan y dictan por los tribunales civiles, mercantiles y demás que ejercen la función jurisdiccional.

Ello es producto de que el control constitucional lo tienen todos los tribunales del país, y con él se persigue, mediante la actuación de los jueces constitucionales, la supremacía constitucional y la efectividad de las normas y principios constitucionales. Tal control, al ser ejercido, no tiene por qué estar dirigido contra alguien, contra opositores desconocidos, ya que todos los habitantes del país podrían estar conformes con la forma de control que un individuo en particular proponga; pero como es el Tribunal Supremo de Justicia el máximo garante de la supremacía y efectividad constitucionales, es él como máximo Tribunal Constitucional, por medio de las Salas con competencia para ello, quien al ser instado debe asegurar la integridad de la Constitución (artículos 334 y 335 de la vigente Constitución), mediante decisiones jurisdiccionales.

Esta especial estructura de las pretensiones atinentes a lo constitucional, lleva a que muchas veces no haya nadie formalmente demandado, lo que hasta hace dudar de su carácter contencioso, pero como no se persigue mediante ellas la formación de nuevas situaciones jurídicas y el desarrollo de las existentes, los procesos que en ese sentido se instauren no pueden considerarse de jurisdicción voluntaria (artículo 895 del Código de Procedimiento Civil), por lo que ésta no es la naturaleza de las causas constitucionales.

Se trata de procesos que potencialmente contienen una controversia entre el accionante y los otros componentes de la sociedad que tengan una posición contraria a él, y que no tratan como en el proceso civil, por ejemplo, de reclamaciones de derechos entre partes. Pero tal naturaleza, no elimina en las acciones constitucionales, procesos con partes que ocupan la posición de un demandado, como lo sería la sociedad encarnada por el Ministerio Público, o los interesados indeterminados llamados a juicio mediante edictos; o con litigantes concretos, como ocurre en los amparos constitucionales. Ni excluye sentencias que producen cosa juzgada, cuyos efectos, al igual que en el proceso civil, pueden ser absolutos o relativos.

Conforme a lo anterior, los órganos jurisdiccionales que conocen de lo constitucional pueden dictar sentencias declarativas de certeza (mero declarativas), las cuales pueden producir, según la materia que se ventile, cosa juzgada plena.

Como las pretensiones constitucionales básicamente buscan la protección de la Constitución, no todas ellas tienen necesariamente que fundarse en un hecho histórico concreto que alegue el accionante, y esto las diferencias de otras pretensiones que originan procesos contenciosos, las cuales están fundadas en hechos que conforman los supuestos de hecho de las normas cuya aplicación se pide.

La acción popular de inconstitucionalidad, *por ejemplo, se funda en que una ley o un acto, coliden con el texto constitucional.* ***Se trata de una cuestión de mero derecho, que sólo requiere de verificación judicial en ese sentido.*** *Tal situación que no es exclusiva de todas las acciones constitucionales se constata también en algunos amparos, y ello no requiere de un interés personal específico para incoarla, ni de la afirmación por parte del accionante, de la titularidad sobre un derecho subjetivo material, bastando que afirme que la ley le reconoce el derecho a la actividad jurisdiccional, de allí la naturaleza popular (ver Juan Montero Aroca. La Legitimación en el Proceso Civil. Edit. Civitas. 1994)"* (Resaltado de este fallo).

Los anteriores criterios han sido ratificados recientemente en las sentencias de esta Sala Nros. 155/2017 y 545/2017. Y bajo tales concepciones se advierte que el presente caso encuadra dentro de las nulidades a ser resueltas por esta Sala como un asunto de mero derecho, en tanto no requiere la evacuación de prueba alguna, al estar centrado en la obtención de un pronunciamiento objetivo sobre la constitucionalidad de los artículos 186 y 252 de la Ley de Tierras y Desarrollo Agrario; igualmente, en atención a la gravedad y urgencia de los señalamientos que subyacen en la nulidad ordenada de oficio que se vinculan a la actual situación existente en la República Bolivariana de Venezuela, con incidencia directa en todo el Pueblo venezolano por encontrarse involucrada la seguridad y soberanía alimentaria, así como la urgencia en su resolución dada por la diversa cantidad de asuntos que a diario son sustanciados por los juzgados competentes en materia agraria, que ameritan un pronunciamiento expedito de esta Sala a fin de viabilizar la gestión eficaz y eficiente de la justicia del campo, constituyen en criterio de esta Sala razones suficientes para determinar que la presente causa es de mero derecho. Así se declara.

3. *Revisión constitucional. Admisibilidad*

TSJ-SC (419)   13-9-2021

Magistrado Ponente: Lourdes Benicia Suárez Anderson

Caso: Mireya Blavia de Cisneros

Ello así, también aprecia la Sala que en este caso los apoderados judiciales de los solicitantes consignaron en el expediente copia simple de la decisión que requieren sea revisada por esta Sala, aduciendo sobre este particular que se le ha negado el acceso a la copia certificada del fallo, agregando en este expediente una copia de la diligencia donde se formuló la solicitud de esta reproducción fotostática, a la cual no se le ha dado respuesta.

Precisado lo anterior, es imperioso para esta Sala hacer notar que quien incoa una petición de revisión tiene la carga de aportar a este órgano jurisdiccional la decisión que es objeto de su requerimiento de control constitucional, por no ser función de la Sala recabar dicho fallo, y sin que esto menoscabe la facultad de la Sala de fijar los hechos con base en los conocimientos adquiridos como órgano judicial. Así, para admitir las solicitudes de revisiones la Sala requiere que el requirente le facilite la copia de la sentencia y ello en prueba fehaciente (*Vid.* sentencias de esta Sala números 150/2000, caso: *"José Gustavo Di Mase y otros"* y 1.137/2005, caso: *"Domitila Pantoja Sinchi"*).

Empero, ciertamente la aplicación de dichos criterios deben atender al caso concreto al cual se aplica, dado que resulta distinto que el peticionario por negligencia no consigne las copias certificadas, a que por causas no imputables a él se le imposibilite el cumplimiento de tal carga y, por tanto, tal y como ya lo estableció esta Sala en su decisión N° 86 del 30 de enero de 2007, se libere a este justificadamente del cumplimiento de la misma, ello porque se debe tener en cuenta la amplitud con que la Constitución concibe el derecho a la tutela judicial efectiva, el cual comporta *"(...) que el sistema de justicia vigente impone a los órganos judiciales que en la búsqueda de una adecuada administración de justicia, interpreten y den a las normas jurídicas* [y a los precedentes judiciales] *la aplicación correcta en resguardo del derecho a la tutela judicial efectiva (...)"* (*Vid.* sentencia de esta Sala N° 1764/2001) (corchetes de este fallo).

Es decir, que ante la imposibilidad material del solicitante de consignar las copias certificadas, esta Sala puede liberarlo del cumplimiento de la carga procesal, sin que ello signifique que deba sentenciar sin los fotostatos auténticos de las actuaciones correspondientes, pues los mismos, son un requisito *sine qua non* para pronunciarse acerca de la solicitud de revisión. De manera que, en virtud de sus potestades especiales la Sala puede requerir -cuando lo considere justificado- a los órganos jurisdiccionales que remitan las copias certificadas respectivas, sin que ello signifique la suplencia de la defensa del peticionario.

Sobre la base de las precedentes argumentaciones, corroborado por esta Sala que en este caso los peticionarios de revisión han procurado obtener una copia certificada de la sentencia objeto de su solicitud de control constitucional sin que se les diera oportuna respuesta, lo cual materializó una imposibilidad fáctica para obtener los reproducciones fotostáticas que son requeridas, son razones por las que, tomando como fundamento los precedentes jurisprudenciales *supra* invocados y observando que en este caso existe una copia simple del fallo objeto de revisión, son razones por las que se estima conducente liberar a los aquí requirentes de la carga de presentar estas copias certificadas, procediendo entonces esta Sala a **ADMITIR** la solicitud de revisión constitucional aquí propuesta. Así se deja establecido.

No obstante lo establecido, después de una revisión exhaustiva de las actas que conforman el expediente, considera esta Sala pertinente para el debido pronunciamiento sobre la solicitud de revisión constitucional formulada, **REQUERIR** la totalidad del expediente identificado con el alfanumérico R.C. AA60-S-2021-000064, ello de conformidad con lo previsto en el artículo 145 de la Ley Orgánica de Tribunal Supremo de Justicia, a la Sala de Casación Social del Tribunal Supremo de Justicia, remisión que deberá efectuarse en el lapso de cinco (5) días siguientes contados a partir de su notificación. Así se decide

TSJ-SC (732)   **8-12-2021**

Ponencia Conjunta

Caso: Freddy Francisco Superlano Salinas

En el asunto bajo examen se pretende la revisión de los actos de juzgamiento contenidos en las sentencias dictadas por la Sala Electoral de este Tribunal Supremo de Justicia que han sido suficientemente identificadas, por lo que resulta pertinente aclarar que esta Sala, al momento de la ejecución de su potestad de revisión de sentencias firmes, está obligada, de acuerdo con una interpretación uniforme de la Constitución y en consideración a la garantía de la cosa juzgada, a guardar la máxima prudencia en cuanto a la admisión y procedencia de peticiones que pretendan el examen de fallos jurisdiccionales que han adquirido el carácter de cosa juzgada judicial; de allí que esté facultada para desestimar cualquier requerimiento como el de autos, sin ningún tipo de motivación, cuando, en su criterio, se verifique que lo que se pretende en nada contribuye con la uniformidad de la interpretación de normas y principios constitucionales, en virtud del carácter excepcional y limitado que ostenta la revisión.

Siendo esto así, llama la atención de esta Sala el hecho de que el hoy peticionario, en el escrito que encabeza el presente expediente, fue insistente en calificar a la revisión constitucional de sentencias que despliega este órgano jurisdiccional, como un *"recurso"*, haciéndola ver como si se tratara de un medio de impugnación de naturaleza extraordinaria, de allí que se estime imperioso hacer notar de forma preliminar que la función propia de los recursos se maneja en una dimensión subjetiva, ya que pretenden beneficiar a la parte que haga uso de ellos dentro del proceso, pero, según la propia Exposición de Motivos de la Constitución, la facultad revisora otorgada a esta Sala Constitucional *"no puede ni debe entenderse como parte de los derechos a la defensa, tutela judicial efectiva y amparo consagrados en la Constitución"*, con lo cual queda negada la connotación subjetiva a este examen constitucional de fallos. Su función es objetiva y persigue la uniformidad de la interpretación sobre las normas y principios constitucionales.

Así, puede inferirse que la revisión constitucional se aleja de la dimensión subjetiva propia de los recursos y si bien alguna de las partes de un proceso pueden beneficiarse del pronunciamiento que resulte de la revisión constitucional, esto debe considerarse como una consecuencia secundaria de la revisión de fallos judiciales, que puede calificarse como una eventual dimensión subjetiva que en modo alguno desvirtúa el carácter objetivo de tal revisión.

Es propicia la oportunidad para reiterar que esta Sala Constitucional ha negado enfáticamente el carácter recursivo de la revisión constitucional de fallos, aseverando en este sentido en su sentencia N° 1.924 de fecha 3 de diciembre de 2008, que la revisión *"no constituye otra instancia, ni un medio judicial ordinario; tampoco es un derecho subjetivo que le asiste a las partes en el proceso y por lo tanto, no es exigible..."*, por lo que puede concluirse que la utilización del término *"recurso extraordinario"* no se ajusta a la esencia y naturaleza de la revisión constitucional prevista en nuestro Texto Fundamental.

Bajo este contexto, en el caso *sub iudice*, se pudo apreciar que la pretensión de solicitud de control constitucional que fue esgrimida por el aquí peticionario, se centró en la denuncia de conculcación de su derecho a una tutela judicial efectiva derivado de la inobservancia de criterios jurisprudenciales sostenidos por esta Sala Constitucional, por lo que, en su criterio, se encontraban afectadas la confianza legítima y la expectativa plausible que imperan en las decisiones jurisdiccionales.

Siendo esto así, se aprecia que las decisiones objeto de la presente solicitud basaron su dictamen de fondo en el estudio particular del caso allí configurado, no pudiendo advertirse que en su cognición se haya contravenido expresamente algún criterio sostenido por esta Sala Constitucional, ya que los precedentes judiciales invocados por el peticionario no se ajustan ni aplican al caso de autos, lo que hace entender que el hoy solicitante pretende manifestar su inconformidad con los criterios de juzgamiento que resultaron desfavorables a sus intereses litigiosos, por lo que resulta necesario reiterar que *"...la revisión no constituye una tercera instancia, ni un instrumento ordinario que opere como un medio de defensa ante la configuración de pretendidas violaciones, sino una potestad extraordinaria y excepcional de esta Sala Constitucional cuya finalidad no es la resolución de un caso concreto o la enmendatura de 'injusticias', sino el mantenimiento de la uniformidad de los criterios constitucionales en resguardo de la garantía de la supremacía y efectividad de las normas y principios constitucionales, lo cual reafirma la seguridad jurídica..."* (*vid.* sentencia N° 2.943/2004, caso: *Construcciones Pentaco JR, C.A.*).(…)

(…) Al amparo de los precedentes señalamientos, estima esta Sala que la pretensión esgrimida por el requirente resulta ajena a la finalidad del mecanismo extraordinario de revisión de sentencias definitivamente firmes, consagrado en el artículo 336.10 de la Constitución y previsto en el artículo 25.11 de la Ley Orgánica del Tribunal Supremo de Justicia, el cual no puede ser concebido como un medio de impugnación que se pueda intentar bajo cualquier fundamentación, sino como una potestad extraordinaria, excepcional y discrecional que ejerce esta Máxima Instancia Constitucional con la finalidad de uniformar la doctrina de interpretación del Texto Fundamental y para garantizar la supremacía y eficacia de las normas y principios constitucionales.

Sobre la base de estas consideraciones, esta Sala advierte que la revisión intentada no contribuiría con la uniformidad jurisprudencial, además de que los fallos sobre los que versó este requerimiento de revisión no se subsumen en ninguno de los supuestos de procedencia que, previa y reiteradamente, ha fijado este órgano, por lo cual debe declararse que no ha lugar la solicitud de revisión presentada, resultando inoficioso emitir pronunciamiento sobre el pedimento cautelar formulado. Así se decide.

DECISIÓN

Por las razones que anteceden, esta Sala Constitucional del Tribunal Supremo de Justicia, administrando justicia en nombre de la República Bolivariana de Venezuela por autoridad de la ley, declara que **NO HA LUGAR** la solicitud de revisión constitucional intentada por el ciudadano **FREDDY FRANCISCO SUPERLANO SALINAS**, *supra* identificado, de las sentencias dictadas por la Sala Electoral de este Tribunal Supremo de Justicia, identificadas con los números 78 y 79, ambas de fecha 29 de noviembre de 2021.

4. *Acción de Amparo Constitucional*

A. *El amparo: como derecho y como garantía constitucional. Finalidad*

TSJ-SC (459)   **20-9-2021**

Magistrada Ponente: Lourdes Benecia Suarez Anderson

Caso: Solicitud de pronunciamiento acerca de la constitucionalidad del carácter orgánico Ley Orgánica de Amparo a la Libertad y Seguridad Personal.

En sintonía con lo antes expuesto, debe precisarse que más allá de los antecedentes del amparo en el derecho romano y en la edad media, el amparo ha adquirido un rol central en el Estado constitucional de derecho, en este sentido, Ferrer Mac-Gregor (2006) alude a la *"expansión mundial de amparo"* como un fenómeno que se desarrolla en los países latinoamericanos, en Europa, África y Asia. El amparo como institución procesal constitucional es un fenómeno globalizado que, no obstante, el diverso *nomen* iuris adoptado, presenta similar naturaleza jurídica en los diversos países.

Siguiendo avante con el análisis aquí desarrollado, se denota que existe la tendencia de identificar al amparo como un derecho o garantía de índole constitucional, en este sentido, se estima pertinente precisar que -*prima facie*- los derechos suponen atribuciones y las garantías son los medios para hacer efectivas esas atribuciones. El derecho es lo protegido y la garantía la protectora. El sujeto tiene derecho a la información y la garantía es el habeas data. Pero hay situaciones en donde la diferencia se opaca, por ejemplo, tiene derecho al habeas corpus, equivale a tener derecho a ejercer la garantía del habeas corpus frente a una privación arbitraría de libertad. De manera que hay garantías que pueden ser vistas como derechos y hay derechos que pueden ser vistos como garantías, verbigracia el derecho a no ser obligado a declarar contra sí mismo en juicio penal, puede ser visto como una garantía para asegurar la defensa.

Cónsono con lo anterior, es menester resaltar que desde una perspectiva constitucional se ha entendido que las garantías son el soporte de la seguridad jurídica y que tiene el hombre frente al Estado como medios o procedimientos para asegurar la vigencia de los derechos; son todas aquellas instituciones que, en forma expresa o implícita, están establecidas por la Ley Fundamental para la salvaguarda de los derechos constitucionales y del sistema constitucional. Los derechos, en cambio, son las regulaciones jurídicas de las libertades del hombre. Los derechos conforman la esencia jurídica de la libertad, mientras que las garantías son instrumentos jurídicos establecidos para hacer efectivos los derechos del hombre. Las garantías no son otra cosa que las técnicas previstas por el ordenamiento para reducir la distancia estructural entre normativa y efectividad, posibilitando la máxima eficacia de los derechos fundamentales en coherencia con su estipulación constitucional.

A la luz de estas disertaciones, es de observar que toda persona natural habitante de la República o jurídica domiciliada en esta podrá solicitar el amparo por ante los tribunales competentes, para el goce y ejercicio de los derechos y garantías constitucionales, con el propósito de que se restablezca la situación jurídica infringida o la situación que más se asemeje a ella, pudiendo entenderse así que el amparo viene a constituir un medio para el goce de los derechos constitucionales o un mecanismo para el ejercicio de las garantías constitucionales, poniendo así en relieve que se trata de un instrumento mediante el cual se puede brindar protección jurídica a estos.

Siguiendo este hilo argumental, se aprecia que muchas veces se ha identificado al amparo constitucional como una verdadera acción, entendida esta en su acepción de derecho abstracto de obrar ante la jurisdicción con el fin de obtener un pronunciamiento favorable, siendo el caso del amparo mediante el restablecimiento de una situación jurídica infringida de rango constitucional, en este sentido, puede traerse a colación distintos criterios sostenidos por la Sala Constitucional explanados sobre este particular, a saber:

Sentencia n° 657 del 4 de abril de 2003 (caso: *Inmobiliaria New House, C.A.*), en la que se estableció que:

> "*La acción de amparo constitucional está concebida como una protección de derechos y garantías constitucionales, por lo que el ejercicio de la acción está reservado para restablecer situaciones que provengan de las violaciones de tales derechos y garantías.*
>
> *En este orden de ideas, conforme a la garantía fundamental de acceso a la justicia prevista en el artículo 26 de la Constitución de la República Bolivariana de Venezuela, todos tienen derecho a acceder a los órganos de la administración de justicia para la defensa de sus derechos e intereses y, a obtener pronta decisión que tutele judicial y efectivamente los mismos, en la forma más expedita posible y sin formalismos o rigurosidades inútiles que menoscaben la real posibilidad de petición.*
>
> *Dentro de este marco constitucional y para concretar la tutela judicial efectiva, se consagró la acción de amparo constitucional prevista en el artículo 27 del Texto Constitucional como una garantía constitucional específica, por tanto, no subsidiaria, tampoco extraordinaria, sino discrecionalidad constitucional determinada por el problema para el que se exige tutela constitucional*". (Destacado añadido).

Sentencia n° 492 del 31 de mayo de 2000 (caso: *Inversiones Kingtaurus, C.A.*), en la que se estableció:

> "*En este orden debe insistirse que la acción de amparo constitucional está concebida como una protección de derechos y garantías constitucionales stricto sensu; de allí que lo realmente determinante para resolver acerca de la pretendida violación, es que exista una violación de rango constitucional y no legal, ya que si así fuere el amparo perdería todo sentido y alcance y se convertiría en un mecanismo ordinario de control de la legalidad.*
>
> *Lo que se plantea en definitiva es que la tuición del amparo esté reservada para restablecer situaciones que provengan de violaciones de derechos y garantías fundamentales, pero de ninguna forma de las regulaciones legales que se establezcan, aun cuando las mismas se fundamenten en tales derechos y garantías.*

Sentencia n° 18 del 24 de enero de 2001 (caso: *Paul Viscaya Ojeda*), en donde se dejó asentado que:

"El amparo constitucional es la garantía o medio a través del cual se protegen los derechos fundamentales que la Constitución reconoce a las personas. Esta acción está destinada a restablecer a través de un procedimiento breve los derechos lesionados o amenazados de violación, siendo un instrumento para garantizar el pacífico disfrute de los derechos y garantías inherentes a la persona, operando la misma según su carácter de extraordinario, sólo cuando se dan las condiciones previamente expuestas y aceptadas como necesarias de la institución de amparo de conformidad con la ley que rige la materia."

Con base en los razonamientos que han sido precedentemente expuestos, puede colegirse que esta noción de *"acción de amparo"* en la que se concibe a este como un mecanismo de protección o tutela de los derechos y garantías constitucionales a través del ejercicio de una petición presentada en sede jurisdiccional, es la que mejor define a la naturaleza jurídica de esta institución, ya que abarca significativamente las connotaciones características que en nuestro ordenamiento jurídico identifican la esencia del amparo, teniéndose así que siempre se tratará de una acción hecha valer ante los Tribunales de la República en la que se encuentra inmersa una pretensión de restablecimiento de una situación jurídica infringida de orden constitucional, pudiendo entonces sostenerse que se trata de un derecho que se ve materializado a través del ejercicio de una acción.

Así, advierte esta Sala que en el texto normativo *sub examine*, se articuló con una adecuada técnica legislativa un cuerpo legal cuyo articulado fue dividido con meridiana claridad, en los que se plasmó de forma diáfana las connotaciones características del amparo para proteger la libertad y la seguridad personal, pudiendo entonces inferirse que esta Ley Orgánica de Amparo a la Libertad y Seguridad Personal, desarrolla los mecanismos para *garantizar la eficacia material de un derecho constitucional como lo es el derecho a ser amparado jurídicamente* para asegurar la libertad y seguridad personal de cualquier individuo, consagrado en el tercer aparte del artículo 27 de la Constitución de la República Bolivariana de Venezuela.

TSJ-SC (594)   **5-11-2021**

Magistrado Ponente: Luis Fernando Damiani Bustillos

Caso: Carlos Delfino Thormahlen y Ricardo Delfino Monzón actuando con el carácter de Directores de Manufacturas de Papel C.A., (MANPA) S.A.C.A,

..En este sentido, advierte la Sala que al juez constitucional sólo le está dado enjuiciar las actuaciones que sean dictadas en menoscabo de los derechos o garantías constitucionales de los justiciables, pero en ningún caso puede revisar la aplicación del derecho o la valoración de pruebas, a menos que de ello derive una lesión directa a un derecho o garantía consagrada en la Constitución de la República Bolivariana de Venezuela en los términos expresados en jurisprudencia reiterada y pacífica de esta Sala (*vid*. sentencia N° 828/2000).

(…) En el caso bajo examen, se evidencia que riela a los folios 127 al folio 131 de la primera pieza del expediente, los movimientos migratorios solicitados por el Juzgado Vigésimo Quinto de Municipio Ordinario y Ejecutor de Medidas de la Circunscripción Judicial del Área Metropolitana de Caracas en la incidencia de fraude procesal, donde se constata que el ciudadano Carlos Felipe Pérez no se encontraba en el país para la fecha de interposición de la solicitud de irregularidades administrativas, hecho éste que la parte solicitante en el juicio primigenio nunca impugnó, por el contrario, luego de alegarse y probarse su no estadía en el país para la fecha de interposición de la solicitud, procedieron sus apoderados a convalidar las actuaciones realizadas en el proceso, tal como si se tratara de actos objeto de nulidad, actuación que utiliza el juzgado accionado para desvirtuar el contenido del documento administrativo en referencia (*vid* folios 657 al 659 de la pieza de anexos N° 2).

En este orden de ideas, **sorprende a la Sala la actuación del juzgado accionado que en franco desconocimiento del derecho, aunado al rechazo y falta de la debida valoración de los movimientos migratorios cursante en autos, consideró establecer a la parte denunciante del fraude, la carga de demostrar donde estaba el denunciante de las irregularidades administrativas para el 12 de diciembre de 2018, oportunidad en la que se introdujo el escrito de irregularidades administrativas que inició la causa primigenia, violando las reglas del establecimiento de cargas probatorias y poniendo en cabeza de los hoy accionantes la prueba imposible de "...*acreditar donde estaba el solicitante en ese momento, si es que pretende que no estaba en Venezuela...*", lo que trajo como consecuencia la violación flagrante del derecho a la defensa y tutela judicial efectiva de los hoy accionantes** (*vid.* sentencia de esta Sala N° 2262/2002). En consecuencia, esta Sala advierte que en el presente caso se verificó la violación de los derechos constitucionales, como son el derecho a la defensa, el debido proceso y a una tutela judicial efectiva, en los términos antes expuestos. Así se declara.

    B.   *Admisibilidad. Inepta acumulación de pretensiones*

        TSJ-SC (356)   **5-8-2021**

        Magistrado Ponente: Arcadio Delgado Rosales

        Caso: Yenny Mirieya Vital

(...) En este contexto la Sala precisa que, de conformidad con el artículo 48 de la Ley Orgánica de Amparo sobre Derechos y Garantías Constitucionales, en el caso **sub júdice** resulta aplicable -supletoriamente- el artículo 78 del Código de Procedimiento Civil, que preceptúa:

"**Artículo 78.** No podrán acumularse en el mimo libelo pretensiones que se excluyan mutuamente o que sean contrarias entre sí; ni las que por razón de la materia no correspondan al conocimiento del mismo Tribunal; ni aquéllas cuyos procedimientos sean incompatibles entre sí...".

En este mismo orden de ideas, la Ley Orgánica del Tribunal Supremo de Justicia en su artículo 133 cardinal 1, preceptúa lo siguiente:

"**Artículo 133.** Se declarará la inadmisión de la demanda:

1. Cuando se acumulen demandas o recursos que se excluyan mutuamente o cuyos procedimientos sean incompatibles (...)".

Sobre este particular, ha sido criterio reiterado de esta Sala, que en aquellos supuestos en que se invoque la tutela constitucional no sólo contra distintos presuntos agraviantes, con base en supuestos totalmente diferentes, sino también cuando lo sea contra actuaciones que, aun cuando puedan guardar relación entre sí no emanan del mismo órgano o ente, se verifica una inepta acumulación de pretensiones; más aún si se trata de pretensiones cuyos supuestos de procedencia y procedimientos son distintos (*vid.* sentencias N° 2307/2002 del 1° de octubre, caso: "Carlos Cirilo Silva" y N° 1528/2013 del 11 de noviembre, caso: "Aída Margarita Martel Rodríguez").

Una vez indicado lo anterior, se observa que en el caso bajo examen la pretensión va dirigida contra las presuntas omisiones cometidas por parte del Tribunal Trigésimo Quinto (35°) de Primera Instancia en Funciones de Control Estadal del Circuito Judicial Penal del Área Metropolitana de Caracas, por lo que, esta Sala es incompetente para conocer de la presente demanda de amparo, de conformidad con lo previsto en el artículo 4 de la Ley Orgánica de Amparo sobre Derechos y Garantías Constitucionales, correspondiéndole el conocimiento a una Sala de la Corte de Apelaciones del Circuito Judicial Penal del Área Metropolitana de Caracas y no a esta Sala Constitucional, por ser dicha Corte de Apelaciones el superior jerárquico del tribunal presunto agraviante.(",,)

(…) Ahora bien, la inepta acumulación de pretensiones, en los casos en que éstas se excluyan mutuamente o cuyos procedimientos sean incompatibles, constituye causal de inadmisibilidad de las demandas o solicitudes que se intenten ante este Tribunal Supremo de Justicia, según lo previsto en el artículo 133, cardinal 1 de la Ley Orgánica del Tribunal Supremo de Justicia.

En este sentido, se constata que en el presente caso efectivamente se produjo una inepta acumulación de pretensiones y, conforme al artículo 78 del Código de Procedimiento Civil aplicable supletoriamente por disposición del artículo 48 de la Ley Orgánica de Amparo sobre Derechos y Garantías Constitucionales y el artículo 133, cardinal 1 de la Ley Orgánica del Tribunal Supremo de Justicia, se advierte que la presente acción de amparo constitucional resulta inadmisible. Así se declara.

Dada la naturaleza de la presente decisión, resulta inoficioso emitir pronunciamiento sobre la medida cautelar innominada solicitada. Así también se decide.

DECISIÓN

Por las razones antes expuestas, esta Sala Constitucional del Tribunal Supremo de Justicia, administrando justicia en nombre de la República por autoridad de la ley, declara **INADMISIBLE** por inepta acumulación de pretensiones en la acción de amparo constitucional interpuesta por el abogado José Gregorio Amundaraín Velázquez, quien señala actuar en su condición de *"Defensor Privado De Confianza"* de la ciudadana **YENNY MIRIEYA VITAL CABRILES**, contra las presuntas omisiones sustanciales *"…de los actos que causó indefensión a* [su] *defendida"* por parte del Tribunal Trigésimo Quinto (35°) de Primera Instancia en Funciones de Control Estadal del Circuito Judicial Penal del Área Metropolitana de Caracas.

C. *Acción de amparo contra sentencia*

TSJ-SC (594)   **5-11-2021**

Magistrado Ponente: Luis Fernando Damiani Bustillos

Caso: Carlos Delfino Thormahlen y Ricardo Delfino Monzón actuando con el carácter de Directores de Manufacturas de Papel C.A., (MANPA) S.A.C.A, Acción de amparo contra Sentencia

Así las cosas, se hace preciso traer a colación el criterio establecido por esta Sala en sentencia N° 2212/2001, [Véase: *Revista de derecho Público* N° 85-86/87-88 Enero-Diciembre 2001, p. 443 y ss.] en la que se estableció

"(…) Como ya ***se dijo, el fin último del amparo no es otro que restablecer la situación jurídica infringida, es decir, retrotraer la situación presente a la modalidad que tenía en el pasado anterior a la lesión.***

Para ello, el juez constitucional posee un amplio poder discrecional para eliminar aquel elemento que produzca la lesión e impedir que el daño se concrete, continúe o que se agrave si ya se ha producido.

Una vez acordado el amparo, el juez constitucional debe dictar un mandamiento tendente a restablecer de manera directa la situación afectada o proceder por sí mismo al restablecimiento del derecho lesionado.

Ahora bien, en el caso de amparo contra decisiones judiciales previsto en el artículo 4 de la Ley Orgánica de Amparo sobre Derechos y Garantías Constitucionales, el acto lesivo está constituido por una decisión judicial, por lo que el efecto del amparo otorgado no puede ser otro que anular la decisión impugnada, ya que es la única forma de eliminar el elemento dañoso. En este sentido, el mandamiento de amparo contra decisiones judiciales constituye siempre una declaratoria de nulidad.

*Precisado lo anterior, **resulta claro que las sentencias de amparos declaradas con lugar contra decisiones judiciales constituyen fallos declarativos o de mera declaración, cuyo objeto es declarar la nulidad de la decisión atacada.** Estas sentencias declarativas tienen una **retroactividad total, en el sentido de que la decisión anulada se presume inexistente, por lo que no es susceptible de producir efecto jurídico alguno,** De tal manera, la declaratoria de nulidad realizada en la sentencia de amparo, implica que el mandato contenido en la misma no necesita de actos de ejecución, ya que la mera declaración de nulidad del fallo atacado es suficiente para restablecer la situación jurídica constitucional infringida (…)"* (Resaltado añadido).

Las anteriores consideraciones resultan aplicables no sólo a las decisiones que sean dictadas para decidir el fondo de las controversias, sino aquellas que de manera cautelar pretenden asegurar la ejecución de lo decidido, toda vez que su contravención atentan contra el derecho a la defensa, debido proceso y tutela judicial efectiva, tal como se verificó en el presente caso, por cuanto la eficacia de un ordenamiento jurídico gira en definitiva, alrededor de aquellas normas que permiten a los jueces y juezas ejecutar o hacer ejecutar sus decisiones, garantizar que se cumplan y, en fin, proteger el proceso, ya que difícilmente podrán administrar justicia, en materias tan sensibles como la protección jurisdiccional de la Constitución, en una de sus dimensiones más cardinales: el respeto a los derechos humanos que el Texto Fundamental reconoce, inclusive, en un sentido abierto y progresivo (artículos 19, 22 y 23 Constitución de la República Bolivariana de Venezuela).

D.   *Procedimiento. Interposición de la acción*

TSJ-SC (291)   **9-7-2021**

Magistrado Ponente: Rene Alberto Degraves Almaza

Caso: Teresa de Jesús Mejías Hidalgo

> **Dentro del medio telegráfico a que hace alusión el artículo 16 de la Ley Orgánica de Amparo sobre Derechos y Garantías Constitucionales, está incluido el internet como medio posible de interposición de la petición de amparo constitucional.**

….En atención a lo anterior, considera necesario esta Sala traer a colación el contenido del artículo 16 de la Ley Orgánica de Amparo sobre Derechos y Garantías Constitucionales, el cual es del tenor siguiente:

"Artículo 16. La acción de amparo es gratuita por excelencia. Para su tramitación no se empleará papel sellado ni estampillas y en caso de urgencia podrá interponerse por vía telegráfica. De ser así, deberá ser ratificada personalmente o mediante apoderado dentro de los tres (3) días siguientes. También procede su ejercicio en forma verbal y, en tal caso, el Juez deberá recogerla en un acta".

Con respecto a la interpretación de la norma citada, esta Sala ha señalado lo que sigue:

"Esta Sala por interpretación progresiva del artículo 16 de la Ley Orgánica de Amparo sobre Derechos y Garantías Constitucionales admite que, dentro del medio telegráfico a que hace alusión dicho articulado, está incluido el Internet como medio posible de inter-

posición de la petición de amparo constitucional, limitándola a casos de urgencia y a su ratificación, personal o mediante apoderado, dentro de los tres (3) días siguientes a su recepción. Ello es así con el fin de no limitar el derecho al acceso a la justicia del accionante, por constituir no sólo un hecho notorio la existencia del Internet como medio novedoso y efectivo de transmisión electrónica de comunicación, sino que, además, dicho medio se encuentra regulado en el ordenamiento jurídico venezolano por el reciente Decreto Ley N° 1204 sobre Mensajes de Datos y Firmas Electrónicas, publicado en la Gaceta Oficial de la República de Venezuela N° 37.148 del 28 de febrero de 2001, en donde se le da inclusive valor probatorio a dichas transmisiones. (Ver decisión de esta Sala N° 523 de fecha 9 de abril de 2001, [Véase: Revista de Derecho Público N° 85-86/87-88, 2001 p. 457] caso: Oswaldo Álvarez, ratificada, entre otros, por el fallo N° 475 de fecha 2 de julio de 2018, caso: Adrián Guillermo Arroyo Ciccone).

En ese mismo contexto, se ha pronunciado esta Sala Constitucional señalando lo siguiente:

"Ahora bien, el artículo 16 de la Ley Orgánica de Amparo sobre Derechos y Garantías Constitucionales, expresa:

'La acción de amparo es gratuita por excelencia. Para su tramitación no se empleará papel sellado ni estampillas y en caso de urgencia podrá interponerse por vía telegráfica (al cual se han agregado otros medios, como bien lo admitió la Sala en sus sentencias núms. 742/2000 y 523/2001). De ser así, deberá ser ratificada personalmente o mediante apoderado dentro de los tres (3) días siguientes. También procede su ejercicio en forma verbal y, en tal caso, el Juez deberá recogerla en un acta' (paréntesis añadido / subrayado de la Sala).

De la norma anteriormente transcrita, se evidencia que la ratificación de una acción de amparo constitucional interpuesta por vía telegráfica o por correo electrónico, como es el presente caso, debe ser realizada única y exclusivamente en forma personal por parte del actor o, en su defecto, su apoderado.

*Por tal motivo, visto que consta en autos que la acción de amparo a que se ha hecho referencia y que fuere interpuesta vía correo electrónico fue ratificada mediante un oficio enviado por correo y no en la forma prevista en la norma **supra** señalada, la precitada solicitud debe declararse inadmisible (...)". (Ver sentencia N° 695 de fecha 7 de abril de 2002, caso: Amalia Josefina Rodríguez, ratificada, entre otras, mediante la decisión N° 332 de fecha 10 de mayo de 2018, caso: Félida Josefina Ballera Rojas).*

E. *Sentencia. Apelación anticipada o illico modo*

TSJ-SC (18-0620)   **9-7-2021**

Magistrado Ponente. Rene Alberto Degraves Almarza

Caso: Luis Alexander Bastardo Matute

La Sala Constitucional amplía su criterio en relación a la apelación anticipada o illico modo, y establece con carácter vinculante y con efectos *ex tunc*, que la suma diligencia en el ejercicio del recurso de apelación tiene como presupuesto, la existencia real cierta y concreta de la decisión que resulta desfavorable y actualiza en el afectado el derecho a recurrir. Si no existe la decisión, no existe ni interés en recurrir, ni agravió que lo motive. Por tanto, se establece que no puede tenerse como válidamente presentado un medio recursivo, respecto de una decisión que aún no ha sido dictada en el respectivo procedimiento...".

...Finalmente, en fuerza de las anteriores consideraciones hechas en el presente fallo en relación a la apelación anticipada o apelación *illico* modo, la Sala amplía su criterio y en tal sentido establece que si bien no debe castigarse la suma diligencia en el ejercicio del derecho al recurso; lo cierto es, que el agravio como presupuesto básico para la existencia y ejercicio de este derecho, presupone necesariamente la existencia real cierta y concreta de la decisión que resulta desfavorable y actualiza en el afectado el derecho a recurrir. Si no existe la decisión, no existe ni interés en recurrir, ni agravió que lo motive. Por tanto, con carácter vinculante y con efectos *ex tunc*; se establece que no puede tenerse como válidamente presentado un medio recursivo, respecto de una decisión que aún no ha sido dictada en el respectivo procedimiento. (*vid.* s.S.C. N° 1350/2011, N° 1706/2015, N° 968/2015). Así se decide.

Comentarios Jurisprudenciales

EL PROBLEMA DE LA JURISPRUDENCIA COMO FUENTE DE DERECHO Y EL PRECEDENTE JUDICIAL EN UN ESTADO DEMOCRÁTICO DE DERECHO

Román J. Duque Corredor[*]

Abogado

Resumen: *Este artículo analiza la doctrina que ha venido desarrollando la Sala Constitucional del Tribunal Supremo estableciendo precedentes judiciales obligatorios la luz de la necesaria libertad de interpretación judicial para garantizar la autonomía del Poder Judicial en un Estado democrático de Derecho.*

Palabras clave: *Interpretación constitucional; Interpretación vinculante; Precedentes.*

Abstract: *This article analyzes the doctrine that has been developed by the Constitutional Chamber of the Supreme Court establishing mandatory judicial precedents, in the light of the necessary freedom of judicial interpretation to guarantee the autonomy of the Judiciary in a democratic State of Law*

Key words: *Constitutional interpretation; mandatory interpretations; Precedents.*

I. Planteamiento inicial: En la Primera Convención de Presidentes de los Colegios de Abogados, celebrada en Caracas, del 12 al 14 de octubre de 1962, en sus deliberaciones, a propósito de entrada en vigencia de la Constitución de 1961; para promover la carrera judicial y la regulación de la actividad profesional de los abogados, se proclamó, ante los poderes públicos, recién electos o designados, que la libre interpretación del Derecho es fundamental para la autonomía del Poder Judicial y para el libre ejercicio de la abogacía en un Estado democrático de Derecho. ¿Cuál es la eficacia de la libre interpretación jurídica en los supuestos de que se considere la jurisprudencia como fuente de Derecho, y específicamente cuando se trata del precedente judicial obligatorios? Y, ¿como han de ser las reglas de garantía de esa libre interpretación en un Estado democrático de Derecho en los casos de que la jurisprudencia y el precedente judicial se consideren fuentes del Derecho?

II. Actualidad: Hoy, a 49 años de aquel pronunciamiento de los Presidentes de los Colegios de Abogados, las interrogantes anteriores son aún de mayor actualidad, después que la Sentencia de la Sala Constitucional del Tribunal Supremo de Justicia, del 18 de junio de 2003 (Ex. 03.0183), en un caso de revisión de sentencia por desacato a la doctrina de dicha Sala, sentenció que sus decisiones tienen "**la fuerza obligatoria de un precedente judicial de iure**"; y que por tanto forman parte de las fuentes del Derecho. Ello en virtud que la Constitución de 1999 le confiere la atribución de máxime intérprete de las normas y principios

---

[*] Exmagistrado de la Corte Suprema de Justicia de la República de Venezuela. Expresidente e Individuo de Numero de la Academia de Ciencias Políticas y Sociales. Doctor Honoris Causa y Profesor Honorario de la Universidad de Los Andes, Mérida, Venezuela. Doctor Honoris Causa de la Universidad Católica de La Plata, Argentina. Profesor de la UCV, de la UCAB y de la UMA.

constitucionales con fuerza obligatoria. Por tanto, según este criterio, la fuerza obligatoria de sus decisiones se extiende hasta el alcance que debe dárseles a las normas legales y no solo sobre el estricto control de la constitucionalidad. En ese orden de ideas la misma Sala estableció que los jueces incurren en conducta indebida en el ejercicio de la función jurisdiccional, si se niegan a aceptar el precedente de la Sala Constitucional en el momento de decidir acerca de un caso similar; y que, en este supuesto, la inobservancia del precedente debe ser sancionada jurídicamente. En esta Sentencia la susodicha Sala estableció que ni aún por objeción de conciencia pueden los jueces apartarse de sus precedentes obligatorios; y que de desacatarlos incurren en la sanción prevista en los artículos 174 y 179 de la Ley Orgánica del Poder Judicial[1].

III. Aún más, en la reciente Ley Orgánica del Tribunal Supremo de Justicia, además de repetirse, en su artículo 4°, la disposición del artículo 335 de la Constitución, que las interpretaciones que establezca la Sala Constitucional sobre el contenido y alcance de las normas y principios constitucionales para la otras Salas del Tribunal Supremo de Justicia y demás tribunales de la República, agrega en el artículo 25, en su numeral 10, que el desconocimiento de algún precedente dictado por dicha Sala, por sentencias definitivamente firmes, es motivo para su revisión por parte de dicha Sala; que en ejercicio de estas competencia podrá anular tales sentencias y reenviarlas a la Sala o tribunal respectivo o conocer la causa, siempre que dicho motivo sea de mero derecho y no suponga una nueva actividad probatoria, según lo precisa el artículo 35, de la referida Ley.

IV. ¿Cómo se compagina esta doctrina con el planteamiento de la necesaria libertad de interpretación judicial para garantizar la autonomía del Poder Judicial en un Estado democrático de Derecho? Primeramente, examinaré el problema desde el ámbito de la autonomía del Poder Judicial; y posteriormente, desde la perspectiva del contexto del Estado constitucional democrático y de Derecho.

V. <u>La natural autonomía de la función judicial para la interpretación de las disposiciones jurídicas</u>.

1.   Esa autonomía descansa en el principio de la no existencia de interpretaciones únicas de las disposiciones legales y constitucionales como presupuesto de la interpretación del Derecho y la no sujeción de los criterios judiciales a interpretaciones abstractas de disposiciones jurídicas.

2.   En efecto, toda disposición jurídica es una proposición que permite darle varios sentidos y la interpretación precisamente permite extraer la norma aplicable a cada caso. Por ello la regla no puede ser la de la interpretación única.

3.   Por esta razón la función jurisdiccional es una actividad práctica para resolver problemas concretos.

4.   En consecuencia, la autonomía de la interpretación jurídica es fundamental para la vigencia y eficacia de la función jurisdiccional y la interpretación del Derecho está referida a problemas concretos y generalmente no idénticos.

5.   Otro presupuesto, es el de que el Juez de Instancia es el natural intérprete de la ley.

---

[1]   *Ver*, Laguna Navas, Rubén, "La Sala Constitucional del Tribunal Supremo de Justicia; Su Rol, como Máxima y última Intérprete de la Constitución, Serie Trabajo de Grado N° 7, UCV, Facultad de Ciencias Jurídicas y Políticas, Caracas, 2005, pp. 249.

6. Por tanto, el principio es la regla de la sujeción a lo alegado y probado en el proceso; y la excepción, es la sujeción a interpretaciones abstractas, únicas y definitivas.

7. De manera que, si el Derecho es la ciencia de las diferentes argumentaciones, el establecimiento de los límites expresos a las competencias de los tribunales revisores para establecer interpretaciones definitivas es consustancial a la función interpretativa judicial.

8. E, igualmente, el establecimiento de reglas legales para valorar la existencia y la obligatoriedad de los precedentes judiciales como fuentes del Derecho, es connatural a la autonomía interpretativa de la función judicial.

9. La concepción del Derecho como ciencia de la argumentación, por definición, impide, por principio general, que la función jurisdiccional legal y constitucional se desarrolle en base al establecimiento definitivo del sentido interpretativo de los preceptos legales y constitucionales.

10. La jurisdicción constitucional concentrada, por tanto, para garantía de la autonomía del poder judicial, ha de permitir la posibilidad que los jueces, que también forman parte de la justicia constitucional, pueden sustituir interpretaciones que han dado los tribunales constitucionales, dentro del concepto de Constitución normativa, abierta y eficaz; y dentro del concepto de progresividad de los preceptos relativos a los derechos humanos; en razón de las realidades fácticas que conozcan, que demandan soluciones prácticas para cada caso.

11. En consecuencia, la obligatoriedad de las sentencias judiciales es de interpretación estricta y rigurosa y no puede impedir el progreso del Derecho en la solución de los problemas prácticos a través de la libre interpretación jurídica.

12. Por eso, vale la pena insistir en la natural condición de ciencia argumentativa del Derecho en el Estado democrático de Derecho.

VI. Estado de Derecho e interpretación jurídica

1. **Presupuesto**: La interpretación jurídica surge ante un problema práctico; en cuyo caso el Derecho aparece como un sistema de proposiciones abstractas y donde los intérpretes son una pluralidad que plantean diferentes opciones interpretativas.

2. Otro presupuesto es la existencia de **Opciones interpretativas**: A partir de las proposiciones legales (textos), de las diferentes argumentaciones posibles, se extraen los principios y reglas (normas) más razonables para la solución del problema concreto. Es el paso de la disposición a la norma aplicable al caso.

3. Igualmente, **Admisibilidad en el Derecho de la diversidad interpretativa**. En efecto, lo natural en la ciencia jurídica son las interpretaciones de una misma proposición jurídica en más de un sentido posible, entre dos o más tribunales, de diferentes instancias; o, inclusive, por los mismos tribunales a través de cambios de criterios interpretativos.

4. **Debilitamiento institucional del poder judicial y del poder legislativo**: El poder judicial y el legislativo se debilitan, o enmudecen, cuando los tribunales constitucionales asumen, más allá de los límites naturales de la libre interpretación jurisdiccional, la interpretación abstracta *ex oficio* de disposiciones constitucionales, para llenar vacíos constitucionales y legales; contradicciones entre normas jurídicas y constitucionales; aplicabilidad de normas constitucionales transitorias; ambigüe-

dades de disposiciones constitucionales; y contradicciones entre disposiciones constitucionales y las disposiciones que rigieron las facultades del constituyente; o para modificar disposiciones legales.

VII. La interpretación constitucional definitiva y única y el Estado democrático de Derecho.

1. <u>Principios generales de la jurisdicción constitucional concentrada compatibles con el concepto de Estado democrático de Derecho</u>:

A) Necesidad de un órgano máximo y último intérprete de la Constitución, para defender su supremacía y la integridad de sus valores y principios, ante los otros poderes e inclusive ante el poder judicial.

B) Pero, debe ser una instancia rogada o dispositiva, que no puede actuar de oficio.

C) Como órgano del poder judicial, debe actuar conforme a los límites de su propia competencia y sus procedimientos, según el artículo 253 de la Constitución, y como poder constituido, debe actuar conforme el respeto del principio de la división de las ramas del Poder Público, especialmente de la reserva legal y de la reserva del poder constituyente, de acuerdo con los artículos 7° y 136, 137 y 138, del mismo Texto Constitucional.

D) Como órgano judicial, debe actuar conforme a los principios de independencia, imparcialidad, transparencia, por mandato de los artículos 26, 254 y 256 de la Constitución; y como parte del Estado conforme el principio del pluralismo jurídico y político.

E) Como poder público, debe evitar el riesgo de su ilegitimidad, es decir, evitar actuar conforme a una "**jurisprudencia de valores**", construida en base a una doctrina unilateral de valores profesados por los propios integrantes de los tribunales constitucionales. En otras palabras, no debe llevar a cabo ningún activismo o proselitismo.

F) Su función interpretativa debe estar referida a casos concretos y no abstractos; porque sus decisiones interpretativas deben ser el resultado de un contradictorio dentro de un debido proceso y no decisiones unilaterales.

G) Ha de tenerse presente, primeramente, que es a todos los jueces a quienes les corresponde resolver en primer lugar los problemas interpretativos constitucionales, o aplicar el control difuso de inconstitucionalidad; puesto que todos ellos también aplican e interpretan la Constitución; y que en última instancia, la solución de tales problemas les corresponde a los tribunales constitucionales, a través de los procesos ordinarios o extraordinarios; pero no "*per saltum*", y por anticipado, y en abstracto.

H) Otro principio de la jurisdicción constitucional del Estado de Derecho, es la no exclusión del control concentrado de los actos del poder constituido o de actos del constituyente derivado contrarios a la Constitución en vigor; o a las bases que rigen sus funciones; o a sus límites temporales, formales y materiales de la función de modificación o reforma de la Constitución.

VIII. <u>La función interpretativa de la Constitución de los tribunales constitucionales según el concepto de Estado democrático de Derecho</u>.

1. <u>Se trata del ejercicio posterior a la función interpretativa de otros tribunales:</u>
Los tribunales constitucionales, no son los primeros intérpretes de la Constitución, y tampoco los últimos.

2. **Se trata del ejercicio de la función interpretativa de los tribunales constitucionales a través de los procedimientos contradictorios establecidos, y no "per saltum":** Es decir, revisión de sentencias; consulta del control difuso; amparos contra sentencias o resolución de conflictos de competencias constitucionales entre los poderes públicos, y el control concentrado de la constitucionalidad.

3. **Se trata del no ejercicio de una interpretación abstracta de las disposiciones constitucionales, sin contención y sobre casos virtuales.** La actuación de oficio no puede ser la regla, ni el avocamiento el sustitutivo de las acciones de inconstitucionalidad o de las acciones ordinarias.

4. **El carácter vinculante de las interpretaciones de los tribunales constitucionales, existe hasta que hechos nuevos justifiquen nuevas interpretaciones por parte de los jueces.**

5. **Se ha de establecer un sistema de compilación completo y organizado de las decisiones que constituyan precedentes judiciales obligatorios, porque pasan a ser "principios generales de Derecho"** (Supreme Court Reports en los Estados Unidos; o las Súmulas del Tribunal Supremo Federal de Brasil, etc.).

6. **La consagración de reglas para determinar la valoración de los precedentes como fuentes del Derecho obligatorias[2]. Es decir, la consagración de principios para estimar el valor intrínseco del precedente como obligatorio.** Por ejemplo, en el derecho angloamericano se contemplan ciertas reglas, como las siguientes:

   a. La conexión que existe entre el precedente considerado como norma y el punto jurídico por resolverse.

   b. La distinción entre los pormenores de los fallos (*"ober dictum"*) y el principio general contemplado en las sentencias como manifestación del Derecho en general.

   c. La *"ratio decidendi"* del precedente judicial y la similitud con el caso a resolverse.

   d. La compatibilidad del precedente judicial con los valores superiores ("éticos") del ordenamiento jurídico, de modo que en verdad no se apliquen en los casos palpables de contradicción con esos principios.

   e. El tipo de proceso donde se originó el precedente.

   f. La relación existente entre el tribunal que estableció el precedente y el tribunal ante el que fue invocado.

   g. La precisión de las materias exclusivas donde el precedente es obligatorio P.e., si se trata de interpretaciones constitucionales o de interpretaciones de disposiciones de derecho común.

   h. La consagración del principio de que quien invoca el precedente debe demostrar aplicabilidad al caso concreto; y de quien lo niega debe demostrar la disparidad entre los dos casos.

---

[2]   *Ver*, Rabasa, Oscar, "El Derecho Angloamericano" Fondo de Cultura Económica, México, 1944, pp. 567 a 580.

Aparte de los anteriores criterios que a mi juicio son ilustrativos de la precesión necesaria que debe hacerse para calificar de precedentes obligatorios a los fallos judiciales, creo, que es válido recordar que el concepto de la doctrina judicial reiterada y pacifica que genere principios generales de solución para casos semejantes, que define a la jurisprudencia como fuente de Derecho, también sirve de criterio para caracterizar a los precedentes. De modo que una sola sentencia o varias sobre casos que no guarden una identidad sustancial. O, que contenga votos salvados no puede constituir un precedente obligatorio. Por ejemplo, en su Sentencia N° 484 del 12-04-2011 (Caso *"Hospital Clínica Caracas"*), la Sala Constitucional consideró como precedente su Sentencia N° 383 del 26-02-2003, que se refería a una acción de amparo ejercida contra una sentencia de un tribunal superior que realizó un análisis incompleto de las pruebas, para anular la Sentencia N° 457 del 26-10-2010 de la Sala de Casación Civil, cuando esta Sala tiene prohibido entrar al analizar el materia probatorio.

CONCLUSIÓN

a. La debida regulación del precedente judicial y el ejercicio estricto de la función interpretativa vinculante dentro de los límites procedimentales y competenciales por parte de los tribunales constitucionales y de los límites de la reserva legal y de la reserva constituyente; garantizan la libertad de la función jurisdiccional interpretativa de los jueces y el debido proceso y el principio del juez natural.

b. La función central de la justicia constitucional, en el constitucionalismo de los valores, como el nuestro, debe ser, el mantenimiento efectivo del pluralismo político, que nuestra Constitución ha definido certeramente, como uno de los valores superiores, al lado y correlativo de la libertad y de la justicia, en su artículo 2[o3].

c. La jurisdicción constitucional concentrada no puede impedir por parte de los jueces interpretaciones más favorables que las de los precedentes[4].

d. A manera de resumen, quisiera concluir con la cita de las palabras, del Dr. Manuel García Pelayo, de su Discurso en el acto de instalación del Tribunal Constitucional español; sobre la responsabilidad de este Tribunal:

"(...), dado que todos los demás órganos constitucionales están sujetos al control del Tribunal en cuanto a la constitucionalidad de sus actos, y dado que no hay apelación alguna frente a sus decisiones, el Tribunal, es en un orden, el defensor supremo de la Constitución. Es oportuno advertir, que sus posibilidades no son ilimitadas: no puede actuar por su propia iniciativa, sino por impulso exterior. Puede defender la Constitución frente a los órganos del Estado, pero no frente a poderes extraestatales. Solo entiende de cuestiones planteadas y resolubles en términos jurídicos. Y todo ello por supuesto dentro de las competencias que le han sido conferidas"[5].

---

[3]   Tomado de García Enterría, Eduardo y Menéndez, Aurelio, *El Derecho, la Ley y el Juez, Dos Estudios*, Cuadremos Civitas, 1ª. Edición, Madrid, 1997, p. 61.

[4]   *Ver* en mi Libro *Temario de Derecho Constitucional y de Derecho Público*, LEGIS (Caracas-Bogotá 2008), el Capítulo XLI "La interpretación vinculante de la jurisdicción constitucional y los poderes correctivos de los jueces", p. 525-535.

[5]   García Pelayo, Manuel, "Discurso en el acto de inauguración del Tribunal Constitucional", Obras Completas, III, Centro de Estudios Constitucionales, Madrid, 1991, p. 3.224).

VANDALISMO CONSTITUCIONAL, FRAUDE ELECTORAL Y DISPARATE JUDICIAL: EL CASO DE LA ELECCIÓN DE GOBERNADOR EN EL ESTADO BARINAS EL 29 DE NOVIEMBRE DE 2021

Allan R. Brewer-Carías

Director de la Revista

Resumen: *Este artículo analiza la inconstitucional decisión adoptada por la Sala Electoral del Tribunal Supremo de Justicia, anulando la elección del Gobernador del Estado Barinas y ordenando al Consejo Nacional Electoral a convocar una nueva elección indicándole fecha para ello.*

Palabras Clave: Gobernadores. Elecciones; Estado Barinas. Elecciones. Nulidad.

Abstract: *This article analyzes the unconstitutional decision issued by the Electoral Chamber of the Supreme Court of Justice, annulling the election of the Governor of the State of Barinas and ordering the National Electoral Council to call a new election indicating a date for it.*

Key words: *Governors. Election; State of Barinas; Elections. Nullity.*

I

Con el inconcluso proceso de elección del Gobernador del Estado Barinas que tuvo lugar el pasado 21 de noviembre de 2021, ocurrió lo que José Ignacio Hernández ha calificado como un gran *"fraude"* electoral cometido por el Consejo Nacional Electoral y la Sala Electoral del Tribunal Supremo de Justicia;[1] uno, de tal magnitud que, incluso, el Comité Regional del Partido Comunista de Venezuela en Barinas consideró que: "constituye la mayor *estafa política* contra el pueblo, sin precedentes en la historia contemporánea."[2]

Por ello, Freddy Gutiérrez Trejo consideró que todo lo ocurrido en Barinas constituye un:

---

[1] Véase José Ignacio Hernández, "El fraude del Consejo Nacional Electoral y la sala Electoral en la elección del Gobernador del Estado Barinas," noviembre de 2021. Disponible en: https://www.academia.edu/62990498/EL_FRAUDE_DEL_CONSEJO_NACIONAL_ELECTORAL_Y_LA_SALA_ELECTORAL_EN_LA_ELECCI%C3%93N_DEL_GOBERNADOR_DE_BARINAS

[2] Véase el Comunicado del Comité Regional del Partido Comunista de Venezuela en Barinas; "Rechazamos y condenamos la estafa política al pueblo de Barinas," en Tribuna Popular, 30 de noviembre de 2021. Disponible en: https://prensapcv.wordpress.com/2021/11/30/rechazamos-y-condenamos-la-estafa-politica-al-pueblo-de-barinas /

"delito de estafa agravada y continuada, y que la víctima directa e inmediata es la sociedad de Barinas; los barineses con derecho al voto libre, universal, directo y secreto por el candidato de su preferencia. Presenciamos un fraude a la Constitución y a la Ley que establecen las competencias de cada órgano del Estado."[3]

Ello, aparte de que las referidas elecciones, como era de esperarse, no reunieron las condiciones mínimas indispensables para que pueda haber elecciones libres, justas, confiables, plurales, libres de ventajismos y verificables, sujetas a control de un órgano imparcial, motivo por el cual fueron completamente cuestionadas por las delegaciones internacionales de Observación electoral que fueron permitidas por el régimen para presenciarlas.[4]

El fraude o estafa electoral que se cometió en el Estado Barinas fue producto de acciones aparentemente coordinadas, atribuidas al Consejo Nacional Electoral, a la Contraloría General de la República y a la Sala Electoral de Tribunal Supremo de Justicia,[5] quedando materializada dicha estafa o fraude con el "anuncio" de la emisión de dos sentencias N° 78 y N° 79 que habrían sido dictadas por la Sala Electoral del Tribunal Supremo el 29 de noviembre de 2021.[6]

A la fecha en la cual concluyo esta nota (7 de diciembre de 2021) ha transcurrido una semana desde que las sentencias fueron dictadas sin que las mismas hayan sido publicadas, de manera que de ellas solo se conoce, aparte de las múltiples noticias y comentarios de prensa y las redes sociales, la escueta información que está disponible en el referido portal del Tribunal Supremo de Justicia.

---

[3] Véase Freddy Gutiérrez Trejo, "Barinas", en Tal Cual, 4 de diciembre de 2021. Disponible en https:// talcualdigital.com/barinas-por-freddy-gutierrez-trejo/

[4] Véase "Carter Center Expert Mission Issues Preliminary Report on Venezuela's Regional and Municipal Elections," Dec. 3, 2021. Disponible en: https://www.cartercenter.org/news/pr/ 2021/ venezuela-120321.html#translate. Véase sobre lo advertido por los Observadores de la Unión Europea y el Centro Carter las referencias hechas por José Ignacio Hernández "El fraude del Consejo Nacional Electoral y la sala Electoral en la elección del Gobernador del Estado Barinas," Noviembre de 2021, disponible en: https://www.academia.edu/62990498/EL_FRAUDE_DEL_CONSE-JO_NACIONAL_ELECTORAL_Y_LA_SALA_ELECTORAL_EN_LA_ELECCI%C3%93N_D EL_GOBERNADOR_DE_BARINAS ; y "Deficiencias estructurales en el sistema electoral venezolano según la Misión de la Unión Europea │ Acceso a la Justicia," en Acceso a la justicia, 2 de diciembre de 2021, Disponible en: https://accesoalajusticia.org/deficiencias-estructurales-en-el-sistema-electoral-venezolano-segun-la-mision-de-la-union-europea/

[5] Por ello, el Sr. Roberto Rincón, Rector del Consejo Nacional Electoral, con razón denunció que en Barinas hubo una "conspiración para desconocer la soberanía popular," en decir, "desde fuera del CNE se conspiró desde muy temprano para 1) obstaculizar la recepción de actas de las zonas más remotas del estado, 2) impedir la totalización , adjudicación y proclamación del ganador fabricando una inhabilitación política inconstitucional, 3) secuestrar atribuciones del Poder Electoral anulando el resultado de la elección del 21 de noviembre, y convocando una nueva elección el 9 de enero, 4) dificultar la postulación de candidatos inhabilitados arbitrariamente a última hora a los posibles candidatos de oposición". Véase "Rector Picón: En Barinas hubo una «conspiración para desconocer la soberanía popular» en Tal cual, 7 de diciembre de 2021. Disponible en https://tal-cualdigital.com/rector-picon-el-caso-barinas-es-un-retroceso-en-recuperacion-del-voto-como-he-rramienta/ En igual sentido, véase: "Roberto Picón califica de conspiración irregularidades en las elecciones de Barinas," El Nacional, 7 de diciembre de 2021. Disponible en https://www.-elna-cional.com/venezuela/roberto-picon-califica-de-conspiracion-irregularidades-en-las-elecciones-de-barinas/; y "Roberto Picón: Fuera del CNE se conspiró para obstaculizar recepción de actas de Barinas," en El Carabobeño, 7 de diciembre de 2021. Disponible en: https://www.el-carabobeno.com /roberto-picon-fuera-del-cne-se-conspiro-para-obstaculizar-recepcion-de-actas-de-barinas/?utm__ source=dlvr.it&utm_medium=twitter

[6] La noticia que de ellas se tiene es la que se publicó en el portal web del Tribunal Supremo de Justicia. Disponibles en: http://historico.tsj.gob.ve/decisiones/consultasala.asp?sala=006&dia= 29/11/2021

Falta, por supuesto, estudiar el texto de ambos fallos, pero sin duda, la breve informa-ción que aparece en dicho portal oficial es suficiente para determinar la magnitud del vanda-lismo electoral que se ha cometido, basado en la ignorancia más supina de lo que es un pro-ceso de amparo, dando origen a un conjunto de disparates judiciales que constituyen una afrenta al conocimiento jurídico.

Esto no debemos dejar de analizarlo, a pesar de que en la actualidad el país parece que ya se ha olvidado del fraude cometido, pues la atención, conducida por los medios, está qui-zás más entretenida en determinar quiénes serán, al fin, después de todas las peleas internas y las trampas electorales externas, tanto por parte del partido de Gobierno como de los de la supuesta "oposición," los próximos "candidatos" en la elección del Gobernador de Barinas que será, si se hace el 9 de enero de 2022 como fue inconstitucionalmente ordenado, una elección doblemente ilegítima.

II

En el Estado Barinas, en efecto, tal como lo reconoció la Sala Electoral para el momento en el cual dictó la sentencia N° 79 de 29 de noviembre de 2021, según la información publi-cada en el portal oficial del Tribunal Supremo,

"las proyecciones consignadas por el Consejo Nacional Electoral dan un porcentaje de votos a favor del candidato Freddy Superlano, titular de la cedula de identidad V-12.555.398, del 37, 60 % con respecto al 37,21 % de votos obtenidos por el candidato Argenis Chávez, titular de la cedula de identidad V-4.925.031."

Es decir, en el Estado Barinas, como sucedió en algunos otros Estados, el candidato Freddy Superlano, quien no era del partido de Gobierno y que participó en las elecciones en "oposición" al mismo, habría ganado, imponiéndose al candidato del Gobierno y quien era Gobernador de la entidad, Argenis Chávez.[7]

III

En ese estadio del proceso electoral, faltando solo por sumar unas actas que habían sido retenidas indebidamente por militares,[8] de acuerdo con la información del portal del Tribunal Supremo de Justicia relativa a su Sala Electoral, con fecha 29 de noviembre de 2021 se abrió el expediente N° 2021-0000063, correspondiente a una *acción de amparo* intentada por:

"el ciudadano Adolfo Ramon Superlano, titular de la cédula de identidad N° V-4.262.374, alegando el carácter de "… candidato a la gobernación del estado Barinas por el Partido Min unidad y otros, dentro del proceso, asistido por el abogado Devenish Griffith Jorge Luis, inscrito en el Inpreabogado bajo el N° 134.679, …," contra el ciudadano "… Freddy Superlano, venezolano, mayor de edad y titular de la cedula de identidad N° V-12.555.398"

Es decir, en este caso, se inició un *proceso de amparo* de carácter personalísimo me-diante acción intentada por un ciudadano como parte supuestamente agraviada que fue el Sr.

---

[7]   Ello lo ratificó el Sr. Roberto Picón, Rector del Consejo nacional Electoral en Comunicado: "Ante la sentencia de la sala Electoral del TSJ que ordena al CNE de realizar nuevas elecciones para go-bernador de Barinas para el 09 de enero de 2021," Caracas 30 de noviembre de 2021. Disponible en: https://runrun.es/noticias/461863/inhabilitacion-de-superlano-era-desconocida-por-el-cne-al-momento-de-su-postulacion-y-otras-claves-del-comunicado-de-roberto-picon/

[8]   Véase lo indicado por Rocío San Miguel, "El Plan República tiene que cambiar sus autoridades en Barinas" en el pitazo, 5 de diciembre de 2021. Disponible en: https://elpitazo.net/entrevistas /rocio-san-miguel-el-plan-republica-tiene-que-cambiar-sus-autoridades-en-barinas/

Adolfo Ramon Superlano (erradamente identificada como candidato) contra otro ciudadano como parte supuestamente agraviante que fue el Sr. Freddy Superlano (quien en realidad fue el candidato), ambos identificados en la nota del Tribunal.

El motivo o fundamento para intentar la acción de amparo fue, conforme al resumen que está en el portal oficial del Tribunal:

"la presunta violación de los derechos constitucionales a la participación y el sufragio, previstos en los artículos 62 y 63 de la Constitución de la República Bolivariana de Venezuela, *con base en los hechos públicos y notorios* relacionados con el clima de tensión entre las militancias políticas que hacen vida en el Estado Barinas, así como a la remisión por la Junta Electoral Regional de las actas de totalización a la Junta Nacional Electoral del Consejo Nacional Electoral.

Las normas constitucionales que consagran los derechos constitucionales que se dicen violados por parte del Sr. Freddy Superlano son las siguientes:

"Artículo 62. Todos los ciudadanos y ciudadanas tienen el derecho de participar libremente en los asuntos públicos, directamente o por medio de sus representantes elegidos o elegidas….

Artículo 63. El sufragio es un derecho. Se ejercerá mediante votaciones libres, universales, directas y secretas. La ley garantizará el principio de la personalización del sufragio y la representación proporcional."

Siendo estos los dos únicos derechos constitucionales que se aducen como violados, se presume que como fundamento de la acción de amparo intentada, el Sr. Adolfo Ramon Superlano lo mínimo que debió haber alegado ante la Sala Electoral para poder pretender que se declarase un amparo constitucional a sus derechos en contra del Sr. Freddy Superlano como presunto agraviante, sería que éste en alguna forma e indebidamente le habría impedido o restringido ejercer su derecho de participar políticamente en los asuntos públicos o su derecho al sufragio.

De ese proceso de amparo entablado entre dos partes, una presuntamente agraviada y otra presuntamente agraviante, no podía resultar otra decisión que no fuera la protección del derecho constitucional del agraviado Adolfo Ramon Superlano a la participación política y al sufragio, previa prueba mediante hechos de que el Sr Freddy Superlano le había lesionado dichos derechos; restableciendo con la decisión la situación jurídica infringida conforme lo establece el artículo 27 de la Constitución que regula la acción de amparo.

IV

Nada de lo anterior aparece reflejado en la información del portal del Tribunal Supremo de Justicia, donde solo se indica que en el expediente N° 2021-0000063 se dictaron dos sentencias: N° 78 y No. 79, la primera acordando una medida cautelar que se había solicitado con la acción de amparo, y la segunda declarando la acción con lugar *in limine litis*.

En cuanto a la primera sentencia dictada, N° 78, según la información del portal del Tribunal Supremo, la Sala Electoral comenzó por declararse competente para conocer de la "acción de amparo" intentada, y a "admitirla" pura y simplemente, sin aparentemente considerar si lo que se haría intentado era, realmente, una acción de amparo ni que, de haberlo sido, la misma tuviera "carácter electoral."

Conforme a La Ley Orgánica del Tribunal Supremo de Justicia, la Sala Electoral en materia de amparo contra personas particulares solo tiene competencia en casos de "demandas de amparo constitucional de contenido electoral, distintas de las atribuidas a la Sala

Constitucional" (art. 28.3). Por tanto, se tiene que tratar de un amparo "de contenido electoral" lo que exige que la parte agraviada alegue y pruebe que la parte agraviante le ha causado una violación o amenaza con causársela a sus "derechos electorales."

De lo indicado en el portal de la Sala no se deduce en forma alguna que el Sr. Freddy Superlano hubiera impedido, lesionado o amenazado en forma alguna el ejercicio de sus derechos constitucionales a participar y al sufragio del Sr. Adolfo Ramón Superlano. Lo que más bien se puede deducir de la confusa referencia que se puede leer en el portal del Tribunal Supremo sobre lo alegado por el accionante es que lo que el Sr. Adolfo Ramón Superlano buscaba era hacer del conocimiento de la Sala que supuestamente las autoridades electorales habrían admitido la postulación como candidato de un ciudadano que tendría pendiente averiguaciones en curso y que supuestamente habría sido inhabilitado políticamente.[9] Estas circunstancias, quizás hubieran podido ser el fundamento de una acción contencioso electoral de anulación contra los actos de las autoridades electorales de admisión de la postulación y de realización de las elecciones, pero no de una "acción de amparo" de un ciudadano contra otro ciudadano, y la Sala Electoral estaba obligada a advertírselo al accionante para que corrigiese su "acción," y de lo contrario declararla inadmisible conforme al artículo 19 de la ley Orgánica de Amparo.

Los hechos narrados en modo alguno pueden ser utilizados para tratar de argumentar un inexistente "carácter electoral" en un amparo entre particulares, cuando en realidad de lo que se trataba era de impugnar una postulación y una elección; lo cual debía hacerlo el demandante mediante un recurso contencioso electoral de anulación y no mediante una acción de amparo.

Con la sentencia N° 78 se puso de manifiesto el primer disparate judicial cometido por la Sala Electoral que fue, por una parte, declarar su competencia para conocer de una acción intentada por un particular contra otro, que de "acción de amparo" nada tenía, al ni siquiera indicarse cómo es que el Sr. Freddy Superlano le habría violado o amenazaba con violar el derecho de participación y sufragio del Sr. Ramón Adolfo Superlano, haciéndose referencia solo a "*hechos públicos y notorios* relacionados con el clima de tensión entre las militancias políticas que hacen vida en el Estado Barinas;" y por la otra, proceder a admitir una supuesta "acción de amparo" entre particulares que no sólo no tenía carácter electoral, sino que lo que buscaba aparentemente era cuestionar la actuación de las autoridades electorales por haber aceptado la postulación del Sr. Freddy Superlano para unas elecciones. Lo cierto es que todo ello obligaba a la Sala Electoral a declarar inadmisible la "acción de amparo" intentada, y devolverle el documento al Sr. Ramón Adolfo Superlano para que lo corrigiera y formulara más bien un recurso contencioso electoral de anulación contra las actuaciones de las autoridades electorales.

---

[9] Debe señalarse que dicho hecho de la inhabilitación, según lo informó el rector Roberto Picón del Consejo Nacional Electoral, ni siquiera era del conocimiento del Consejo. Véase "Rector Picón aseguró que el CNE desconocía inhabilitación a Superlano. El rector Roberto Picón dejó constancia que la inhabilitación del ciudadano Freddy Superlano era desconocida para el CNE para el momento de su postulación," en analítica.com, 30 de noviembre de 2021. Disponible en https://www.analitica.com/actualidad/actualidad-nacional/rector-picon-aseguro-que-el-cne-desco-nocia-inhabilitacion-a-superlano/. El Rector Rincón también informó que, para el momento de la decisión de la Sala Electoral, el afectado Sr. Freddy Superlano también desconocía su inhabilitación. Dijo: "No sabemos qué acciones haya hecho Freddy Superlano desde ese momento hasta acá para que sea inhabilitado. Él tampoco fue notificado, ni sabía que fue hallado culpable, ni se le pidió que resarciera al Estado por los daños que supuestamente ha causado." Véase en: "Picón: Votación interna en el CNE negó pasar caso Superlano a Sala Constitucional del TSJ," en Tal Cual, 2 de diciembre de 2021. Disponible en: https://talcualdigital.com/roberto-picon-inhabilitacion-de-freddy-superlano-llego-en-un-momento-inoportuno/

V

Luego de declararse competente para conocer la "acción de amparo" intentada, la cual siendo una acción de amparo debía estar fundada en que el Sr. Freddy Superlano habría cometido supuestos actos lesivos contra de los derechos constitucionales a participar y al sufragio del Sr. Adolfo Ramón Superlano, y de admitir la acción, la Sala Electoral pasó a cometer un segundo disparate judicial, y fue resolver la petición de medidas cautelares que se habían formulado junto con la "acción de amparo," que nada tenían que ver con presuntos actos lesivos o amenazas de Freddy Superlano en contra de Adolfo Ramón Superlano, sino que se referían a actuaciones de entes públicos como son las autoridades electorales que no eran "parte" en el proceso de amparo iniciado.

La Sala Electoral, en efecto, para acordar medidas cautelares, lo hizo formulando la siguiente "declaración:"

"que ante la exposición del accionante con respecto a la supuesta existencia de procedimientos y averiguaciones administrativas y penales contra el ciudadano Freddy Superlano, identificado en autos, que cursan ante los Órganos competentes del Estado, *se deja constancia que cursa en el expediente* el Oficio de remisión de la Resolución N° 01-00-000334, suscrita por el ciudadano Contralor General de la República, por la cual resuelve inhabilitar para el ejercicio de cualquier cargo público al ciudadano Freddy Francisco Superlano Salinas, titular de la cédula de identidad N° V-12.555.398, lo cual será apreciado y valorado por este Órgano Jurisdiccional en la oportunidad de decidir el mérito del asunto."

De estos hechos que se narran en la "declaración" de la Sala Electoral, referidos a la existencia de supuestas averiguaciones contra Freddy Superlano y de una decisión de la Contraloría General de la República de inhabilitarlo políticamente, en efecto, no hay forma alguna de poder deducir o derivar prueba alguna de que el Sr. Freddy Superlano hubiera violado o amenazado violar en alguna forma los derechos del Sr. Adolfo Ramón Superlano a participar y al sufragio. Tampoco que de esos mismos hechos pueda resultar temor fundado alguno de que Freddy Superlano le pueda causar lesiones graves o de difícil reparación a dichos derechos a la participación y al sufragio de Adolfo Ramón Superlano.

Es decir, de la declaración de la sentencia no hay forma alguna de entender cómo los hechos narrados por la Sala en su decisión puedan pasar la evaluación de cualquier medida cautelar que en este caso sería la presunción grave de la violación o amenaza de violación por el Sr. Freddy Superlano del derecho del presunto agraviado Adolfo Ramón Superlano a la participación y al sufrago (*fumus boni iuris*) y la necesidad de preservación de inmediato de dichos derechos porque habría riesgo inminente que se le pudiera causar un daño irreparable al Sr. Adolfo Ramón Superlano (*periculum in mora*).

Sin embargo, con base en esa sola declaración de la Sala Electoral sobre dos hechos, primero, que habría averiguaciones e investigaciones en curso contra Freddy Superlano y, segundo, que éste estaría inhabilitado políticamente, la misma procedió, no a proteger algún derecho de Adolfo Ramón Superlano a la participación y al sufragio o a impedir que el Sr. Freddy Superlano se los pudiera violar durante el transcurso del juicio -de eso se trata una medida cautelar-, sino a decretar medidas cautelares dirigidas a otros asuntos ajenos a la acción de amparo intentada entre particulares (Adolfo Ramon Superlano contra Freddy Superlano), y específicamente, dirigidas contra diversas autoridades electorales y sus actuaciones, y en contra del ejercicio del derecho de voto por la totalidad de los electores en el Estado Barinas (que no eran "parte" en el proceso judicial). En efecto, la Sala procedió a declarar:

"*Procedente* la solicitud cautelar, en consecuencia, *ordena* al Consejo Nacional Electoral la inmediata suspensión de los procedimientos y/o procesos vinculados a la totalización, adjudicación y proclamación del Consejo Nacional Electoral respecto de los candidatos al cargo de Gobernador o Gobernadora del Estado Barinas, en el proceso electoral celebrado el 21 de noviembre de 2021 en esa circunscripción electoral, hasta tanto se decida el fondo del asunto."

Con esa medida cautelar, totalmente inconstitucional, la Sala Electoral lo que hizo fue cometer un acto de vandalismo constitucional violándole flagrantemente el derecho constitucional a la participación y al sufragio a *todos los ciudadanos con derecho a voto* en el Estado Barinas, al suspender la totalización, la adjudicación y la proclamación como resultado de las elecciones del 21 de noviembre de 2021 en dicho Estado, a la cual tenían derecho como electores; y lo hizo en un proceso de "amparo" en el cual solo había dos "partes," el presunto agraviado Ramón Adolfo Superlano y un presunto agraviante Freddy Superlano.

Este nuevo disparate judicial, por otra parte, lo confirma el propio texto de la nota del portal del Tribunal Supremo, al señalar que la "medida cautelar" dictada debía ser notificada solamente "al Consejo Nacional Electoral, a la Contraloría General de la República, a la Fiscalía General de la República y al Presidente del Consejo Legislativo del Estado Barinas, a los fines legales conducentes," ignorando incluso que en el "proceso de amparo" que había admitido e iniciado había un solo accionado en amparo señalado como presunto agraviante, el Sr. Freddy Superlano a quien sin embargo no se ordenó notificar la medida cautelar.

En realidad, la actuación de la Sala lo que pone en evidencia es que, contra toda lógica del proceso de amparo, la medida cautelar no estaba destinada a proteger los derechos a la participación y al sufragio del accionante supuesto agraviado, Adolfo Ramón Superlano por supuestas violaciones o amenazas de violación por parte del presunto agraviante, Freddy Superlano. El objetivo era otro, era vandalizar la elección en el Estado Barinas para impedir que se proclamara como Gobernador a quien no había sido candidato del Gobierno.

VI

Por ello, allí no terminaron los disparates judiciales, y el mismo día 29 de septiembre de 2021, para seguir con el vandalismo constitucional y quitarle su derecho a participar y a elegir a toda la población electoral del Estado Barinas, con una rapidez inusitada, la Sala Electoral procedió a dictar *sentencia definitiva* (N° 79) en el juicio de amparo que había iniciado; identificando en la sentencia a las mismas partes según la información que recoge el portal del Tribunal Supremo, pero esta vez sin identificar al demandante Adolfo Ramón Superlano como actuando supuestamente en "el carácter de "...candidato a la gobernación del estado Barinas por el Partido Min unidad y otros," como había ocurrido en la sentencia N° 78.

Mediante esta sentencia N° 79 se declaró *con lugar el amparo* solicitado por el presunto agraviado Adolfo Ramón Superlano contra el supuesto agraviante, Freddy Superlano, alegándose en la sentencia para "justificar" la rapidez del fallo definitivo -dictado en cuestión de horas-, que ello se hacía previa declaración de la resolución de la acción de amparo constitucional como "de mero derecho" supuestamente "de conformidad con el criterio vinculante establecido por la Sala Constitucional en la sentencia N° 993 de fecha 16 de julio de 2013."

Este es otro disparate judicial que demuestra una ignorancia supina de lo que es un amparo constitucional, cuyo objeto siempre es la violación de un derecho constitucional, que se comete mediante hechos (incluyendo actos jurídicos), por la persona demandada o presunto agraviante contra el demandante o presunto agraviado. Incluso, el mismo accionante Adolfo Ramón Superlano expresamente fundamentó su acción de amparo *"con base en los hechos públicos y notorios* relacionados con el clima de tensión entre las militancias políticas que hacen vida en el Estado Barinas, así como a la remisión por la Junta Electoral Regional de las actas de totalización a la Junta Nacional Electoral del Consejo Nacional Electoral," y en el hecho de que el Sr. Freddy Superlano estaba sometido a investigaciones y había sido inhabilitado políticamente por la Contraloría. Esos fueron los hechos alegados.

De manera que siendo así, resolver un amparo personal de un presunto agraviado contra un presunto agraviante declarándolo como de *mero derecho*, es decir, como si se tratara de un caso en el cual no había que considerar hechos como los que fueron alegados y motivaron la medida cautelar, sino que solo se estaría discutiendo una *cuestión netamente jurídica*, es una demostración de una ignorancia supina sobre la institución del amparo.

Por lo que respecta a la sentencia de la Sala Constitucional (N° 933 de 16 de julio de 2013) citada en la decisión N° 79 de la Sala Electoral como fundamento para declarar un amparo como de "mero derecho," lo que dijo dicha Sala Constitucional en definitiva fue que

"el procedimiento de amparo constitucional, en aras de la celeridad, inmediatez, urgencia y gravedad del derecho constitucional infringido debe ser distinto, *cuando se discute un punto netamente jurídico que no necesita ser complementado por algún medio probatorio* ni requiere de un alegato nuevo para decidir la controversia constitucional."

Por ello, la Sala Constitucional señaló en ese fallo, que cuando "existen situaciones de *mero derecho o de tan obvia violación constitucional* que pueden ser resueltas con inmediatez y sin necesidad del previo debate contradictorio porque se hace obvia igualmente la situación jurídica infringida," entonces el juez debe proceder a acordar sin demora "la *restitución de los derechos constitucionales infringidos.*" Por ello, agregó la Sala Constitucional, que:

"cuando el mandamiento de amparo se fundamente en un medio de prueba fehaciente constitutivo de presunción grave de la violación constitucional, debe repararse inmediatamente, en forma definitiva, y sin dilaciones la situación infringida, sin que se haga necesario abrir el contradictorio, el cual, sólo en caso de duda o de hechos controvertidos, justificará la realización de una audiencia oral contradictoria."[10]

En el caso decidido por la Sala Electoral por supuesto no estaba en discusión ninguna *"cuestión netamente jurídica,"* que fundamentara algún alegato de supuesta violación del derecho a la participación y al sufragio del Sr. Adolfo Ramón Superlano por parte del Sr. Freddy Superlano.

Sobre una supuesta violación o amenaza de violación de un derecho constitucional de un particular por parte de otro particular, nada se argumentó, y lo único que conoció la Sala fue una narrativa relativa exclusivamente unos "hechos públicos y notorios relacionados con el clima de tensión entre las militancias políticas" en el Estado Barinas, y a otros dos hechos específicos (sin argumentación jurídica alguna) que fueron, primero, que el presunto agraviante Freddy Superlano estaba sometido a investigaciones y, segundo, que supuestamente estaba inhabilitado políticamente, sin decirse ni argumentarse cómo esos hechos habrían significado violación o amenaza de violación por parte de ese presunto agraviante Freddy Superlano contra los derechos del presunto agraviado Adolfo Ramón Superlano, ni tampoco cuál había sido la supuesta *situación jurídica infringida* ni cómo podía repararse de inmediato para restablecerle al presunto agraviado el derecho que le habría sido violado por el presunto agraviante.

---

10   Véase la cita en https://vlexvenezuela.com/vid/rodolfo-anibal-briceno-gonzalez-653860993.

La declaración del proceso como de mero derecho, por tanto, no fue sino otro disparate jurídico, para justificar el vandalismo constitucional cometido y arrebatarle el derecho a la participación política y al sufragio a todos los ciudadanos con derecho a voto en el Estado Barinas.

VII

Pero luego del disparate de considerar un caso como de "mero derecho" cuando en el mismo lo que se plantearon fueron hechos, la Sala Electoral, lejos de resolver la litis como de tal "mero derecho," es decir, basándose supuestamente en una cuestión netamente jurídica, aplicando solo la ley y sin referencia alguna a los hechos, procedió a cometer otro disparate que fue "declarar con lugar" una acción de amparo intentada por Adolfo Ramón Superlano, como parte demandante presunto agraviado que solo podía decretarse contra el único sujeto posible e identificado como parte demandada, presunto agraviante que era Freddy Superlano. Ello, sin embargo, no fue así, y la misma en definitiva se dictó contra las autoridades electorales, que no habían sido "parte" en el "proceso de amparo."

La decisión además se adoptó en un amparo intentado por Adolfo ramón Superlano contra Freddy Superlano, sin citar ni oír a la parte señalada como agraviante para que informara sobre los referidos hechos aducidos en la acción intentada en su contra por la presunta violación de derechos personales que eran exclusivamente los del agraviado demandante. Y esto lo hizo la Sala Electoral, exclusivamente:

"con fundamento en la Resolución N° 01-00-000334, de fecha 17 de agosto de 2021, dictada por la Contraloría General de la República, mediante la cual resolvió *inhabilitar* para el ejercicio de cualquier cargo público al ciudadano Freddy Francisco Superlano Salinas, titular de la cédula de identidad N° V-12.555.398, candidato por la organización con fines políticos Mesa de la Unidad Democrática, al cargo de Gobernador o Gobernadora del estado Barinas, en el proceso electoral celebrado el 21 de noviembre de 2021."

Es decir, para declarar con lugar el amparo intentado por Adolfo Ramón Superlano contra Freddy Superlano porque éste supuestamente le había violado sus derechos a la participación y al sufragio (lo que hubiera podido haber ocurrido por ejemplo si el Sr. Freddy Superlano le hubiera impedido por cualquier vía al Sr. Adolfo Ramón Superlano acudir a votar, o ser candidato o el participar en la vida política del Estado), la Sala Electoral lo hizo única y exclusivamente con base en un oficio que según el portal del Tribunal Supremo ni siquiera estaba publicado en *Gaceta Oficial*, y que estaba supuestamente firmado por el Contralor General de la República pero cuyo contenido en realidad a quien afectaba era al supuesto agraviante Freddy Superlano en su derecho constitucional al sufragio pasivo, y no algún derecho del supuesto agraviado Adolfo Ramón Superlano.

No se entiende cómo una persona supuesta agraviada, que acusa a otra supuesta agraviante, de violarle su derecho a la participación y al sufragio lo que aporta como prueba de la supuesta violación ante el Tribunal es un documento que lo que evidencia es una presunta violación no de su derecho como agraviado, sino del derecho del supuesto agraviante; y que con ello el tribunal proceda irresponsablemente a lesionar con su decisión a todo el electorado del Estado Barinas. Mayor ignorancia y disparate judicial, a lo que se suma la violación al debido proceso y a la defensa, no es posible concebir.

VIII

Pero no cesaron con ello los disparates judiciales de la Sala Electoral, sino que además, en un proceso judicial desarrollado solo *entre dos "partes" que fueron precisamente identificadas*: un demandante como presunto agraviado que era el Sr. Adolfo Ramón Superlano y un demandado como presunto agraviante de los derechos del primero, que era el Sr. Freddy Superlano, terminó decidiendo un "amparo," contra el Consejo Nacional Electoral, que no era "parte" del proceso, cuyos representantes no intervinieron en el mismo ni fueron citados ni oídos; y tal como si se hubiese tratado de un proceso contencioso electoral contra actos de autoridades electorales -que no lo era- en la sentencia se ordenó:

> "*Dejar sin efecto* todos los procedimientos y actos celebrados conforme al Cronograma Elec-toral, en el proceso realizado en el Estado Barinas, en lo que respecta a la elección del cargo de Gobernador o Gobernadora del estado, en fecha 21 de noviembre de 2021, a partir de la presentación de las postulaciones, inclusive, para garantizar los derechos colectivos de los ciudadanos y ciudadanas de la entidad territorial."

"Dejar sin efecto todos los procedimientos y actos electorales [...] a partir de la presen-tación de las postulaciones, inclusive," realizados con ocasión de las elecciones de Gobernador en el Estado Barinas, no es otra cosa -sin decirlo expresamente- que considerarlos inexistentes, sin ningún valor ni efectos, como si se tratase de una sentencia que hubiese sido dictada en un juicio contencioso electoral de nulidad, anulando determinados procedimientos y actos electorales.

Esto, además de demostrar ignorancia, es otro disparate judicial pues es bien sabido que la acción autónoma de amparo no puede tener efectos anulatorios, salvo en el amparo contra decisiones judiciales; y además, constituye una inconstitucionalidad extrema condenar a una entidad pública y anularle sus decisiones sin haberla citado, sin haberla oído sin haber garantizado su derecho a la defensa, a alegar judicialmente y a probar lo necesario, todo en contra de lo previsto en el artículo 49 de la Constitución.

Como lo recordó Fredy Gutiérrez, en el caso decidido por la Sala Electoral, simplemente:

> "No se citó a nadie, no se oyó ningún alegato, no hubo controversia. Sin piedad, ya para este momento, en acción agavillada, arrollaron las normas que informan el Debido Proceso, dis-puestas en nuestra Constitución Nacional y en tratados internacionales libremente suscritos por la República."[11]

Por otra parte, la decisión de amparo, en esencia, cuando se trata de violaciones a dere-chos constitucionales es de carácter restitutorio, es decir, tiene por objeto restituirle al presunto agraviado la situación jurídica infringida, es decir, el derecho que le habría sido violado. En este caso, el presunto agraviado Sr. Adolfo Ramón Superlano alegó violación de su derecho a la participación y al sufragio por parte del Sr. Freddy Superlano, por lo que de haber sido probada alguna lesión a los mismos, la sentencia de este juicio no podía sino restituirle al Sr. Adolfo Ramón Superlano su derecho a participar y al sufragio (votar y ser electo) si es que había sido violado; siendo incomprensible que para ello (si era el caso), hubiera que violarle a todos los electores del Estado Barinas su derecho a elegir el Gobernador de la entidad.

IX

Al anterior disparate judicial que resulta de la condena que se hace a una entidad pública como es el Consejo Nacional Electoral, en un proceso de amparo entre dos ciudadanos, al "dejar sin efecto" todos los procedimientos y actos jurídicos que había realizado en ejercicio de sus competencias constitucionales y legales en relación con el proceso para la elección del Gobernador del Estado Barinas, se sumó otro disparate judicial más, que fue la orden que la

---

[11] Véase Freddy Gutiérrez Trejo, "Barinas", en Tal Cual, 4 de diciembre de 2021. Disponible en: https://talcualdigital.com/barinas-por-freddy-gutierrez-trejo/

Sala Electoral también le dirigió al Consejo Nacional Electoral, ente que, se insiste, no fue parte del proceso judicial, ni parte agraviante, para realizar determinados actos jurídicos que son de su exclusiva competencia conforme a la Constitución y a las leyes, como son los de convocar elecciones, configurándose esta orden, por ello, además, como una usurpación de autoridad que el artículo 138 de la Constitución declara como ineficaz siendo dicha sentencia un acto nulo.

La "orden" dirigida al Consejo Nacional Electoral, en efecto, que se configura como una usurpación de autoridad, fue la siguiente:

"*Se ordena* la realización de un nuevo proceso electoral en el Estado Barinas para la elección del cargo de Gobernador o Gobernadora, a los fines de garantizar el derecho a la participación activa y pasiva de quienes acudieron al evento electoral para elegir a la Gobernadora o Gobernador del Estado Barinas."

Hay que destacar que esta orden nada tiene que ver con lo demandado que fue la protección del derecho constitucional a la participación política y al sufragio del Sr. Adolfo Ramón Superlano, procediendo la Sala Electoral a convertir, como por acto de magia, una "acción de amparo" personalísima como la intentada por un ciudadano contra otro ciudadano (que son las dos únicas "partes" en el "proceso"), en una acción de amparo aparentemente de protección de derechos e intereses colectivos o difusos. Ello parece deducirse de una frase en el texto publicado en el portal oficial del Tribunal Supremo, en el cual la Sala Electoral:

"considera que la condición de inelegibilidad del candidato Freddy Superlano, ya identificado, conforme a la Resolución N° 01-00-000334 de fecha 17 de agosto de 2021 dictada por la Contraloría General de la República, violenta los principios de igualdad, equidad y transparencia en la participación de los candidatos y las candidatas en la oferta electoral, así como de los electores y electoras en el ejercicio del sufragio activo."

Para el caso de que tal condición de inelegibilidad del Sr. Freddy Superlano hubiese sido legal y judicialmente comprobada -que no lo estuvo pues no hubo proceso, ni litis, ni discusión ni alegatos y además, como se indicó, era desconocida por el propio Consejo Nacional Electoral al decir de uno de sus Rectores-, en un juicio de amparo iniciado por Adolfo Ramón Superlano contra Freddy Superlano, lo menos que se hubiera necesitado era que Adolfo Ramón Superano hubiese por ejemplo alegado y probado que había efectivamente votado por Freddy Superlano, y que consideraba entonces que su derecho a elegir había sido lesionado pues había votado por un candidato supuestamente inelegible, por haber sido inhabilitado. Pero ello, por supuesto sería entrar más profundamente en el mundo de lo incomprensible y del absurdo.

X

Por si no fueran pocos los disparates judiciales producto de un vandalismo constitucional inusitado y de un fraude electoral sin nombre, la Sala Electoral concluyó su sentencia con otra usurpación de autoridad, en este caso aún más palmaria, al proceder a "ordenarle" al Consejo Nacional Electoral a ejercer una competencia que es exclusiva del mismo, en forma autónoma, conforme a la Constitución y a la Ley Orgánica de Procesos Electorales, como es la de convocar procesos electorales y fijarles fecha.

La Sala, en efecto, concluyó su sentencia N° 79 decidiendo que:

"*Se ordena* al Consejo Nacional Electoral, CONVOCAR para el día 09 de enero de 2022, las elecciones de Gobernador o Gobernadora del Estado Barinas, garantizando condiciones de igualdad en la participación de los sujetos con derecho al sufragio en la entidad federal, en concordancia con lo ordenado en el numeral 3 del presente fallo."

Esa decisión, en los mismos términos del mencionado artículo 138 de la Constitución, se configura como una usurpación de autoridad, debiendo considerarse nula.

XI

Finalmente, a la Sala Electoral se le olvidó, al decidir *in limine* la acción de amparo constitucional, que se trataba de una que había sido intentada por el Sr. Adolfo Ramón Superlano contra Freddy Superlano supuestamente requiriendo la protección de su derecho a la participación y al sufragio, y terminó su sentencia ordenando que la misma solo se notificara "al Consejo Nacional Electoral, a la Contraloría General de la República, a la Fiscalía General de la República y al Presidente del Consejo Legislativo del Estado Barinas, a los fines legales conducentes," sin indicar que la misma debía primeramente notificarse al supuestamente "condenado" en la sentencia de amparo que no podía ser otro que el Sr. Freddy Superlano. Una muestra más de ignorancia y disparate judicial.

El texto de estas dos sentencias N° 78 y 79 del 29 de noviembre de 2021 de la Sala Electoral dictadas al decidir una acción de amparo intentada por un ciudadano contra otro, de carácter personalísima, tiene tal cúmulo de errores y disparates judiciales, que parece el resultado de una clase de "práctica jurídica" desarrollada en alguna Facultad de Derecho en la cual se les hubiera pedido a los alumnos elaborar dos proyectos de sentencias con el mayor cúmulo de errores y disparates posibles.

Lo grave es que, en este caso, fueron escritas en tiempo real, por magistrados del Tribunal Supremo de Justicia controlados por el Poder Ejecutivo, como ha sucedido desde 1999,[12] deliberadamente para vandalizar constitucionalmente la elección de un Gobernador de Estado, que no fue respaldado por el Gobierno y su partido, y evitar a toda costa que pudiera tomar posesión de su cargo.

---

[12]   Véase Allan R. Brewer-Carías, La demolición de la autonomía e independencia del Poder Judicial en Venezuela 1999-2021, Editorial Jurídica Venezolana, Caracas 2021. Disponible en: http://allanbrewercarias.com/wp-content/uploads/2021/11/Brewer-Carías.-Demolicion-del-Poder-Judicial-1999-2021.-portada.pdf

EL FRAUDE DEL CONSEJO NACIONAL ELECTORAL Y LA SALA ELECTORAL EN LA ELECCIÓN DEL GOBERNADOR DE BARINAS

José Ignacio Hernández G.

Profesor de Derecho Administrativo y Constitucional de la Universidad Católica Andrés Bello
Investigador, Escuela Kennedy de Harvard

Resumen: *El Consejo Nacional Electoral y la Sala Electoral del Tribunal Supremo invalidaron fraudulentamente la elección de Gobernador del estado Barinas que favorecía al candidato de la oposición democrática. Este fraude electoral demostró la falta de condiciones de integridad electoral de Venezuela y la ilegitimidad de las elecciones regionales y locales celebradas el 21 de noviembre de 2021.*

Palabras Clave: *Consejo Nacional Electoral, Sala Electoral, elecciones fraudulentas, fraude electoral, condiciones de integridad electoral, Derecho Electoral de Venezuela.*

Abstract: *The National Electoral Council and the Electoral Chamber of the Supreme Tribunal fraudulently invalidated the Barinas Governor election that favored the candidate of the democratic opposition. This electoral fraud demonstrated Venezuela's lack of electoral integrity conditions and the rigged nature of the regional and local elections held on November 21, 2021.*

Key words: *National Electoral Council, Electoral Chamber, rigged elections, electoral fraud, electoral integrity conditions, Venezuela Electoral Law.*

INTRODUCCIÓN

El 21 de noviembre de 2021 se celebraron en Venezuela elecciones regionales y municipales. Tales elecciones fueron resultado de puntuales cambios promovidos desde el régimen autoritario, marcado por la designación de un nuevo Consejo Nacional Electoral (CNE) con dos rectores no vinculados al régimen y promesas -poco precisas- de mejoras en las libertades políticas en el marco de las negociaciones en México. El nuevo CNE implementó auditorías técnicas y, en condiciones poco claras, rehabilitó los derechos políticos de la Mesa de la Unidad Democrática (MUD). Estas mejoras llevaron a la Unión Europea a desplegar una misión de observación electoral, y a la mayoría de los partidos de la Plataforma Unitaria a participar en las elecciones. Se trató, por ello, de la primera elección en la cual la oposición agrupada en la hoy Plataforma participó desde las fallidas elecciones regionales de 2017[1].

---

[1] Véanse nuestros estudios sobre las fallidas elecciones de 2017 en Hernández G., José Ignacio, "La violación de los derechos políticos de los venezolanos por el Consejo Nacional Electoral cometidas en el marco de las elecciones regionales 2017" y "La ilegítima destitución del gobernador electo del estado Zulia", en *Revista de Derecho Público N° 151-152*, Caracas, 2017, pp. 225 y ss., y 233 y ss. Sobre las elecciones del 21 de noviembre, pueden verse los análisis de Súmate en:

Estas elecciones fueron, en todo caso, un paso más en el esfuerzo sostenido de restablecer las condiciones de integridad electoral. La Plataforma Unitaria, al justificar su decisión de participar, reconoció que no existan condiciones y que la participación se justificaba para *"fortalecer a la ciudadanía e impulsar la verdadera solución a la grave crisis de nuestro país: unas elecciones presidenciales y legislativas libres"*[2]. A nivel comparado, la participación en elecciones no-competitivas se justifica por fines no-electorales. Esto quiere decir que esa participación no se orienta a permitir la libre expresión popular para la elección de cargos públicos, sino a movilizar a la población frente al régimen autoritario que impide la existencia de condiciones de integridad electoral[3].

Por ello, el objetivo no fue restablecer las condiciones de integridad electoral, sino permitir, de manera progresiva, la adopción de las reformas electorales que permitiesen cumplir con el señalado objetivo, esto es, *"unas elecciones presidenciales y legislativas libres"*. Por lo anterior, y más allá de las mejoras introducidas, las elecciones del 21 de noviembre de 2021 no cumplieron -ni podían cumplir- con los estándares nacionales e internacionales para ser consideradas libres y justas, ni por ello puede considerarse que tal proceso reflejó la libre expresión del pueblo en los términos de la Declaración Universal de Derechos Humanos, la Convención Americana sobre Derechos Humanos y la Carta Democrática Interamericana[4].

Así lo confirmó la misión de observación electoral de la Unión Europea en su informe preliminar de 23 de noviembre de 2021[5]:

"Las elecciones regionales y municipales del 21 de noviembre fueron una primera y crucial prueba para el regreso de la mayoría de los partidos de la oposición a las elecciones en Venezuela. El proceso electoral mostró la persistencia de deficiencias estructurales, aunque mejoraron las condiciones electorales en comparación con las tres elecciones nacionales anteriores".

La acertada distinción entre **condiciones electorales** y **deficiencias estructurales** realzó que, más allá del procedimiento electoral -entendido de manera holística como el ciclo electoral[6]- es también necesario tomar en cuenta las condiciones institucionales del Estado de Derecho que permiten celebrar -en los términos de la Unión Europea- elecciones democráticas. Así, más allá del CNE "más balanceado" y las mejoras de procedimiento, las elecciones del 21 de noviembre se realizaron en ausencia de las garantías básicas del Estado de Derecho ante la concentración de funciones en el régimen autoritario.

---

https:// www.sumate.org así como el *Reporte de Garantías y Condiciones. Parte I,* del Observatorio Electoral Venezolano en: *https://oevenezolano.org/wp-content/uploads/2021/11/Eleccion-regional-y-municipal-2021.-Reporte-de-garantias-y-condiciones-parte-I-OEV-1.pdf*

[2]   "Plataforma Unitaria va a las elecciones con la tarjeta de la MUD", Tal Cual, 31 de agosto de 2021, en: https://talcualdigital.com/plataforma-unitaria-va-a-las-elecciones-con-la-tarjeta-de-la-mud/

[3]   Como explicamos en Hernández G., José Ignacio, *Bases fundamentales de la transición en Venezuela,* Editorial Jurídica Venezolana, Caracas, 2020.

[4]   Norris, Pippa, *Why electoral integrity matters,* Oxford University Press, Oxford, 2014.

[5]   https://eeas.europa.eu/sites/default/files/declaracion_preliminar_venezuela _2021_final_ es. pdf

[6]   El ciclo electoral comprende once elementos, a saber, las leyes electorales, los procedimientos electorales, las jurisdicciones electorales, el registro electoral, el registro de partidos políticos y candidatos, la propaganda y actos de campaña, el financiamiento a la campaña, el proceso de votación, el conteo de votos o totalización, la proclamación de resultados y las autoridades electorales. Norris, Pippa, *Why electoral integrity matters, cit.*

En especial, se mantuvo la ilegítima composición del Tribunal Supremo de Justicia, pieza clave en la destrucción de las condiciones de integridad electoral en Venezuela, como un ejemplo de autoritarismo judicial[7].

Con lo cual, los resultados de estas elecciones deben interpretarse tomando en cuenta que no se trataron de elecciones democráticas, ni ellas pueden ser consideradas como la libre expresión de la voluntad popular. Al tratarse en realidad de la elección de varios cargos en varias jurisdicciones, los efectos de la ausencia de condiciones de integridad electoral en el intento del régimen autoritario de preservar el poder podían variar, con resultados favorables a candidatos de la oposición democrática -que no puede ser confundida con la oposición cooptada, por ejemplo, la que actuó por medio de los partidos políticos bajo control del régimen autoritario por medio de las ilegítimas intervenciones judiciales dictadas en 2020[8]-.

Quizás el mejor ejemplo de la ausencia de condiciones de integridad electoral es la elección de la Gobernación de Barinas, jurisdicción que tradicionalmente ha estado bajo el control político del autoritarismo populista instalado en Venezuela desde 1999. Así, y repitiendo el mismo método fraudulento de elecciones no-competitivas pasadas, ante el triunfo de la oposición democrática el régimen procedió a desconocer ese resultado a través del CNE y de la Sala Electoral[9].

Así, como se explica, el desconocimiento de la elección del Gobernador de Barinas inició cuando el CNE toleró y promovió la omisión de la junta nacional y la junta regional en totalizar las actas de escrutinio, con la excusa de tres actas faltantes. Violando el trámite que aplica en caso de actas faltantes, la totalización se retrasó ilegalmente. El CNE, luego de tolerar y promover estos retrasos, anunció que una comisión ad-hoc -figura inexistente, por lo demás- procedería a totalizar las actas faltantes el lunes 29 de noviembre, en lo que era ya una abierta violación al lapso perentorio de totalización y al procedimiento aplicable.

Este retraso permitió al régimen actuar, en este caso, a través de la acción autónoma de amparo ejercida por Adolfo Superlano en contra del candidato de la MUD, Freddy Superlano. Es importante aclarar que Adolfo Superlano ha sido considerado como parte de la oposición cooptada, rasgo distintivo del actual sistema no-competitivo venezolano[10]. Así, en un mismo día -el propio lunes 29 de noviembre- la Sala Electoral emitió las decisiones Nº 78 y 78, que, en claro abuso de poder y fraude procesal, admitieron la acción de amparo, suspendieron la totalización, declararon con lugar la demanda sin juicio previo, anularon la elección y convocaron a nuevas elecciones el 9 de enero de 2022. Todo este fraude se basó en la supuesta inhabilitación del candidato de la MUD, quien en todo caso había presentado su postulación de manera efectiva. El CNE culminó el fraude al desconocer sus propias actuaciones y convocar nuevas elecciones.

[7]   Urosa, Daniela, "El rol de las cortes constitucionales en democracias iliberales: de guardianes de la supremacía constitucional a soporte fundamental del autoritarismo", en *Estudios constitucionales y parlamentarios. Anuario 2018-2020,* Instituto de Estudios Parlamentarios Fermín Toro, Universidad Católica Andrés Bello, CIDEP, Caracas, 2021.

[8]   Brewer-Carías, Allan R. *et al.*, *Estudios sobre ilegitimidad e inconstitucionalidad de las elecciones parlamentarias*, Academia de Ciencias Políticas y Sociales, Caracas, 2020.

[9]   Tomando en cuenta, como se explica, las actas de escrutinio totalizadas.

[10] "Perfil. Adolfo Superlano: de abogar por Alex Saab a frenar la proclamación en Barinas", *Efecto Cocuyo*, 29 de noviembre de 2021, en: https://elpitazo.net/politica/perfil-adolfo-superlano-de-abogar-por-alex-saab-a-enturbiar-elecciones-en-barinas/

El estudio de este nuevo fraude es importante para poder ponderar, en su justa dimensión, las mejoras electorales introducidas en 2021, evitando el equívoco de pensar que en Venezuela las principales malas prácticas atañen a aspectos técnicos del ciclo electoral. En realidad, la primera mala práctica en Venezuela es la ausencia de Estado de Derecho, lo que permite al régimen autoritario, a su antojo, manipular y desconocer resultados electorales empleando para ello no solo al CNE sino además al Tribunal Supremo de Justicia.

I.   LAS VIOLACIONES DEL CONSEJO NACIONAL ELECTORAL EN LA TOTALIZACIÓN DE LAS ELECCIONES DE BARINAS

Luego de las elecciones del 21 de noviembre de 2021 la totalización de votos de la elección de la Gobernación del estado Bolívar correspondía a la junta regional a través de la comisión de totalización[11]. Uno de los principios rectores de la totalización es la celeridad, pues ésta debe realizarse dentro de las cuarenta y ocho horas siguientes a la elección, en tanto la totalización -como regla, un trámite automatizado- ha de incluir todas las actas de escrutinio que se deben levantar al término del acto de votación[12]. En caso de actas faltantes el lapso podrá extenderse veinticuatro horas[13].

Aquí ocurrió la primera irregularidad, pues la junta regional no completó el trámite de totalización dentro de ese plazo. Así, el propio día 21 el presidente del CNE, en el primer boletín, anunció que el para entonces Gobernador Argenis Chávez tenía la ventaja, pero los resultados de Barinas no se incluyeron en el siguiente boletín, del día 22. A partir de entonces se generó una situación poco clara, pues el trámite de totalización se extendió más allá del lapso citado, sin arrojar resultados finales. Para el 26 de noviembre la prensa informó que el candidato de la Mesa de la Unidad Democrática (MUD), Freddy Superlano, llevaba la delantera, pero que todavía faltaban tres actas de escrutinio por totalizar[14]. Según denunció Superlano, las actas faltantes estarían en poder del Plan República, y en todo caso, la diferencia de votos a su favor con las actas ya totalizadas no podía ser afectado por los votos registrados en estas actas de escrutinio[15]. Nótese que para ese momento el lapso máximo fijado en el Derecho Electoral ya había vencido, pues la totalización debía haber culminado, como mucho, el 24 de noviembre.

El propio 26 de noviembre el CNE acordó *"encargar a la Junta Nacional Electoral de la totalización de las actas faltantes en la elección del gobernador del estado Barinas"*. Según el Consejo, esta decisión se tomó *"tras evaluar las condiciones complejas de los sitios inhóspitos a las que corresponden las actas faltantes y el vencimiento de los tiempos legales establecidos"*[16].

---

[11]   Artículos 54, Ley Orgánica del Poder Electoral (LOPE) y 91 y 145 de la Ley Orgánica de Procesos Electorales (LOPRE).

[12]   Artículo 144, LOPRE.

[13]   Artículo 365, Reglamento.

[14]   Rodríguez, Ronny, "En Barinas aún quedan por totalizar tres actas este #26Nov", *Efecto Cocuyo*, 26 de noviembre de 2021, tomado: https://efectococuyo.com/politica/barinas-totalizar-tres-actas-26nov/

[15]   "Superlano: "Aún ganando el PSUV en las tres actas que faltan, no les dan los números", Tal Cual, 29 de Noviembre de 2021, tomado de: https://talcualdigital.com/superlano-aun-ganando-el-psuv-en-las-tres-actas-que-faltan-no-les-dan-los-numeros/

[16]   Véase la nota de prensa en: http://www.cne.gob.ve/web/sala_prensa/noticia_detallada.php?id=4091

Esta decisión fue ilegal pues la omisión de la junta regional de totalizar ya se había materializado para esa fecha, con lo cual la junta nacional incurrió en una segunda omisión, en este caso, al no asumir la totalización vencido el plazo señalado[17].

Además, la junta nacional y el CNE violaron el procedimiento previsto en caso de actas faltantes. Así, debido al principio de celeridad, la totalización no puede dilatarse por actas faltantes, las cuales deben quedar debidamente asentadas bajo tal condición. Si la diferencia de votos en las actas faltantes no altera el resultado derivado de la totalización, entonces, se debe emitir el Boletín Final de Totalización. La totalización solo podía suspenderse mediante acto administrativo motivado si la diferencia de votos en las actas faltantes afectaba el resultado, pero en todo caso, todo el procedimiento de las actas faltantes debía completarse en veinticuatro horas luego de vencido el lapso de totalización[18]. El CNE, al acordar la totalización de las actas faltantes, obvió por completo este procedimiento, y ni siquiera informó si la diferencia de votos en las actas faltantes podía alterar el resultado de las actas ya totalizadas.

El CNE continuó violando el procedimiento, pues dos días después, o sea, el 28 de noviembre, anunció que la junta nacional había creado una "comisión ad-hoc" para totalizar las actas faltantes, invocando el artículo 377 del Reglamento. Tal comisión se instalaría el 29 de noviembre[19]. Esa decisión fue ilegal por varias razones.

Así, ya para ese momento había vencido el lapso máximo de setenta y dos horas para la totalización en caso de actas faltantes, siendo que, además, como vimos, la existencia de actas faltantes no justifica suspender la totalización, salvo cuando los votos faltantes puedan incidir en el resultado de las actas de escrutinio ya totalizadas, aspecto que fue silenciado por el CNE. Pero, además, el 26 se había anunciado que la junta nacional procedería a la totalización, pero injustificadamente tal decisión se retrasó tres días, hasta el 29.

De otro lado, erradamente se invocó la creación de una comisión de totalización especial por parte de la junta nacional invocando el artículo 377 del Reglamento, cuando en realidad, esa es la comisión de totalización que debe crease por cualquiera de las juntas a cargo de tal trámite[20]. Pero insistimos, la violación principal es que se obvió el procedimiento aplicable en caso de actas faltantes, todo lo cual derivó en un retraso injustificado.

Este retraso, en todo caso, permitió a la Sala Electoral actuar, pues el propio 29 de noviembre emitió la decisión 78 por medio de la cual se acordó, como medida cautelar, la suspensión de totalización, adjudicación y proclamación, invocando la supuesta inhabilitación del candidato Superlano.

De esa manera, y en resumen, la junta regional, la junta nacional y el CNE violaron el procedimiento de totalización, pues *(i)* no cumplieron el trámite en caso de actas faltantes; *(ii)* omitieron cumplir con ese trámite en el lapso previsto y *(iii)* retrasaron la totalización con trámites innecesarios, como la creación de una supuesta "comisión ad-hoc". Lo más importante de lo anterior es que ese retraso fue el que, en suma, permitió al régimen autoritario actuar a través de la Sala Electoral.

---

[17] Según el artículo 146 de la LOPRE.

[18] Artículos 362-365 del Reglamento.

[19] Véase la nota en: http://www.cne.gob.ve/web/sala_prensa/noticia_detallada.php?id=4094

[20] Artículo 147, LOPRE.

II. LA SENTENCIA NÚMERO 78 DE LA SALA ELECTORAL Y LA ABUSIVA SUSPENSIÓN DE LA TOTALIZACIÓN, ADJUDICACIÓN Y PROCLAMACIÓN DEL GOBERNADOR DE BARINAS

Adolfo Superlano interpuso acción de amparo en contra del candidato Freddy Superlano. En la citada decisión 78, la Sala Electoral (i) se declaró competente para conocer de la acción de amparo *"por la presunta violación de los derechos constitucionales a la participación y el sufragio, previstos en los artículos 62 y 63 de la Constitución de la República Bolivariana de Venezuela, con base en los hechos públicos y notorios relacionados con el clima de tensión entre las militancias políticas que hacen vida en el Estado Barinas, así como a la remisión por la Junta Electoral Regional de las actas de totalización a la Junta Nacional Electoral del Consejo Nacional Electoral"*. Además, (ii) admitió la acción de amparo constitucional y (iii) acordó medida cautelar innominada *"con respecto a la supuesta existencia de procedimientos y averiguaciones administrativas y penales contra el ciudadano FREDDY SUPERLANO"*, en concreto, *"el Oficio de remisión de la Resolución N° 01-00-000334, suscrita por el ciudadano Contralor General de la República, por la cual resuelve inhabilitar para el ejercicio de cualquier cargo público al ciudadano FREDDY FRANCISCO SUPERLANO SALINAS"*. En virtud de la medida cautelar se ordenó al CNE *"la inmediata suspensión de los procedimientos y/o procesos vinculados a la totalización, adjudicación y proclamación del Consejo Nacional Electoral respecto de los candidatos al cargo de Gobernador o Gobernadora del Estado Barinas, en el proceso electoral celebrado el 21 de noviembre de 2021 en esa circunscripción electoral, hasta tanto se decida el fondo del asunto"*[21].

Desde el punto de vista del Derecho Constitucional, tal decisión es manifiestamente arbitraria, por dos grandes razones que conviene resumir.

Así, y en *primer lugar*, la acción de amparo era inadmisible, pues el candidato Freddy Superlano mal podía violar derechos políticos con base en su supuesta inhabilitación. De haber sido el caso, tal violación hubiese sido imputable al Poder Electoral al admitir la postulación del candidato Superlano. Además, y a todo evento, la acción de amparo era igualmente inadmisible, al existir un medio procesal breve y expedito, como es el caso del recurso contencioso-electoral. Asimismo, la acción de amparo era inadmisible pues no se orientaba a preservar determinada situación jurídica, sino a alterar tal situación, incluso, mediante la nulidad de la elección en Barinas, lo que claramente excede del ámbito del amparo. Por último, la Sala Electoral, en todo caso, no era competente para conocer de una acción de amparo interpuesta en contra de un particular.

Además, y en *segundo* lugar, la medida cautelar excedió de los principios de la tutela cautelar, pues la orden de suspensión del procedimiento de totalización, adjudicación y proclamación no es una medida temporal y reversible. Cabe acotar que este fue el mismo abuso en el que incurrió la Sala Electoral el 30 de diciembre de 2015, al suspender la proclamación de diputados que ya habían proclamados, lo que fue el primer paso del golpe de Estado continuado en contra de la Asamblea Nacional.

El CNE, que como vimos había incurrido en injustificados retrasos que permitieron a la Sala Electoral actuar, cumplió con premura con esta medida cautelar, en sesión del directorio del mismo día 29 de noviembre de 2021, sin que conste si en tal decisión del directorio hubo algún voto salvado[22].

---

21   A esta fecha, no se ha publicado la citada sentencia.

22   Véase la nota: http://www.cne.gob.ve/web/sala_prensa/noticia_detallada.php?id=4095

Esta medida cautelar, por supuesto, no puede ser analizada en abstracto, solo desde una perspectiva jurídica. Por el contrario, es preciso interpretar esta decisión en el marco de las reiteradas decisiones políticas que el Tribunal Supremo de Justicia ha dictado para intervenir ilegítimamente en las elecciones, especialmente desde 2013. Esto demuestra que más allá de las condiciones de integridad electoral propias del Poder Electoral, es también necesario considerar el entorno institucional del Poder Electoral y, en especial, la ausencia de separación de poderes debido al control político de todos los Poderes por quienes usurpa la Presidencia de la República, incluyendo el Tribunal Supremo de Justicia.

III. LA CONSUMACIÓN DEL FRAUDE: LA DECISIÓN Nº 79 Y LA "REPETICIÓN" DE ELECCIONES

Apenas si había dado tiempo de valorar la decisión Nº 78, cuando con la celeridad propia de los fraudes procesales, la Sala Electoral, *el mismo día 29 de noviembre,* dictó la decisión Nº 79, que declaró con lugar la acción de amparo, ordenó repetir las elecciones e incluso, convocó las elecciones en el estado Barinas. Desde el punto de vista del Derecho Constitucional, caben distintos comentarios.

Así, y en *primer lugar,* el juicio de amparo fue considerado de mero Derecho, invocando el precedente de la sentencia N° 993 de 16 de julio de 2013. Este es uno de los abusos de la Sala Constitucional al modificar la naturaleza del juicio de amparo. Pero en todo caso, es un contrasentido postular la existencia de un juicio de amparo de mero Derecho, pues la esencia del juicio de amparo es conocer de hechos, en concreto, violaciones actuales o inminentes de derechos constitucionales. Este error, en todo caso, fue deliberado, pues fue la razón sentenciar la acción de amparo el mismo día en que fue interpuesta.

En *segundo* lugar, y a todo evento, la Sala Electoral procedió a decidir la acción de amparo al margen del debido proceso, violando por ello el derecho a la defensa del demandado, el candidato Freddy Superlano. Que determinada pretensión sea de mero Derecho no implica que ella pueda ser resuelta al margen del debido proceso, pues ello viola el artículo 49 constitucional. Esto también demuestra el fraude procesal, pues la Sala creó la tesis del mero Derecho para obviar así el debido proceso y dictar una sentencia sin juicio previo.

En *tercer* lugar, y sin perjuicio de todo lo anterior y de lo que más adelante se expone, la demanda incoada no era de mero Derecho pues versaba sobre hechos determinantes relacionados con la supuesta Resolución N° 01-00-000334, de 17 de agosto de 2021, dictada por la Contraloría General de la República, en la cual se habría inhabilitado al candidato Freddy Superlano. Como el interés político de la Sala Electoral era desconocer los resultados de las elecciones, procedió a ignorar estos hechos bajo la falsa tesis del juicio de mero Derecho, y así resolver la demanda el mismo día.

Además, y en *cuarto* lugar, y evidenciado la extralimitación de los poderes del juez en amparo, la Sala Electoral anuló la elección de la Gobernación de Barinas, al dejar sin efecto *"todos los procedimientos y actos celebrados conforme al Cronograma Electoral, en el proceso realizado en el Estado Barinas, en lo que respecta a la elección del cargo de Gobernador o Gobernadora del estado, en fecha 21 de noviembre de 2021, a partir de la presentación de las postulaciones, inclusive, para garantizar los derechos colectivos de los ciudadanos y ciudadanas de la entidad territorial".*

Tal sentencia solo podía ser emitida en el marco del recurso contencioso-electoral, o sea, en el marco de la pretensión de nulidad de toda la elección de Barinas de acuerdo con la Ley Orgánica de Procesos Electorales.

En *quinto* lugar, y además de anular la elección, sin juicio previo y en clara extralimitación de poderes, la Sala Electoral usurpó funciones del Poder Electoral al convocar elecciones el 9 de enero de 2022. La convocatoria de elecciones es una competencia exclusiva del Poder Electoral. En el marco del recurso contencioso-electoral, el poder del juez solo alcanza a anular las elecciones, pero no a convocar nuevas elecciones. Pero esto demuestra que, más allá de las muy débiles formas jurídicas, prevalece el control político sobre el Poder Electoral a través del Tribunal Supremo de Justicia.

En *sexto* lugar, la decisión reconoce el fraude electoral cometido, al dejar constancia de cómo las actas de escrutinio totalizadas favorecían al candidato Freddy Superlano:

"SE ORDENA la realización de un nuevo proceso electoral en el Estado Barinas para la elección del cargo de Gobernador o Gobernadora, a los fines de garantizar el derecho a la participación activa y pasiva de quienes acudieron al evento electoral para elegir a la Gobernadora o Gobernador del Estado Barinas, sin menoscabo de que aún cuando las proyecciones consignadas por el CONSEJO NACIONAL ELECTORAL, dan un porcentaje de votos a favor del candidato FREDDY SUPERLANO, titular de la cedula de identidad V-12.555.398, del 37, 60 % con respecto al 37,21 % de votos obtenidos por el candidato Argenis Chávez, titular de la cedula de identidad V-4.925.031"

Esta afirmación corrobora que el fraude comenzó con la omisión en la que incurrió el Poder Electoral, avalada por el CNE, al no haber culminado el proceso de totalización en el tiempo previsto para ello bajo el trámite de las actas faltantes, en especial si, como el candidato Superlano había alegado, las actas faltantes no alteraban el resultado. El CNE avaló el incumplimiento de los plazos, incluso, con la creación de una supuesta comisión ad-hoc, lo dio tiempo a la Sala Electoral a actuar para desconocer los resultados electorales.

Por último, y en *séptimo lugar*, destaca que la causa bajo la cual la Sala Electoral, al margen del debido proceso y en clara extralimitación, declaró la nulidad de las elecciones, fue la supuesta inhabilitación del candidato Freddy Superlano. Este punto requiere un análisis más detenido.

Una de las malas prácticas que impiden considerar que en Venezuela existen condiciones de integridad electoral para celebrar elecciones libres y justas, son las inhabilitaciones al ejercicio del derecho a la postulación de cargos de elección popular por la Contraloría General de la República, que violan la Constitución y del Sistema Interamericano de Derechos Humanos[23]. Como parte de las negociaciones en México, el régimen autoritario se habría comprometido a tolerar la postulación de algunos de quienes habían sido inhabilitados[24]. Pero la fase de postulación -arbitrariamente prorrogada por el CNE- demostró que se mantenían las inhabilitaciones administrativas, incluso, en casos en los cuales éstas habían expirado. El CNE, a pesar de ser el ente rector de las elecciones, no pudo hacer nada al respecto pues el sistema de postulaciones dependía de la Contraloría General de la República, en el sentido

---

[23] Véase, por ejemplo, Brewer-Carías, Allan "La inconstitucional inhabilitación política y revocación de su mandato popular, impuestos al Gobernador del Estado Miranda Henrique Capriles Radonski, por un funcionario incompetente e irresponsable, actuando además con toda arbitrariedad", en / *Revista de Derecho Público N° 149-150, 2017*, pp. 326 y ss. Nuestra posición en Hernández G., José Ignacio, "La inconstitucionalidad de la competencia del Contralor General de la República para acordar la inhabilitación en el ejercicio de funciones públicas", en *Revista de Derecho Público N° 114, 208*, pp. 55 y ss.

[24] Lo que incluso fue apoyado por quien detenta el cargo de Contralor. Vid.: "Poder Moral Republicano respalda Memorándum de Entendimiento entre Gobierno Bolivariano y un sector de la oposición", 18 de agosto de 2021, en: http://www.cgr.gob.ve/site_news.php?notcodigo=00001807&Anno= 2021&t=1

que ésta podía mantener, a su arbitrio, inhabilitaciones para impedir la postulación de candidatos. Este hecho fue otra prueba más de que, a pesar de ser "más balanceado", el nuevo CNE no tenía independencia para ejercer sus funciones[25].

Pero en todo caso, Freddy Superlano presentó su postulación, que fue aceptada, al punto de ser candidato en las elecciones de Barinas, y favorecido con el voto popular en las actas de escrutinio totalizadas. Desde el punto de vista de la confianza legítima, la admisión de esta postulación permitía concluir que el candidato sí podía ejercer sus derechos políticos. Es importante advertir que el candidato Superlano había sido beneficiado con el "indulto" dictado en 2020[26]. Pero el punto central es que ni la Contraloría podía inhabilitar el ejercicio de derechos políticos, ni había ninguna inhabilitación pues la postulación fue efectivamente presentada.

Con lo cual, la supuesta inhabilitación fue un elemento sobrevenido del cual se valió la Sala Electoral para implementar el fraude procesal por medio del cual se desconocieron los resultados de la elección de la Gobernación del estado Barinas.

Es importante agregar que el 30 de noviembre de 2021 el rector Roberto Picón, en comunicado de prensa, advirtió que el CNE desconocía de la existencia de la supuesta Resolución de la Contraloría, ante lo cual sugirió que Contraloría publicase las decisiones sobre inhabilitación[27]. En realidad, lo que había que denunciar no es la falta de publicación de las inhabilitaciones, sino la propia existencia de actos administrativos que en clara usurpación de funciones y violación al Derecho Internacional de los Derechos Humanos impiden el ejercicio de derechos políticos. Y en todo caso, la publicación de este tipo de actos requiere su publicación en Gaceta Oficial. Y si tal supuesta Resolución no estaba publicada en Gaceta, entonces, es jurídicamente inexistente.

Esto, en todo caso, demuestra por qué este no era un asunto de mero Derecho, pues era necesario determinar la existencia e implicaciones de la supuesta inhabilitación. Pero como el interés político de la Sala era desconocer el resultado electoral, entonces, acudió a la falsa tesis del juicio de mero Derecho para anular sin juicio las elecciones y convocar a nuevas elecciones.

IV. EL CNE EJECUTÓ EL FRAUDE PROCESAL AL CONVOCAR A NUEVAS ELECCIONES

De haber sido un órgano con independencia e imparcialidad, el CNE ha debido objetar la sentencia de la Sala Electoral e incluso, plantear un conflicto constitucional. Así, solo el Poder Electoral puede incidir sobre el ejercicio del derecho al sufragio pasivo, siempre de manera acorde con el Derecho Internacional, la Constitución y la Ley. Es el Poder Electoral, y no la Contraloría, quien tiene la competencia para decidir sobre postulaciones, pero esta competencia había sido abdicada cuando el CNE aceptó ilegítimas inhabilitaciones de la Contraloría. Además, el CNE había admitido la postulación -que quedó incluso firme al no intentarse, o al haber sido desestimados, recursos en contra de tal postulación- y en ningún momento objetó la

---

[25]   "El chavismo no renuncia a las inhabilitaciones políticas para asegurar su hegemonía", Acceso a la Justicia, 7 de octubre de 2021, en: https://accesoalajusticia.org/el-chavismo-no-renuncia-a-las-inhabilitaciones-politicas-para-asegurar-su-hegemonia/

[26]   Decreto N° 4.277, Gaceta Oficial N° 6.569 de 31 de agosto de 2020.

[27]   "El Consejo Nacional Electoral venezolano desconocía la inhabilitación de Freddy Superlano", Infobae, 1 de diciembre de 2021, en: https://www.infobae.com/america/venezuela/2021/12/01/el-consejo-nacional-electoral-venezolano-desconocia-la-inhabilitacion-de-freddy-superlano/

elección, pues su proceder se orientó a retrasar injustificadamente el trámite de postulación. Por lo anterior, el CNE ha debido defender sus propios actos, incluyendo la admisión de la postulación de Freddy Superlano. Lo que es más importante, el CNE ha debido cumplir con el primer principio del Derecho Electoral, ratificado en Venezuela desde la Ley Orgánica del Sufragio y Participación Política, esto es, la preservación de la voluntad popular, que de acuerdo con las actas escrutadas y totalizadas, favorecían al candidato Superlano.

Pero como el CNE no es ni independiente ni imparcial, optó por convalidar el fraude. Esta colaboración, recordamos, comenzó desde el mismo momento en que el CNE avaló el retraso del trámite de totalización violando el trámite aplicable en caso de actas faltantes. Así, el retraso del CNE en la totalización contrasta con su expedita celeridad al dar cumplimiento a esta decisión política, pues el 30 de noviembre convocó elecciones para la Gobernación de Barinas para el 9 de enero de 2022, sin que se haya anunciado votos salvados en tal decisión[28]. En realidad, no fue el directorio del CNE quien convocó a esa elección, sino la Sala Electoral. El directorio del CNE, dominado por el régimen autoritario, tan solo fue el instrumento del régimen autoritario para, de nuevo, desconocer los resultados electorales.

CONCLUSIONES

El caso de Barinas es relevante por cuatro razones. Así, y, en *primer lugar*, este caso permite comprender que las fallas del sistema electoral en Venezuela son estructurales, con lo cual no bastan con reformas procedimentales, formales o técnicas. En la valoración de las elecciones del 21 de noviembre se prestó excesiva atención a la existencia de un "CNE más balanceado". En realidad, el *test* de integridad electoral no es la existencia de árbitros electorales "más balanceados", sino de árbitros electorales independientes, autónomos e imparciales, estándares que el nuevo CNE incumple, como por lo demás lo demostró su actividad en las elecciones de Barinas. Pero en todo caso, incluso de haberse contado con un árbitro imparcial, éste no hubiese tenido autonomía, visto el control político sobre el Tribunal Supremo de Justicia.

El fraude de Barinas fue, en este sentido, una prueba para el "*CNE más balanceado*". Como el Foro Cívico advirtió, era "*absolutamente crítico que el cuerpo rectoral del Consejo Nacional Electoral haga respetar su autonomía, demostrando con acciones nítidas su compromiso con la reinstitucionalización, la defensa sin matices del derecho a elegir y a ser elegido y la recuperación de la convivencia democrática*"[29]. Pero lo cierto es que el CNE incurrió en graves violaciones al procedimiento de totalización y, además, colaboró con la Sala Electoral en el desconocimiento de la soberanía que, superando las malas prácticas, se expresó en las elecciones de Barinas. Con ello se demostró que, a pesar de ser más balanceado, su actuación responde a los intereses políticos del régimen autoritario quien controla el proceso de toma de decisiones.

Además, y en *segundo* lugar, este caso comprueba que las mejoras formales introducidas no restablecieron, siquiera en sus aspectos básicos, las condiciones de integridad electoral. Es importante destacar que las condiciones de integridad electoral no admiten términos medios: las elecciones, o son justas y competitivas, o no lo son. Claro está, las elecciones justas y competitivas no son aquellas que se realizan sin malas prácticas, sino aquellas que, a

---

[28]   Véase : http://www.cne.gob.ve/web/sala_prensa/noticia_detallada.php?id=4096

[29]   Véase el reportaje de Ronny Rodríguez en *Efecto Cocuyo*, 30 de noviembre de 2021, en: https://efectococuyo.com/politica/foro-civico-soberania-popular-barinas/ Véase también el *Boletín N° 75* del Observatorio Electoral, segunda quincena de noviembre de 2021: https://oevenezolano.org/2021 /12/boletin-75-el-caso-barinas-ensombrece-la-ruta-electoral/

pesar de las malas prácticas, permiten la libre expresión popular como derecho humano. En Venezuela esa libre expresión sigue secuestrada por el régimen autoritario bajo el control político de la Sala Electoral y el CNE. Aquí es importante insistir que no solo se mantienen malas prácticas en las condiciones electorales, sino que -como indicó la misión de la Unión Europea- se mantienen deficiencias estructurales, en especial, por la falta de autonomía del Tribunal Supremo[30].

En *tercer* lugar, este caso permite recordar que el evento del 21 de noviembre no es resultado de la libre elección del pueblo. No se trató, en pocas palabras, de una elección democrática, con lo cual no solucionó la crisis de legitimidad persistente en Venezuela desde 2017 y agravada con la fraudulenta elección presidencial de 2018.

Finalmente, y en *cuarto* lugar, el fraude de Barinas permite recordar cuál era el objetivo de las elecciones del 21 de noviembre. Al no tratarse de elecciones libres y justas, el objetivo no era competir por cargos regionales y municipales, carentes por lo demás de autonomía debido al Estado Comunal. El objetivo era promover la movilización ciudadana para presionar mejoras en el sistema electoral, tanto estructurales como propias del ciclo electoral. Este objetivo permitió importantes conquistas, pero claramente insuficientes hacia el objetivo final, esto es, restablecer condiciones mínimas para celebrar elecciones libres y justas que permitan solucionar la crisis de legitimidad de la Presidencia de la República y de la Asamblea Nacional. La misión de observación electoral de la Unión Europea, precisamente, se justificó por este objetivo.

En pocas palabras: las elecciones no-competitivas del 21 de noviembre de 2021 no fueron un fin en sí mismo sino un medio para avanzar en el restablecimiento de las condiciones de integridad electoral, para lo cual ahora se cuenta con un adecuado diagnóstico en el informe preliminar de la misión. Algunos análisis, centrados en aspectos como le voto de las fuerzas dispersas y formalmente opuestas al régimen autoritario, parecen obviar la naturaleza claramente instrumental de este proceso[31]. El fraude del estado Barinas, perpetrado por el CNE y la Sala Electoral, recuerda así que estas elecciones son relevantes solo para el mejor diagnóstico de las fallas electorales y estructurales y para el diseño de las reformas para atender esas fallas y así, solucionar la crisis de legitimidad política en Venezuela. Las pocas mejoras alcanzadas hasta ahora deben servir para avanzar en este propósito.

---

[30]   Como destacó el Bloque Constitucional en comunicado de 1 de diciembre de 2021.

[31]   La semana posterior al evento del 21 de noviembre se realizaron diversos análisis en temas como participación, voto opositor, abstención y un nuevo liderazgo opositor. Un comentario recurrente fue la dispersión de las fuerzas opositoras como posible causa del triunfo mayoritario del régimen autoritario. Aquí se incluye como oposición a las organizaciones políticas bajo control del régimen autoritario, al haber sido intervenidas por el Tribunal (Shari Avendaño, "Aún con victoria del chavismo, resultados de las elecciones muestran más votantes opositores", 27 de noviembre de 2021: https://efectococuyo.com/cocuyo-chequea/resultados-elecciones-mas-votantes-opositores/). Estos análisis no consideran, sin embargo, que las elecciones del 21 de noviembre no fueron competitivas, con lo cual los votos expresados ese día no fueron resultado de la libre voluntad del elector, sino de la voluntad amañada por las malas prácticas persistentes.

CINCO CASOS QUE MUESTRAN QUE EN VENEZUELA «SENTENCIA MATA VOTO»

Laura Louza

Abogada

Resumen: *Este artículo analiza cómo desde 2015, cuando se anuló la elección de diputados del Estado Amazonas a la Asamblea Nacional, el Tribunal Supremo de Justicia a través de la Sala Electoral ha atentado contra el derecho de voto de los venezolanos como terminó de ocurrir en 2021 respecto de la elección del Gobernador del Estado Barinas.*

Palabras Clave: *Elecciones. Nulidad; Derecho al voto. Violación.*

Abstract: *This article analyzes how since 2015, when the election of representatives of the State of Amazonas to the National Assembly was annulled, the Supreme Tribunal of Justice through the Electoral Chamber has attacked the right to vote of Venezuelans as it ended up happening in 2021 regarding the election of the Governor of the State of Barinas.*

Key words: *Elections. Nullity; Right to vote. Violation.*

«Acta mata voto». En las décadas de los 70, 80 y 90 los partidos políticos minoritarios hicieron de esta frase un lema para defender una profunda reforma del sistema electoral venezolano que garantizara el respeto a la voluntad popular. Décadas después, sin embargo, parece que ya no se necesita que los miembros de mesa modifiquen el documento donde se registran los sufragios contenidos en una urna, sino que basta con una sentencia emanada de la Sala Electoral del Tribunal Supremo de Justicia (TSJ), o también vale con su silencio, para modificar la decisión de los ciudadanos, en especial cuando la misma no favorece al chavismo.

Las sentencias N° 78 y 79 del pasado 29 de noviembre[1] no son las primeras en las que el organismo rector del Poder Judicial deja sin efecto el deseo de la mayoría de los votantes. Estos fallos no están disponibles -solo lo está su parte decisoria-, y en ellos la Sala Electoral primero ordenó al Consejo Nacional Electoral (CNE) suspender inmediatamente «los procedimientos y/o procesos vinculados a la totalización, adjudicación y proclamación» del Gobernador del estado Barinas; y luego estableció que se repitiera la elección de dicho cargo el próximo 9 de enero, alegando que el eventual ganador (el candidato opositor Freddy Superlano) no podía asumir el puesto, pues había sido inhabilitado para ejercer funciones públicas por la Contraloría General de la República (CGR).

---

[1] https://accesoalajusticia.org/suspension-proceso-totalizacion-adjudicacion-y-proclamacion-eleccion-del-gobernador-barinas/ y https://accesoalajusticia.org/repeticion-de-elecciones-para-el-cargo-de-gobernador-en-el-estado-barinas/.

Sobre el reciente caso de Barinas llaman la atención algunos aspectos. Uno de ellos es que la acción presentada ante la Sala Electoral no fue introducida por un chavista, sino por un supuesto aspirante a la Gobernación, quien es un opositor disidente, Adolfo Superlano, quien fue sancionado por los Estados Unidos[2] por formar parte del llamado grupo de los «alacranes», aquellos legisladores electos en 2015 que intercedieron por empresarios vinculados al chavismo ante gobiernos extranjeros, por lo que fueron expulsados de sus partidos.

El segundo aspecto que asombra del caso Barinas es la rapidez con la que la instancia dio respuesta. En cuestión de horas, la Sala ordenó al CNE suspender la totalización de los votos y ordenó repetir las elecciones por la inhabilitación a Freddy Superlano arriba mencionada.

Sobre la supuesta sanción, el rector Roberto Picón ha dicho «Dejo constancia que la inhabilitación del ciudadano Freddy Superlano era desconocida para el CNE para el momento de su postulación; de más está recordar que, de haber sido notificada, hubiera sido imposible procesar la solicitud»[3]. La divulgación de un acto de un organismo público mediante su publicación en la Gaceta Oficial es un requisito indispensable para su eficacia, es decir, para su conocimiento y exigibilidad, como lo impone la Ley de Publicaciones Oficiales. La rapidez demostrada por la Sala Electoral en este caso prueba que el TSJ está presto a actuar, en cualquier momento y hora, cuando los intereses del chavismo están en riesgo.

Otro elemento llamativo de este caso es que los magistrados Indira Alfonzo, Malaquías Gil, Jhannett Madriz, Fanny Cordero y Carmen Alves recurrieron a la figura de la «ponencia conjunta» para dejar en claro que la decisión tiene unanimidad.

Llama la atención que el texto del fallo no fuera publicado de inmediato, sino simplemente anunciado el 29 de noviembre en la web del máximo juzgado y difundido mediante un escueto comunicado de prensa[4].

También sorprende la inmediatez con la que la Sala Constitucional resolvió negativamente la revisión solicitada por Freddy Superlano contra las dos decisiones de la Sala Electoral, mediante la sentencia N° 732 del 8 de diciembre[5], en la que ratifica la constitucionalidad y vigencia del artículo 105 de la Ley Orgánica de la Contraloría General de la República y del Sistema Nacional del Control Fiscal, y por ende desecha la petición de Superlano. Este fallo sí aparece publicado con su texto completo en la página web del TSJ.

Es más, la Sala Constitucional refuerza esta posición al expresar que

«ha dado un tratamiento deferente y respetuoso de la voluntad popular, cuando se trata de un funcionario electo, pero en el caso del peticionario, el proceso electoral no culminó con la respectiva totalización, adjudicación y proclamación, al advertirse su inhabilitación administrativa para participar en el proceso. Sin duda, el planteamiento del solicitante en el sentido de que se le violaron sus derechos particulares choca con el privilegio que esta Sala ha dado en caso de contradicciones o antinomias, a las normas que favorecen el interés general y el bien común, debiendo aplicarse las disposiciones que privilegian los intereses colectivos sobre los intereses particulares».

---

2   https://home.treasury.gov/news/press-releases/sm871

3   https://www.elnacional.com/venezuela/roberto-picon-afirmo-que-el-cne-desconocia-inhabilita-cion-de-superlano/

4   http://www.tsj.gob.ve/-/sala-electoral-del-tsj-ordena-al-cne-realizar-nuevas-elecciones-para-gobernador-o-gobernadora-en-barinas-para-el-09-de-enero-de-2022

5   https://accesoalajusticia.org/wp-content/uploads/2021/12/SC-nro.-0732-08-12-2021.pdf

Aunque en el caso de Barinas el proceder del TSJ ha sido ajeno a la Constitución y a los principios básicos de la democracia y del Estado de derecho, ya desde 2015 Acceso a la Justicia ha analizado al menos otros cuatro casos en que se ha dado el patrón de que «sentencia mata voto».

I.   LIQUIDANDO A LA AN OPOSITORA

El 30 de diciembre de 2015, a menos de un mes de los comicios legislativos en los que la oposición consiguió las 2/3 partes de la Asamblea Nacional (AN), la Sala Electoral decidió interrumpir su receso navideño y de fin de año para recibir una serie de recursos contenciosos electorales llevados por candidatos derrotados del chavismo. Ese día admitió siete, pero no solo decidió anular el que le presentó la derrotada aspirante a diputada por el estado Amazonas, sino que además les ordenó a los cuatro legisladores electos por el estado mencionado que se abstuvieran de asumir sus cargos hasta tanto la Sala determinara la veracidad de los vicios denunciados por la abanderada del Partido Socialista Unido de Venezuela (PSUV) y exministra de Pueblos Indígenas.

La demandante sostenía en su recurso que había habido irregularidades en la elección, tales como la compra de votos y amenazas para los electores, las cuales fueron orquestadas por el entonces gobernador de oposición, Liborio Guarulla. Para ello presentó una grabación cuyo origen y legalidad nunca fueron determinados durante el período de la anterior AN (2016-2020), teniendo cinco años para emitir una sentencia definitiva sobre el caso y, eventualmente, llamar a nuevas elecciones.

De hecho, la Sala solo dio por válidos los señalamientos temporalmente, al declarar con lugar una medida cautelar mediante la sentencia N° 260 del 28 de diciembre de 2015[6] en plenas vacaciones judiciales, y obvió la jurisprudencia que mantuvo a lo largo de casi tres lustros al suspender la posesión de los legisladores que ya habían sido proclamados por el CNE, dejando así a la oposición sin la mayoría calificada en el Parlamento recién electo.

En cambio, la instancia había señalado en su sentencia N° 59 de 2005 lo siguiente:

«El sufragio, tanto en sentido activo -elegir- como pasivo -ser elegido-, no se agota en el simple hecho de votar o resultar electo, sino que debe extenderse a su reconocimiento y, en algunos casos, a la entrega misma del poder al magistrado que ha sido electo, puesto que su desconocimiento o negativa de entregar el poder al funcionario electo, resulta, a efectos prácticos, una flagrante violación del referido derecho constitucional»[7].

A ello agregó que:

«La fase de "proclamación", no sólo debe entenderse como un pronunciamiento del órgano electoral competente sobre el conocimiento de un determinado resultado electoral, sino que, necesariamente, debe incluir la investidura del elegido, cualquiera sea la modalidad de ésta: juramentación, entrega de credencial, posesión efectiva del cargo, etc.».

Asimismo, desde el año 2000 la instancia venía sosteniendo lo siguiente:

«las actas de escrutinio sólo pueden ser impugnadas, una vez que se ha producido la proclamación del candidato vencedor por el Consejo Nacional Electoral, pues es éste el acto que pone fin al proceso electoral y como tal comprende todas las fases del mismo, incluyendo lógicamente a la de escrutinio, la cual es documentada en las actas de esa clase»[8].

---

[6]   https://accesoalajusticia.org/wp-content/uploads/2015/12/SE-N%C2%BA-260-30-12-2015.pdf

[7]   http://historico.tsj.gob.ve/decisiones/selec/mayo/59-310505-000090.HTM

[8]   http://historico.tsj.gob.ve/decisiones/selec/noviembre/130-141100-0098.HTM

Con su decisión del 28 de diciembre de 2015, la Sala Electoral contradijo sus propios criterios[9] y despojó a la oposición de la mayoría calificada, y abrió las puertas a un conflicto institucional que terminó con el Parlamento anulado, gracias a la tesis del supuesto desacato de los diputados a los designios del TSJ.

Algo llamativo es que seis años después los magistrados no se han pronunciado sobre el asunto, pese a que desde hace más de dos años el caso está visto para sentencia.

II. COMPLICANDO EL REVOCATORIO

Un año después, en 2016, cuando la oposición intentaba poner en marcha el referendo revocatorio contra Nicolás Maduro, la Sala Electoral volvió a salir en rescate del Gobierno, y en su sentencia N° 147 del 17 de octubre complicó al extremo las condiciones para activar la figura prevista en el artículo 72 constitucional al señalar:

«La convocatoria del referendo revocatorio requiere reunir el veinte por ciento (20%) de manifestaciones de voluntad del cuerpo electoral en todos y cada uno de los estados y del Distrito Capital de la República. La falta de recolección de ese porcentaje en cualquiera de los estados o del Distrito Capital, haría nugatoria la válida convocatoria del referendo revocatorio presidencial»[10].

El fallo del TSJ no tenía sustento en la carta magna, en la cual claramente se señala:

«Todos los cargos y magistraturas de elección popular son revocables. Transcurrida la mitad del período para el cual fue elegido el funcionario o funcionaria, un número no menor del 20% de los electores o electoras inscritos en la correspondiente circunscripción podrá solicitar la convocatoria de un referendo para revocar su mandato. Cuando igual o mayor número de electores y electoras que eligieron al funcionario o funcionaria hubieren votado a favor de la revocatoria, siempre que haya concurrido al referendo un número de electores y electoras igual o superior al veinticinco por ciento de los electores y electoras inscritos, se considerará revocado su mandato y se procederá de inmediato a cubrir la falta absoluta conforme a lo dispuesto en esta Constitución y la ley».

Para el momento en que el TSJ dictó su polémico fallo, siete de cada diez electores aseguraban que votarían a favor de revocarle el mandato a Maduro[11].

III. ENTERRANDO EL CASO DEL ESTADO BOLÍVAR

En octubre de 2017 se celebraron las anteriores elecciones regionales y el candidato opositor a la Gobernación de Bolívar, Andrés Velásquez, con actas en mano denunció fraude en las mismas. No obstante, el CNE declaró ganador de los comicios al abanderado chavista, Justo Noguera, por apenas 1.471 votos de diferencia[12].

Semanas después, Velásquez acudió a la Sala Electoral, pero esta aún no ha respondido a su recurso contencioso electoral, a pesar de las revelaciones que hiciera en 2020 Juan Carlos Delpino, entonces directivo del CNE[13].

9   https://accesoalajusticia.org/la-sentencia-n-260-atenta-contra-la-soberania-popular/

10   https://accesoalajusticia.org/wp-content/uploads/2016/10/SE-N%C2%BA-147-17-10-2016.pdf

11   https://web.archive.org/web/20170810054524/http:/sumarium.com/763-desea-que-maduro-sea-removido-por-el-rr-segun-datanalisis/

12   https://www.bbc.com/mundo/noticias-america-latina-41689437

13   https://www.elimpulso.com/2020/07/27/andres-velasquez-fraude-electoral-en-bolivar-evidencia-sumision-del-cne-al-designio-de-maduro/

«Ahora lo puedo decir porque soy rector. El CNE estuvo a punto de proclamar a Andrés Velásquez en Bolívar. Se comprobó que **hubo fraude** (…) Casi desproclaman al actual gobernador. Se demostró que (Andrés Velásquez) había ganado las elecciones, estuvieron a punto de ordenar su proclamación».

IV. HASTA LOS CENTROS DE ESTUDIANTES

En noviembre de 2018 el estudiante Marlon Díaz, vinculado a la oposición, lucía como el casi seguro presidente de la Federación de Centros Estudiantiles de la Universidad de Carabobo. Sin embargo, la Sala Electoral se interpuso en el medio y en su sentencia N° 102 del 27 de noviembre ordenó a las autoridades de dicha casa de estudios que reconocieran como ganadora de dicho proceso a la abanderada chavista Jessica Bello[14].

Asimismo, a lo largo de la última década esta instancia ha impedido a distintas instituciones de enseñanza superior que puedan renovar sus autoridades, alegando supuestas violaciones al principio de la proporcionalidad y de la igualdad, como es el caso de las elecciones de la Universidad Central de Venezuela (UCV), suspendidas desde hace más de trece años[15].

Y a ti venezolano, ¿cómo te afecta?

La decisión de la Sala Electoral del TSJ sobre la elección del gobernador de Barinas ha vuelto a comprobar que esta dista mucho de garantizar y proteger los derechos constitucionales como es su mandato y razón de ser, y en especial, el derecho al voto. Por el contrario, la Sala más bien se ha dedicado a salvaguardar a toda costa a las actuales autoridades en el poder.

En efecto, la inhabilitación de la Contraloría General de la República del candidato electo como ganador en Barinas sobre la cual se basa el TSJ para anular la elección celebrada en ese estado el 21 de noviembre es inconstitucional, porque la Constitución en sus artículos 42 y 65 señala que el ejercicio de los derechos políticos solo puede ser suspendido por sentencia judicial firme en los casos que determine la ley.

Esta decisión se divorcia del artículo 23.2 de la Convención Americana de Derechos Humanos, cuyo texto reconoce como legítimas las limitaciones a los derechos políticos que estén fundadas en una condena dictada por el juez competente en un proceso penal en el que se le imponga al condenado la pena accesoria de inhabilitación política. La propia Corte Interamericana de Derechos Humanos lo declaró en su decisión del 20 de noviembre de 2015, recaída en el caso de la inhabilitación de Leopoldo López, en la cual determinó que el artículo 105 violaba el Pacto de San José -base legal de las inhabilitaciones del Contralor venezolano- y que debe ser eliminado del ordenamiento jurídico del país[16].

---

[14] https://accesoalajusticia.org/wp-content/uploads/2018/11/SE-N%C2%BA-102-27-11-2018.pdf
[15] https://accesoalajusticia.org/tribunal-supremo-justicia-vulnera-autonomia-universitaria/
[16] https://www.corteidh.or.cr/docs/supervisiones/lopez_20_11_15.pdf

EL JUEZ CONSTITUCIONAL EN EL SALVADOR Y LA ILEGÍTIMA MUTACIÓN DE LA CONSTITUCIÓN

De cómo la Sala Constitucional de la Corte Suprema de El Salvador convirtió la "prohibición" constitucional de reelección inmediata del Presidente de la República en un "derecho" a ser reelecto inmediatamente

Allan R. Brewer-Carías

Director de la Revista

Resumen: *Este artículo analiza la sentencia de la sala Constitucional de la Corte Suprema de Justicia de El Salvador, la cual, mediante interpretación convirtió la prohibición constitucional de la reelección inmediata del Presidente de la República, en un derecho de éste de res reelecto inmediatamente.*

Palabras Clave: *El Salvador; Reelección presidencial.*

Abstract: *This article analyzes the ruling of the Constitutional Chamber of the Supreme Court of Justice of El Salvador, which, by interpretation, converted the constitutional prohibition of the immediate re-election of the President of the Republic into a right of the latter of immediate re-election.*

Key words: *El Salvador; Presidencial election.*

I

La Constitución Política de la Republica de El Salvador de 1983, actualmente vigente, establece en su artículo 152.1 una prohibición expresa para la reelección presidencial inmediata, al disponer que "No podrán ser candidatos a Presidente de la República," entre otros, quien

"haya desempeñado la Presidencia de la República por más de seis meses, consecutivos o no, durante el período inmediato anterior, o dentro de los últimos seis meses anteriores al inicio del período presidencial."

La prohibición se establece con base en el principio democrático de la alternabilidad republicana que adopta la misma Constitución, al declarar expresamente que:

Art. 88.- La alternabilidad en el ejercicio de la Presidencia de la República es indispensable para el mantenimiento de la forma de gobierno y sistema político establecidos. La violación de esta norma obliga a la insurrección."

Estableciendo la Constitución, además, dicho principio, como un principio constitucional pétreo al punto de declarar en el artículo 248, que:

"No podrán reformarse en ningún caso los artículos de esta Constitución que se refieren a la forma y sistema de gobierno, al territorio de la República y a la alternabilidad en el ejercicio de la Presidencia de la República."

II

La Corte Interamericana de Derechos Humanos en la Opinión Consultiva OC-28/21 de 7 de Junio de 2021 solicitada por la República de Colombia sobre *"La figura de la reelección presidencial indefinida en sistemas presidenciales en el contexto del Sistema Interamericano de Derechos Humanos (Interpretación y alcance de los artículos 1, 23, 24 y 32 de la Convención Americana sobre Derechos Humanos, XX de la Declaración Americana de los Derechos y Deberes del Hombre, 3.d de la Carta de la Organización*), al referirse a los "principios de la democracia representativa," ha expresado, con particular referencia al principio de la alternancia en el ejercicio del poder, que:

"el pluralismo político implica la obligación de garantizar la *alternancia en el poder*: que una propuesta de gobierno pueda ser sustituida por otra distinta, tras haber obtenido la mayoría necesaria en las elecciones. Esta debe ser una posibilidad real y efectiva de que diversas fuerzas políticas y sus candidatos puedan ganar el apoyo popular y reemplazar al partido gobernante. (par. 78)

Agregando la Corte, además, que dichos principios de la democracia representativa:

"incluyen, además de la periodicidad de las elecciones y el pluralismo político, las obligaciones de evitar que una persona se perpetúe en el poder, y de garantizar *la alternancia en el poder* y la separación de poderes" (par 84).

Finaliza la Opinión Consultiva expresando que:

"Los Estados americanos asumieron la obligación de garantizar el ejercicio efectivo de la democracia dentro de sus países. Esta obligación implica que los Estados deben realizar elecciones periódicas auténticas, y tomar las medidas necesarias para garantizar la separación de poderes, el Estado de Derecho, el pluralismo político, *la alternancia en el poder y evitar que una misma persona se perpetúe en el poder* (supra párrs. 43 a 85 y 103 a 126). De lo contrario, el sistema de gobierno no sería una democracia representativa" (par. 128).

III

En ese marco de los principios de la democracia representativa en el ámbito americano es que hay que analizar las restricciones a la reelección presidencial que históricamente se han establecido en las Constituciones de los países del Continente, siempre velando por la preservación del principio de la alternabilidad republicana, como es el caso precisamente de El Salvador, con la prohibición constitucional antes mencionada de la reelección presidencial inmediata, al cual se destina no sólo el antes mencionado artículo 152.1 de la Constitución, sino también los artículos 75.4, 131.16, 153 y 278 del mismo texto fundamental.

De ellos, en conjunto, la Sala Constitucional de la Corte Suprema de Justicia de El Salvador, en sentencia Inc. 163-2013 (artículo 152 ordinal 1°) de 25 de junio de 2014, dedujo que dicha prohibición de reelección inmediata:

"forma parte del conjunto de preceptos encaminados a garantizar el principio de alternancia o alternabilidad en el ejercicio de la Presidencia. Esta finalidad comparten, asimismo, los arts. 75 ordinal 4° (que sanciona a quienes promuevan la reelección presidencial continua); 88 (que afirma que dicho principio "es indispensable para el mantenimiento de la forma de gobierno y sistema político" y que su violación "obliga a la insurrección"); 131 ordinal 16° (que ordena a la Asamblea Legislativa "desconocer" al Presidente de la República que continúe en el cargo a pesar de la terminación de su período); 154 (que fija la duración del período presidencial en 5 años y "ni un día más"); y 248 Cn. (que prohíbe la reforma constitucional en este tema)."

IV

Sin embargo, a pesar de la sólida doctrina constitucional desarrollada en El Salvador en la materia, y de la tradicional jurisprudencia del Sala Constitucional al considerar que conforme al principio de la alternabilidad, la Constitución prohíbe la reelección presidencial inmediata, la misma Sala viene de dictar la sentencia I-2021 ("Pérdida de derechos de ciudadanía) de 3 de septiembre de 2021, en la cual mediante una mutación ilegítima de la Constitución, adopta el criterio contrario, interpretando la norma prohibitiva del artículo 152.1 como una norma permisiva de la reelección presidencial inmediata, ordenando de oficio:

> "al Tribunal Supremo Electoral dar cumplimiento a la presente resolución en lo relacionado a permitir de conformidad con el artículo 152 ordinal 1° que una persona que ejerza la Presidencia de la República y no haya sido Presidente en el periodo inmediato anterior participe en la contienda electoral por una segunda ocasión."

La sentencia no se dictó en un proceso de constitucionalidad, sino en un proceso de pérdida de ciudadanía que se había iniciado contra un ciudadano con base en la previsión del artículo 75.4 de la Constitución que prescribe que pierden la ciudadanía: "Los que suscriban actas, proclamas o adhesiones para promover o apoyar la reelección o la continuación del Presidente de la República, o empleen medios directos encaminados a ese fin."

Con esta mutación constitucional, la Sala Constitucional, recién nombrada luego de la destitución de todos sus anteriores magistrados, abandonó de raíz su anterior jurisprudencia derivada de la antes mencionada sentencia 163-2013 de 25 de junio de 2014, que consideraba que el artículo 152.1 de la Constitución efectivamente establecía en el sistema constitucional de El Salvador la prohibición de la reelección inmediata del Presidente de la República, argumentando que la anterior Sala supuestamente pasó:

> "por alto que la disposición mencionada hace referencia no a prohibiciones para ser Presidente, sino a prohibiciones para ser candidato y lo grave de una interpretación que deje este detalle por fuera, radica en que se imposibilita al electorado a reelegir la opción política que más le convenga."

Por ello, considerando que "la conformación de este tribunal ha cambiado en su totalidad respecto de la conformación que se tenía al momento de realizar la interpretación en comento" -como si el cambio de magistrados conlleva al cambio de la interpretación constitucional-, la Sala decidió entonces cambiar de criterio, considerando el anteriormente sentado por la Sala como un "error," insistiendo en la tesis de que la norma constitucional hace referencia a una prohibición dirigida a candidatos y no al Presidente, y en que:

> "el Constituyente ha sido claro al dirigir esa prohibición al candidato, implicando así que el período inmediato anterior al que se refiere es precisamente el período previo al que se es candidato."

Después de este malabarismo gramatical, concluyó la Sala con la afirmación de que -contrario al texto expreso del artículo 151.2 de la Constitución- la misma "NO establece prohibiciones para ser Presidente, sino para ser candidato a Presidente."

Y de esa argumentación, como por arte de magia, dedujo entonces la Sala en su sentencia que en el:

> "caso del 15 artículo 152 ordinal 1°, la prohibición va dirigida a los candidatos, de manera que permite por una sola vez más, la reelección presidencial."

Y ello pues según la Sala:

"el "período inmediato anterior" se entenderá que hace referencia al período presidencial previo al que se pretende ser candidato a la Presidencia."

V

O sea, la Sala Constitucional interpreta en sentido contrario la prohibición constitucional a la reelección inmediata establecida en el artículo 152.1 de la Constitución de El Salvador, y realizando una ilegítima "mutación" constitucional de su contenido y sentido, dedujo que de lo que se trata es de una norma que lo que hace es garantizar el derecho del Presidente de la República de optar por la reelección inmediata cuando termina su período, afirmando que, supuestamente, se trata de un:

"mandato expreso del Constituyente de otorgar la oportunidad de inscribirse como candidato a la persona que ejerce la Presidencia en el período de inscripción, estableciendo ciertas condiciones como no utilizar el cargo para prevalerse del mismo;",

En cuyo caso lo único que debería requerirse es que:

"al Presidente que se haya postulado como candidato presidencial para un segundo período, deba solicitar una licencia durante los seis meses previos".

La Sala, en conclusión, interpretó la norma del artículo 152.1 de la Constitución *que prohíbe la reelección inmediata del Presidente de la República* (*No podrán* ser candidatos a Presidente de la República: 1. 1°.- El que haya desempeñado la Presidencia de la República por más de seis meses...), en sentido contrario a su texto y sentido, dictaminando que lo que supuestamente consagra la norma es el derecho del Presidente en ejercicio de ser candidato -y ser electo- para el período sucesivo, permitiéndose:

"como máximo que una persona ejerza la presidencia por 10 años y de hecho, el Constituyente de 1983 obliga a que esos 10 años se ejerzan, si el pueblo así lo decide, de forma consecutiva."

Y mediante el uso -o abuso- de esta última frase, la Sala ha pretendido indicar, en definitiva, que su interpretación a la medida es una "interpretación garantista que permite -sobre todo- la posibilidad de que el pueblo elija conforme a su voluntad," o "garantizar que sea siempre el pueblo en el ejercicio del poder soberano quien tenga la potestad de decidir," repitiendo que es "finalmente el pueblo quien conserva la potestad de decidir si quiere un programa político nuevo o la continuación del mismo."

Sin embargo, una cosa es el derecho de los ciudadanos a elegir, y otra es el principio de la alternabilidad republicana que en aras de garantizar el primero, se restringe en materia de reelecciones, mediante mecanismos para evitar que los gobernantes se perpetúen en el poder, como es precisamente el caso del régimen constitucional de El Salvador que prohíbe la reelección presidencial inmediata.

EL CONTROL DIFUSO CONSTITUCIONAL: INICIATIVA PARA LA CREACIÓN DE NORMAS EN EL ESTADO FALLIDO

Amado José Carrillo Gómez

Abogado

Resumen: *Con la transformación de Venezuela en un Estado Fallido, el régimen político ha venido buscando fórmulas para suplir la función de legislador positivo, que en este caso corresponde a la Asamblea Nacional. Mediante el uso del control difuso, la Sala de Casación Civil, ha creado una forma de iniciativa legislativa para cambiar el procedimiento civil, por medio de la Doctrina Jurisprudencial Vinculante de la Sala Constitucional. Planteándose la revisión de los propios criterios de ambas Salas para identificar con este artículo este comportamiento.*

Palabras Clave: *Control Difuso. Doctrina Jurisprudencial Vinculante. Iniciativa legislativa. Justicia constitucional. Estado Fallido.*

Abstract: *With the transformation of Venezuela into a Failed State, the political regime has been looking for formulas to replace the function of positive legislator, which in this case corresponds to the National Assembly. Through the use of diffuse control, the Civil Cassation Chamber has created a form of legislative initiative to change the civil process, through the Binding Jurisprudential Doctrine of the Constitutional Chamber Considering the review of the criteria of both Chambers to identify this behavior with this article.*

Key words: *Diffuse Control. Binding Jurisprudential Doctrine. Legislative initiative. Constitutional justice. Failed state.*

CONSIDERACIONES INTRODUCTORIAS

Desde hace unos años, hemos venido trabajando con la conceptualización del Estado fallido como uno jurídico real, con la idea de dar un tamiz definitorio y que el mismo provenga de las ciencias jurídicas, dotándolo con algo más que solo un estudio retrospectivo normativo, aprovechando las tres dimensiones de la investigación jurídica: la filosófica-especulativa, la sociológica y la normativa.

Por ello hemos trabajado con las definiciones del Estado y el contrato social como piedra angular, pero al mismo tiempo, todo lo que la filosofía y los fenómenos histórico-políticos nos han brindado como guía para este efecto[1].

Es por ello que, al proponer una definición de Estado fallido, nace la obligación conexa de estudiar los fenómenos que se han construido alrededor de este. Dado a que nos encontramos en uno de los casos de Estado fallido más emblemáticos de los últimos tiempos, hemos

---

[1] Amado José Carrillo Gómez, *El Estado Fallido*, Barquisimeto, Independiente, (2017). Disponible en: http://bit.ly/estadofallido

podido denotar el proceso de descomposición de la causa del contrato social hasta el punto del desenlace lógico de todo Estado fallido y es la muerte del cuerpo político, quedando únicamente lo que llamaba Rousseau[2], una ilusión o apariencia de Estado.

En el contexto de la instalación inconstitucional de una Asamblea Nacional Constituyente[3] y la anulación por parte de la Sala Constitucional, por medio de la figura de desacato, de la Asamblea Nacional[4], se pensó inmediatamente que el uso de las leyes constitucionales sería la forma de crear normas de manera paralela al sistema legislativo formal. Sin embargo, esta estrategia se agotó casi de inmediato y llegó al estancamiento, por lo que no hay avances de la redacción de la nueva Constitución, ni tampoco de la creación y reforma de nuevos instrumentos para así retomar los proyectos abandonados en la Asamblea Nacional que datan de gestiones anteriores, como, por ejemplo, el Proyecto de Ley de Reforma de Código de Procedimiento Civil.

En fecha 14 de agosto del año 2019, a pocos días de las vacaciones judiciales, la Sala de Casación Civil dictó la sentencia RC-397, variando las formas en su búsqueda por realizar la tentadora función de legislador positivo y modificar el Código de Procedimiento Civil, que a todas luces, se ha venido generando en la opinión del foro una urgente necesidad de adaptación a las nuevas tendencias procesales y a las demandas del país.

I.   EL USO DE LA JURISDICCIÓN CONSTITUCIONAL PARA LA MODIFICACIÓN DE NORMAS

1.   *El control constitucional de las normas en el sistema de justicia constitucional venezolano*

Es importante la revisión de lo que hemos construido con el pasar de los años en nuestra justicia constitucional y que, como lo ha expresado el profesor Casal, "después de estar relegada al plano de la especulación y del análisis teórico, ha adquirido en la última década una importancia capital en nuestro país"[5]. No solo en Venezuela está adquiriendo envergadura este estudio, como presagió el profesor Casal, sino que se amplía a carácter internacional; desde España hasta Alemania los tribunales constitucionales se vuelven protagonistas, no solo por sus decisiones individuales por causa, sino que tienen un impacto real en la sociedad. Desde lo político, para mantener el *statu quo* del Reino de España, interviniendo con el uso del control constitucional en un tema político que trastoca la constitucionalidad y unidad político-territorial del propio Estado[6].

---

[2]   Jean Jacques Rousseau, *El Contrato Social*, Barcelona, Altaya, 1993 [1762], pp. 103-140.

[3]   Román Duque Corredor, "Inconstitucionalidad por ilegitimidad de origen y del ejercicio del poder constituyente por la Asamblea Nacional Constituyente creada por Nicolás Maduro", XLIII Jornadas "J. M. Domínguez Escovar" *La ausencia de juridicidad en el sistema legal venezolano*, Barquisimeto, Editorial Horizonte, C.A. (2018), pp. 15-24.

[4]   Amado José Carrillo Gómez, "La jurisdicción constitucional y contencioso administrativa como mecanismo de control político en el marco de un presunto Estado Fallido." Trabajo especial de grado para optar al grado de especialista en derecho administrativo. Universidad Fermín Toro Cabudare, (2019), pp. 42-60.

[5]   Jesús María Casal, *Constitución y Justicia Constitucional. Los fundamentos de justicia constitucional en la nueva carta Magna*. Editorial Universidad Católica Andrés Bello, Caracas, 2001, pp. 75.

[6]   Sentencia de Tribunal Constitucional de España (Pleno) N° 4856-2017 de 05 de octubre de 2017.

En otros ejemplos, la instauración del *Standard Benefit* o mínimo vital por parte del Tribunal Constitucional Alemán[7] interviniendo, en este caso, en temas de carácter social por medio de la jurisdicción constitucional.

La base de la jurisdicción constitucional[8], desde el inicio, es la supremacía de la Constitución. Con la aceptación de este principio que en el caso de Venezuela se encuentra plasmado en el artículo 7[9] del texto fundamental, definiéndose a sí misma como "la norma suprema y el fundamento de todo el ordenamiento jurídico". Por ello, con la propia idea de Constitución va acompañada del principio de supremacía constitucional, pero al mismo tiempo, se genera la necesidad de crear instancias que mantengan los actos derivados o en ejecución directa o indirecta de esta, uniformes a la misma. Esto tiene como consecuencia, que en el sistema que tiene incorporada la justicia constitucional, se manifiestan las capacidades de control y sus propios fenómenos establecidos por el profesor Ghazzaoui.[10]

En cuanto al objeto de la jurisdicción constitucional y todo el alcance que puede tener la justicia constitucional como sistema, el planteamiento de este sistema pasa por las experiencias obtenidas en la medida que se ha construido el derecho constitucional, que pasa a erguirse con sus pocos años como una rama fundamental del derecho y el basamento de una caracterización del propio Estado, los tratadistas Wahl y Rottmann citados por Lösing[11] hicieron esta aproximación:

"En Weimar se generó la conciencia de que el significado de una Constitución se diferenciaba cualitativamente, dependiendo si hay o no hay una jurisdicción constitucional: el ser o no ser de la segunda parte de la Constitución (en la Constitución de Weimar los derechos fundamentales se encontraban en la segunda parte) depende de esto". (p. 76)

La constitucionalización del ordenamiento obliga en este factor a establecer uno de los principios derivados del Estado de derecho, en este caso, el de justicia constitucional. En el caso de Venezuela, los debates pasaban en decidir entre sistemas de control constitucional en un catálogo de ejemplos que pasaba del americano al modelo europeo, hasta que se tomó la decisión de tomar las características el de control difuso y el de control concentrado, haciendo que el concepto de justicia constitucional se propague por todo el aparataje jurisdiccional del sistema de justicia del país. Esta situación es descrita por el profesor Casal[12].

---

[7]   Rodrigo Andrés Fayanca Bugueño, "Los derechos sociales y la libertad: un análisis problemático", *Derecho Público Iberoamericano*, N° 9, (2016), pp. 67.

[8]   Allan R. Brewer-Carías, "Sobre la justicia constitucional y la justicia contencioso administrativo. A 35 años del inicio de la configuración de los proceso y procedimientos constitucionales y contencioso administrativo (1976-2011)", en Allan R. Brewer-Carías y Víctor Rafael Hernández Mendible (comps.), *El contencioso administrativo y los procesos constitucionales*. Editorial Jurídica Venezolana, Caracas, 2011, pp. 19-74.

[9]   Constitución de la República Bolivariana de Venezuela, Gaceta Oficial N° 36.860 de fecha 30 de diciembre de 1.999, reimpreso con correcciones, en la Gaceta Oficial N° 5.453 de fecha 24 de marzo del año 2000.

[10]   Ramsis Ghazzaoui, "Sobre la discrecionalidad judicial y la justicia constitucional en el Estado constitucional democrático", XLII Jornadas "J. M. Domínguez Escovar" *La Democracia frente al fraude constitucional*, Editorial Horizonte, C.A. Barquisimeto, 2017, pp. 147.

[11]   Winfried Hassemer et ál, "La Jurisdicción Constitucional, Democracia y Estado de Derecho", Caracas, Universidad Católica Andrés Bello, Universidad Católica del Táchira, Universidad Católica Cecilio Acosta y Konrad Adenauer – Stiftung, 2005, pp. 76.

[12]   Jesús María Casal, *Constitución y Justicia Constitucional*, pp. 75.

Ahora bien, nuestro sistema de justicia constitucional se ampara en una mixtura que deposita el control constitucional concentrado en la Sala Constitucional, principalmente el control normativo y el de ciertos actos estatales y administrativos. Por otro lado, un control difuso ejercido por el resto de los tribunales de la República que implica solo la desaplicación normativa.

Debemos recordar que el control constitucional de los actos administrativos lo ejerce prácticamente en su totalidad, con ciertas excepciones, la Jurisdicción Contencioso Administrativa en esta etapa temprana del sistema mixto constitucional[13].

De este reto nos planteamos, no la falta de sensibilidad del máximo tribunal sino la progresiva desviación de estos actos como forma de generación de un sistema edificado por el vaciado de contenido de la institucionalidad para plantear, como hemos dicho con anterioridad, una forma de ejercicio de poder en apariencia de Estado. Será un gran reto para los venezolanos luego de estos tiempos de oscuridad jurídica, conseguir racionalizar sin satanizar el sistema de control constitucional para llegar a un término justo y útil que esté al servicio del interés general.

2. El Control difuso como sistema de control de la constitucionalidad de normas

La mixtura del sistema venezolano se basa también en un control de la constitucionalidad de las normas distribuido en cada uno de los tribunales de la República, incluyendo las otras salas del Tribunal Supremo de Justicia. El artículo 334 de la Constitución[14] establece esta atribución, que puede ser ejercida a solicitud de alguna de las partes en juicio o inclusive, de oficio.

Nuestro sistema de control difuso está basado en el sistema de los Estados Unidos de América, conocido comúnmente como "sistema americano". Este modelo tradicionalmente realiza la función dentro del Poder Judicial, un punto parecido en concreto a nuestro sistema con la discrepancia de que el control difuso venezolano se basa en la desaplicación de las normas y el juzgamiento concreto de la anulación corresponde a la Sala Constitucional.

El control difuso en nuestro país ha sido bastante tímido; en los primeros años existieron incursiones de aplicación, asimilándolo al sistema americano, pero la Sala Constitucional terminó por establecer los límites y diferencias, de uno y otro. La desaplicación normativa, pasa a ser un elemento cautelar de protección por inconstitucionalidad y pasando a ser prácticamente una presunción, hasta que el control concentrado ejercido por la Sala Constitucional termina de establecer si lo es o no. La anulación solo puede venir de esta, por lo que el control difuso no acarrea efectos de inexistencia *inter partes* como el americano, sino de suspensión de la aplicación y ejerciendo la interpretación jurídica para extender o restringir preceptos jurídicos para garantizar la tutela judicial efectiva en el caso concreto y la integridad de la propia Constitución.

La Sala Político Administrativa, en la sentencia N° 124 del 13 de febrero del año 2001[15] establece el efecto de la desaplicación y aclara que no pierde validez la norma sino eficacia para el caso, por lo que no acarrea en tal caso una anulabilidad, sino una desaplicación.

---

[13]   Jesús María Casal, *Constitución y Justicia Constitucional*, pp. 76.

[14]   Constitución de la República Bolivariana de Venezuela, Gaceta Oficial N° 36.860 de fecha 30 de diciembre de 1999, reimpreso con correcciones, en la Gaceta Oficial N° 5.453 de fecha 24 de marzo del año 2000.

[15]   SPA-TSJ N° 124 13/02/2001 Exp. 11529.

En concreto, nuestro sistema de control difuso está basado en el sistema americano, pero con las limitaciones propias que se derivan de la mixtura. Los efectos de desaplicación y la forma de resolución del control que realizan los tribunales sobre los actos legislativos pasan a ser incongruentes con el sistema americano. Por lo que, en esencia, el tribunal desaplica al caso y la Sala Constitucional, en consulta, resuelve la procedencia del mismo y pasa a pronunciarse sobre la constitucionalidad del precepto normativo.

Es aquí donde podría lograrse, en tal caso, la nulidad del acto normativo propiamente dicho y no con la desaplicación que solo tendrá efecto *inter partes*.

3. *La doctrina jurisprudencial vinculante de la Sala Constitucional*

Ahora bien, los distintos efectos en sí mismos no serían un problema, siendo que el comportamiento en el modelo europeo de control constitucional concentrado acarrea la figura del legislador negativo y un sistema de contrapeso. Sin embargo, nuestro sistema está basado, como hemos comentado con anterioridad, en un sistema mixto donde la Sala Constitucional mediante la sentencia N° 93 del 6 de febrero del año 2001[16], estableció el carácter vinculante de las interpretaciones que realizaba. No es una situación exclusiva de Venezuela: en la República de Colombia, sentencias como la C-634 del 24 de agosto del 2011, con ponencia de Luis Ernesto Vargas Silva[17], defienden el nivel de vinculatoriedad de las sentencias de la Corte Constitucional y ratificando ese criterio en sentencia C-816 del 01 de noviembre del 2011, con ponencia de Mauricio González Cuervo[18].

Por ello la jurisdicción conforma un gesto mucho más complejo y en referencia a esto, el profesor Pasceri[19] ha mencionado que:

"El juez al momento de dictar su sentencia tiene varias funciones: interpretar cuando aplica la ley y la otra es ampliar, reducir o transformar el sentido de la ley, ratificándola y adaptándola para lograr el fin de la norma. Esto es así por cuanto el juez no puede absolver la instancia. En el caso de la Constitución el juez constitucional debe hacer lo propio para garantizar su upremacía frente a la ley, debiendo estar siempre subordinado al texto magno para no invadir competencias del poder constituyente ni del legislador". (p. 109)

Sin embargo, la forma en que las interpretaciones constitucionales trastocan el propio espíritu del constituyente, la doctrina habla de modificaciones distintas a la reforma o enmienda constitucional, y uno de los tipos de mutaciones de la propia Constitución proviene de los jueces.[20]

Bastaría con revisar la forma en que se le fue confirmada a la Sala Constitucional esta potestad por vía legislativa. En el caso del artículo 4 de la Ley Orgánica del Tribunal Supremo de Justicia[21], "Las interpretaciones que establezca la Sala Constitucional sobre el conteni-

---

16   SCON-TSJ N° 93 06/02/2001 Exp. 00-1829

17   Corte Constitucional de Colombia, sentencia C-634 del 24 de agosto del 2011 MP: Luis Ernesto Vargas Silva.

18   Corte Constitucional de Colombia, sentencia C-816 del 01 de noviembre del 2011 MP: Mauricio González Cuervo.

19   Pier Paolo Pasceri, "La inseguridad Jurídica y el precedente judicial vinculante en Venezuela", XLII Jornadas "J.M. Domínguez Escovar" *La Democracia frente al fraude constitucional,* Editorial Horizonte, C.A. Barquisimeto, 2017, pp. 99.

20   Göran Rollnert Liern, "La Mutación Constitucional, Entre la Interpretación y la Jurisdicción Constitucional." *Revista Española de Derecho Constitucional.* N° 101, (2014), pp. 129.

21   Ley orgánica del Tribunal Supremo de Justicia, Gaceta Oficial N° 39.522 de fecha 01 de octubre del año 2010.

do o alcance de las normas y principios constitucionales son vinculantes para las otras Salas del Tribunal Supremo de Justicia y demás tribunales de la República". Lo cual es básicamente, la transcripción del artículo 335[22] de la Constitución.

La reescritura no pasa por la modificación de ciertos aspectos ni mucho menos de estirar otras normas para que llenen el vacío; la Sala reescribe la norma y realiza un uso del efecto vinculante de sus sentencias para hacerlas obligatorias para el resto de las salas y tribunales con efectos generales. Esto tiene por consecuencia que muchas de nuestras normas procesales, han sido escritas por la Sala, en especial en materia de amparo.

Esta situación, no está planteada en la Constitución, puesto que lo que se hace vinculante son las sentencias que la interpretan y no la reescritura que se hace sobre una norma por consecuencia de la inconstitucionalidad para dar efectos *ex nunc* e *inter comunis*, por palabras del profesor Casal, "efectos Erga omnes" que podrían encontrarse, en este tipo de interpretaciones constitucionalizantes del propio ordenamiento jurídico. Tenemos una jurisdicción constitucional que se aparta de lo común del modelo europeo y comienza a fungir como legislador positivo y esto obedece al uso de la doctrina jurisprudencial vinculante como una forma de crear derecho, muy similar al sistema del *Common law*.

II. EL EJERCICIO DEL CONTROL DIFUSO CONSTITUCIONAL POR PARTE DE LA SALA DE CASACIÓN CIVIL DEL TRIBUNAL SUPREMO DE JUSTICIA

1. *El intento de modificación del procedimiento de interdictos posesorios*

A. *Modificación del procedimiento de interdictos posesorios y su ratificación como doctrina de la Sala de Casación Civil*

Es importante recordar que uno de los primeros intentos del ejercicio de control difuso lo realizó la Sala de Casación Civil. En Sentencia N° 132 de fecha 22 de mayo del año 2001[23], la Sala realizó la siguiente modificación del artículo 701, abriendo la posibilidad de un contradictorio.

La Sala evitó en todo momento hablar en expreso de un control difuso directamente, pero sí fue en ejercicio de este que abrió la modificación de ello y lo hizo con la visión de que fuese resuelta de esta manera esta situación, no solo para este caso, sino que fue ratificado este criterio. Es el caso de la sentencia RC-46 de fecha 18 de febrero del año 2004[24] y la sentencia RC-1094 de fecha 20 de diciembre del año 2006[25], la Sala mantuvo su criterio y además comenzó a dar efectos retroactivos a las modificaciones que había realizado, parecido al sistema americano sobre el caso concreto. La Sala le dio carácter vinculante en sus sentencias porque era un defecto dirimible en casación puesto que todo procedimiento de interdicto que no se ajustara al referido cambio, la Sala declaraba de él la reposición de la causa conforme a este criterio.

---

[22]   Constitución de la República Bolivariana de Venezuela, Gaceta Oficial N° 36.860 de fecha 30 de diciembre de 1999, reimpreso con correcciones, en la Gaceta Oficial N° 5.453 de fecha 24 de marzo del año 2000.

[23]   SCC-TSJ N° 132 22/05/2001 Exp. 00-449

[24]   SCC-TSJ N° RC-46 18/02/2004 Exp. 02-458

[25]   SCC-TSJ N° RC-1094 20/12/2006 Exp. 06-055

Vemos en esta situación, como en el uso del control difuso, la Sala de Casación Civil le dio efectos *inter comunes* y *ex nunc* a las sentencias, realizando una especie de doctrina jurisprudencial vinculante, similar al explicado anteriormente al que usa la Sala Constitucional para actuar como legislador positivo.

B. *La Sala Constitucional como freno al uso del control difuso por parte de la Sala de Casación Civil*

A raíz de la sentencia RC-1094 de fecha 20 de diciembre del año 2006, la Sala Constitucional en sentencia N° 327 de fecha 7 de marzo del año 2008[26], a propósito de un recurso de revisión intentado contra la sentencia de la Sala de Casación Civil, la Sala Constitucional con ponencia de la magistrada Carmen Zuleta de Merchán, realizó las observaciones sobre la forma en que la Sala de Casación Civil estaba usando el control difuso, poniendo freno a las mismas y aclarando los límites entre las funciones que tenía la Sala de Casación Civil y la Sala Constitucional.

En este fallo, la Sala Constitucional puso un freno de mano a la forma en que la Sala de Casación Civil estaba instaurando un nuevo procedimiento de interdicto posesorio. Básicamente recordando que la potestad de declarar la inconstitucionalidad y nulidad de una norma, es decir eliminar su validez y también su eficacia, corresponde únicamente a la Sala Constitucional. De esta manera, la Sala protegió su doctrina jurisprudencial vinculante y se guarda para sí la posibilidad de ser el único legislador positivo en el Poder Judicial.

2. *La modificación del procedimiento de casación*

A. *Modificación de la Sala de Casación Civil del procedimiento de casación*

La Sala de Casación Civil, según ponencia del magistrado Guillermo Blanco Vázquez, en sentencia RC-510 de fecha 28 de julio del año 2017[27], comenzó un proceso de guerra abierta contra el reenvío en casación y lo que esta determinó como "la batalla contra el reenvío y sus funestos efectos se está ganando en todo el planeta", por lo que luego de miles de recursos de casación, la Sala toma la determinación de poner fin a la propia doctrina creada por la Sala en esta materia, desaplicando por control difuso.

En este caso se planteó de forma directa la desaplicación "del contenido normativo previsto en los artículos 320, 322 y 522 del Código de Procedimiento Civil[28], por colidir con los 26 y 257 Constitución de la República Bolivariana de Venezuela[29]". Sin embargo, la Sala de Casación Civil extiende los efectos en otras causas abiertas.

De esta manera, incluso antes de la declaratoria de la nulidad del artículo, la Sala ya le había dado efectos *ex nunc* a sus sentencias, extralimitándose así de los efectos *inter partes* que caracterizan el propio control difuso constitucional. Con ello extendieron los efectos al resto de los fallos para generar así un avance inmediato, aun cuando expresaron que esperarían la decisión de la Sala Constitucional sobre la procedencia del control difuso y la utilización de la doctrina jurisprudencial vinculante para instaurar la nueva forma de ejercicio del modelo de casación planteado en el fallo.

[26] SCON-TSJ N° 327 07/03/2008 Exp. 07-0543

[27] SCC-TSJ N° RC-510 28/07/2017 Exp. 17-124

[28] Código de Procedimiento Civil, Gaceta Oficial N° 4.209 Extraordinaria de fecha 18 de septiembre de 1990.

[29] Constitución de la República Bolivariana de Venezuela, Gaceta Oficial N° 36.860 de fecha 30 de diciembre de 1.999, reimpreso con correcciones, en la Gaceta Oficial N° 5.453 de fecha 24 de marzo del año 2000.

Muy a pesar de la decisión de la Sala de Casación Civil, existe un planteamiento al margen de la sentencia como la forma de dar su voto concurrente; es una particularidad interesante que, estando de acuerdo con el problema del reenvío en casación para su criterio, ha dejado una explicación sobre el ejercicio del control difuso por parte de la Sala de Casación Civil y su alcance, mostrando una vía distinta pero no asumida, la cual tomó la magistrada Marisela Valentina Godoy Estaba, quien argumento que:

> "En este contexto, considero que antes de recurrir a declaratorias de nulidad del supra indicado articulado del Código de Procedimiento Civil, las cuales desbordan la facultad de desaplicación por control difuso que tiene esta Sala de Casación Civil, se debió mediante la interpretación darle a las normas inteligencia útil, justa y lógica, adaptándolas a la realidad constitucional y dejar de aplicar aquellas cuyo uso resulte un menoscabo de la integridad de la Constitución de la República Bolivariana de Venezuela, puesto que los esfuerzos de esta Sala han de estar dirigidos a crear los fundamentos de una futura actualización normativa, ofreciendo interpretaciones que sean compatibles con el Texto Fundamental, siendo la desaplicación la última opción".

Aún con la argumentación de la magistrada, se mantuvo el criterio de seguir con esta forma, incluso teniendo la sombra de la sentencia N° 327 de fecha 7 de marzo del año 2008 de la Sala Constitucional donde se habían establecido los límites del control difuso a esta y tomando en consideración que la magistrada ponente de esta sentencia aún se encuentra en el cargo.

B. *La Sala Constitucional racionalizando la modificación del procedimiento de casación*

Conforme a la remisión ordenada por el fallo anterior de la Sala de Casación Civil, la Sala Constitucional en sentencia N° 362 de fecha 11 de mayo del año 2018[30], con ponencia de la magistrada Carmen Zuleta de Merchán, la misma ponente del fallo N° 327 de fecha 7 de marzo del año 2008 mostró que coincidía con la denuncia realizada por la Sala de Casación Civil. Conforme a su propia doctrina, la Sala Constitucional siguió señalando el exceso y el desborde del uso del control difuso constitucional, insistiendo en la diferencia de los efectos *extra litis* y *erga omnes*. La Sala procedió a realizar un control concentrado de oficio y así lo deja ver como una forma suavizada en el entendido que para la Sala Constitucional es evidente la violación de derechos constitucionales.

Un detalle importante que, a pesar de la infracción planteada y el desborde del ejercicio del control difuso, la sentencia terminó en sus dispositivas diciendo "1.- conforme a derecho, en los términos expuestos en el presente fallo, la desaplicación por control difuso de la constitucionalidad", lo que sería incongruente con la gravedad de dar efectos generales a una reescritura de norma realizada por la Sala de Casación Civil, aun cuando era la segunda oportunidad que la misma magistrada hacía la observación. La Sala en ejercicio de la doctrina jurisprudencial vinculante reescribe, prácticamente por iniciativa de la propia Sala de Casación Civil, el procedimiento de casación.

3. *El establecimiento del procedimiento civil único*

La sentencia RC-397 de fecha 14 de agosto del año 2019[31], proviene de un recurso de casación. Es importante entender que en los casos de control difuso la desaplicación normativa que se realiza viene dada para su uso específico como lo hemos dicho con anterioridad,

---

30   SCON-TSJ N° 362 11/05/2018 Exp. 17-1129
31   SCC-TSJ N° RC-397 14/08/2019 Exp. 19-065

tanto en el modelo americano, como en el sistema mixto venezolano. La sentencia pasa a resolver íntegramente la controversia. Luego de decidir al fondo y casar con el procedimiento que modificó la Sala y que fue racionalizado por la Sala Constitucional, se pasa a dar unas "Consideraciones especiales al margen de lo decidido".

La Sala considera que a partir de la duración de un juicio que ya había resuelto, era necesario realizar actuaciones distintas y al margen de la sentencia que ya había agotado todas las pretensiones y el propio alcance de la controversia. Luego pasa a establecer el objeto de esta parte de la decisión, estableciendo que:

> "Vista la omisión legislativa en adecuar el procedimiento civil ordinario a los nuevos postulados constitucionales, de nuestra carta política del año 1999, que se suma en el retraso de las funciones inherentes a dicho Poder Legislativo del Estado, resulta necesario e impostergable para esta Sala de Casación Civil del Tribunal Supremo de Justicia, hacer las siguientes consideraciones, *respecto a la vigencia y eficacia del proceso judicial civil en vigor*, conforme a la presente coyuntura política, social y económica del país, *tomando en cuenta el daño y desgaste que causa a las partes o sujetos procesales el retardo procesal existente en los juicios civiles*, que choca claramente con los principios constitucionales de celeridad procesal, simplificación, uniformidad, eficacia, oralidad, publicidad y una administración de justicia de forma expedita, donde no se sacrificará la justicia por la omisión de formalidades no esenciales, consagrados en el *artículo 257 de la Constitución de la República Bolivariana de Venezuela*, que preceptúa lo textualmente lo siguiente:"

Aquí es donde inicia una de las grandes confusiones a la hora de establecer en qué consiste la sentencia ya que hablamos de un control difuso que se realiza fuera del caso sin existir desaplicación normativa alguna, ya que se casó y sentenció la causa en su totalidad, pero la Sala de Casación Civil juzga como lo haría en control concentrado constitucional, la propia Sala Constitucional, determinando la inconstitucionalidad por omisión legislativa de la Asamblea Nacional, una competencia exclusiva de esta como la que se establece en el artículo 336 numeral 7 de la constitución[32]. Sin embargo, la Sala de Casación Civil en este caso, realiza una sentencia con dos propósitos: declarar la omisión legislativa del órgano legislativo nacional, lo cual representa una competencia exclusiva de la Sala Constitucional y de inmediato aplica un control difuso al margen de todo el caso; y establecer un procedimiento aplicable hasta que la Sala Constitucional se pronuncie sobre el ejercicio de este control. En esto tenemos que hacer una observación importante y es que no establece cuáles son las disposiciones normativas desaplicadas para así configurar el procedimiento, que sí fueron atendidas y abordadas en las disposiciones de las sentencias y experiencias anteriores de la propia Sala.

La Sala de Casación Civil trata de evitar en este caso, dar efectos *inter comunis* y *ex nunc* a la sentencia para modificar el Código de Procedimiento Civil[33], dejando una sensación de que los efectos de la sentencia son *inter partes*. Sin embargo, esta vez olvidó por completo configurar lo más básico del control difuso constitucional, que en tal caso sería: 1) Establecer qué precepto normativo de forma específica se desaplica; 2) Interpretar extensiva, restrictiva o analógicamente para resolver el vacío que deja la desaplicación; y 3) Establecer los efectos de este control difuso, in stricto sensu, para resolver la causa. Por lo que esta sentencia, termina por desdibujar aún más la figura del control difuso constitucional de normas en Venezuela.

---

[32]   Constitución de la República Bolivariana de Venezuela, Gaceta Oficial N° 36.860 de fecha 30 de diciembre de 1.999, reimpreso con correcciones, en la Gaceta Oficial N° 5.453 de fecha 24 de marzo del año 2000.

[33]   Código de Procedimiento Civil, Gaceta Oficial N° 4.209 Extraordinaria de fecha 18 de septiembre de 1990.

Hasta tanto, la Sala de Casación Civil sigue modificando procedimientos como la sentencia RC-585 de fecha 13 de diciembre del año 2019[34]. Pero en este caso, la Sala modificó en alcance de un artículo y desaplicó disposiciones normativas parcialmente mediante una interpretación de artículos denominada la "nueva interpretación de los artículos 314 y 317 del Código de Procedimiento venezolano". Esta sugerencia, fue dada en las observaciones al margen, con voto concurrente de la magistrada Marisela Valentina Godoy Estaba, en la sentencia RC-510 de la Sala de Casación Civil del 28 de julio del 2017 antes mencionada y que al mismo tiempo, participa en la ponencia conjunta de la Sala para la sentencia de modificación del procedimiento civil.

Para el 23 de octubre de 2020, la Sala Constitucional en sentencia 154[35] solicitó información a la Sala de Casación Civil para que enviara no solo lo referente a la revisión de la aplicación del control difuso, sino que también solicitó información sobre las resoluciones números 3[36] y 5[37] donde se instauraron unos programas pilotos en los que se modificó el código de procedimiento civil y se aplicaron inclusive partes del procedimiento civil único de forma provisional justificados con la pandemia del COVID-19. Hasta la fecha la Sala Constitucional no se ha pronunciado y ha coincidido que se instaló una nueva Asamblea Nacional producto de unas elecciones que fueron rechazadas y cuestionadas por la Asamblea Nacional anterior[38] y la comunidad internacional[39]. Sumado a esto podemos mencionar la disolución de la Asamblea Nacional Constituyente[40] que se había mantenido al margen de ejercer esta función y modificar el código. En este caso, se presentó un proyecto de reforma del Código de Procedimiento Civil a la cuestionada Asamblea Nacional que se instaló este año, lo que podría darle una canalización legislativa "ordinaria".

III. EL CONTROL POLÍTICO EN EL USO DE LA JURISDICCIÓN CONSTITUCIONAL EN EL MARCO DE UN ESTADO FALLIDO

1. *Aproximaciones sobre los Estados Fallidos*

A. *El concepto de Estado fallido*

¿Qué mezcla los elementos del Estado y qué los mantiene juntos? Estos no son suficientes para formar al Estado; es necesario el bien común, que forma parte de su unión, y se expresa en la voluntad de los contratantes de hacerlo. Es la causa del contrato, como por ejemplo, la sociedad de gananciales. Si alguien se asocia es para enriquecerse mutuamente porque se quiere el bien para todos y la asociación se los dará.

---

[34] SCC-TSJ N° RC-585 13/12/2019 Exp. 19-190

[35] SCON-TSJ N° N° 154 23/10/2020 Exp. 19-669

[36] Resolución de la Sala de Casación Civil de fecha 28 de julio del año 2020

[37] Resolución de la Sala de Casación Civil de fecha 05 de octubre del año 2020

[38] Deisy Martínez, "Para la AN las elecciones del 6D no existieron", 2020, Caracas, Venezuela. Disponible en: https://efectococuyo.com/politica/para-la-an-las-elecciones-parlamentarias-del-6d-no-existieron/

[39] Voz de América, "Pompeo rechaza "farsa" de elecciones parlamentarias en Venezuela", 2020, Caracas, Venezuela. Disponible en: https://efectococuyo.com/politica/para-la-an-las-elecciones-parlamentarias-del-6d-no-existieron/

[40] Esther Yáñez, "Se disuelve la polémica Asamblea Nacional Constituyente en Venezuela", 2020, Madrid, España. Disponible en: https://www.niusdiario.es/internacional/latinoamerica/disuelve-polemica-asamblea-nacional-venezuela_18_3061020012.html

Ahora, desde el punto de vista del contrato social. Todo contrato tiene una causa, tanto así que el preámbulo de la Constitución de la República Bolivariana de Venezuela del año 1999 habla sobre el bien común.[41]

Siendo evidente que el bien común forma parte de la causa del contrato social (de cualquier país) y en la Constitución venezolana realmente lo es. Sin embargo, es curioso que esta frase solo es empleada en el preámbulo del texto constitucional, aun siendo el motivo por el cual se ha hecho la misma.

El ser humano constituye al Estado como ente moral para asegurar los intereses del todo. Por lo tanto, este último debe velar por el cumplimiento de los objetivos inherentes a su creador, como visión última de la asociación jurídica; la imposibilidad de lograrlo es la causa de su muerte. El mismo existe para cumplir este objetivo principal. La humanidad en general delega en sociedad a los Estados para que logren cuidar el bien común, siendo este el que enlaza los elementos del Estado; sin su existencia previa no pueden ser constituidos. La voluntad general puede únicamente dirigir las fuerzas del Estado de acuerdo con el bien común.[42]

En relación con lo anterior, la imposibilidad de cumplir el objetivo mismo puede generar fallas e incluso su propia destrucción. ¿En qué sentido? El Estado lo hará por el deterioro de los lazos que mantienen unidos sus elementos, lo que su resquebrajamiento puede generar un efecto dominó; la imposibilidad de la convivencia en la sociedad y el deterioro de las relaciones colectivas impiden el logro del bien común que es el fin último del Estado y lo más importante porque es su objetivo existencial. Si el mismo no puede servir al pueblo, como los describe la profesora Howard[43], no es más que un manojo de estructuras inservibles y probablemente, inexistentes en su fondo.

Ahora, es importante analizar parte por parte la base doctrinaria del Estado fallido. Aunque no hace mención a este, Rousseau dejó el principio de lo que hoy se está viviendo. Es importante desarrollar del libro tercero de su obra "El contrato social", el capítulo XI[44]: De la muerte del cuerpo político. Comenzando con el título, es relevante entender a qué hace referencia Rousseau cuando habla de "cuerpo político". Se comprende que es una metáfora utilizada por autores y tratadistas para hablar del Estado de manera general, entre ellas el hombre gigante que usó Platón para describir a la sociedad o al ente moral y el Leviatán que usó Thomas Hobbes con el mismo propósito. Rousseau estaba consciente de ello y en un solo capítulo de genialidad nos ha dado la puerta para que podamos entrar a conocer que el mismo no es un ser eterno, sino que su muerte es posible desde su creación.

Rousseau hace lo que para muchos tratadistas que definen el Estado como un ente perfecto y perpetuo: una estocada que hiere de muerte a estas apreciaciones; un ente moral perfectamente abatible, ya que este y su estructura, pueden fallar. Si Roma y Esparta -dos estructuras políticas que causaron grandes problemas a sus vecinos por su poderío militar; que se jactaban de la perfección en sus altos desarrollos políticos, económicos y sociales; y que

---

[41]   Constitución de la República Bolivariana de Venezuela, Gaceta Oficial N° 36.860 de fecha 30 de diciembre de 1999, reimpreso con correcciones, en la Gaceta Oficial N° 5.453 de fecha 24 de marzo del año 2000.

[42]   Rousseau, *El Contrato*, pp. 25.

[43]   Tiffany Howard, Failed States and the Origins of Violence: A Comparative Analysis of State Failure as a root cause of terrorism and political violence, New York, Routledge, (2016) [2014], pp. 15.

[44]   Rousseau, *El Contrato*, pp. 87-88.

ninguna invasión extranjera podría doblegar su fuerza- fallaron, convirtiéndose en puntos geográficos cualquiera, ¿por qué otro Estado no lo haría? No se puede esperar que el Estado dure siempre, al igual que naciones pasadas que solo quedaron como historia.[45]

Siendo que el Estado no es eterno ni perfecto entonces el panorama es distinto; se debe procurar que este dure lo más posible y que sea lo más útil y robusto para su funcionamiento. Al igual que el hombre está destinado a morir, puede que más o menos tiempo, dependiendo de sus actitudes y aptitudes; el Estado desde que nace tiene en él las causas de su muerte. En este caso, la sociedad que lo ha creado será la causa de su muerte ya que, cuando la misma pierde el bien común o este se encuentra deteriorado, este va a sucumbir y gracias a esto, la falla se hace posible, siendo fortuita o estructural.[46] Es importante que la sociedad, verdugo de su propia creación, procure hacer que este evento suceda en un largo plazo y no en tiempo temprano.

Rousseau dejó muy claro cómo se diferencia el Gobierno y el Estado, siendo el primero la mente que da acción y movimiento a las partes, no la que causa la muerte de cuerpo político. Esta es una señal importante y a la que se debe poner mucha atención. Es increíble cómo pudiendo tener un Gobierno "imbécil", aún pueda el ente moral mantenerse con vida.[47] Sin embargo, pasa lo contrario cuando el cuerpo legislativo, donde el Estado busca la consecución del bien común, no logra seguir haciéndolo. Puede que la sociedad no hizo énfasis en su cuidado o el mismo no cuidó su desenvolvimiento. Por tal motivo, he aquí una manera que el cuerpo político no cumple su propósito y si no lo hace, su existencia eventual es inútil, este falla y "el animal muere".

El Poder Legislativo es el corazón y es responsabilidad del mismo que el animal viva, aun pudiendo la sociedad acabar por sí misma con su propia vida; porque era la expresión viva de la representación popular. En esta descansaba la legitimidad. Allí realmente reposaba el poder político.

Cuando los elementos y sentimientos de las leyes viejas adquieren más valor, los compromisos de la sociedad mantienen la razón e impulso de las voluntades que dieron vida al Estado; se establecen en el tiempo y son confirmadas por los nuevos habitantes del mismo para que el bien común se mantenga o crezca en las generaciones.[48] Hacen vista de un ente moral que ha sido bien constituido, pero si fuesen reformadas y se mantiene el espíritu de este fin, es el caso de que sería un Estado que perdurará mayor tiempo. Suerte que no seguirá, el cuerpo político donde se han dejado las leyes antiguas se olvide, se pierdan y no sean revocadas, pero, tampoco sean cumplidas, la voluntad y el sentimiento se ha desvanecido y lo próximo al deterioro del bien común es la muerte.

Para Cassier, el Estado es imperfecto y su vida no es eterna.[49] Este ente es creado a través del contrato social por medio de una población que se encuentra en un territorio determinado y que tiene un poder; mas el espíritu y la causa del contrato es y será siempre el bien común. Por lo tanto, de este depende para que los elementos puedan seguir unidos. Si estos no se mantienen así, la sociedad ya no tiene voluntad, no tiene espíritu y su alma muere.

---

[45]   Rousseau, *El Contrato*, pp. 87.

[46]   Rousseau, *El Contrato*, pp. 87.

[47]   Rousseau, *El Contrato*, pp. 88.

[48]   Rousseau, *El Contrato*, pp. 88.

[49]   Ernst Cassier, *El mito del Estado*, Ciudad de México, Fondo de cultura económica México, (1974) [1946], pp. 351.

El Estado fallido es un hecho jurídico y no un acto jurídico. Este no depende de un conjunto de pasos ni fórmulas jurídicas y administrativas, lo hace únicamente de una situación a la cual causará efectos jurídicos indiscutiblemente. Bien, ahora que sabemos a qué lleva la falla al Estado, es preciso entender cómo.

La falla no depende de la suerte que tenga el cuerpo político en los cumplimientos de las banalidades humanas. Un Estado falla cuando se deteriora la fibra que mantiene unidos sus elementos, es decir, cuando el ente moral comienza a fallar, que se verá reflejado en varias facetas de la vida del país. ¿En qué sentido? Corrupción, delincuencia, pobreza, burocracia, explotación, latifundio, racismo, conflictos de clases, guerrilla, guerra, confrontaciones partidistas, entre otros.

Cuando el bien común se encuentra deteriorado, todas estas situaciones irregulares en la vida del país se van a encontrar en mayor o en menor grado, entendiendo que el Estado es un ente imperfecto, todos los Estados fallan y permanecen fallando. Para que este sea perfecto nada de esto debería pasar, pero como no hay país en el mundo donde por lo menos no pase ni una sola vez, entonces indiscutiblemente cualquier Estado en el mundo está fallando. En el libro IV de El contrato social, en el capítulo primero, Rousseau habla del bien común cuando está en sentido perfecto.[50] Nos dice cómo debería ser un Estado donde el cuerpo soberano está perfectamente acoplado. No obstante, al no cumplirse lo que Rousseau ha descrito es lógico entender ahora lo que la falla representa y el porqué de su aparición y mantenimiento en todos los Estados del planeta.

Al contrario, los seres humanos personifican y les dan esencia a los entes morales atribuyéndole características humanas. Igualmente, el resultado es el mismo: los seres imperfectos crean cosas imperfectas. No hay ningún hombre que se escape de la muerte y tampoco un Estado, pero entonces decir que este no tiene opción y es indiscutible que caiga es la aceptación de nuestra incapacidad de crear entes perfectos. El Estado siempre y cuando exista será destruido y reducido a nada cuantas veces el hombre decida hacerlo al igual como lo ha hecho en el pasado.

Conociendo a cabalidad cómo falla el Estado por el deterioro del bien común es necesario entonces dar definición de qué es la falla en el Estado. Lo previamente mencionado es un hecho jurídico, generado en el funcionamiento del Estado, que causa una situación irregular ocasionada por el deterioro progresivo de las relaciones interpersonales y colectivas dentro del Estado. Dando así a una pérdida parcial o completa del bien común. Se han llegado a clasificar de la siguiente manera:

"Para Jean Marie Grose existen cinco tipos de Estados fallidos:

1. Anarchicstates; donde no hay poder político centralizado.

2. Phantomstates; sólo hay una autoridad limitada de Estado.

3. Anemicstates; Estados con escasos recursos que se encuentran en guerra contra grupos secesionistas.

4. Capturedstates; Estados que están manejados por grupos étnicos.

---

50 Rousseau, El Contrato, pp. 103.

5.   Abortedstates; no hay poder único que posea el monopolio de la fuerza (Álvarez, 2007, p. 3)."[51]

Al saber entonces qué es la falla del Estado y lo que realmente falla, se debe determinar qué es el Estado fallido. Este es un hecho jurídico, una situación que tiene consecuencias jurídicas propias y diferentes a la de las fallas.

El efecto que genera es la muerte del cuerpo político; no hay manera de solucionar el problema sin cambiar al Estado y sus principios, que sea necesario la utilización del poder soberano para eliminar al Estado y crear uno nuevo, que él no tenga más el mismo territorio y nombre.

Por lo tanto, las consecuencias son varias, pero se sintetizan en una. Nunca va a ser el mismo ente moral que era, ya sea porque sus principios e instituciones cambiaron radicalmente, porque el territorio ya no sea el mismo, por separación o independencia, anexión, destrucción e inhabitabilidad, exterminio o erradicación poblacional. En fin, la separación y falta de los elementos del Estado.

No se puede decir que el Estado está fallido por estas razones. Al contrario, estas son las consecuencias y el Estado fallido, la razón. No sería válido concluir que el Estado falla por la destrucción de los elementos del Estado sino por el deterioro de la fibra que los mantiene unidos. El Estado fallido es un cuerpo o ente moral en el cual se ha perdido el bien común; las causas y razones por las cuales el Estado fue creado, fueron desvanecidas.

Ahora bien, el Estado fallido es un hecho jurídico donde el Estado no puede conseguir la consecución del bien común ya que en el mismo se ha generado una falla parcial o total que causa que se haga insostenible la unión de sus elementos, generando como consecuencia la muerte del cuerpo político. Solo hace falta revisar uno de los trabajos más recientes del profesor Mejía Betancourt:

"La doctrina jurídica comparada viene señalando que se considera a un Estado como "fallido", cuando desaparecen los elementos fundamentales del pacto social y el Estado de derecho deja de existir, transformándose en otra estructura política muy diferente, "que, conservando su nombre y apariencia, ya no está en condiciones de ser un Estado", como resultado precisamente del colapso constitucional de la organización política. Son "fallidos" aquellos Estados, "en los que sus instituciones, sus Gobiernos, en suma, se muestran incapaces de garantizar las condiciones mínimas de seguridad y supervivencia a una parte importante de sus poblaciones" 19, como ocurre, por ejemplo, cuando una parte significativa de la sociedad debe buscar el exilio. Los elementos que caracterizan a un Estado "fallido" como el venezolano, según la doctrina internacional, radican en una situación en la "que se produzca: a) una pérdida de control físico del territorio o del monopolio en el uso legítimo de la fuerza; b) una erosión de la autoridad legítima a la hora de adoptar las decisiones precisas; c) una incapacidad de suministrar servicios mínimos a la población, o de paliar graves situaciones de necesidad; y d) la incapacidad de mantener relaciones diplomáticas con otros Estados de la comunidad internacional"[52].

Sin embargo, no se debe decir que en un Estado donde existe funcionamiento se haya cumplido dicho hecho. Para poder decirlo, el Estado al cual se le quiera vincular con este concepto no debe tener opción alguna y solo la intervención del Soberano pueda dar solución al problema ya que solo así se podrá refundar la voluntad de los individuos. En el caso de

---

[51]   John Sebastián Zapata Callejas, "La teoría del estado fallido", *Revista de Relaciones Internacionales, Estrategia y Seguridad*, Vol. 9, N° 1, (2014), pp. 90.

[52]   José Amando Mejías Betancourt, "El Estado Fallido en Venezuela", *Revista Tachirense de Derecho* N° 30, (2019), pp. 250-251.

conquista o anexión, el Soberano ha entregado ya sea por su falta de fuerza de defensa o por decisión sus elementos, extinguiéndose así la voluntad de ser un Estado y pasar a formar parte de otro.

B. *Las críticas y la profundización del problema conceptual del Estado fallido*

No es de extrañarse que un concepto que tiene su génesis en la academia y en específico en las ciencias políticas, no haya sido objeto de la crítica general, sobre todo para nuestra ciencia. Es por ello, que debemos identificar dos grandes escuelas de los Estado fallido, la profesora Patricia Moncada, estableció que existen: La escuela conservadora de los Estados Fallidos que, entre otras cosas, parte como concepto de tesis ideal el Estado liberal contemporáneo y que la falla se produce por la acción humana. La segunda escuela, es la escuela crítica de los Estados fallidos, que cuestiona si el Estado liberal contemporáneo es el único modelo válido de organización social y si los Estados fallan estrictamente por el accionar humano. [53]

Aunado al gran debate que existe entre estas escuelas, presenta el profesor John Sebastián Zapata Callejas, las duras críticas a la instrumentalización que tiene el concepto por la política internacional de los Estados Unidos de Norteamérica, sacando el concepto de las aulas de clase al accionar político. Lo que lleva a pensar si el mismo, puede correr el peligro que corrió en su momento el término terrorismo. [54] Por otro lado, la polémica entre las soluciones que tienen, normalmente, como la adecuada la intervención internacional[55] y los límites de las soberanías. Esto se suma al debate tradicional que existe con la soberanía, la autodeterminación y los órganos supranacional e internacionales.

Si ya existía una dificultad considerable para teorizar y conceptualizar el Estado fallido, en un mundo con ideas estables y si se quiere claras, pasamos a un período de transformación, producto de una gran aceleración que tiene el Covid-19. La pandemia, ha hecho que la humanidad cuestione los modelos con los cuales existía una normalidad y esta nos desafía a construir nuevas soluciones que pasan por el replanteamiento de conceptos estables e ideas que hacían funcionar al mundo, pero se encuentran hoy cuestionadas o agotadas. [56]

Sumado a la preocupación que generan las consecuencias inmediatas producto de esta pandemia en la capacidad de respuesta de los Estados fallidos,[57] en particular casos como el venezolano. No deben desviar nuestra atención sobre los problemas inmediatos sobre esta transformación de nuestros conceptos y mucho menos como la antítesis se puede ir pareciendo a la tesis que se transforma, obligando entonces a que esta también entre en un proceso de cuestionamiento y hasta transformación.

C. *Venezuela como un ejemplo de Estado fallido*

Desde la toma del nuevo período de la Asamblea Nacional en enero del año 2016, hemos visto de forma recurrente una serie de sentencias, más de sesenta, donde de manera

---

[53]   Rotberg Robert, Chistopher Clapham, Jeffrey Herbst. "Los Estados Fallidos o Fracasados: Un debate inconcluso y sospechoso." Estudio preliminar, Patricia Moncada. Siglo del Hombre editores. Bogotá, D.C. 2007.

[54]   Zapata, *La teoría del estado fallido*, pp. 103-104.

[55]   Zapata, *La teoría del estado fallido*, pp. 101-102.

[56]   Jaime Pastor, "La crisis global, el nuevo papel del Estado y los posibles escenarios pos-Covid-19", *Revistes Científiques de la Universitat de Barcelona*, N° 8, (2020), pp. 1-23.

[57]   Sadio Garavini di Turno, "Coronavirus en Estado fracasado", El imparcial, 20 de marzo de 2020. Disponible en https://www.elimparcial.es/noticia/211241/coronavirus-en-estado-fracasado.html

sistemática se ha desconocido la voluntad del pueblo venezolano[58], puesto que existe una mala interpretación de la voluntad general y la no aplicación del mandato popular que obliga al Estado venezolano a permitir el ejercicio de la función parlamentaria y justo uso para el control de la administración pública.

La ruptura del hilo constitucional sucedida entre los días 27 al 30 de marzo del año 2017[59] y, que al sol de hoy se mantiene, corrobora la teoría de que Venezuela se encuentra en un momento delicado. La polarización política y, la pérdida de imparcialidad y separación de los Poderes Públicos[60] han ocasionado una falla grave que podía en cualquier momento des-encadenar en un Estado fallido; la aplicación del paradigma de Estado constitucional ha sido desastrosa.

Es de saber que el Poder Constituyente no se puede regular; al ser ilimitado y exclusivo del pueblo, solo este es capaz de decidir la intervención y ejercicio del mismo, es decir, que las iniciativas deben ser consultadas a los ciudadanos.[61] Esto fue lo que se hizo en el año 1999 específicamente el 2 de febrero cuando el entonces presidente de la República, Hugo Chávez, realizó por vía de decreto[62] una solicitud al Consejo Nacional Electoral para que se realizara un Referéndum Consultivo, preguntándole al pueblo si el mismo convocaba a una Asamblea Nacional Constituyente.

Esto hace que la forma en que la convocatoria se da, la debe hacer el pueblo y este dele-ga -si así lo decidiere- al presidente, puesto que lo puede hacer incluso en otro órgano del Poder Público, como por ejemplo la Asamblea Nacional, para que determine cómo serán los comicios. Hemos visto que se convoca a la Asamblea Nacional Constituyente sin preguntar al pueblo y realiza el planteamiento de los comicios sin ser autorizado por los ciudadanos.

Nicolás Maduro en un solo decreto[63] dio muerte al Estado venezolano. En una sola frase es usurpada la autoridad del pueblo venezolano: "Invoco al Poder Constituyente originario, para que con su profundo espíritu patriótico"; el único que puede convocar al poder originario es el pueblo y el presidente se tomó la autoridad y depositándose en sí mismo dicho poder sin consulta alguna al pueblo. Vemos que el Estado ha sobrepasado al Soberano y se está en presencia de un Estado ilusorio por no cumplir los objetivos existen-ciales y declarar su propia muerte.[64] El Estado, apenas fundado en 1999, es víctima de un Estado fallido mixto de falla total.

---

[58] Ramón Guillermo Aveledo, "La carrera de obstáculos (Sobre los problemas, inconvenientes y tropiezos del trabajo parlamentario)", XLII Jornadas "J.M. Domínguez Escovar" *La Democracia frente al fraude constitucional*, Editorial Horizonte, C.A. Barquisimeto, 2017, pp. 28-34.

[59] Redacción BBC mundo, "Fiscal general de Venezuela, Luisa Ortega Díaz, dice que sentencias del Tribunal Supremo sobre la Asamblea Nacional violan el orden constitucional", BBC, 31 de marzo de 2017. Disponible en: https://www.bbc.com/mundo/noticias-america-latina-39459905

[60] Cecilia Sosa Gómez, "La subordinación judicial", XLIII Jornadas "J.M. Domínguez Escovar" *La ausencia de juridicidad en el sistema legal venezolano*, Editorial Horizonte, C.A. Barquisimeto, 2018, pp. 91-92.

[61] Pier Paolo Pasceri, "La interpretación judicial en la convocatoria constitucional de 2017 y los límites de esta asamblea constituyente", XLIII Jornadas "J.M. Domínguez Escovar" *La ausencia de juridicidad en el sistema legal venezolano*, Editorial Horizonte, C.A. Barquisimeto, 2018, pp. 65-72.

[62] Decreto N° 03 del 02 de febrero de 1999, Gaceta Oficial N° 36.634 del 02 de febrero del año 1999.

[63] Decreto N° 2830 del primero de mayo del año 2017, Gaceta Oficial Extraordinaria N° 6.295 de fecha 3 de mayo del año 2017.

[64] Mejías, *El Estado Fallido*, pp. 257.

La Cátedra de Derecho Constitucional de la Facultad de Ciencias Jurídicas y Políticas de la Universidad Central de Venezuela, realizó un pronunciamiento en discusiones realizadas en fecha 20 y 26 de diciembre del año 2018, estableciendo que Venezuela es un Estado Fallido.[65] Este pronunciamiento de grandes personalidades y autoridades académicas en el país confirman la gravedad del caso de Venezuela y que se ha configurado el concepto de Estado fallido a plenitud por este, pues tal y como establece Rousseau en el capítulo I del libro IV de El contrato social:

"Finalmente, cuando el Estado, próximo a su ruina, no subsiste sino por una formula ilusoria y vana; cuando el vínculo social se ha roto en todos los corazones; cuando el más vil interés se ampara descaradamente bajo el nombre sagrado del bien público, entonces la voluntad general enmudece y todos guiados por motivos secretos, dejan de opinar como ciudadanos, como si el Estado no hubiese existido jamás, y se hacen pasar falsamente por leyes, decretos inicuos, que no tienen más finalidad que el interés particular".[66]

En Venezuela, hasta el día de hoy, existe una apariencia de Estado -porque ha muerto- y el poder solo es impulsado por la voluntad particular de un pequeño grupo que conduce al país sin legitimidad política, siendo clara la muerte del cuerpo político.[67]

2.   *La desnaturalización del control difuso constitucional como iniciativa legislativa en la sentencia RC-397*

Entendiendo la apariencia que existe en Venezuela, hasta el día de hoy, el Estado Fallido venezolano busca fórmulas para conseguir y dar una sensación de legitimidad y coherencia a su propia narrativa. Al no poder conseguir la Asamblea Nacional en las elecciones del año 2015, ha venido reduciendo las competencias de la Sala, como hemos abordado en otros estudios, y al mismo tiempo, crea una Asamblea Nacional Constituyente, que termina por despilfarrar el capital de legitimidad que tenían las instituciones del Estado para que realizara el trabajo de actualización normativa que es muy necesario en una crisis, en particular, una tan compleja como la de Venezuela.

Esta fórmula, Asamblea Nacional Constituyente como nuevo legislador, duró muy poco y la mayoría de sus normas no han tenido eficacia fáctica ni por la población ni por algunas instituciones. Ante esta situación, se le trasladó la responsabilidad a la Sala Constitucional, que, en medio de la crisis, ha asumido las competencias y la tarea de reducir a la Asamblea Nacional. Por eso, citando nuestro trabajo sobre "La jurisdicción constitucional y contencioso administrativa como mecanismo de control político en el marco de un presunto Estado Fallido", se concluyó que:

"En total, 59 sentencias de la Sala Constitucional y 4 sentencias de la Sala Electoral han anulado al Parlamento para poder garantizar el mantenimiento del grupo político dominante y evitar el restablecimiento del Estado como se puede observar en el cuadro 2". (p. 53)[68]

---

[65]   Tulio Álvarez et al. 10 de enero: El despotismo apunta a la disolución de la República. Caracas, Cátedra de Derecho Constitucional de la facultad de las Ciencias Jurídicas y políticas de la Universidad Central de Venezuela. (2018). Disponible en: https://efectococuyo.com/politica/constitucionalistas-advierten-sobre-la-disolucion-de-la-republica-despues-del-10-de-enero/, pp. 03.

[66]   Rousseau, *El Contrato*, pp. 104.

[67]   Mejías, *El Estado Fallido*, pp. 252.

[67]   Aveledo, *La carrera*, pp. 28-34.

[68]   En este estudio se inventariaron en el cuadro 2, aquellas sentencias de la jurisdicción que tenían por objeto el control político a la Asamblea Nacional con mayoría opositora mediante la figura del desacato y fraude electoral. Este estudio fue presentado en el año 2019.

Está en manos de la Sala Constitucional mediante el uso del precedente judicial vinculante, la actualización de normas, por los efectos que hemos planteado, no solo es usado para la mutación constitucional sino para la creación y modificación de normas. Sin embargo, correspondía siempre a una iniciativa de la propia Sala, actuando de oficio el ejercicio de esta función. Sin embargo, al revisar las sentencias RC-510 del 28 de julio del 2017 y RC-397 del 14 de agosto del año 2019, ambas de la Sala de Casación Civil, se puede leer entre líneas, no solo el ánimo de la Sala de cambiar el Código De Procedimiento Civil sino la exteriorización de esas intenciones como en una especie de iniciativa legislativa del Poder Judicial que termina por ejecutar la Sala Constitucional como lo vimos en la sentencia 362 del 11 de mayo del año 2018, mediante la doctrina jurisprudencial vinculante y así asumir una función propia de la Asamblea Nacional.

CONCLUSIONES

El estudio de los Estados Fallidos es una necesidad vigente y que requiere un mayor esfuerzo por parte de los investigadores. Este fenómeno ha terminado de trastocar los funcionamientos conocidos y racionales, por lo que no se ve exceptuado en tal caso el Poder Judicial. El caso venezolano es uno de los más importantes de la historia reciente y que amerita mayor atención del foro venezolano ya que cada sentencia puede representar, no solo una simple desviación o error jurídico, sino estar configurándose en el vaciado de contenido de la institución para generar un nuevo sistema de dominio y ejercicio bajo una legitimidad inexistente que termina de ser, una apariencia.

El comportamiento de la Sala de Casación Civil nos permite leer un patrón de conducta que se verá resuelto, en la misma medida que la propia Sala Constitucional decida emplear el control concentrado constitucional y poner límites para frenar esta desnaturalización. El procedimiento civil requiere un refrescamiento y actualización conforme no solo a la Constitución sino a las nuevas tendencias procesales a nivel mundial, pero esto es competencia del órgano legislativo nacional.

Permitir como solución que sea la iniciativa de la Sala de Casación Civil y sea la Sala Constitucional los que se apropien de la actividad legislativas, nos aproxima a lo que concluyó el profesor Urbina: "Hacerlo es incurrir en uno de los mayores temores del Constitucionalismo, tanto el histórico-moderno como el contemporáneo: que nos terminen gobernando los jueces, el peor gobierno de todos los imaginados."[69]

BIBLIOGRAFÍAS

Brewer-Carías, Allan R. "Sobre la justicia constitucional y la justicia contencioso administrativo. A 35 años del inicio de la configuración de los proceso y procedimientos constitucionales y contencioso administrativo (1976-2011)", en Allan Brewer-Carías y Víctor Rafael Hernández Mendible (comps.), *El contencioso administrativo y los procesos constitucionales*. Editorial Jurídica Venezolana, Caracas, 2011, pp. 19-74.

Carrillo Gómez, Amado José. *El Estado Fallido*, Barquisimeto, (2017). Disponible en: http://bit.ly/estadofallido.

---

[69] Emilio José Urbina Mendoza, Las funciones de gobierno ejercidas por la jurisdicción constitucional. ¿es aceptable una modificación de la teoría de separación de poderes por un tribunal constitucional? El caso de la sala constitucional del tribunal supremo de justicia de Venezuela 2016-2018, Estudios de Deusto, Vol. 62/2, (2018), pp. 461-497.

_____, "La jurisdicción constitucional y contencioso administrativa como mecanismo de control político en el marco de un presunto Estado Fallido". Trabajo especial de grado para optar al grado de especialista en derecho administrativo. Universidad Fermín Toro Cabudare, 2019.

Sosa Gómez, Cecilia. "La subordinación judicial", XLIII Jornadas "J.M. Domínguez Escovar" *La ausencia de juridicidad en el sistema legal venezolano*, Editorial Horizonte, C.A. Barquisimeto, 2018.

Urbina Mendoza, Emilio José. "Las funciones de gobierno ejercidas por la jurisdicción constitucional. ¿es aceptable una modificación de la teoría de separación de poderes por un tribunal constitucional?" *El caso de la sala constitucional del tribunal supremo de justicia de Venezuela 2016-2018*, Estudios de Deusto, Vol. 62/2, (2018), pp. 461-497.

Cassier, Ernst. *El mito del Estado*, Fondo de cultura económica México, Ciudad de México, (1974) [1946].

Rollnert Liern, Göran. "La Mutación Constitucional, Entre la Interpretación y la Jurisdicción Constitucional". *Revista Española de Derecho Constitucional*. No. 101, (2014), pp. 125-155.

Horn, Hans-Rudolf. "Activismo judicial versus gobierno democrático", *Anuario Iberoamericano de justicia constitucional,* N° 14, (2010), pp. 183-191.

Pastor, Jaime. "La crisis global, el nuevo papel del Estado y los posibles escenarios pos-Covid-19", *Revistes Científiques de la Universitat de Barcelona*, N° 8, (2020), pp. 1-23.

Rousseau, Jean Jacques. *El Contrato Social*, Barcelona, Altaya, (1993) [1762].

Casal, Jesús María. *Constitución y Justicia Constitucional. Los fundamentos de justicia constitucional en la nueva carta Magna.* Editorial Universidad Católica Andrés Bello, Caracas, 2001.

Zapata Callejas, John Sebastián. "La teoría del estado fallido", *Revista de Relaciones Internacionales, Estrategia y Seguridad*, Vol. 9, N° 1, (2014), pp. 87-110.

Mejías Betancourt, José Amando. "El Estado Fallido en Venezuela", *Revista Tachirense de Derecho* N° 30, (2019), pp. 245-272.

Pasceri, Pier Paolo. "La inseguridad Jurídica y el precedente judicial vinculante en Venezuela", XLII Jornadas "J.M. Domínguez Escovar" *La Democracia frente al fraude constitucional*, Editorial Horizonte, C.A. Barquisimeto, 2017.

_____, "La interpretación judicial en la convocatoria constitucional de 2017 y los límites de esta asamblea constituyente", XLIII Jornadas "J.M. Domínguez Escovar" *La ausencia de juridicidad en el sistema legal venezolano*, Editorial Horizonte, C.A. Barquisimeto, 2018.

Aveledo, Ramón Guillermo. La carrera de obstáculos (Sobre los problemas, inconvenientes y tropiezos del trabajo parlamentario), XLII Jornadas "J.M. Domínguez Escovar" La Democracia frente al fraude constitucional, Barquisimeto, Editorial Horizonte, C.A. (2017).

Ghazzaoui, Ramsis. "Sobre la discrecionalidad judicial y la justicia constitucional en el Estado constitucional democrático", XLII Jornadas "J.M. Domínguez Escovar" *La Democracia frente al fraude constitucional,* Editorial Horizonte, C.A. Barquisimeto, 2017.

Fayanca Bugueño, Rodrigo Andrés. "Los derechos sociales y la libertad: un análisis problemático", *Derecho Público Iberoamericano*, N° 9, (2016), pp. 41-79.

Duque Corredor, Román. "Inconstitucionalidad por ilegitimidad de origen y del ejercicio del poder constituyente por la Asamblea Nacional Constituyente creada por Nicolás Maduro", XLIII Jornadas "J.M. Domínguez Escovar" *La ausencia de juridicidad en el sistema legal venezolano,* Editorial Horizonte, C.A. Barquisimeto, 2018.

Rotberg Robert, Chistopher Clapham, Jeffrey Herbst, (2007). "Los Estados Fallidos o Fracasados: Un debate inconcluso y sospechoso". Estudio preliminar, Patricia Moncada. Bogotá,D.C.: Siglo del Hombre editores.

Howard, Tiffany. Failed States and the Origins of Violence: A Comparative Analysis of State Failure as a root cause of terrorism and political violence, New York, Routledge, (2016) [2014].

Álvarez, Tulio, et al. 10 de enero: El despotismo apunta a la disolución de la República. Caracas, Cátedra de Derecho Constitucional de la facultad de las Ciencias Jurídicas y políticas de la Universidad Central de Venezuela. (2018) Disponible en: https://efectococuyo.com/politica/constitucionalistas-advierten-sobre-la-disolucion-de-la-republica-despues-del-10-de-enero/.

Hassemer, Winfried, et ál, *La Jurisdicción Constitucional, Democracia y Estado de Derecho,* Universidad Católica Andrés Bello, Universidad Católica del Táchira, Universidad Católica Cecilio Acosta y Konrad Adenauer – Stiftung, Caracas, 2005.

Jurisprudencia Internacional

UN ALARMANTE CAMBIO EN LA DOCTRINA DE LA CORTE INTERAMERICANA DE DERECHOS HUMANOS: EL CASO BREWER CARÍAS VS. VENEZUELA (2014)[*][1]

Antonio-Filiu Franco
Profesor de Derecho Constitucional
Universidad de Oviedo

Resumen: *Este estudio analiza críticamente la sentencia de la Corte Interameri-cana de Derechos Humanos de 2014 dictada en el caso Allan Brewer-carías vs. Venezuela, mediante la cual se declaró inadmisible la petición denegándose la justicia solicitada.*

Palabras Clave: *Derechos humanos; Corte Interamericana de Derechos Humanos.*

Abstract: *This article critically analyzes the 2014 judgment of the Inter-American Court of Human Rights in the case Allan Brewer Carías v. Venezuela, by which the petition was declared inadmissible, denying the requested justice.*

Key words: *Human Rights; Inter-American Court of Human Rights.*

I. INTRODUCCIÓN

Uno de los propósitos de la Conferencia Especializada Interamericana sobre Derechos Humanos celebrada en noviembre de 1969 en San José, Costa Rica, fue diseñar la estructura, competencia y procedimiento de los órganos que configuran el denominado Sistema Inter-americano de Protección de los Derechos Humanos, garante supranacional de dicha materia en el ámbito regional articulado por los Estados signatarios de la Convención Americana sobre Derechos Humanos, de 22 de noviembre de 1969, también denominada "Pacto de San José de Costa Rica" (en adelante, CADH), y que entró en vigor el 18 de julio de 1978. Así, en virtud de lo dispuesto en el Artículo 33.b) de la referida Convención, la Corte Interamericana de Derechos Humanos (en adelante, Corte IDH), se erigió en uno de los dos pilares orgánicos del antes mencionado Sistema regional de garantías de los Derechos Humanos en Latinoamérica (el otro pilar orgánico del Sistema Interamericano de Protección de los Derechos Humanos en Latinoamérica es la Comisión Interamericana de Derechos Humanos (CIDH), conforme lo dispuesto en el Art. 33.a) de la citada CADH).

[*]   Publicado en *Cuadernos Manuel Giménez Abad*, N° 8 - Diciembre 2014, Fundación Manuel Giménez Abad de Estudios parlamentarios y del Estado Autonómico, Madrid, pp. 85-91

[1]   La redacción del presente texto se ha beneficiado de la ayuda económica de movilidad de excelencia concedida al autor para realizar una estancia de investigación de tres meses (de julio a septiembre de 2014), en el Instituto de Investigaciones Jurídicas de la Universidad Nacional Autónoma de México. Agradezco al Campus de Excelencia Internacional de la Universidad de Oviedo la concesión de la referida ayuda.

No cabe duda de que desde el inicio de su andadura la praxis jurisdiccional de la Corte IDH ha coadyuvado a reforzar en el continente americano el régimen de libertad personal y de justicia social fundado en el respeto de los derechos esenciales de los seres humanos que proclama la CADH. Sin embargo, como toda obra humana el ejercicio de la función jurisdiccional de la Corte IDH es susceptible de proyectar luces y sombras, cuestiones sobre las que algunos autores se han ocupado de manera especial (como botones de muestra véanse, Burgorgue-Larsen y Úbeda De Torres, The Inter-American Court of Human Rights: Case Law and Commentary, 2011; y Aguiar, Digesto de la Democracia. Jurisprudencia de la Corte Interamericana de Derechos Humanos, 1987-2014, 2014). Justamente por el inapreciable valor de la función garantista que el Pacto de San José le asigna a la Corte IDH (Art. 63 CADH), consideramos oportuno destacar en estas páginas lo que a nuestro juicio constituye un alarmante cambio en la jurisprudencia de dicho órgano jurisdiccional respecto de la tutela de ciertos derechos y libertades reconocidos en la CADH, y que se ha puesto de manifiesto en la Sentencia de la Corte IDH de 26 de mayo de 2014 (Excepciones preliminares), recaída en el Caso Brewer Carías Vs. Venezuela (por su interés para entender mejor los pormenores de este ilustrativo caso véase especialmente Brewer-Carías, El caso A llan R. Brewer- Carías vs. Venezuela ante la Corte Interamericana de Derechos Humanos. Estudio del caso y análisis crítico de la errada Sentencia de la Corte Interamericana de Derechos Humanos N° 277 de 26 de mayo de 2014, 2014).

Veámoslo.

## II.	ANTECEDENTES Y CONTEXTO DE LA RESOLUCIÓN

El caso sometido a la Corte IDH trae causa del proceso penal incoado por el Estado venezolano contra el profesor y abogado constitucionalista Dr. Allan R. Brewer Carías, por la presunta comisión del delito de conspiración para cambiar violentamente la Constitución en el marco de los hechos acaecidos entre los días 11 y 13 de abril de 2002, que produjeron la interrupción fáctica del orden constitucional de la República Bolivariana de Venezuela. En particular, al profesor Brewer Carías se le imputa su supuesta vinculación con la redacción del denominado "Decreto Carmona", que ordenaba la "reorganización" de los poderes públicos y el establecimiento de un "gobierno de transición democrática y unidad nacional" en Venezuela, nexo que el Dr. Brewer siempre ha negado de manera rotunda. Así, a raíz de que diversos medios de comunicación vinculasen al señor Brewer Carías con la redacción del referido decreto, fue incluido en la relación de personas que debían ser investigadas por su presunta participación en el fallido golpe de Estado. Era el inicio del calvario político y procedimental que inexorablemente lo empujaría al exilio en septiembre de 2005 al sentirse objeto de una contrastable persecución política por el Ministerio Público, y considerar vulnerados, entre otros, su derecho a la presunción de inocencia, y a ser oído con las debidas garantías por un juez o tribunal competente, independiente e imparcial (*Cfr. Ibid.*, párr. 36-75). En el texto resolutivo que nos ocupa la Corte IDH deja constancia de diversos escritos presentados por la defensa del señor Brewer Carías respecto de las garantías que consideraba vulneradas en el marco del proceso penal seguido en su contra, así como sendas solicitudes de nulidad de las actuaciones realizadas, fundamentadas en las alegadas violaciones sistemáticas de los derechos y garantías constitucionales que dejaban en extrema situación de vulnerabilidad al imputado (*Cfr. Ibid.*, párr. 90-94).

Así las cosas, después de analizar tres cuestiones clave para resolver la admisibilidad del caso, a saber: a) si la excepción de agotamiento de los recursos fue presentada en el momento procesal oportuno; b) si se interpusieron los recursos idóneos y efectivos para remediar la alegada violación de derechos; y, c) si procedían las excepciones al agotamiento previo de los recursos internos, la Corte IDH concluye, por cuatro votos a favor y dos en contra, declarando que en el caso en cuestión no fueron agotados los recursos internos, y de conformidad con ello decide acoger la excepción preliminar interpuesta por el Estado venezolano relativa a la falta de agotamiento de dichos re- cursos, descartando, en consecuencia, continuar con el análisis de fondo, disponiendo el archivo del expediente.

Llegados a este punto debe apuntarse una circunstancia que en modo alguno resulta baladí a nuestro juicio, toda vez que permitiría contextualizar el proceso decisorio de la Corte IDH en este caso: la denuncia de la CADH por el Estado venezolano en 2012.

En efecto, el 10 de septiembre de 2012 la República Bolivariana de Venezuela manifestó su decisión de denunciar el Pacto de San José, del que la entonces República de Venezuela había sido uno de los primeros firmantes en el marco de la Conferencia Especializada Interamericana sobre Derechos Humanos de San José de Costa Rica, celebrada en noviembre de 1969 como antes se ha apuntado. Especialmente ilustrativo resulta el texto de la comunicación a través de la que el Estado venezolano realiza la denuncia de la CADH, firmado por el entonces Ministro de Relaciones Exteriores, y actualmente Presidente de la República Bolivariana de Venezuela, Nicolás Maduro[2]. El texto en cuestión –un auténtico memorial de supuestos agravios hechos a Venezuela a raíz del mandato presidencial de Hugo Chávez– acusa tanto a la CIDH como a la Corte IDH de haberse convertido en:

> (…) un arma política arrojadiza destinada a minar la estabilidad de determinados gobiernos, y especialmente al de nuestro país, adoptando una línea de acción injerencista en los asuntos internos de nuestro gobierno, vulnerando y desconociendo principios básicos y esenciales ampliamente consagrados en el derecho internacional, como lo son el principio del respeto a la soberanía de los Estados y el principio de autodeterminación de los pueblos, llegando incluso a desconocer el propio contenido y disposiciones de la Comisión Interamericana sobre Derechos Humanos, (…), como lo es el necesario agotamiento de los recursos internos del Estado parte de la Convención, lo cual supone un desconocimiento al orden institucional y jurídico interno de cada uno de los Estados que forman parte de dicho Tratado Internacional, y por ende también, otro irrespeto a la soberanía de los mismos; (…).-*Cfr. Ibid.*, p. 2-

A lo que añade la no menos grave acusación de que los referidos órganos garantes de los Derechos Humanos en el ámbito latinoamericano han ofrecido cobertura para emplazar y difamar a Venezuela "por razones de carácter político, a través de denuncias infundadas, carentes de sustrato probatorio, provenientes de sectores políticos vinculados a actos contrarios a las leyes y a la Constitución"; esto es, considera que las denuncias o quejas de violación de cualquiera de los derechos consagrados en la CADH presentadas a la CIDH contra el Estado venezolano después de 1999 son "casos claramente politizados y parcializados" que son atendidos con sospechosa celeridad a su juicio (*Cfr. Ibid.*, p. 4).

Como no podía ser de otra manera, dentro del inventario de agravios que se relaciona en el texto que ahora nos ocupa aparece el caso Brewer Carías vs. Venezuela, del que se expresa que fue admitido por la CIDH "sin que el denunciante hubiera agotado los recursos internos", violando así lo dispuesto en el artículo 46.1 de la CADH, a la vez que se instaba al Estado venezolano a que adoptase medidas que garantizaran la independencia judicial, "a pesar de que el juicio penal que se le sigue, por el delito de conspiración para cambiar violentamente la Constitución no ha podido celebrarse, toda vez que el imputado se encuentra prófugo de la justicia y la legislación procesal penal venezolana impide juzgarle en ausencia." Por dichas razones se califica el comportamiento de la Comisión de "irregular", y el Gobierno de la República Bolivariana de Venezuela se erige en juzgador de la actuación de la referida

---

[2]   (Texto consultado en: http://www.oas.org:8101/DIL/esp/Nota_Republica_Bolivariana_de_Venezuela_al_SG_OEA.PDF (último acceso el 03/11/2014))

CIDH, al considerar la misma "injustificablemente favorable a Brewer Carías", a la par que proclama su presunción de culpabilidad respecto del Dr. Brewer, de quien afirma rotundamente -a pesar de que anteriormente admite que aún no ha sido juzgado- que "participó en la autoría del texto del decreto de destitución de los poderes públicos, que fuera proclamado por las autoridades de facto que asaltaron el poder tras el golpe de Estado de 11 de abril de 2002 en Venezuela". Después de tan contundente afirmación queda claro el escaso valor que el Gobierno que avala esas palabras le otorga al derecho a la presunción de inocencia que reconoce el Artículo 8.2 CADH. Aun así, no deja de considerar en este caso que el "comportamiento irregular de la Comisión (…), produjo de hecho, desde la sola admisión de la causa, el apuntalamiento de la campaña de desprestigio contra la República Bolivariana de Venezuela, acusándole de persecución política." (*Cfr. Ibid.*, p. 6).

Estamos, pues, ante un inequívoco texto condenatorio no sólo de la actuación tutelar de la CIDH y de la Corte IDH, sino de lo que es peor, de personas que acudieron a estos órganos supranacionales en busca de amparo por considerar vulnerados algunos de los derechos reconocidos por la CADH, cual era el caso del profesor Brewer Carías.

En éste y otros casos calificados en el texto de "ejemplos vergonzosos", fundamenta el Estado venezolano su decisión soberana de denunciar el Pacto de San José.

III. EL SENTIDO DEL CAMBIO EN LA DOCTRINA JURISPRUDENCIAL DE LA CIDH EN EL CASO BREWER CARÍAS VS. VENEZUELA

Acaso mejor que la Sentencia de 26 de mayo de 2014 (Excepciones preliminares), recaída en el Caso Brewer Carías Vs. Venezuela, el documento más ilustrativo para estudiar el cambio en la doctrina jurisprudencial de la Corte IDH respecto de las materias y problemas que la misma pretendía resolver es el Voto conjunto disidente de los Jueces Manuel E. Ventura Robles y Eduardo Ferrer Mac-Gregor Poisot (Voto conjunto disidente de los Jueces Manuel E. Ventura Robles y Eduardo Ferrer Mac- Gregor Poisot; en adelante, Voto disidente. En Corte IDH, Caso *Brewer Carías vs. Venezuela*. Excepciones Preliminares, Sentencia de 26 de mayo de 2014. Serie C No. 278, loc. cit.). En efecto, en este relevante voto conjunto disidente se pone de relieve -con singular rigor y claridad- la trascendencia doctrinal del criterio mayoritario que prevaleció en la Corte en este caso.

Así, desde los primeros párrafos de su voto conjunto los Jueces Ventura Robles y Ferrer Mac-Gregor observan con preocupación "cómo por primera vez en su historia la Corte no entra a conocer el fondo del litigio por estimar procedente una excepción preliminar por falta de agotamiento de los recursos internos, relacionado en este caso con los artículos 8 y 25 de la Convención Americana sobre Derechos Humanos", amén de considerar que algunas de las cuestiones tratadas en la sentencia que nos ocupa, además de ser contrarias a la línea jurisprudencial de la Corte IDH, constituían "un peligroso precedente para el sistema interamericano de protección de los derechos humanos en su integralidad en detrimento del derecho de acceso a la justicia y la persona humana." (*Cfr. Ibid.*, párr. 2). Aunque son varias, y complejas, las cuestiones susceptibles de análisis respecto de este voto conjunto disidente, aquí nos centraremos –aun a riesgo de una excesiva simplificación– en la que, igual que hacen los Jueces Ventura Robles y Ferrer Mac-Gregor, consideramos "un peligro- so precedente" para la protección de los Derechos Humanos en Latinoamérica: la construcción de la teoría de la "etapa temprana" del proceso penal para acoger la excepción preliminar interpuesta por el Estado relativa a la falta de agotamiento de recursos internos, según se aprecia en el párrafo de la Sentencia que sigue:

(...) como se denota del recuento de las fases del procedimiento penal aplicable (supra párr. 95), el proceso en contra del señor Brewer Carías se encuentra todavía en la fase intermedia, por cuanto la audiencia preliminar no se ha llevado a cabo y no se ha dado, entonces, inicio al juicio oral, por lo que el Tribunal constata que el proceso penal se encuentra en una etapa temprana. Lo anterior conlleva que no es posible analizar el impacto negativo que una decisión pueda tener si ocurre en etapas tempranas, cuando estas decisiones pueden ser subsanadas o corregidas por medio de los recursos o acciones que se estipulen en el ordenamiento interno (Corte IDH, Caso *Brewer Carías vs. Venezuela*. Excepciones Preliminares, Sentencia de 26 de mayo de 2014. Serie C No. 278, párr. 96. La cursiva es nuestra).

La postura asumida por la Corte IDH respecto de este problema en este caso es novedosa en su jurisprudencia, y como queda apuntado "contradice la línea jurisprudencial del propio Tribunal Interamericano en sus más de veintiséis años de jurisdicción contenciosa" (Voto disidente, párr. 47), desde la primigenia Sentencia recaída en el Caso *Velásquez Rodríguez Vs. Honduras* (Corte IDH, Caso *Velásquez Rodríguez vs. Honduras*. Excepciones Preliminares, Sentencia de 26 de junio de 1987. Serie C No. 1), en la que se dejaba sentado que:

La regla del previo agotamiento de los recursos internos en la esfera del derecho internacional de los derechos humanos tiene ciertas implicaciones que están presentes en la Convención. En efecto, según ella, los Estados Partes se obligan a suministrar recursos judiciales efectivos a las víctimas de violación de los derechos humanos (art. 25), recursos que deben ser sustanciados de conformidad con las reglas del debido proceso legal (art. 8.1), todo ello dentro de la obligación general a cargo de los mismos Estados, de garantizar el libre y pleno ejercicio de los derechos reconocidos por la Convención a toda persona que se encuentre bajo su jurisdicción (art. 1). Por eso, cuando se invocan ciertas excepciones a la regla de no agotamiento de los recursos internos, como son la inefectividad de tales recursos o la inexistencia del debido proceso legal, no sólo se está alegando que el agraviado no está obligado a interponer tales recursos, sino que indirectamente se está imputando al Estado involucrado una nueva violación a las obligaciones contraídas por la Convención. En tales circunstancias la cuestión de los recursos internos se aproxima sensiblemente a la materia de fondo (Cfr. Ibid., párr. 91).

Así las cosas, compartimos el criterio de que la nueva teoría de la "etapa temprana" acuñada en la Sentencia que nos ocupa supone un significativo retroceso para el Sistema Interamericano de Protección de los Derechos Humanos en su conjunto, habida cuenta de que repercutirá negativamente en el ejercicio del derecho de acceso a la justicia de las presuntas víctimas que busquen amparo a la vulneración de sus derechos ante la CIDH, o que sus casos estén pendientes de resolución en la Corte IDH. O mejor, en palabras de los Jueces disidentes:

Aceptar que en las 'etapas tempranas' del procedimiento no puede determinarse alguna violación (porque eventualmente puedan ser remediadas en etapas posteriores) crea un precedente que implicaría graduar la gravedad de las violaciones atendiendo a la etapa del procedimiento en la que se encuentre; más aún, cuando es el propio Estado el que ha causado que no se hayan agotado los recursos internos en el presente caso, dado que ni siquiera dio trámite a los recursos de nulidad de actuaciones -de 4 y 8 de noviembre de 2005- por violación a derechos fundamentales. De esta forma, acoger la excepción preliminar es ir en contra de los criterios señalados por este Tribunal Interamericano desde el Caso *Velásquez Rodríguez* (...). (Voto disidente, párr. 56)

En fin, que coincidimos con Ventura Robles y Ferrer Mac-Gregor en la necesidad de considerar seriamente el precedente creado con la teoría de la "etapa temprana" del proceso penal construida al hilo del Caso Brewer Carías vs. Venezuela, por el pernicioso efecto que puede suponer para la eficaz protección de los derechos humanos en el ámbito latinoamericano, toda vez que podría implicar el uso cómodo del atajo de acoger la excepción preliminar interpuesta por el Estado relativa a la falta de agotamiento de los recursos internos, y evitar así entrar a conocer el fondo del caso, deplorable escenario que, además de contradecir la doctrina jurisprudencial de la Corte IDH asentada desde su primer caso contencioso en el año 1987, desnaturalizaría el derecho de acceso a una justicia independiente e imparcial con las debidas garantías y dentro de un plazo razonable, reconocido en el Artículo 8.1 CADH.

CONCLUSIÓN

La Sentencia de la Corte IDH de 26 de mayo de 2014 (Excepciones preliminares), recaída en el Caso Brewer Carías Vs. Venezuela, además de dejar muchas interrogantes doctrinales, crea un pernicioso precedente con la teoría de la "etapa temprana" del proceso penal, diseñada para acoger la excepción preliminar de falta de agotamiento de los recursos internos sin entrar a conocer el fondo del caso, en clara contradicción con la línea jurisprudencial mantenida hasta esta resolución.

Si bien pudiera considerarse que es ésta la principal conclusión respecto de cuanto hasta aquí se ha apuntado, no debe dejar de señalarse la preocupante coincidencia entre las acusaciones vertidas por el Gobierno venezolano sobre el caso Brewer Carías vs. Venezuela en el texto presentado al Secretario General de la Organización de Estados Americanos para denunciar el Pacto de San José, y el sentido y forma de la argumentación realizada por la Corte IDH para fundamentar la decisión de acoger la excepción preliminar interpuesta por el Estado relativa a la falta de agotamiento de los recursos internos y, en consecuencia, archivar el expediente sin realizar el análisis de fondo.

Dicho de otra manera, el criterio mayoritario que determina el sentido de la Sentencia -duramente criticado en el voto conjunto disidente de los Jueces Manuel E. Ventura Robles y Eduardo Ferrer Mac-Gregor Poisot- acoge la postura propugnada por el Estado en detrimento del derecho de acceso a una justicia independiente e imparcial del profesor Brewer Carías, en evidente contradicción con el principio de interpretación pro homine al que obliga el Artículo 29 CADH. Así las cosas, resulta inevitable pensar que la Corte IDH se ha allanado, con argumentos inconsistentes, frente a las pretensiones soberanas del Estado venezolano. Sin duda se trata de un precedente alarmante en la actuación jurisdiccional de uno de los principales garantes de los Derechos Humanos en Latinoamérica: la Corte IDH, que al disponer el archivo del expediente también ha condenado fácticamente al profesor Dr. Allan R. Brewer Carías a la lacerante pena de destierro a perpetuidad, expresamente prohibida, por cierto, por el Artículo 22.5 CADH.

BIBLIOGRAFÍA / FUENTES

Aguiar, Asdrúbal, Digesto de la Democracia. Jurisprudencia de la Corte Interamericana de Derechos Humanos, 1987-2014, Editorial Jurídica Venezolana/ Observatorio Iberoamericano de la Democracia, Buenos Aires / Caracas. 2014.

Brewer-Carías, Allan R. *El caso Allan R. Brewer-Carías vs. Venezuela ante la Corte Interamericana de Derechos Humanos*. Estudio del caso y análisis crítico de la errada Sentencia de la Corte Interamericana de Derechos Humanos N° 277 de 26 de mayo de 2014, Editorial Jurídica Venezolana, Caracas. 2014.

Burgorgue-Larsen, Laurence, y Úbeda De Torres, Amaya, The Inter-American Court of Human Rights: Case Law and Commentary, Oxford University Press, Oxford. 2011.

Convención Americana sobre Derechos Humanos, Pacto de San José de Costa Rica, de 22 de noviembre de 1969.

Corte IDH, Caso Brewer Carías Vs. Venezuela. Excepciones Preliminares, Sentencia de 26 de mayo de 2014. Serie C No. 278.

Corte IDH, Caso Velásquez Rodríguez Vs. Honduras. Excepciones Preliminares, Sentencia de 26 de junio de 1987. Serie C No. 1.

Nota de denuncia de la CADH presentada por el Gobierno venezolano, http:// www.oas.org:8101/DIL/esp/Nota_Republica_Bolivariana_de_Venezuela_al_ SG_OEA.PDF

Voto conjunto disidente de los Jueces Manuel E. Ventura Robles y Eduardo Ferrer Mac-Gregor Poisot, en Corte IDH, Caso Brewer Carías vs. Venezuela. Excepciones Preliminares, Sentencia de 26 de mayo de 2014. Serie C No. 278.

ALLAN R. BREWER-CARÍAS Y EL AUTORITARISMO JUDICIAL EN VENEZUELA BREVES NOTAS SOBRE LA DECISIÓN DEL COMITÉ DE DERECHOS HUMANOS (2021)

José Ignacio Hernández G.

*Profesor de Derecho Administrativo en la
Universidad Católica Andrés Bello
Profesor Invitado, Universidad Castilla-La Mancha
Fellow, Harvard Kennedy School*

Resumen: *Comité de Derechos Humanos, declaró que Venezuela violó varios derechos humanos del profesor Allan R. Brewer-Carías reconocidos en el Pacto Internacional de Derechos Civiles y Políticos. Esas violaciones se basaron en la persecución política del régimen autoritario venezolano en contra el profesor Brewer-Carías. En consecuencia, la Resolución evidencia la falta de un poder judicial independiente y autónomo en Venezuela. De hecho, Venezuela es un ejemplo de autoritarismo judicial porque el sistema judicial se utiliza como herramienta de represión.*

Palabras Clave: *Violaciones de derechos humanos en Venezuela, autoritarismo judicial, Comité de Derechos Humanos, Pacto Internacional de Derechos Civiles y Políticos.*

Abstract: *The Resolution dated October 15, 2021, issued by the Human Rights Committee, declared that Venezuela violated several human rights of Professor Allan R. Brewer-Carías recognized in the International Covenant on Civil and Political Rights. Those violations were based on the political persecution against Professor Brewer-Carías implemented by the Venezuelan authoritarian regime. Consequently, the Resolution is evidence of the lack of an independent and autonomous judiciary in Venezuela. Indeed, Venezuela is an example of judicial authoritarianism because the judicial system is used as a repression tool.*

Key words: *Venezuelan human rights violations, judicial authoritarianism, Human Rights Committee, International Covenant on Civil and Political Rights.*

En decisión del 14 de octubre de 2021 el Comité de Derechos Humanos de la Organización de las Naciones Unidas dictó la Resolución N° CCPR/C/133/D/3003/2017, en la cual concluyó que el proceso penal seguido en contra del profesor Allan R. Brewer Carías por el régimen autoritario venezolano, desde 2005, violó sus derechos humanos y, por ello, resultaba nulo[1].

---

[1] Véase: el texto completo de la Resolución del Comité, anunciada el 15 de diciembre de 2021, en: https://www.ohchr.org/SP/NewsEvents/Pages/DisplayNews.aspx?NewsID=27970&LangID=S

La Resolución es relevante no solo como acto de justicia frente a la persecución en contra del profesor Brewer-Carías, sino, además, pues ilustra muy bien uno de los rasgos del actual régimen autoritario, cual es el autoritarismo judicial -un elemento actualmente relacionado con la investigación iniciada por la Fiscalía de la Corte Penal Internacional-.

I

Que uno de los *iuspublicistas* más respetados de Iberoamérica y el autor principal del Derecho Público moderno en Venezuela haya sido víctima de sistemáticas violaciones de derechos humanos como resultado del gradual desmantelamiento del Estado de Derecho, pudiera ser paradójico. Pero el caso del profesor Brewer-Carías, por el contrario, refleja una arista especial del autoritarismo-populista venezolano, cual es el ataque sistemático a toda forma de disidencia, incluso, en el ámbito académico.

Se trata de una modalidad usual en autoritarismos, en especial, de corte totalitario, como es el caso del modelo del socialismo del siglo XXI[2]. Así, los autoritarismos no solo se valen de ciertos académicos y periodistas para difundir sus ideas y justificar las violaciones a derechos humanos, sino, además, excluyen -en un rasgo típico de deshumanización- a quienes disienten desde la academia[3]. Tal es el caso del profesor Allan R. Brewer-Carías.

En efecto, el profesor Brewer-Carías levantó su voz frente la ilegítima convocatoria de la asamblea nacional constituyente propuesta por Chávez para materializar su política autoritario-populista y así destruir las instituciones del Estado de Derecho previstas en la Constitución de 1961. Luego, como miembro de la asamblea nacional constituyente, denunció constantemente sus abusos. No exageramos al decir que, gracias a su labor individual, la Constitución de 1999 resultó menos mala de lo que pudo haber sido.[4]

Para el régimen autoritario el profesor Brewer-Carías resultaba una persona incómoda. Como suele suceder, el régimen aprovechó la primera oportunidad para descargar, en su contra, el instrumento represor del Poder Judicial. La excusa fue el texto del Decreto por el cual se justificó la creación de un supuesto gobierno de transición presidido por Pedro Carmona en los muy confusos eventos del 11 de abril de 2002. Para quien haya leído la obra del profesor Brewer, resulta evidente que el texto de tal Decreto -de muy mala factura, por lo demás- no respondía a su pensamiento constitucional. El profesor Brewer-Carías, en realidad, había insistido en enmarcar la crisis venezolana en la recién aprobada Carta Democrática Interamericana[5]. El régimen -y sus acólitos- crearon sin embargo una falsa narrativa que terminó en una investigación ante la Fiscalía General de la República, pues como vimos, los autoritarismos se valen de la mentira, incluso, difundida por presuntos periodistas, para justificar sus atropellos.

---

[2]   Brewer-Carías, Allan, *Estado totalitario y desprecio a la Ley. La desconstitucionalización, desjuridificación, desjudicialización y desdemocratización de Venezuela*, Fundación de Derecho Público, Editorial Jurídica Venezolana, 2014, pp. 175 y ss.

[3]   Applebaum, Anne, *Twilight of Democracy: The Seductive Lure of Authoritarianism*, Anchor Books, 2021, pp. 22 y ss.

[4]   Brewer-Carías, Allan, *Golpe de Estado y proceso constituyente en Venezuela*, Universidad Autónoma de México, México, 2001, pp. 32 y ss.

[5]   Brewer-Carías, Allan, *La crisis de la democracia venezolana, la Carta Democrática Interamericana y los sucesos de abril de 2002*, Libros El Nacional, Caracas, 2002, pp. 21 y ss.

El profesor Brewer-Carías asumió su propia defensa en ese caso, pero aprovechando una de sus estancias académica en el exterior, el régimen adelantó el proceso penal dictando una orden de detención. Desde el 29 de septiembre de 2005 esta persecución ha forzado al profesor Brewer-Carías al exilio[6].

Para ese momento -2005- Venezuela no era considerada un autoritarismo, y ni siquiera un régimen híbrido. Por el contrario, y a pesar de los evidentes abusos que el régimen cometió durante el fallido proceso del referendo revocatorio de 2004[7], existía la ilusión de una democracia vigorosa que, además, había innovado en el "nuevo constitucionalismo" con mecanismos de participación directa de los ciudadanos[8]. A ello se le agrega que el *boom* petrolero -el más grande en la historia de Venezuela- ya había comenzado, lo que permitió al régimen implementar políticas clientelares de repartición de la renta. En medio de esta ilusión de bienestar socioeconómico y democracia social, la persecución en contra del profesor Allan R. Brewer-Carías pasó, en cierto modo, desapercibida frente a los ojos de la comunidad internacional, quien consideraba a Venezuela como una democracia.

Pero lo cierto es que para 2005 ya existían indicios importantes del desmantelamiento gradual de la autonomía e independencia del Poder Judicial, en un proceso que comenzó con las ilegítimas medidas adoptadas por la también ilegítima asamblea nacional constituyente en 1999, y reforzadas con la inconstitucional reforma de la Ley Orgánica del Tribunal Supremo de Justicia de 2004[9]. Este proceso se basó en la eliminación de la estabilidad de los jueces en un régimen transitorio que no fue más que la excusa formal para justificar la existencia de jueces y fiscales provisorios y temporales. Como ha quedado en evidencia en el declive de la democracia constitucional en el siglo XXI, este desmantelamiento fue a cámara lenta, por medio de pequeños pasos que aisladamente eran insignificantes pero que, valorados en su conjunto, demostraban la clara intención de desmantelar el Estado de Derecho en especial, a través del Poder Judicial[10]. La sistemática violación de los derechos humanos de la Juez Afiuni, inicios en 2009, demostró que el Poder Judicial no era más que un instrumento al servicio del régimen autoritario[11].

Venezuela es, así, un caso paradigmático de autoritarismo judicial, esto es, la imposición de medidas contrarias al Estado de Derecho y violatorias de los derechos humanos a través del Poder Judicial. No solo el Poder Judicial abdicó de su deber de garantizar derechos humanos, sino que se convirtió en un mero instrumento de violación de derechos humanos[12].

---

[6]   Los detalles y análisis jurídicos de esta persecución han sido expuestos por el profesor en su obra *En mi propia defensa*, Editorial Jurídica Venezolana, Caracas, 2006.

[7]   Brewer-Carías, Allan, *La Sala Constitucional vs. el Estado de Derecho,* El Nacional, Caracas, 2004, pp. 93 y ss.

[8]   Brewer-Carías, Allan R., *La Justicia Constitucional, la demolición del Estado democrático en Venezuela en nombre de un "nuevo constitucionalismo", y una Tesis "secreta" de doctorado en la Universidad de Zaragoza, Editorial Jurídica Venezolana*, Caracas, 2018, pp. 21 y ss.

[9]   Brewer-Carías, Allan, *La destrucción del Estado de Derecho, la ruina de la democracia y la dictadura judicial, Colección Tratado de Derecho Constitucional, Tomo XVI,* Fundación de Derecho Público, Editorial Jurídica Venezolana, Caracas, 2017, pp. 711 y ss.

[10] Diamond, Larry, *Ill Winds*, Penguin Press, Nueva York, 2019, pp. 55 y ss.

[11] Por ejemplo, vid. *Conclusiones detalladas de la Misión internacional independiente de determinación de los hechos sobre la República Bolivariana de Venezuela*, 15 de septiembre de 2020, pp. 45 y ss.

[12] Ginsburg, Tom, y Tamir, Moustafa, *Rule by Law: The Politics of Courts in Authoritarian Regimes*, Cambridge University Press, Cambridge, 2008, pp. 1 y ss.

Como ese autoritarismo se arropa de formas jurídicas, la doctrina propuso hablar de Derecho Constitucional autoritario[13]. Por nuestra cuenta, y considerando la retórica populista, hemos aludido al Derecho Constitucional autoritario-populista[14].

De allí el manifiesto error en el que incurrió la Corte Interamericana de Derechos Humanos en su fallo de 26 de mayo de 2014, al declarar inadmisible la petición formulada por la Comisión ante la violación de los derechos humanos del profesor Brewer-Carías, considerando que éste no había agotado las vías judiciales internas[15]. Con tal consideración, la Corte -o más correctamente, la mayoría de sus jueces[16]- ignoró que, precisamente, las violaciones de derechos humanos denunciadas habían sido ocasionadas por el autoritarismo judicial, con lo cual mal podía evaluarse si se habían agotado esas vías. No solo no existían vías judiciales que garantizasen el derecho a la tutela judicial efectiva, sino que, además, las instancias del sistema de justicia -desde la Fiscalía hasta el Poder Judicial- eran instrumentos de violación de derechos humanos. Exigirle a quien ha sido víctima de violaciones por el Poder Judicial que insista en vías judiciales, es un pernicioso mecanismo de revictimización y un desconocimiento abierto a los fundamentos del Sistema Interamericano de Derechos Humanos.

II

La Resolución de 14 de octubre de 2021 del Comité de Derechos Humanos, aprobado de conformidad con el Protocolo Facultativo, contribuye a la restitución de la dignidad humana del profesor Brewer-Carías como víctima de violaciones de derechos humanos, al declarar la responsabilidad del Estado venezolano por tales violaciones[17].

De manera acertada, y al contrario de la mayoría sentenciadora de la Corte Interamericana, el Comité observó que "*la cuestión del agotamiento de los recursos internos en relación con el resto de alegaciones del autor están íntimamente vinculadas a las alegaciones de fondo*", razón por la cual tal agotamiento no es un obstáculo para la admisibilidad de la comunicación.

Al entrar al fondo, el Comité tomó nota:

"del argumento del autor según el cual todos los jueces y fiscales que han intervenido en su proceso penal son funcionarios temporales o provisorios, nombrados y sustituidos discrecionalmente por razones políticas. El Comité toma nota del argumento del Estado parte según el cual el autor no precisa las condiciones de modo, lugar y tiempo en que se vulneró su dere-

---

[13] Ginsburg, Tom y Simpser, Alberto, "Introduction: Constitutions in Authoritarian Regimes", y Tushnet, Mark "Authoritarian Constitutionalism: Some Conceptual Issues", en *Constitutions in Authoritarian Regimes,* Cambridge University Press, Cambridge, 2018, pp. 1 y 36

[14] Hernández G., José Ignacio, "Towards a Concept of Constitutional Authoritarianism: The Venezuelan Experience", en http://www.iconnectblog.com/2018/12/towards-a-concept-of-constitutional-authoritarianism-the-venezuelan-experience/

[15] Brewer-Carías, Allan, *El caso Allan R. Brewer-Carías vs. Venezuela ante la Corte Interamericana de Derechos Humanos,* Editorial Jurídica Venezolana, Caracas, 2014.

[16] La decisión contó con el voto salvado de los magistrados Manuel Ventura y Eduardo Ferrer Mac-Gregor.

[17] El Comité de Derechos Humanos es el órgano de expertos independientes que supervisa la aplicación del Pacto Internacional de Derechos Civiles y Políticos. De acuerdo con el Protocolo Facultativo de tal Pacto, los Estados parte reconocen "*la competencia del Comité para recibir y considerar comunicaciones de individuos que se hallen bajo la jurisdicción de ese Estado y que aleguen ser víctimas de una violación*" (artículo 1). Véase Ayala Corao, Carlos, *El Comité de Derechos Humanos de la ONU: la admisión de los casos decididos por otros órganos internacionales,* Editorial Jurídica Venezolana, Caracas, 2015.

cho, sino que se limita a describir acontecimientos ocurridos en el transcurso del proceso judicial. El Comité observa que, según el Estado parte, no existe una relación de causalidad específica entre las remociones de jueces aludidas por el autor, dado que se relacionaban con decisiones de estos respecto de otros imputados en el proceso. El Comité recuerda que el procedimiento para el nombramiento de los jueces y las garantías en relación con su seguridad en el cargo son requisitos para la independencia judicial, y toda situación en que el Poder Ejecutivo pueda controlar o dirigir al Judicial es incompatible con el Pacto, garantía que abarca, indubitablemente, a los jueces de control en las etapas preliminares del proceso".

Este párrafo es clave, pues más allá del velo formal que el régimen intentó arrojar para justificar la ausencia de estabilidad de los jueces, lo cierto es que la ausencia de tal estabilidad atenta contra la independencia judicial y, por ende, crea condiciones que permiten al régimen autoritario controlar al Poder Judicial, como sucede con los autoritarismos judiciales. De acuerdo con la comentada Resolución:

"En este sentido, el nombramiento provisorio de miembros del Poder Judicial no puede eximir a un Estado parte de asegurar las debidas garantías para la seguridad en el cargo de los miembros así designados. Independientemente de la naturaleza de su designación, los miembros del Poder Judicial deben ser independientes y dar apariencia de independencia. Además, los nombramientos provisorios deberían ser excepcionales y limitados en el tiempo. Dicha garantía también se extiende a fiscales en tanto que operadores judiciales, pues es una condición elemental para el debido cumplimiento de sus funciones procesales".

La perspectiva adecuada frente a los autoritarismos judiciales es eludir el análisis formal y considerar la esencia, no solo relacionada con la falta de independencia, sino, además, con la ausencia de apariencia de independencia. La temporalidad de los jueces y fiscales que conocieron del proceso en contra del profesor Brewer-Carías violó la garantía de la independencia del Poder Judicial y por ello, los derechos humanos asociados al debido proceso. Al tratarse de una falla estructural del Poder Judicial no era necesario probar la "*relación de causalidad directa entre remociones de jueces o fiscales y su situación específica*". En todo caso, el profesor Brewer-Carías "*demostró que todos los fiscales y los jueces que intervinieron en su causa habían sido nombrados provisionalmente, y que, tanto en los hechos como en el derecho, podían ser removidos sin causa ni procedimiento de apelación, según la propia jurisprudencia de la Sala Constitucional del Tribunal Supremo de Justicia*"[18].

El Comité concluyó que, así, "*los jueces y los fiscales que intervinieron en el proceso penal del autor no gozaban de las necesarias garantías de independencia necesarias para garantizar el derecho del autor a un tribunal independiente de conformidad con el artículo 14, párrafo 1, del Pacto, en violación de dicha disposición*"[19].

Además, el Comité también apreció cómo el régimen autoritario había enmarcado el proceso en contra del profesor Brewer-Carías en una campaña basada en denunciar su culpabilidad, incluso, en alocuciones de quien entonces ocupaba la Presidencia de la República, todo lo cual violó su presunción de inocencia. Para ello, observó el Comité que "*no es necesario que las autoridades estén directamente vinculadas al proceso en cuestión para configu-*

---

[18]   El Comité "*observa que el autor demostró que en el marco del proceso penal del cual el autor formaba parte, al menos un juez de control (el Juez Bognanno) y dos jueces de apelaciones fueron efectivamente removidos sin causa inmediatamente tras tomar decisiones que podrían considerarse velaban por las garantías de los coimputados*".

[19]   El artículo 14.1 del Pacto dispone que "*toda persona tendrá derecho a ser oída públicamente y con las debidas garantías por un tribunal competente, independiente e imparcial, establecido por la ley, en la substanciación de cualquier acusación de carácter penal formulada contra ella o para la determinación de sus derechos u obligaciones de carácter civil*".

rar una violación al derecho, así como tampoco lo es que sus comentarios sean presentados como elementos para la imputación del procesado". Muy especial, el Comité valoró cómo el entonces Fiscal General había prejuzgado sobre la culpabilidad del profesor Brewer-Carías todo lo cual *"vulneró el principio de presunción de inocencia del autor, recogido en el artículo 14, párrafo 2 del Pacto"*.

Asimismo, el Comité consideró que el profesor Brewer-Carías no tenía acceso a ningún remedio judicial efectivo:

"El Comité considera que el autor ha acreditado un temor fundado a estar sometido a un proceso penal arbitrario, violatorio de sus derechos y garantías, y al severo agravamiento de dichas violaciones, en caso de someterse a la prisión preventiva en su contra, todas cuestiones que fueron debida y reiteradamente presentadas a las autoridades judiciales encargadas de velar por su derecho al debido proceso. El Comité observa que, en las circunstancias del autor, un recurso que haga efectivo el derecho a un debido proceso no puede subordinarse a la sujeción a un proceso indebido.

Ello implica que, independientemente de lo que determine el derecho interno, el Estado Parte no puede invocarlo como justificación del incumplimiento de sus obligaciones frente al Pacto Por ello, y con base en la información que tiene ante sí, el Comité encuentra que el autor ha sufrido una violación a su derecho a un recurso efectivo respecto a su derecho a un debido proceso, en particular, a acceder a un tribunal independiente, recogido en el artículo 2, párrafo 3, leído conjuntamente con el artículo 14, párrafo 1, del Pacto".

La violación al derecho al recurso efectivo es además relevante pues, como vimos, permite explicar por qué no podía exigirse al profesor Brewer-Carías que insistiera en esos recursos agravando con ello la violación de sus derechos humanos[20].

De esa manera, el Comité declaró la violación de los artículos 14, párrafos 1 y 2; y 2, párrafo 3, leído conjuntamente con el artículo 14, párrafo 1, del Pacto[21]. En consecuencia, declaró que el Estado venezolano *"tiene la obligación de proporcionar al autor un recurso efectivo. Ello requiere una reparación integral a los individuos cuyos derechos hayan sido violados"*. En consecuencia, Venezuela debe:

"a) Declarar la nulidad del proceso contra el autor, dejando sin efecto la orden de detención preventiva contra este; b) en caso de que se inicie un nuevo proceso contra el autor, asegurar que este cumpla con todas las garantías del debido proceso previstas en el artículo 14 del Pacto y con acceso a recursos efectivos de conformidad con el artículo 2, párrafo 3; y c) conceder al autor una indemnización adecuada.

El Estado parte tiene también la obligación de evitar que se cometan violaciones semejantes en el futuro".

El régimen autoritario que usurpa actualmente la Presidencia de la República y controla en los hechos al Poder Judicial y al Poder Ciudadano, con toda probabilidad, hará caso omiso de esta orden. Pero lo cierto es que esta Resolución, más allá del acto de reparación concreta

---

20   El Comité desestimó la denuncia de violación de derechos humanos basadas en la obstrucción del acceso al expediente y a la promoción den pruebas, aspecto respecto del cual se presentaron opiniones disidentes por Arif Bulkan, Hélène Tigroudja y Vasilka Sancin.

21   Como vimos, el párrafo 1 del citado artículo 14 reconoce el derecho de toda persona *"a ser oída públicamente y con las debidas garantías por un tribunal competente, independiente e imparcial, establecido por la ley, en la substanciación de cualquier acusación de carácter penal formulada contra ella o para la determinación de sus derechos u obligaciones de carácter civil"*, mientras que el numeral 2 reconoce el derecho de presunción de inocencia. Finalmente, el párrafo 3 establece las garantías del debido proceso.

en el caso del profesor Brewer-Carías, conecta con un tema central, cual es la ausencia de garantías de independencia e imparcialidad del sistema de justicia y, por ello, la ausencia de condiciones que aseguren investigaciones efectivas desde la Fiscalía General y el Poder Judicial, instituciones al servicio del régimen autoritario.

La ausencia de estas garantías demuestra por qué el principio de complementariedad del Estatuto de la Corte Penal Internacional no puede cumplirse en la práctica, lo que justifica avanzar en la investigación preliminar[22].

Como concluyó el Comité, el sistema de justicia en Venezuela incumple los estándares relacionados las garantías de independencia e imparcialidad, pues por medio de funcionarios temporales, accidentales o provisorios, el régimen autoritario emplea ese sistema para la sistemática violación de derechos humanos. No se trata, en todo caso, de violaciones aisladas cometidas por esos funcionarios del sistema de justicia, sino de violaciones que responden a claras líneas jerárquicas, que en el caso del profesor Brewer-Carías, incluso, partían de la propia Presidencia de la República[23].

Por ello, esta Resolución es importante pues ratifica que las violaciones sistemáticas de derechos humanos no comenzaron súbitamente en 2014, sino que por el contrario, ellas responden a un largo y tortuoso camino que encontró en la violación de la autonomía del Poder Inicial iniciada en 1999 su componente fundacional[24]. Para 2005, más allá de la apariencia de una democracia vigorosa en el medio de programas sociales de equidad, subyacía el desmantelamiento gradual del Estado de Derecho y el uso del Poder Judicial como instrumento autoritario de violación de derechos humanos. La Resolución del Comité es también, por ello, un paso importante para avanzar en restaurar la verdad sobre las sistemáticas violaciones a derechos humanos, condición indispensable para que, más temprano que tarde, Venezuela pueda iniciar el proceso de reconciliación nacional que deberá basarse en la justicia y no en la impunidad.

---

[22]   El 3 de noviembre de 2021 el régimen de Nicolás Maduro suscribió un memorando de entendimiento con la Fiscalía de la Corte Penal Internacional, por el cual se comprometió a garantizar el funcionamiento efectivo del sistema de justicia de conformidad con los estándares internacionales aplicables y el principio de complementariedad.

[23]   Comisión Internacional de Juristas, *Jueces en la cuerda floja. Informe sobre Independencia e Imparcialidad del Poder Judicial en Venezuela*, 2021, p. 51.

[24]   Brewer-Carías, Allan R., *Dismantling Democracy in Venezuela: The Chávez Authoritarian Experiment*, Cambridge University Press, Cambridge, 2010, pp. 7 y ss.

COMENTARIOS A LA DECISIÓN DEL COMITÉ DE DERECHOS HUMANOS DE LA ONU DE CONDENA AL ESTADO VENEZOLANO EN EL CASO *ALLAN BREWER-CARÍAS vs. VENEZUELA* DE 14 DE OCTUBRE DE 2021, POR LA MASIVA VIOLACIÓN DE SUS DERECHOS Y GARANTÍAS JUDICIALES.

Es la Justicia que buscó infructuosamente desde 2005 ante los tribunales nacionales y ante la Corte Interamericana de Derechos Humanos, los cuales se negaron a impartirla por la presión política ejercida por el régimen autoritario.

Allan R. Brewer-Carías
Director de la Revista

Resumen: *Este artículo analiza la decisión del Comité de Derechos Humanos de la ONU en el Caso Allan Brewer-Carías vs. Venezuela dictada el 14 de octubre de 2021, mediante la cual se condenó al Estado venezolano, por violación de los derechos y garantías judiciales, al debido proceso y a la presunción de inocencia del demandante, ordenándole al Estado "declarar la nulidad" del proceso penal en el mismo iniciado en 2005, a pesar de que la Corte Interamericana de Derechos Humanos había declarado inadmisible el caso en 2014*

Palabras Clave: *Debido proceso; presunción de inocencia; derecho a recurso; garantías judiciales; Independencia Judicial.*

Abstract: *This article discusses the decision of the UN Human Rights Committee in the case of Allan Brewer-Carías v. Venezuela issued on October 14, 2021, by which the Venezuelan State was condemned for violation of judicial rights and guarantees, due process and the presumption of innocence of the plaintiff, ordering the State to "declare the nullity" of the criminal process in the same initiated in 2005, despite the fact that the Inter-American Court of Human Rights had declared the case inadmissible in 2014.*

Key words: *Due process; Presumption of innocence; Right to judicial protection; Judicial guarantees; Judicial Independence.*

"Donde hay poca justicia, es un peligro tener razón, porque los imbéciles son mayoría."
Francisco de Quevedo (1580-1645)

Esto lo escribió Francisco de Quevedo, de los grandes del Siglo de Oro de la literatura española, sobre lo difícil que es tener razón cuando no hay Justicia; lo que explica por qué las personas que teniendo razón no la obtienen, sienten una gran decepción de esas que no se olvidan fácilmente, particularmente cuando han tenido que enfrentar a fiscales y jueces sometidos al poder, carentes de autonomía e independencia y, por tanto, incapaces de impartirla; y por qué, al contrario, al obtener la Justicia por la que tanto han clamado sienten un gran regocijo o satisfacción.

Ambas cosas me han sucedido a mí.

Apenas iniciada en 2005 la persecución política en mi contra ordenada por "el alto gobierno" de Venezuela, clamé infructuosamente por Justicia, primero, ante los jueces venezolanos que eran y siguen siendo incapaces de impartirla; y luego, ante la Corte Interamericana de Derechos Humanos, donde acudí reclamando contra la masiva violación de mis derechos por el aparato judicial venezolano, y particularmente, de todas mis garantías judiciales, las cuales fueron pisoteadas por los fiscales y jueces que tuvieron a su cargo ejecutar dicha persecución política. En ninguna de esas dos instancias logré obtener la Justicia que buscaba y a la que tenía derecho. Más bien, entre 2005 y 2014 lo que obtuve fue su denegación por el desprecio a la misma por los tribunales venezolanos y por la Corte Interamericana, cuyos jueces se negaron a impartirla, en este caso, en violación de los propios principios de la Convención Americana de Derechos Humanos, cuyos estándares fueron ignorados por la propia Corte; todo lo cual lo que me produjo fue una gran decepción, de esas que, si bien no se expresan, sin duda se guardan.

I.   LA DECISIÓN DEL COMITÉ DE DERECHOS HUMANOS DE LAS NACIONES UNIDAS

Por ello, al saber de la decisión del Comité de Derechos Humanos (Pacto Internacional de Derechos Civiles y Políticos) de la Organización de Naciones Unidas (en adelante Comité DDHH de la ONU), dictada el 14 de octubre de 2021, dándome la razón por la cual tanto luché y clamé durante tres lustros, debo decir que sí, efectivamente sentí una gran alegría y honda satisfacción, al ver condenado al Estado venezolano, por culpa atribuida a funcionarios perfectamente identificados, por la violación de mis garantías judiciales, es decir, de mi derecho al debido proceso, de mi derecho a la presunción de inocencia y de mi derecho a un recurso efectivo y a un proceso a cargo de fiscales y jueces autónomos e independientes, por lo que tanto había argumentado.

En esa decisión o jurisprudencia firmada por los miembros del Comité, Señores *Wafaa Ashraf Moharram Bassim, Yadh Ben Achour, Arif Bulkan, Mahjoub El Haiba, Shuichi Furuya, Carlos Gómez Martínez, Marcia V.J. Kran, Duncan Laki Muhumuza, Photini Pazartzis, Vasilka Sancin, José Manuel Santos Pais, Changrok Soh, Kobauyah Kpatcha Tchamdja, Hélène Tigroudja, Imeru Tamerat Yigezu and Gentian Zyberi*,[1] que nos fue notificada en 14 de diciembre de 2021, después de que desechó la oposición formulada por el Estado relacionada en el argumento según el cual ya había habido una decisión previa de la Corte Interamericana de Derechos Humanos, y de que yo no habría agotado los recursos internos (la misma excepción que el Estado adujo en el proceso ante la Corte Interamericana); el Comité DDHH de la ONU dictaminó sobre sobre el fondo de mis denuncias, decidiendo que efectivamente, en mi caso, se había producido por parte del Estado la "violación de los artículos 14, párrafos

---

[1]   El texto está disponible en: https://www.ohchr.org/SP/NewsEvents/Pages/DisplayNews.aspx? NewsID=27970&LangID=S. Véase la noticia oficial de la ONU en: https://news.un.org/es/story/ 2021/12/1501482?utm_source=Noticias+ONU+-+Bolet%C3%ADn&utm_campaign=068517e3f4-EMAIL_CAMPAIGN_2021_12_16_01_00&utm_medium=email&utm_term=0_e7f6cb3d3c-068 517e3f4-107797973

1 y 2; y 2, párrafo 3, leído conjuntamente con el artículo 14, párrafo 1, del Pacto,"[2] resolviendo en consecuencia que:

> "11. De conformidad con el artículo 2, párrafo 3 a), del Pacto, *el Estado parte tiene la obligación de proporcionar al autor un recurso efectivo.* Ello requiere una reparación integral a los individuos cuyos derechos hayan sido violados. En consecuencia, el Estado parte tiene la obligación, *inter alia,* de: a) *Declarar la nulidad del proceso contra el autor, dejando sin efecto la orden de detención preventiva contra este*; b) en caso de que se inicie un nuevo proceso contra el autor, *asegurar que este cumpla con todas las garantías del debido proceso* previstas en el artículo 14 del Pacto y con acceso a recursos efectivos de conformidad con el artículo 2, párrafo 3; y c) *conceder al autor una indemnización adecuada.* El Estado parte *tiene también la obligación de evitar que se cometan violaciones semejantes en el futuro.*
>
> 12. Teniendo presente que, por ser parte en el Protocolo Facultativo, el *Estado parte reconoce la competencia del Comité* para determinar si ha habido o no violación del Pacto y que, en virtud del artículo 2 del Pacto, el *Estado parte se ha comprometido* a garantizar a todos los individuos que se encuentren en su territorio y estén sujetos a su jurisdicción los derechos reconocidos en el Pacto y *a garantizar una reparación efectiva y jurídicamente exigible cuando se compruebe una violación*, el Comité desea recibir del Estado parte, en un plazo de 180 días, información sobre las medidas que haya adoptado para aplicar el presente dictamen. Se pide asimismo al Estado parte que *publique el dictamen del Comité y que le dé amplia difusión.*"

Para llegar a este dictamen, el Comité DDHH de la ONU, en particular, consideró que en mi caso se había violado "*la garantía de independencia*" de jueces y fiscales; mi derecho a la "*presunción de inocencia;*" y mi derecho a un recurso efectivo.

En cuanto a la v*iolación a la garantía de la independencia y autonomía de jueces y fiscales*, el Comité DDHH de la ONU resolvió lo siguiente:

> "9.2. El Comité toma nota del argumento del autor según el cual todos los jueces y fiscales que han intervenido en su proceso penal son funcionarios *temporales o provisorios, nombrados y sustituidos discrecionalmente por razones políticas.* El Comité toma nota del argumento del Estado parte según el cual el autor no precisa las condiciones de modo, lugar y tiempo en que se vulneró su derecho, sino que se limita a describir acontecimientos ocurridos en el transcurso del proceso judicial. El Comité observa que, según el Estado parte, no existe una

---

2   Dichas normas disponen lo siguiente: "*Artículo 14. 1.* Todas las personas son iguales ante los tribunales y cortes de justicia. Toda persona tendrá derecho a ser oída públicamente y con las debidas garantías por un tribunal competente, independiente e imparcial, establecido por la ley, en la substanciación de cualquier acusación de carácter penal formulada contra ella o para la determinación de sus derechos u obligaciones de carácter civil. La prensa y el público podrán ser excluidos de la totalidad o parte de los juicios por consideraciones de moral, orden público o seguridad nacional en una sociedad democrática, o cuando lo exija el interés de la vida privada de las partes o, en la medida estrictamente necesaria en opinión del tribunal, cuando por circunstancias especiales del asunto la publicidad pudiera perjudicar a los intereses de la justicia; pero toda sentencia en materia penal o contenciosa será pública, excepto en los casos en que el interés de menores de edad exija lo contrario, o en las acusaciones referentes a pleitos matrimoniales o a la tutela de menores. *2.* Toda persona acusada de un delito tiene derecho a que se presuma su inocencia mientras no se pruebe su culpabilidad conforme a la ley […]." "*Artículo 2. 3.* Cada uno de los Estados Partes en el presente Pacto se compromete a garantizar que […]: a) Toda persona cuyos derechos o libertades reconocidos en el presente Pacto hayan sido violados podrá interponer un recurso efectivo, aun cuando tal violación hubiera sido cometida por personas que actuaban en ejercicio de sus funciones oficiales; b) La autoridad competente, judicial, administrativa o legislativa, o cualquiera otra autoridad competente prevista por el sistema legal del Estado, decidirá sobre los derechos de toda persona que interponga tal recurso, y desarrollará las posibilidades de recurso judicial; c) Las autoridades competentes cumplirán toda decisión en que se haya estimado procedente el recurso."

relación de causalidad específica entre las remociones de jueces aludidas por el autor, dado que se relacionaban con decisiones de estos respecto de otros imputados en el proceso. *El Comité recuerda que el procedimiento para el nombramiento de los jueces y las garantías en relación con su seguridad en el cargo son requisitos para la independencia judicial, y toda situación en que el Poder Ejecutivo pueda controlar o dirigir al Judicial es incompatible con el Pacto[3], garantía que abarca, indubitablemente, a los jueces de control en las etapas preliminares del proceso. En este sentido, el nombramiento provisorio de miembros del Poder Judicial no puede eximir a un Estado parte de asegurar las debidas garantías para la seguridad en el cargo de los miembros así designados[4].* Independientemente de la naturaleza de su designación, los miembros del Poder Judicial deben ser *independientes y dar apariencia de independencia.[5]* Además, los nombramientos provisorios deberían ser excepcionales y limitados en el tiempo[6]. Dicha garantía *también se extiende a fiscales* en tanto que operadores judiciales, pues es una condición elemental para el debido cumplimiento de sus funciones procesales[7]."

De ello concluyó el Comité DDHH de la ONU que, "*con base en la información que tiene ante sí, los jueces y los fiscales que intervinieron en el proceso penal del autor no gozaban de las necesarias garantías de independencia necesarias para garantizar el derecho del autor a un tribunal independiente de conformidad con el artículo 14, párrafo 1, del Pacto, en violación de dicha disposición.*"

En cuanto a la violación al *derecho a la presunción de inocencia*, el Comité DDHH de la ONU dictaminó en la forma siguiente:

"9.4. El Comité toma nota del argumento del autor de que diversas autoridades públicas construyeron una presunción de culpabilidad en su contra mediante declaraciones públicas que lo declaraban culpable del delito por el cual se encontraba procesado, en violación del artículo 14, párrafo 2 del Pacto. El Comité toma nota del argumento del Estado parte según el cual las comunicaciones suscritas por funcionarios diplomáticos que no fueron partes en el proceso judicial seguido en su contra en el marco de actividades que nada tenían que ver con el proceso penal, y cuyo contenido no se presentó como elemento para la imputación que formulara el Ministerio Público. El Comité *recuerda que "[t]odas las autoridades públicas tienen el deber de abstenerse de prejuzgar los resultados de un juicio, por ejemplo, absteniéndose de hacer comentarios públicos en que se declare la culpabilidad del acusado"*[8]. El Comité considera que no es necesario que las autoridades estén directamente vinculadas al proceso en cuestión para configurar una violación al derecho, así como tampoco lo es que sus comentarios sean presentados como elementos para la imputación del procesado.

9.5. En el presente caso, el Comité observa en particular *las declaraciones del entonces Presidente del Estado parte que identificó en televisión al autor como redactor del decreto en cuestión* y como parte del golpe de Estado. El Comité observa también que, en septiembre de 2005, un mes antes de la solicitud de acusación formal de la *Fiscal provisoria en contra del autor el 21 de octubre, el entonces Fiscal General de la República, responsable de la designación de la Fiscal, publicó un libro en el cual daba por cierto que el autor había redactado el decreto en cuestión.*

---

[3]   Observación general núm. 32, párr. 19.

[4]   *Osío Zamora c. Venezuela* (CCPR/C/121/D/2203/2012), párr. 9.3.

[5]   *Ibid.*

[6]   *Ibid.*

[7]   Véase las sentencias de la Corte Interamericana de Derechos Humanos en *Caso Martínez Esquivia Vs. Colombia.* 06/10/2020, párrs. 94, 95 y 97; y *Caso Nina Vs. Perú.* 24/11/2020, párrs. 78-79.

[8]   Observación general núm. 32, párr. 30.

El Comité también destaca que la Embajadora del Estado parte en Costa Rica aseguró que el autor "participó como autor material e intelectual e instruyó para su corrección en la redacción del decreto (^)", y que "conocía y conoce todos los delitos que estaba cometiendo y por eso huyó del país".

En ausencia de información del Estado parte que refute las alegaciones del autor, y *no existiendo en el momento de verterse las referidas declaraciones de autoridades públicas sentencia alguna que determinara la responsabilidad penal del autor, el Comité considera que, con base en la información que tiene ante sí, se vulneró el principio de presunción de inocencia del autor*, recogido en el artículo 14, párrafo 2 del Pacto[9]."

Sobre la violación al *derecho a un recurso efectivo*, el dictamen del Comité DDHH de la ONU fue el siguiente:

"9.7. En relación con el derecho a un recurso efectivo, bajo el artículo 2, párrafo 3, leído conjuntamente con el artículo 14, párrafo 1, el Comité toma nota del argumento del autor según el cual el único recurso idóneo (el de nulidad o amparo penal, interpuesto en dos ocasiones) nunca recibió respuesta, dejándolo en estado de indefensión. El Comité también toma nota del argumento del Estado parte según el cual el autor ejerció solo los recursos de la etapa temprana del proceso, quedando pendiente los de la fase preliminar y del juicio, y que el autor tuvo completo acceso al tribunal de control en esa primera etapa. El Comité observa que *todos los recursos presuntamente efectivos que el Estado parte menciona exigen que el autor regrese al Estado parte y se someta a la prisión preventiva decretada*.

9.8. En el presente caso, el Comité destaca el especial contexto que enmarca la situación de contumacia del autor. Dicho contexto incluye que el autor estuvo altamente involucrado en el proceso penal en su contra (incluyendo su asistencia personal a tomar notas de su expediente); ejerció una debida diligencia durante la fase preliminar de la investigación, interponiendo diversos recursos que cuestionaban la prueba existente en su contra y ofrecían prueba a su favor; salió legalmente del territorio del Estado parte; *interpuso un recurso de nulidad previo a la solicitud de acusación formal de la Fiscalía; e interpuso un segundo recurso de nulidad previo a la acusación formal del Juez que contenía el establecimiento de la prisión preventiva*. El Comité considera que el autor ha acreditado un *temor fundado a estar sometido a un proceso penal arbitrario, violatorio de sus derechos y garantías, y al severo agravamiento de dichas violaciones, en caso de someterse a la prisión preventiva en su contra*, todas cuestiones que fueron debida y reiteradamente presentadas a las autoridades judiciales encargadas de velar por su derecho al debido proceso. El Comité observa que, *en las circunstancias del autor, un recurso que haga efectivo el derecho a un debido proceso no puede subordinarse a la sujeción a un proceso indebido*. Ello implica que, independientemente de lo que determine el derecho interno[10], el Estado Parte no puede invocarlo como justificación del incumplimiento de sus obligaciones frente al Pacto[11].

Por ello, y con base en la información que tiene ante sí, el Comité encuentra que el autor ha sufrido una violación a su derecho a un recurso efectivo respecto a su derecho a un debido proceso, en particular, a acceder a un tribunal independiente, recogido en el artículo 2, párrafo 3, leído conjuntamente con el artículo 14, párrafo 1, del Pacto."

[9] *Cedeño c. Venezuela* (CCPR/C/106/D/1940/2010), párr. 7.4.

[10] Que incluye cuestiones como, por ejemplo, si los recursos de nulidad debían o no resolverse ante la ausencia del autor.

[11] Artículo 27 de la Convención de Viena sobre el Derecho de los Tratados de 1969.

II. EL ALCANCE DE LA DECISIÓN DEL COMITÉ DE DERECHOS HUMANOS DE LAS NACIONES UNIDAS

Para entender la importancia de lo que se siente al recibir Justicia con un Dictamen tan contundente y preciso que condena al Estado venezolano por la violación masiva de mis derechos y garantías judiciales, debo recordar que la misma la reclamé en Venezuela desde comienzos de 2005, desde cuando fui injustamente imputado por el Ministerio Público de cometer el delito de "conspiración para cambiar violentamente la Constitución" de mi país, por el solo hecho de haber dado una opinión jurídica como abogado, al haber sido consultado sobre el texto de un acto que iba a ser dictado en un gobierno de transición que se constituyó a raíz de la anunciada renuncia del Presidente Chávez a la Presidencia de la República en abril de 2002.

Durante los meses subsiguientes enfrenté el proceso de investigación penal en mi contra ante el Ministerio Público, acudiendo a estudiar el expediente casi a diario por varios meses denunciando sucesivamente la masiva violación de mi derecho a la defensa, hasta que fui formalmente acusado del delito mencionado; acusación que respondí mediante el ejercicio del único recurso que tenía a mi disposición que era la *acción de amparo penal* precisamente contra las mencionadas masivas violaciones de mis derechos y garantías judiciales que había cometido el Ministerio Público y los jueces de control en la mencionada etapa de la investigación. Mediante dicho amparo penal solicité al respectivo Juez de control la *declaratoria de nulidad* de todas las actuaciones que se habían realizado hasta la formulación de la acusación en mi contra, todas las cuales estaban viciadas de inconstitucionalidad.[12]

Dicha solicitud de nulidad o acción de amparo penal que *nunca fue decidida*, pues el paródico proceso penal que se había iniciado en mi contra, en definitiva, no tenía por objeto que se impartiera justicia alguna -lo prueba el hecho de que en el mismo nunca se realizó la audiencia preliminar para ninguno de los coimputados-, sino buscar callar a un disidente del régimen mediante la manipulación de un proceso dirigido a lograr la privación de su libertad -a mí fue al único a quien se le dictó auto de detención- violándoseme todos los derechos al debido proceso.

III. LA SITUACIÓN DE LOS JUECES PROVISORIOS Y LA FALTA DE INDEPENDENCIA E IMPARCIALIDAD

En esa forma, los jueces provisorios que regentaron el Tribunal de control venezolano al estar totalmente controlados políticamente por el poder, se negaron a impartir justicia en mi caso, siendo incapaces de juzgar la violación masiva de mis garantías judiciales cometidas por el Ministerio Público, todo ello en una operación política comandada por una Fiscal Sexta provisoria del Ministerio Público, una tal Luisa Ortega Díaz, y por su jefe, el Fiscal

---

[12]   Véase el texto íntegro de la acción de amparo penal interpuesta por mis abogados solicitando la declaratoria de nulidad de todo lo actuado por violación de mis garantías constitucionales en el libro: Allan R. Brewer-Carías, *En mi propia defensa. Respuesta preparada con la asistencia de mis defensores Rafael Odreman y León Enrique Cottin contra la infundada acusación fiscal por el supuesto delito de conspiración*, Colección Opiniones y Alegatos Jurídicos No. 13, Editorial Jurídica Venezolana, Caracas 2006, 606 pp. Disponible en http://allanbrewercarias.net/Content/449725d9-f1cb-474b-8ab2-41efb849fea5/Content/II.1.109%20EN%20MI%20PROPIA%20DEFENSA.%202006.pdf

General, un tal Isaías Rodríguez, quienes convirtieron dicho Ministerio Público venezolano en un mundo al revés,[13] nido de todos los vicios procesales imaginables.

Baste recordar, sobre ello, lo que declaró públicamente quien fuera Presidente de la Sala Penal del Tribunal Supremo de Justicia, un tal Eladio Aponte Aponte, cuando dijo que en Venezuela *"la justicia no vale... la justicia es una plastilina, digo plastilina porque se puede modelar, a favor o en contra,"* dejando claro que la independencia judicial era "una falacia," explicándole así a su entrevistadora el porqué de su afirmación:

> *"...Y te voy a decir por qué. Todos los fines de semana principalmente los viernes en la mañana, hay una reunión en la Vicepresidencia Ejecutiva del país, donde se reúne el Vicepresidente, que es el que maneja la justicia en Venezuela, con la Presidenta del Tribunal Supremo, con la Fiscal General de la República, con el Presidente de la Asamblea Nacional, con la Procuradora General de la República, con la Contadora General de la República, y unas que otras veces va uno de los jefes de los cuerpos policiales. De ahí es donde sale la directriz de lo que va a ser la justicia. O sea, salen las líneas conductoras de la justicia en Venezuela."*[14]

En esas reuniones en las cuales participaba la Sra. Ortega, ya como Fiscal General, el exmagistrado, dijo simplemente que desde el Poder Ejecutivo se daban instrucciones *"de cuáles son los casos que están pendientes, qué es lo que se va a hacer. O sea, se daban la directrices de acuerdo al panorama político."*[15]

IV. A AUSENCIA DE JUSTICIA Y LA INJUSTICIA A LA QUE FUI SOMETIDO

En ese mundo de ausencia de Justicia y, en un entorno, por tanto, -en los términos de Quevedo- compuesto en su mayoría de "imbéciles" (en el sentido de la REA: "tonto o falto de inteligencia") tener razón, como siempre la he tenido, era algo peligroso, motivo por la cual no solo fui perseguido, sino que nunca pude obtener Justicia en el país.

Más bien lo que obtuve fue una total injusticia derivada del hecho de haber sido "presumido" siempre como "culpable" desde el inicio de la investigación, al contrario de lo que impone la Constitución que es el derecho de toda persona a ser presumido inocente, el cual fue violado incluso públicamente por toda suerte de funcionarios en declaraciones formuladas como fue el caso del Presidente de la República y los Embajadores en República Dominicana y Costa Rica, o que escribieron en mi contra presumiéndome culpable – comenzando

---

[13] Véase lo expuesto por Enrique Gimbernat luego de estudiar el expediente en mi contra en su libro: Enrique Gimbernat, *Presunción de inocencia, testigos de referencia y conspiración para delinquir. Dictamen sobre la violación masiva de todas las garantías judiciales en un proceso basado en referencias dadas por periodistas sobre hechos de los cuales ni siquiera fueron testigos referenciales*, Ediciones Olejnik, Santiago, Buenos Aires, Madrid, 2021.

[14] Para 2012 Nicolás Maduro sucedió a Elías Jaua como Vicepresidente Ejecutivo; la Presidenta del Tribunal Supremo de Justicia era Luisa Estella Morales; la Fiscal General de la República era Luisa Ortega Díaz; el Presidente de la Asamblea Nacional era Diosdado Cabello; la Procuradora General de la República era Gladys Gutiérrez Alvarado; y la Contralora General de la República era Adina Bastidas.

[15] Véase la transcripción íntegra en Allan R. Brewer-Carías, *La demolición de la autonomía e independencia del Poder Judicial, 1999-2021*, Editorial Jurídica venezolana, 2021, pp. 323-327. Disponible en: http://allanbrewercarias.com/wp-content/uploads/2021/11/Brewer-Carias.-Demolicion-del-Poder-Judicial-1999-2021.-portada.pdf

por el tal Fiscal General Rodríguez (el mismo que dirigía la persecución),[16] y sin dejar de mencionar, incluso, hasta algunos Magistrados del Tribunal Supremo, como fue el caso del tal abogado Jesús Cabrera.[17]

Todos, al unísono, se abalanzaron contra mi persona -*la canaille,* en buen francés-, acompañados de corifeos locales resentidos, considerándome culpable de algo que no había hecho, como fue la redacción del decreto de constitución del gobierno de transición que expidió el Sr. Pedro Carmona en el Palacio de gobierno de Caracas el 12 de abril de 2002 -acto en el cual ni siquiera estuve presente-, cuyo texto estaba redactado desde días antes y el cual había tenido ocasión de ver el 10 de abril de 2002 -casualmente por cierto- en la oficina de Jorge Olavarría cuando unos jóvenes se lo llevaron a él para oír su opinión.

Era, por tanto, un texto ya escrito para cuando el mismo Sr. Carmona requirió mi opinión jurídica constitucional dos días después, en la madrugada del día 12 de abril, la cual le di como abogado ese mismo día en sentido adverso al contenido del documento, por violentar el principio democrático, como el mismo Carmona lo ha explicado en forma pública y auténtica.[18]

Pero bastó que yo hubiese sido llamado como abogado a dar una opinión jurídica sobre el dicho documento, para que la *canaille* se abalanzara sobre mí, y el gobierno y mis enemigos -esos que inevitablemente nacen de los logros que uno pueda haber tenido, sin que uno llegue a conocerlos ni a saberlo- aprovecharan el momento oportuno para perseguirme implacablemente.

Desde el gobierno y sus amigos, lo que querían era callarme y para ello querían detenerme -querían un trofeo para amedrentar-, de manera que pasara el resto de mis días en prisión, sin juicio alguno pues no había base para llevarlo adelante, pero desarrollado conforme a la táctica que siempre manejó el Estado que fue la de apresar *sine die* a quienes consideraba como sus enemigos, difiriendo también *sine die* la realización de la audiencia preliminar en los juicios, y así evitar el efectivo inicio de la litis.

El objetivo era detener para callar y, en mi caso, además amedrentar al resto del universo jurídico para que supiera lo que pasaba si se expresaba disidencia.

Pero les falló la estrategia. Afortunadamente, el 28 de septiembre de 2005 salí normalmente del país como en tantas otras ocasiones lo había hecho a cumplir compromisos académicos que tenía en Nueva York, Barcelona, Heidelberg y Berlín, pero esta vez no sin dejarle de enviar en esa misma fecha al tal Fiscal General Rodríguez una carta explicándo-

---

[16]   Véase lo expuesto por el Fiscal General en su libro publicado en septiembre de 2005, durante la fase de investigación en mi contra, en el cual escribió supuestamente "un cuento" presumiendo mi "culpabilidad," en: Isaías Rodríguez, *Abril comienza en octubre,* Caracas septiembre de 2005.

[17]   Véase la carta que suscribió junto con otros magistrados del Tribunal Supremo dirigida nada menos que al Instituto Interamericano de Derechos Humanos, partiendo de la presunción de mi "culpabilidad," cuyo texto está publicado en: Allan R. Brewer-Carías (Compilador), *Persecución Política y violaciones al debido proceso. Caso CIDH Allan R. Brewer-Carías vs. Venezuela ante la Comisión Interamericana de Derechos Humanos y ante la Corte Interamericana de Derecho Humanos,* Tomo I (Denuncia, alegatos y solicitudes presentados por los abogados Pedro Nikken, Claudio Grossman, Juan Méndez, Helio Bicudo, Douglas Cassel y Héctor Faúndez), Caracas 2015, p. 63.

[18]   Véase la declaración notariada de Pedro Carmona en Bogotá el 23 de febrero de 2006 en el libro Allan R. Brewer-Carías, *En mi propia defensa,* Editorial Jurídica Venezolana, Caracas 2007, pp. 593-595. Igualmente, en su libro Pedro Carmona, *Mi testimonio ante la Histo*ria, 2006, pp. 107-108.

le -a ver si lo sacaba de su ignorancia- las violaciones que personalmente había cometido en contra de mis derechos y garantías al debido proceso.[19]

Estaba, por tanto, en Europa cuando la dependiente del tal Fiscal General, la señora fiscal provisoria, la tal Luisa Ortega Díaz antes mencionada, presentó 21 de octubre de 2005 su acusación en mi contra,[20] la cual fue contestada el 8 de noviembre de 2005 por mis abogados en Caracas, León Henrique Cottin y Rafael Odreman, mediante la presentación de un enjundioso escrito de cerca de 500 páginas, contentivo de la solicitud de *amparo penal o nulidad* de todo lo actuado por la violación masiva de mis derechos y garantías -que habíamos tenido meses redactando, ayudados por cierto, por la necesidad que tuvimos de *copiar a mano el expediente* pues se nos había negado la emisión de copias-; acción que nunca fue decidida.[21]

La Prudencia, en todo caso, me aconsejó no regresar de inmediato a Caracas, prolongándose la espera, lamentablemente, por los 16 años que han transcurrido desde entonces.

Dos años después del inicio del proceso penal contra mí y otros coimputados, el 31 de diciembre de 2007 fue emitida una Ley de Amnistía respecto de todos los hechos acaecidos con ocasión de la anunciada renuncia de Hugo Chávez en abril de 2002, mediante la cual se despenalizaron dichos hechos, beneficiando del "perdón general" u "olvido" que significa una amnistía, a todos los que hubieran podido haber estado vinculados a los mismos, aún sin tener responsabilidad alguna en los mismos.

La Ley, sin embargo -como incluso lo anunciaron públicamente tanto el Fiscal General Rodríguez, como la Fiscal Sexta provisoria Ortega Díaz- tenía una específica característica antijurídica e inconstitucional, que fue que absurdamente dispuso que no se aplicaba a quienes "no estuviesen a derecho" -lo que contradecía la naturaleza de la amnistía-,[22] siendo lo más grave que esa frase se interpretó por fiscales y jueces, no en el sentido propio referido a una persona por no haberse hecho parte en los procesos o no haber asistido a la audiencia preliminar -que en este caso nunca se realizó-, sino en el sentido de que supuestamente *"no estaban a derecho" quienes no estuviesen físicamente en el país* -como era mi caso-, con lo cual sobreseía la causa a todos los coimputados quedó en Venezuela un expediente abierto sin juicio contra mí, respecto de hechos despenalizados, sin que se sepa dónde pueda estar archivado, si es que existe; y yo con una especie de "prohibición *de facto* de regresar" al país.

---

[19]   Véase el texto de mi extensa carta publicado en el libro: Allan R. Brewer-Carías, *En mi propia defensa*, Editorial Jurídica Venezolana, Caracas 2007, pp. 573-590.

[20]   De la persecución que se iniciaba di cuenta, precisamente, al inicio de mi presentación sobre "The question of Legitimacy: How to choose the Supreme Court Judges," en la 6th International European Constitutional Law Network-Colloquium / International Association of Constitutional Law Round Table, sobre "The Future of the European Judicial System. The Constitutional role of European Courts," Universidad Humboldt, el 4 de noviembre de 2005. Disponible en: allanbrewercaerias.net/Content/449725d9-f1cb-474b-8ab2-41efb849fea2/Content/I.1.934%20THE%20QUESTION%20OF%20LEGITIMACY%202005.pdf

[21]   Como se dijo, el texto de la acción amparo penal o solicitud de nulidad es materialmente todo el del ya citado libro: Allan R. Brewer-Carías, *En mi propia defensa. Respuesta preparada con la asistencia de mis defensores Rafael Odreman y León Enrique Cottin contra la infundada acusación fiscal por el supuesto delito de conspiración*, Colección Opiniones y Alegatos Jurídicos No. 13, Editorial Jurídica Venezolana, Caracas 2006.

[22]   Véase sobre ello lo expuesto ante la Corte Interamericana de Derechos Humanos en escrito de 30 de noviembre de 2009, en: Allan R. Brewer-Carías (Compilador), *Persecución Política y violaciones al debido proceso. Caso CIDH Allan R. Brewer-Carías vs. Venezuela ante la Comisión Interamericana de Derechos Humanos y ante la Corte Interamericana de Derecho Humanos, cit.* Tomo I, 2015, pp. 199 ss.

V. NO OBTUVE JUSTICIA Y FUI SOMETIDO A UNA PERSECUCIÓN PERSONAL, POR LO QUE ACUDÍ AL SISTEMA INTERAMERICANO DE PROTECCIÓN DE LOS DERECHOS HUMANOS

En Venezuela, por tanto, no sólo no pude obtener Justicia, sino que lo que obtuve fue una persecución personal implacable al punto de que el Estado intentó utilizar indebidamente a la Interpol para apresarme en el extranjero, para colmo por un delito político -lo que está expresamente prohibido en la Carta de esa Organización internacional-[23] como era ese que se había inventado de "conspirar para cambiar violentamente la Constitución," por supuesto, con la "violencia" que puede provenir de *la única arma que he manejado en mi vida*, que es la pluma de escribir.

Esa utilización indebida de Interpol por el Estado venezolano se materializó por primera vez en 2006 cuando atendí una invitación del Senado de República Dominicana para hablar sobre el tema de la reforma constitucional, que fue la ocasión para que la tal Fiscal Ortega Díaz, en combinación con el Embajador de Venezuela en ese país, un tal general Belisario Landis, intentaron presionar infructuosamente al Presidente Leonel Fernández, para que me apresara.

Cerrada las puertas de la Justicia en Venezuela, unos meses después, el 24 de enero de 2007, asistido de los destacados amigos abogados, los profesores Pedro Nikken, Claudio Grossman, Juan Méndez, Héctor Faundez, Douglas Cassel y Elio Bicudo, acudí ante la Comisión Interamericana de Derechos Humanos, para que sometiera el asunto ante la Comisión ante la Corte Interamericana de Derechos Humanos, clamando por la Justicia que no había encontrado en mi país.[24]

¿Y para qué? Para que luego de que la Comisión Interamericana admitiera la demanda mediante Informe de 8 de septiembre de 2009 por considerar que efectivamente se habían violado mis derechos y no podía obtener Justicia en Venezuela; y sometiera el caso ante la Corte Interamericana mediante Informe de fecha 7 de marzo de 2012;[25] luego de que se desarrollara un largo proceso que duró siete años ante la Corte Interamericana de Derechos Humanos, ésta se negara a impartir justicia, a pesar incluso de que lo que básicamente se argumentó en el juicio fue la violación por el Estado Venezolano de mis garantías judiciales, *por la ausencia en Venezuela de un Ministerio Público y de un Poder Judicial independientes y autónomos que pudieran garantizar mi derecho al debido proceso*, sobre lo cual incluso la propia Corte ya se había pronunciado.

Sin embargo, ignorando la grave situación de la Justicia en Venezuela lo que dicha Corte Interamericana resolvió mediante sentencia de fecha 26 de mayo de 2014,[26] fue que yo no

---

[23]   De mis estudios para defenderme ante Interpol quedó el libro: Allan R. Brewer-Carías, *Procedimiento administrativo global ante Interpol*, Editorial Investigaciones Jurídicas, San José Costa Rica, 2014.

[24]   Véase el texto en Allan R. Brewer-Carías (Compilador), *Persecución Política y violaciones al debido proceso. Caso CIDH Allan R. Brewer-Carías vs. Venezuela ante la Comisión Interamericana de Derechos Humanos y ante la Corte Interamericana de Derecho Humanos, cit.* Tomo I, 2015, pp. 31-90.

[25]   Véase los textos en *Idem*, 124 ss. y 281 ss.

[26]   Véase la sentencia en el libro Allan R. Brewer-Carías, *El caso Allan R. Brewer-Carías vs. Venezuela ante la Corte Interamericana de Derechos Humanos. Estudio del caso y análisis crítico de la errada sentencia de la Corte Interamericana de Derechos Humanos No. 277 de 26 de mayo de 2014*, Editorial Jurídica Venezolana, Caracas 2014, pp. 371-436

podía hacer reclamación alguna ante dicha instancia del Sistema Interamericano de Derechos Humanos porque el proceso desarrollado en mi contra en Venezuela estaba en una supuesta "*etapa temprana*," y que por tanto, yo debía regresar a Venezuela a entregarme a mis perseguidores, ser privado de libertad y desde prisión, si acaso, tratar de que un Poder Judicial viciado, sin independencia ni autonomía alguna y controlado políticamente, pudiera atender mis reclamos; y solo si no lo lograba en alguna supuesta etapa posterior o "tardía" del proceso, cuando todos mis derechos ya hubieran sido machacados, entonces es que hubiera podido acudir ante la Corte Interamericana, quizás incluso desde la ultratumba.

Como lo destacó el profesor Jaime Orlando Santofimio, al haber llegado la Corte Interamericana a la conclusión de que yo debía haberme presentado ante las autoridades judiciales del Estado venezolano para efectos de poder hacer uso de mis recursos y después de todo esto poder demandar o presentar mi situación jurídica ante el Sistema Interamericano, desconociendo el alcance de algunas de las excepciones que la misma Convención Americana de Derechos Humanos y el Reglamento de la Comisión establecen para efectos de acudir válidamente al Sistema Interamericano "sin haber cumplido las formalidades del ordenamiento jurídico interno," lo que hizo fue, en definitiva, convertirse:

> "en la victimaria del profesor Alan Brewer Carías al hacerle exigencias lesivas adicionales a los derechos que ya venían siendo violados por el Estado venezolano."[27]

Esa decisión de la Corte Interamericana, por otra parte, significó sentar la peligrosísima doctrina de que los derechos y garantías judiciales del debido proceso, como el derecho a la defensa, de alegar pruebas y el de la presunción de inocencia, *podían ser violados libremente por los Estados en la etapa de investigación o "etapa temprana" del proceso penal,* sin control alguno, lo que no sólo es una aberración, sino una tesis contraria a todos los estándares internacionales de protección de los derechos humanos a la presunción de inocencia y al debido proceso,[28] y contraria a lo que dispone la propia Constitución de Venezuela, cuando garantiza que la defensa es inviolable "en todo estado y grado de la investigación y del proceso" (art. 49.1).

Por ello, el Comité DDHH de la ONU decidió que a pesar de que ya la Corte Interamericana de Derechos Humanos había conocido del caso y lo había declarado inadmisible por razones procesales, sin embargo, el Comité de DDHH de la ONU podía llegar a una "*conclusión distinta,* en particular sobre cuestiones atinentes a los *estándares de derecho aplicables* a la luz del Pacto Internacional de Derechos Civiles y Políticos"(par 8.3), como en efecto llegó, admitiendo y decidiendo la demanda, condenando al Estado, lo que significa a la vez, en mi criterio, una "condena" a la propia Corte Interamericana por no haberse sometido, cuando decidió el caso en 2014, a los estándares de protección de derechos hu-

---

[27] Véase Jaime Orlando Santofimio Gamboa, Conferencia en la *Jornada Científica Internacional sobre Razonamiento, Interpretación y Argumentación en Derechos Humanos*, organizada por el Instituto de Investigaciones sobre razonamiento, interpretación y argumentación jurídica en derechos humanos y humanitario, Santiago del Estero, Argentina, 21 de diciembre de 2021. Disponible en: https://youtu.be/OEw0dt26lKI.

[28] La aberración, por ser tal, fue por supuesto abandonada por la propia Corte, posteriormente, después de haber causado el daño causado en el caso *Brewer-Carías vs Venezuela,* aun cuando sin enmendarlo, y por ejemplo, en la sentencia del caso *Martínez Esquivia vs. Colombia,* la Corte indicó que "las exigencias del debido proceso previstas en el artículo 8.1 de la Convención, así como criterios de independencia y objetividad, se extienden también a los órganos que corresponda la investigación previa al proceso judicial" (sentencia de 6 de octubre de 2020, Excepciones preliminares, fondo y reparaciones, párrafo 84). Disponible en: https://www.corteidh.or.cr/docs/casos/articulos/seriec_428_esp.pdf

manos enumerados en el artículo 29 de la Convención Americana de Derechos Humanos que tanto ha pregonado para ser aplicados por los jueces y autoridades de los países, decidiendo el caso, al contrario, como si la Convención misma no se le aplicara también a la propia Corte.

VI. LA CORTE INTERAMERICANA EN LA SENTENCIA DE LA POSICIÓN MAYORITARIA SE AMPARÓ INDEBIDAMENTE EN LA EXCEPCIÓN PRELIMINAR DE NO HABER AGOTADO LOS RECURSOS INTERNOS, LA CUAL FUE DESECHADA POR EL COMITÉ DDHHH DE LA ONU

La mayoría de jueces de la Corte Interamericana, en aquella aberrante sentencia de 2014, que contrasta con el Dictamen del Comité de Derechos Humanos de la ONU de 2021, para no tener que decidir sobre las violaciones que fueron alegadas, sin duda por miedo a Hugo Chávez Frías quien entonces era todavía el "gran elector" en la OEA, se amparó en la excepción preliminar que adujo el Estado de que yo supuestamente no había agotado los recursos internos para poder acudir ante el tribunal internacional, ignorando, de paso, pero *ex profeso*, en lo que fue sin duda un error judicial grave e imperdonable que, al contrario, yo sí había agotado el único recurso interno disponible luego de formulada la acusación en mi contra que era la *acción de amparo penal*, es decir, la *solicitud de nulidad* de todo lo actuado por violación de mis garantías constitucionales que, se insiste, era el único recurso disponible luego de que el Ministerio Público formuló la acusación penal.[29]

Al contrario de lo que hizo la Corte Interamericana, el Dictamen del Comité de la ONU desechó la misma excepción que opuso el Estado, no sólo reconociendo que efectivamente yo sí había intentado el único recuso disponible para cuando interpusimos la denuncia ante la Comisión Interamericana (acción de nulidad o amparo penal), sino que en cualquier caso, no existiendo un Poder Judicial autónomo e independiente ningún recurso que se pudiera haber intentado era efectivo, y por tanto, no se me podía obligar a "subordinarme a la sujeción a un proceso indebido" (párr. 9.8).

La sentencia de la Corte Interamericana de 2014, en cambio, no sólo violó en sí misma mi derecho al debido proceso, pues despreció los principios y estándares que tanto ha preconizado respecto de los Estados, creyéndose por encima de la propia Convención, y denegándome en consecuencia la Justicia que buscaba en la misma, cuya mayoría de jueces -dejando aparte la honrosa excepción de los jueces Eduardo Ferrer Mac Gregor y Manuel Ventura quienes emitieron un memorable Voto Negativo Disidente- no se atrevieron a juzgar el régimen de Venezuela y la situación de su Poder Judicial, y condenar al Estado por violaciones contra mis derechos y garantías; sino que para ello, expresamente ignoró su más antigua jurisprudencia que le impedía a la Corte acordar la excepción de agotamiento de recursos internos cuando se ha alegado que no existe independencia y autonomía judicial; es decir, cuando su inutilidad deriva del hecho de que "el Poder Judicial carece de la independencia necesaria para decidir con imparcialidad."[30]

29   Véase sobre el amparo penal lo expuesto en Allan R. Brewer-Carías, *Derecho y Acción de Amparo*, Academia de Ciencias Políticas y Sociales, Editorial Jurídica Venezolana, Caracas 2021, pp. 572 ss.

30   Véase Corte Interamericana de Derechos Humanos. Opinión Consultiva OC-9/87 del 6 de octubre de 1987 *Garantías Judiciales en Estados de Emergencia*. Disponible en: https://www.acnur.org/fileadmin/Documentos/BDL/2002/1264.pdf. Véase, además: Corte Interamericana de Derechos Humanos. Caso *Velásquez Rodríguez vs. Honduras*, sentencia de 26 de junio de 1987 (Excepciones Preliminares). Disponible en: https://www.corteidh.or.cr/docs/casos/articulos/seriec_01_esp.

Qué contraste con el Dictamen del Comité DDHH de la ONU, en el cual sus miembros, sin temor y con toda la independencia que los caracteriza, resolvió sin titubear que el Estado en el proceso penal que desarrolló en mi contra, me violó las garantías del debido proceso, y mis derechos a la presunción de inocencia y a disponer de un recurso efectivo para mi defensa.

Y para decidir en esa forma, el Comité DDHH de la ONU procedió a analizar el fondo de las denuncias de mi caso desechando, además, el argumento formulado por el Estado de que en el caso ya la Corte Interamericana había decidido no admitir mi denuncia, hecho que supuestamente conforme lo alegó el Estado, le exigía al Comité hacer lo mismo. Pero, al contrario, el Comité fue preciso en no sólo conocer el fondo de las denuncias en el caso sino en llegar a una conclusión distinta y contraria a la que injustamente había legado la Corte Interamericana, indicando en el dictamen que nada le impedía "declarar la comunicación admisible," y llegar a una conclusión distinta, decidiendo que:

> "El Comité observa que las decisiones plenamente motivadas de los órganos del sistema interamericano sobre *una denuncia de autor contra el Estado parte básicamente similar* merecen la debida consideración. No obstante, ello no implica que el *Comité no pueda llegar a una conclusión distinta, en particular sobre cuestiones atinentes a los estándares* aplicables a la luz del Pacto" (par. 8.3).

En todo caso, debe recordarse que la jurisprudencia que la mayoría de los sumisos jueces de la Corte Interamericana se negaron a aplicar en su sentencia de 2014, está contenida desde las antes mencionadas sentencia de los casos *Velásquez Rodríguez, Fairén Garbi y Solís Corrales y Godínez Cruz* (Excepciones Preliminares) del 26 de junio de 1987,[31] en las que estableció que cuando se alegan violaciones al debido proceso por inexistencia de un Poder Judicial autónomo e independiente, sin perjuicio de que se hubieran o no ejercido recursos internos, no procede la excepción preliminar de tener que agotarlos -por supuesto, por inefectivos-, teniendo la Corte Interamericana la obligación de

---

pdf., en la cual expresó: "30. La Corte entiende que la interpretación de todas las normas de la Convención relativas al procedimiento que debe cumplirse ante la Comisión para que "la Corte pueda conocer de cualquier caso" (art. 61.2), *debe hacerse de forma tal que permita la protección internacional de los derechos humanos que constituye la razón misma de la existencia de la Convención y llegar, si es preciso, al control jurisdiccional.* Los tratados deben interpretarse "de buena fe conforme al sentido corriente que haya de atribuirse a los términos del tratado en el contexto de éstos y teniendo en cuenta su objeto y fin" (art. 31.1 de la Convención de Viena sobre el Derecho de los Tratados). El objeto y fin de la Convención Americana es la *eficaz protección de los derechos humanos.* Por ello, la Convención *debe interpretarse de manera de darle su pleno sentido y permitir que el régimen de protección de los derechos humanos* a cargo de la Comisión y de la Corte adquiera todo "su efecto útil". Es plenamente aplicable aquí lo que ha dicho la Corte de La Haya: Considerando que, en caso de duda, las cláusulas de un compromiso por el cual un diferendo es sometido a la Corte deben ser interpretados, si con ello no se violentan sus términos, de manera que se permita a dichas cláusulas desplegar su efecto útil (…) 33. (…) la Corte deberá abordar varios problemas relativos a la interpretación y aplicación de las normas procesales contenidas en la Convención. Para ese fin, la Corte tiene en cuenta, en primer lugar, que, en la jurisdicción internacional, la inobservancia de ciertas formalidades no siempre es relevante, pues lo esencial es que se preserven las condiciones necesarias para que los derechos procesales de las partes no sean disminuidos o desequilibrados, y para que se alcancen los fines para los cuales han sido diseñados los distintos procedimientos". Tesis ratificada en Corte Interamericana de Derechos Humanos. Caso *Fairen Garbi y Solís Corrales vs Honduras*, sentencia de 26 de junio de 1987 (Excepciones Preliminares), párrafos 35 y 38.

[31]   Idem. párrs. 88, 90, 90 y 92 (Sentencias del 26 de junio de 1987).

decidir el fondo de las violaciones alegadas, comenzando precisamente por las violaciones a las garantías judiciales.[32]

Por ello, con razón y en sentido contrario a lo que resolvió la Corte Interamericana, sobre la misma excepción de supuesto no agotamiento de los recursos internos aducida por el Estado ante el Comité DDHH de la ONU, este organismo en su decisión indicó que:

"8.5. El Comité observa, sin embargo, que en el presente caso la cuestión del agotamiento de los recursos internos en relación con el resto de alegaciones del autor están *íntimamente vinculadas a las alegaciones de fondo*[33]. Por ello, el Comité considera que el artículo 5, párrafo 2 b), del Protocolo Facultativo *no es un obstáculo a la admisibilidad* de la comunicación."

Por ello, el profesor Jaime Orlando Santofimio Gamboa, al referirse a la decisión del Comité de la ONU, en contraste con la de la Corte Interamericana, apreció con razón que en mi caso ante ésta:

"*estaba* plenamente demostrado cosas como estas: que no había seguridad jurídica; segundo, que el Poder Judicial de la República de Venezuela no era un poder independiente; que estaba en manos de jueces nombrados por el poder, jueces transitorios y no permanentes; jueces que no daban garantía; donde se habían destituido jueces que ya habían tomado alguna decisión desfavorable frente a él."

Sin embargo, ante esa evidencia, la Corte Interamericana, violando los estándares de protección de los derechos humanos consagrados en el artículo 29 de la Convención,

"hizo prevalecer una norma de derecho interno del Estado venezolano en el sentido de que para poder ejercer válidamente sus pretensiones dentro del proceso penal tenía que irse a presentar a las autoridades y permitir que fuese privado de su libertad para efectos de poderle, después, venir y garantizar sus derechos en el sistema interamericano." [34]

---

[32]   Véase las decisiones de fondo en los casos: Casos *Velásquez Rodríguez vs Honduras*, sentencia *de 29 de julio de 1988*, en https://www.corteidh.or.cr/docs/casos/articulos/seriec_04_esp.pdf; Caso *Fairén Garbi y Solís Corrales vs. Honduras*, sentencia de 15 de marzo de 1989, en https://www.corteidh.or.cr/docs/casos/articulos/seriec_06_esp.pdf; y caso Caso Godínez Cruz vs. Honduras, sentencia de 20 de enero de 1989, en https://www.corteidh.or.cr/docs/casos/articulos/seriec_05_esp.pdf, párrs. 63-64, 66-67 y 87-88. Véase las siguientes decisiones de excepciones preliminares: Casos *Caballero Delgado y Santana vs Colombia*, sentencia de *21 de enero de 1994*, en https://www.corteidh.or.cr/docs/casos/articulos/seriec_17_esp.pdf, párr.63; Caso Genie Lacayo vs Nicaragua, sentencia de 27 de enero de 1995, en https://www.corteidh.or.cr/docs/casos/articulos/ seriec_21_esp.pdf, párr.30; Caso *Cesti Hurtado vs Perú*, sentencia de 26 de enero de 1999, en https://www.corteidh.or.cr/docs/casos/articulos/seriec_49_esp.pdf, párr.33; Caso *Juan Humberto Sánchez vs Honduras*, sentencia de 7 de junio de 2003, en https://www.corteidh.or.cr/docs/casos/articulos /seriec_99_esp.pdf, párr.67; Caso *Yatama vs Nicaragua*, sentencia de 23 de junio de 2005, en https://www.corteidh.or.cr/docs/casos/articulos/seriec_127_esp.pdf, párr.71. Véase Jaime Orlando Santofimio Gamboa, Conferencia en la *Jornada Científica Internacional sobre Razonamiento, Interpretación y Argumentación en Derechos Humanos*, organizada por el Instituto c N° 1 de Investigaciones sobre razonamiento, interpretación y argumentación jurídica en derechos humanos y humanitario, Santiago del Estero, Argentina, 21 de diciembre de 2021. Disponible en: https://youtu.be/OEw0dt26lKI

[33]   *Pichardo Salazar c. Venezuela* (CCPR/C/132/D/2833/2016), párr. 6.3; y *Cedeño c. Venezuela* (CCPR/C/106/D/1940/2010), párr. 6.3.

[34]   Véase Jaime Orlando Santofimio, Conferencia en la *Jornada Científica Internacional sobre Razonamiento, Interpretación y Argumentación en Derechos Humanos*, organizada por el Instituto c N° 1 de Investigaciones sobre razonamiento, interpretación y argumentación jurídica en derechos humanos y humanitario, Santiago del Estero, Argentina, 21 de diciembre de 2021. Disponible en: https://youtu.be/OEw0dt26lKI.

Y fue precisamente por ello que el Comité de la ONU, en lugar de rechazar el recurso por cuestiones procesales, entró a conocer del fondo de mis denuncias, siendo enfático en considerar que para la defensa de mis derechos y para hacer *"efectivo el derecho a un debido proceso,"* no se me podía subordinar "a *la sujeción a un proceso indebido"* (par. 9.8), como en cambio lo decidió la Corte Interamericana al imponerme que debía ir a someterme a los designios de un Poder Judicial políticamente controlado y perder mi libertad para poder acceder a la justicia internacional.

VII. EN LA DECISIÓN DE LA CORTE INTERAMERICANA MÁS PESÓ LA PRESIÓN POLÍTICA QUE EL IDEAL DE JUSTICIA ANTE LA RUPTURA DE LA INDEPENDENCIA JUDICIAL

En el caso de la decisión de la Corte Interamericana, sin embargo, en lugar de haber respetado su propia jurisprudencia en el mismo sentido como lo que resolvió el Comité DDHH del ONU, más pesó la presión política que en el momento aún ejercía Chávez en el mundo latinoamericano -al manjar la "chequera petrolera"-; presión que ejerció sobre la mayoría de los propios jueces de la Corte cuando su propio Canciller de entonces, el Sr Nicolás Maduro, para presionar y buscar evitar que el Estado fuera condenado -en el caso en el que yo estaba involucrado-, procedió el 10 de septiembre de 2012 a denunciar la Convención Americana de Derechos Humanos identificando expresamente como uno de los "motivos" para esa denuncia de la Convención, el hecho de que la Comisión y la Corte Interamericanas hubieran admitido precisamente el caso *Allan R. Brewer-Carías vs Venezuela,* que era uno de los juicios entonces pendientes de decidir en la Corte.[35]

La Corte Interamericana, por tanto, bien presionada por el régimen venezolano, con su sentencia de 2014, dictada algo más de un año después de la denuncia de la Convención por Venezuela, decidió que yo debía ir a entregarme a un Poder Judicial que desde casi tres lustros antes ya no era ni autónomo ni independiente, ignorando la realidad y la verdad material, que era precisamente esa de que en Venezuela no había garantías judiciales algunas para pretender que nadie que tuviera razón, particularmente contra el Estado, pudiera pretender obtener Justicia. Esa situación del Poder Judicial que implicaba que en Venezuela no existía forma alguna de que pudiese garantizarse el debido proceso de nadie, como se ha dicho, la propia Corte lo había reconocido en casos decididos con anterioridad.[36]

Ignoró así la Corte Interamericana, deliberadamente, a pesar de que estaba probado y documentado en el expediente, que en Venezuela la demolición de la independencia y autonomía del Poder Judicial había comenzado efectivamente desde cuando la Asamblea Nacional Constituyente de 1999 decretó el asalto e intervención del Poder Judicial, destituyendo jueces a mansalva, sin garantía alguna de debido proceso, y nombrado jueces provisorios y temporales sometidos al poder;[37] proceso que tuvo su primera víctima institucional a la antigua Corte Suprema de Justicia. La misma, cuando aceptó y convalidó la intervención constituyente del Poder Judicial, como lo advirtió su Presidenta Cecilia Sosa Gómez aceptó una

---

35 Véase el texto de la carta de Denuncia de la Convención en www.oas.org/dil/esp/Nota_Republica_Bolivariana_Venezuela_al_SG_OEA.PDF.

36 Véase, por ejemplo, lo resuelto en el Caso *Apitz Barbera y otros ("Corte Primera de lo Contencioso Administrativo") vs. Venezuela.* Excepción Preliminar, Fondo, Reparaciones y Costas. Sentencia de 5 de agosto de 2008. Serie C No. 182, párr. 55, y Caso *Rico vs. Argentina,* párr. 53

37 Véase mi critica de entonces a la intervención constituyente del Poder Judicial en Allan R. Brewer-Carías, *Debate Constituyente (Aportes a la Asamblea Nacional Constituyente), Tomo I (8 agosto / 8 septiembre),* Editorial Jurídica Venezolana, 1999, pp. 57-74.

acción dirigida "directamente a desconocer el Estado de Derecho," y con ello acordó su propia "autodisolución."[38] Por ello, en ese mismo momento, la magistrada Sosa renunció a la Corte, habiendo quedado confirmadas sus advertencias apenas cuatro meses después, con la destitución de los magistrados que siguieron y el nombramiento de nuevos magistrados de un Tribunal Supremo de Justicia ya controlado por el poder, sin cumplirse siquiera con los requisitos que la nueva Constitución de 1999 venía de establecer.[39]

Con ello se inició el proceso sistemático de demolición, desmantelamiento o derrumbe sin pausa del Poder Judicial en Venezuela que ocurrió desde 1999, mediante el cual se barrió con su autonomía e independencia, habiendo sido ello durante los últimos lustros, uno de los signos del deterioro institucional del país, obra del autoritarismo, donde en consecuencia no hay Estado de derecho.[40]

Con todo ello, lo que resulta evidente es que el proceso de eliminación de la independencia y autonomía judicial en Venezuela no es un proceso reciente, sino que se fue ejecutando desde hace más de veinte años, y así fue alegado entre 2007 y 2014 ante la Corte Interamericana, tal y como lo había venido denunciando progresivamente,[41] todo lo cual explica

[38]   Véase mis comentarios de entonces al desafortunado Acuerdo de la Corte Suprema de 23 de agosto de 1999, *Ídem*, pp. 141 ss.

[39]   Véase sobre el Decreto de transición constitucional y el nombramiento viciado de los Magistrados del nuevo Tribunal Supremo mis comentarios de entonces en Allan R. Brewer-Carías, *Golpe de Estado y proceso constituyente en Venezuela*, Universidad Nacional Autónoma de México, México 2002, pp. 350 ss.

[40]   Véase entre otros lo expuesto en mis libros: Allan R. Brewer-Carías, *The Collapse of the Rule Of Law and the Struggle for Democracy in Venezuela. Lectures and Essays (2015-2020)*, Foreword: Asdrúbal Aguiar, Colección Anales, Cátedra Mezerhane sobre democracia, Estado de Derecho y Derechos Humanos, Miami Dade College, 2020, 618 pp.; y *Authoritarian Government v. The Rule of Law. Lectures and Essays (1999-2014) on the Venezuelan Authoritarian Regime Established in Contempt of the Constitution*, Fundación de Derecho Público, Editorial Jurídica Venezolana, Caracas 2014, 986 pp.

[41]   Véase por lo que a mí respecta: Allan R. Brewer-Carías, La progresiva y sistemática demolición de la autonomía e independencia del Poder Judicial en Venezuela (1999-2004)," en *XXX Jornadas J.M Domínguez Escovar, Estado de Derecho, Administración de Justicia y Derechos Humanos*, Instituto de Estudios Jurídicos del Estado Lara, Barquisimeto 2005, pp. 33-174; Allan R. Brewer-Carías, "El constitucionalismo y la emergencia en Venezuela: entre la emergencia formal y la emergencia anormal del Poder Judicial," en Allan R. Brewer-Carías, *Estudios Sobre el Estado Constitucional (2005-2006)*, Editorial Jurídica Venezolana, Caracas 2007, pp. 245-269; Allan R. Brewer-Carías "La justicia sometida al poder. La ausencia de independencia y autonomía de los jueces en Venezuela por la interminable emergencia del Poder Judicial (1999-2006)" en *Cuestiones Internacionales. Anuario Jurídico Villanueva 2007*, Centro Universitario Villanueva, Marcial Pons, Madrid 2007, pp. 25-57, disponible en www.allanbrewercarias.com, (Biblioteca Virtual, II.4. Artículos y Estudios No. 550, 2007) pp. 1-37; "Sobre la ausencia de independencia y autonomía judicial en Venezuela, a los doce años de vigencia de la constitución de 1999 (O sobre la interminable transitoriedad que en fraude continuado a la voluntad popular y a las normas de la Constitución, ha impedido la vigencia de la garantía de la estabilidad de los jueces y el funcionamiento efectivo de una "jurisdicción disciplinaria judicial"), en *Independencia Judicial*, Colección Estado de Derecho, Tomo I, Academia de Ciencias Políticas y Sociales, Acceso a la Justicia, Fundación de Estudios de Derecho Administrativo (Funeda), Universidad Metropolitana (Unimet), Caracas 2012, pp. 9-10; "The Government of Judges and Democracy. The Tragic Situation of the Venezuelan Judiciary," en Sophie Turenne (Editor.), *Fair Reflection of Society in Judicial Systems - A Comparative Study*, Ius Comparatum. Global Studies in Comparative Law, Vol 7, Springer 2015, pp. 205-231. La mayoría de estos trabajos se han recogido en el libro: Allan R. Brewer-Carías, *La demolición de la independencia y autonomía del Poder Judicial en Venezuela 1999-2021*, Colección Biblioteca Allan R. Brewer-Carías, Instituto de Investigaciones Jurídicas de la Universidad Católica Andrés Bello, No. 7, Editorial Jurídica Venezolana, Caracas 2021, 612 pp.

que veinte años después, el *Informe de la Misión internacional independiente de determinación de los hechos* sobre *la República Bolivariana de Venezuela* presentado el 16 de septiembre de 2021 ante el Consejo de Derechos Humanos de la Organización de las Naciones Unidas, luego de apreciar que en el país "la erosión de la independencia judicial y de la fiscalía se ha acelerado en los últimos años," concluyó su apreciación indicando que:

> "las reformas legales y administrativas que contribuyeron al deterioro de la independencia del sistema de justicia *tuvieron lugar a lo largo de varios años, al menos desde la adopción de la Constitución de 1999*" (pár. 14).[42]

Debe decirse, en todo caso, que esa situación de progresiva erosión de la autonomía e independencia del Poder Judicial, y, por ende, del propio Estado de derecho, no fue ignorada por los organismos internacionales con funciones en materia de protección de los derechos humanos. Ese fue el caso, por ejemplo, de la Comisión Interamericana de Derechos Humanos la cual durante los últimos veinte años lo advirtió en sus *Informes,* como lo resumió en uno de sus más recientes Informes de admisibilidad en el Caso: *Nelson J. Mezerhane Gosen vs. Venezuela* (Informe No. 312/21, Petición 961-10, 2 de noviembre de 2021), indicando que:

> "*ha constatado reiteradamente la falta de independencia judicial* en Venezuela. Así sucedió, entre otras: en el *Informe Anual de 2004* (Capítulo IV, párrafos 138-207), en el *Informe Anual de 2005* (Capítulo IV, párrafos 214-370), en el *Informe Anual de 2006* (Capítulo IV, párrafos 138-252), en el *Informe Anual de 2007* (Capítulo IV, párrafos 221- 315), (i) en el *Informe Anual de 2008* (Capítulo IV, párrafos 391-403), (ii) en el *Informe Anual de 2009* (Capítulo IV, párrafos 472-483), (iii) en el *Informe Anual de 2010* (Capítulo IV, párrafos 615-649), (iv) en el *Informe Anual de 2011* (Capítulo IV, párrafos 447-477), (v) en el *Informe Anual de 2012* Capítulo IV, párrafos 464-509), (vi) en el *Informe Anual de 2013* (Capítulo IV, párrafos 632-660), (vii) en el *Informe Anual de 2014* (Capítulo IV, párrafos 536-566), (viii) en el *Informe Anual de 2015* (Capítulo IV, párrafos 257-281), (ix) en el *Informe Anual de 2016* (Capítulo IV, párrafos 57-87.), (x) en el *Informe Anual de 2017* (Capítulo IV, párrafos 13-21), (xi) en el *Informe Anual de 2018* (Capítulo IV.B, párrafos 30-57) (xii) en el *Informe Anual de 2019* (Capítulo IV.B, párrafos 30-48) y en el *Informe Anual 2020.* También se examinó en detalle el tema en (xiii) el *Informe sobre la Situación de Derechos Humanos en Venezuela de 2017* ("Institucionalidad democrática, Estado de derecho y derechos humanos en Venezuela", páginas 45 y siguientes) y (xiv) el *Informe sobre Democracia y Derechos Humanos en Venezuela de 2009* (Parte III, párrafos 180 a 339.22).[43]

La Comisión, en efecto, desde su *Informe* rendido en 2002 consideró que uno de los aspectos esenciales "vinculado a la autonomía e independencia del Poder Judicial es el relativo al carácter provisorio de los jueces," constatando que:

> "luego de casi tres años de reorganización del Poder Judicial, un número significativo de los jueces tiene carácter provisorio, que oscila entre el 60 y el 90% según las distintas fuentes. Ello afecta la estabilidad, independencia y autonomía que debe regir a la judicatura."

---

[42]   Disponible en: https://www.ohchr.org/Documents/HRBodies/HRCouncil/FFMV/A.HRC.48.69%20ES. pdf.

[43]   Véase Comisión Interamericana de Derechos Humanos, Caso Nelson J. Mezerhane Gosen vs Venezuela, Informe de admisibilidad No. 312/21, Petición 961-10, 2 de noviembre de 2021, párr. 33.

Por ello, ya en 2002 la Comisión instó a que se iniciara "de manera inmediata y conforme a su legislación interna y las obligaciones internacionales derivadas de la Convención Americana, un proceso destinado a revertir la situación de provisionalidad de la mayoría de los jueces,"[44] lo cual nunca ocurrió, sino que desde entonces se agravó.

Además, en el *Informe Especial* sobre Venezuela, de 2003, la misma Comisión Interamericana expresó de nuevo la preocupación que generaba el establecimiento de jueces provisorios en Venezuela,[45] señalando que dichos funcionarios:

"no gozan de la garantía de estabilidad en el cargo y pueden ser removidos o suspendidos libremente, lo que podría suponer un condicionamiento a la actuación de estos jueces, en el sentido de que no pueden sentirse protegidos frente a indebidas interferencias o presiones provenientes del interior o desde fuera del sistema judicial."[46]

En 2004, incluso la Comisión fue enfática al considerar en su *Informe* a la Asamblea General de la OEA correspondiente a ese año cómo las "normas de la Ley Orgánica del Tribunal Supremo de Justicia [de 2004] habrían facilitado que el Poder Ejecutivo manipulara el proceso de elección de magistrados llevado a cabo durante 2004."[47]

Y con un control político ejercido sobre el Tribunal Supremo por parte del Ejecutivo, resultó evidente el control político ejercido sobre la totalidad de la Judicatura, al punto que en 2006, cuando el Tribunal Supremo dispuso "convertir" a los jueces temporales, provisorios y accidentales en jueces titulares sin cumplir con los concursos públicos de oposición establecidos en la Constitución,[48] ello fue denunciado ante la Comisión Interamericana de Derechos Humanos como un nuevo atentado a la autonomía del Poder Judicial hecho en fraude a la Constitución.[49]

IX. EL PODER JUDICIAL EN VENEZUELA NO GOZABA DE NINGUNO DE LOS ESTÁNDARES QUE GARANTIZAN LA AUTONOMÍA E INDEPENDENCIA

Para 2007, por tanto, para cuándo Pedro Nikken, Claudio Grossman, Juan Méndez, Douglas Cassel, Héctor Faúndez y Elio Bicudo presentaron ante la Comisión Interamericana de Derechos Humanos la denuncia contra el Estado Venezolano por violación de mis derechos y garantías judiciales,[50] ya el Poder Judicial en Venezuela no gozaba de ninguno de los

---

[44] Véase "Comunicado de Prensa" de 10-05-2000, en *El Universal*, Caracas 11-5-2002.

[45] *Informe sobre la Situación de los Derechos Humanos en Venezuela*, OEA/Ser.L/V/II.118, d.C. 4 rev. 2, 29 de diciembre de 2003, Párr. 11, p. 3 ("La Comisión ha sido informada que solo 250 jueces han sido designados por concurso de oposición de conformidad a la normativa constitucional. De un total de 1772 cargos de jueces en Venezuela, el Tribunal Supremo de Justicia reporta que solo 183 son titulares, 1331 son provisorios y 258 son temporales").

[46] *Ibíd.*, par. 11, 12 159.

[47] CIDH, *Informe Anual 2004, cit.*, pár. 180.

[48] Por ello se anunció incluso públicamente, con todo cinismo, que "para diciembre de 2006, el 90% de los jueces serán titulares." Véase en *El Universal*, Caracas 11-10-2006.

[49] Véase la denuncia de Cofavic, Provea, Espacio Público, Centro de Derechos Humanos de la UCAB, Unión Afirmativa y otras organizaciones no gubernamentales ante la Comisión Interamericana de Derechos Humanos, en Washington. Véase en *El Universal*, Caracas, 20 de octubre de 2006.

[50] "Los jueces provisorios o temporales carecen de estabilidad en los respectivos cargos y por consiguiente, sus designaciones pueden ser revisadas y dejadas sin efecto en cualquier oportunidad, sin la exigencia de someterlos a un procedimiento administrativo previo, ni la obligación de argumentar las razones específicas y legales que dieron lugar a la remoción, en tanto que ella obedece a motivos meramente discrecionales". Véase en: https://vlexvenezuela.com/vid/jose-luis-arocha-colmenarez-651885709. En 2003, la Comisión Interamericana de Derechos Humanos indicó que

estándares que garantizan la autonomía e independencia de los jueces, conforme a los parámetros precisados recientemente, en 2020, por la propia Corte Interamericana en su sentencia del caso *Martínez Esquivia vs. Colombia*, al establecer que:

"de la independencia judicial derivan las garantías a un adecuado proceso de nombramiento, a la inamovilidad en el cargo y a la garantía contra presiones externas (Cfr. Caso del *Tribunal Constitucional vs. Perú*, supra, párr. 75, y Caso *Rico vs. Argentina*, 2019 supra, párr. 52.). En cuanto a la garantía de estabilidad e inamovilidad de jueces y juezas, la Corte ha considerado que implica lo siguiente: a) la separación del cargo debe obedecer exclusivamente a las causales permitidas, ya sea por medio de un proceso que cumpla con las garantías judiciales o porque se ha cumplido el término o período de su mandato; b) los jueces y juezas solo pueden ser destituidos por faltas de disciplina graves o incompetencia, y c) todo proceso seguido contra jueces o juezas deberá resolverse de acuerdo con las normas de comportamiento judicial establecidas y mediante procedimientos justos que aseguren la objetividad e imparcialidad según la Constitución o la ley (Cfr. Caso *Reverón Trujillo vs. Venezuela*, 2009 supra, párr. 77, y Caso *Rico vs. Argentina*, 2019 supra, párr. 55.) (Párr. 85)."[51]

Por ello, la Comisión Interamericana de Derechos Humanos, en su *Informe Anual de 2008* consideró que, al contrario de esos estándares, la situación de la provisionalidad y temporalidad de los jueces en Venezuela como un "problema endémico" en el país, que exponía a los jueces a su destitución discrecional, a cuyo efecto llamó la atención sobre el "permanente estado de emergencia al cual están sometidos los jueces."[52]

La misma Comisión, en su *Informe Anual* de 2009, ratificó su apreciación de que "en Venezuela los jueces y fiscales no gozan de la garantía de permanencia en su cargo necesaria para asegurar su independencia en relación con los cambios de políticas gubernamentales,"[53] refiriéndose específicamente en su *Informe* de 2010, a la falta de independencia y autonomía del Tribunal Supremo destacando que:

"los 49 magistrados elegidos (17 principales y 32 suplentes) serían simpatizantes del gobierno, incluyendo a dos nuevos magistrados que eran parlamentarios activos de la mayoría oficialista en la Asamblea Nacional."[54]

En 2011, la Comisión fue reiterativa sobre el tema y en el *Informe de admisión* de mi caso, *Allan R. Brewer-Carías vs. Venezuela*, recomendó a Venezuela:

---

había sido: "informada que sólo 250 jueces han sido designados por concurso de oposición de conformidad a la normativa constitucional. De un total de 1772 cargos de jueces en Venezuela, el Tribunal Supremo de Justicia reporta que solo 183 son titulares, 1331 son provisorios y 258 son temporales." *Reporte sobre la Situación de Derechos Humanos en Venezuela*; OAS/Ser.L/V/II.118. doc.4rev.2; 29-12-2003, parágrafo 174, *en* http://www.cidh.oas.org/countryrep/Venezuela2003 eng/ toc.htm. La Comisión también agregó que "un aspecto vinculado a la autonomía e independencia del Poder Judicial es el relativo al carácter provisorio de los jueces en el sistema judicial de Venezuela. Actualmente, la información proporcionada por las distintas fuentes indica que más del 80% de los jueces venezolanos son 'provisionales.'" *Id.*, par. 161.

[51] Caso *Martínez Esquivia vs. Colombia*, Sentencia de 6 de octubre de 2020 (Excepciones preliminares, Fondo y Reparaciones). Disponible en: https://www.corteidh.or.cr/docs/casos/articulos /seriec _412_esp.pdf

[52] Véase *Annual Report 2008* (OEA/Ser.L/V/II.134. Doc. 5 rev. 1. 25-02-2009), par. 39

[53] Véase *Informe Anual de 2009*, parágrafo 480, en http://www.cidh.oas.org/annualrep/2009eng/ Chap.IV.f.eng.htm

[54] Véase IICHR, *Informe Anual 2010*, OEA/Ser.L/V/II. Doc. 5 corr. 1, 7-3-2011. Véase el Informe sobre Venezuela en: http://www.cidh.oas.org/annualrep/2010sp/CAP.IV.VENEZUELA.2010.FINAL.doc.

"Adoptar medidas para asegurar la independencia del poder judicial, reformando a fin de fortalecer los procedimientos de nombramiento y remoción de jueces y fiscales, afirmando su
estabilidad en el cargo y eliminando la situación de provisionalidad en que se encuentra la
gran mayoría de jueces y fiscales, con el objeto de garantizar la protección y garantías judiciales establecidas en la Convención Americana."[55]

Y por ello, el presidente de la Comisión Interamericana de Derechos Humanos, en sus
Alegatos finales expresados el día 4 de septiembre de 2013 ante la Corte Interamericana de
Derechos Humanos en el mismo caso *Allan R. Brewer-Carías vs. Venezuela*, dejó claro su
criterio al expresar que:

"En cuanto a la falta de independencia institucional, desde hace más de una década la Comisión ha identificado diversas amenazas al principio de separación de poderes en Venezuela;
un ejemplo significativo, entre diversos otros, fue el nombramiento de magistrados del Tribunal Supremo de Justicia en el año 2000, que aún tiene efecto, sin que se cumplieran las
salvaguardas constitucionales respectivas para asegurar la independencia a la cabeza del poder judicial respecto a los poderes legislativo y ejecutivo.

En cuanto a la falta de independencia personal su más clara manifestación la constituye la
endémica situación de temporalidad y provisionalidad en que se encuentran las autoridades
judiciales y el Ministerio Público en Venezuela, como ya ha podido conocerlo esta Corte en
varios casos."[56]

Al año siguiente, en marzo de 2014, antes de que la Corte Interamericana de Derechos
Humanos dictase sentencia en mi caso, la Comisión Internacional de Juristas presentó en
Ginebra un *Informe* específicamente referido a la problemática estructural del Poder Judicial
en Venezuela, titulado *Fortalecimiento del Estado de Derecho en Venezuela*, en cuya Presentación, su Secretario General Wilder Tayler, explicó que:

*"Este informe da cuenta de la falta de independencia de la justicia en Venezuela, comenzan-
do con el Ministerio Público cuya función constitucional además de proteger los derechos es
dirigir la investigación penal y ejercer la acción penal. El incumplimiento con la propia
normativa interna ha configurado un Ministerio Público sin garantías de independencia e
imparcialidad de los demás poderes públicos y de los actores políticos, con el agravante de
que los fiscales en casi su totalidad son de libre nombramiento y remoción, y por tanto vulnerables a presiones externas y sujetos a órdenes superiores.*

---

[55]   Véase el Informe de la Comisión N° 171/11, Caso 12.724, Informe de Fondo al admitir el caso:
Allan R. Brewer Carías vs Venezuela, aprobado por la Comisión en su sesión N° 1891 celebrada el
3 de noviembre de 2011, (OEA/Ser.L/V/II, 143, Doc. 55, 3 noviembre 2011, 143° período ordinario de sesiones). Debe recordarse que la decisión de admisión de este caso fue uno de los "motivos" que tuvo el gobierno de Venezuela para denunciar la propia Convención Americana de Derechos Humanos, ejerciendo con ello una presión directa inadmisible ante la Corte. Véase el texto de
la carta del entonces Canciller de Chávez, Sr. Nicolás Maduro, de fecha 6 de septiembre de 2012,
en el reportaje de José Insulza, "Venezuela, Carta de denuncia de la Convención Americana de
Derechos Humanos, N° 125 de 6 de septiembre de 2012". Disponible en: https://www.scribd.com/
document/105813775/Carta-de-denuncia-a-la-Convencion-Americana-sobre-Derechos-Humanos-
por-parte-de-Venezuela-ante-la-OEA

[56]   Véase el texto del Informe en Allan R. Brewer-Carías (Compilador): *Persecución política y violaciones al debido proceso. Caso CIDH Allan R. Brewer-Carías vs. Venezuela ante la Comisión Interamericana de Derechos Humanos y ante la Corte Interamericana de Derechos Humanos. Denuncia, Alegatos y Solicitudes presentados por los abogados Pedro Nikken, Claudio Grossman,
Juan Méndez, Helio Bicudo, Douglas Cassel y Héctor Faúndez. Con las decisiones de la Comisión
y de la Corte Interamericana de Derechos Humanos como Apéndices, (Coordinador y editor)* Colección Opiniones y Alegatos Jurídicos, N° 15, Editorial Jurídica Venezolana, Caracas 2015.

En el mismo sentido, el Poder Judicial ha sido integrado desde el Tribunal Supremo de Justicia (TSJ) con criterios predominantemente políticos en su designación. La mayoría de los jueces son "provisionales" y vulnerables a presiones políticas externas, ya que son de libre nombramiento y de remoción discrecional por una Comisión Judicial del propio TSJ, la cual, a su vez, tiene una marcada tendencia partidista. [...]."

Luego de señalar que "el informe da cuenta además de las restricciones del Estado a la profesión legal," el Sr. Tayler concluyó su Presentación del Informe afirmando tajantemente que:

"Un sistema de justicia que carece de independencia, como lo es el venezolano, es comprobadamente ineficiente para cumplir con sus funciones propias. En este sentido en Venezuela, un país con una de las más altas tasas de homicidio en Latinoamérica, y de familiares sin justicia, esta cifra es cercana al 98% en los casos de violaciones a los derechos humanos. Al mismo tiempo, el poder judicial, precisamente por estar sujeto a presiones externas, no cumple su función de proteger a las personas frente a los abusos del poder, sino que, por el contrario, en no pocos casos es utilizado como mecanismo de persecución contra opositores y disidentes o simples críticos del proceso político, incluidos dirigentes de partidos, defensores de derechos humanos, dirigentes campesinos y sindicales, y estudiantes."[57]

X. LA INEXISTENCIA DE GARANTÍAS PARA EL DESARROLLO DE UN JUICIO CONFORME A LAS REGLAS DEL DEBIDO PROCESO NO FUE ATENDIDA POR LA CORTE INTERAMERICANA

Esa realidad, que es la que el Comité DDHH de la ONU ha constatado en octubre de 2021, y que es la misma que había sido estudiada, analizada y expresada oficialmente por los organismos internacionales de protección de derechos humanos, de que en Venezuela no había ni hay garantía alguna para que se pudiera desarrollar un juicio conforme a las reglas del debido proceso; fue la que olímpicamente ignoró la Corte Interamericana de Derechos Humanos en la sentencia N° 277 dictada en mi caso el 26 de mayo de 2014, siendo la única explicación de ello, lamentablemente, el hecho de que el brazo largo de la presión política con el cual el régimen autoritario en Venezuela sometió al Poder Judicial en el ámbito interno, también parece haberlo extendido Hugo Chávez hacia el ámbito internacional, en particular, sobre la Corte Interamericana de Derechos Humanos, donde también llegó.

Ello implicó que en el caso *Allan R. Brewer-Carías vs. Venezuela*, la justicia internacional, lejos de ser ciega, al contrario, funcionó con los ojos bien abiertos viendo al Estado que manejaba Hugo Chávez, cayendo la mayoría de los jueces de la Corte Interamericana bajo las presiones que éste ejerció, junto con su canciller de entonces, el Sr. Nicolás Maduro, decidiendo, al contrario de lo que todas las instancias internacionales habían constatado, incluyendo la propia Corte en otros casos, que supuestamente en Venezuela *sí estaba funcionando un sistema de justicia en forma cabal*, al punto decidir que yo, que ya había sido "condenado" de antemano por toda suerte de funcionarios del régimen en violación a mi derecho a ser presumido inocente, debía "confiadamente" ir a someterme a un juicio penal en Venezuela para tratar de agotar instancias y, luego, si no encontraba justicia, acudir a la Corte Internacional.

Lo que es cierto, en todo caso, y ello es lo más insólito, es que la situación de deterioro del Poder Judicial de Venezuela incluso llegó al conocimiento de la Corte Interamericana antes de que dictara sentencia en mi caso, en una dramática y cruda confesión del antes men-

---

[57]   Véase en http://icj.wpengine.netdna-cdn.com/wp-content/uploads/2014/06/VE-NEZUELA-Informe-A4-elec.pdf

cionado Sr. Eladio Aponte Aponte quien había sido Presidente de la Sala Penal del Tribunal Supremo de Justicia, y quien luego de que en 2012 se trasladara a los Estados Unidos para pedir asilo, revelara públicamente con extraordinaria crudeza y sorprendente desfachatez, la trágica situación del sometimiento del Poder Judicial al Poder Ejecutivo. En su declaración, que los jueces de la Corte Interamericana tuvieron a su vista, puso en evidencia la pulverización del principio de la separación de poderes que se había producido en el país, expresando claramente que la justicia, particularmente la penal, se impartía en Venezuela conforme a las órdenes que se recibían del Poder Ejecutivo y no conforme a lo que dispusiera la ley, siendo el criterio para "impartir justicia" la lealtad al gobierno y el cumplimiento de las órdenes que se recibieran del mismo. Afirmó, en esencia, que "*la justicia no vale... la justicia es una plastilina, digo plastilina porque se puede modelar, a favor o en contra,*" concluyendo que no existe independencia judicial alguna.[58]

XI. EL DERECHO EXTREMADAMENTE INJUSTO APLICADO POR LA MAYORÍA DE LA CORTE INTERAMERICANA EN MI CASO

Sin embargo, ignorando el expediente que tenía ante sí, la mayoría de los jueces de la Corte Interamericana de Derechos Humanos el 26 de mayo de 2014, en la sentencia dictada en el *caso Allan R. Brewer-Carías vs. Venezuela*, que fue firmada por los Jueces: Humberto Antonio Sierra Porto, Presidente y Ponente; Roberto F. Caldas, Diego García-Sayán y Alberto Pérez Pérez (con un muy importante *Voto Conjunto Negativo* de los Jueces Manuel E. Ventura Robles y Eduardo Ferrer Mac-Gregor Poisot),[59] pusieron en evidencia que la justicia que impartieron, como antes dije, en lugar de ser ciega, al contrario vio demasiado claramente las fauces del autoritarismo, y no se atrevió a enfrentarlo, negándose dichos jueces a juzgar la situación de inexistencia de autonomía e independencia de los jueces y fiscales en Venezuela, y negándome a mi la justicia internacional que había requerido, protegiendo en cambio al Estado depredador de las instituciones judiciales.

Como lo destacó el profesor **Antonio-Filiu Franco de la Universidad de Oviedo, lo más preocupante de la sentencia fue la coincidencia:**

---

[58]   En declaraciones a la periodista Verioska Velasco para una emisora de televisión de Miami, USA (SoiTV). El texto de las declaraciones está en la transcripción hecha por la estación de SoiTV, publicada en *El Universal*, Caracas 18-4-2012, disponible en: http://www.eluniversal.com/nacional-y-politica/120418/historias-secretas-de-un-juez-en-venezuela. Se puede obtener el video en http://www.youtube.com/watch?v=uYIbEEGZZ6s. Véase igualmente la transcripción de la entrevista en el anexo al texto de la conferencia: Allan R. Brewer-Carías, "El desmantelamiento de la democracia en Venezuela durante la vigencia de la Constitución de 1999," dictada en la *Reunión de Medio Año de la Sociedad Interamericana de Prensa con ocasión del Bicentenario de la Constitución de Cádiz de 1812*, Palacio de Congresos, Cádiz, 22-25 abril de 2012. Disponible en: http://allanbrewercarias.net/Content/449725d9-f1cb-474b-8ab2-41efb849fea2/Content/I,%201,% 201047.%20SIP%20Cadiz%20bis.%20EL%20DESMANTELAMIENTO%20DE%20LA%20DE MOCRACIA%20EN%20VENEZUELA%201999-2012..doc.pdf

[59]   Véase en http://www.corteidh.or.cr/docs/casos/articulos/seriec_278_esp.pdf El Juez Eduardo Vio Grossi, el 11 de julio de 2012, apenas el caso se presentó ante la Corte, muy honorablemente se excusó de participar en el mismo conforme a los artículos 19.2 del Estatuto y 21 del Reglamento, ambos de la Corte, recordando que en la década de los ochenta se había desempeñado como investigador en el Instituto de Derecho Público de la Universidad Central de Venezuela, cuando yo era Director del mismo, precisando que aunque ello había acontecido hacía ya bastante tiempo, "no desearía que ese hecho pudiese provocar, si participase en este caso en cuestión, alguna duda, por mínima que fuese, acerca de la imparcialidad" tanto suya "como muy especialmente de la Corte." La excusa le fue aceptada por el Presidente de la Corte el 7 de septiembre de 2012, después de consultar con los demás Jueces, estimando razonable acceder a lo solicitado.

"entre las acusaciones vertidas por el Gobierno venezolano sobre el caso *Brewer Carías vs. Venezuela* en el texto presentado al Secretario General de la Organización de Estados Americanos para denunciar el Pacto de San José, y el sentido y forma de la argumentación realizada por la Corte IDH para fundamentar la decisión de acoger la excepción preliminar interpuesta por el Estado relativa a la falta de agotamiento de los recursos internos y, en consecuencia, archivar el expediente sin realizar el análisis de fondo.

Dicho de otra manera, el criterio mayoritario que determina el sentido de la Sentencia -duramente criticado en el voto conjunto disidente de los Jueces Manuel E. Ventura Robles y Eduardo Ferrer Mac-Gregor Poisot- acoge la postura propugnada por el Estado en detrimento del derecho de acceso a una justicia independiente e imparcial del profesor Brewer Carías, en evidente contradicción con el principio de interpretación *pro homine* al que obliga el Artículo 29 CADH.

Así las cosas, resulta inevitable pensar que *la Corte IDH se ha allanado, con argumentos inconsistentes, frente a las pretensiones soberanas del Estado* venezolano. Sin duda, se trata de un precedente alarmante en la actuación jurisdiccional de uno de los principales garantes de los Derechos Humanos en Latinoamérica: la Corte IDH, que al disponer el archivo del expediente también ha condenado fácticamente al profesor Dr. Allan R. Brewer Carías a la lacerante pena de destierro a perpetuidad, expresamente prohibida, por cierto, por el Artículo 22.5 CADH."[60]

XII. LA CORTE INTERAMERICANA SE NEGÓ A CONSIDERAR LOS ALEGATOS DE VIOLACIONES MASIVAS A MIS DERECHOS

La Corte Interamericana en su sentencia de 2014, en esa forma, al contrario de lo que hizo el Comité DDHH de la ONU en su jurisprudencia de 2021, no solo se negó a considerar la falta de independencia del poder judicial, sino que, además, se negó a considerar los alegatos de violaciones masivas a mis derechos y garantías judiciales (a la defensa, a ser oído, a la presunción de inocencia, a ser juzgado por un juez imparcial e independiente, al debido proceso judicial, a seguir un juicio en libertad, a la protección judicial) consagrados en los artículos 44. 49, 50, 57 y 60 de la Constitución de Venezuela y de los artículos 1.1, 2, 7, 8.1, 8.2, 8.2.c, 8.2.f, 11, 13, 22, 24 y 25 de la Convención Americana de los Derechos Humanos, que habían ocurrido en el paródico proceso penal se desarrolló en mi contra con base en un montaje mediático para perseguirme políticamente.

Es decir, más notoriamente, la Corte Interamericana ignoró los alegatos de ausencia de un Poder Judicial y de un Ministerio Públicos autónomos, imparciales e independientes; y, en cambio, solo decidió admitir la excepción preliminar alegada por el Estado sobre una supuesta falta de agotamiento de recursos internos (la cual por lo demás, no era cierto, pues yo había agotado la acción de amparo penal que era la única disponible después de la acusación e incluso para cuando se inició el proceso internacional en 2007), de manera que cometiendo así un error judicial notorio, terminó protegiendo al Estado, denegando mi derecho de acceso a la justicia, y archivando el expediente; y, en definitiva, avalando al viciado Poder Judicial que ya existía en el país.

Porque eso fue lo que hizo la Corte Interamericana en ese caso, al aceptar la excepción de no agotamiento de los recursos internos; dando por bueno el podrido Poder Judicial que ya existía, decidiendo, en definitiva, como antes he expresado, que yo debía ir al país a entre-

---

[60]   Véase Antonio-Filiu Franco, "Un alarmante cambio en la doctrina de la Corte Interamericana de Derechos Humanos: El Caso Brewer Carías vs. Venezuela," en *Cuadernos Manuel Giménez Abad*, N° 8 - Diciembre 2014, Fundación Manuel Giménez Abad de Estudios parlamentarios y del Estado Autonómico, Madrid, pp. 85-91.

garme a mis perseguidores para supuestamente hacer que el proceso avanzara, y cuando ya todos los derechos fueran definitivamente conculcados, entonces, como dije, quizás desde la ultratumba, poder acudir a pedir justicia internacional.

Cuán distinta ha sido la decisión del Comité DDHH de la ONU, en su dictamen del 14 de octubre de 2021, al expresar que:

"El Comité considera que el autor ha acreditado un temor fundado a estar sometido a un proceso penal arbitrario, violatorio de sus derechos y garantías, y al severo agravamiento de dichas violaciones, en caso de someterse a la prisión preventiva en su contra, todas cuestiones que fueron debida y reiteradamente presentadas a las autoridades judiciales encargadas de velar por su derecho al debido proceso. El Comité observa que, en las circunstancias del autor, *un recurso que haga efectivo el derecho a un debido proceso no puede subordinarse a la sujeción a un proceso indebido.* Ello implica que, independientemente de lo que determine el derecho interno[61], el Estado Parte no puede invocarlo como justificación del incumplimiento de sus obligaciones frente al Pacto." (párr. 9,8)[62]

Al contrario, y en contraste, con la errada sentencia de la mayoría de la Corte Interamericana, la misma no sólo violó mi derecho al debido proceso, sino mi derecho de acceso a la Justicia internacional y, protegiendo en cambio al Estado, renunció a las obligaciones convencionales que tenía de juzgar sobre la masiva violación de mis derechos y garantías, abandonando para ello, como antes dije, la más tradicional de su jurisprudencia sentada desde el caso *Velásquez Rodríguez vs. Honduras* de 1987,[63] que le imponía la obligación de entrar a conocer el fondo de la causa cuando las denuncias formuladas contra un Estado eran de violaciones a las garantías judiciales, como la violación a los derechos al debido proceso, a un juez independiente e imparcial, a la defensa, a la presunción de inocencia, y a la protección judicial.

En esos casos, conforme a la propia jurisprudencia de la Corte, no se puede decidir la excepción de falta de agotamiento de recursos internos sin entrar a decidir si el Poder Judicial efectivamente es confiable, idóneo y efectivo para la protección judicial.

Precisamente por ello, como en forma clara y contundente lo resolvió el Comité DDHH de la ONU, en su dictamen de 14 de octubre de 2021 -al contrario de la Corte Interamericana-:

"9.3 En el presente caso, el Comité observa que *la garantía de independencia no puede exigir que el autor pruebe una relación de causalidad directa entre remociones de jueces o fiscales y su situación específica. El Comité nota que el autor demostró que todos los fiscales y los jueces que intervinieron en su causa habían sido nombrados provisoriamente, y que, tanto en los hechos como en el derecho, podían ser removidos sin causa ni procedimiento de apelación,* según la propia jurisprudencia de la Sala Constitucional del Tribunal Supremo de Justicia (párr. 3.2 supra). El Comité observa que el autor *demostró que en el marco del proceso penal del cual el autor formaba parte,* al menos un juez de control (el Juez Bognanno) y dos jueces de apelaciones *fueron efectivamente removidos sin causa* inmediatamente tras tomar decisiones que podrían considerarse velaban por las garantías de los coimputados El Comité considera que ello resulta suficiente *para trasladar al Estado parte la carga de probar que los jueces y los fiscales de la causa contaban con garantías relativas a la seguridad en sus cargos que permitan el desempeño independiente de sus funciones. En ausencia de in-*

---

[61] Que incluye cuestiones como, por ejemplo, si los recursos de nulidad debían o no resolverse ante la ausencia del autor. (*nota del Dictamen*)

[62] Artículo 27 de la Convención de Viena sobre el Derecho de los Tratados de 1969 (*nota del Dictamen*).

[63] Caso *Velásquez Rodríguez vs. Honduras*. Excepciones Preliminares. Sentencia de 26 de junio de 1987. Serie C N° 1.

formación del Estado parte que refute las alegaciones del autor o que demuestre la existencia de dichas garantías, el Comité considera que, con base en la información que tiene ante sí, los jueces y los fiscales que intervinieron en el proceso penal del autor no gozaban de las necesarias garantías de independencia necesarias para garantizar el derecho del autor a un tribunal independiente de conformidad con el artículo 14, párrafo 1, del Pacto, en violación de dicha disposición."

Con base en esos mismos principios, como lo advirtieron "con preocupación" los Jueces Eduardo Ferrer Mac Gregor y Manuel Ventura Robles en su Voto Conjunto Negativo a la sentencia de la Corte Interamericana de 2014, en la misma:

"por primera vez en su historia, la Corte no entra a conocer el fondo del litigio por estimar procedente una excepción preliminar por falta de agotamiento de los recursos internos, relacionado en este caso con los artículos 8 y 25 de la Convención Americana sobre Derechos Humanos."

Por ello fue que, con razón, el profesor Jaime Orlando Santofimio Gamboa al comentar la sentencia de la Corte Interamericana y el contraste con el dictamen del Comité de la ONU, llegó a la conclusión de que la sentencia de la Corte Interamericana fue *"un fallo hecho a la medida para afectar los derechos de una persona, en este caso del profesor Allan Brewer,"* destacando el hecho de con posterioridad a la sentencia, la Corte Interamericana no volvió a aplicar el criterio violador de mis derechos.[64]

Por ello, el mismo profesor Santofimio Gamboa expresó que en la sentencia dictada por la Corte Interamericana:

"hay un profundo error judicial, un error judicial en la forma de entender y aplicar los precedentes y en la omisión en su aplicación también; y adicionalmente a eso, hay un cambio *no justificado* de precedente en relación con el conocimiento y los fallos de fondo que pueda producir la Corte Interamericana."[65]

Por todo ello, con esa decisión, lo que la Corte Interamericana resolvió fue, ni más ni menos, en contra de la más elemental consecuencia del principio *pro homine*, que como antes dije, yo debía ir a venezuela a ser privado de mi libertad, y así, sin garantías judiciales algunas, tratar de seguir, desde la cárcel, un proceso judicial que estaba viciado desde el inicio, en el cual yo no hubiera podido tener acceso a ningún recurso realmente efectivo, lo que quedó evidenciado por lo demás, en la demora injustificada en resolver el recurso del nulidad absoluta o amparo solicitado que fue el único disponible.

Como lo había dicho la Corte Interamericana, en una situación semejante, pero que ignoró en mi caso:

"acudir a esos recursos se convierte en una formalidad que carece de sentido. Las excepciones del artículo 46.2 serían plenamente aplicables en estas situaciones y eximirían de la necesidad de agotar recursos internos que, en la práctica, no pueden alcanzar su objeto".[66]

---

[64] Véase Jaime Orlando Santofimio Gamboa, Conferencia en la *Jornada Científica Internacional sobre Razonamiento, Interpretación y Argumentación en Derechos Humanos*, organizada por el Instituto c N° 1 de Investigaciones sobre razonamiento, interpretación y argumentación jurídica en derechos humanos y humanitario, Santiago del Estero, Argentina, 21 de diciembre de 2021. Disponible en: https://youtu.be/OEw0dt26lKI.

[65] *Idem.*

[66] Caso *Velázquez Rodríguez. Fondo; cit.*, par. 68; Caso *Godínez Cruz. Fondo*; par 71.

Y esta había sido precisamente la conclusión a la cual llegó la Comisión Interamericana de Derechos Humanos en mi caso, expresada en las *Observaciones Finales* formuladas por el Dr. Felipe González en la audiencia del día 4 de septiembre de 2013 ante la Corte al señalar:

"Al día de hoy el Estado no ha aportado argumento tendiente a desvirtuar los elementos estructurales de esta **situación** de hecho que ha estado vigente desde el inicio del proceso penal que continua hasta la fecha y que ha tenido implicancias muy específicas en la persecución penal del Sr. Brewer Carías.

[…] las deficiencias estructurales del poder judicial venezolano no han sido efectuadas por el Estado y que las mismas han tenido claras implicaciones en el proceso penal del Sr. Brewer Carías, así la aplicación de las excepciones al agotamiento de los recursos internos se encuentra aún más justificada."

XIII. LA CORTE INTERAMERICANA EN SU SENTENCIA DE 2014 DESCONOCIÓ LA DESCOMPOSICIÓN DEL SISTEMA JUDICIAL VENEZOLANO, LO CUAL AL CONTRARIO LO APRECIÓ EL COMITÉ DDHH DE LA ONU EN 2021

Pero la Corte Interamericana en su sentencia de 2014 prefirió desconocer la magnitud de la descomposición del Sistema Judicial venezolano que había sido además expuesta por mis representantes en el proceso ante la misma, aportando pruebas sobre la dependencia endémica de dicho Sistema, particularmente a causa de su vulnerabilidad respecto de otras esferas de poder de donde depende la permanencia en el cargo de los jueces, habiendo subrayado en el caso ante la Corte, que *la totalidad* de los jueces y fiscales que actuaron en la causa en mi contra *fueron provisorios,* situación que en cambio sí fue considerado expresamente por el Comité DDHH de la ONU en su jurisprudencia de 2021.

El temor de los jueces a las represalias contra ellos, como provisorios, se originaron, en primer lugar, en las numerosas manifestaciones de altos funcionarios del Estado, que incluyeron las cabezas del Poder Judicial y del Ministerio Público, en las que afirmaron mi "culpabilidad" en los hechos que falazmente se me atribuyeron; manifestaciones que fueron muestra de otras tantas violaciones a la presunción de inocencia y a la imparcialidad que debían observar esos funcionarios. Todo ello, sin duda, constituyeron otros tantos mensajes para fiscales y jueces provisorios, si es que deseaban continuar en sus cargos, en el sentido de que no podían fallar de acuerdo a derecho y con arreglo a su conciencia, aquello que pudieran imaginar como desfavorable al gobierno.

En todo caso, como lo observó el profesor Enrique Gimbernat, uno de los más destacados especialistas en derecho penal de España, luego de estudiar el expediente que el Ministerio Público de Venezuela de la mano de la tal Fiscal Luisa Ortega Díaz había iniciado en mi contra, en el mismo se "*violaron masivamente*" *todos mis derechos y garantías judiciales,* especialmente mis derechos a la presunción de inocencia y a la defensa. El profesor Gimbernat, al analizar detalladamente las razones la imputación formulada en mi contra y observar las violaciones a mis derechos cometidas, lo que expresó fue "*desconcierto y perplejidad,*" indicando que permanecía "*asombrado y desconcertado,*" no sólo porque el Ministerio Público me atribuyó participación en un hecho punible con base en "declaraciones de supuestos testigos de referencia" que no identificaron su fuente, pero que en definitiva ninguno me imputó nada; sino porque:

"dicho Ministerio Fiscal, mediante un proceso discursivo irrazonable e irrazonado, ilógico, incoherente y contrario a las reglas del criterio humano, transforma en pruebas de cargo lo que son inequívocamente pruebas de descargo."

El asombro, el desconcierto y la perplejidad del profesor Gimbernat se resume en su apreciación general de que después de haber estudiado la imputación, le había quedado:

"la *impresión de haber entrado en un mundo al revés* donde lo que son elementos probatorios de descargo se convierten, para el Ministerio Fiscal, y como por arte de magia, en elementos probatorios de cargo."[67]

XIV. LA CORTE INTERAMERICANA DE MANERA EQUIVOCADA, AL CONTRARIO DE LO DECIDIDO POR EL COMITÉ DDHH DE LA ONU, CONCIBIÓ QUE NO CONTABA CON ELEMENTOS PARA JUZGAR

Todo lo anteriormente expuesto, sin embargo, fue ignorado por la Corte Interamericana, la cual -al contrario de lo resuelto por el Comité de la ONU- se limitó a decir que si bien es cierto que en sus alegatos ante la misma, la Comisión Interamericana insistió en que "la problemática planteada en este caso tiene *un carácter estructural y obedece a una situación de hecho del Poder Judicial* que va mucho más allá de la regulación abstracta del proceso penal;" en definitiva la Corte se limitó a expresar que *"no cuenta con elementos" para juzgar* sobre la improcedencia de la excepción prevista en el artículo 46.1.a de la Convención," argumentando que:

"de un alegado contexto estructural de provisionalidad del poder judicial no se puede derivar la aplicación directa de la excepción contenida en el artículo 46.2.a de la Convención, pues ello implicaría que a partir de una argumentación de tipo general sobre la falta de independencia o imparcialidad del poder judicial no fuera necesario cumplir con el requisito del previo agotamiento de los recursos internos" (párrafo 105).

Sobre esta decisión, el Voto Negativo Conjunto de los Jueces Ferrer Mac Gregor y Ventura Robles fue demoledor, destacando, en primer lugar, que la sentencia omitió por completo "en el capítulo de la 'determinación de los hechos pertinentes' el tema de la situación de provisionalidad de los fiscales y jueces en Venezuela, siendo que es un elemento central y particularmente debatido entre las partes, existiendo abundante material en el expediente sobre los hechos concretos en esta temática."

Además, destacaron los Jueces disidentes en su Voto negativo, en segundo lugar, que:

"*no cabe duda que esta problemática acerca de la provisionalidad de jueces y fiscales en este país, que ya ha sido abordada por la Corte en los casos Apitz Barbera y otros,*[68] *Reverón Trujillo*[69] *y Chocrón Chocrón*[70] *contra Venezuela, se encuentra íntimamente ligada al tema de los recursos judiciales en la jurisdicción interna,*"

y que sobre los mismos ya la Corte había determinado

"una serie de hechos probados en dichos casos en relación con los principales aspectos del proceso de reestructuración judicial en dicho país."

---

[67] Véase los dictámenes del profesor Enrique Gimbernat, en su libro: *Presunción de inocencia, Testigos de referencias y conspiración para delinquir*, Ediciones Olejnik, Buenos Aires, Madrid, 2021.

[68] *Caso Apitz Barbera y otros ("Corte Primera de lo Contencioso Administrativo") vs. Venezuela. Excepción Preliminar, Fondo, Reparaciones y Costas.* Sentencia de 5 de agosto de 2008. Serie C N° 182.

[69] *Caso Reverón Trujillo vs. Venezuela. Excepción Preliminar, Fondo, Reparaciones y Costas.* Sentencia de 30 de junio de 2009. Serie C N° 197.

[70] *Caso Chocrón Chocrón vs. Venezuela. Excepción Preliminar, Fondo, Reparaciones y Costas.* Sentencia de 1 de julio de 2011. Serie C N° 227.

Por ello concluyeron con razón los Jueces Ferrer Mac Gregor y Ventura Robles indicando que:

"lo correcto hubiera sido unir el estudio de la excepción preliminar de falta de agotamiento de los recursos internos al análisis de los argumentos de fondo en el <u>presente</u> caso, tal y como lo ha hecho la Corte en otras oportunidades" (párrafo 69).

Por todo lo anterior, y luego de destacar detalladamente todo lo que en la materia había resuelto la propia Corte Interamericana sobre el tema en las sentencias dictadas en los casos antes mencionados (párrafos 70-75), los Jueces Ferrer Mac Gregor y Ventura Robles consideraron que había quedado demostrado:

"claramente que el estudio de la controversia presentada respecto al agotamiento de los recursos internos, específicamente lo relacionado con la excepción contenida en el artículo 46.2.a, se encuentra íntimamente ligada a la problemática de la provisionalidad de los jueces y fiscales en Venezuela, lo que indudablemente se relaciona con el artículo 8.1 de la Convención Americana -derecho a un juez o tribunal competente, independiente e imparcial- tomando en cuenta que los alegatos son verosímiles y que de demostrarse podrían constituir violaciones al Pacto de San José. Por lo cual consideramos que el estudio del tema no puede ser desligado del análisis del fondo del caso y, por lo tanto, la Corte debió analizar la excepción preliminar presentada por el Estado de forma conjunta con los argumentos de fondo presentados por las partes en el presente caso, como lo había realizado el Tribunal Interamericano conforme a su jurisprudencia histórica en la materia". (párrafo 75).

Pero lo más insólito de la sentencia de la Corte Interamericana fue que en el caso, el Estado se limitó a señalar una larga lista de supuestos recursos de imposible ejercicio, porque en el caso nunca el juez dictó una sentencia que pudiera ser objeto de un recurso; es decir, el proceso jamás avanzó hacia una "etapa" posterior.

Particularmente nunca se decidió el recurso idóneo disponible en el momento que era el *amparo penal o solicitud de nulidad absoluta* que yo había intentado. Por ello, no tuvo fundamento alguno lo pretendido por la mayoría de la Corte Interamericana en su sentencia, en el sentido de que "debido a una supuesta *"etapa temprana"* en que se encontraba el proceso, si bien reconoció "que fueron interpuestas por la defensa del señor Brewer Carías las diversas solicitudes de nulidad" (párrafo 97), -ignorando que era el único que en este estado se podía intentar y sin cuestionar en forma alguna la efectividad de dichos recursos de nulidad-, sin embargo resolvió, protegiendo al Estado, que "no se interpusieron los recursos que el Estado señaló como adecuados, a saber el recurso de apelación establecido en los artículos 451 a 458 del COPP, el recurso de casación señalado en los artículos 459 a 469 del COPP, y el recurso de revisión indicado en los artículos 470 a 477 del COPP" (párrafo 97), que solo se hubieran podido haber intentado si hubiera habido decisiones judiciales contra las cuales poder apelar, o que se pudieran revisar o casar, las cuales nunca se dictaron.

Es decir, por supuesto que no se interpusieron dichos recursos porque era imposible hacerlo, pues no hubo actos contra los cuales interponerlos ya que el proceso nunca pasó de la "etapa temprana" en la cual según la Corte se encontraba, por culpa del propio Estado al no haber decidido nunca el juez de control, el recurso de nulidad o amparo penal intentado, para o cual no era necesaria mi presencia en el país. La Corte dio por buena la enumeración que hizo el Estado de supuestos recursos -en la que no incluyó el recurso de nulidad absoluta intentado-, sin explicación alguna de cómo es que hubieran podido haber sido agotados, salvo entregándome a mis perseguidores, pero sin ninguna garantía de que el proceso fuera a avanzar.

Como lo destacaron los Jueces Ferrer Mac Gregor y Ventura Robles en su Voto Conjunto Negativo, "sobre los recursos de nulidad absoluta interpuestos, el Estado no refirió que no fueran los recursos adecuados y efectivos que debían de agotarse, sino que, por el contrario, se limitó a señalar los recursos pendientes que debían agotarse en etapas posteriores" (párrafo 53), advirtiendo en todo caso que:

"en el procedimiento ante la Comisión Interamericana, en su etapa de admisibilidad, el Estado en realidad no precisó cuáles eran los recursos efectivos e idóneos y se limitó a señalar, de manera genérica, que no hay todavía una sentencia de primera instancia que posibilitara la presentación de los recursos de apelación de autos, apelación de sentencia definitiva, revocación, casación, revisión en materia penal, amparo y revisión constitucional. Lo que en realidad hace el Estado es simplemente mencionar todos los recursos disponibles en las distintas etapas del proceso, pero no se refiere, específicamente, a los recursos de nulidad y de si eran éstos los recursos idóneos y efectivos" (Párrafo 36).

De ello se concluye que el Estado lo que pretendía era que para que pudiera dictarse alguna decisión en el proceso en Venezuela, en realidad, si con suerte llegaba a dictarse, se exigía que previamente me entregara a mis perseguidores, perdiera mi libertad y abdicara de la defensa que me protegía de ellos.

Se trató, cuando menos, de una ironía de mal gusto, sobre todo cuando el Estado había usado el sistema de protección internacional para obtener apoyo a tan abyecto fin.

Y no otra cosa fue lo que resultó de la sentencia N° 277 dictada por la Corte Interamericana de Derechos Humanos, de la cual se dedujo que para pretender poder obtener justicia en el ámbito internacional yo debía entregarme a un sistema donde no había justicia, y donde en la situación de falta de independencia y autonomía de los jueces, que la Corte Interamericana en protección del Estado se negó a juzgar, nunca podría obtenerla.

Como bien lo destacaron los Jueces Ferrer Mac Gregor y Ventura Robles en su Voto Conjunto Negativo a la sentencia:

"La interpretación que se realiza en la Sentencia del artículo 7.5 de la Convención Americana se aleja de lo estipulado en el artículo 29 del Pacto de San José, que establece que ninguna disposición de la Convención *puede ser interpretada en el sentido de permitir a alguno de los Estados Parte, suprimir o limitar el goce y ejercicio de los derechos y libertades reconocidos en la Convención.* El criterio mayoritario no realiza su análisis del artículo 7.5 de la Convención a la luz del artículo 29 de la misma, sino que decide, por el contrario, realizar una *interpretación restrictiva y limitante* de dicho artículo, dejando de lado el carácter *pro homine* que ha de llevar dicha interpretación, de acuerdo con el mencionado artículo 29 de la Convención y la jurisprudencia constante de la Corte, en el entendido que está de por medio el derecho a la libertad personal. Pretender que el señor Brewer Carías *regrese a su país para perder su libertad y, en esas condiciones, defenderse personalmente en juicio, constituye un argumento incongruente y restrictivo del derecho de acceso a la justicia,* al no haberse analizado en el caso precisamente los aspectos de fondo invocados por la hoy presunta víctima relacionados con diversas violaciones a los artículos 8 y 25 de la Convención Americana, que de manera consustancial condicionan los alcances interpretativos del artículo 7.5 del Pacto de San José respecto al derecho a la libertad personal " (Párrafo 114) (negritas nuestras).

XV. UN CONTRASTE ENTRE LA JUSTICIA APLICADA POR EL COMITÉ DDHH DE LA ONU Y LA INJUSTICIA DE LA DECISIÓN DE LA CORTE INTERAMERICANA

Toda esta incomprensible decisión de la Corte Interamericana de Derechos Humanos dictada en el caso *Allan Brewer-Carías vs. Venezuela* de 2014, ignorando sus propios precedentes y todos los alegatos presentados por mis abogados y por la Comisión Interamericana, así como en múltiples *amicus curiae* presentados en el proceso, es la que afortunadamente ha sido rechazada por el Comité de Derechos Humanos de la ONU en su jurisprudencia de 2021, que en definitiva no solo la considero como una reivindicación personal respecto de mis derechos, sino como una reivindicación personal para los Jueces Eduardo Ferrer Mac Gregor y Manuel Ventura Robles, respecto de sus argumentos expuestos en su Voto Conjunto negativo, que fueron los que en definitiva acogió la jurisprudencia del Comité.

Lo incomprensible de la decisión de la Corte Interamericana, parecía que no tiene otra explicación que no fuera la antes mencionada, *lamentable e ilegítima extensión del largo brazo de presión política sobre los jueces que ejerció el régimen autoritario de Venezuela, pero allende las fronteras, llegando lamentablemente hasta la mayoría de jueces de la Corte Interamericana de Derechos Humanos.*

Lo cierto es que esas presiones se hicieron públicas, incluso, como antes expresé, cuando el entonces Ministro de Relaciones Exteriores del régimen venezolano, Sr. Nicolás Maduro, dirigió al Secretario General de la Organización de Estados Americanos su mencionada comunicación de septiembre de 2012 denunciado formalmente la Convención Americana, con referencia expresa a la existencia de una supuesta "campaña de desprestigio" contra Venezuela por parte de la Comisión Interamericana de Derechos Humanos y de la Corte Interamericana de Derechos Humanos,[71] y todo ello, indicando como parte de esa supuesta campaña de desprestigio, nada menos que un caso pendiente ante la Corte, que aún no se había decidido, como fue precisamente el caso *Allan R. Brewer-Carías vs. Venezuela*, ejerciendo con ello una presión directa inadmisible ante la Corte, lo cual incluso fue formalmente denunciado por mis abogados ante la propia Corte.[72]

En esa comunicación el gobierno de Venezuela *acusó directamente* a la Comisión y a la Corte Interamericanas de ser instituciones "secuestradas por un pequeño grupo de burócratas, desaprensivos" que habían impedido las reformas necesarias al "llamado" Sistema Interamericano, y que se habían convertido en *"arma política arrojadiza destinada a minar la estabilidad" del país,* "adoptando una línea de acción *injerencista en los asuntos internos*" del gobierno. La Comisión y la Corte, afirmó el Canciller Maduro, desconocían el contenido y disposiciones de la Convención que se estaba denunciando, particularmente la exigencia de que para hacer procedente la actuación de dichos órganos, era necesario "el agotamiento de los recursos internos del Estado" lo que a juicio del Estado constituía "un desconocimiento al orden institucional y jurídico interno, de cada uno de los Estados."

---

[71]   Esta decisión como lo destacó Carlos Ayala Corao, no sólo fue realizada de mala fe frente el derecho internacional, sino en abierta violación a expresas normas de la Constitución de 1999. Véase en Carlos Ayala Corao, "Inconstitucionalidad de la denuncia de la Convención Americana sobre Derechos Humanos por Venezuela", *Anuario de Derecho Constitucional Latinoamericano 2013.*

[72]   Véase los alegatos del juicio en Allan R. Brewer-Carías (Compilador): *Persecución política y violaciones al debido proceso. Caso CIDH Allan R. Brewer-Carías vs. Venezuela ante la Comisión Interamericana de Derechos Humanos y ante la Corte Interamericana de Derechos Humanos. Denuncia, Alegatos y Solicitudes presentados por los abogados Pedro Nikken, Claudio Grossman, Juan Méndez, Helio Bicudo, Douglas Cassel y Héctor Faúndez. Con las decisiones de la Comisión y de la Corte Interamericana de Derechos Humanos como Apéndices,* (Coordinador y editor) Colección Opiniones y Alegatos Jurídicos, N° 15, Editorial Jurídica Venezolana, Caracas 2015.

Todo ello, para el Sr Maduro, era una "violación flagrante y sistemática" de la Convención, lo que, indicó, se evidenciaba "en los casos que detalladamente exponemos en el anexo de la presente Nota" (entre ellos el caso *Brewer-Carías vs. Venezuela*) que consideró *como instrumentos para el "apuntalamiento de la campaña internacional de desprestigio"* contra Venezuela.[73]

Sobre mi caso, en concreto, el Canciller Maduro le "explicó" al Secretario General de la OEA en la carta de denuncia de la Convención, que el mismo había sido:

"admitido por la Comisión *sin que el denunciante hubiera agotado los recursos internos*, violando lo dispuesto en el artículo 46.1 de la Convención e instando al Estado venezolano adoptar medidas para asegurar la independencia del poder judicial."

Agregó el Canciller en su comunicación, que este:

"*comportamiento irregular de la Comisión, injustificadamente favorable para Brewer-Carías: produjo de hecho, desde la sola admisión de la causa, el apuntalamiento de la campaña internacional de desprestigio contra la República Bolivariana de Venezuela, acusándole de persecución política.*"[74]

XVI. ESTÁ DEMOSTRADA LA IRREGULAR PRESIÓN POLÍTICA EN EL CASO ANTE LA CORTE INTERAMERICANA

Toda esta irregular presión política la resumió con toda precisión el profesor Antonio Filiu Franco, al analizar la sentencia de la Corte Interamericana en su trabajo sobre "Un alarmante cambio en la doctrina de la Corte Interamericana de Derechos Humanos," destacando sobre la comunicación del entonces Canciller Maduro que:

"El texto en cuestión -un auténtico memorial de supuestos agravios hechos a Venezuela a raíz del mandato presidencial de Hugo Chávez- acusa tanto a la CIDH como a la Corte IDH de haberse convertido en:

(...) un arma política arrojadiza destinada a minar la estabilidad de determinados gobiernos, y especialmente al de nuestro país, adoptando una línea de acción injerencista en los asuntos internos de nuestro gobierno, vulnerando y desconociendo principios básicos y esenciales ampliamente consagrados en el derecho internacional, como lo son el principio del respeto a la soberanía de los Estados y el principio de autodeterminación de los pueblos, llegando incluso a desconocer el propio contenido y disposiciones de la Comisión Interamericana sobre Derechos Humanos, (...), como lo es el necesario agotamiento de los recursos internos del Estado parte de la Convención, lo cual supone un desconocimiento al orden institucional y jurídico interno de cada uno de los Estados que forman parte de dicho Tratado Internacional, y por ende también, otro irrespeto a la soberanía de los mismos; (...).-*Cfr. Ibid.*, p. 2.

A lo que añade la no menos grave acusación de que los referidos órganos garantes de los Derechos Humanos en el ámbito latinoamericano han ofrecido cobertura para emplazar y difamar a Venezuela "por razones de carácter político, a través de denuncias infundadas, carentes de sustrato probatorio, provenientes de sectores políticos vinculados a actos contrarios a las leyes y a la Constitución"; esto es, considera que las denuncias o quejas de violación de cualquiera de los derechos consagrados en la CADH presentadas a la CIDH contra el Estado venezolano después de 1999 son "casos claramente politizados y parcializados" que son atendidos con sospechosa celeridad a su juicio (*Cfr. Ibid.*, p. 4).

---

[73] *Íbem.*

[74] Véase en José Insulza, "Venezuela, Carta de denuncia de la Convención Americana de Derechos Humanos, Nº 125 de 6 de septiembre de 2012". Disponible en: <https://www.scribd.com/document/105813775/Carta-de-denuncia-a-la-Convencion-Americana-sobre-Derechos-Humanos-por-parte-de-Venezuela-ante-la-OEA>, fecha de consulta: 25 de septiembre de 2016.

Como no podía ser de otra manera, dentro del inventario de agravios que se relaciona en el texto que ahora nos ocupa aparece el caso Brewer Carías vs. Venezuela, del que se expresa que fue admitido por la CIDH "sin que el denunciante hubiera agotado los recursos internos", violando así lo dispuesto en el artículo 46.1 de la CADH, a la vez que se instaba al Estado venezolano a que adoptase medidas que garantizaran la independencia judicial, "a pesar de que el juicio penal que se le sigue, por el delito de conspiración para cambiar violentamente la Constitución no ha podido celebrarse, toda vez que el imputado se encuentra prófugo de la justicia y la legislación procesal penal venezolana impide juzgarle en ausencia." Por dichas razones se califica el comportamiento de la Comisión de "irregular", y el Gobierno de la República Bolivariana de Venezuela se erige en juzgador de la actuación de la referida CIDH, al considerar la misma "injustificablemente favorable a Brewer Carías", a la par que proclama su presunción de culpabilidad respecto del Dr. Brewer, de quien afirma rotundamente -a pesar de que anteriormente admite que aún no ha sido juzgado- que "participó en la autoría del texto del decreto de destitución de los poderes públicos, que fuera proclamado por las autoridades de facto que asaltaron el poder tras el golpe de Estado de 11 de abril de 2002 en Venezuela".

Después de tan contundente afirmación queda claro el escaso valor que el Gobierno que avala esas palabras le otorga al derecho a la presunción de inocencia que reconoce el Artículo 8.2 CADH. Aun así, no deja de considerar en este caso que el "comportamiento irregular de la Comisión (…), produjo de hecho, desde la sola admisión de la causa, el apuntalamiento de la campaña de desprestigio contra la República Bolivariana de Venezuela, acusándole de persecución política." (Cfr. Ibid., p. 6).

Estamos, pues, ante un *inequívoco texto condenatorio no sólo de la actuación tutelar de la CIDH y de la Corte IDH*, sino de lo que es peor, de personas que acudieron a estos órganos supranacionales en busca de amparo por considerar vulnerados algunos de los derechos reconocidos por la CADH, cual era el caso del profesor Brewer Carías. En éste y otros casos calificados en el texto de "ejemplos vergonzosos", fundamenta el Estado venezolano su decisión soberana de denunciar el Pacto de San José." [75]

Mayor presión directa sobre los jueces de la Corte Interamericana, los que estaban y los recién nombrados en junio de ese mismo año 2012 y que comenzarían a ejercer sus funciones tres meses después en enero de 2013, ciertamente no podía concebirse, sobre todo cuando se trataba de un caso que ya estaba en conocimiento de la Corte, que no había sido decidido, cuya sola admisión, según el gobierno de Venezuela, habría sido el "apuntalamiento" de la supuesta "campaña internacional de desprestigio" contra Venezuela. Esa presión política, por supuesto, evidentemente no la pudieron ejercer los personeros del Gobierno ante el Comité de Derechos Humanos de la ONU.

XVII. LA PRESIÓN POLÍTICA DEL GOBIERNO DE VENEZUELA SOBRE LOS JUECES DE LA CORTE INTERAMERICANA Y SOBRE LA ASAMBLEA DE LA OEA

Pero es necesario destacar, en contraste, que la presión política del gobierno de Venezuela sobre los jueces de la Corte Interamericana también se ejercería además, directamente, por el control que entonces tenía el gobierno de Venezuela sobre la mayoría de los votos en la Asamblea General de la OEA, [76] que era la que nombraba a los jueces de la Corte Interame-

[75] Véase Antonio-Filiu Franco, "Un alarmante cambio en la doctrina de la Corte Interamericana de Derechos Humanos: El Caso Brewer Carías vs. Venezuela," en *Cuadernos Manuel Giménez Abad*, N° 8 - Diciembre 2014, Fundación Manuel Giménez Abad de Estudios parlamentarios y del Estado Autonómico, Madrid, pp. 85-91

[76] Véase Allan R. Brewer-Carías, "Los efectos de las presiones políticas de los Estados en las decisiones de la Corte Interamericana de Derechos Humanos. Un caso de denegación de justicia inter-

ricana, lo que llevó al ex canciller del Perú, Luis Gonzalo Posada, *dos meses antes de que se dictase la sentencia en mi caso*, en marzo de 2014 a decir de la Corte que se trataba de "*una institución controlada a través de la influencia petrolera*", y el "padrinazgo" de países que protegían el "modelo político autoritario," en la cual *ningún "tema sustantivo para los países americanos" podía "tratarse si no se tiene el beneplácito de Venezuela, quien es el que gobierna esta institución desde hace muchos años.*"[77]

Ello coincidió además, con un momento en el funcionamiento de la Corte Interamericana en la cual, en particular, los intereses políticos personales de algunos jueces comenzaron a darse a conocer, como fue el de la anunciada candidatura del juez Diego García Sayán para la Secretaría General de la Organización de Estados Americanos, a la cual aspiraba desde 2013, desde antes de ser dictada la sentencia en mi caso; lo que sin duda, durante todo ese tiempo, *le había requerido cortejar a los electores -entre ellos Venezuela- para buscar sus votos, que eran precisamente los Estados a los que los jueces están llamados a juzgar.*

Esa situación irregular de ser juez y candidato la autorizó, de espaldas a la Corte, el juez Humberto Antonio Sierra Porto, Presidente de la misma, lo que motivó que los Jueces Eduardo Vio Grossi y Manuel Ventura consignaran y publicaran el 21 de agosto de 2014, una "Constancia de Disentimiento" cuestionando la decisión del Presidente Juez Sierra Porto, y exigiendo que *mientras el juez García Sayán fuese candidato* a la Secretaría General de la OEA que no participara en la *deliberación de las sentencias*.[78]

El cuadro del momento era patético, pues el Presidente de Colombia, Juan Manuel Santos, a cuyo servicio había estado el Juez Sierra como consultor antes de ser nombrado en la Corte como juez -después por cierto, de haber obtenido directamente el apoyo del gobierno de Chávez para ello-, había declarado a Chávez como "su nuevo mejor amigo," [79] aliándolo en el proceso de paz en Colombia que desarrollaba. Como lo observó Leandro Area, uno de nuestros más destacados conocedores de las relaciones bilaterales:

"Desde ese momento se selló un negociado esquema de chantaje bilateral, de intercambio de apoyo de *Chávez al proceso de paz a cambio de silencio cómplice, vista gorda,* connivencia, con todo lo que pasaba en Venezuela en relación al irrespeto a los principios democráticos, a las libertades públicas que ellos entrañan, y en consecuencia al flagrante irrespeto por los derechos humanos."[80]

---

      nacional y de desprecio al derecho," en *Revista Ars Boni Et Aequi* (año 12 N° 2), Universidad Bernardo O'Higgins, Santiago de Chile 2016, pp. 51-86.

[77]   "Hoy se ha consumado un golpe de Estado chavista en la OEA. El ex canciller Luis Gonzales Posada aseveró que el organismo interamericano defiende los intereses del régimen venezolano", *Diario El Comercio*: Lima, 21 de marzo de 2014. Disponible en: <http://elcomercio.pe/politica/internacional/hoy-se-ha-consumado-golpe-estado-chavista-oea-noticia-1717550>, fecha de consulta: 24 de septiembre de 2014.

[78]   Véase sobre ello, Juan Alonso: "Aspiraciones de un juez a la OEA dividen a la Corte IDH", *El Universal*: Caracas. Disponible en: <http://www.eluniversal.com/noticias/politica/aspiraciones-juez-oea-dividen-corte-idh_164737>, fecha de consulta: 24 de septiembre de 2016.

[79]   Véase "Mi nuevo mejor amigo, llamó Juan Manuel Santos a Hugo Chávez," en *El Tiempo*, Bogotá, 7 noviembre 2010, disponible en: https://www.eltiempo.com/archivo/documento/CMS-8302260.

[80]   Véase Leandro Area, "Estas fronteras nuestras," en *El Nacional*, 1 de noviembre de 2021, disponible en: https://www.elnacional.com/opinion/estas-fronteras-nuestras/

En esa circunstancia, era simplemente inconcebible que Santos y "su juez" Sierra pudieran tolerar decisión alguna que pudiera emanar de la Corte Interamericana que condenara al Estado venezolano, y menos aún en un caso en el cual Allan R. Brewer-Carías fuera el demandante.

Por todo ello, a los votos de Sierra Porto y García Sayán, se sumaron los de los jueces Alberto Pérez Pérez y Roberto F. Caldas, de Uruguay y Brasil, dos países cuyos gobiernos formaban entonces parte del eje autoritario conducido por Venezuela.

He allí los cuatro votos con los cuales se aprobó la infame sentencia en mi caso, sobre lo cual el Juez Ventura en carta del 20 de agosto de 2014 que dirigió al Presidente Sierra al considerar que "la situación en que se encuentra el Juez García Sayán, debido a que es candidato a la Secretaría General de la OEA, es un asunto de clara incompatibilidad con el cargo de Juez de la Corte Interamericana,[81] lo que comprometía la imparcialidad e imagen de la Corte, agregando que:

"no hubo que esperar mucho para que se confirmaran la sospecha y los hechos, al dictarse el 26 de mayo de 2014, precisamente: "la sentencia en el Caso *Allan R. Brewer Carías vs. Venezuela*, en que se puso en evidencia que el mismo grupo de cuatro jueces que habían votado favorablemente el caso *Mémoli contra Argentina*, hicieron mayoría para que no se condenara a Venezuela en el citado caso. Los jueces Manuel E. Ventura Robles y Eduardo Ferrer Mac-Gregor votaron en contra y emitieron un voto disidente contra la sentencia emitida por la Corte. El juez Vio Grossi se excusó de conocer el caso por haber trabajado como exiliado en Venezuela en la Universidad Central de Caracas bajo la dirección del Profesor Brewer Carías."[82]

Por toda esa situación, evidenciada por la actitud de los cuatro jueces mencionados, como lo expresé en 2016 respecto de mi caso,

"por la presión que Venezuela había estado ejerciendo ante la propia Corte, era evidente que era difícil en dicho caso poder esperar justicia, lo que quedó evidenciado con la propia sentencia, dictada en el caso unos meses antes de esos eventos, y durante el tiempo en el cual la aspiración a la candidatura de parte del Juez García Sayán a la Secretaria General de la OEA era ya bien conocida."[83]

---

[81] Véase Manuel Ventura, "La legitimidad de los jueces de la Corte Interamericana de Derechos Humanos. Conferencia dictada en la Universidad Austral de Buenos Aires 2016". Disponible en: <http://www.allanbrewercarias.com/Content.aspx?id=449725d9-f1cb-474b-8ab2-41efb849fec2>, fecha de consulta: 24 de septiembre de 2016.

[82] *Ídem.*

[83] Véase Allan R. Brewer-Carías, "Los efectos de las presiones políticas de los Estados en las decisiones de la Corte Interamericana de Derechos Humanos. Un caso de denegación de justicia internacional y de desprecio al derecho," en *Revista Ars Boni Et Aequi* (año 12 n°2), Universidad Bernardo O'Higgins, Santiago de Chile 2016, pp. 51-86. Debo indicar que dicho trabajo lo redacté como Ponencia para el *XII Congreso Iberoamericano de Derecho Constitucional*, sobre "El Diseño institucional del Estado Democrático," *Eje temático: Funciones públicas y nueva relación entre el derecho constitucional, el derecho internacional y los escenarios jurídico-globales*, que se celebró en la Universidad Externado de Colombia, Bogotá, en septiembre de 2015. La Mesa a la cual dirigí la Ponencia la coordinaba precisamente el Sr. Sierra. Pero la Ponencia, sin embargo, nunca fue circulada en Bogotá, ni publicada en el libro con todas las Ponencias al Congreso. Sin duda, fue debidamente *censurada*, no haciendo falta mucha imaginación para saber quién pudo haberlo hecho, en contra de todo principio académico. Alguien, sin duda, que forma parte del grupo de los "imbéciles" a quienes se refería Quevedo al hablar de la ausencia de Justicia.

En mi criterio, es sólo esa indebida presión política que en su momento ejerció el gobierno de Venezuela sobre la Corte Interamericana, lo que puede explicar que la misma no se hubiera atrevido a juzgar el Poder Judicial y el Ministerio Público del país, cuya situación de falta de independencia y autonomía era conocida, había sido denunciada por todos los organismos internacionales pertinentes y había sido más que alegada y probada, y que por estar particularmente constituido en su gran mayoría por jueces y fiscales provisorios, la propia Corte Interamericana ya conocía, y había decidido en los casos contra Venezuela como fueron los casos: *Apitz Barbera y otros,*[84] *María Cristina Reverón Trujillo,*[85] y *Mercedes Chocrón Chocrón.*[86]

Fue ese el Poder Judicial que, sin embargo, en el caso *Brewer-Carías*, la misma Corte Interamericana no se atrevió a juzgar y, al contrario, lo avaló, allanándose a la presión política ejercida contra la misma por quien, como antes dije, en aquel momento se había convertido lamentablemente en el "gran elector" antes mencionado de los jueces; pero sin motivación, al decidir que en el mismo se podían realmente corregir las violaciones masivas cometidas en un proceso penal viciado de raíz, cuyo objeto además era la persecución política.

Sobre la sentencia de la Corte Interamericana de Derechos Humanos, mi recordado amigo, el profesor Héctor Fix Zamudio quien en el pasado fue destacado Juez de la misma, escribió en 2016 que:

> *"los recursos de nulidad formulados por el profesor Brewer-Carías ante el tribunal de la causa fueron presentados el 4 y 8 de noviembre de 2005, es decir, bastantes años atrás, y los mismos no fueron tramitados y menos resueltos por dicho tribunal, por lo que se incurrió en un retraso excesivo en la tramitación del proceso, lo que no fue tomado en cuenta por la mayoría de los jueces de la Corte Interamericana, que consideraron que dicho retraso no era imputable al Estado;"*

agregando:

> "Por ello me duele que la Corte Interamericana *haya sido incapaz de hacer justicia* a uno de sus juristas más distinguidos, a quien un gobierno arbitrario y autoritario ha perseguido injustamente y obligado a defender precariamente sus derechos desde el exilio.[87]

Sobre ello, el propio Juez Eduardo Ferrer Mac Gregor en un acto que tuvo lugar en el Círculo de Bellas Artes de Madrid, el 13 de noviembre de 2019, con ocasión de mi cumpleaños, concluyó sus comentarios indicando, que:

> "no lo hago como presidente de la Corte Interamericana, sino tal vez como el Juez autor del voto disidente en la sentencia del caso *Allan R. Brewer-Carías vs. Venezuela*, de que el Profesor Allan Brewer-Carías *es víctima no declarada* por parte de la Corte Interamericana de Derechos Humanos.

---

84   Véase en Corte Interamericana de Derechos Humanos, Caso *Apitz Barbera y otros* vs. *Venezuela* (2008, Serie C n° 182).

85   Véase en Corte Interamericana de Derechos Humanos, Caso *Reverón Trujillo* vs. *Venezuela* (2009, Serie C n° 197).

86   Corte Interamericana de Derechos Humanos, Caso *Chocrón Chocrón vs. Venezuela* (2011, Serie C n° 227).

87   Véase Héctor Fix-Zamudio, *Universitario de vida completa. Memorias académicas y recuerdos personales*, Editorial Porrúa, Universidad Nacional Autónoma de México, México 2016, pp. 371-373.

Las víctimas son víctimas, estén o no declaradas en la sentencia. Yo salvé mi voto; pero si quisiera decir que *es una víctima*; y que, como víctima, le expreso mis mayores respetos y comparto sus angustias por todo lo que ha sufrido fuera de su querido país."[88]

XVIII. LA VÍCTIMA NO DECLARADA Y OBLIGACIÓN DEL ESTADO DE DECLARAR LA NULIDAD DEL PROCESO EN MI CONTRA

Esa *"víctima no declarada* por parte de la Corte Interamericana de Derechos Humanos,"* que indicó el Juez Eduardo Ferrer Mc Gregor al referirse a mi persona y a la injusta sentencia de dicha Corte la cual con ella, como lo dijo el profesor Jaime Orlando Santofimio "se convirtió en mi victimaria,"[89] se siente ahora totalmente reivindicada -como también tienen que sentirse los jueces Mac Gregor y Ventura por su Voto Conjunto Negativo- con la jurisprudencia del Comité de Derechos Humanos de la Organización de las Naciones Humanos de octubre de 2021, el cual, en contraste con la sentencia de la Corte Interamericana de 2014, consideró en mi caso que en el proceso penal desarrollado en mi contra en Venezuela efectivamente se violaron mis derechos a *la garantía de un juez y fiscales autónomos e independientes*, a *mi derecho a la presunción de inocencia* y a mi *derecho a disponer de un recuso efectivo* para la defensa de mis derechos; procediendo a declarar de conformidad con el artículo 2, párrafo 3 a), del Pacto Internacional de Derechos Civiles y Políticos, entre otros, que "el Estado parte tiene la obligación, *inter alia,"* de:

> *"Declarar la nulidad del proceso contra el autor, dejando sin efecto la orden de detención preventiva contra este."*

Esta obligación específica es consecuencia de la obligación general del Estado cuando se ha dictaminado internacionalmente que ha incurrido en responsabilidad por haber violado los derechos de una persona, de adoptar todas las medidas necesarias para asegurar la plena reparación de los derechos lesionados; es decir, de asegurar a las víctimas los mecanismos apropiados para lograr la plena reparación o reparación integral de las lesiones causadas a las mismas, los cuales, por una parte, deben ser pertinentes, adecuados, idóneos, eficaces y jurídicamente exigible, y por la otra, no deben entrañar nuevas cargas para las víctimas.

Habiendo sido la violación de mis derechos causados en el proceso de investigación e inicio del proceso penal, el recurso idóneo para cumplir su obligación como lo ha dictaminado el Comité, es para el Estado la de declarar la de nulidad de los actos violatorios de los derechos al debido proceso, a la presunción de inocencia y al acceso a un recuso efectivo garantizados por el Pacto y además, también, por la propia Constitución de Venezuela; actos todos que por lo demás, al ser nulos de nulidad absoluta, no son convalidables; obligación que corresponde a la jurisdicción penal cumplir.

En definitiva, la consecuencia fundamental del dictamen del Comité de la ONU al dictaminar que el Estado venezolano tiene la obligación de "declarar la nulidad del proceso contra el autor, dejando sin efecto la orden de detención preventiva contra este," es que todos

---

[88]   Véase Eduardo Ferrer Mac Gregor, "Palabras de Presentación" en el libro: Luciano Parejo Alfonso y León Henrique Cottin (editores), *Allan R. Brewer-Carías. Proyección de su obra en Iberoamérica. Jornada Académica celebrada en el Círculo de bellas Artes de Madrid, 13 de noviembre 2015. Bajo los auspicios de la Cátedra de Estudios Jurídicos Iberoamericanos de la Universidad Carlos III de Madrid*, Editorial Jurídica venezolana International, Caracas / Nueva York / Madrid 2020, p. 24.

[89]   Véase Jaime Orlando Santofimio, Conferencia en la *Jornada Científica Internacional sobre Razonamiento, Interpretación y Argumentación en Derechos Humanos*, organizada por el Instituto c N° 1 de Investigaciones sobre razonamiento, interpretación y argumentación jurídica en derechos humanos y humanitario, Santiago del Estero, Argentina, 21 de diciembre de 2021. Disponible en: https://youtu.be/OEw0dt26lKI.

los actos vinculados a dicho proceso seguido en mi contra en Venezuela a partir de 2005, deben considerarse como actos nulos viciados de nulidad absoluta en los términos del artículo 25 de la Constitución, al violar mis derechos fundamentales al debido proceso, presunción de inocencia y garantías judiciales garantizado en el artículo 14 del Pacto Internacional de Derechos Civiles y Políticos.

La nulidad de pleno derecho o nulidad absoluta es la consecuencia de mayor gravedad derivada de los vicios de los actos procesales, y que provoca que los mismos no puedan, en forma alguna, producir efectos, pues el acto nulo, de nulidad absoluta, se tiene como nunca dictado; por lo que nunca podría ni puede producir efectos. Esos vicios de nulidad absoluta de los actos procesales son, además, de orden público y, por tanto, se producen de pleno derecho. De allí, que un acto procesal que es nulo de pleno derecho o nulo de nulidad absoluta no puede producir efecto jurídico alguno, ni crear derechos u obligaciones, ni convertirse por tanto en acto firme. En consecuencia, nadie podría alegar derechos ni firmeza derivados de un acto nulo de nulidad absoluta.

En consecuencia, la declaración derivada del vicio de nulidad absoluta que afecta a los actos procesales en el proceso seguido en mi contra, no solo produce efectos hacia el futuro, sino además, produce efectos hacia el pasado debiéndose tener los actos como nunca dictados, de manera que en caso de haberse producido determinadas situaciones de hecho derivadas de los actos, a pesar de su nulidad absoluta, el Estado está obligada a reparar, mediante indemnización, como el propio Comité lo declaró en su Dictamen; habiendo además, los funcionarios fiscales y jueces que los ejecutaron incurrido en responsabilidad penal, civil y administrativa en los términos del antes mencionado artículo 25 de la Constitución.

Esa es en definitiva la Justicia por la cual tanto he clamado y que, al fin, con gran regocijo recibo.

Reseñas Bibliográficas

RESEÑA DEL LIBRO: "LA CONCESIÓN EL PROCEDIMIENTO ADMINISTRATIVO: INSTITUCIONES ADMINISTRATIVAS EN SIMBIOSIS"

Jessica Vivas Roso
Abogado

Fuentes i Gasó, Josep Ramon. (2021). *La concesión y el procedimiento administrativo: dos instituciones administrativas en simbiosis.* **Valencia: Tirant lo Blanch, 388 páginas.**

El Doctor Josep Ramon Fuentes i Gasó es Licenciado en derecho (1991) y Doctor en derecho por la Universidad Autónoma de Barcelona-UAB (1999), profesor titular de Derecho Administrativo en la Universitat Rovira i Virgili de Tarragona (2001); director de la Cátedra de Estudios Jurídicos Locales (URV, desde 2007), coordinador de Relaciones Institucionales del Centro de Estudios en Derecho Ambiental de Tarragona (CEDAT, URV, desde 2007) y miembro del Grupo de Investigación sobre Territorio, Ciudadanía y Sostenibilidad (URV, 2009).

En su obra, "La concesión y el procedimiento administrativo: dos instituciones administrativas en simbiosis", el Doctor Fuentes i Gasó estudia la concesión como institución administrativa, su procedimiento, modalidades en la LCSP de 2017 y las modificaciones que ha sufrido en los últimos años, como consecuencia de la pandemia de COVID-19, las medidas implementadas por la Unión Europea a través del Fondo de Recuperación Europeo (Next Generation EU) y las acciones desplegadas por el gobierno español.

Este trabajo tiene su origen -en buena medida-, en las ponencias, debates y notas del autor tomadas del Máster en contratación administrativa de los entes locales, que organizara conjuntamente con la Dra. Judith Gifreu i Font, profesora Titular de Derecho Administrativo de la Universidad Autónoma de Barcelona (UAB), por encargo de la Asociación Catalana de Municipios i Comarques (ACM) que se iniciara en el curso 2015-2016 y que se halla ya en la 6ª edición, 2021-2022.

A través de siete (7) capítulos: I. Introducción. Concesiones y procedimiento administrativo, II. El procedimiento administrativo para las concesiones como especialidad del procedimiento administrativo común tras la Ley 39/2015, de 1 de octubre, III. La Directiva de Concesiones y su impacto sobre la contratación local en España; IV. La Directiva de Concesiones y su impacto sobre la contratación local en España; V. Las novedades de la nueva Ley de Contratos del Sector Público en materia de concesiones: *Especial referencia a la concesión de servicios*; VI. Algunas reflexiones sobre las concesiones en Cataluña, y VII. Epílogo, el autor desarrolla la siguiente premisa: para el otorgamiento de una concesión, es necesario que los poderes adjudicadores desarrollen un procedimiento administrativo en el que se formalice su voluntad de permitir el aprovechamiento particular de una obra, un servicio, o un bien que la Ley considera como público y se garanticen los derechos de los administrados.

La obra ha sido prologada por el profesor Gimeno Feliu, Catedrático de Derecho Administrativo de la Universidad de Zaragoza, quien, recuerda que el negocio concesional tiene su causa en la mejor prestación de servicios públicos, resultando evidente que la correcta distribución de riesgos condiciona el funcionamiento práctico del mercado concesional y concluye que se trata de una monografía pensada y estructurada, con propuestas de "cambio" en la cultura práctica de los modelos concesionales, donde el lector podrá encontrar conocimiento y no mera información.

En el primer capítulo "Introducción. Concesiones y procedimiento administrativo", el autor delimita su objeto de estudio situando el contrato de concesión dentro del campo de la intervención administrativa, y excluyendo las concesiones demaniales. Basándose en la premisa que da origen a su obra, el autor expone que, la configuración concreta de las concesiones exige de un procedimiento como toda actuación administrativa, dado que la Administración para otorgar cada uno de los títulos concesionales del tipo que fuere debe respetar el procedimiento legalmente establecido.

En este sentido, examina la normativa aplicable a cada concesión, señalando que se debe contar con el esqueleto de la legislación contractual, puesto que tanto las concesiones de obras como las de servicios se articulan mediante un contrato, mientras que las concesiones demaniales se rigen supletoriamente por esa legislación contractual. Además, realiza diversas consideraciones desde un punto de vista dogmático a modo de conclusión sobre la naturaleza y caracteres de la concesión y destaca la necesidad de separar con cuidado la concesión del contrato público, puesto que, si bien la concesión supone una relación jurídica bilateral, surge a la vida jurídica no a través del contrato, sino del acto administrativo unilateral, y que, si se estuviera ante un auténtico contrato, sería difícilmente explicable la transmisión de un procedimiento administrativo para el otorgamiento de la concesión.

En su segundo capítulo "El procedimiento administrativo para las concesiones como especialidad del procedimiento administrativo común tras la Ley 39/2015, de 1 de octubre", resalta la importancia del procedimiento en la actuación administrativa, como un mecanismo que permite garantizar los derechos de los administrados y como un instrumento para la manifestación de la voluntad de la Administración.

En el tercer capítulo "La Directiva de Concesiones y su impacto sobre la contratación local en España" el autor explica el cambio de visión que tuvo la contratación pública a partir de la reforma de la normativa de la Unión Europea, que permitió abrirla hacia un escenario más competitivo que permitiera garantizar la eficiencia de los fondos públicos.

Bajo esta premisa, se presentan los antecedentes europeos de las Directiva de contratación pública -Directivas 2014/24/UE; 2014/23/UE y 2014/25/UE- para posteriormente centrarse en el estudio de la Directiva 2014/23/UE en materia concesional y destacar los cambios que a partir de ésta surgen sobre el contrato de concesiones.

Seguidamente, en el cuarto capítulo "La LCSP como presupuesto de la normativa y el procedimiento de las concesiones", el autor expone -con una visión general- las modificaciones que la transposición de las directivas europeas, generaron en la LCSP, para proseguir en su capítulo quinto "Las novedades de la nueva Ley de Contratos del Sector Público en materia de concesiones: *Especial referencia a la concesión de servicios*", con los cambios de la LCSP que tuvieron impacto en el contrato de concesión.

En este capítulo el autor se centra en la concesión de servicios, destacando que la asunción del riesgo operacional por parte del contratista se configura con el elemento característico y distintivo de este tipo de contratos.

En sus capítulos cuarto y quinto el Doctor Fuentes i Gasó ha querido incorporar las modificaciones que ha tenido la LCP, en virtud de la pandemia de COVID-19, las medidas implementadas por la Unión Europea a través del Fondo de Recuperación Europeo (Next Generation EU) y las acciones implementadas por el gobierno español, dándole una visión general a dichas modificaciones en el capítulo cuarto y concentrándose en el contrato de concesiones, en el artículo quinto, ofreciéndonos de esta forma una visión actualizada de la normativa de contratación pública, lo que lo lleva a plantear, inclusive, una mirada post pandémica en la que se estaría propiciando -al menos en lo que respecta a los servicios sanitarios-, una clara opción por los sistemas de gestión directa "obviando modelos semipúblicos como las fundaciones y por supuesto, las fórmulas de gestión privada como los conciertos y lógicamente las concesiones" (p. 333)

En el capítulo sexto nos presenta "Algunas reflexiones sobre las concesiones en Cataluña", donde el autor analiza el marco constitucional y estatutario, señalando que el Estatuto de Autonomía no recoge un régimen competencial propio en materia de concesiones con carácter general, aunque considera que el régimen jurídico vinculado al régimen de las expropiaciones es aplicable al supuesto de las concesiones, tanto por la inclusión de la figura del "rescate concesional" bajo el régimen expropiatorio como por compartir el mismo apartado con las concesiones del artículo 149.1.18 de la Constitución española.

Finaliza su obra con el "Epílogo", donde destaca que "una vez más el derecho comunitario hace saltar por los aires nuestras construcciones jurídico-administrativas de siglos y así, la clásica institución de la gestión indirecta de los servicios públicos queda superada en su aspecto procedimental (...) por una nueva modalidad de relación" (p. 355) y que "las concesiones no son contratos simples, puesto que la propia regulación de la LCSP obliga a tener en cuenta para su adjudicación más de un criterio, por lo que el dinero ofertado, o a percibir, no puede ser el único criterio para adjudicarlas" (p. 359), destacando que la complejidad vinculada a los procedimientos que las articulan ha pretendido ser el objeto de su análisis.

Así, la obra constituye un análisis claro, sistemático y riguroso de dos instituciones administrativas que se relacionan entre sí: el procedimiento administrativo y las concesiones, con una perspectiva dogmática, que no descuida la vertiente práctica -en especial del ámbito local- en la que el autor aporta importantes reflexiones sobre la nueva regulación de los modelos concesionales, apuntando soluciones a distintos problemas interpretativos.